新款混合动力汽车构造原理与故障检修

王军 李伟 主编

化学工业出版社

·北京·

本书按照当前混合动力汽车的主流设计理念，系统阐述了电动汽车技术和原理知识，涉及混合动力汽车的驱动系统、辅助系统、控制系统等。从实际出发，全面介绍了混合动力汽车的分类、混合动力系统的组成和工作原理以及典型混合动力系统的维修。本书内容全面、翔实具体、浅显易懂、操作性强。

本书适合从事汽车维修、销售和技术管理等工作的技术人员阅读，也可供汽车维修、汽车检测及相关技术人员作培训或参考之用。

图书在版编目（CIP）数据

新款混合动力汽车构造原理与故障检修/王军，李伟主编. —北京：化学工业出版社，2019.12
ISBN 978-7-122-35174-6

Ⅰ.①新… Ⅱ.①王…②李… Ⅲ.①混合动力汽车-构造②混合动力汽车-车辆修理 Ⅳ.①U469.7

中国版本图书馆 CIP 数据核字（2019）第 203336 号

责任编辑：辛　田	文字编辑：冯国庆
责任校对：王　静	装帧设计：王晓宇

出版发行：化学工业出版社（北京市东城区青年湖南街13号　邮政编码100011）
印　　刷：三河市航远印刷有限公司
装　　订：三河市宇新装订厂
787mm×1092mm　1/16　印张33　字数870千字　2020年1月北京第1版第1次印刷

购书咨询：010-64518888　　　　　　　　　　　售后服务：010-64518899
网　　址：http://www.cip.com.cn
凡购买本书，如有缺损质量问题，本社销售中心负责调换。

定　　价：128.00元　　　　　　　　　　　　　　　版权所有　违者必究

前言

汽车工业的发展推动了人类文明的进步,但也为人类带来能源、环境和交通安全等问题,这也是汽车工业发展中所面临的巨大挑战。目前,我国大力发展节能与新能源汽车,并且在"三纵三横"的技术创新战略指导下,经过多年的技术更新,取得了重大技术突破。混合动力汽车是"三纵"中的一纵,得到了长足的发展和推广。

为了更好地满足社会对新能源汽车相关人才的需求,本书全面落实"以服务为宗旨,以就业为导向"的指导思想,以"应用"为主旨和特征构建了本书的内容体系。

本书以油电混合动力车型为例,主要讲述与传统汽车不同的系统构造、功能、原理、拆装及相关故障维修检测。本书以市面主流油电式混合动力车辆丰田卡罗拉、丰田雷凌双擎、丰田普锐斯、比亚迪秦、比亚迪唐、宝马X1、红旗H7等车为例,依次讲述了混合动力汽车的定义与分类、电源系统、电机系统、变电系统、控制系统、传动系统、再生制动系统、电路图、端子定义、数据流、电动空调等的构造与原理、检测及故障诊断等内容。

本书共分七章,第一章至第四章由吉林工程技术师范学院汽车工程学院讲师王军编写,第五章至第七章主要由李伟编写,参加编写工作的人员还有李校航、李校研、李春山、李微、马珍、刘强、吕春影等,在此深表感谢。在编写过程中,参考了大量国内外相关文献和资料,在此,谨向这些资料信息的原创者们表示由衷的感谢!

由于笔者水平有限,书中难免有不足之处,恳请广大读者批评指正。

编 者

目录

第一章　混合动力汽车概述安全操作 ·· 1

 第一节　混合动力汽车概念与分类 ·· 1
  一、混合动力汽车概念 ·· 1
  二、混合动力汽车分类 ·· 1
 第二节　混合动力汽车基本结构 ·· 5
  一、混联式混合动力汽车结构 ·· 5
  二、并联式插电混合动力汽车结构 ·· 6
  三、串联式混合动力汽车结构 ·· 7
 第三节　高压安全操作 ·· 8
  一、高电压操作安全知识 ·· 8
  二、Hybrid系统特有的注意事项 ·· 11

第二章　宝马F49 PHEV混合动力汽车 ··· 14

 第一节　宝马F49车辆识别 ·· 14
  一、外识别标志 ··· 14
  二、内部标志 ·· 15
 第二节　宝马F49混合动力驱动部件 ·· 15
  一、驱动组件位置 ·· 15
  二、电机 ·· 16
 第三节　高压启动电动机 ·· 27
  一、高压启动器电动发电机功能 ·· 27
  二、高压启动电动发电机结构 ·· 28
 第四节　高压蓄电池 ·· 29
  一、高电压蓄电池安装位置、特征 ·· 29
  二、高电压蓄电池系统电路图 ·· 29
  三、高电压蓄电池外部特征 ··· 30
  四、高电压蓄电池冷却系统 ··· 34
  五、系统组件 ·· 38

  六、电气和电子组件 …………………………………………………………… 39
  七、高压系统 ………………………………………………………………… 45
 第五节　便捷充电模块 ………………………………………………………… 50
  一、接口 ……………………………………………………………………… 51
  二、车上的充电插座 ………………………………………………………… 52
 第六节　电气驾驶模式 ………………………………………………………… 54
  一、显示控制 ………………………………………………………………… 54
  二、组合仪表显示功能 ……………………………………………………… 55

第三章　丰田卡罗拉、雷凌混合动力汽车 …………………………………… 60

 第一节　丰田卡罗拉、雷凌混合动力汽车结构 …………………………… 60
  一、卡罗拉、雷凌混合动力系统布置及性能参数 ……………………… 60
  二、卡罗拉、雷凌混合动力汽车用发动机 ……………………………… 62
  三、卡罗拉、雷凌混合动力汽车电池、动力电池 ……………………… 64
  四、卡罗拉、雷凌混合动力传动桥结构 ………………………………… 68
 第二节　丰田卡罗拉、雷凌混合动力汽车控制技术 ……………………… 72
  一、卡罗拉、雷凌不同工况下混合动力系统工作状况 ………………… 72
  二、混合动力系统控制 ……………………………………………………… 78
  三、卡罗拉、雷凌再生制动与液压制动协调控制 ……………………… 84
  四、卡罗拉、雷凌 HV ECU 控制功能 …………………………………… 85
 第三节　混合动力汽车 THS-Ⅱ 主要部件功能及车辆工作原理 ………… 88
  一、混合动力系统的主要部件功能、系统控制 ………………………… 88
  二、系统部件控制 …………………………………………………………… 91
  三、THS-Ⅱ 控制工作原理 ………………………………………………… 101
 第四节　混合动力汽车 THS-Ⅱ 主要部件构造 …………………………… 107
  一、带转换器的逆变器结构 ……………………………………………… 107
  二、逆变器水泵结构 ……………………………………………………… 110
  三、电源电缆（线束组） ………………………………………………… 110
  四、HV 蓄电池接线盒 …………………………………………………… 111
  五、电子换挡杆 …………………………………………………………… 111
 第五节　丰田卡罗拉、雷凌混合动力汽车检修 ………………………… 113
  一、卡罗拉、雷凌混合动力控制系统故障症状 ……………………… 113
  二、混合动力控制系统数据流 …………………………………………… 115
  三、混合动力控制系统故障码 …………………………………………… 122
  四、电动机发电机控制系统车辆数据流 ………………………………… 132
  五、HV 蓄电池充电 ……………………………………………………… 141
  六、HV 继电器总成检查 ………………………………………………… 142

七、组合开关检查 …………………………………………………………………… 144

　　八、检查带转换器的逆变器总成 …………………………………………………… 145

　　九、检查混合动力车辆传动桥总成（电动机 MG2）………………………………… 145

　　十、检查混合动力车辆传动桥总成（电动机电缆连接情况）……………………… 146

　　十一、检查线束和连接器（带转换器的逆变器总成-发电机解析器）…………… 147

　　十二、检查混合动力车辆控制 ECU 电压 ………………………………………… 148

　　十三、检查线束和连接器（混合动力车辆控制 ECU——带转换器的
　　　　　逆变器总成）………………………………………………………………… 149

　　十四、检查带转换器的逆变器总成 ………………………………………………… 150

　　十五、检查熔丝 PCU ………………………………………………………………… 150

　　十六、检查 HV 地板底部线束 ……………………………………………………… 150

　第六节　丰田卡罗拉、雷凌混合动力汽车车辆控制单元端子及控制电路 ……… 152

　　一、混合动力车辆控制 ECU 端子及定义 ………………………………………… 152

　　二、蓄电池电压传感器端子及端子定义 …………………………………………… 156

　　三、电动机发电机控制系统 ECU 端子及端子定义 ……………………………… 157

　　四、混合动力系统电路图 …………………………………………………………… 158

　　五、卡罗拉、雷凌混合动力汽车继电器、保险位置图 …………………………… 167

　　六、卡罗拉、雷凌混合动力汽车仪表端子及定义 ………………………………… 169

第四章　丰田普锐斯混合动力汽车 …………………………………………… 173

　第一节　丰田混合动力汽车混合动力系统 ………………………………………… 173

　　一、丰田混合动力系统结构 ………………………………………………………… 173

　　二、混合动力系统工作原理及工作过程 …………………………………………… 190

　　三、丰田普锐斯的控制系统结构 …………………………………………………… 196

　　四、丰田普锐斯控制系统工作原理 ………………………………………………… 197

　第二节　丰田普锐斯混合动力汽车电动机、驱动桥 ……………………………… 207

　　一、丰田普锐斯混合动力电动机 …………………………………………………… 207

　　二、混合动力变速驱动桥 …………………………………………………………… 208

　　三、换挡控制系统 …………………………………………………………………… 211

　第三节　制动系统 ……………………………………………………………………… 218

　　一、系统概述 ………………………………………………………………………… 218

　　二、制动系统工作原理与主要部件 ………………………………………………… 219

　　三、制动控制系统 …………………………………………………………………… 221

　　四、再生制动联合控制 ……………………………………………………………… 224

　　五、维修要点 ………………………………………………………………………… 224

　第四节　丰田普锐斯混合动力启动系统 …………………………………………… 226

　　一、混合动力系统及主要部件功能 ………………………………………………… 226

二、点火钥匙 ·· 229
　　三、智能进入和启动系统 ·· 231
第五节　空调系统 ·· 236
　　一、丰田普锐斯混合动力汽车全电动空调系统的结构 ················· 236
　　二、全电动空调系统的制冷原理 ··· 238
　　三、丰田普锐斯混合动力汽车全电动空调系统的检修 ················· 248
第六节　HUD玻璃投射式显示器结构 ··· 249
　　一、总体介绍 ··· 249
　　二、玻璃投射式显示器附属开关功能、显示信息 ······················· 250
　　三、设置模式 ··· 251
第七节　丰田普锐斯混合动力汽车的拆装、检修与故障排除 ············· 252
　　一、混合动力控制系统的检修 ·· 252
　　二、驱动电动机的检修 ·· 263
　　三、混合动力电池系统的维修 ·· 269
　　四、丰田普锐斯插电式混合动力车PHV充电 ···························· 278
　　五、丰田普锐斯混合动力汽车动力电池拆装 ····························· 281
　　六、丰田普锐斯混合动力汽车故障排除 ···································· 291

第五章　红旗PHEV混合动力汽车 ·· 317

第一节　红旗H7 PHEV汽车的结构特点、安全常识及断电安全作业流程 ·· 317
　　一、红旗H7 PHEV汽车的结构特点 ·· 317
　　二、红旗H7 PHEV汽车的安全知识 ·· 318
　　三、红旗H7 PHEV汽车的断电安全作业流程 ··························· 320
第二节　红旗H7 PHEV汽车电气控制及高压控制部件安装位置 ········ 321
　　一、红旗H7 PHEV汽车电气控制 ··· 321
　　二、红旗H7 PHEV汽车高压控制部件安装位置 ························ 325
第三节　红旗H7 PHEV汽车动力电池 ·· 326
　　一、红旗H7 PHEV汽车动力电池安装位置及内部结构 ··············· 326
　　二、红旗H7 PHEV汽车动力电池控制功能及内部部件主要功能 ··· 327
　　三、红旗H7 PHEV汽车动力电池电气原理图及端子定义 ············ 328
　　四、红旗H7 PHEV汽车动力电池更换 ····································· 329
第四节　红旗H7 PHEV汽车车载充电器 ··· 330
　　一、红旗H7 PHEV汽车车载充电器安装位置及功能 ·················· 330
　　二、红旗H7 PHEV汽车车载充电器工作原图、电气原理图及端子功能 ·· 331
第五节　红旗H7 PHEV汽车直流转换器 ··· 333
　　一、红旗H7 PHEV汽车直流转换器（DC/DC）结构及安装位置 ·· 333
　　二、红旗H7 PHEV汽车直流转换器工作原理、功能及工作模式 ·· 334

三、红旗 H7 PHEV 汽车直流转换器电气原理图及端子功能 ⋯⋯⋯⋯⋯⋯⋯⋯⋯ 335
　第六节　红旗 H7 PHEV 汽车离合器耦合电机及电机控制器 ⋯⋯⋯⋯⋯⋯⋯⋯⋯⋯ 337
　　一、红旗 H7 PHEV 汽车离合器耦合电机（CCM）结构及特点 ⋯⋯⋯⋯⋯⋯⋯ 337
　　二、红旗 H7 PHEV 汽车电机控制功能及工作原理 ⋯⋯⋯⋯⋯⋯⋯⋯⋯⋯⋯⋯ 340
　　三、红旗 H7 PHEV 汽车电机控制器（MCU）外观结构及安装位置 ⋯⋯⋯⋯⋯ 340
　　四、红旗 H7 PHEV 汽车电机控制器结构 ⋯⋯⋯⋯⋯⋯⋯⋯⋯⋯⋯⋯⋯⋯⋯⋯ 341
　第七节　红旗 H7 PHEV 汽车绝缘监测仪 ⋯⋯⋯⋯⋯⋯⋯⋯⋯⋯⋯⋯⋯⋯⋯⋯⋯⋯ 343
　　一、红旗 H7 PHEV 汽车绝缘监测仪安装位置及工作原理 ⋯⋯⋯⋯⋯⋯⋯⋯⋯ 343
　　二、红旗 H7 PHEV 汽车绝缘电阻检测方法 ⋯⋯⋯⋯⋯⋯⋯⋯⋯⋯⋯⋯⋯⋯⋯ 344
　第八节　红旗 H7 PHEV 汽车整车控制单元 HCU 及仪表 ⋯⋯⋯⋯⋯⋯⋯⋯⋯⋯⋯ 346
　　一、红旗 H7 PHEV 汽车整车控制单元（HCU）安装位置及控制功能 ⋯⋯⋯⋯ 346
　　二、红旗 H7 PHEV 汽车整车控制单元 HCU 端子功能 ⋯⋯⋯⋯⋯⋯⋯⋯⋯⋯ 348
　　三、红旗 H7 PHEV 汽车仪表及量表 ⋯⋯⋯⋯⋯⋯⋯⋯⋯⋯⋯⋯⋯⋯⋯⋯⋯⋯ 350
　第九节　红旗 H7 PHEV 汽车故障诊断与排除 ⋯⋯⋯⋯⋯⋯⋯⋯⋯⋯⋯⋯⋯⋯⋯⋯ 352
　　一、红旗 H7 PHEV 汽车车辆启动后熄火，仪表显示混动系统严重故障 ⋯⋯⋯ 352
　　二、红旗 H7 PHEV 汽车仪表显示混动系统严重故障，车辆启动后几秒钟自动
　　　　熄火 ⋯⋯⋯⋯⋯⋯⋯⋯⋯⋯⋯⋯⋯⋯⋯⋯⋯⋯⋯⋯⋯⋯⋯⋯⋯⋯⋯⋯⋯⋯ 353
　　三、红旗 H7 PHEV 汽车动力不能从电动驱动切换到发动机动力驱动故障 ⋯⋯ 354
　　四、红旗 H7 PHEV 汽车发动机自动熄火故障 ⋯⋯⋯⋯⋯⋯⋯⋯⋯⋯⋯⋯⋯⋯ 355

第六章　比亚迪秦混合动力汽车 ⋯⋯⋯⋯⋯⋯⋯⋯⋯⋯⋯⋯⋯⋯⋯ 356

　第一节　比亚迪秦混合动力汽车结构、原理 ⋯⋯⋯⋯⋯⋯⋯⋯⋯⋯⋯⋯⋯⋯⋯⋯ 356
　　一、比亚迪秦整车高压用电设备分布 ⋯⋯⋯⋯⋯⋯⋯⋯⋯⋯⋯⋯⋯⋯⋯⋯⋯ 356
　　二、比亚迪秦动力系统工作模式 ⋯⋯⋯⋯⋯⋯⋯⋯⋯⋯⋯⋯⋯⋯⋯⋯⋯⋯⋯ 356
　　三、比亚迪秦动力模式切换说明 ⋯⋯⋯⋯⋯⋯⋯⋯⋯⋯⋯⋯⋯⋯⋯⋯⋯⋯⋯ 358
　第二节　比亚迪秦充电器结构及故障诊断 ⋯⋯⋯⋯⋯⋯⋯⋯⋯⋯⋯⋯⋯⋯⋯⋯⋯ 359
　　一、比亚迪秦混合动力汽车车载充电器安装位置、结构 ⋯⋯⋯⋯⋯⋯⋯⋯⋯ 359
　　二、比亚迪秦混合动力汽车车载充电器诊断流程及故障码 ⋯⋯⋯⋯⋯⋯⋯⋯ 360
　　三、比亚迪秦混合动力汽车车载充电器全面诊断流程 ⋯⋯⋯⋯⋯⋯⋯⋯⋯⋯ 362
　第三节　比亚迪秦混合动力汽车驱动电机结构、旋转变压器结构及测量 ⋯⋯⋯⋯ 365
　　一、比亚迪秦混合动力汽车驱动电机结构 ⋯⋯⋯⋯⋯⋯⋯⋯⋯⋯⋯⋯⋯⋯⋯ 365
　　二、比亚迪秦混合动力汽车电机旋转变压器结构及测量 ⋯⋯⋯⋯⋯⋯⋯⋯⋯ 366
　第四节　比亚迪秦混合动力汽车高压、低压蓄电池结构及检测 ⋯⋯⋯⋯⋯⋯⋯⋯ 367
　　一、比亚迪秦混合动力汽车高压电池管理器安装位置、结构及功能 ⋯⋯⋯⋯ 367
　　二、比亚迪秦混合动力汽车动力电池安装位置及结构 ⋯⋯⋯⋯⋯⋯⋯⋯⋯⋯ 369
　　三、比亚迪秦混合动力汽车动力电池模组更换方法 ⋯⋯⋯⋯⋯⋯⋯⋯⋯⋯⋯ 370
　　四、比亚迪秦混合动力汽车低压启动电池安装位置、功能 ⋯⋯⋯⋯⋯⋯⋯⋯ 373

五、比亚迪秦混合动力汽车高压电池终端测量 ·· 375
　　六、比亚迪秦混合动力汽车高压电池故障码 ·· 376
　第五节　比亚迪秦混合动力汽车高压配电箱结构 ·· 378
　　一、比亚迪秦混合动力汽车高压组件位置及定义 ······································· 378
　　二、比亚迪秦混合动力汽车高压配电箱结构及安装位置 ····························· 380
　　三、比亚迪秦混合动力汽车高压配电箱高压电路及针脚端子含义 ················· 380
　　四、比亚迪秦混合动力汽车漏电传感器安装位置及功能 ····························· 381
　　五、比亚迪秦混合动力汽车漏电传感器电路控制及针脚端子含义 ················· 382
　　六、比亚迪秦混合动力汽车电机控制器和 DC 总成结构、位置及检测 ············· 383
　第六节　比亚迪秦混合动力汽车挡位控制系统 ·· 395
　　一、比亚迪秦混合动力汽车挡位控制系统安装位置、控制原理 ···················· 395
　　二、比亚迪秦混合动力汽车挡位控制器诊断流程及故障码 ·························· 396
　　三、比亚迪秦混合动力汽车挡位控制器故障诊断 ······································ 397
　第七节　比亚迪秦混合动力汽车故障诊断与排除 ·· 400
　　一、比亚迪秦混合动力汽车纯电行驶距离缩短故障 ··································· 400
　　二、比亚迪秦混合动力汽车高压系统漏电故障 ··· 402
　　三、比亚迪秦混合动力汽车驱动电机控制器温度过高 ······························· 406
　　四、比亚迪秦混合动力汽车动力电池无法充电故障 ··································· 408
　　五、比亚迪秦混合动力汽车发动机无法启动故障 ······································ 409
　　六、比亚迪秦混合动力汽车挂挡后车辆无法行驶故障 ······························· 410
　　七、比亚迪秦混合动力汽车低压铁电池不能唤醒故障 ······························· 412
　　八、比亚迪秦混合动力汽车 EV 模式下空调不工作故障 ····························· 412
　　九、比亚迪秦混合动力汽车无 EV 模式故障（一） ··································· 414
　　十、比亚迪秦混合动力汽车无 EV 模式故障（二） ··································· 416
　　十一、比亚迪秦混合动力汽车行驶中无能量回收故障 ······························· 418
　　十二、比亚迪秦混合动力汽车无法使用 EV 模式故障 ································ 420
　　十三、比亚迪秦混合动力汽车 DC 工作故障 ·· 422
　　十四、比亚迪秦混合动力汽车 OK 灯不亮故障 ··· 423
　　十五、比亚迪秦混合动力汽车驱动电机控制器故障 ··································· 424
　　十六、比亚迪秦混合动力车电动模式无法工作 ··· 426

第七章　比亚迪唐 PHEV 混合动力汽车 ·· 429

　第一节　比亚迪唐 PHEV 混合动力汽车结构、工作原理 ·································· 429
　　一、比亚迪唐混合动力汽车结构 ··· 429
　　二、比亚迪唐混合动力汽车"三擎"工作原理 ··· 430
　　三、比亚迪唐混合动力汽车模式工作切换方式 ··· 431
　第二节　比亚迪唐混合动力汽车永磁同步电机结构及检修 ······························· 433

一、比亚迪唐混合动力汽车永磁同步电机结构 ………………………………… 433
　　二、比亚迪唐 PHEV 混合动力汽车前电机检修 ………………………………… 434
　　三、比亚迪唐 PHEV 混合动力汽车后电机检修 ………………………………… 437
　第三节　比亚迪唐 PHEV 混合动力汽车动力电池 ………………………………… 441
　　一、比亚迪唐 PHEV 混合动力汽车动力电池结构 ……………………………… 441
　　二、比亚迪唐 PHEV 混合动力汽车动力电池更换流程 ………………………… 442
　　三、比亚迪唐 PHEV 混合动力汽车漏电传感器维修 …………………………… 442
　　四、比亚迪唐 PHEV 混合动力汽车电池管理控制器安装位置及系统框架 …… 444
　　五、比亚迪唐 PHEV 混合动力汽车电池管理控制器电气原理图及接插件定义 … 445
　　六、比亚迪唐 PHEV 混合动力汽车电池故障码 ………………………………… 447
　　七、比亚迪唐 PHEV 混合动力汽车电池故障诊断方法 ………………………… 449
　　八、比亚迪唐 PHEV 混合动力汽车分压接触器安装位置及结构 ……………… 451
　第四节　比亚迪唐 PHEV 混合动力汽车高压配电箱 ……………………………… 452
　　一、比亚迪唐 PHEV 混合动力汽车高压配电箱安装位置、结构 ……………… 452
　　二、比亚迪唐 PHEV 混合动力汽车高压配电箱控制电路及插接件端子定义 … 454
　　三、比亚迪唐 PHEV 混合动力汽车高压配电箱常见故障码及诊断 …………… 455
　　四、比亚迪唐 PHEV 混合动力汽车高压配电箱拆装 …………………………… 457
　第五节　比亚迪唐 PHEV 混合动力汽车低压铁锂电池 …………………………… 458
　　一、比亚迪唐 PHEV 混合动力汽车低压铁锂电池结构、电路控制及针脚定义 … 458
　　二、比亚迪唐 PHEV 混合动力汽车低压铁锂电池常见故障 …………………… 459
　第六节　比亚迪唐 PHEV 混合动力汽车上下电及动力电池故障 ………………… 461
　　一、比亚迪唐 PHEV 混合动力汽车上下电流程 ………………………………… 461
　　二、比亚迪唐 PHEV 混合动力汽车动力电池故障 ……………………………… 462
　第七节　比亚迪唐 PHEV 混合动力汽车双向车载充电器 ………………………… 466
　　一、比亚迪唐 PHEV 混合动力汽车双向车载充电器组成 ……………………… 466
　　二、比亚迪唐 PHEV 混合动力汽车前驱动电机控制器与 DC 总成安装位置、系统
　　　　框架及电气参数 ……………………………………………………………… 477
　　三、比亚迪唐 PHEV 混合动力汽车后驱动电机控制器总成 …………………… 493
　第八节　比亚迪唐 PHEV 混合动力汽车空调系统 ………………………………… 500
　　一、比亚迪唐 PHEV 混合动力汽车空调系统结构 ……………………………… 500
　　二、比亚迪唐 PHEV 混合动力汽车制热、制冷工作原理 ……………………… 501
　　三、比亚迪唐 PHEV 混合动力汽车空调系统高压组件 ………………………… 502
　　四、比亚迪唐 PHEV 混合动力汽车空调绿净系统 ……………………………… 504
　　五、比亚迪唐 PHEV 混合动力汽车空调新增空调系统的功能 ………………… 506
　　六、比亚迪唐 PHEV 混合动力汽车空调电路控制原理 ………………………… 507
　　七、比亚迪唐 PHEV 混合动力汽车空调电路控制端子定义 …………………… 513
　　八、比亚迪唐 PHEV 混合动力汽车空调故障码 ………………………………… 515

第一章
混合动力汽车概述安全操作

第一节 混合动力汽车概念与分类

一、混合动力汽车概念

混合动力系统是指两种不同形式的动力组合在一起,共同作为驱动汽车前进的动力系统,其动力形式主要有燃油发动机、燃气发动机、电机等。但通常所说的混合动力汽车,是指采用燃油发动机与电机两种动力组合的汽车,简称"油电混合"。

虽然都是采用发动机和电机来驱动汽车前进,但并不都是采用燃油和电两种能量供给方式。采用油电、气电驱动方式的混合动力汽车,通常称为"普通混合动力汽车";而采用外接电源充电的混合动力汽车,被称为"插电式混合动力汽车"。

二、混合动力汽车分类

目前大家对混合动力技术的理解是一个内燃机和一个电机的组合。电机可以用作产生电能的发电机、驱动车辆的电动机或内燃机的起动机。

混合动力分类的方式有三种。一种是根据有无外接充电电源区分;一种是根据结构特点区分,分为串联式混合动力(又叫增程式电动)、并联式混合动力、混联式混合动力等;还有一种是根据混合度的不同分为微混合动力系统、中度混合动力系统、全混合动力系统。

1. 根据混合度不同分类

(1) 微混合动力系统(图1-1) 在这种动力方案中,电气组件(起动机/发电机)仅用于启动和停止功能。在制动时,部分动能可以转化为电能以重新利用(能量再生)。车辆无法通过纯电力驱动行驶。

(2) 中度混合动力系统(图1-2) 电力驱动用来辅助内燃机驱动车辆。电机与发动机共同驱动车轮，在汽车需要更大动力时帮助"推"一下汽车，从而提高整车的起步和加速性能。这种混合动力系统中的电机一般设置在发动机与变速器之间，而不是独立设置。车辆无法通过纯电力驱动行驶。利用中度混合动力系统，可以在制动时回收更多的动能，并以电能的形式储存在高压蓄电池中。高压蓄电池及电气组件的额定电压和额定功率更高。由于电机的辅助，内燃机可以在最佳的效率范围内启动，这被称为负载点推移。

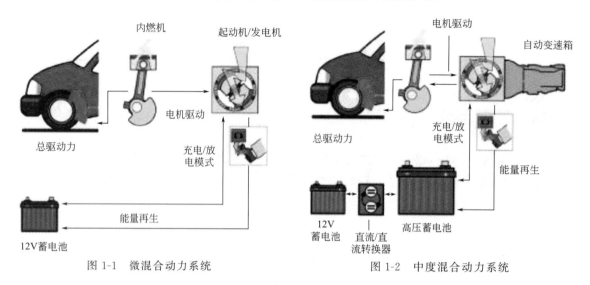

图 1-1　微混合动力系统　　　　　　图 1-2　中度混合动力系统

代表车型：奥迪 Q5 Hybrid、奔驰 S400、大众途锐 Hybrid 等，如图 1-3 和图 1-4 所示。

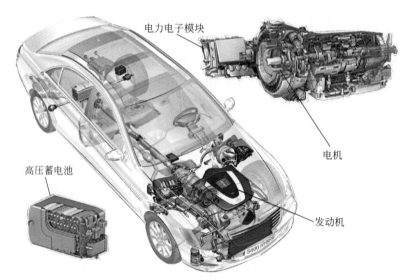

图 1-3　奔驰 S400 混合动力汽车

（3）全混合动力系统（图 1-5）　这种系统将功率更强的电机和内燃机相结合，可以实现纯电力驱动。一旦达到规定条件，电机即可辅助内燃机的运行。低速行驶时，完全由电力驱动。内燃机具备启动和停止功能。回收的制动能量可为高压蓄电池充电。内燃机和电机之间的离合器，可以断开这两个系统之间的连接。内燃机仅在需要时介入。

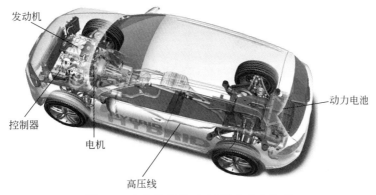

图 1-4 大众途锐 Hybrid 混合动力汽车

2. 根据结构特点分类

分为并联式混合动力系统（PHEV）、混联式混合动力系统（PSHEV）、串联式混合动力系统（SHEV）、分支式串联混合动力系统。

（1）并联式混合动力系统（图 1-6） 并联式混合动力系统设计的特点是结构简单。这种技术通常用于对已有车辆进行"混合动力化"。内燃机、电机和变速箱安装于一根轴上。并联式混合动力系统通常配有一台电机。内燃机和电机各自输出功率的总和等于总输出功率。这种方案可以保留车辆上大部分的原有零部件。在四轮驱动车辆的并联混合动力设计中，四个车轮的驱动力由托森差速器和分动器传送。

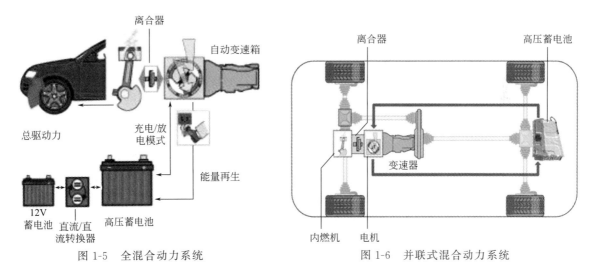

图 1-5 全混合动力系统　　　　　图 1-6 并联式混合动力系统

（2）混联式混合动力系统（图 1-7） 混联式混合动力系统除配有内燃机外，还配有一台电机，两者均安装于前桥上。

驱动力由内燃机和电机共同提供，通过行星齿轮组传递给变速箱。与并联式混合动力系统设计不同，两种形式的动力输出并不能全部传递给车轮。其中一部分动力输出用于驱动车辆，而另一部分则以电能的形式储存在高压蓄电池中。

（3）串联式混合动力系统（图 1-8） 车辆只通过电机来驱动，内燃机与驱动轴是没有机械连接的。内燃机带动一个发电机，该发电机在车辆行驶时为电机供电或者给高压蓄电池充电。

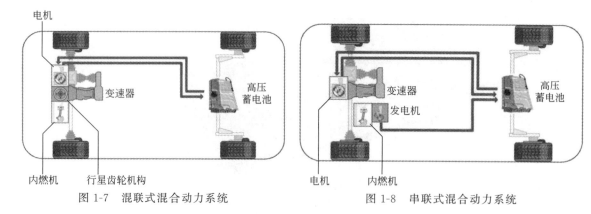

图 1-7 混联式混合动力系统　　　　图 1-8 串联式混合动力系统

（4）分支式串联混合动力系统（图 1-9）　分支式串联混合动力系统，就是把分支式混合动力系统和串联混合动力系统综合在一起。该系统有一个内燃机和两个电机。内燃机和电机 1 装在前桥上，电机 2 装在后桥上，这种结构用于四轮驱动车。

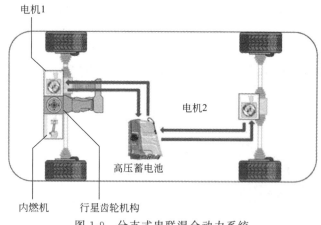

图 1-9 分支式串联混合动力系统

内燃机和电机 1 可以通过行星齿轮机构来驱动车辆变速器。要注意的是：在这里不是将内燃机和电机各自的功率加起来传递到车轮上，后桥上的电机 2 在需要时才会工作。因为结构原因，高压蓄电池布置在前、后桥之间。

3. 根据有无外接充电电源区分类

插电式混合动力（Plug-in Hybrid）是指可以外接充电的混合动力汽车，以降低发动机的使用率，进一步达到节能目的。插电式混合动力汽车可以是串联、并联或者混联式中的任何一种。

插电式混合动力汽车（Plug in Hybrid Vehicle，PHV），简单说就是介于电动汽车与燃油汽车两者之间的一种汽车（图 1-10）。它既有传统汽车的发动机、变速箱、传动系统、油路、油箱，也有电动汽车的电池、电机、控制电路，而且电池容量比较大，有充电接口。

与雷克萨斯 RX450h 这种非插电的混合动力汽车相比，插电式混合动力汽车的电池容量更大，可以支持行驶的里程更长。如果每次都是短途行驶，有较好的充电条件，插电式混合动力汽车可以不用加油，当作纯电动汽车使用，具有电动汽车的优点。

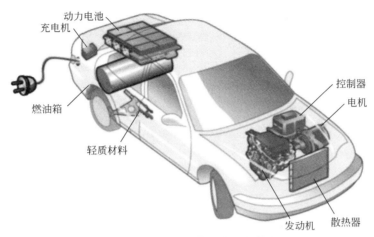

图 1-10　插电式混合动力汽车构造

与特斯拉 Model S 这种纯电动汽车相比,插电式混合动力汽车的电池容量要小很多。在无法充电的时候,只要有加油站,加完油就可以一直行驶下去,行驶里程不受充电条件的制约,又具有燃油汽车的优势。

但是,因为一辆车内要集成电动汽车、燃油汽车两套完整的动力系统,插电式混合动力汽车的成本较高,结构复杂。重量也比较大,相对于单纯的燃油汽车和电动汽车又有劣势。不过,在充电站大面积普及,充电时间大幅提高之前,插电式混合动力汽车作为燃油汽车与电动汽车之间的过渡产品将长期存在下去。

还有一种普通混合动力汽车,它的动力电池容量很小,如雷克萨斯 CT200h,其动力电池容量为 6.5A·h,相当于一些强力探照灯的蓄电池容量,它在纯电模式下最远行驶距离仅为 3km。因此,混动时一般通过刹车回收动能为动力电池充电,或者利用车辆在行驶时发动机的多余功率驱动发电机充电,完全不存在纯电动汽车到处找"插座"的困扰。

插电式混合动力汽车比起混合动力汽车,说简单了就是多个插电口,能够外接充电。电动机功率要足够大,确保汽车能够以比较高的速度行驶,电池容量也要比混合动力汽车的大很多,足以在纯电模式下行驶几十千米,插电式混合动力汽车的续航里程较长(一般 50km 以上)。插电式混合动力汽车的百公里综合油耗比混合动力汽车更低,如普锐斯插电版在纯电模式可以行驶 30km,使得百公里油耗低至 2L,比混合动力版节油约 3L(普锐斯混合动力版和凯美瑞混合动力版油耗相当)。而且充电时间也不长,一般数小时即可充满。如果能够保持良好的充电习惯,用车费用可与纯电动汽车相媲美,并且无需担心任何续航问题。但是插电式混合动力汽车由于动力电池的容量更大,电池组的增大也进一步提高了售价,而部分地区不对插电式混合动力汽车进行补贴,如北京就只补贴纯电动汽车,不补贴插电式混合动力汽车。

第二节　混合动力汽车基本结构

一、混联式混合动力汽车结构

混联式混合动力汽车有两个电机,如图 1-11 所示。一个电机仅用于直接驱动车轮,还有一个电机具有双重角色:当需要极限性能的时候,充当电动机直接驱动车轮,整车功率就是发动机、两个电机的功率之和;当电力不足的时候,就充当发电机,给电池充电。

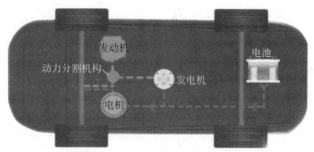

图 1-11 混联式混合动力汽车

混联方式也称为串并联方式,它结合了串联和并联两种混合动力的优点。它的结构复杂程度超过前两种混合动力系统,但是技术优势十分明显。同时,也是目前市场上最成功的混合动力系统,丰田和雷克萨斯的混合动力系统就是混联式。

二、并联式插电混合动力汽车结构

并联式插电混合动力汽车内有两套驱动系统(图 1-12),大多是在传统燃油汽车的基础上增加电动机、电池、电控单元而成,电动机与发动机共同驱动车轮。车内只有一台电机,驱动车轮的时候充当电动机,不驱动车轮给电池充电的时候充当发电机。

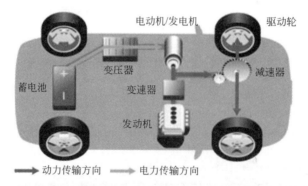

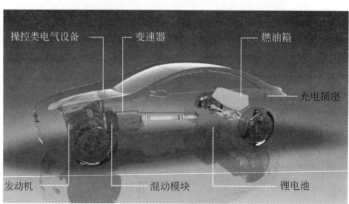

图 1-12 并联式插电混合动力汽车结构

并联式插电混合动力汽车的优势在于:电动机、发动机共同驱动车轮,没有功率浪费的问题,譬如电动机功率为 50kW,发动机功率为 100kW,只要传动系统能承受,整车功率就是 150kW。

在纯电模式下，同样有电动汽车安静、使用成本低的优点。而在混合动力模式下，有非常好的起步扭矩，加速性能出色。

因为只是在变速箱上（分变速箱输入端和输出端两种增加方法）增加了一台电动机，在传统燃油车基础上改动较小，成本也比较低。

这种模式的缺点是：在混合动力模式下，发动机不能保证一直在最佳转速下工作，油耗比较高。只有在堵车时，因为可以自带发动机启停功能，油耗才会低。

因为只有一台电机，不能同时发电和驱动车轮，所以发动机与电动机共同驱动车轮的工况不能持久。持续加速时，电池的能量会很快耗尽，转成发动机单独驱动模式。

这一类的代表车型包括比亚迪秦、奔驰 S500 插电版（百公里油耗 2.8L），如图 1-13 所示。

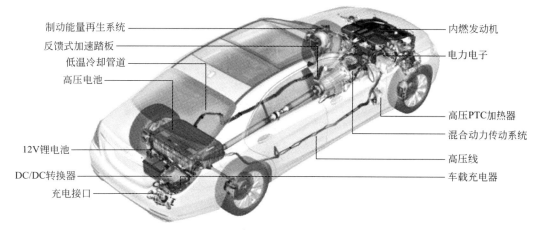

图 1-13　奔驰 S500 插电版汽车

三、串联式混合动力汽车结构

串联结构，顾名思义就是发动机和电动机"串"在一条动力传输路径上，如图 1-14 所示。串联结构最大的特点就是发动机在任何情况下都不参与驱动汽车的工作，它只能通过带动发电机为电动机提供电能。串联结构的动力来源于电动机，发动机只能驱动发电机发电，并不能直接驱动车辆行驶。因此，串联结构中电动机功率一般要大于发动机功率。

代表车型：雪佛兰沃蓝达、宝马 i3 增程式混合动力汽车（图 1-15）、传祺 GA5 增程式混合动力汽车。串联结构的特点是结构简单、使用方便。

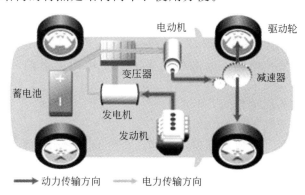

图 1-14　串联式混合动力结构

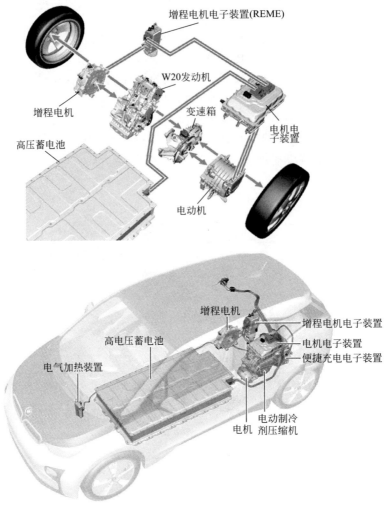

图 1-15 宝马 i3 增程式混合动力汽车

第三节 高压安全操作

一、高电压操作安全知识

1. 电击与人体反应

电流流经人体时会发生电击。电击现象受下列 4 项因素影响,与电压大小没有直接关系。

① 电流大小(流经人体电流的大小)。

② 载流时间(电流流经人体的时间)。

③ 电流通路(电流流经人体的部位,例如:手→心脏→脚→地面。当电流流经心脏时尤其危险)。

④ 电源种类(100V 交流电,其实际交流波形的峰值电压为 141V,较 100V 直流电的电压高。当频率为 40~150Hz 时有引发心室颤动的危险)。

2. 电击对人体的影响

发生电击时，根据电流大小以及载流时间，人体会出现不同反应，见表1-1。

表1-1 发生电击时电流对人体的危害性

载流时间/ms \ 载流电流/mA	0.1~0.5	0.5~2	2~8	8~15	10~200	200~500	>500
10~100	无反应	略微感觉	可以忍受的痛感	可以忍受的痛感	可以忍受的痛感	肌肉收缩、呼吸困难	有可能引发心室颤动
100~500	无反应	略微感觉	可以忍受的痛感	可以忍受的痛感	肌肉收缩、呼吸困难	肌肉收缩、呼吸困难	有可能引发心室颤动
500~2000	无反应	略微感觉	可以忍受的痛感	肌肉收缩、呼吸困难	肌肉收缩、呼吸困难	肌肉收缩、呼吸困难	可能引发心室颤动
>2000	无反应	略微感觉	可以忍受的痛感	肌肉收缩、呼吸困难	有可能引发心室颤动	有可能引发心室颤动	可能引发心室颤动

3. 人体电阻

电击的危险度由电流决定。在人体电阻相同的情况下，电压越高，电流会越大，危险性也会增大。

因此，各国均各自规定了不对人体造成影响的安全电压。例如，德国、英国24V，荷兰50V。

人体电阻分为皮肤电阻和人体内部电阻。

人体内部的体液与食盐水的性质相近，比较容易导电。因此如有外伤或者皮肤被水浸湿时人体的电阻值将会下降，从而更容易受到电击。

根据接触状态的不同规定了允许电压的电压值作为允许接触电压，如表1-2所示。

表1-2 允许电压的电压值

允许接触电压/V	与人体的接触状态
2.5	人体的大部分浸在水中
25	人体有明显的浸湿部分或者人体的一部分与金属制电气设备接触
50	通常状态

4. 漏电

绝缘能力较差部分与地面间形成电力潮流的现象称为漏电。对于汽车而言不仅仅指地面，普通电路以外形成电力潮流的情况均称为漏电。

一旦人体与漏电处接触，电流将通过人体流向地面，引起电击危险。

为了防止混动系统的高电压电路发生漏电，系统拥有一套区别于普通12V电路的独立电路，该电路称为浮动方式电路，如图1-16所示。

5. 绝缘

确保电路以外的部分不发生漏电对本田IMA系统的安全作业极为重要。

进行分解组装作业及诊断作业时，务必在手上佩戴用绝缘物制作的保护器具或者用防护用具对高电压部分进行绝缘操作，如图1-17所示。

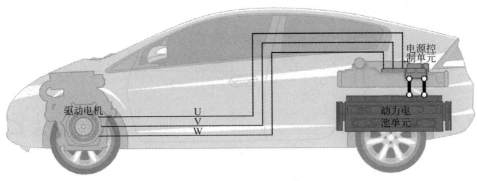

图 1-16　浮动方式电路

推荐绝缘手套
工作电压：750V直流电以下(600V交流电以下)
3000V/min 耐电压试验合格品
日常检验项目
- 空气实验(向内吹气检查是否漏气。检查完毕后待内部充分干燥后使用)
- 目视检查(针孔、破裂等)

推荐绝缘工具
工作电压：DC 1000V以下
EN60900规格认定标准产品：
以防止短路、电击为目的的欧洲统一规格

图 1-17　绝缘物制作的保护器具和防护用具

6. 高电压作业时的注意事项

① 进行危险作业的事前通知（作业类别、场所、时间、注意事项、作业人员）。
② 对车辆及零部件进行危险操作时设置警示标志（注意事项、作业人员名称），如图 1-18 所示。
③ IG SW 与关键管理（作业人员进行的关键管理）。
④ 检查保护器具及绝缘工具等是否齐备。
⑤ 对高电压部分进行预估与确认后进行相关作业。
⑥ IG SW ON 之前进行安全确认。
⑦ 撤去警示标志并进行作业结束报告。

7. 发生电击时的急救

如果贸然接触受电击倒地的人员，可能造成二次电击，因此应使用安全保护器具之后再进行施救，如图 1-19 所示。

根据现场情况，灵活掌握人工呼吸、心脏按压、AED（自动体外心脏起搏器）（图 1-20）的急救顺序。

此外，虽然本人已掌握急救知识，但如果自己成为受害者时也无法发挥作用，因此有必要组织广大员工学习急救知识。

图 1-18　设置警示标志

图 1-19　发生电击时使用安全保护器

图 1-20　AED（自动体外心脏起搏器）

二、Hybrid 系统特有的注意事项

1. 电机转子的操作

Hybrid 系统使用具有极强磁性的转子，在对其进行分解时需要注意，如果使用铁制操作台有可能会夹伤手指；可能会造成钟表及磁卡等损坏，请勿随身携带。

使用起搏器等电子医疗器械的人员可能会受到磁力的影响，引发危险。因此该类人员不得从事转子的分解组装工作。

Spirior Hybrid 电机转子严禁拆卸。

2. 镍氢蓄电池的操作（Civic Hybrid）

镍氢蓄电池的电解液使用具有强碱性的氢氧化钾，如果泄漏的电解液与皮肤接触可能引起重度炎症，如果不慎进入眼睛可能导致失明，如果不慎吞食可能对呼吸系统造成严重损害甚至危及生命。在电解液发生泄漏的情况下进行修理时务必注意。

如果不慎与皮肤接触或者进入眼睛，立即用大量清水冲洗并到医院接受检查。

3. 锂离子电池的操作（Spirior Hybrid）

锂离子电池的电解液（乙醇成分有机溶剂）较镍氢蓄电池所使用的氢氧化钾的危险性低，仅使用大量清水冲洗便可。

4. 救援作业

因事故等原因受损的车辆的处理顺序如图 1-21 所示。

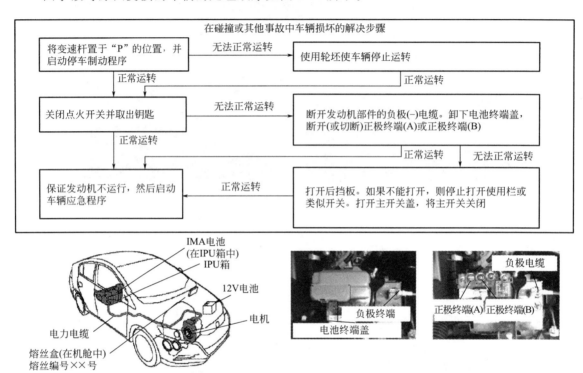

图 1-21　因事故等原因受损的车辆的处理顺序

各操作过程中的绝缘、电解液的中和以及发生火灾时灭火的操作根据表 1-3 中各项进行。

表 1-3　电解液的中和以及发生火灾时的灭火操作

救援作业	准备物品	操作
绝缘	保护器具（绝缘手套、劳保鞋）	进行救援作业时用于防止电击
	绝缘胶带	·卸下 IMA 电机电缆时绝缘用 ·推荐：UL 标准产品（规定了耐热性与绝缘性的标准）
	万用表	用于确认 IMA 电池的电压
电解液的中和	饱和硼酸液 20L	·向容器中加入 800g 粉末状硼酸，溶解于 20L 水之后使用 ·如果没有粉末状硼酸时，可以使用大量的水进行冲洗
	红色石蕊试纸	确认是否为中和状态
	废棉纱头、旧毛巾	用于擦拭电解液
灭火	灭火器	应对油火灾、电气火灾使用

发生车辆火灾时仅以少量水进行灭火可能会出现危险，应以灭火器灭火或者等待消

防车。

由于锂离子电池使用乙醇成分的有机溶剂，因此以大量的水进行冲洗便可。

发生车辆火灾时不止有乙醇成分的有机溶剂，仅使用水进行灭火难以奏效，因此需要使用油火灾、电气火灾适用的灭火器。

5. 维修操作"十注意"

① 在车体高电压或高温处均有"警告标示"，严格按标示要求操作！
② 洗车时请勿将高压水枪向充电口部位喷射，以避免充电口进水，发生触电危险！
③ 使用指定的充电插座及充电线，切勿自行选择充电设备！
④ 车辆消防灭火时，禁止使用"水浇法"，应采用"干粉"灭火器！
⑤ 车辆维修时，不可车体湿润或带水操作！
⑥ 电池包更换时，注意防酸碱，使用工业防碱手套，并佩戴防护目镜！
⑦ 车辆拆装时，不可同时操作正负极！
⑧ 禁止正负极对接，避免正极或负极经人体接地！
⑨ 拆开的高压线接口要进行绝缘处理！
⑩ 双人操作，一人监护，一人操作！

第二章
宝马F49 PHEV混合动力汽车

第一节 宝马F49车辆识别

宝马X1 xDrive 25Le（开发代码：F49 PHEV）是一款第3代宝马混动汽车。F49 PHEV是一款中国本土生产并配备锂离子蓄电池的插电式混合动力汽车。宝马X1 xDrive 25Le在纯电力驱动条件可以行驶60km左右。

一、外识别标志

宝马X1 xDrive 25Le通过一系列明显的特征与传统的F49区分开来。"e"在型号中作为一个识别标志添加到型号"225xe"命名中，并在C柱和内燃发动机隔音罩上添加"eDrive"铭刻文字，表明这是一款混合动力汽车；宝马X1 xDrive 25Le标配18in（1in=2.54cm）铝轮圈（568设计）；充电插座盖板布置在前侧面板左侧，如图2-1所示。

(a) 左前门右侧附有型号名称"xDrive 25Le"　(b) 蓝色空气进口栅　(c) 隔音罩配备"eDrive"标识
(d) 充电插座盖板在左侧面板上带有"i"标识　(e) 轮毂中心带有"BMW i"徽标　(f) C柱(左侧和右侧)带有"eDrive"铭文　(g) 门槛处覆有带"eDrive"铭刻的盖板

图2-1　外部识别标志

二、内部标志

F49 PHEV 内部标识特征如图 2-2 所示。

F49 PHEV 内部装置同样通过一系列特征与 F49 区分开来。第一个特征是续航按钮位于储物箱前侧，在驾驶员门内部。第二个特征是中控台上的驾驶体验开关：eDrive 按钮。配备该按钮后，驾驶员可以通过切换功能选择不同的功能，并且完全依靠电力驱动即可达到 120km 的时速。汽车内部配备不带 MSA 功能的启停按钮。

前门槛盖板装饰条及自动变速器选挡开关上同样带有"eDrive"铭刻。

组合仪表显示混合动力驾驶状态以及高压蓄电池单元的充电状态，并且可以根据功能选择在中央数据显示屏上显示。CID 及组合仪表显示在汽车启动时启用。

F49 PHEV 乘客车厢与 F49 几乎相同。因为高压蓄电池单元位于汽车下部，油箱从 61L 缩减至 35L。这个空间用来在汽车下部安装高压蓄电池单元。因为后部脚踏板进行了轻微的改装，以便创造空间安装电机和高压蓄电池单元，因此后备厢的空间缩减了 60L。

(a) 组合仪表带有混合动力特征　(b) 发动机启停按钮处不带有MSA开关　(c) eDrive按钮位于驾驶体验开关左侧

(d) 加油按钮　(e) 带有"eDrive"铭刻的挡位选择开关　(f) 带有混合动力特征的中央数据显示屏

图 2-2　F49 PHEV 内部标识特征

第二节　宝马 F49 混合动力驱动部件

一、驱动组件位置

F49 PHEV 驱动系统如图 2-3 所示。技术数据如表 2-1 所示。

表 2-1　技术数据

组件	说明	特性值
汽油发动机 B38A15M0	·3缸汽油发动机 ·涡轮增压前侧直喷,横向安装 ·F49PHEV	100kW 220N·m
自动变速箱	·6速自动变速箱 ·混动适应 ·辅助电动油泵	250N·m

续表

组件	说明	特性值
高压启动器电动发电机 EMP120.66	• 启动、eBOOST 和充电功能 • 通过传动皮带连接	12kW 60N·m 18000r/min （发动机最高转速） $i=1:2.57$（传动皮带比率）
高压蓄电池单元	• 汽车专属壳罩 • 高压模块组件	154×26.5A·h 锂离子电池 11 电池模块，每个含 14 个电池
燃油箱	PHEV 专用加压油箱	35L
电机 EMP156.162	电气后轮驱动	70kW 165N·m 14000r/min（发动机最高转速）

图 2-3　F49 PHEV 驱动系统
1—3 缸汽油发动机；2—6 速自动变速箱；3—高压启动器电动发电机；4—高压蓄电池单元；5—加压油箱（35L）

二、电机

1. 电机安装位置

电机连接在后桥上的电机变速器上，通过电力驱动后轮，如图 2-4 所示。

2. 电机组件

电机的主要组件：转子和定子、连接件、高压接口、传感器。

F49 PHEV 中的混合动力系统被称为平行混合动力系统。内燃发动机及电机通过链轮进行机械耦合。驾驶过程中，两种驱动系统可以单独使用或同时使用。

（1）转子和定子　为了提高技术数据，其结构（主要是转子）进行了改进和优化。转子的永磁体和叠片组重新进行了布置，对磁场线的性能产生了积极的影响。一方面，提高了扭矩；另一方面，定子线圈中的电流等级较低，因而效率高于常规同步电机。

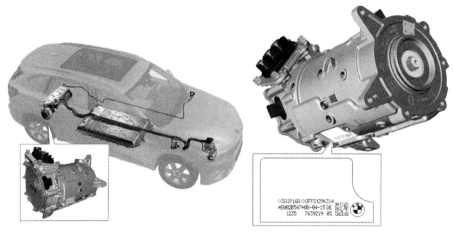

图 2-4 电机安装位置

F49 PHEV 中的电机结构属于内转子结构。"内转子"是表示转子通过永磁体呈环形布置在内侧。产生旋转场的线圈位于定子外部。定子收缩进电机壳罩内。F49 PHEV 的电机在转子内有四对电极。

两个带槽球轴承位于轴的两端,对转子起支撑作用,结构如图 2-5 所示。

(2) 连接件 F49 PHEV 连接件如图 2-6 所示。

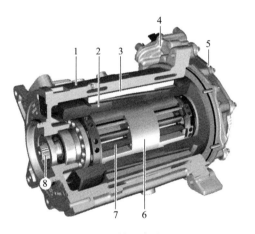

图 2-5 转子和定子
1—电机壳罩;2—线圈(U、V、W);3—定子;
4—高压连接件(U、V、W);5—盖子(维修中
禁止打开);6—转子;7—永磁体;8—转子轴

图 2-6 F49 PHEV 连接件
1—高压接口;2—电气接线,转子
位置传感器;3—型号牌;
4—高压组件警示标签

(3) 高压接口(图 2-7) 电能通过高压连接件输送至电机的线圈。高压连接件通过三相屏蔽高压电缆将电机电子装置及电机相连。

高压接头通过螺栓固定在电机电子装置及电机上。

(4) 传感器(图 2-8) 为了对定子线圈电压进行正确计算,并确保电机电子装置根据振幅和相位层产生电压,必须知道转子的精确位置,转子位置传感器就承担这一任务。转子结构与同步电机的转子结构类似,而且它有一个特殊成形的转子与电机转子相连,还有一个与电机相连的定子。转子在定子线圈中旋转产生的电压通过电机电子装置进行评估,然后根据评估结果计算转子位置的角度。

注：更换电机电子装置时，必须借助诊断系统对转子位置传感器进行校准。

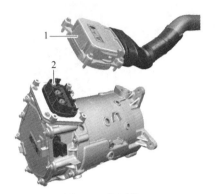 

图 2-7　高压接口　　　　　　　　图 2-8　F49 PHEV 转子位置传感器
1—高电压插头；2—高压接口　　　1—转子位置传感器的转子；2—转子位置传感器的定子

3. 电机电子装置

电机电子装置（EME）是电机和高压启动电动发电机的电子控制装置。该装置负责将高压蓄电池单元（最高 340V DC 左右）的直流电压转换成三相 AC 电压，用来启用电机和高压启动电动发电机，在此过程中，电机和高压启动电动发电机作为电动机；相反，当电机和高压启动电动发电机作为发电机工作时，电机电子装置将三相 AC 电压转换成直流电压，并为高压蓄电池单元充电。比如，在制动能量再生（能量回收）过程中发生此类操作。为了进行这两种模式的操作，有必要配备 DC/AC 双向转换器，该装置可以作为换流器和整流器进行工作。

DC/DC 转换器同样与电机电子装置成为一体，确保 12V 汽车电气系统的电压供给。

F49 PHEV 的整个电机电子装置位于一个铝制壳罩内，控制单元（DC/AC 双向转换器以及 12V 汽车电气系统的 DC/DC 转换器）也位于该壳罩内。

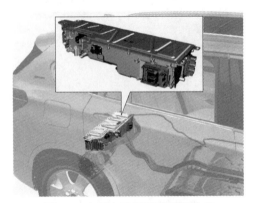

EME 控制单元还承担其他任务。比如：高压动力管理，对高压蓄电池单元的可用高压进行管理，同样与 EME 集成为一体。此外，EME 有各类输出级，负责 12V 执行机构的启用。

（1）安装位置　电机电子装置安装在后桥下方的汽车底部。

为了实现电机电子装置的所有接线，该组件必须完全拆除。EME 的上部接线位于后备厢底部盖板下方螺栓拧固的盖子下方，如图 2-9 所示。

图 2-9　电机电子装置的安装位置

（2）连接件　电机电子装置的接线可以分为：低压接口、高压接口、3 个螺纹孔，用于等电位连接、冷却液线路的接线，如图 2-10 和图 2-11 所示。

（3）低压接口　电机电子装置外部低压接头连接下述线路和信号。

① 用于 EME 控制单元的电源（引自配电箱的终端 30B，位于前侧和地面）。

② FlexRay 总线系统。

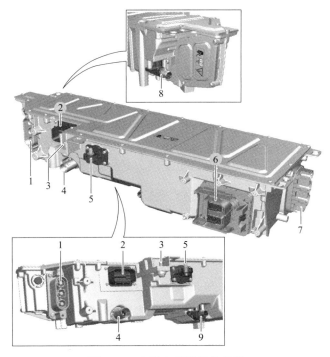

图 2-10 电机电子装置的接线

1—与高压启动电动发电机相连的高压接口（AC）；2—低压接头/信号接头的接线；3—DC/DC 转换器输出（-12V）；4—用于便捷充电电子装置交流充电的高压接口；5—输出，DC/DC 转换器（+12V）；6—与高压蓄电池单元相连的高压接口（DC）；7—与电机相连的高压接口（AC）；8—用于冷却液回流管路的接口；9—用于冷却液供给管路的接口

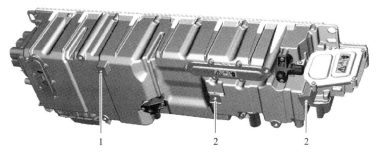

图 2-11 等电位连接的螺纹孔

1—螺纹孔（M6 螺纹）；2—螺纹孔（M8 螺纹）

③ PT-CAN1 总线系统。

④ PT-CAN2 总线系统。

⑤ 唤醒导线。

⑥ 引自 ACSM 的信号线路，用于传送碰撞信息。

⑦ 汽车内部截止阀的动作。

⑧ 高压联锁回路电路的输入和输出（EME 控制单元评估信号），如果出现电路干扰，将切断高压系统（SME 冗余）。

⑨ 启用电动真空泵。

⑩ 电动冷却液泵（PME）：脉冲宽度调制信号。

⑪ 电机转子位置传感器的评估。

⑫ 电机温度传感器的评估。

⑬ 高压启动电动发电机的转子位置传感器的评估。

⑭ 高压启动电动发电机的温度传感器的评估。

此类线路和信号的电流等级相对较低。电机电子装置通过两个独立的低压连接和大横截面线路与12V汽车电气系统相连（终端30和终端31）。通过这种配置与电机电子装置内的DC/DC转换器接通，并为整个12V汽车电气系统提供能量。带有电机电子装置的这两条线路通过螺栓进行连接。

图2-12通过简单的接线图描述了电机电子装置的低压接口。

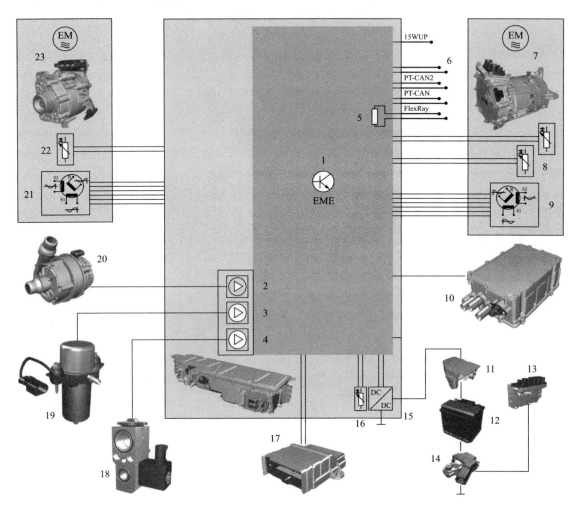

图2-12 电机电子装置的低压接口

1—电机电子装置（EME）；2—启用80W电动冷却液泵的输出级（LT冷却液电路）；3—启用电动真空泵的输出级；4—启用汽车内部膨胀阀和截止阀的输出级；5—终端电阻器（FlexRay）；6—高压联锁回路的信号线路；7—电机（整个）；8—电机定子线圈中的温度传感器；9—电机中的转子位置传感器；10—便捷充电电子装置（KLE）；11—安全型蓄电池接线柱（SBK）；12—12V蓄电池；13—数字式电机电子装置（DME）；14—智能型蓄电池传感器IBS；15—单向DC/DC转换器；16—DC/DC转换器中的温度传感器（负温度系数传感器）；17—碰撞安全模块；18—膨胀和截止组合阀（乘客舱）；19—电动真空泵；20—电动冷却液泵；21—高压启动电动发电机中的转子位置传感器；22—高压启动电动发电机中的温度传感器；23—高压启动器电动发电机

（4）高压接口　在电机电子装置中，共有四个与其他高压组件线路相连的高压接口。电动空调压缩机及电气加热装置当前位于便捷充电电子装置上。

图2-13通过简单的接线描述了电机电子装置与其他高压组件之间的高压接口。

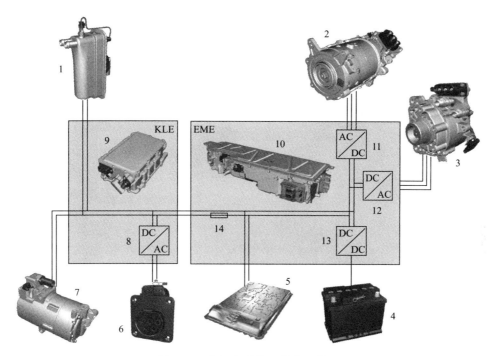

图2-13　电机电子装置的高压接口

1—电气加热装置；2—电机；3—高压启动器电动发电机；4—蓄电池（12V）；5—高压蓄电池单元；6—充电插座；7—电动空调压缩机（EKK）；8—单向AC/DC转换器；9—便捷充电电子装置；10—电机电子装置（整个）；11—电机的双向DC/AC转换器；12—高压启动电动发电机的双向DC/AC转换器；13—单向DC/DC转换器；14—60A防过载电流保护

（5）高压电缆　高压电缆连接高压组件，并且采用橘色电缆套标识。混动汽车制造商已达成统一意见：高压电缆采用警示黄色进行标识。F49 PHEV所使用的高压电缆的概况如图2-14所示。

高压电缆禁止过度弯曲或扭结。弯曲半径不得小于70mm，如图2-15所示。过度弯曲/扭结高压电缆会损害电缆护套，导致汽车高压电气系统隔离故障。

注：严禁对带电高压组件进行检修，在开始涉及高压组件的每项操作前，必须断开高压系统的电源，并确保不会重新连接后方可进行检修。

① 关闭终端15。
② 充电塞未与汽车连接。
③ 等待使汽车处于"睡眠"模式（查看启停按钮灯是否熄灭进行确认）。
④ 打开高压安全接头。
⑤ 固定高压安全接头，防止再次重启。
⑥ 打开终端15。
⑦ 等待，直至组合仪表显示"高压系统关闭"。
⑧ 关闭终端15和终端R。

 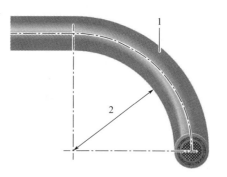

| 图 2-14　F49 PHEV 所使用的高压电缆的概况 | 图 2-15　高压电缆的弯曲半径 |

1—电动空调压缩机（EKK）；2—高压启动电动发电机（HV-SGR）；
3—电气加热装置（EH）；4—充电插座；5—高压蓄电池单元；6—电机
（EM）；7—电机电子装置（EME）；8—便捷充电电子装置（KLE）

1—高压电缆；2—弯曲半径

（6）高压平接头拆卸

① 高压联锁回路的桥接。断开高压接头前，首先必须拆除高压联锁回路的桥接，如图 2-16 所示。桥接在连接状态时关闭高压联锁环路的电路。SME 和 EME 控制单元持续监控高压联锁回路的电路。高压系统仅在电路闭合时启用。如果高压联锁回路的电路在拆除桥接后被切断，高压系统自动关闭。这是一项附加的安全预防措施，即便检修员工在开始工作前已对高压系统进行断电操作，如果高压联锁回路的桥接在高压系统启用状态下被查出，则会造成安全接头的"硬"开口，可能会增加磨损甚至损害接点。

② 机械锁定装置的拆除。只有在高压联锁回路桥接被拆除后，机械锁定装置方可按照如图 2-17 所示的箭头方向移动。机械锁定装置是位于高压组件上的高压接头的一个元件（即电机电子装置）。

 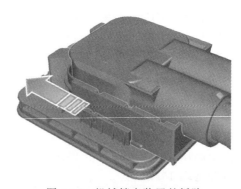

图 2-16　拆除高压联锁回路的桥接　　　　图 2-17　机械锁定装置的拆除

按照箭头方向移动锁定装置，高压电缆上高压接头的机械导轨被释放，从而可以进行后续断开操作。

③ 高压电缆接头的拆除。此时，高压电缆接头可以按箭头方向拔出，如图 2-18 所示。将接头拔出数毫米（A）后，可以感到一个较高的反向作用力。

然后，接头必须按照相同方向进一步拔出（B）。接头在达到位置 A 后，在任何条件下均不得再次推回高压组件上的套管，这种操作会损害高压组件套管上的盖罩。

注：高压联锁回路的桥接禁止在高压系统启用状态下拔出。

④ 重新安装高压电缆时按与拆卸相反的顺序执行。高压组件上的高压平接头如图 2-19 所示。

图 2-18 高压电缆接头的拆除

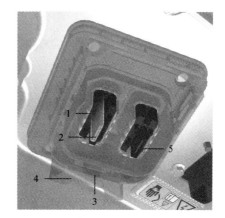

图 2-19 高压组件上的高压平接头
1—屏蔽的电气接点；2—高压电缆的电气接点；3—带高电压联锁回路电桥接口的插孔；4—机械锁定装置；5—接点保护

（7）高压圆形接头拆卸　F49 PHEV 的高压圆形接头如图 2-20 所示。

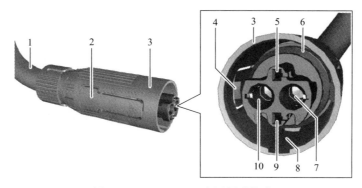

图 2-20 F49 PHEV 高压圆形接头
1—高压电缆；2—锁定元件上的启动点；3—接头壳罩；4—锁定元件；5—接头内桥接的接线 1；6—屏蔽接线；7—高压接口（2 销）；8—机械编码；9—接头内桥接的接线 2；10—高压接口（1 销）

高压接头内的桥接出于安全考虑而配置。当高压电缆与高压组件连接时，高压联锁回路的信号通过该桥接传送。为了将高压电缆与电动空调压缩机和电气加热装置相连，电压通过电动空调压缩机的桥接或变速器控制单元传输。如果其中一个电路被切断，还会导致相关高压电缆中电流的自动切断（回归至零）。因为桥接的两个接点在高压接点前侧相对布置，这种布置可以持续进行保护，防止在拆除高压接头时形成电弧。

① 高压圆接头 1 与相应高压组件的高压接口 2 相连，并且处于锁定状态，如图 2-21 所示。

② 两个锁定元件 2 必须按箭头方向 1 同时按下。高压组件接口中接头的机械锁定装置被拆除，如图 2-22 所示。

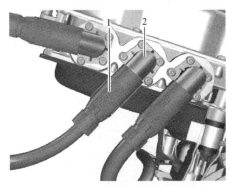 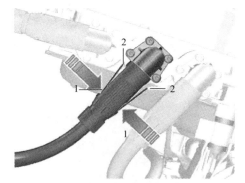

图 2-21　高压圆接头锁定状态　　　　图 2-22　机械锁定装置被拆除

③ 在锁定元件被进一步同时推动的过程中，接头必须在箭头 1 所示的纵向方向被拔出，如图 2-23 所示。

④ 当重新连接高压电缆时，不得同时推动锁定元件。接头在该组件的高压接口上进行纵向滑动即可。确保锁定元件就位（"咔哒"声）。此外，应当拔一下接头检查锁定元件是否就位。

(8) 通风口　通风口与壳罩一侧集成为一体，防止电机电子装置内部积水（温度变化，空气中的水分凝结等原因所致）。通风口还可以确保壳罩内部和周边区域的压力补偿。为了达到这两个目的，通风口配备了隔膜，隔膜属于透气不透水型，如图 2-24 所示。

图 2-23　纵向方向被拔出　　　　图 2-24　通风口
　　　　　　　　　　　　　　　　1—通风口

(9) 电机电子装置的内部组件　电机电子装置的内部由下述四个子组件构成：电机的双向 DC/AC 转换器、高压启动电动发电机的双向 DC/AC 转换器、单向 DC/DC 转换器、EME 控制单元。

F49 PHEV 电机电子装置中的 DC/DC 转换器可以适应下述操作模式。

① 备用（组件故障、短路、电力电子装置闭合）。

② 降压模式（能量传送至低压侧，转换器调整低压侧的电压）。

③ 高压链路电容器放电（联锁故障，事故，控制要求）。

电机电子装置未投入运行时，DC/DC 转换器处于"备用"模式。当未向 EME 控制单元供给指定电压时会出现这种状况，比如终端状态。但是如果存在故障，EME 控制单元会促使 DC/DC 转换器进行"备用"模式。在这种操作模式中，两个汽车电气系统之间不存在能量传输，电流相互独立。

当高压系统处于启用状态时，降压模式是一种正常的操作模式。DC/DC 转换器将高压电气系统的电能传送至 12V 汽车电气系统，并在常规汽车中承担发电机的功能。汽车高压电气系统中的电压取决于高压蓄电池单元的充电状态（220～300V），如图 2-25 所示。

汽车低压电气系统中的电压可以控制 DC/DC 转换器，确保 12V 蓄电池处于最佳充电状态，并根据充电状态及蓄电池的温度将电压设定在 14V 左右。DC/DC 转换器的持续输出功率为 2400W。

F49 PHEV 中的 DC/DC 转换器技术还可以启用"eBOOST"操作模式，与 F04 中的 DC/DC 转换器相同。但是，F49 PHEV 中未使用这种操作模式，因此，无法通过 12V 汽车电气系统为 F49 PHEV 的高压蓄电池充电。

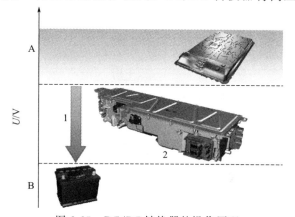

图 2-25　DC/DC 转换器的操作原理

A—汽车高压电气系统，220～300V；B—汽车低压电气系统，约 14V；1—降频转换；2—EME 中的 DC/DC 转换器

高压系统关停（常规关停或快速关停）过程中，DC/DC 转换器保留最后一种操作模式。为了对高压系统进行关停，系统必须在 5s 内放电至低于 60V 的安全电压。DC/DC 转换器为链路电容器配置了一个放电电路。放电电路尝试将链路电容器中存储的能量输送至汽车低压系统，如果该项动作未能引发电压的快速降低，则通过启用的电容器实施放电，高压电气系统通过这种方式在 5s 内放电。从安全角度考虑，还配置了一种被动放电电容器（平行开关），如图 2-26 所示。在前两种方式出现故障无法工作时，通过这种方式可以确保高压电气系统的放电。将电压放电至低于 60V 的周期较长，最长时间为 120s。

DC/DC 转换器的温度通过温度传感器测量，并通过 EME 控制单元进行监控。如果温度超过许可范围，即便采用冷却液进行冷却，EME 控制单元仍将降低 DC/DC 转换器的功率，以便保护组件。

（10）启用电机的电力电子装置　启用电机的电力电子装置主要采用 DC/AC 转换器制作而成，这是一种带有双向 DC 电压接口和 3 相 AC 电压接口的脉冲转换器，如图 2-27 所示。在其作为电动机工作时，这种 DC/AC 转换器可以作为换流器工作，并且可以将高压蓄电池单元的能量传导至电机。

DC/AC 转换器也可以作为一种整流器，并将电机的电能传送至高压蓄电池单元。这种动作在制动能再生过程中执行，在此过程中，电机作为发电机并且可以产生电能。

DC/AC 转换器的操作模式通过 EME 控制单元界定。EME 控制单元还接收 DME 控制单元发出的设定值（主要输入变量），电机应为 DME 控制单元提供扭矩（数量和信号）。通过这个设定值以及电机的当前操作状态（发动机转速和扭矩），EME 控制单元可以判定 DC/AC 转换器的操作模式以及电机相位电压的振幅和频率。根据此类规范，DC/AC 转换

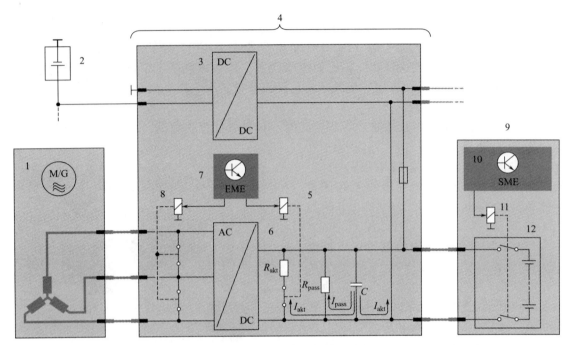

图 2-26 高压电路电容器的放电

1—电机；2—与 12V 汽车电气系统进行的连接；3—DC/DC 转换器；4—电机电子装置（整个）；
5—继电器（用于启用电容器放电）；6—双向 DC/AC 转换器；7—EME 控制单元；
8—继电器（用于电机线圈短路）；9—高压蓄电池单元；10—SME 控制单元；
11—机电式接触器；12—高压蓄电池单元；C—电路电容器；
R_{pass}—被动放电；R_{akt}—主动放电

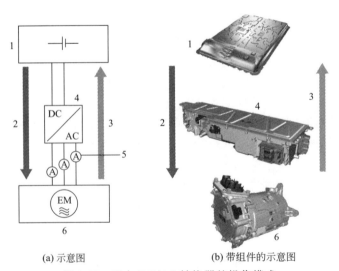

(a) 示意图　　　(b) 带组件的示意图

图 2-27 双向 DC/AC 转换器的操作模式

1—高压蓄电池单元；2—操作模式为转换器时，电机为发动机；3—操作模式为整流器时，
电机为交流发电机；4—DC/AC 转换器；5—电流传感器；6—电机

器的功率半导体元件被同步启用。

除 DC/AC 转换器外，电力电子装置还含有电流传感器，电流传感器位于 DC/AC 转换

器 AC 电压侧的三个相位内。通过电流传感器发出的信号，EME 控制单元对应用于电力电子装置及电机的电动功率以及电机所产生的扭矩进行监控。电机电子装置的控制回路通过到电机内电流传感器和转子位置传感器的信号关闭。

电机电子装置和电机的性能数据相互协调。为了避免电力电子装置超负荷，DC/AC 转换器中还配备了另外一个温度传感器。如果通过这种信号发现功率半导体元件温度超高，EME 控制单元可以降低输送至电机的功率，以便保护电力电子装置。

第三节　高压启动电动机

一、高压启动器电动发电机功能

F49 PHEV 中，位于常规交流发电机位置的高压启动电动发电机替换了启动电动机（F49 PHEV 中无附加的启动电动机）及交流发电机的功能。该装置主要用来启动 B38 内燃发动机，在驾驶过程中如果没有充足的充电电压通过电机电子装置中的 DC/DC 转换器为 12V 汽车电气系统供电，该装置可以为高压蓄电池单元进行充电。

高压启动电动发电机通过三相 AC 电压操作，还含有各类传感器。高压启动电动发电机的功能和功率电子装置位于电机电子装置（EME）内。

为了在常规交流发电机的安装位置容纳高压起动电动发电机的较大尺寸，B38 发动机进行了改动，比如改变水泵的位置。

总之，F49 PHEV 中高压启动电动发电机具备下述功能。

① 启动 B38 内燃发动机。
② 通过提高 B38 内燃发动机的负载点为高压蓄电池充电。
③ B38 内燃发动机的 eBOOST 功能。
④ 通过降低负载点为高压蓄电池放电。
⑤ 通过制动能再生对高压蓄电池进行充电。

作为启动电动机，高压启动电动发电机被设计为在所有天气和温度条件下将内燃发动机加速至一个安全的启动速度，因此无需安装独立的启动电动机。

根据驾驶速度、发动机转速及高压蓄电池的充电状态等各项因素，通过提高内燃发动机的负载点在高压启动电动发电机中产生一个 3 相 AC 电压。之后可以通过 EME 转换成直流电压并输送至高压蓄电池（通过 EME）。这种充电类型在内燃发动机的操作范围或充电窗台在汽车处于静止状态大幅降低时尤其有效。

高压蓄电池在充满电状态下，仅产生汽车电气系统所消耗的电能。

在"eBOOST"操作模式中，高压启动电动发电机在任何驾驶速度条件下均可产生附加扭矩，附加扭矩添加至内燃发动机产生的扭矩，因此有利于 F49 PHEV 的加速。这种功能的使用取决于相应的驾驶模式。

eBOOST 工作通常持续数秒钟，并且用于在排气涡轮增压器无法产生充足的充电压力时辅助内燃发动机。如果功率要求非常高，比如强制降挡或在运动模式下，可实现超增压。此时，只要存在动力需求，附加扭矩将持续传送至曲柄轴。

为了降低 F49 PHEV 在高压蓄电池充满电时的油耗，负载点降至指定充电状态。此时，内燃发动机的扭矩消失，被高压启动电动发电机所取代。

高压启动电动发电机参与能量回收，与后桥上的电机相同。因此，高压启动电动发电机中生成一个负扭矩，负扭矩在超速行驶阶段还可以对内燃发动机进行制动。与后桥上的电机不同，此处所产生的输出功率较低。

高压启动电动发电机的功率（交流发电机和电动模式）并非仅仅取决于高压启动电动发电机内的状态，诸如高压蓄电池或电机电子装置等其他系统在温度超高时同样可以引起高压启动电动发电机功率的降低。

在超低温或低充电状态下，高压蓄电池中的电流可以进行调整，以便保护高压蓄电池。从扭矩设定点设置切换至电流设定点设置，以便对高压蓄电池进行充电。

如果高压蓄电池出现电气故障，在高压蓄电池打开它的接触器后，可以通过电机电子装置和高压启动电动发电机保持汽车高压电气系统。此时，从扭矩设定点设置切换至电压设定点设置。

如果出现严重的电气故障，通过定子线圈的短路将高压启动电动发电机置于安全状态，高压电气系统在这种条件下没有高压供给。但是，高压启动电动发电机产生一个特定的扭矩电阻，该电阻在速度增加时减小。当高压启动电动发电机转速达到2500r/min时对应的发动机转速为970r/min左右，负扭矩大概为4N·m。

高压启动电动发电机安装在F49 PHEV发动机舱内前端传统交流发电机的位置，如图2-28所示。

图2-28 高压启动电动发电机

二、高压启动电动发电机结构

F49 PHEV中的高压启动电动发电机是一种同步电机，如图2-29所示。该装置的一般结构和操作原理与带有内部转子的永久励磁同步电机相对应。转子安装在内部，并配备永磁体。定子为环形，位于转子外部，环绕转子。它的形状为穿通3相线圈的铁芯。

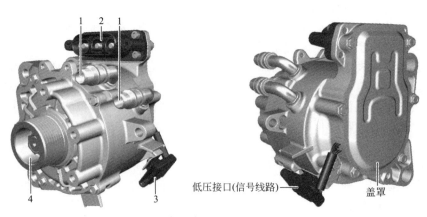

图2-29 高压启动电动发电机的连接
1—冷却液线路的接口；2—高压接口；3—低压接口（信号线路）；4—皮带轮

如果向定子施加一个3相交流电压，定子线圈会产生一个旋转的磁场，旋转磁场"牵拉"转子内的磁体。在这种情况下，高压启动电动发电机发挥电动机的功能，通过提供附加扭矩辅助内燃发动机（eBOOST功能）。

在充电模式中，旋转的转子产生改性磁场，从而在定子线圈中产生交流电压。

第四节 高压蓄电池

高电压蓄电池单元由中国宁德时代新能源科技有限公司（CATL）生产。F49 PHEV 高电压蓄电池单元配备的很多组件与 F15 PHEV 相比有所不同，如以下所列：带实际电池的电池模块；电池监控电子装置；安全盒（Safety Box）；蓄电池管理电子装置（SME）的控制单元；热交换器；导线束；接口（电气系统、制冷剂与排气）；壳体部件与固定部件。

蓄电池组电池由 CATL 提供，再将蓄电池的电池组组装成电池模块并与其他组件一起安装为完整的高电压蓄电池单元。

高压蓄电池单元由布置在同一层的 11 个电池模块构成。每个模块由 14 个锂离子电池及其他部件构成，锂离子电池标称电压为 3.6V，最小容量为 26.5A·h。I01、I12 或 F15 PHEV 的高压蓄电池中的锂离子电池以串联的形式布置，而 F49 PHEV 的一个模块中的 14 个锂离子电池按照 2P7S 的形式布置。这就意味着每两块电池以并联的形式形成一组，7 组电池在模块中以串联的形式布置。因此可以提供 277.2V（216～316V 电压范围）的合计标称电压，标称容量为 53A·h。每个独立模块的标称电压为 25.2V，这种电压远远低于 60V 的危险直流电压。但是，根据充电状态不同，高压蓄电池的实际电压将会出现变化。

蓄电池可以存储的能量为 14.7kW·h，仅有 70% 可用，因此可以输出的能量为 10.7kW·h。

F49 PHEV 中的高压蓄电池单元是第三代产品，与 F15 PHEV 中安装的高压蓄电池单元相同。维修人员具备合理资质并经过培训后，在维修中也可以拆除第 3 代高压蓄电池；独立的组件（比如蓄电池管理电子装置、S 盒、电池监控电路或电池模块）可以进行更换。

一、高电压蓄电池安装位置、特征

高电压蓄电池单元安装在车身底部燃油箱前，如图 2-30 所示。这种安装方式的优点是降低 F49 PHEV 的重心，从而改善驾驶特性。为接触到高电压蓄电池单元接口，必须拆除车身底部的装饰板。

高电压蓄电池单元的主要外部特征包括：高电压导线或接口；12V 车载电气系统接口；制冷剂管路或接口；提示牌；排气单元。

高电压蓄电池单元除高电压接口外还有一个 12V 车载电气系统接口。通过该接口为集成在高电压蓄电池单元内的控制单元提供电压、数据总线、传感器和监控信号。将其接入制冷剂循环回路内，以对高电压蓄电池进行冷却。

高电压蓄电池单元上的提示牌向进行相关组件作业的人员说明所用技术及可能存在的电气和化学危险。

图 2-30　高电压蓄电池单元安装位置
1—燃油箱；2—高电压蓄电池单元

二、高电压蓄电池系统电路图

高电压蓄电池系统电路图如图 2-31 所示。

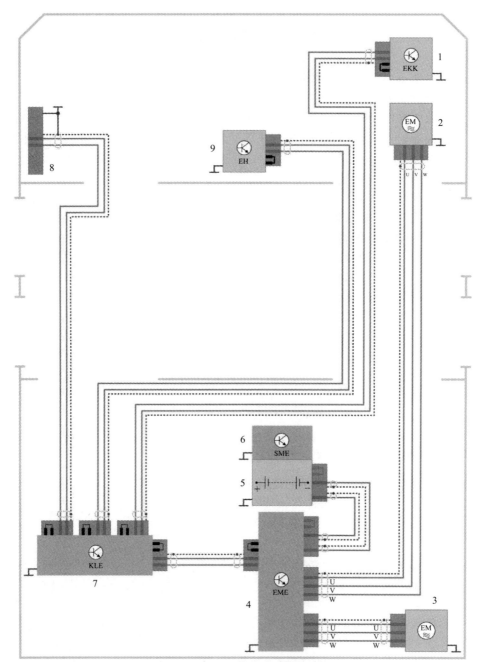

图 2-31 高电压蓄电池系统电路图

1—电动空调压缩机（EKK）；2—高电压启动电机发电机；3—电机；4—电机电子装置（EME）；
5—高电压蓄电池单元；6—蓄电池管理电子装置（SME）；
7—便捷充电电子装置；8—充电插座；9—电气加热装置

三、高电压蓄电池外部特征

1. 机械接口

高电压蓄电池单元的壳体通过 3 个支架固定在 F49 PHEV 车身上。拆卸高电压蓄电池单元时，必须首先进行维修说明中规定的所有前提工作，例如诊断、断开电压、清空制冷剂，同时拆除车身底部饰板与支柱。松开固定螺栓前，必须将带有相应固定装置的可移动总成升降台放在高电压蓄电池单元下方，如图 2-32 所示。

如同宝马 Active Hybrid 车辆，通过等电位导线使高电压蓄电池单元壳体与车身之间形成电气连接。

在高电压蓄电池单元壳体上进行任何安装时，都只能使用自攻螺钉。允许使用 Kerb Konus 螺纹套对壳体下部件端盖的螺纹进行修复。

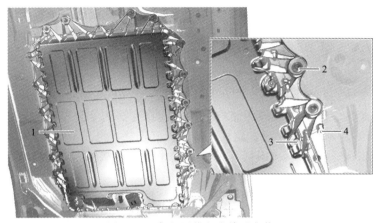

图 2-32　高电压蓄电池单元安装
1—高电压蓄电池单元；2—高电压蓄电池固定螺栓；3—保护罩固定螺栓；4—等电位连接螺栓

F49 PHEV 高电压蓄电池单元贴有 4 个提示牌：1 个型号铭牌和 3 个警告提示牌，如图 2-33 所示。型号铭牌提供逻辑信息（例如零件编码）与关键技术数据（例如额定电压）。

图 2-33　高电压蓄电池单元壳体上的提示牌
1—高电压蓄电池单元壳体上部件；2—高电压蓄电池单元警告提示牌；3—标注技术数据的宝马型号铭牌；4—高电压组件警告提示牌；5—标注技术数据的 CATL 型号铭牌

警告提示牌一方面指出采用了锂离子技术；另一方面指出高电压蓄电池单元内电压较高，从而提醒注意可能存在相关危险。高电压组件的警告提示牌强调组件带有高电压的事实。

2. 电气接口

（1）高电压接口　在高电压蓄电池单元上带有一个2芯高电压接口，高电压蓄电池单元通过该接口与高电压电气系统连接，如图2-34所示。

围绕高电压导线的两个电气触点各有一个屏蔽层触点，这样可使高电压导线屏蔽层（每根导线各有一个屏蔽层）一直持续到高电压蓄电池单元壳体内，从而有助于确保电磁兼容性。

此外高电压接口还可防止接触导电部件。触点本身带有塑料外套，从而防止直接接触。只有连接导线时，才压开外套并进行接触。

塑料滑块用于插头的机械锁止机构，此外它还是一项安全功能的组成部分：未连接高电压导线时，滑块会盖住高电压互锁回路电桥接口；只有按规定连接高电压导线且插头锁止时，才能接触到该接口并插上电桥。这样可确保只有连接高电压导线时，高电压互锁回路电路才会闭合。该原理适用于F49 PHEV的所有扁平高电压接口（高电压蓄电池单元、电机电子装置），如图2-35所示。

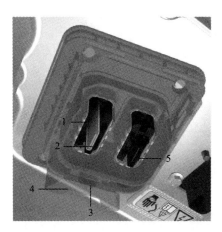

图2-34　高电压蓄电池单元上部的接口
1—屏蔽层触点；2—高电压导线触点；
3—带高电压互锁回路电桥接口的插孔；4—机械滑块；5—触点保护

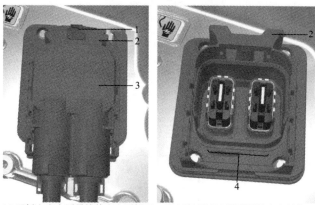

(a) 已插入高电压导线的高电压接口　(b) 已松开高电压导线的高电压接口

图2-35　高电压蓄电池单元上部的接口
1—高电压互锁回路电桥（已插上）；2—机械滑块；3—高电压导线的高电压插头；4—高电压接口

因此只有所有的高电压接口连接电机电子装置与便捷充电电子装置时，高电压系统才会启用。这样可以额外防止接触可能带电的接触面。注：与高电压蓄电池单元的所有其他组件一样，高电压接口可作为单独组件进行更换，前提是由专业售后服务人员严格按照维修说明来进行。

（2）12V车载电气系统接口　在F49 PHEV高电压蓄电池单元上带有一个12V车载网络接口，如图2-36所示，可实现以下连接。

① 通过总线端30F为SME控制单元供电和接地连接。
② 用于为电动机械式接触器供电的总线端30碰撞信息。
③ 来自BDC的唤醒导线。
④ 高电压互锁回路的输入端和输出端。

⑤ 用于启用截止和膨胀组合阀的输出端（+12V 和接地）。

⑥ PT-CAN2。

注：1～12V 车载电气系统接口。

(3) 高电压安全插头（售后服务断电开关）　F49 PHEV 高电压售后服务断电开关不是高电压蓄电池单元的组成部分，因此作为车辆的标准装备，高电压售后服务断电开关的颜色由橙色改为绿色。高电压售后服务断电开关作为独立的组件安装在行李后备厢内右后侧，如图 2-37 所示。

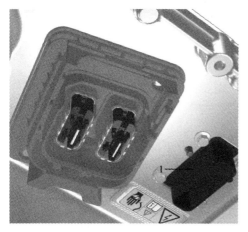

图 2-36　高电压蓄电池单元底部的接口
1—12V 车载网络接口

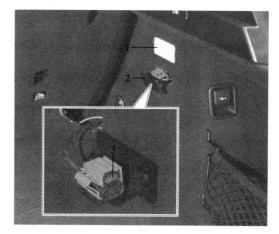

图 2-37　高电压售后服务断电开关安装位置
1—后备厢照明；2—高电压售后服务断电开关盖；
3—高电压安全插头（售后服务断电开关）

与 Ctive Hybrid 车辆一样，高电压售后服务断电开关执行两项任务。

① 断开高电压系统电源。

② 使用安全装置以防重新接通。

高电压安全插头或连接桥是高电压互锁回路电路的组成部分。如果将高电压安全插头的插头和插孔彼此拉开，高电压互锁回路电路就会断路。

注：高电压安全插头的插头和插孔无法完全彼此拉开，两个部分以机械方式固定在一起。需要断开高电压互锁回路电路时，可将两个部分彼此拉开，直至能够使用 U 形锁固定住，以防止重新接通。

(4) 第二紧急接口　当出现追尾碰撞，高电压售后服务断电开关无法使用时，紧急售后服务必须确保车辆在实施救援措施前断开电压连接。因此，第二紧急接口应运而生。第二紧急接口通常与高电压售后服务断电开关相对而置。

如果高电压售后服务断电开关安装在后备厢内，紧急接口则安装在发动机室内，如图 2-38 所示。

紧急接口总线端 30C 可为安全盒内的接触器提供电压。在标记的位置切断导线，可确保接触器断开。切断后，紧急接口可再次维修。

(5) 排气单元　排气单元有两项任务。第一项任务是补偿高电压蓄电池单元内部和外部之间的较大压力差。只有某一蓄电池组电池损坏时，才会产生这种压力差。在此情况下，出于安全原因，蓄电池组电池已损坏的电池模块壳体会打开，以便降低压力。气体首先存在于高电压蓄电池单元壳体内，然后通过排气单元排到外面。此外热交换器泄漏和制冷剂溢出时，压力会升高。排气单元横截面如图 2-39 所示。

图 2-38　紧急接口安装位置

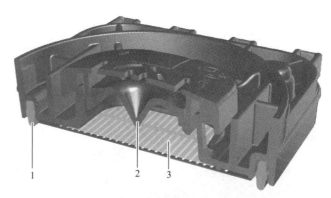

图 2-39　排气单元横截面
1—密封件；2—心轴；3—隔膜

排气单元的第二项任务是向外输送高电压蓄电池单元内部产生的冷凝物。在高电压蓄电池单元内部除了技术组件外还有空气，通过较低环境温度或启用冷却功能后通过制冷剂对空气或壳体进行冷却时，空气中的部分水蒸气就会冷凝，因此在高电压蓄电池单元内部可能会形成少量液态水，这不会对功能产生任何影响。

空气或壳体再次受热时，水就会重新蒸发，同时壳体内的压力稍稍增大，排气单元可通过向外排出受热空气进行压力补偿，此时会将空气中包含的水蒸气连同之前的液态冷凝物一起向外排出。

为了完成上述任务，排气单元带有一个透气（和水蒸气）但不透水的隔膜。在隔膜上方有一个心轴，高电压蓄电池单元内过压较高时，该心轴会毁坏隔膜。在隔膜上方有一个两件式盖板，可防止较大污物进入。

排气单元安装在壳体上部，如图 2-40 所示。

图 2-40　排气单元安装
1—固定螺栓；2—排气单元

四、高电压蓄电池冷却系统

为了尽可能延长高电压蓄电池的使用寿命并获得最大功率，应在规定温度范围内运行蓄电池。温度在 -40~55℃ 范围内（实际电池温度）时，原则上高电压蓄电池单元处于可运行状态。就温度特性而言，高电压蓄电池单元是一个惰性系统，即电池需要几个小时才能达到环境温度。在极其炎热或寒冷的环境下短暂停留并不表示电池已经达到环境温度。

但就使用寿命和功率而言，最佳电池温度范围明显缩小，该范围为 25~40℃。如果在功率输出较高时电池温度持续明显超出该范围，就会影响蓄电池组电池使用寿命。为了消除该影响并在所有环境温度条件下确保最大功率，F49 PHEV 的高电压蓄电池单元带有自动冷却功能。

F49 PHEV 上未安装高电压蓄电池单元加热装置。F49 PHEV 标配高电压蓄电池冷却系统，为此将其接入加热与空调系统制冷剂循环回路内，如图 2-41 所示。

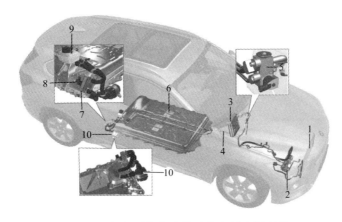

图 2-41　高电压蓄电池单元整个制冷剂系统

1—冷凝器；2—电动空调压缩机（EKK）；3—车内空间热交换器；4—至高电压蓄电池冷却单元的制冷剂管路；5—用于热交换器的膨胀和截止组合阀；6—高电压蓄电池单元；7—冷却单元（冷却液制冷剂热交换器）；8—膨胀和截止组合阀；9—冷却液膨胀箱；10—电动冷却液泵（50W）

高电压蓄电池单元直接通过冷却液进行冷却，冷却液循环回路与制冷剂循环回路通过冷却液制冷剂热交换器（即冷却单元）连接。

因此，空调系统制冷剂循环回路由两个并联支路构成，一个用于冷却车内空间，另一个用于冷却高电压蓄电池单元。两个支路各有一个膨胀和截止组合阀，用于相互独立地控制空调功能。蓄电池管理电子装置可通过施加电压启用并打开冷却单元上的膨胀和截止组合阀，这样可使制冷剂流入冷却单元内，在此膨胀、蒸发并冷却流经高电压蓄电池的冷却液，如图 2-42 所示。车内空间冷却同样根据需要来进行。热交换器前的膨胀和截止组合阀也能够通过 EME 以电气方式启用。

电动冷却液泵通过冷却液循环回路输送冷却液。只要冷却液的温度低于电池模块，仅利用冷却液的循环流动便可冷却电池模块。冷却液温度上升，不足以使电池模块的温度保持在预期范围内。因此必须要降低冷却液的温度，需借助冷却液制冷剂热交换器（即冷却单元），这是介于高电压蓄电池冷却液循环回路与空调系统制冷剂循环回路之间的接口，如图 2-43 所示。

如冷却单元上的膨胀和截止组合阀使用电气方式启用并打开，液态制冷剂将流入冷却单元并蒸发。这样可吸收环境空气热量，因此也是一种流经冷却液循环回路的冷却液。电动空调压缩机（EKK）再次压缩制冷剂并输送至电容器，制冷剂在此重新变为液体状态，因此制冷剂可再次吸收热量。

冷却系统可实现两种运行状态：冷却系统关闭；冷却系统接通。

主要根据电池温度、环境温度以及高电压蓄电池获取或输送的功率来启用这些运行状态。SME 控制单元根据输入参数决定需要哪种运行状态。

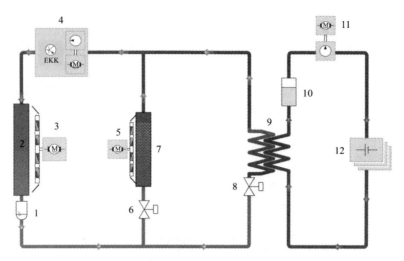

图 2-42 高电压蓄电池单元制冷剂循环回路

1—干燥器瓶；2—冷凝器；3—电动风扇；4—电动空调压缩机（EKK）；5—车内空间鼓风机；6—膨胀和截止组合阀（车内空间）；7—车内空间热交换器；8—膨胀和截止组合阀（高电压蓄电池）；9—冷却单元（冷却液制冷剂热交换器）；10—冷却液膨胀箱（高电压蓄电池单元冷却液循环回路）；11—电动冷却液泵（50W）；12—高电压蓄电池单元

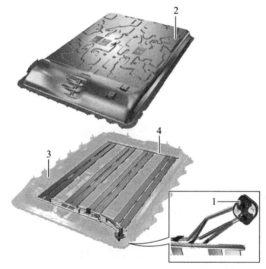

图 2-43 高电压蓄电池单元冷却系统

1—冷却液管路连接法兰；2—壳体上部件；3—高电压蓄电池模块；4—主要冷却液通道

图 2-44 展示了输入参数、SME 控制单元的作用以及控制所用执行机构。

1."冷却系统关闭"运行状态

电池温度处于或低于最佳范围时，会启用"冷却系统关闭"运行状态。车辆在适中环境温度下以较低电功率行驶时，通常会启用该运行状态。"冷却系统关闭"运行状态非常高效，因为无需其他能量来对高电压蓄电池进行冷却。

相关组件按以下方式工作。

① 需要对车内空间进行冷却时，电动空调压缩机不运行或降低功率运行。

② 冷却单元上的膨胀和截止组合阀与电动冷却液泵均关闭。

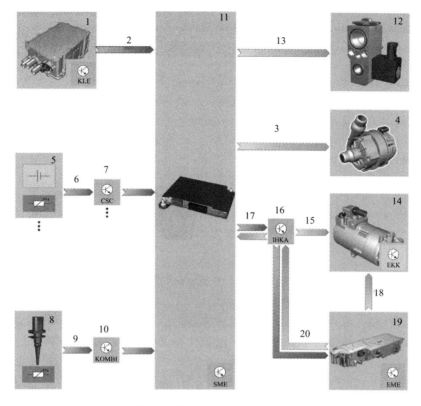

图 2-44 高电压蓄电池单元冷却系统输入/输出

1—便捷充电电子装置（KLE）；2—高电压蓄电池单元进行外部充电的信息；3—高电压蓄电池冷却泵启用信号；4—高电压蓄电池冷却泵；5—高电压蓄电池上的温度传感器；6—电池模块温度信号；7—电池监控电子装置（CSC）；8—车外温度传感器；9—环境温度信号；10—组合仪表（KOMBI）；11—SME 控制单元（高电压蓄电池内）；12—膨胀和截止组合阀；13—膨胀和截止组合阀启用信号；14—电动空调压缩机（EKK）；15—电动空调压缩机（EKK）控制信号（通过局域互联网总线）；16——体化自动加热/空调系统；17—冷却要求；18—高电压电源；19—电机电子装置（EME）；20—高电压功率要求

2."冷却系统接通"运行状态

蓄电池组电池温度上升至 30℃左右时，就会开始冷却高电压蓄电池。SME 控制单元以两个优先级向 IHKA 控制单元提出冷却要求。之后 IHKA 决定是否对车内空间、高电压蓄电池单元或两者进行冷却。SME 提出优先级较低的冷却要求且车内空间冷却要求较高时，IHKA 可能会拒绝提出的冷却要求。但 SME 提出优先级较高的冷却要求时，始终会对高电压蓄电池进行冷却。

进行冷却时，IHKA 要求电机电子装置内的高电压电源管理系统提供用于电动空调压缩机的电功率。在冷却运行状态下，组件工作方式如下。

① SME 控制单元提出冷却要求。

② IKHA 授权后，SME 控制单元启用电动冷却液泵，如未启用，冷却单元上的膨胀和截止组合阀打开，制冷剂流入冷却单元内。

③ 电动空调压缩机运行。

尽管此过程需要高电压电气系统提供能量，但最重要的是，只有这样才能确保蓄电池组电池具有较长使用寿命与较高效率。

蓄电池组电池温度明显低于20℃最佳运行温度时，其功率会暂时受限且能量转换效率也不理想，这是无法避免的锂离子蓄电池化学效应。

如果长时间（例如多日）将F49 PHEV停放在极低环境温度条件下，蓄电池组电池也会变为与环境温度一样低。在此情况下，刚开始行驶时，可能无法提供最大电动驱动功率。但用户并不会有所察觉，因为此时由内燃机驱动车辆。

五、系统组件

1. 热交换器

在高电压蓄电池单元内部，冷却液在管路和冷却通道（铝合金材质）内流动。通过入口管路流入的冷却液在高电压蓄电池单元接口后分别进入两个管路。低温冷却液首先流经热交换器外部的四个冷却液通道，吸收电池模块的热量，并汇集到热交换器另一端，然后通过中间的四个通道返回冷却电池模块，如图2-45所示。

热交换器为单层结构，具有良好热传导性且密度低，由8个多接口管道构成。在一定范围内，可确保足够的热传导性能且不损害电池模块与热交换器。介于传导体与电池模块之间的热阻很小。

热交换器需经过一系列组件测试，例如压降测试、气密性测试、爆破压力测试与振动测试。所有这些都将在汽车等级测试与确认期间进一步优化。

为了确保冷却液通道排出电池模块热量，必须以均匀分布的作用力将冷却通道整个平面压到电池模块上。通过嵌入冷却液通道的弹簧条产生该压紧力。针对电池模块几何形状和下半部分壳体对弹簧条进行了相应调节。热交换器的弹簧条支撑在高电压蓄电池单元的壳体下部件上，从而将冷却液通道压到电池模块上。

2. 电动冷却液泵

高电压蓄电池单元冷却液循环回路内的电动冷却液泵额定功率为50W。电动冷却液泵利用冷却单元上的支架固定，其安装于高电压蓄电池的右后角（图2-46）。

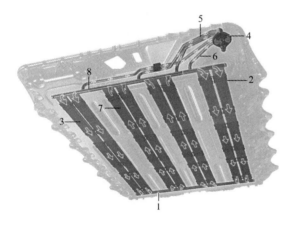

图2-45 高电压蓄电池单元冷却组件
1—主要冷却液通道；2—弹簧条；3—压力侧供给通道；4—冷却液入口与出口处的连接法兰；5—至冷却单元的回流管路；6—压力侧至冷却液泵的供给管路；7—回流通道；8—冷却液供给与回流通道之间的隔板

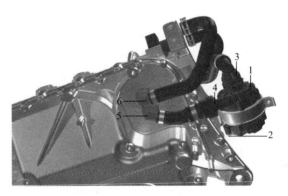

图2-46 高电压蓄电池单元电动冷却液泵
1—电动冷却液泵；2—电气接口；3—冷却液管路接口（入口侧）；4—冷却液管路接口（压力侧）；5—高电压蓄电池冷却液管路接口（入口侧）；6—高电压蓄电池冷却液管路接口（出口侧）

蓄电池管理电子装置根据需要，使用脉宽调制信号启用电动冷却液泵。前手套箱内的配电箱通过总线端30B提供电压。

3. 冷却单元

冷却单元负责使用制冷剂冷却高电压蓄电池单元冷却液循环回路内的冷却液，这也是冷却单元（图2-47）由冷却液制冷剂热交换器与膨胀和截止组合阀构成的原因。SME控制单元通过一根直接线控制膨胀和截止组合阀。电气启用装置可识别出两种状态。

① 0V启用电压表示阀门保持关闭状态。

② 12V启用电压表示阀门打开。

与传统加热与空调系统膨胀阀一样，该膨胀和截止阀也通过热学方式即根据制冷剂温度自动调节其开度。

膨胀和截止组合阀打开后，制冷剂可流入冷却单元，然后膨胀和蒸发，吸收周围环境热量。这种原理同样适用于冷却流动于冷却单元第二循环回路内的冷却液。

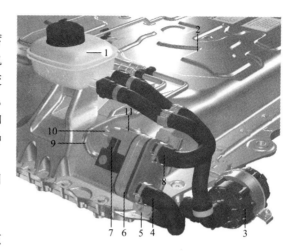

图2-47　冷却单元
1—冷却液膨胀箱；2—高电压蓄电池单元；3—电动冷却液泵；4—冷却液供给管路；5—顶板；6—冷却液制冷剂热交换器；7—用于膨胀和截止组合阀的电气接口；8—冷却液回流管路；9—制冷剂管路（压力管路）；10—制冷剂管路（入口管）；11—膨胀和截止组合阀

六、电气和电子组件

从电路图2-48中可以看出，除汇集在五个电池模块内的蓄电池组电池本身外，F49 PHEV高电压蓄电池单元还包括以下电气/电子组件。

① 蓄电池管理电子装置（SME）的控制单元。

② 11个电池监控电子装置（CSC）。

③ 带接触器、传感器、过电流熔丝和绝缘监控的安全盒。

除电气组件外，高电压蓄电池单元还包括制冷剂管路、冷却液通道以及电池模块的机械固定元件。

1. 蓄电池管理电子装置（SME）

针对高电压蓄电池使用寿命的要求比较严格（车辆使用寿命），为了满足这些要求，不能根据个人喜好随意运行高电压蓄电池，而是必须在严格规定的范围内运行高电压蓄电池，从而确保其使用寿命和功率最大化。相关边界条件如下。

① 在最佳温度范围内运行蓄电池组电池（通过冷却以及根据需要限制电流强度）。

② 根据需要均衡所有电池的充电状态。

③ 在特定范围内充分利用可存储的蓄电池能量。

在F49 PHEV的高电压蓄电池单元内装有一个蓄电池管理电子装置（SME）控制单元，如图2-49所示。

SME控制单元需要执行以下任务。

① 由电机电子装置（EME）根据要求控制高电压系统的启动和关闭。

② 评估所有蓄电池组电池的测量信号以及高电压电路内的电流强度。

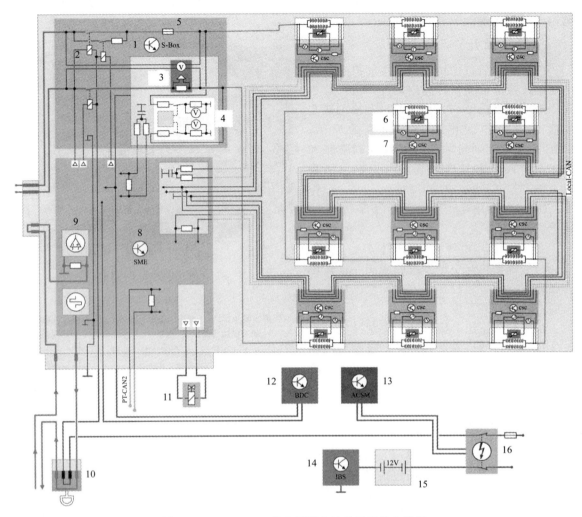

图 2-48　F49 PHEV 高电压蓄电池单元系统电路图

1—安全盒（Safety Box）；2—接触器；3—电流和电压传感器；4—绝缘监控；5—主电流熔丝（350A）；6—电池模块；7—电池监控电子装置（CSC）；8—蓄电池管理电子装置（SME）；9—高电压互锁回路电路控制；10—高电压安全插头（"售后服务断电开关"）；11—用于热交换器的制冷剂管路膨胀和截止组合阀；12—车身域控制器（BDC）；13—带有安全型蓄电池接线柱触发用控制导线的 ACSM；14—智能型蓄电池传感器（IBS）；15—12V 蓄电池；16—安全型蓄电池接线柱（SBK）

③ 控制高电压蓄电池单元的冷却系统。

④ 确定高电压蓄电池的充电状态（SoC）和老化状态（SoH）。

⑤ 确定高电压蓄电池的可用功率并根据需要对电机电子装置提出限制请求。

⑥ 安全功能（例如电压和温度监控、高电压互锁回路监控）。

⑦ 识别出故障状态，存储故障码记录并向电机电子装置发送故障状态。

原则上可通过诊断系统操作 SME 控制单元。进行故障查询时必须清楚，在 SME 控制单元的故障存储器内不仅可存储控制单元故障，而且可查阅高电压蓄电池单元内其他组件的故障记录，这些故障码记录根据严重程度和可用功能分为不同类型。

⑧ 立即关闭高电压系统：因出现故障影响高电压系统安全或产生高电压蓄电池损坏危险时，就会立即关闭高电压系统并断开电动机械式接触器触点。

⑨ 限制功率：高电压蓄电池无法继续提供最大功率或全部能量时，就会限制驱动功率和可达里程，从而保护组件。此时驾驶员可在驱动功率明显降低的情况下继续行驶较短距离。

从高电压蓄电池单元外部无法接触到 SME 控制单元。出现故障需要更换 SME 控制单元时，必须事先打开高电压蓄电池单元。

SME 控制单元的电气接口如下。

① SME 控制单元 12V 供电（来自车内空间配电箱的总线端 30F 与接地连接）。

② 接触器 12V 供电（总线端 30 碰撞信息）。

③ PT-CAN2。

④ 局域 CAN1 和 CAN2。

⑤ 来自车身域控制器的唤醒导线（BDC）。

⑥ 高电压互锁回路的输入端和输出端。

⑦ 制冷剂循环回路内膨胀和截止组合阀的启用导线。

图 2-49　蓄电池管理电子装置安装位置
1—通信导线束接口；2—CSC 导线束接口

⑧ 制冷剂温度传感器。

由一个专用 12V 导线为高电压蓄电池单元内的接触器供电。该导线称为总线端 30 碰撞信息，简称为总线端 30C。总线端名称中的 C 表示发生事故（碰撞）时关闭该 12V 电压。该导线是安全型蓄电池接线柱的一个（第二个）输出端，即启用安全型蓄电池接线柱时，也会断开该供电导线。

此外该导线穿过高电压安全插头，因此将高电压系统断开电源时，也会断开接触器供电。在上述两种情况下，高电压蓄电池单元内的两个接触器会自动断开。

局域 CAN1 使 SME 控制单元与电池监控电子装置 CSC 相互连接（另见第三章）。局域 CAN2 用于实现 SME 控制单元与安全盒之间的通信。通过该数据总线可传输例如电流强度测量值等信息。

2. 电池模块

高电压蓄电池单元由 5 个串联连接的电池模块构成。每个电池模块仅配有一个电池监控电子装置。电池模块本身由 16 个串联连接的电池构成。每个电池的额定电压为 3.66V，额定容量为 26A·h。电池模块的顺序是固定的，从右侧下部开始，如图 2-50 所示。注：更换电池模块时，必须注意电池模块的顺序，因为该顺序存储在诊断系统内用于将来进行评估。

3. 电池监控

为确保 F49 PHEV 所用锂离子电池正常运行，必须遵守特定条件：电池电压和电池温度不允许超过或低于特定数值，否则可能造成蓄电池组电池永久损坏。因此高电压蓄电池单元带有 6 个研发名称为电池监控电子装置 CSC 的电池监控电子装置。

在 F49 PHEV 高电压蓄电池单元内，每个电池模块都有一个电池监控电子装置。与 F15 PHEV 相同，电池监控电子装置可监控 16 个蓄电池组电池，电池监控电子装置控制电路如图 2-51 所示。

电池监控电子装置具有以下功能。

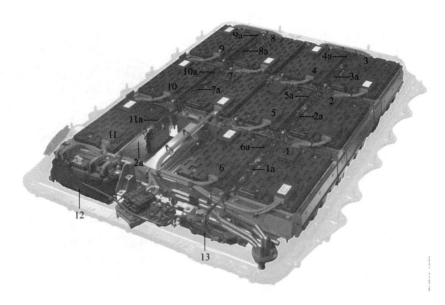

图 2-50　电池模块布置方式

1—电池模块 1；1a—电池监控电子装置 1a；2—电池模块 2；2a—电池监控电子装置 2a；3—电池模块 3；3a—电池监控电子装置 3a；4—电池模块 4；4a—电池监控电子装置 4a；5—电池模块 5；5a—电池监控电子装置 5a；6—电池模块 6；6a—电池监控电子装置 6a；7—电池模块 7；7a—电池监控电子装置 7a；8—电池模块 8；8a—电池监控电子装置 8a；9—电池模块 9；9a—电池监控电子装置 9a；10—电池模块 10；10a—电池监控电子装置 10a；11—电池模块 11；11a—电池监控电子装置 11a；12—安全盒（Safety Box）；13—蓄电池管理电子装置（SME）

① 测量和监控每个蓄电池组电池的电压。
② 测量和监控电池模块多处的温度。
③ 将测量参数传输给蓄电池管理电子装置控制单元。
④ 执行蓄电池组电池电压补偿过程。

在此以极高扫描率（每 20ms 测量一次）测量电池电压。通过测量电压可识别出充电和放电过程结束。

温度传感器安装在电池模块上，根据其测量值可确定各蓄电池组电池的温度。根据电池温度可识别出过载或电气故障。出现任何上述情况时，都必须立即降低电流强度或完全关闭高电压系统，以免蓄电池组电池进一步损坏。此外，测量温度还用于控制冷却系统，以便始终在最有利于功率和使用寿命的温度范围内运行蓄电池组电池。由于电池温度是一项重要参数，因此每个电池模块都有四个负温度系数（NTC）温度传感器，其中一个为冗余传感器。

电池监控电子装置通过局域 CAN1 传输其测量数值。该局域 CAN1 使所有电池监控电子装置相互连接并与 SME 控制单元相连。在 SME 控制单元内对测量值进行评估并根据需要做出相应反应（例如控制冷却系统）。

局域 CAN1 和 CAN2 的数据传输速度均为 500kbit/s。与采用相同数据传输速度的 CAN 总线一样，数据总线导线采用绞线形式。此外，两个局域 CAN 端部都以终端电阻终止。用于局域 CAN1 各 120Ω 的终端电阻位于 SME 控制单元内，高电压蓄电池单元局域 CAN 电路原理图如图 2-52 所示。

局域 CAN2 各 120Ω 的终端电阻位于以下位置。

① 安全盒控制单元内。

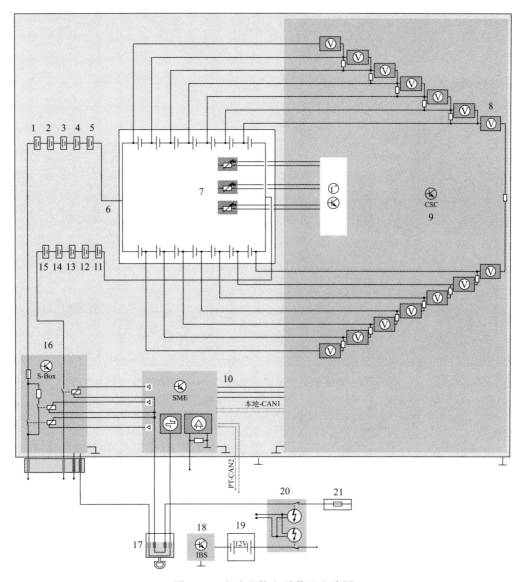

图 2-51 电池监控电子装置电路图

1—电池模块 1；2—电池模块 2；3—电池模块 3；4—电池模块 4；5—电池模块 5；6—电池模块 6；7—电池模块上的温度传感器；8—蓄电池组电池的电压测量；9—电池监控电子装置 6a；10—蓄电池管理电子装置（SME）；11—电池模块 7；12—电池模块 8；13—电池模块 9；14—电池模块 10；15—电池模块 11；16—安全盒（Safety Box）；17—高电压安全插头（"售后服务断电开关"）；18—智能型蓄电池传感器（IBS）；19—12V 蓄电池；20—安全型蓄电池接线柱（SBK）；21—前配电箱

② 蓄电池管理电子装置控制单元。

在检查故障期间测量局域 CAN 电阻时，在所有总线设备已连接且终端电阻正常的情况下会得到约 60Ω 的数值。

如果一个或多个蓄电池组电池的电压明显低于所有其他蓄电池组电池时，高电压蓄电池的可用能含量就会因此受限。放电时，由最弱的蓄电池组电池决定何时停止释放能量：如果最弱电池的电压降至放电限值，则即使其他蓄电池组电池还存有充足能量，也必须结束放电过程。如果仍继续放电过程，就会因此造成最弱蓄电池组电池永久损坏。因此可通过一项功

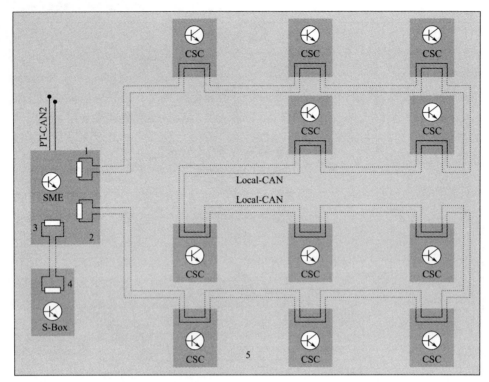

图 2-52 高电压蓄电池单元局域 CAN 电路原理图

1,2—SME 控制单元内的局域 CAN1 终端电阻；3—SME 控制单元内的局域 CAN2 终端电阻；4—安全盒内的局域 CAN2 终端电阻；5—高电压蓄电池单元

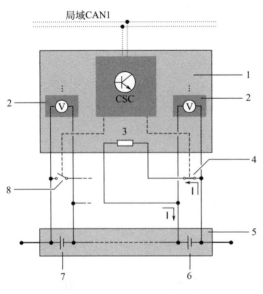

图 2-53 电池电压平衡电路

1—电池监控电子装置；2—用于电池电压测量的传感器；3—放电电阻；4—用于蓄电池组电池放电的触点闭合（启用）；5—电池模块；6—通过放电降低电压的蓄电池组电池；7—未放电的蓄电池组电池；8—用于蓄电池组电池放电的触点断开（未启用）

能使电池电压调节至几乎相同的水平，该过程也称为"电池平衡"。

SME 控制单元将所有电池电压进行相互比较，在此过程中对电池电压明显较高的蓄电池组电池进行有针对性的放电。SME 控制单元通过局域 CAN1 将相关请求发送至这些蓄电池组电池的电池监控电子装置，从而启动放电过程。为此每个电池监控电子装置都有一个针对各蓄电池组电池的欧姆电阻，相应电子触点闭合后放电电流就会流过该电阻。启动放电过程后由电池监控电子装置独自负责执行该过程，即使在主控控制单元切换为休眠模式时也会继续执行。通过与总线端 30F 直接相连的蓄电池管理电子装置为 CSC 控制单元供电来实现这一点。所有蓄电池组电池的电压均处于较小规定范围内时，放电过程就会自动结束。电池平衡过程会一直进行，直至所有电池达到相同电压水平。电池电压平衡电路如图 2-53 所示。

在平衡电池电压的过程中会造成损失，

但损失的电能极小（小于0.1%SoC）。其优势在于可使可达里程和高电压蓄电池使用寿命最大化，因此总体而言平衡电池电压非常有利且十分必要，当然只有在车辆静止状态下才会执行该过程。

平衡电池电压的具体条件如下。

① 总线端15断开，车辆或车辆的电气系统处于休眠状态。

② 高电压系统关闭。

③ 电池电压或各电池SoC的偏差大于相应限值。

④ 高电压蓄电池的总SoC大于相应限值。

如果满足上述条件，电池电压就会自动平衡。因此用户既看不到检查控制信息，也无需为此采取特殊措施。即使更换电池模块后，SME控制单元也会自动识别出电池电压平衡需求。

如果电池电压的偏差过大或电池电压平衡未顺利进行，就会在蓄电池管理电子装置控制单元内生成一个故障码记录。此时通过一条检查控制信息提醒用户注意该故障状态，之后必须通过诊断系统对故障存储器进行评估并进行相应修理工作。

4. 安全盒

在每个高电压蓄电池单元内都有一个带独立壳体的接口单元，该单元称为"安全盒"（或简称为S盒）。

安全盒安装在高电压蓄电池单元内（图2-54），因此只允许由具备资质的相关工作人员进行更换。

在安全盒内集成有以下组件。

① 蓄电池负极电流路径内的电流传感器。

② 蓄电池正极电流路径内的熔丝。

③ 2个电动机械式接触器（每个电流路径一个接触器）。

④ 用于缓慢启动高电压系统的预充电开关。

⑤ 用于监控接触器、测量蓄电池总电压和监控绝缘电阻的电压传感器。

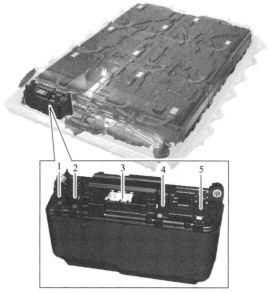

图2-54 安全盒安装位置
1—连接高电压插头的正极；2—电池模块5的正极；
3—通信导线束接口；4—电池模块1的负极；
5—连接高电压插头的负极

⑥ 用于绝缘监控的电路。

⑦ 导线束。高电压蓄电池单元内有2个导线束。

a. 用于连接CSC与蓄电池管理电子装置控制单元的通信导线束。

b. 用于连接蓄电池管理电子装置和安全盒与12V车载电气系统接口的通信导线束。

不允许对导线束进行维修。如果电缆与插头之间的连接出现故障或松动，必须更换整个导线束。

七、高压系统

在F49 PHEV上，高电压系统的主要功能由电机电子装置（EME）控制和协调，具体如下。

① 从直流电压转换为三相交流电压（电机运行模式）。
② 从三相交流电压转换为直流电压（高电压启动电机发电机运行模式）。
③ 从高电压转换为低电压（12V 蓄电池充电）。
④ 高电压电源管理系统。
⑤ 启动 12V 执行机构。
⑥ 使中间电路电容器放电。

高电压蓄电池单元和 SME 控制单元对于高电压系统的主要功能起决定性作用，具体包括以下内容。

1. 启动

无论以下哪项作为触发因素，高电压系统的启动顺序始终相同。
① 总线端 15 接通或建立行驶准备就绪。
② 需要开始进行高电压蓄电池充电。
③ 车辆做好行驶准备（高电压蓄电池或车内空间空气调节）。

高电压系统的具体启动步骤如下。
① EME 控制单元需通过 PT-CAN1/PT-CAN2 上的总线信号启动。
② 通过自诊断功能监控高电压系统。
③ 高电压系统的电压持续升高。
④ 使接触器触点完全闭合。

由于高电压系统带有电容值较高的电容器（供电电子装置内的中间电路电容器），因此不允许电动机械式接触器触点简单闭合。电流脉冲过高会导致高电压蓄电池、中间电路电容器以及接触器触点损坏，首先会使负极上的接触器闭合。与正极上的接触器并联有一个带电阻的预充电开关，此时启用该开关，受电阻限制的接通电流使中间电路电容器充电。中间电路电容器电压大致达到蓄电池电压值时，就会断开预充电开关并且使高电压蓄电池单元正极上的接触器闭合，此时高电压系统处于完全准备就绪状态。

高电压系统未出现故障时，会在约 0.5s 内完成高电压系统整个启动过程。

SME 控制单元通过 PT-CAN2 向 EME 控制单元发送启动成功的信号。如果接触器的某个触点不能顺利闭合，也会通过相同的方式发送故障信号。

注：在车辆内可听到启动期间先后闭合接触器时发出的响声，这不表示出现功能故障。

2. 正常关闭

高电压系统关闭分为正常关闭和快速关闭两种情况。在此所说的正常关闭，一方面保护所有相关组件；另一方面监控与安全有关的高电压系统组件。

满足以下条件或标准时，就会正常关闭高电压系统。
① 驾驶员关闭总线端 15，继续运行时间结束（由 EME 进行控制）。
② 驻车空气调节、驻车暖风或高电压蓄电池调节功能结束。
③ 高电压蓄电池充电过程结束。

高电压系统的正常关闭顺序始终相同，与触发因素无关。具体步骤如下。
① 继续运行时间结束后 EME 通过 PT-CAN1/PT-CAN2 上的总线信号发送关闭指令。
② 高电压电气系统上的系统（EME、EKK、EH）将高电压电气系统内的电流降为零。
③ 电机绕组短路。
④ 断开高电压蓄电池单元内的接触器（由 SME 进行控制）。
⑤ 检查高电压系统，例如电动机械式接触器触点是否按规定断开。

正常关闭原理如图 2-55 所示。

高电压系统放电，即中间电路电容器（EME）主动放电。

① 首先会尝试供应 12V 系统蓄电池存储的能量。

② 如果无法实现，就会通过可接通电阻使中间电路电容器放电。

③ 如果中间电路电容器未在 5s 内放电至 60V 电压以下，就会通过被动电阻使其放电。根据需要分多个阶段进行中间电路电容器放电。

总线端 15 断开后，无论是继续运行时间还是关闭过程本身都可能持续几分钟。如果在此期间出现重新启动要求或存在某项快速关闭条件，就会中止正常关闭。

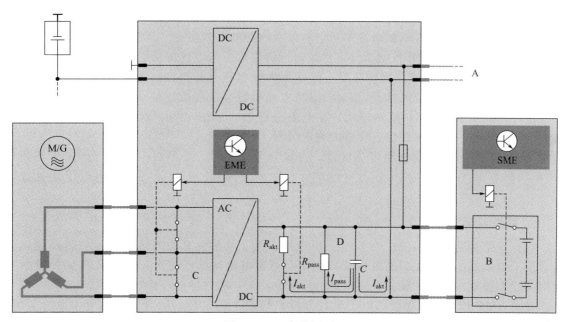

图 2-55　正常关闭原理

A—关闭所有高电压组件；B—断开接触器；C—电机绕组短路；D—中间电路电容器放电

3. 快速关闭

在此以尽快关闭高电压系统为最高目标。出于安全考虑，将高电压系统内的电压尽快降至安全数值时，就会执行快速关闭过程。

下面列出了导致快速关闭的触发条件以及作用链。

（1）事故　碰撞安全模块（ACSM）识别出发生事故。根据事故严重程度，通过总线信号请求关闭或通过断开安全型蓄电池接线柱与两个 12V 蓄电池的正极来强制关闭。在第二种情况下会自动中断电动机械式接触器的供电，从而使其触点自动断开。

（2）过载电流监控　通过高电压蓄电池单元内的电流传感器对高电压电气系统内的电流强度进行监控。如果识别出电流强度过大，蓄电池管理电子装置控制单元将强制断开电动机械式接触器。在高电流下断开会使接触器触点严重磨损，但为了避免其他组件损坏，必须容忍这一点。

（3）断路保护　每个高电压蓄电池内都有一个短路时断开高电压电路的过电流熔丝。

（4）临界电池状态　如果某个电池监控电子装置识别出某个蓄电池组电池电压过低、电压过高或温度过高，则会在 EME 控制单元控制下强制断开电动机械式接触器。尽管这可能会导致触点磨损加剧，但这种快速关闭可防止相关蓄电池组电池毁坏。

(5) 高电压蓄电池单元 12V 供电失灵　在此情况下，蓄电池管理电子装置控制单元不再工作，无法再监控蓄电池组电池。出于该原因，此时电动机械式接触器的触点也会自动断开。

除高电压系统断路外，还会使中间电路电容器（EME）放电并使电机（EME、EKK）绕组短路。高电压控制单元一方面通过总线信号接收相关请求；另一方面通过高电压电路内电流强度突然降低识别出这种状态。

4. 充电

无论是通过回收利用能量、提高内燃机负荷点，或使用外部供电系统为高电压蓄电池充电，SME 控制单元都发挥着重要作用。蓄电池管理电子装置控制单元根据蓄电池组电池的充电状态和温度确定高电压蓄电池单元当前可吸收的最大电功率。该数值以总线信号形式通过 PT-CAN2 传输至 EME 控制单元。在此运行的高电压电源管理功能协调各项功率要求。

充电期间，SME 控制单元持续确定已达到的充电状态并监控高电压蓄电池的所有传感器信号。为了确保最佳充电过程，SME 控制单元也根据这些数值持续计算当前最大充电功率数值并将其发送至 EME 控制单元。在充电过程中，SME 控制单元还会持续控制高电压蓄电池冷却系统，从而确保快速有效的充电过程。

为了实现尽可能长的电动可达里程，连接充电电缆时，必须对车内进行预先空气调节（暖风或制冷）。在此不从高电压蓄电池单元获取所需电能，而是由便捷充电电子装置直接提供。

5. 监控功能

(1) 安全型蓄电池接线柱的 12V 供电电压　为了在发生事故时能够快速关闭高电压系统，所有电动机械式接触器的电磁铁均由安全型蓄电池接线柱提供 12V 电压。如果发生事故时安全型蓄电池接线柱断开，该供电电压就会消失，接触器触点会自动断开。

此外 SME 控制单元还会以电子形式分析该导线上的电压，同时促使高电压系统关闭，包括中间电路电容器放电和电机主动短路。

(2) 高电压互锁回路　SME 控制单元分析高电压蓄电池互锁回路并检查该电路是否断路。出现断路情况时，蓄电池管理电子装置控制单元可促使快速关闭高电压系统。

F49 PHEV 高电压互锁回路系统电路图如图 2-56 所示。

集成在 F49 PHEV 蓄电池管理电子装置（SME）内用于控制与产生高电压互锁回路检测信号的电子装置高电压系统启动时开始产生检测信号，高电压系统关闭时停止产生检测信号。蓄电池管理电子装置产生一个矩形交流电信号作为检测信号并将其发送到检测导线上。检测导线采用环形拓扑结构（与 MOST 总线相似）。在环形线路的两个部位对检测导线信号进行分析：在电机电子装置内以及最后在环形线路端部蓄电池管理电子装置内。如果信号在规定范围之外，就会识别为电路断路或检测导线内对车辆接地短路并立即关闭高电压系统。如果断开高电压安全插头（"售后服务断电开关"）处的高电压互锁回路，就会直接断开接触器，此外还会关闭所有高电压组件。

(1) 接触器触点　高电压系统关闭时，蓄电池管理电子装置控制单元要求断开接触器触点后，通过测量触点并联电压检查触点是否也已实际断开。即使出现某接触器触点未断开这种不大可能发生的情况，也不会给用户和售后服务人员带来直接危险。但出于安全考虑，会阻止高电压系统重新启动，之后无法继续通过电动驱动行驶。

(2) 预充电电路　如果启动高电压系统期间发现预充电开关出现故障，就会立即中止启动过程且高电压系统不会运行。

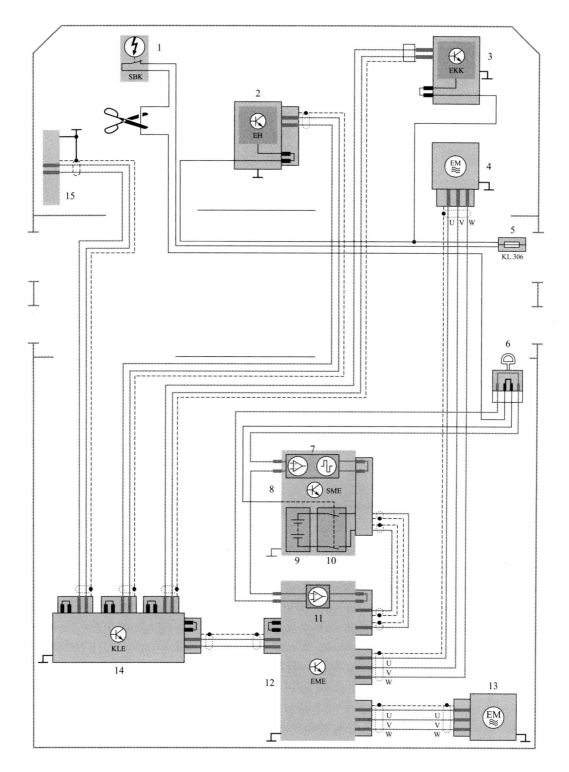

图 2-56 高电压互锁回路系统电路图

1—安全蓄电池接线柱；2—电气加热装置（EH）；3—电动空调压缩机（EKK）；4—高电压启动电动发电机；5—前配电箱；6—高电压安全插头（"售后服务断电开关"）；7—电机电子装置内用于高电压互锁回路检测信号的分析电路；8—蓄电池管理电子装置（SME）；9—电池模块；10—接触器；11—电机电子装置内用于高电压互锁回路检测信号的分析电路；12—电机电子装置（EME）；13—电机；14—便捷充电电子装置（KLE）；15—充电插座

（3）温度过高　在所有行驶情况下，高电压蓄电池的冷却系统均确保蓄电池组电池温度处于最佳范围内。如果因故障导致一个或多个蓄电池组电池温度升高并超出最佳范围，就会首先通过降低功率来保护蓄电池组电池。如果温度继续升高且可能由此造成蓄电池组电池损坏，就会及时关闭高电压系统。

① 电压过低。在此通过持续监控和根据需要平衡电池电压来避免某个蓄电池组电池电压过低。整个高电压蓄电池单元的总电压同样受到监控并用于确定充电状态。如果总电压降低导致高电压蓄电池电量过低，就会阻止继续放电，之后无法继续通过电动驱动装置行驶。

② 绝缘监控功能。确定带电高电压组件（例如高电压导线）与车辆接地间的绝缘电阻是否高于或低于所需最低限值。如果绝缘电阻低于最低限值，就会存在车辆部件带有危险电压的可能。如果人员接触第二个带电高电压组件，就会存在电击危险。因此针对F49 PHEV 高电压系统提供全自动绝缘监控功能。与之前的高电压蓄电池单元不同，现在在安全盒内进行绝缘监控，这样设计的优点是无需再将高电压导线引至蓄电池管理电子装置。安全盒通过局域CAN将相关结果发至蓄电池管理电子装置控制单元并对这些测量结果进行分析。

安全盒在高电压系统启用期间通过测量电阻定期（约每隔5s）进行绝缘监控（间接绝缘监控），在此车辆接地作为参考电位使用。

在不采取附加措施的情况下，通过这种方式只能确定高电压蓄电池单元内局部出现的绝缘故障。确定车内所铺设高电压导线与车辆接地间的绝缘故障也同样非常重要，因此高电压组件的所有导电壳体都与车辆接地连接，这样可以通过一个中央位置即高电压蓄电池单元确定整个高电压电气系统内的绝缘故障。

绝缘监控分两步进行。绝缘电阻低于第一限值时，对人员尚不构成直接危险。因此高电压系统仍保持启用状态，此时不会发出检查控制信息，但会在故障存储器内存储故障状态。这样便于售后服务人员在下次维修时加以注意，并检查高电压系统。低于较低的绝缘电阻第二限值时，不仅会在故障存储器内存储记录，而且会发出检查控制信息，以要求驾驶员到维修车间进行检查。

由于这种绝缘故障不会对用户或售后服务人员构成直接危险，因此高电压系统保持启用状态且车辆可以继续行驶。不过还是应该尽快到维修站进行高电压系统检查。为了识别出导致绝缘故障的高电压系统组件，必须由售后服务人员对故障进行限定。原则上售后服务人员无需自己测量绝缘电阻，这项工作由高电压系统通过绝缘监控功能进行。探测出绝缘故障时，售后服务人员必须通过诊断系统内的检测计划确定绝缘故障的实际位置。

第五节　便捷充电模块

便捷充电电子装置（KLE）建立了汽车和充电站之间的沟通。KLE控制单元通过终端30F供给电压。连接充电电缆时，便捷充电电子装置同样唤醒高压蓄电池需要的汽车电气系统中的部分控制单元。便捷充电电子装置将交流充电电压转换成直流电压，转换效率为95%，并传送至EME，EME对高压蓄电池单元进行充电。在前述充电效率条件下（同时取决于温度条件），充电功率在最大3.7kW AC时（比如通过Wallbox充电），可以为高压蓄电池输送3.5kW DC的充电功率。便捷充电电子装置同时还具备高压分配器的功能，为电气加热装置和电动空调压缩机供电。F49 PHEV中配备改装软件的便捷充电电子装置属于F15 PHEV已安装组件的通用零件。

一、接口

便捷充电电子装置的接口如图 2-57 所示。

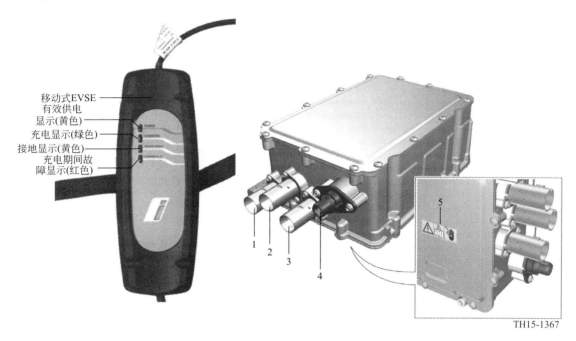

图 2-57　便捷充电装置及电子装置的接口
1—电机电子装置的高压接口；2—电动空调压缩机的高压接口；3—电气加热装置的
高压接口；4—冷却液接口（回路）；5—高压组件警示标签

电力电子装置为高压蓄电池单元将交流电压转换成直流电压，该装置封装在便捷充电电子装置内。交流电压以单相电源的形式为便捷充电电子装置供电。输入电压（可以通过便捷充电电子装置处理）的范围为 100～240V，频率为 50Hz 或 60Hz。

输出侧与输入侧相独立，便捷充电电子装置提供一种电子可调直流电压或电子可调直流电流。输出电压和输出电流的功能参数源自 EME 控制单元中的"高压电力管理"功能。相关数值通过 EME 进行计算和调整，确保高压蓄电池单元进行优化充电，并确保为 F49 PHEV 中的其他用电装置提供充足的电能。

电力电子装置模块是一个单项 AC/DC 转换器，即整流器。

便捷充电电子装置的设计确保它们可以在输出侧提供 3.5kW 的最大电动功率。

便捷充电电子装置的输入/输出控制如图 2-58 所示。

便捷充电电子装置的主要功能如下。

① 通过控制线炉和充电插头检测线路与 EVSE 进行通信。

② 启用充电状态显示（LED）。

③ 检测充电插座盖板的状态。

④ 启用锁定充电插头的电动机。

⑤ 为电热系统提供高电压电力。

⑥ 为电气空调压缩机提供高压。

⑦ 将交流电压转换成滞留电压（AC/DC 转换器）。

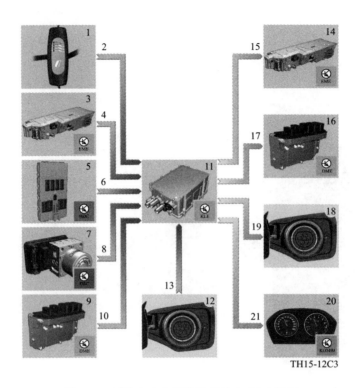

图 2-58 便捷充电电子装置的输入/输出控制

1—电动汽车供电设备（EVSE）；2—交流电压网络是否可用、充电电缆是否正确连接以及最大可用电流等级等信息；3—电机电子装置（EME）；4—所需的充电功率、充电电压和充电电流等级（设定值）；5—车身域控制器（BDC）；6—终端状态、驾驶准备就绪关闭；7—动态稳定控制系统（DSC）；8—车速；9—数字式电机电子装置（DME）；10—驻车器状态；11—便捷充电电子装置；12—车上的充电插座；13—充电插座盖板及充电插头的状态；14—电机电子装置（EME）；15—设定充电功率的实际值、充电电压和充电电流的等级、放电；16—数字式电机电子装置（DME）；17—充电电缆是否连接及充电程序是否启用相关的信息；18—充电插座；19—定位器照明（LED）和充电状态显示启用、充电插头锁的启用；20—组合仪表；21—充电信息显示相关的信号

二、车上的充电插座

F49 PHEV 上的充电插座位于前壁板左侧。充电插座盖板通过电动机加锁和解锁，该电动机的驱动操作通过便捷充电电子装置控制。充电插座只有在变速杆位于 P 挡位并且汽车中央锁定系统解锁的状态下方可打开。盖板解锁后，按下充电插座盖即可打开。充电插座盖板及接头的布置如图 2-59 所示。

当用户连接充电电缆与交流电压网络时，便捷充电电子装置唤醒汽车电子系统中的控制单元（若控制单元未被其他状况唤醒）。在该项操作中，便捷充电电子装置通过与 BDC 控制的单元直接相连的唤醒线路执行。之后，便捷充电电子装置检查充电的必备条件，并通过传动装置 CAN 接收相关安全条件的信息。此类检查操作汇总如下。

① 驾驶准备就绪关闭。

② 驻车器启动。

③ 充电电缆连接（接近）。

④ EVSE 通信控制。

⑤ 高压系统启用且无故障。

如果满足所有必要的充电条件，EME中的高压电力管理系统向便捷充电电子装置发出充电电力需求信号，然后启动充电程序。EME 控制单元不仅发送充电电力设定值信息，而且还指定最大充电电压和最大充电电流的极限值。此类数值根据高压蓄电池单元的当前条件（如充电状态和温度）及汽车其余电气系统的电力需求（如空调）判定。EME 控制单元智能地实施此类设定值，如其不仅参考设定值，而且还参考其他边际条件。此类条件包括电机电子装置的实际状态（故障和温度）以及交流电源网络和充电电缆限制的电流等级。

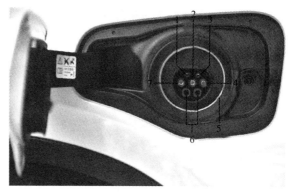

图 2-59　充电插座盖板及接头的布置
1—接近线路的接口；2—保护接地的接口；3—控制线路的接口；4—相位 L1 的接口；5—定位器照明/状态照明；6—闲置接口；7—中性导线 N 的接口

只有在汽车（KLE）和 EVSE 通过控制线路成功建立通信后才为相位 L1 提供电压。这种配置进一步确保了用户和检修员工的安全，以免受到电击伤害。

启用充电状态显示（LED）：围绕汽车上的充电插座有一个环形光纤导线，该导线用来显示充电状态。光纤导线通过 RGB LED 点亮，而 RGB LED 通过便捷充电电子装置控制。

① 在驾驶员连接或断开充电插头的操作中，充电插座的定位器照明装置起到导向作用。

RGB LED 在充电插座盖板打开后即刻点亮呈白色。只要总线系统启用，定位器照明将保持点亮状态。充电插头正确连接并经过确认后，定位器照明关闭，显示初始化状态。

② 初始化：充电插头正确连接后 0~3s 开始初始化。最长初始化时间为 10s。在此期间，RGB LED 闪烁显示黄灯，闪烁频率为 1Hz。初始化完成后，高压蓄电池单元可以开始充电。

③ 正在充电：高压蓄电池单元执行充电程序时，RGB LED 闪烁显示蓝灯。闪烁频率为 0.7Hz 左右。

④ 定期充电：当初始化顺利完成并在一定时间后启动充电（即以优惠电价充电）状态时，显示定期充电或充电准备就绪。在这种情况下，RGB LED 点亮，恒定显示蓝色，不闪烁。

⑤ 充电完成：RGB LED 显示绿色时表示高压蓄电池单元"充满电"。

⑥ 充电中的故障：如果充电过程中出现故障，则 RGB LED 闪烁红灯。RGB LED 在 12s 时间内闪烁 3 次，频率为 0.5Hz，各组之间的时间间隔为 0.8s。

RGB LED 的显示功能在连接充电插头或解锁/锁定汽车 12s 后启用。如果汽车在这个过程中再次锁定/解锁，则需要再等 12s。

① 打开充电插座盖板：充电插座盖板通过中央锁定系统锁定。解锁后必须按下充电插座盖板。然后作用在推杆上的力使充电插座盖板弹起。

充电插座盖板内还安装一个传感器（霍尔效应传感器），其状态可以提供关于充电插座盖板状态（打开/关闭）相关的信息。

② 锁定充电插头：对于 F49 PHEV 车型，只要汽车锁闭，接头将一直保持锁闭状态。充电插头的电气锁止器可防止充电插头在车辆锁闭时断开。

如果出现电气故障（如车辆锁闭故障），可以手动解锁充电插头。紧急断开电缆位于左前车轮拱罩的发动机舱内。推动按钮可解锁充电插头，如图 2-60 所示。

图 2-60　充电插头紧急断开装置
1—带充电插头紧急断开电缆（绿色）的按钮（蓝色）

第六节　电气驾驶模式

F49 PHEV 中，电力驾驶系统通过 eDRIVE 按钮可以在下述模式中配置，如图 2-61 所示。

① AUTO eDRIVE 模式。
② MAX eDRIVE 模式。
③ SAVE BATTERY 模式。

出于此目的，eDRIVE 按钮位于仪表盘内。这种按钮设计为下按按钮，当汽车被唤醒并且建立驾驶准备后，自动切换至 AUTO eDRIVE 模式。eDRIVE 驾驶模式可以与大家所熟悉的驾驶体验开关模式相结合，比如 SPORT 模式、COMFORT 模式与 ECO-PRO 模式。

图 2-61　eDRIVE 按钮和驾驶体验开关

一、显示控制

1. AUTO eDRIVE 模式

AUTO eDRIVE 通常处于启用状态。例外情况：挡位选择开关处于手动/Sport 程序位置。在 AUTO eDRIVE 模式下，汽车根据高压蓄电池单元的充电状态自动选择最佳的驾驶模式组合。驾驶员可从组合仪表上直观了解所需功率情况，如图 2-62 所示。

如果驾驶员的功率请求值超出最大可用电功率，则内燃发动机自动便捷地启用。

原则上，AUTO eDRIVE 模式可分为两部分：充电消耗阶段及充电维持阶段。当高压蓄电池单元的充电状态从 100% 降至 3% 时，处于充电消耗阶段。在这个范围内，F49 PHEV 可使用电动驾驶，且时速可达 80km。行驶速度超过 80km/h 或动力要求较高时，可启用内燃发动机。当驾驶速度低于 80km/h（电动驾驶范围）时，内燃发动机关闭。

超出 eDRIVE 效率优化范围后，荷载和速度要求较高时，汽油发动机自动启动。当充电状态处于或低于 3% 时，启动汽油发动机。

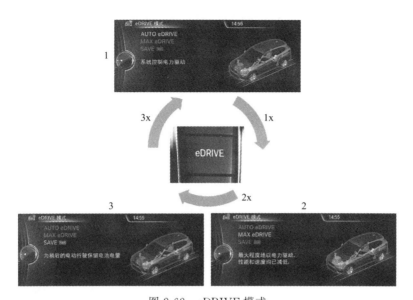

图 2-62　eDRIVE 模式
1—AUTO eDRIVE 模式（系统控制电力驱动）；2—MAX eDRIVE 模式（纯电力驱动）；
3—SAVE BATTERY 模式（保留 SoC）

2. MAX eDRIVE 模式

当高压蓄电池单元充电状态充足时，可通过 eDRIVE 按钮选用 MAX eDrive 模式，且可在零排放的情况下实现最大功率的电力驱动驾驶，但前提条件是挡位选择开关未处于手动/Sport 程序位置。电力驱动的最大速度为 120km/h。电功率通过油门踏板实现非常便捷和简单的控制，这样可避免意外启动内燃发动机。挡位指示器旁边的发动机转速显示屏中显示 "MAX eDRIVE"，表示 MAX eDRIVE 模式已经启用。

即便如此，仍可在各种驾驶状态下启动内燃发动机，并调用整个系统动力。将挡位选择开关切换至 S 挡位，或踏下油门踏板直至跳挡可以随时启动内燃发动机。

在此过程中，AUTO eDRIVE 模式可自动启用。驾驶风格（加速及速度）及环境温度（二次用电装置）对可以实现的电动行驶里程的影响非常大。为了实现最大电动行驶里程，乘客舱的预热/预冷操作应在进行外部充电时执行。旅途过程中可能需要用到预热/预冷所需的能量，因此通过这种操作可以实现更远的电动行驶里程。如果在长期停用或非常冷的环境温度条件下以 MAX eDRIVE 模式启动车辆，可能导致动力降低乃至无法进行电动驾驶。高压蓄电池单元的电池模块中的温度过低是可能造成这种现象的原因之一。

3. SAVE BATTERY 模式

SAVE BATTERY 模式同样通过 eDRIVE 按钮选择。在这种模式中，高压蓄电池单元为稍后的电动行驶保留能量，以便为随后的市区驾驶保留充分的电能。

二、组合仪表显示功能

1. 行驶状态显示

组合仪表显示混动驾驶状态以及高压蓄电池单元的充电状态，并且可以根据功能选择在中央数据显示屏上显示。

(1) 驾驶准备　当发动机转速指针处于"0"位,同时下方显示蓝色"准备"字样时,表示处于"驾驶"准备状态。这就表示汽车处于静止状态,可随时踩下油门踏板启动,如图 2-63 所示。

根据高压蓄电池单元的充电状态、eDRIVE 模式的状态以及油门踏板的位置,汽车可以进行纯电动行驶或运行内燃发动机。如果汽车在铁路道口或红灯时保持静止,则"驾驶准备"打开。但如果内燃发动机启动一次(如因动力需求),它仍需运行 1min 对催化剂转化器进行加热。

如果用户停止车辆并且想在随后再次驾驶,则可以按下启停按钮打开"驾驶准备"。因为内燃发动机仍然处于工作温度,并且高压蓄电池单元电能充足,内燃发动机无需启动。

(2) 电力驱动　汽车以纯电动模式行驶时最高时速可达 75km(取决于操作状态)。高压蓄电池单元的输出动力在蓝色箭头右侧显示,如图 2-64 所示。

图 2-63　驾驶准备

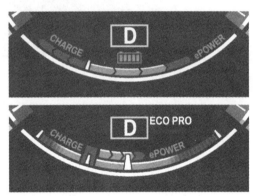

图 2-64　电力驱动

根据动力需求,最多亮起四个箭头。转速表指针位于"0"位(内燃发动机关闭)。根据所选择的驾驶模式(COMFORT 或 ECO PRO),箭头显示也有所不同。

如果所有箭头亮起,则内燃发动机在出现附加动力需求时打开。注:电动驾驶过程中应特别注意,行人及其他车辆无法听到典型传统发动机的正常噪声。因此需要特别注意,比如停车过程中。

(3) MAX eDRIVE 模式　启用 MAX eDRIVE 模式后,驾驶员可根据需要在纯电力驱动下达到 125km/h 的最高速度。电动行驶里程最高可达 41km。位于中控台的 eDRIVE 按钮必须按下后方能启用这种模式。MAX eDRIVE 模式可以在 COMFORT 和 ECO PRO 模式下启用,以免内燃发动机启动,如图 2-65 所示。

(4) SAVE BATTERY 模式　在这种模式中,高压蓄电池单元为稍后的电动行驶保留能量,以便为随后的市区驾驶保留充分的电能。启用 SAVE BATTERY 模式后可以保持高压蓄电池单元的当前充电状态,如图 2-66 所示。

图 2-65　MAX eDRIVE 模式

图 2-66　SAVE BATTERY 模式

（5）通过内燃发动机驾驶　根据所选定的驾驶模式（SPORT），汽车通过内燃发动机驱动。转速表显示发动机的当前转速。混动模式显示中仅显示高压蓄电池单元的充电状态，如图 2-67 所示。

（6）eBOOST 功能　在快速加速过程中（比如超车），除了内燃发动机输出动力外，还通过高压启动电动发电机输出动力，这种装置可以为车辆输出最大的动力。此时，必须用力踩下油门踏板，转速表显示发动机的当前转速，同时亮起左侧的四个箭头，显示"eBOOST"，如图 2-68 所示。

图 2-67　通过内燃发动机驾驶

（7）制动能量再生　混动系统可以将动能转换成电能，比如制动或高速滑行模式中。高压蓄电池单元通过能量回收进行充电，如图 2-69 所示。

根据所选定的驾驶模式，能量回收通过左侧的三个箭头显示。根据减速度或刹车踏板的启用强度，蓝色箭头的长度发生相应变化。

车速低于 15km/h 左右时，即便处于滑行模式或进行制动，制动能量再生仍保持熄灭状态。这些箭头随着所选择的驾驶模式（COMFORT 或 ECO PRO）而发生变化。

图 2-68　eBOOST 功能

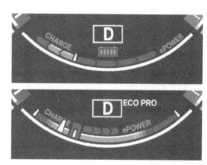

图 2-69　制动能量再生

2. 永久指示灯及车载电脑显示

附加信息为驾驶员提供关于行驶里程和消耗相关的数据，如图 2-70 所示。

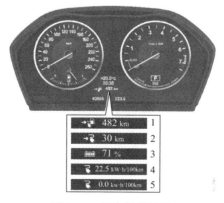

图 2-70　组合仪表显示

1—总行驶里程；2—电力驱动行驶里程；3—高压蓄电池单元的充电状态；4—电力驱动的平均消耗；5—当前的电力驱动消耗；READY—已建立的驾驶准备；OFF—未建立的驾驶准备；CHARGE—能量回收显示；ePOWER—eBOOST 功能显示

3. 混动检查控制信息

如果 F49 PHEV 出现故障,则通过价差控制信息通知驾驶员。表 2-2 列出了关键的混动控制检查信息。

表 2-2 混动检查控制信息

检查控制信息	含义	原因
	总行驶里程过低	高压蓄电池充电状态低 油位低
	高压蓄电池在运行和交通过程中的当前充电状态(充电状态过低→充电)	高压蓄电池充电状态低
	检查充电电缆	充电电缆信号故障:无法检测所连接的充电插头。客户在启动前应检查接头是否仍处于连接状态
	无法充电	汽车或基础设施中的充电系统存在故障(充电电缆,充电站等)
	加油(可能/倾斜/检测)	检测到混动压力油箱的加油需求
	驾驶声音保护故障	VSG 或其他控制单元存在内部故障,导致 CAN 通信故障
	隔离故障,高压联锁回路故障	高压系统的高压存在故障。停止发动机后,可能无法继续行驶。请立即联系附近的宝马服务站
	高电压系统关闭	高压系统关闭,处于维护、维修和检修断电状态。高压安全接头(售后服务断电开关)被拔出,高压联锁回路的电路被切断

4. 驾驶声音保护

单纯通过电动机驱动汽车时,行人在汽车速度达到 25km/h 左右之前可能无法听到汽车的声音。所以在车速低于 50km/h 时通过驾驶声音保护程序发出一种噪声,确保被行人听到。车速达到 50km/h 后禁用播音程序,但是控制单元在禁用播音的过程中保持启用状态。车速达到 50km/h 后,风和轮胎的噪声将非常明显。

F49 PHEV 仅在部分国家版本中使用驾驶声音保护(如日本、中国、韩国),而且仅在纯电动驾驶条件下启用。

(1) 系统组件 车辆声音发生器(VSG)位于汽车右前方。控制单元与车辆声音发生器的壳罩集成为一体,并通过 K-CAN3 与汽车电气系统集成为一体,如图 2-71 所示。

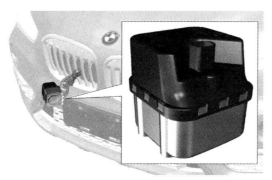

图 2-71　汽车声音发生器安装位置

(2) 系统电路图　汽车声音发生器(VSG)的系统电路如图 2-72 所示。

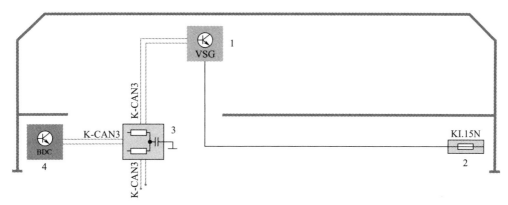

图 2-72　汽车声音发生器(VSG)的系统电路
1—汽车声音发生器；2—熔丝；3—CAN 终接器；4—车身域控制器

第三章
丰田卡罗拉、雷凌混合动力汽车

第一节 丰田卡罗拉、雷凌混合动力汽车结构

一、卡罗拉、雷凌混合动力系统布置及性能参数

国产双引擎卡罗拉、雷凌就是将燃油发动机和电动机产生的驱动力同时或者分别驱动车辆。丰田第二代混合动力系统 THS-Ⅱ，采用发动机节能技术以及发动机与电动机驱动力耦合技术。双引擎卡罗拉、雷凌混合动力系统布置如图 3-1 所示。混合动力系统性能参数如表 3-1 所示。发动机性能参数如表 3-2 所示。

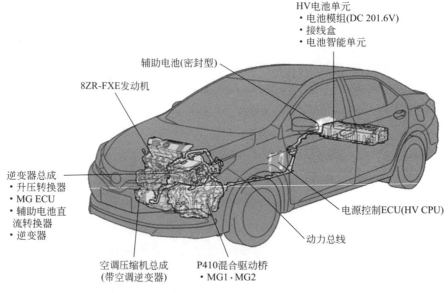

图 3-1 双引擎卡罗拉、雷凌混合动力系统布置

表 3-1 混合动力系统性能参数

HV 蓄电池		
项目	规格	
类型	镍氢(Ni-MH)蓄电池	
单格数量	168 个单格(6 个单格×28 个模块)	
公称电压/V	201.6	
蓄电池容量(3HR)/A·h	6.5	

电动机、发电机		
项目	规格	
	MG1	MG2
类型	永磁电动机	永磁电动机
功能	发电机、发动机的起动机	发电、驱动车轮
系统最高电压/V	直流 650	直流 650
最大输出功率/kW	—	53
最大扭矩/N·m	—	207
冷却系统	水冷型	风冷型

带转换器的逆变器总成		
	项目	规格
增压转换器	额定电压(逆变器侧)/V	直流 650
	额定电压(HV 蓄电池侧)/V	直流 201.6
DC-DC 转换器	额定输出电压/V	直流 13.5~15.0
	最大输出电流/A	100

	项目		规格
	传动桥类型		P410
	挡位		P/R/N/D/S
复合齿轮装置	动力分配行星齿轮机构	太阳齿轮齿数/个	30
		小齿轮齿数/个	23
		齿圈轮齿数/个	78
	电动机减速行星齿轮机构	太阳齿轮齿数/个	22
		小齿轮齿数/个	18
		齿圈轮齿数/个	58
	中间轴齿轮	主动齿轮齿数/个	54
		从动齿轮齿数/个	55
	最终齿轮	主动齿轮齿数/个	24
		从动齿轮齿数/个	77
	总减速比[1]		3.267
	油液类型		丰田原厂 ATF WS
	油液容量/L		3.4
	质量(参考)[2]/kg		92

[1] 中间轴齿轮和减速齿轮的总减速比。
[2] 所示质量值为加满油液时的质量。

表 3-2 发动机性能参数

项目			规格
类型			8ZR-FXE
气缸数和排列形式			4 缸、直列
气门机构			16 气门 DOHC、链条传动（带 VVT-i）
燃烧室			屋脊式
进气流和排气流			横流式
燃油系统			顺序多点燃油喷射（SFI）
点火系统			直接点火系统（DIS）
排量/cm³			1,798
缸径×行程/mm			80.5×88.3
压缩比			13.0：1
最大输出功率(EEC)/kW			73(5200r/min)
最大扭矩(EEC)/N·m			142(2800～4400r/min)
气门正时	进气	打开	29°BTDC 至 12°ATDC
		关闭	61°ABDC 至 102°ABDC
	排气	打开	31°BBDC
		关闭	3°ATDC
油液容量	净加注/L		4.7
	带机油滤清器/L		4.2
	不带机油滤清器/L		3.9
机油等级			API 级 SL"节能型"、SM"节能型"、SN"环保型"或 ILSAC 多级发动机机油
发动机冷却液	类型		丰田原厂超级长效冷却液或下列类型①
	容量/L		6.3
			7.0③
火花塞	类型（电装公司制造）		SC16HR11/SC20HR11（铱）
	火花塞间隙/mm		1.0～1.1
点火顺序			1-3-4-2
研究法辛烷值			95 或更高
排放标准			欧Ⅵ
发动机使用质量（参考）②/kg			90

① 类似的不含硅酸盐、胺、亚硝酸盐及硼酸盐，且采用长效复合有机酸技术制成的优质乙烯乙二醇基冷却液（采用复合有机酸技术制成的冷却液由低磷酸盐和有机酸混合而成）。
② 所示数值为注满冷却液和机油时的发动机质量。
③ 寒冷地区规格车型。

二、卡罗拉、雷凌混合动力汽车用发动机

1. 阿特金森循环发动机概述

传统的汽车由单一动力源驱动，所有动力均来自燃油发动机。这使得按最高车速、最大爬坡、极限加速性等动力性要求设计的发动机功率，与整车一般行驶工况下的功率需求之间存在较大差别，发动机大部分时间工作在轻载、低负荷工况，因此发动机效率低，排放性能差，造成整车燃油经济性和排放性的恶化。

混合动力汽车避开了发动机怠速和低负荷工况工作（用电力驱动），并且采用阿特金森循环汽油发动机。

阿特金森循环比奥托循环的热效率高，这是因为阿特金森循环的膨胀比大于压缩比。阿特金森循环发动机原理如图 3-2 所示。

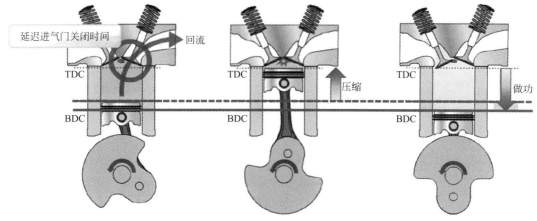

图 3-2　阿特金森循环发动机原理图

在传统发动机（奥托循环发动机）中，压缩比和膨胀比是一样的。与传统发动机相比，除了进气、压缩、做功和排气之外，阿特金森循环发动机还有"回流"，在压缩行程中，通过延迟关闭进气门，部分气缸内的空气燃油混合气被压回到进气歧管中。其最大特点就是做功行程比压缩行程长，也就是人们常说的膨胀比大于压缩比，更长的做功行程可以更有效地利用燃烧后废气残存的高压，所以燃油效率比传统发动机更高一些。

2. 阿特金森循环（运行方式）

有部分负荷时，发动机通过 VVT-i 控制实现进气门延迟关闭，使得有效压缩比变小，同时加大节气门开度，利用进气门开闭时刻来调节负荷，减少了进气过程的泵气损失。另外，膨胀比大于压缩比也使得膨胀压力下降后开始进行排气行程。阿特金森循环能够更大程度地将热能转化为机械能，提高发动机的热效率，降低燃油消耗率，因此阿特金森循环发动机在混合动力乘用车上得到广泛应用。阿特金森循环运行方式如图 3-3 所示。

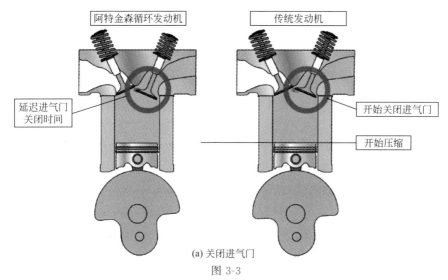

(a) 关闭进气门

图 3-3

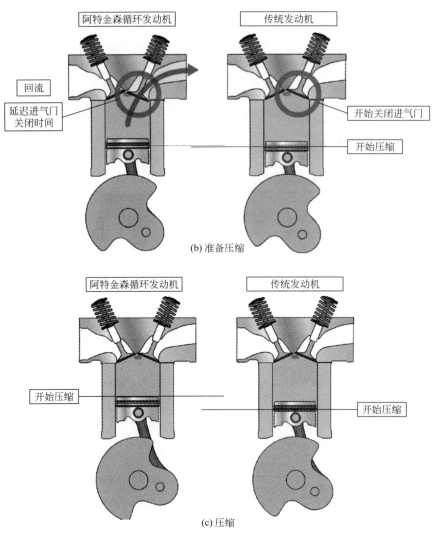

图 3-3 阿特金森循环运行方式

三、卡罗拉、雷凌混合动力汽车电池、动力电池

双引擎卡罗拉、雷凌的混合动力系统采用了两个蓄电池,即辅助蓄电池和混合动力蓄电池,如图 3-4 所示。

① 辅助蓄电池(直流 12V 铅酸蓄电池)向电气部件(如前照灯、音响设备以及各 ECU)供电。

② 混合动力蓄电池(HV 蓄电池)的功能是存储电机 MG1 和电机 MG2 产生的电能。同时,当使用电动机驱动车辆时,HV 蓄电池向 MG1 和 MG2 供电。空调工作时,通过 DC/AC 电压转换,向压缩机供电。为控制车辆正常运行,HV 蓄电池和辅助蓄电池都需要正常工作。

HV 蓄电池采用镍氢(Ni-MH)蓄电池,单体数量 168 个,6 个单体组成 1 个模块,共 28 个模块,如图 3-5 所示。

③ 在 HV 蓄电池模块电路中串联了维修塞把手,用于手动切断高压电路,这样可确保

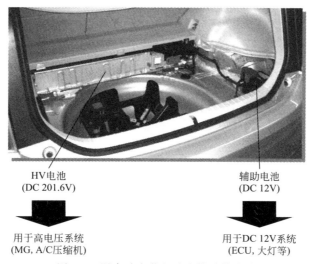

图 3-4 混合动力蓄电池和辅助蓄电池

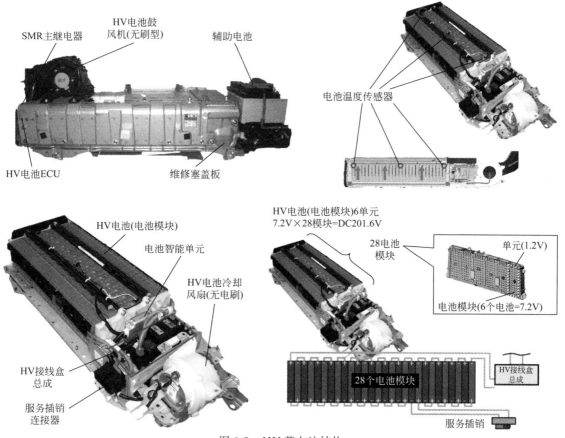

图 3-5 HV 蓄电池结构

维修期间的安全性。电路中还安装了可检测维修塞把手安装状态的互锁开关。把手解锁时,互锁开关关闭,动力管理控制 ECU(HV CPU)切断系统主继电器。因此,为确保操作安全,拆下维修塞把手前务必将电源开关置于 OFF 位置。高压电路的主熔丝(125A)位于维修塞把手内，如图 3-6 所示。

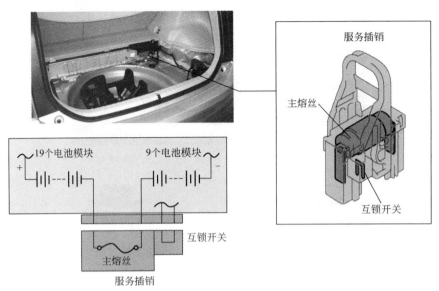

图 3-6　维修塞把手

④ 在 HV 蓄电池接线盒中安装了 3 个继电器（SMR）。SMR 根据来自动力管理控制 ECU（HV CPU）的信号以连接和断开 HV 蓄电池及电源电缆的继电器。SMRB 位于 HV 蓄电池负极侧。SMRP 位于连接至预充电电阻器的蓄电池负极侧，如图 3-7 所示。如图 3-8 所示为 SMR 继电器工作顺序。

电源开关接通（READY ON）时 SMR 的工作情况：首先 SMRB 和 SMRP 依次接通，可使电流流经预充电电阻器，保护电路中的触点以防涌入电流造成损坏，SMRG 接通可使电流绕过预充电电阻器，然后 SMRP 断开。电源开关关闭（READY OFF）时 SMR 的工作情况：首先 SMRG 断开，然后 SMRB 断开。

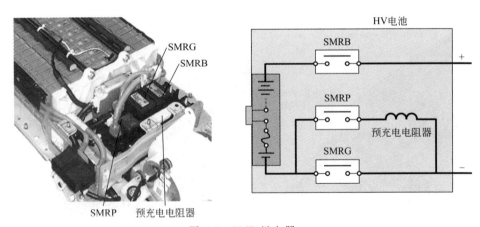

图 3-7　SMR 继电器

⑤ HV 蓄电池在充电和放电过程中会产生热量。如果蓄电池温度过度升高，则蓄电池性能将下降。HV 蓄电池工作温度为 10～40℃，能输出较大功率密度。HV 蓄电池输出功率密度与温度关系如图 3-9 所示。

依靠冷却鼓风机从车厢吸入空气传送至 HV 蓄电池，以使 HV 蓄电池保持适当的工作

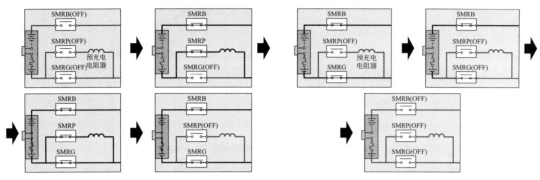

(a) SMR(系统主继电器)工作情况(READY ON)　　　(b) SMR(系统主继电器)工作情况(READY OFF)

图 3-8　SMR 继电器工作顺序

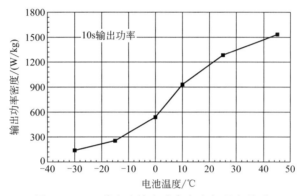

图 3-9　HV 蓄电池输出功率密度与温度关系

温度，HV 蓄电池冷却装置如图 3-10 所示。

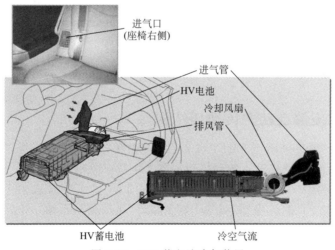

图 3-10　HV 蓄电池冷却装置

HV 蓄电池冷却鼓风机采用无刷电动机。电动机控制器根据来自动力管理控制 ECU（HV CPU）的信号控制鼓风机运转。HV 蓄电池冷却鼓风机控制如图 3-11 所示。

⑥ HV 蓄电池的荷电状态电控制。HV 蓄电池的荷电状态（SOC）可反映蓄电池的剩

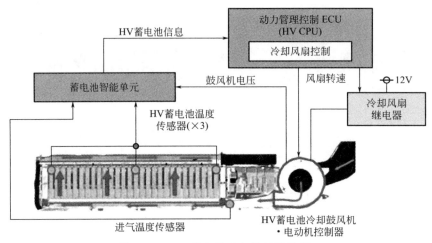

图 3-11　HV 蓄电池冷却鼓风机控制

余容量,其数值上定义为电池剩余电荷量占电池标称电荷容量的比值。动力管理控制 ECU (HV CPU)持续进行充电/放电控制,以使 SOC 保持在 60% 目标值上下水平(能量监控器的 SOC 显示约为 6 个格)。SOC 目标控制如图 3-12 所示。

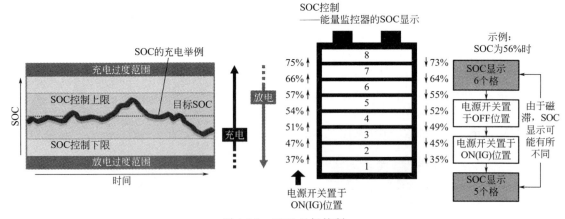

图 3-12　SOC 目标控制

四、卡罗拉、雷凌混合动力传动桥结构

双引擎卡罗拉、雷凌采用了丰田 P410 混合动力传动桥。P410 混合动力传动桥由电机(MG1 和 MG2)、复合齿轮装置、传动桥阻尼器、中间轴从动齿轮、减速齿轮、差速器齿轮机构和油泵组成,如图 3-13 所示。该传动桥将上一代 4 轴结构改进为 3 轴结构,复合齿轮装置、传动桥阻尼器、油泵、电机(MG1 和 MG2)连接至输入轴。中间轴从动齿轮和减速主动齿轮连接至第二轴。减速从动齿轮和差速器齿轮机构连接至第三轴。传动桥使用丰田原厂 ATF WS 润滑油为润滑介质。

1. 电机

内置于混合动力传动桥的 MG1 和 MG2 为紧凑、轻量且高效的永磁同步电机。MG1 和 MG2 由定子、定子线圈、转子、永久磁铁和解析器(转速传感器)组成。电机结构如图 3-14 所示。

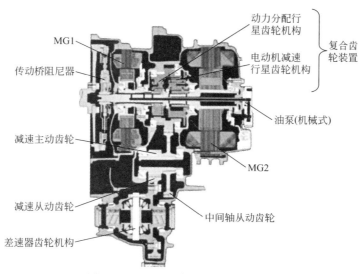

图 3-13　P410 混合动力传动桥组成

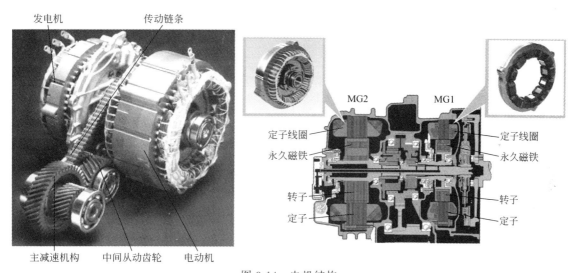

图 3-14　电机结构

将永久磁铁（V 型）置于电机转子内，通过一极下由两块混合充磁的永磁体共同作用实现励磁，可有效增加气隙磁通，减少漏磁（充磁更集中），以及利用转子的凸极效应与定子绕组所产生的磁阻转矩提高电机的输出扭矩，如图 3-15 所示。

MG1 主要用作发电机，为 MG2 驱动车辆提供电能并对 HV 蓄电池充电。此外，启动发动机时，MG1 用作起动机。MG1 定子采用集中绕组型线圈，使电机端部绕组较短，铜耗量显著减少，结构更加紧凑。

MG2 主要作用是利用 MG1 和 HV 蓄电池提供的电能，以电动机模式运行驱动车辆。此外，在减速过程中 MG2 用作发电机对 HV 蓄电池充电，并提供再生制动能量。MG2 采用分布绕组型线圈能使定子绕组生产理想的正

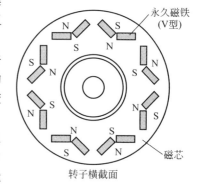

图 3-15　电机转子永久磁铁布置

弦波磁通势，降低高次谐波，使电机运转更加平稳。

解析器（电机转速/位置传感器）如图 3-16 所示。

为了使电机能够从恒扭矩到恒功率运行，采用磁场定向矢量控制方法，必须精确确定转子的磁极位置和转速，解析器承担了此项任务。解析器的结构是旋转变压器形式。由励磁线圈、检测线圈 S、检测线圈 C 和一个椭圆形的转子（与 MG 转子作为一个单元一起旋转）组成。检测线圈 S 的＋S 和－S，当恒频交流电输入励磁线圈时，随着电机转子轴上旋转变压器的椭圆形转子的旋转，与旋转变压器定子之间的间隙发生变化，因此在检测线圈 S 和 C 中互感出恒频的感应电动势。MG ECU 利用线圈 S 和 C 的峰值差异计算转子的绝对位置，并且根据在指定时间内转子位置的变化量计算旋转速度。

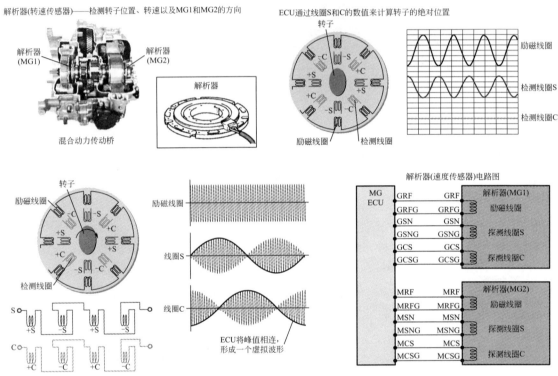

图 3-16　解析器构造及原理

检测线圈 C 的＋C 和－C 也以同样的方式相互偏离。检测线圈 S 和 C 相互分离 45°。

2. 复合齿轮装置

复合齿轮装置由动力分配行星齿轮机构和电动机减速行星齿轮机构组成。动力分配行星齿轮机构的太阳轮齿数为 30 齿，齿圈齿数为 78 齿，电动机减速行星齿轮机构的太阳轮齿数为 22 齿，齿圈齿数为 58 齿，如图 3-17 所示。

通过采用 2 套行星齿轮机构的齿圈和中间轴主动齿轮及驻车锁止齿轮做成一体的复合齿轮，使复合齿轮装置的结构更为紧凑和轻量化。动力分配行星齿轮机构的太阳齿轮连接至MG1，行星齿轮支架连接至发动机，齿圈连接至复合齿轮（车轮）。电动机减速行星齿轮机构的太阳齿轮连接至 MG2，齿圈连接至复合齿轮（车轮）。行星齿轮支架固定至传动桥外壳。两套行星齿轮机构的齿圈组合在一起，如图 3-18 所示。

与上一代丰田混合动力驱动电机 MG2 相比较，双引擎卡罗拉、雷凌驱动电机 MG2 通过电动机减速行星齿轮机构，降低了 MG2 的转速，从而使得紧凑、轻量的电动机产生较大

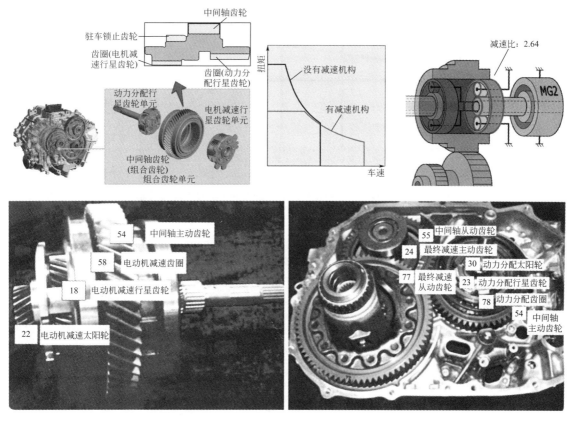

图 3-17　复合减速齿轮结构及齿轮齿数

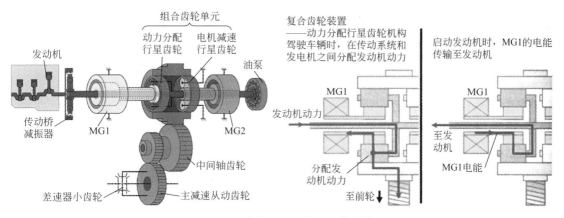

图 3-18　复合齿轮装置动力分配连接及传动过程

的扭矩。复合齿轮装置传动速度和扭矩输出可以用行星齿轮传动列线图来表示，如图 3-19 所示。

3. 传动桥阻尼器

卡罗拉、雷凌混合动力车辆在发动机运转停止或启动瞬间，会产生发动机扭转振动，而在传动装置结构上又取消了液力变矩器的液力减振作用，因此，在双引擎卡罗拉、雷凌发动

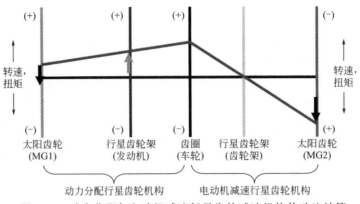

图 3-19　动力分配与电动机减速行星齿轮减速机构传动比计算

机与传动桥之间安装了传动桥阻尼器,如图 3-20 所示。

传动桥阻尼器减小了发动机传输动能时产生的扭转振动力矩。同时在车辆振动控制方面增加了发动机扭矩脉冲补偿控制程序。

4. 传动桥油泵

机械油泵采用余摆线型油泵,内置于混合动力传动桥内,如图 3-21 所示。由发动机驱动油泵,润滑各部齿轮。另外传动桥还通过减速齿轮旋转,使集油箱内润滑油甩油以润滑齿轮,减小机械油泵运转负载。

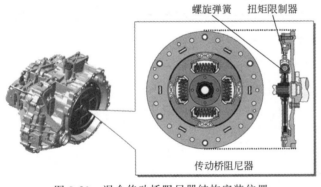

图 3-20　混合传动桥阻尼器结构安装位置

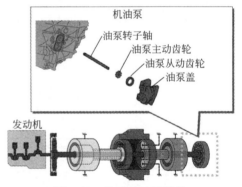

图 3-21　传动桥油泵结构

第二节　丰田卡罗拉、雷凌混合动力汽车控制技术

一、卡罗拉、雷凌不同工况下混合动力系统工作状况

双引擎卡罗拉、雷凌 THS-Ⅱ 系统属于混联式输入功率分流型混合动力系统。该系统采用了丰田汽车公司具有发明专利的双排行星齿轮机构的混合动力车辆传动桥,传动桥能实现电动无级变速功能(Electric Tenuously Variable Transmission,CVT),其构型如图 3-22 所示。

从图 3-22 中可以看出,发动机通过扭转减振阻尼器与前排行星架相连,前排太阳轮与电机 MG1 相连,后排太阳轮与电机 MG2 相连,后排行星架固定,因此电机 MG2 将动

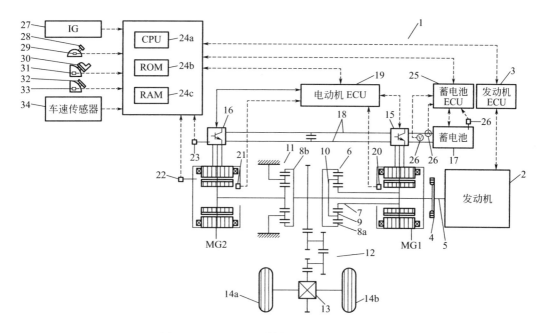

图 3-22 THS-Ⅱ双排行星齿轮传动桥构型

1—混合动力系统；2—发动机；3—发动机控制 ECU；4—混合动力传动桥阻尼器；5—发动机曲轴；6—动力分配行星排；7—太阳轮；8a,8b—复合齿圈；9—行星轮；10—行星架；11—电机 MG2 减速行星排；12—中间轴减速齿轮组；13—差速器；14a,14b—驱动轮；15,16—逆变器；17—HV 蓄电池；18—动力高压电线；19—电动机控制 ECU；20,21—电机转子位置传感；22—电动机转速传感器；23—电流传感器；24a,24b,24c—混合动力管理 ECU；25—HV 蓄电池控制 ECU；26—HV 蓄电池温度传感器；27—电源开关；28—传动桥变速器操纵杆；29—传动桥变速器操纵杆位置传感器；30—加速踏板；31—加速踏板位置传感器；32—制动踏板；33—制动踏板位置传感器；34—车速传感器

力以固定传动比传输给后排齿圈。而前排齿圈与后排齿圈相连为复合齿圈，动力在此处实现耦合，然后一起输出给中间轴减速齿轮组至车轮。如图 3-23 所示为双排行星齿轮机杆模型。

这种传动桥在上一代 THS 传动桥的基础上增加了一个后排行星齿轮机构，由原来的四轴结构变为三轴结构，结构更加紧凑。MG2 输出扭矩通过后排行星齿轮机构减速增扭作用，显著提高了驱动电机的扭矩输出能力。

传动桥复合齿轮处的输出转速和扭矩可以用列线图来表示，如图 3-24 所示为行星齿轮列线图所示。

列线图可直观地反映行星齿轮机构的转速和扭矩的矢量关系，从而可以判断电机 MG1、MG2 的工作状态（驾驶工况），并且根据故障发生时存储的 FFD（定格数据），分析在何种驾驶工况。

列线图的纵轴表示旋转方向和转速，纵轴的间距表示传动比。箭头表示扭矩方向（如果 MG1 和 MG2 的旋转方向与扭矩方向相同，则系统处于放电状态，作为电动机工作；如果方向相反，则系统处于充电状态，作为发电机工作）。

为了便于对混合动力系统的控制策略研究分析，下面按照车辆启动、起步、加速、匀速、滑行、减速滑行/再生制动和倒车驾驶工况进行试验，获得各动力部件的工作状况数据。

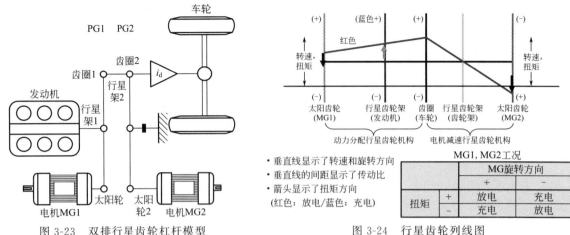

图 3-23 双排行星齿轮杠杆模型   图 3-24 行星齿轮列线图

1. 启动

将车辆选挡杆置于 P 挡位，电源开关处于 ON 位置，仪表显示屏上绿色 READY 指示灯点亮，此时如果 HV 蓄电池 SOC 在目标控制值范围，则发动机处于停止状态。如果 HV 蓄电池放电（如使用空调等电负荷），SOC 降到 40% 以下，MG1 作为电动机拖动发动机到 1200r/min 左右，发动机开始喷油启动，发动机启动后，发动机动力用于驱动 MG1 运转发电，对 HV 蓄电池进行充电，SOC 达到 50% 以上状态，发动机停止工作。发动机启动充电工况动力流分配如图 3-25 所示，如图 3-26 所示为发动机启动充工况的数据流。

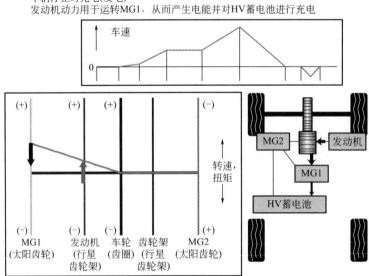

图 3-25 发动机启动充电工况动力流分配

2. 起步

车辆起步时，发动机停止工作，由 MG2 拖动车辆，MG1 随动，不产生扭矩（电机零扭矩控制如图 3-27 所示，由于电机 MG1 处于旋转状态，会产生电压，如果电压高于电源电

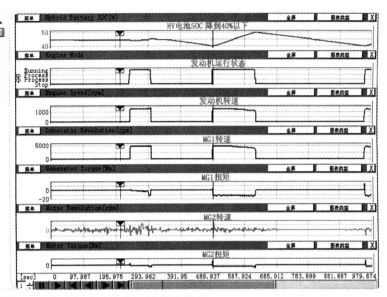

图 3-26　发动机启动充电工况的数据流

压,从而有电流流动,为使电机 MG1 产生的电压偏置,逆变器将 IGBT 切换至 ON 状态,防止电流流动,电机 MG1 无扭矩输出)。

当功率需求达到一定值时,MG1 立即拖动发动机启动。然后 MG1 发电供给 MG2 电能或向 HV 电池充电。根据电池 SOC 的不同,发动机启动的时刻也不同。车辆起步工况,THS 处于串联模式。车辆起步纯电动行驶工况动力流分配如图 3-28 所示,如图 3-29 所示是车辆起步时的数据流。

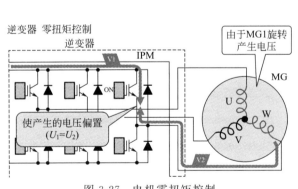

图 3-27　电机零扭矩控制

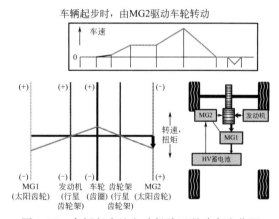

图 3-28　车辆起步纯电动行驶工况动力流分配

3. 加速

随着加速踏板瞬间开度的加大,由发动机和 MG2 产生的动力共同拖动车辆加速。由于 MG2 的助力作用,在发动机转速突变的过程中基本不存在瞬态加浓过程,仍旧运行在最佳油耗线上,而 MG1 一直处于发电状态,增加 MG2 的扭矩。车辆加速,THS 处于并联模式。车辆加速工况动力流分配如图 3-30 所示,如图 3-31 所示是车辆加速时的数据流。

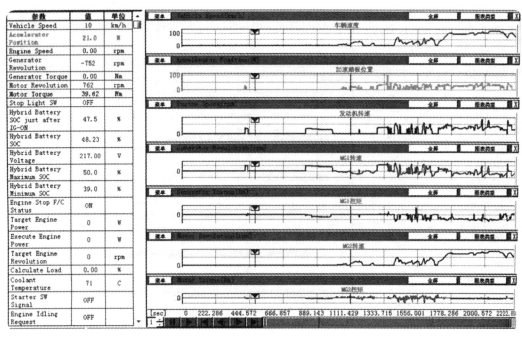

图 3-29 车辆起步时的数据流

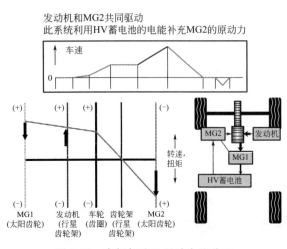

图 3-30 车辆加速工况动力流分配

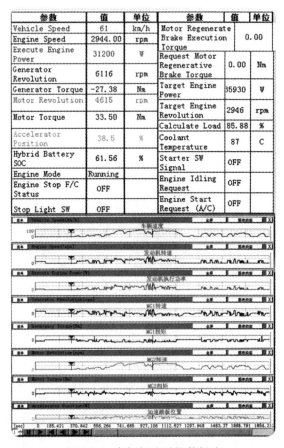

图 3-31 车辆加速时的数据流

4. 匀速

如图 3-32 所示为车辆匀速（100km/h）工况数据流。由于此时的 HV 蓄电池 SOC 为 61.56%，电池充电需求为零，因此车辆功率需求恒定。而 MG1 作为调速电动机调整发动机的工况点和扭矩分配，MG2 正向旋转作为发电机，产生电能，供给 MG1 运转。在车辆匀速行驶时，HV 蓄电池是否充电首先取决于 SOC，另外还与 MG2 转速和输出电压有关，这是 THS 的“特异模式”。车辆匀速工况动力流分配如图 3-33 所示。

参数	值	单位
Vehicle Speed	61	km/h
Engine Speed	2944.00	rpm
Execute Engine Power	31200	W
Generator Revolution	6116	rpm
Generator Torque	-27.38	Nm
Motor Revolution	4615	rpm
Motor Torque	33.50	Nm
Accelerator Position	38.5	%
Hybrid Battery SOC	61.56	%
Engine Mode	Running	
Engine Stop F/C Status	OFF	
Stop Light SW	OFF	

参数	值	单位
Motor Regenerate Brake Execution Torque	0.00	
Request Motor Regenerative Brake Torque	0.00	Nm
Target Engine Power	35930	W
Target Engine Revolution	2946	rpm
Calculate Load	85.88	%
Coolant Temperature	87	C
Starter SW Signal	OFF	
Engine Idling Request	OFF	
Engine Start Request (A/C)	OFF	

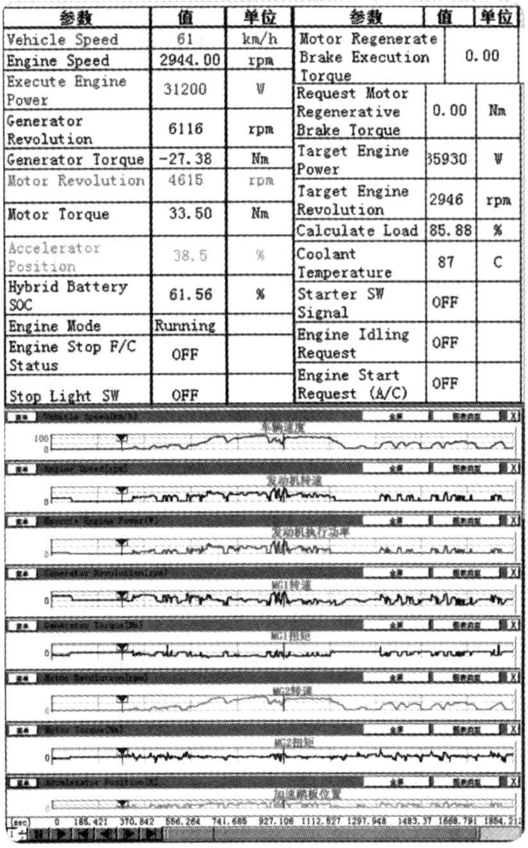

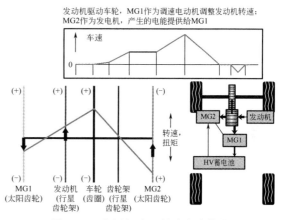

图 3-32　车辆匀速（100km/h）工况数据流

图 3-33　车辆匀速工况动力流分配

5. 减速滑行与再生制动

图 3-34 所示为车辆减速滑行工况数据流。松开加速踏板，车辆开始滑行，发动机逐渐断油熄火，并在 MG1 调速下转速降到零，减少滑行过程中的摩擦损失。此时 MG2 在车轮的反拖下，作为发电机进行能量回收。车辆滑行工况动力流分配如图 3-35 所示。车辆滑行中如果进行制动，HV ECU 会根据制动扭矩需求进行液压制动和电机制动的扭矩分配，如图 3-36 所示的数据流中显示了再生制动工况数据流。

6. 倒车

倒车工况是由 HV 蓄电池供电给 MG2 反向旋转，驱动车辆倒车。如果 HV 蓄电池低于 SOC 控制值，则发动机启动，将 MG1 产生的电能提供给 MG2。倒车动力流分配如图 3-37 所示，如图 3-38 所示为倒车时的数据流。

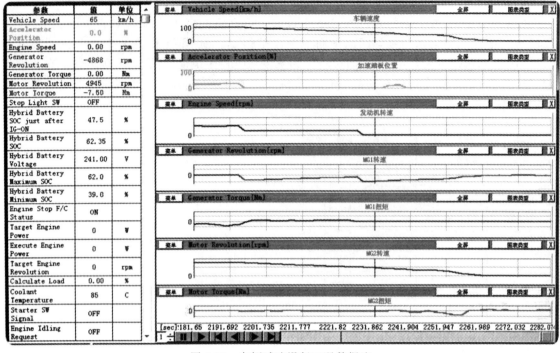

图 3-34　车辆减速滑行工况数据流

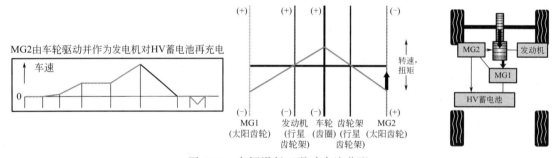

图 3-35　车辆滑行工况动力流分配

二、混合动力系统控制

由于混合动力汽车具有两个能量动力来源，因此，最重要也是最具有挑战性的控制任务就是根据行驶状况、道路状况和天气情况，将汽车所需的来自发动机的驱动力和来自电动机的驱动力进行分配耦合，以获得最佳的燃油经济性、最少的废气排放和最大能量存储系统的使用寿命。表 3-3 所示为双引擎卡罗拉、雷凌混合动力系统 THS-Ⅱ控制范畴。

首先 HV ECU 要获取车辆上的各种相关信号，如车速、发动机转速、发电机转速、电动机转速、电池 SOC、电压、电流、加速踏板开度位置、变速器挡位、制动踏板位置、制动油压力、各种温度、时间等。根据这些信号或信号组合，判断车辆处于的工作状态和工作模式，然后按照相应的程序发出动作指令，实现对动力与能量流的高效控制，并且在监控到系统发生故障时，发出故障警告信息，采取限制系统运行或失效保护措施，保证系统的安全。如图 3-39 所示为 THS-Ⅱ控制系统。

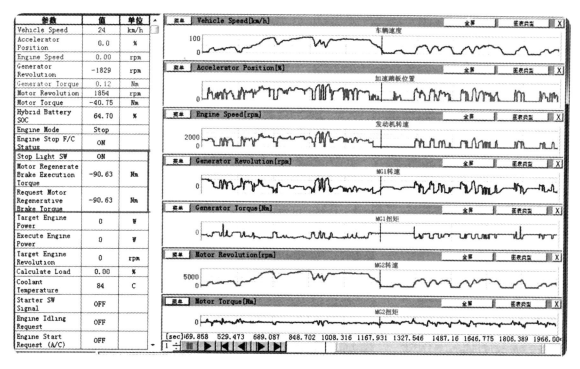

图 3-36　再生制动工况数据流

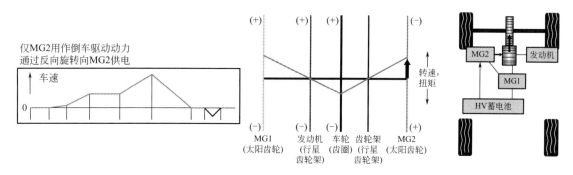

图 3-37　倒车动力流分配

表 3-3　双引擎卡罗拉、雷凌混合动力系统 THS-Ⅱ 控制范畴

控制	项目	控制描述
HV 控制	HV 输出计算	根据驾驶条件计算发动机输出以及 MG1 和 MG2 扭矩
	行驶模式控制	混合动力系统操作和输出特性根据行驶模式的不同而变化
	SMR 控制	控制 SMR(系统主继电器)的切换(接通和切断)
	逆变器控制	利用操作指令信号(PWM 信号)控制逆变器的工作输出
	增压转换器控制	控制高压增压
	DC/DC 转换器控制	控制用于对辅助蓄电池进行充电的电压和电流
	电动机牵引力控制	防止 MG2 过度旋转
	再生制动控制	减速时,在防滑控制 ECU 协同作用下进行再生制动控制

续表

控制	项目	控制描述
蓄电池控制	SOC 控制	控制 HV 蓄电池的充电状态（SOC）
	HV 蓄电池冷却鼓风机控制	操作此项目以使 HV 蓄电池温度处于适当范围
	绝缘异常检测	检测高压电路的绝缘有无任何异常
发动机控制	发动机输出装置	控制发动机输出以响应动力管理控制 ECU（HV CPU）的请求
	发动机启停控制	必要时执行发动机启停操作
	空调压缩机控制	根据目标压缩机转速控制空调逆变器
	电源输出限制控制	根据零部件温度限制电源输出
	失效保护	在发生故障期间提供有限的原动力

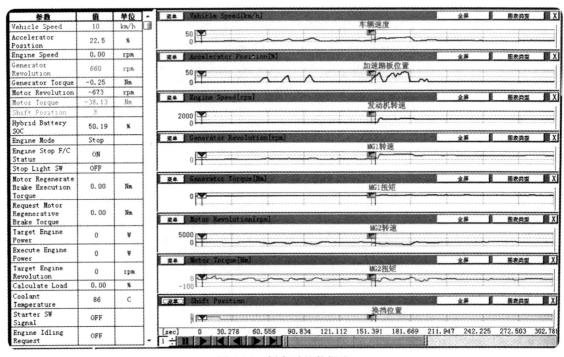

图 3-38　倒车时的数据流

1. 驱动力控制

如图 3-40 所示为驱动力控制原理概要。驱动力控制的输入信号有加速踏板位置、车速、HV 蓄电池状态（SOC）等，控制输出信号包括发动机的要求动力、发电机 MG1 扭矩以及电动机 MG2 扭矩。

如图 3-41 所示是从驾驶员请求操作扭矩计算到发送至 MG1、MG2 和发动机的操作指令的控制流程，该流程图显示了 THS-Ⅱ的特性，表示驱动功率的分配计算。

（1）驾驶员请求扭矩计算　根据加速踏板位置和车速计算目标轴驱动扭矩。

（2）驾驶员请求输出功率计算　根据驾驶员请求扭矩和车速计算目标功率输出，与"驾驶员请求扭矩计算"的计算方法类似。

（3）所需发动机输出功率计算　所需 HV 蓄电池充电功率与"驾驶员请求输出功率计算"计算所得的驾驶员请求输出功率相加即可确定所需发动机输出功率。

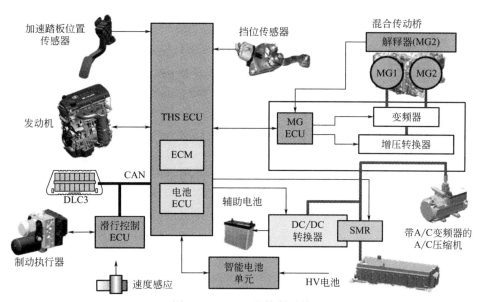

图 3-39 THS-Ⅱ 控制系统

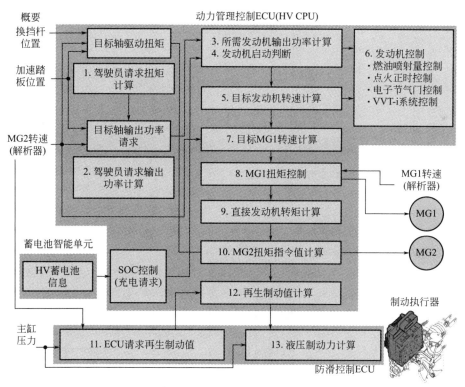

图 3-40 驱动力控制原理概要

(4) 发动机启动判断 根据工作状况和所需发动机输出功率（所需发动机输出功率计算），判断是否需要启动发动机。

(5) 目标发动机转速计算 THS-Ⅱ 发动机以高效发动机工作线工作。发动机工作线与发动机输出功率（所需发动机输出功率）的交点为目标发动机转速。

(3) 所需发动机输出功率计算
所需HV蓄电池充电功率与(2)计算所得的驾驶员请求输出功率相加即可确定所需发动机输出功率。
所需发动机输出功率=
驾驶员请求输出功率(2)+所需HV蓄电池充电功率

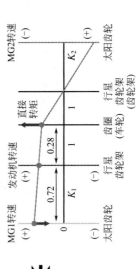

SCO控制目标(60%)
所需充电功率
放电侧
需要充电
SOC
所需HV蓄电池充电功率

(6) 发动机控制
根据所需发动机输出功率(3)和目标发动机转速(5)的计算结果执行发动机控制。
喷射、点火、ETCS-i和VVT-i控制等。

(9) 直接发动机驱动转矩计算
• 根据(8)计算所得的MG1扭矩计算发动机产生的驱动转矩。
• 基于MG1驱动转矩可得知车辆处的直接发动机转矩。
直接发动机转矩=MG1扭矩×(0.72/0.28)

(2) 驾驶员请求输出功率计算
根据驾驶员请求扭矩和车速计算驾驶员请求输出功率,与(1)的计算方法类似。
驾驶员请求输出功率=
驾驶员请求扭矩(1)×轴转速-系统损耗

(5) 目标发动机转速计算
如下方示例所示,发动机输出功率的变化如下方示例所示,发动机工作线与发动机输出功率的交叉点为目标发动机转速。(所需发动机输出功率(3))

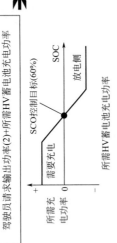

发动机工作线
发动机输出功率=
发动机转速×发动机扭矩
目标发动机转速
发动机转速

(8) MG1扭矩控制
• 根据转速传感器解析器控制MG1转速以达到目标MG1转速。
• 控制MG1扭矩以达到目标MG1转速。

(10) MG2扭矩指令值计算
• 根据驾驶员请求扭矩(1)和直接驱动转矩(9)计算MG2扭矩指令值。
• 这表示由MG2补充的扭矩以满足驾驶员请求的驱动转矩。

MG2扭矩指令值=
驾驶员请求扭矩-直接发动机驱动转矩

(1) 驾驶员请求扭矩计算
根据加速踏板位置和车速计算目标轴驱动扭矩。

HV蓄电池→MG2
MG1→MG2
直接发动机转矩
加速踏板踩下100%
加速踏板踩下50%
最高巡航车速
最高车速
行驶阻力
车速
扭矩

(4) 发动机启动判断
根据工作条件和所需发动机输出功率,判断是否需要启动发动机。

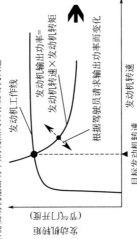

发动机运转
发动机停止
所需发动机输出功率
车速

(7) 目标MG1转速计算
根据MG2转速和目标发动机转速(5)计算目标MG1转速。

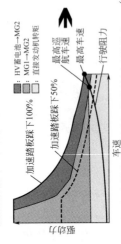

MG1转速 (+)
(-) 太阳齿轮
行星齿轮架
齿圈(车轮)
行星齿轮架
太阳齿轮
MG2转速
K_1
1
1
K_2
发动机转速

MG1转速
发动机转速
0.72
0.28
直接转矩
K_1
K_2
MG2转速
太阳齿轮 行星齿轮架 齿圈(车轮) 行星齿轮架 太阳齿轮

图3-41 驱动力计算流程图

(6) 发动机控制　根据所需发动机输出功率和目标发动机转速的计算结果执行发动机喷油、点火、ETCS-i 和 VVT-i 控制等。

(7) 目标 MG1 转速计算　根据 MG2 转速和目标发动机转速计算目标 MG1 转速。

(8) MG1 扭矩控制　根据 MG1 转速传感器（解析器）信号，控制 MG1 扭矩以达到 MG1 目标转速。

(9) 直接发动机转矩计算　根据 MG1 扭矩控制计算所得的 MG1 扭矩计算发动机输出的驱动扭矩（根据列线表，基于 MG1 扭矩可得知车桥处的直接发动机输出转矩）。

(10) MG2 扭矩指令值计算　根据驾驶员请求扭矩和直接发动机输出转矩计算 MG2 扭矩指令值。如果电动机的转矩大于车辆需要的驱动扭矩，发动机就会停止工作，车辆仅靠 HV 蓄电池的能量输出完成行驶（EV 行驶模式）；如果电动机转矩小于车辆需要的驱动扭矩，发动机就会启动运转，独立驱动，或者在车辆需要更大扭矩时，发动机与电动机并行运转驱动。

2. 发动机启停控制

卡罗拉、雷凌混合动力系统对发动机进行启动/停止的切换控制，使发动机工作在最佳效率工况范围内，目的是改善燃油消耗。发动机启动运转条件如表 3-4 所示。

但曲轴回转时，在特定的发动机转速区域内，发动机扭矩脉冲与传动桥产生共振，导致车辆振动。通过下列控制措施可以减小发动机启停的振动问题。

① 通过缩短动力重心与转动弹性轴之间的距离，增加扭振减振阻尼器等方法，改进发动机的悬置问题。

② 采用电子控制技术、推迟点火提前角、延迟进气门关闭时间、控制燃油喷射量等措施来改善发动机的燃烧，从而降低振动和噪声。

③ 发动机扭矩脉冲补偿控制。根据发动机的扭矩脉冲，设计 MG1 和 HV 蓄电池有足够的输出功率，短时间迅速拖动发动机启动（发动机转速被拖到 1000～1200r/min 时开始喷油启动）。

发动机在低速转动时的扭矩脉冲中，与惯性力脉冲相比，压缩膨胀空气过程的脉冲起主要作用。因此只要在发动机熄火时，通过控制 MG1 的旋转角度，把活塞停止位置控制在进气门关闭的上止点曲轴转角位置，就能较好地控制发动机启动时的振动。

表 3-4　发动机启动运转条件

条件	描述
发动机暖机请求为 0	发动机需要暖机时
TWC 加热请求为 0	催化剂需要加热时
加热器请求为 0	为保持加热性能
空调压缩机操作请求为 0	为操作空调压缩机
SOC 下降	为操作 MG1 以对 HV 蓄电池充电
HV 蓄电池温度低	HV 蓄电池输出不足以启动发动机时，发动机继续工作
ISC 学习未完成	ISC 学习（节气门开度学习）未完成 备注：断开辅助蓄电池时，清除学习值

④ 驱动系统扭转振动补偿。用速度传感器测得车轮转速，通过与传动桥的输出轴转速比较作差，反馈进行 MG2 扭矩控制，从而抑制驱动系统的扭矩振动。如图 3-42 所示为混合动力车辆减振控制系统的整体构成，与普通控制器结合使用实现减振控制。从图 3-43 中可

以看出混合动力车辆在纯电动模式行驶时,快速踩下加速踏板,发动机启动时,减振控制能很大程度地改善驱动系统振动的效果。

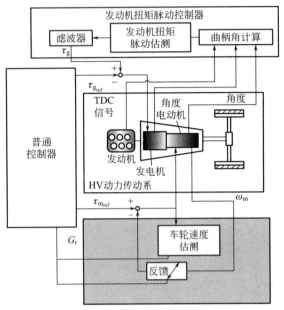

图3-42 混合动力车辆减振控制系统的整体构成

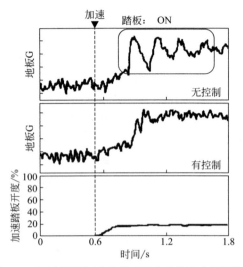

图3-43 快速踩下加速踏板时驱动系统振动抑制效果

三、卡罗拉、雷凌再生制动与液压制动协调控制

再生制动是混合动力汽车的重要工作模式,它能在汽车减速或下坡时,根据加速踏板与制动踏板信号,保证车辆制动性能不变的前提下,通过驱动电机当作发电机运行。再生制动的作用如下。

① 将汽车的动能和位能变成电能回收到混合动力系统的储能装置中。

② 利用驱动电机当作发电机运行时产生的电磁阻力进行制动减速,起到减少制动摩擦片的磨损和节能的效果,双引擎卡罗拉、雷凌可以回收大约30%的再生制动能量,如图3-44

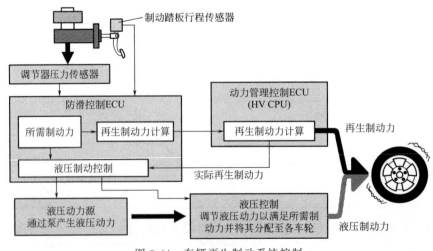

图3-44 车辆再生制动系统控制

➡电信号; ⇨油液压力

所示为车辆再生制动系统控制。

当驾驶员踩制动踏板，希望减速时，制动防滑控制 ECU 根据制动踏板位置和踏板力的大小（制动主缸油压的大小）指令液压制动执行器实时对前后车轮进行制动力的分配，使车辆减速。紧接着再生制动系统进入工作状态，输出大部分再生制动力矩。当车辆减速到要停止时，再生制动矩下降到接近零，此时，液压制动力又起主要作用，使车辆停止行驶。如图 3-45 所示为车辆液压制动和再生制动之间的制动力分配。

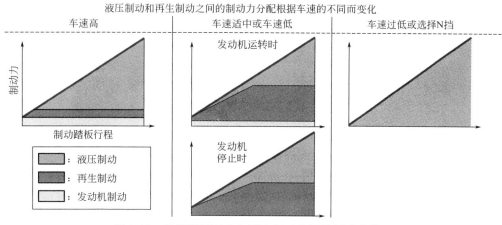

图 3-45　车辆液压制动和再生制动之间的制动力分配

四、卡罗拉、雷凌 HV ECU 控制功能

双引擎卡罗拉、雷凌混合动力系统 ECU 构成如图 3-46 所示。

HV ECU 的功能包括驱动力指令、诊断、安全警示等。混合动力控制系统是一套线控（By Wire）系统。当构成的零部件发生故障时，为了防止驾驶员的意愿与车辆发生冲突，需要及时、准确的安全警示，具体要求如下。

① 系统的构成要充分考虑安全警示的功能。

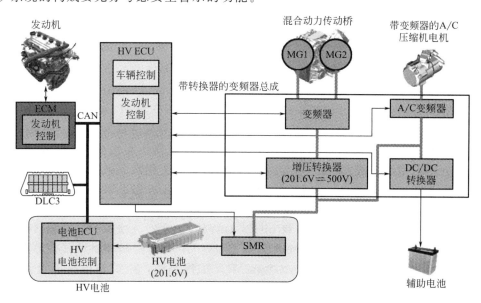

图 3-46　双引擎卡罗拉、雷凌混合动力 ECU 构成

② 检测异常情况的功能。
③ 发生异常情况时系统限制输出或停止运行。

1. 输出限制控制

HV ECU 限制输出项目如表 3-5 所示。

表 3-5　HV ECU 限制输出项目

项目		描述
HV 蓄电池	SOC 低	SOC 低于规定值时［逐步降低 WOUT（wattage-out,功率输出）＝放电功率最大值］
	温度低	由于温度而使蓄电池的活性低时,蓄电池输出至 MG1 或 MG2 的功率受到限制
	温度高	由于反复以大电流充电和放电而导致蓄电池产生大热量时
带转换器的逆变器总成	逆变器温度高	由于高负载行驶而导致逆变器的温度超过规定值时
	增压转换器温度高	由于高负载行驶而导致增压转换器温度超过规定值时
MG1 和 MG2	温度高	由于高负载行驶而导致 MG1 或 MG2 的温度超过规定值时

（1）HV 蓄电池输出受限时的行驶性能　如果 HV 蓄电池输出受限，则行驶性能明显低于正常水平。特别是在驾驶过程中完全踩下加速踏板时会感到行驶性能下降，如图 3-47 所示。

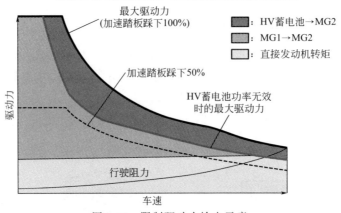

图 3-47　限制驱动力输出示意

① SOC 低时，WOUT（放电功率最大值）将会降低以限制 HV 蓄电池输出。WIN（功率输入）：充电功率最大值。WOUT（功率输出）：放电功率最大值。如图 3-48 所示。

② HV 蓄电池温度低或高时，HV 蓄电池输出受到限制。高负载行驶可能会导致 HV 蓄电池温度升高，但这并不表示故障。发动机冷机时，将车辆电源开关刚置于 READY-ON 状态后，HV 蓄电池温度变低，其输出将降低。HV 蓄电池温度过高可能是由于冷却风扇故障或冷气进气口阻塞所致，如图 3-49 所示。

（2）逆变器、增压转换器、MG1 或 MG2 温度高　逆变器、增压转换器、MG1 或 MG2 的温度超过规定值时，HV 蓄电池输出或电机输出扭矩受到限制；增压转换器温度高时，HV 蓄电池输出受到限制；逆变器、MG1 或 MG2 温度高时，电机输出扭矩受到限制，如图 3-50 所示。输出受限期间，多信息显示屏上显示"HYBRID SYSTEM OVERHEAT"（混合动力系统过热）以告知驾驶员由于高温而使输出受到限制。

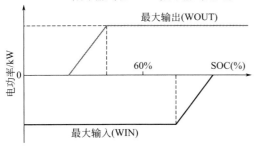

图 3-48 蓄电池 SOC 低值时限制驱动力输出示意

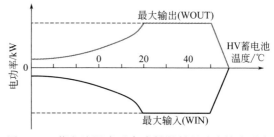

图 3-49 蓄电池温度过高或低限制驱动力输出示意

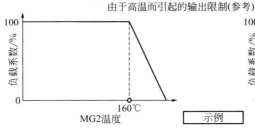

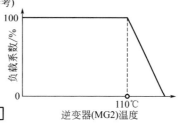

图 3-50 逆变器、增压转换器、MG1 或 MG2 温度过高限制驱动力输出示意

导致高温的可能原因：低速爬坡或操作加速踏板以使车辆在斜坡上停止；极陡峭的上坡路或车速骤变；冷却系统故障（带电动机的 HV 蓄电池水泵故障、冷却液泄漏、堵塞等）。

2. 失效保护控制

HV ECU 根据混合动力系统发生的故障，执行以下失效保护驱动模式。

（1）MG1 故障，依靠 MG2 驱动。如果 MG1 不能工作，则发动机无法启动。在这种情况下，可通过 MG2 驱动车辆。如果发动机启动后，MG1 发生故障，则无法将来自发动机的动力传输至车轮（因为要将发动机的动力传输至车轮，需要向 MG1 施加负扭矩），导致发动机不能驱动车辆，如图 3-51 所示。

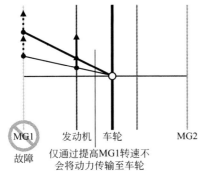

图 3-51 MG1 故障失效保护

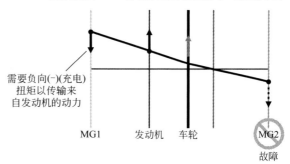

图 3-52 MG2 故障失效保护

（2）MG2 故障，依靠发动机驱动。MG2 无法工作时，可使用发动机驱动车辆，MG1 发电运行（施加负扭矩），将来自发动机的动力传输至车轮。但是，由于 MG2 不消耗电能，因此 MG1 持续对 HV 蓄电池充电。HV 蓄电池 SOC 达到上限值后，MG1 进入零扭矩控制，发动机动力不可能再驱动车辆，如图 3-52 所示。

第三节　混合动力汽车 THS-Ⅱ主要部件功能及车辆工作原理

一、混合动力系统的主要部件功能、系统控制

混合动力系统的主要零部件具有的功能如表 3-6 和表 3-7 所示。

表 3-6　混合动力系统的主要功能

控制			概要
混合动力车辆控制 ECU 总成			对混合动力系统进行综合控制 • 接收来自各种传感器和 ECU[ECM、MG ECU、蓄电池智能单元（蓄电池电压传感器）和防滑控制 ECU]的信息，并据此计算所需扭矩及输出功率。混合动力车辆控制 ECU 总成将计算结果传输至 ECM、MG ECU 和防滑控制 ECU • 监视 HV 蓄电池的 SOC • 控制 DC/DC 转换器 • 控制逆变器水泵总成 • 控制蓄电池冷却鼓风机总成
混合动力车辆传动桥总成	1 号电动机发电机（MG1）		由发动机驱动的 MG1 产生高压电，以驱动 MG2 并为 HV 蓄电池充电。同时，它还可作为起动机以启动发动机
	2 号电动机发电机（MG2）		• MG2 由 MG1 和 HV 蓄电池的电能驱动，产生驱动轮原动力 • 制动期间或未踩下加速踏板时，产生高压电为 HV 蓄电池再充电
	发电机解析器（MG1）		检测 MG1 的转子位置、转速和旋转方向
	电动机解析器（MG2）		检测 MG2 的转子位置、转速和旋转方向
	发电机温度传感器（MG1）		检测 MG1 的温度
	电动机温度传感器（MG2）		检测 MG2 的温度
	复合齿轮装置	动力分配行星齿轮机构	合理分配发动机原动力以直接驱动车辆及 MG1
		电动机减速行星齿轮机构	根据行星齿轮的特点降低 MG2 的转速，以增大扭矩
带转换器的逆变器总成	逆变器		将增压转换器的直流转换为用于 MG1 和 MG2 的交流，反之亦然（从交流至直流）
	增压转换器		将 HV 蓄电池公称电压直流 201.6V 增至最高电压直流 650V，反之亦然（将直流 650V 逐步降至直流 201.6V）
	DC/DC 转换器		将 HV 蓄电池公称电压直流 201.6V 逐步降至约直流 14V，以为电气部件供电，并为辅助蓄电池再充电
	MG ECU		根据接收自混合动力车辆控制 ECU 总成的信号控制逆变器和增压转换器，从而将 MG1 和 MG2 作为发电机或电动机运行
	大气压力传感器		检测大气压力
	带转换器的逆变器总成的温度传感器		检测带转换器的逆变器总成零件内的温度及 HV 冷却液温度
	逆变器电流传感器		检测 MG1 和 MG2 的电流

续表

控制		概要
HV蓄电池总成	HV蓄电池(蓄电池模块)	·根据车辆行驶状态,向MG1和MG2供电 ·根据SOC和车辆行驶状态,由MG1和MG2对其再充电
	HV蓄电池温度传感器	检测HV蓄电池零件内的温度
	HV蓄电池进气温度传感器	检测蓄电池冷却鼓风机总成的进气温度
混合动力蓄电池接线盒总成	系统主继电器	利用混合动力车辆控制ECU总成的信号,连接和断开HV蓄电池及带转换器的逆变器总成之间的高压电路
	蓄电池电流传感器	检测HV蓄电池的输入和输出电流
蓄电池智能单元(蓄电池电压传感器)		·监视HV蓄电池的状态(如电压、电流和温度)并将该信息传输至混合动力车辆控制ECU总成 ·监视高压系统的绝缘故障
维修塞把手		拆下维修塞把手进行车辆检查或保养时,切断HV蓄电池的高压电路
互锁开关(维修塞把手/蓄电池电缆连接器)		确认已安装维修塞把手和逆变器电源电缆连接器
电源电缆(线束组)		连接HV蓄电池、带转换器的逆变器总成、混合动力车辆传动桥总成和带电动机的压缩机总成
逆变器水泵总成		在混合动力车辆控制ECU总成的控制下运行,以冷却带转换器的逆变器总成、MG1和MG2
蓄电池冷却鼓风机总成		在混合动力车辆控制ECU总成的控制下运行,以冷却HV蓄电池
辅助蓄电池		为电气部件供电
辅助蓄电池温度传感器(热敏电阻总成)		检测辅助蓄电池的温度
电源开关		启动和停止混合动力系统
加速踏板传感器总成		将加速踏板位置转化为电信号并将其发送至混合动力车辆控制ECU总成
换挡锁止控制单元总成	换挡杆位置传感器	将换挡杆位置(横向移动和纵向移动)转换为电信号,并将其发送至混合动力车辆控制ECU总成
P位置开关(变速器换挡主开关)		驾驶员操作P位置开关时,将P位置开关信号输出至混合动力车辆控制ECU总成
刹车灯开关		检测踩下制动踏板
组合开关总成	EV行驶模式开关	驾驶员操作EV行驶模式开关时,将EV行驶模式开关信号发送至混合动力车辆控制ECU总成
	动力模式开关	驾驶员操作动力模式开关时,通过ECM将动力模式开关信号发送至混合动力车辆控制ECU总成
	环保模式开关	驾驶员操作环保模式开关时,通过空调放大器总成将环保模式开关信号发送至混合动力车辆控制ECU总成
ECM		·根据接收自混合动力车辆控制ECU总成的目标发动机转速和所需发动机原动力对发动机进行控制 ·将各种发动机工作状态信号传输至混合动力车辆控制ECU总成
防滑控制ECU(带主缸的制动助力器总成)		·制动期间,其计算所需再生制动力并将其传输至混合动力车辆控制ECU总成 ·TRC或VSC运行期间,将请求传输至混合动力车辆控制ECU总成以限制原动力
空调放大器总成		将各种空调状态信号传输至混合动力车辆控制ECU总成

续表

控制		概要
空气囊传感器总成		碰撞过程中,将空气囊展开信号传输至混合动力车辆控制 ECU 总成
组合仪表总成	混合动力系统指示仪	显示混合动力系统的系统动力输出和再生充电
	READY 指示灯	告知驾驶员车辆可以行驶
	主警告灯	根据多信息显示屏上显示的信息点亮或闪烁,且蜂鸣器可能鸣响
	EV 行驶指示灯	EV 行驶期间点亮
	EV 模式指示灯	告知驾驶员已选择 EV 行驶模式
	动力模式指示灯	告知驾驶员已选择动力模式
	环保模式指示灯	告知驾驶员已选择环保模式
	故障指示灯(MIL)	混合动力控制系统和发动机控制系统出现故障时点亮
导航接收器总成①		显示能量监视器
收音机和显示屏接收器总成②		

① 带导航系统的车型。
② 带屏显音响系统的车型。

表 3-7　混合动力系统控制

控制	概要
混合动力车辆控制	• 混合动力车辆控制 ECU 总成根据换挡杆位置传感器、加速踏板踩下的角度和车速计算目标原动力。通过将 MG1、MG2 和发动机进行最佳组合,执行控制以产生目标原动力 • 混合动力车辆控制 ECU 总成根据目标原动力计算发动机原动力,而目标原动力是根据驾驶员的需要和车辆行驶状况计算的。为产生此原动力,混合动力车辆控制 ECU 总成将信号传输至 ECM • 混合动力车辆控制 ECU 总成监视 HV 蓄电池的 SOC 及 HV 蓄电池、MG1 和 MG2 的温度,以对这些项目进行最佳控制
SOC 控制	• 混合动力车辆控制 ECU 总成通过估算 HV 蓄电池的充电和放电电流计算 SOC • 混合动力车辆控制 ECU 总成根据计算出的 SOC 持续执行充电/放电控制,以将 SOC 保持在目标范围内
发动机控制	ECM 接收混合动力车辆控制 ECU 总成发出的目标发动机转速和所需的发动机原动力,并控制 ETCS-i、燃油喷射量、点火正时、VVT-i 和 EGR
MG1 和 MG2 主控制	• 由发动机驱动的 MG1 产生高压电,以驱动 MG2 并为 HV 蓄电池充电。同时,它还可作为起动机以启动发动机 • MG2 由 MG1 和 HV 蓄电池的电能驱动,产生驱动轮原动力 • 制动期间(再生制动协同控制)或未踩下加速踏板时(能量再生),MG2 产生高压为 HV 蓄电池充电 • 选择空挡(N)时,MG1 和 MG2 基本关闭。为停止提供原动力,需要停止驱动 MG1 和 MG2,因为 MG1 和 MG2 与驱动轮是机械连接的
逆变器控制	• 根据混合动力车辆控制 ECU 总成通过 MG ECU 提供的信号,逆变器将 HV 蓄电池的直流转换为用于 MG1 和 MG2 的交流,反之亦然。此外,逆变器用于将电能从 MG1 传送至 MG2 • 如果通过 MG ECU 接收到来自逆变器的过热、过电流或电压异常信号,则混合动力车辆控制 ECU 总成会切断逆变器
增压转换器控制	• 根据混合动力车辆控制 ECU 总成通过 MG ECU 提供的信号,增压转换器将 HV 蓄电池的公称电压直流 201.6V 升至最高电压直流 650V • 逆变器将 MG1 或 MG2 产生的交流转换为直流。根据混合动力车辆控制 ECU 总成通过 MG ECU 提供的信号,增压转换器将产生的电压从直流 650V(最高电压)逐步降至约直流 201.6V
DC/DC 转换器控制	DC/DC 转换器将 HV 蓄电池的公称电压直流 201.6V 逐步降至约直流 14V,以为电气部件供电,并为辅助蓄电池再充电

续表

控制	概要
系统主继电器控制	为确保能够可靠地连接和断开高压电路,混合动力车辆控制 ECU 总成控制 3 个系统主继电器连接和断开来自 HV 蓄电池的高压电路。混合动力车辆控制 ECU 总成还利用 3 个系统主继电器的工作正时监视继电器触点的工作情况
带转换器的逆变器总成的冷却系统控制	为了冷却带转换器的逆变器总成、MG1 和 MG2,混合动力车辆控制 ECU 总成根据来自带转换器的逆变器总成温度传感器、MG1 温度传感器和 MG2 温度传感器的信号调节逆变器水泵总成
HV 蓄电池冷却系统控制	为了使 HV 蓄电池的温度保持在最佳水平,混合动力车辆控制 ECU 总成根据来自 HV 蓄电池温度传感器和 HV 蓄电池进气温度传感器的信号调节蓄电池冷却鼓风机总成
再生制动协同控制	制动期间,防滑控制 ECU 计算所需再生制动力并将其传输至混合动力车辆控制 ECU 总成。混合动力车辆控制 ECU 总成接收到此信号后,将实际再生制动控制值传输至防滑控制 ECU。根据此结果,防滑控制 ECU 计算并执行所需液压制动力
TRC/VSC 协同控制	TRC 或 VSC 工作时,防滑控制 ECU 将请求传输至混合动力车辆控制 ECU 总成以限制原动力。混合动力车辆控制 ECU 总成根据当前行驶状态控制发动机和 MG2 以限制原动力。有关详情,请参考制动控制系统
碰撞时的控制	碰撞期间,如果混合动力车辆控制 ECU 总成接收到来自空气囊传感器总成的空气囊展开信号,将断开系统主继电器以切断 HV 蓄电池的高压
巡航控制系统运行控制[①]	混合动力车辆控制 ECU 总成接收到巡航控制开关信号时,将发动机和 MG2 的原动力控制为最佳组合以获得驾驶员所需的目标车速。有关详情,请参考巡航控制系统
换挡控制	混合动力车辆控制 ECU 总成根据换挡杆位置传感器和 P 位置开关提供的信号检测驾驶员所需挡位(P、R、N、D 或 S)。根据这些输入和车辆工作状态,混合动力车辆控制 ECU 总成控制 MG1、MG2 和发动机以符合所选挡位
EV 行驶模式控制	驾驶员操作 EV 行驶模式开关(组合开关总成)时,如果满足操作条件,则混合动力车辆控制 ECU 总成将仅使用 MG2 来驱动车辆
动力模式控制	驾驶员操作动力模式开关(组合开关总成)时,混合动力车辆控制 ECU 总成调节加速踏板操作的响应以优化加速
环保模式控制	驾驶员操作环保模式开关(组合开关总成)时,混合动力车辆控制 ECU 总成调节加速踏板操作的响应以支持环保驾驶
制动优先系统	同时踩下加速踏板和制动踏板时,驱动转矩受到限制(有关激活条件和检查方法,请参阅《修理手册》)
发动机停机系统	在试图使用无效钥匙启动混合动力控制系统时禁止燃油输送、点火和启动混合动力控制系统

① 带巡航控制系统的车型。

二、系统部件控制

1. 混合动力系统启动(READY-ON 状态)

① 踩下制动踏板时,通过按下电源开关启动混合动力系统。此时,READY 指示灯一直闪烁,直至完成系统检查。READY 指示灯点亮时,混合动力系统启动且车辆可以行驶。

② 即使驾驶员将电源开关置于 ON(READY)位置,混合动力车辆控制 ECU 总成有时也无法启动发动机。发动机仅在如发动机冷却液温度、SOC、HV 蓄电池温度和电气负载需要启动发动机时等条件下启动。

③ 行驶后,驾驶员停止车辆并打开 P 位置开关时,混合动力车辆控制 ECU 总成使发动机继续运转。发动机将在 SOC、HV 蓄电池温度和电气负载状态达到规定值后停止。

注意:驾驶过程中不得不停止混合动力系统时,按住电源开关约 2s 或更长时间,或连续按下电源开关3次或更多次，可强行停止该系统。此时，电源切换至ON（ACC）。

2. EV行驶模式

① 满足所有所需条件（部分条件如表3-8所示）时，可使用EV行驶模式。

提示：EV行驶模式期间的可连续行驶里程根据HV蓄电池的SOC和行驶条件（如路面和山坡）的不同而不同。但是，通常在数百米至约2km之间。

表3-8 工作条件

工作条件	• 混合动力系统温度不高(外界空气温度高时或车辆上坡行驶或以高速行驶后,混合动力系统温度将会比较高) • 混合动力系统温度不低(外界空气温度低时,车辆停止运行很长时间后混合动力系统温度将会比较低) • 发动机冷却液温度约为0℃或更高 • SOC约为50%或更高 • 车速约为30km/h或更低(发动机冷机条件) • 车速约为45km/h或更低(发动机暖机条件) • 加速踏板踩下量为特定值或更低 • 除霜器关闭 • 巡航控制系统未工作

注：带巡航控制系统的车型。

② EV行驶模式可降低车辆噪声，如进入或准备离开车库时，可减少车库内产生的废气量。驾驶员操作EV行驶模式开关时，如果满足操作条件，则混合动力车辆控制ECU总成将仅使用MG2来驱动车辆。

③ 满足所有工作条件时，按下EV行驶模式开关可使车辆进入EV行驶模式，EV行驶模式指示灯将点亮。如果未满足任一工作条件而按下EV行驶模式开关，EV行驶模式指示灯闪烁3次且蜂鸣器鸣响，以告知驾驶员EV行驶模式开关操作被拒绝，无法进入EV行驶模式。

④ 车辆在EV行驶模式下行驶时，如果不再满足工作条件，EV行驶模式指示灯将闪烁3次且蜂鸣器鸣响，以告知驾驶员EV行驶模式即将取消。

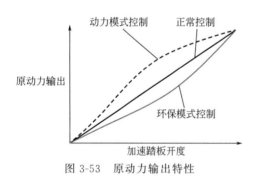

图3-53 原动力输出特性

3. 动力模式和环保模式

① 在动力模式过程中，混合动力车辆控制ECU总成通过在加速踏板操作的初始阶段快速提高动力输出来优化加速感。

② 在环保模式过程中，混合动力车辆控制ECU总成通过缓慢产生原动力（与加速踏板操作相对应）来优化燃油经济性和行驶性能，如图3-53所示。同时，通过优化空调性能来支持环保驾驶。

4. 混合动力车辆控制

① 混合动力车辆控制ECU总成利用来自加速踏板传感器总成的信号检测加速踏板踩下角度，并检测换挡杆位置传感器的换挡杆位置信号。混合动力车辆控制ECU总成通过MG ECU接收来自MG1和MG2解析器的转速信号。混合动力车辆控制ECU总成根据此信号确定车辆行驶状态，并对MG1、MG2和发动机的原动力进行优化控制。此外，混合动力车辆控制ECU总成对MG1、MG2和发动机的输出功率及扭矩进行最佳控制，以实现更低的燃油消耗和更清洁的废气排放。

② 混合动力车辆控制ECU总成根据计算的目标原动力并结合HV蓄电池的SOC和温

度来计算发动机原动力。从目标原动力中减去发动机原动力所得的值即为 MG2 原动力。

③ ECM 根据接收自混合动力车辆控制 ECU 总成的目标发动机转速和所需发动机原动力对发动机进行控制,如图 3-54 所示。此外,混合动力车辆控制 ECU 总成合理运行 MG1 和 MG2,以提供所需的 MG1 发电力和 MG2 原动力。

5. SOC 控制

① 混合动力车辆控制 ECU 总成根据蓄电池电流传感器检测的充电/放电安培数计算 HV 蓄电池的 SOC。混合动力车辆控制 ECU 总成根据计算出的 SOC 持续执行充电/放电控制,以将 SOC 保持在目标范围内。

② 车辆行驶过程中,HV 蓄电池经过反复的充电/放电循环,因为其在加速过程中由 MG2 放电,在减速过程中由再生制动充电。

③ SOC 过低时,混合动力车辆控制 ECU 总成提高发动机的输出功率来操作 MG1 以对 HV 蓄电池充电。

④ 蓄电池智能单元(蓄电池电压传感器)将 HV 蓄电池的相关信号(电压、电流和温度)转换为数字信号,并通过串行通信将其传输至混合动力车辆控制 ECU 总成,如图 3-55 所示。混合动力车辆控制 ECU 总成通过计算确定 SOC 时需要这些信号。

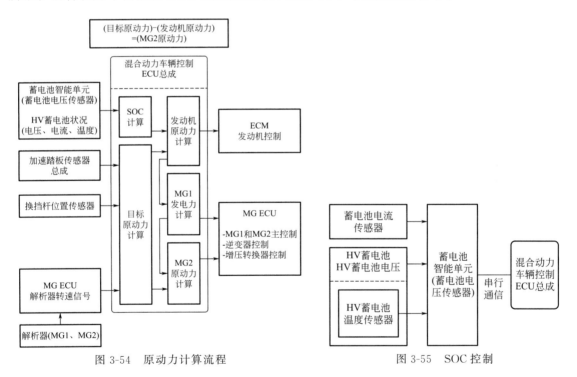

图 3-54 原动力计算流程　　图 3-55 SOC 控制

6. 发动机控制

① ECM 接收混合动力车辆控制 ECU 总成发出的目标发动机转速和所需的发动机原动力,并控制 ETCS-i、燃油喷射量、点火正时、VVT-i 和 EGR。

② ECM 将发动机工作状态传输至混合动力车辆控制 ECU 总成。

③ 接收到混合动力车辆控制 ECU 总成根据基本混合动力车辆控制发出的发动机停止信号后,ECM 停止发动机,如图 3-56 所示。

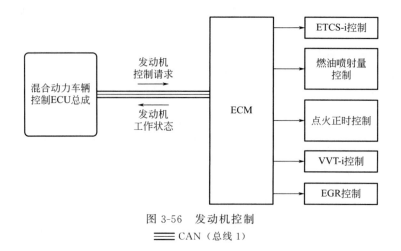

图 3-56 发动机控制
≡ CAN（总线 1）

7. MG1 和 MG2 主控制

① 由发动机驱动的 MG1 产生高压电，以驱动 MG2 并为 HV 蓄电池充电。同时，它还可作为起动机以启动发动机。

② MG2 由 MG1 和 HV 蓄电池的电能驱动，产生驱动轮原动力。

③ 制动期间（再生制动协同控制）或未踩下加速踏板（能量再生）时，MG2 产生高压电为 HV 蓄电池充电。

④ 选择空挡 N 时，MG1 和 MG2 基本关闭。为停止提供原动力，需要停止驱动 MG1 和 MG2，因为 MG1 和 MG2 与驱动轮是机械连接的。

⑤ MG ECU 根据接收自混合动力车辆控 ECU 总成的信号控制智能动力模块（IPM）内的绝缘栅双极晶体管（IGBT）。IGBT 用于切换各电动机发电机的 U、V 和 W 相。根据电机作为电动机或发电机进行的操作，6 个 IGBT 在 ON 和 OFF 间切换，控制各电机。

⑥ 图 3-57 描述了电机用作电动机时的基本控制。IPM 内的 IGBT 在 ON 和 OFF 间切换，为电机提供三相交流电。为了产生由混合动力车辆控制 ECU 总成计算的所需电机的原动力，MG ECU 使 IGBT 在 ON 和 OFF 间切换以控制电机的转速。

⑦ 图 3-58 描述了电机用作发电机时的基本控制。由车轮驱动的电机的 3 个相依次产生的电流用于对 HV 蓄电池充电或驱动另一个电机。

8. 逆变器控制

① 逆变器将来自 HV 蓄电池的直流电转换为交流电提供给 MG1 和 MG2，如图 3-59 所示；反之亦然。此外，逆变器将 MG1 产生的电能提供给 MG2。然而，MG1 产生的电流在逆变器内转换为直流电后，再被逆变器转换回交流电供 MG2 使用。这是必要的，因为 MG1 输出的交流频率不适合控制 MG2。

② MG ECU 根据接收自混合动力车辆控制 ECU 总成的信号控制 IPM 以切换 MG1 和 MG2 的三相交流电。

③ 混合动力车辆控制 ECU 总成接收到来自 MG ECU 的过热、过电流或电压故障信号时，混合动力车辆控制 ECU 总成将切断控制信号传输至 MG ECU 以断开 IPM。

9. 增压转换器控制

① 根据混合动力车辆控制 ECU 总成通过 MG ECU 提供的信号，增压转换器将 HV 蓄电池的公称电压（直流）201.6V 升至最高电压（直流）650V，如图 3-60 所示。

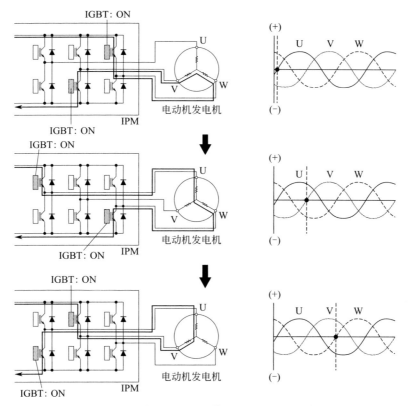

图 3-57 电动机发电机用作电动机时的基本控制

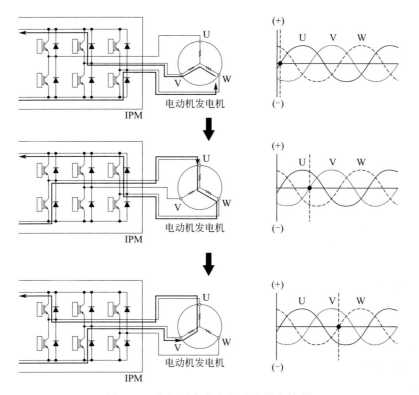

图 3-58 电机用作发电机时的基本控制

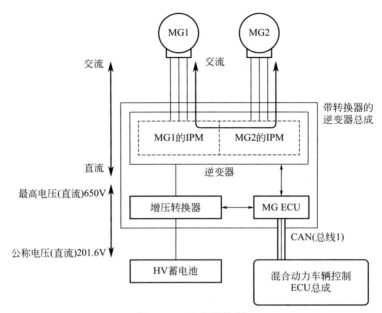

图 3-59 逆变器控制

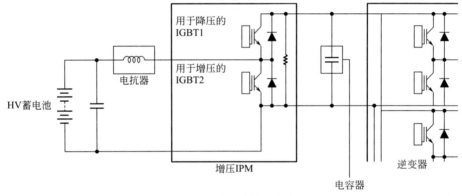

图 3-60 增压转换器控制

② 逆变器将 MG1 或 MG2 产生的交流电转换为直流电。根据混合动力车辆控制 ECU 总成通过 MG ECU 提供的信号,增压转换器将产生的电压从直流 650V(最高电压)逐步降至约直流 201.6V。

③ 增压转换器包括带内置 IGBT(执行切换控制)的增压 IPM、存储电能并产生电动势的电抗器和将增压的高压电进行充电和放电的电容器。

④ 增压转换器增压的流程如下。

a. IGBT2 接通使 HV 蓄电池(直流 201.6V 的公称电压)为电抗器充电,从而使电抗器存储了电能。

b. IGBT2 断开使电抗器产生电动势(电流持续从电抗器流出)。该电动势使电压升至最高电压(直流)650V。在电抗器产生的电动势的作用下,电抗器中流出的电流以增压后的电压流入逆变器和电容器。

c. IGBT2 再次接通,使 HV 蓄电池的电压为电抗器充电。与此同时,通过释放电容器中存储的电能(最高电压为直流 650V),继续向逆变器提供电能,如图 3-61 所示。

⑤ MG1 或 MG2 产生的用于为 HV 蓄电池充电的交流电被逆变器转换为直流电（最高电压为直流 650V）。然后，使用增压转换器将电压逐步降至约直流 201.6V。这个操作是利用占空比控制使 IGBT1 在 ON 和 OFF 之间切换，间歇性地中断逆变器对电抗器的供电，如图 3-62 所示。

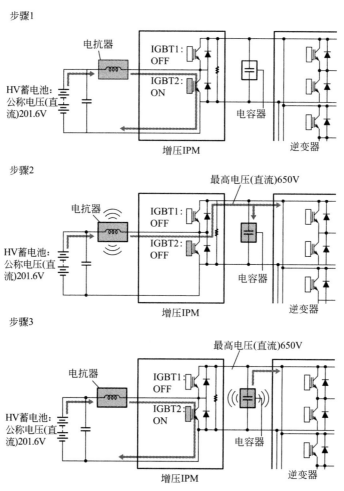

图 3-61 增压转换器增压的步骤

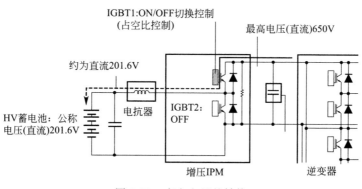

图 3-62 充电电压的转换

10. DC/DC 转换器控制

① DC/DC 转换器将 HV 蓄电池的公称电压（直流）201.6V 逐步降至约为直流 14V，以为电气部件供电，并为辅助蓄电池再充电，如图 3-63 所示。

② 为调节 DC/DC 转换器的输出电压，混合动力车辆控制 ECU 总成根据辅助蓄电池温度传感器信号将输出电压请求信号传输至 DC/DC 转换器。

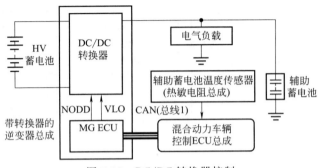

图 3-63 DC/DC 转换器控制

11. 系统主继电器控制

① 混合动力车辆控制 ECU 总成控制系统主继电器以连接和断开 HV 蓄电池的高压电路。混合动力车辆控制 ECU 总成还利用系统主继电器的工作正时监视继电器触点的工作情况，如图 3-64 所示。

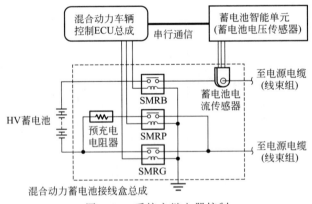

图 3-64 系统主继电器控制

② 共采用 3 个继电器以确保正常工作，1 个用于正极侧（SMRB），2 个用于负极侧（SMRP、SMRG）。

③ 混合动力系统切换至 READY-ON 状态时，混合动力车辆控制 ECU 总成依次接通 SMRB 和 SMRP，并通过预充电电阻器施加电流。随后，接通 SMRG 并绕过预充电电阻器施加电流。然后，断开 SMRP。由于受控电流以这种方式首先经过预充电电阻器，从而保护了电路中的触点，避免其因涌流而受损，如图 3-65 所示。

④ 混合动力系统切换至 READY-ON 以外的状态时，混合动力车辆控制 ECU 总成首先断开 SMRG。接下来，在确定 SMRG 是否正常工作后，断开 SMRB。然后，在确定 SMRB 是否正常工作后，接通 SMRP，再断开。这样，混合动力车辆控制 ECU 总成便可确认相关继电器已正确断开，如图 3-66 所示。

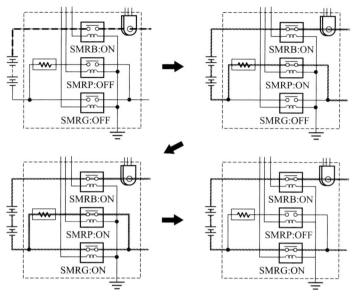

图 3-65　混合动力系统切换至 READY-ON 状态

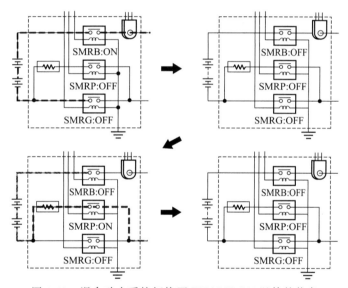

图 3-66　混合动力系统切换至 READY-ON 以外的状态

12. 带转换器的逆变器总成的冷却系统控制

① 混合动力车辆控制 ECU 总成接收来自带转换器的逆变器总成的温度传感器、MG1 的温度传感器和 MG2 的温度传感器的信号。然后，混合动力车辆控制 ECU 总成使用占空比控制以 5 个级别驱动逆变器水泵总成，以冷却带转换器的逆变器总成、MG1 和 MG2，如图 3-67 所示。

② HV 冷却液温度超过特定值后，混合动力车辆控制 ECU 总成将散热器风扇驱动请求信号传输至 ECM。作为对此信号的响应，ECM 驱动散热器风扇以抑制 HV 冷却液温度升高，从而确保冷却带转换器的逆变器总成、MG1 和 MG2。

③ MG ECU 将温度传感器信号转换成数字信号，并通过 CAN 通信将其传输至混合动力车辆控制 ECU 总成。

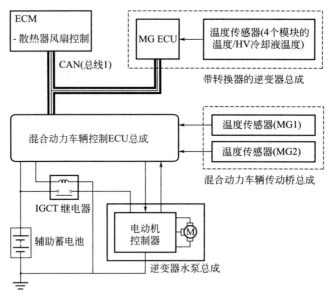

图 3-67　带转换器的逆变器总成的冷却系统控制

13. HV 蓄电池冷却系统控制

① 混合动力车辆控制 ECU 总成接收来自 HV 蓄电池温度传感器和 HV 蓄电池进气温度传感器的信号。然后，混合动力车辆控制 ECU 总成使用占空比控制对蓄电池冷却鼓风机总成进行无级驱动，以使 HV 蓄电池的温度保持在规定范围内，如图 3-68 所示。

② 蓄电池智能单元（蓄电池电压传感器）将 HV 蓄电池的相关信号（电压、电流和温度）转换为数字信号，并通过串行通信将其传输至混合动力车辆控制 ECU 总成。同时，蓄电池智能单元（蓄电池电压传感器）检测执行冷却系统控制所需的鼓风机转速反馈频率并将其传输至混合动力车辆控制 ECU 总成。

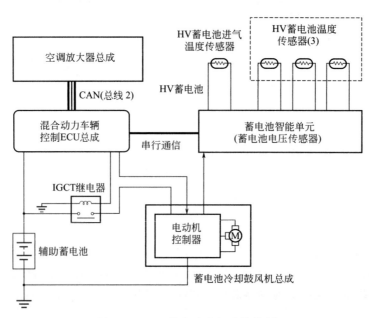

图 3-68　HV 蓄电池冷却系统控制

14. 再生制动协同控制

① 驾驶员踩下制动踏板时，防滑控制 ECU 根据制动调节器压力和制动踏板行程计算所需总制动力。

计算所需总制动力后，防滑控制 ECU 将再生制动力请求发送至混合动力车辆控制 ECU 总成。混合动力车辆控制 ECU 总成恢复实际再生制动量（再生制动控制值），如图 3-69 所示。

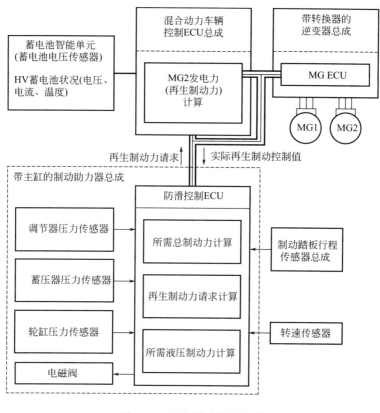

图 3-69 再生制动协同控制
≡≡≡ CAN（总线 1）；—— 串行通信

② 混合动力车辆控制 ECU 总成使用 MG2 产生负扭矩（减速力），从而执行再生制动。

③ 防滑控制 ECU 控制制动执行器电磁阀并产生轮缸压力。产生的压力是从所需总制动力中减去实际再生制动控制值后剩余的值。

三、THS-II 控制工作原理

1. 混合动力车辆的工作原理

① 混合动力系统使用发动机和 MG2 提供的原动力，并将 MG1 用作发电机。系统根据各种行驶状态对这些力进行优化组合。

② 混合动力车辆控制 ECU 总成持续监视发动机冷却液温度、SOC、HV 蓄电池温度和电气负载情况。如果任一监视条件未满足要求，电源开关置于 ON（READY）位置且换挡

杆处于 N 以外的任一位置，则混合动力车辆控制 ECU 总成启动发动机。

③ 混合动力系统根据如图 3-70 所示的行驶状态对发动机、MG1 和 MG2 的运转进行优化组合，驱动车辆。

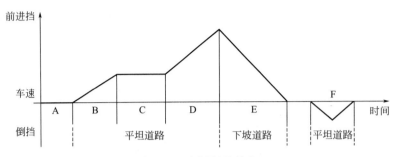

图 3-70　车辆行驶状态

A—电源开关置于 ON（READY）位置；B—启动；C—定速巡航；D—节气门全开加速期间；E—减速期间；F—倒车期间

2. 列线图

① 如图 3-71 所示的列线图对行星齿轮的旋转方向、转速和扭矩平衡进行了直观表示。

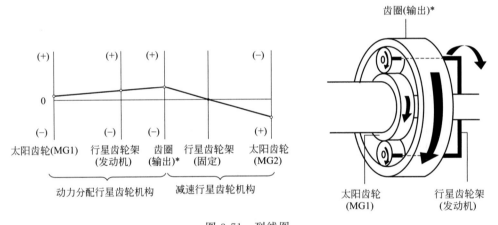

图 3-71　列线图

* MG2 通过电动机减速行星齿轮机构作用于齿圈

② 在列线图中，直线用于表示行星齿轮机构中 3 个齿轮的旋转方向和转速间的关系。各齿轮的转速由距 0 点的距离表示。由于行星齿轮机构的结构，3 个齿轮的转速间的关系总是用一条直线表示。

③ 各车辆行驶状态的列线图和传动机构运行图仅为示例。所示的示例为"快照"，正常的系统工作是条件和适应这些条件的系统反应不断变化的融合。

④ 对于混合动力系统，电动机发电机根据不同情况具有不同的作用。了解旋转方向和扭矩间的关系有助于理解电动机发电机的作用。

⑤ 表 3-9 表明了正扭矩或负扭矩和正向旋转或反向旋转进行不同组合时驱动与发电的关系。

⑥ 如果电动机发电机正向（＋）旋转，并施加负扭矩，则其将发电（产生电能）。

⑦ 如果电动机发电机反向（－）旋转，并施加负扭矩，则将其作为驱动源（消耗电能）。

表 3-9　组合时驱动和发电的关系

旋转方向	扭矩状态	零部件的作用
正向（＋）旋转	正扭矩	驱动
	负扭矩	发电
反向（－）旋转	正扭矩	发电
	负扭矩	驱动

3. 行驶状态 B：起步

① 车辆起步时，由 MG2 为车辆提供动力，如图 3-72 所示。如果仅由 MG2 驱动运行时，所需的驱动扭矩增加，则激活 MG1 以启动发动机。

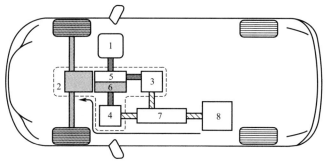

图 3-72　行驶状态

1—发动机（停止）；2—混合动力车辆传动桥总成；3—MG1（自由旋转）；4—MG2（主动）；5—动力分配行星齿轮机构；6—电动机减速行星齿轮机构；7—带转换器的逆变器总成；8—HV 蓄电池

② 车辆在正常情况下起步时，使用 MG2 的原动力行驶，如图 3-73 所示。在此状态下

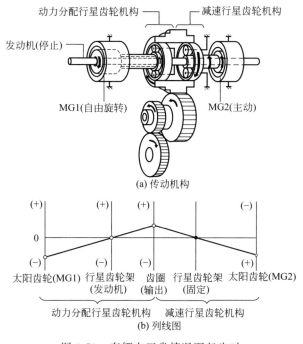

图 3-73　车辆在正常情况下起步时

行驶时,由于发动机停止,行星齿轮架(发动机)的转速为 0。此外,由于 MG1 未产生任何扭矩,因此没有扭矩作用于太阳齿轮 MG1。然而,太阳齿轮沿反方向自由旋转以平衡旋转的齿圈。

4. 行驶状态 C:定速巡航

① 车辆在低负载和定速巡航状态下行驶时,动力分配行星齿轮机构传输发动机原动力,如图 3-74 所示。其中一部分原动力直接输出,剩余的原动力则通过 MG1 发电。利用逆变器的电力路径,该电能被传输至 MG2,作为 MG2 的原动力输出。如果 HV 蓄电池的 SOC 水平低,则由发动机驱动的 MG1 进行充电。

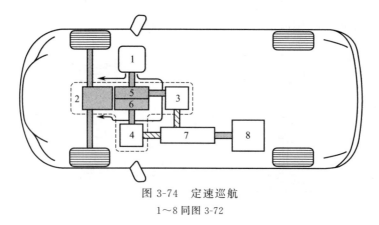

图 3-74 定速巡航
1~8 同图 3-72

② 发动机扭矩以正方向作用于行星齿轮架,使太阳齿轮 MG1 在负扭矩的反作用力下沿正方向转动。MG1 利用作用于太阳齿轮 MG1 的负扭矩发电,如图 3-75 所示。

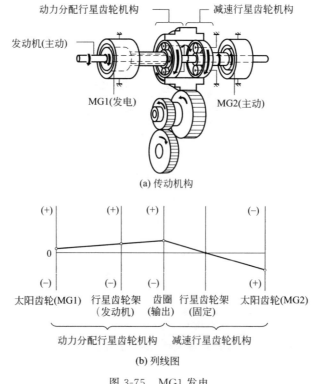

图 3-75 MG1 发电

5. 行驶状态 D：节气门全开加速期间

① 车辆行驶状态从低负载巡航变为节气门全开加速时，系统用来自 HV 蓄电池的电能为 MG2 补充原动力，如图 3-76 所示。

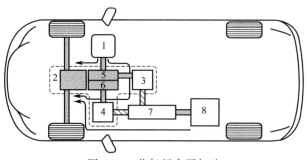

图 3-76　节气门全开加速
1~8 同图 3-72

② 需要更多发动机动力时，相关齿轮的转速发生如下所述改变以提高发动机转速：发动机扭矩以正方向作用于行星齿轮架，使太阳齿轮 MG1 在负扭矩的反作用力下沿正方向转动。MG1 利用作用于太阳齿轮 MG1 的负扭矩发电如图 3-77 所示。

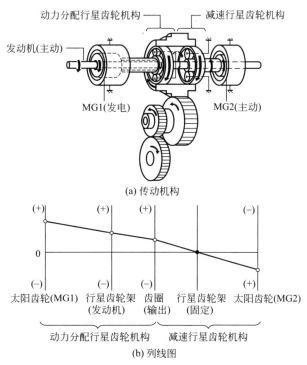

图 3-77　利用作用于太阳齿轮 MG1 的负扭矩发电

6. 行驶状态 E：减速期间

① 选择行驶挡 D 的情况下使车辆减速时，发动机关闭且原动力变为零。此时，车轮驱动 MG2，使 MG2 作为发电机运行，从而为 HV 蓄电池充电。如果车辆从较高车速减速，发动机将保持预定转速而非停止，以保护行星齿轮，如图 3-78 所示。

② 减速期间，齿圈由车轮驱动旋转。在此情况下，由于发动机停止，行星齿轮架（发

动机)的转速为 0。此外,由于 MG1 未产生任何扭矩,因此没有扭矩作用于太阳齿轮 MG1。然而,太阳齿轮 MG1 沿反方向自由旋转以平衡旋转的齿圈,如图 3-79 所示。

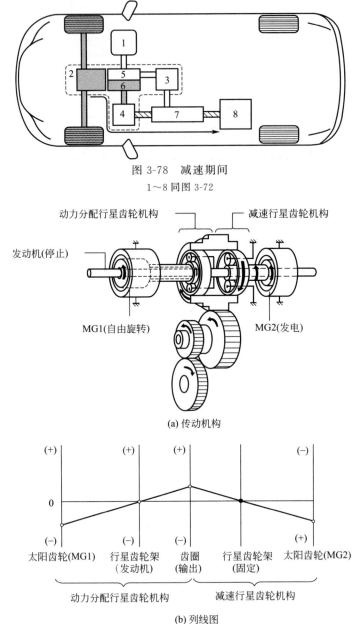

图 3-78 减速期间
1~8 同图 3-72

(a) 传动机构

(b) 列线图

图 3-79 齿圈由车轮驱动旋转

7. 行驶状态 F:倒车期间

① 车辆以倒挡行驶时,所需动力由 MG2 提供。此时,MG2 反向旋转,发动机保持停止,且 MG1 沿正方向旋转而不发电,如图 3-80 所示。

② 行星齿轮机构的状态与"起步"中描述的相反,如图 3-81 所示。由于发动机停止,行星齿轮架(发动机)的转速为 0,但太阳齿轮(MG1)沿正方向自由旋转以平衡旋转的齿圈。

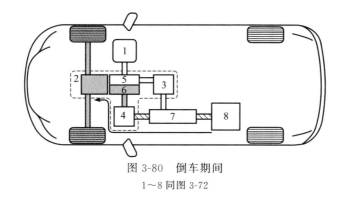

图 3-80 倒车期间
1～8 同图 3-72

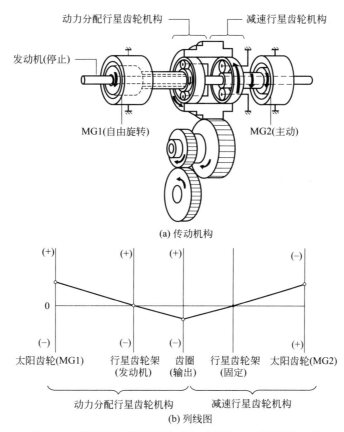

(a) 传动机构

(b) 列线图

图 3-81 行星齿轮机构的状态与"起步"中描述的相反

第四节 混合动力汽车 THS-Ⅱ 主要部件构造

一、带转换器的逆变器结构

① 与 MG ECU、逆变器、增压转换器和 DC/DC 转换器集成于一体的紧凑、轻量化的带转换器的逆变器总成如图 3-82 所示。逆变器和增压转换器主要由智能动力模块（IPM）、电抗器和电容器组成。IPM 为集成动力模块，包括信号处理器、保护功能处理器和绝缘栅双极晶体管（IGBT）。

② 带转换器的逆变器总成采用了独立于发动机冷却系统的水冷型冷却系统,从而确保了散热。

③ 配备了互锁开关作为安全防护措施(由于使用高压电),在拆下逆变器端子盖或连接器盖总成,或断开 HV 蓄电池电源电缆连接器时,此开关通过混合动力车辆控制 ECU 总成断开系统主继电器。

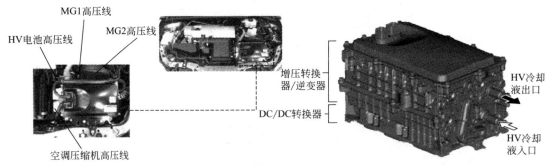

图 3-82 逆变器总成

④ 逆变器采用 IPM 执行切换控制。发电机 MG1 和电动机 MG2 的 IPM 各有一个包含 IGBT 的桥接电路,如图 3-83 所示。发电机 MG1 的 IPM 采用 6 个 IGBT,每个臂使用 1 个,电动机 MG2 也采用 6 对 IGBT,每个臂使用平行的 1 对。

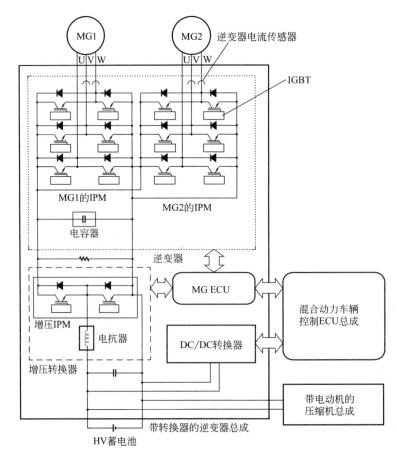

图 3-83 逆变器控制电路

⑤ 增压转换器采用执行切换控制的增压 IPM、起感应器作用的电抗器和积累、存储电量的电容器。增压 IPM 采用 IGBT2 增压，采用 IGBT1 减压。

⑥ MG ECU。

a. 带转换器的逆变器总成内安装有 MG ECU。根据从混合动力车辆控制 ECU 总成接收到的信号，MG ECU 控制逆变器和增压转换器以驱动发电机 MG1 和电动机 MG2 或使其发电。

b. MG ECU 将车辆控制所需的信息（如大气压力、逆变器温度和任何故障信息）传输至混合动力车辆控制 ECU 总成。MG ECU 接收来自混合动力车辆控制 ECU 总成的控制发电机 MG1 和电动机 MG2 所需的信息（如发电机 MG1 和电动机 MG2 的温度及所需原动力）。

⑦ 大气压力传感器。

a. MG ECU 板上安装有大气压力传感器。

b. 该传感器检测大气压力并将信号传输至 MG ECU 以根据使用环境进行相应的修正。

⑧ 带转换器的逆变器总成的温度传感器。

a. 带转换器的逆变器总成有 5 个不同的温度传感器：其中 2 个位于发电机 MG1 和电动机 MG2 的 IPM 处；还有 2 个位于增压转换器处；剩下的 1 个传感器位于 HV 冷却液通道，如图 3-84 所示。

b. 这些传感器检测带转换器的逆变器总成内部区域的温度，并通过 MG ECU 将温度信息传输至混合动力车辆控制 ECU 总成。混合动力车辆控制 ECU 总成根据温度信息优化冷却系统，从而保持带转换器的逆变器总成的输出性能。

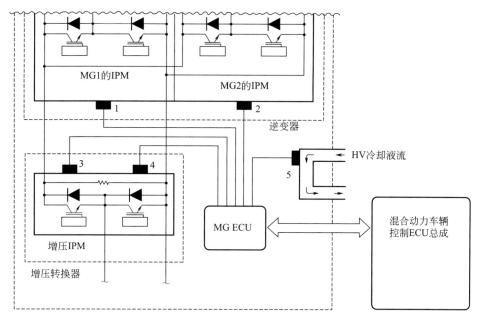

图 3-84　带转换器的逆变器总成的温度传感器控制电路图
1—MG1 的 IPM 上的温度传感器；2—MG2 的 IPM 上的温度传感器；3—增压的 IPM 上的温度传感器（上部）；
4—增压的 IPM 上的温度传感器（下部）；5—HV 冷却液温度传感器

⑨ 逆变器电流传感器。

a. 逆变器电流传感器检测驱动发电机 MG1 和电动机 MG2 的三相交流电，其控制电路如图 3-85 所示。实际安培数用作 MG ECU 的反馈。

b. 电流传感器用于检测发送至发电机 MG1 和电动机 MG2 的三相绕组的电流。电流传感器位于带转换器的逆变器总成内，用于各发电机和电动机的 U、V 和 W 相，逆变器电流传感器特性如图 3-86 所示。

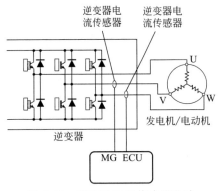

图 3-85　逆变器电流传感器电路

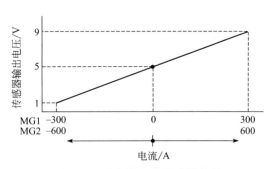

图 3-86　逆变器电流传感器特性

二、逆变器水泵结构

① 逆变器水泵结构如图 3-87 所示。

② 泵电动机采用大功率无刷型电动机。此外，采用支撑轴两端的轴承，抑制了噪声和振动。

③ 泵电动机由混合动力车辆控制 ECU 总成的占空比信号进行 3 级控制。

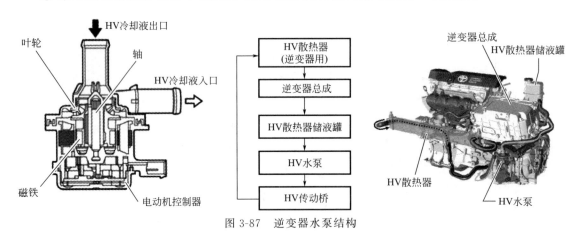

图 3-87　逆变器水泵结构

三、电源电缆（线束组）

① 电源电缆（线束组）是一组高电压、大电流的电缆，用于连接 HV 蓄电池总成与带转换器的逆变器总成、带转换器的逆变器总成与 MG1 和 MG2，以及带转换器的逆变器总成与带电动机的压缩机总成，如图 3-88 所示。

② 电源电缆（线束组）由屏蔽电缆制成，以减少电磁干扰。

③ 为便于辨认，高压线束和连接器采用橙色标记，以将其与普通低压线束区分开来。

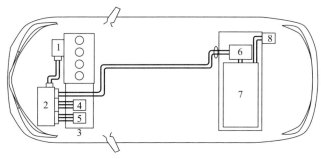

图 3-88 电源电缆（线束组）

1—带电动机的压缩机总成；2—带转换器的逆变器总成；3—混合动力车辆传动桥总成；4—MG1；
5—MG2；6—混合动力蓄电池接线盒总成；7—HV 蓄电池总成；8—维修塞把手

四、HV 蓄电池接线盒

① 混合动力蓄电池接线盒总成包括系统主继电器（SMR）、预充电电阻器和蓄电池电流传感器。

② SMR 根据混合动力车辆控制 ECU 总成的信号连接和断开 HV 蓄电池及电源电缆（线束组）的继电器。共配备有 3 个继电器，SMRB 用于蓄电池正极（＋）侧，SMRG 用于蓄电池负极（－）侧，SMRP 则用于预充电，如图 3-89 所示。

③ 内置于混合动力蓄电池接线盒总成的蓄电池电流传感器，用于检测 HV 蓄电池充电和放电安培数。

④ 混合动力车辆控制 ECU 总成根据通过蓄电池智能单元（蓄电池电压传感器）接收的安培数信息对混合动力系统进行优化控制，如图 3-90 所示，从而使 HV 蓄电池的 SOC 始终处于规定范围内，蓄电池电流传感器特性如图 3-91 所示。

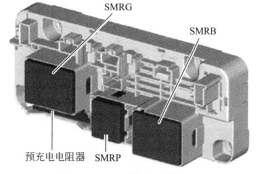

图 3-89 HV 蓄电池接线盒

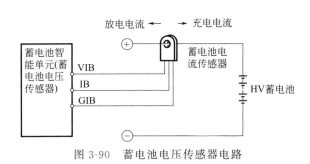

图 3-90 蓄电池电压传感器电路

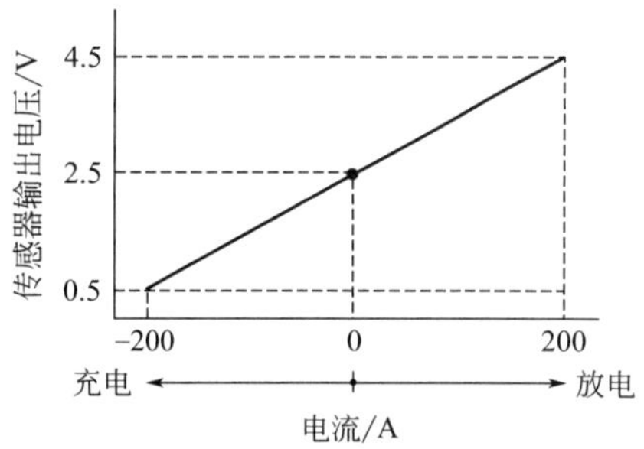

图 3-91 蓄电池电流传感器特性

五、电子换挡杆

① 电子换挡杆系统是一个使用线控换挡技术的换挡控制系统。

② 此系统根据各种传感器、开关和 ECU 提供的信息判断车辆状态，并根据驾驶员的变

速器地板式换挡总成和 P 位置开关（变速器换挡主开关）操作激活适当的换挡控制，如图 3-92 所示。

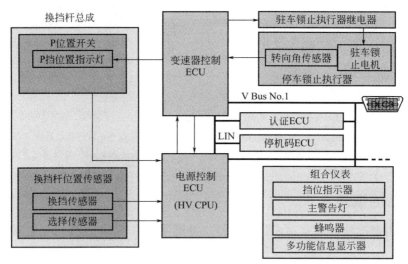

图 3-92　换挡系统框架

③ 采用了结构紧凑的变速器地板式换挡总成。此总成为瞬时换挡型，换挡后驾驶员的手松开换挡把手时，换挡杆会返回原始位置，如图 3-93 所示。用指尖就可以换挡，符合人体工程学的换挡模式，使操作非常方便。

注： 当换挡杆位置在 D 或者 S 挡外的其他位置时，S 挡位指示灯熄灭。

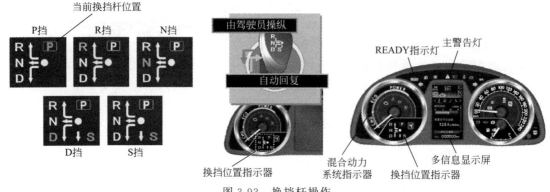

图 3-93　换挡杆操作

④ 变速器地板式换挡总成中的换挡杆位置传感器检测换挡杆位置（R、N、D 或 S）并发送信号至混合动力车辆控制 ECU 总成。混合动力车辆控制 ECU 总成控制发动机转速、1 号电动机发电机 MG1 和 2 号电动机发电机 MG2，以产生最佳传动比。

⑤ 混合动力车辆控制 ECU 总成根据来自换挡杆位置传感器的信号选择挡位。

⑥ 使用此系统，驾驶员按下 P 位置开关（变速器换挡主开关）时，P 位置控制驱动混合动力车辆传动桥总成内的换挡控制执行器总成以机械锁止驻车挡齿轮（接合驻车锁止）。

⑦ 电源开关置于 ON（READY）位置且选择空挡 N 的情况下踩下加速踏板时，蜂鸣器在组合仪表总成中鸣响，以告知驾驶员。

⑧ 电子换挡杆控制主要部件功能如表 3-10 所示。

表 3-10 电子换挡杆控制主要部件功能

零部件		功能
变速器地板式换挡总成	换挡杆位置传感器	检测换挡杆位置(R、N、D 或 S)并将其相关信息(横向移动和纵向移动)传输至混合动力车辆控制 ECU 总成
P 位置开关(变速器换挡主开关)		此开关打开时,检测驾驶员进行驻车锁止的意图,并将信号发送至混合动力车辆控制 ECU 总成
P 位置指示灯		驻车锁止接合时,此灯点亮;驻车锁止解除时,此灯熄灭
驻车锁止执行器(换挡控制执行器总成)		接合或解除传动桥驻车锁止机构
混合动力车辆控制 ECU 总成		• 根据来自换挡杆位置状态、P 位置开关(变速器换挡主开关)和各种 ECU 的信号,按照换挡杆位置控制 MG1、MG2 和发动机 • 接收来自识别码盒(停机系统代码 ECU)的换挡控制锁止/解锁信号,并激活/解除换挡控制锁止 • 激活驻车锁止执行器以接合或解除传动桥的驻车锁止机构
认证 ECU(智能钥匙 ECU 总成)		识别钥匙输出的识别码
识别码盒(停机系统代码 ECU)		对比识别码
组合仪表总成	换挡杆位置指示灯	根据来自混合动力车辆控制 ECU 总成的挡位信号,点亮驾驶员选择的换挡杆位置指示灯
	蜂鸣器	拒绝功能激活时,通过鸣响提醒驾驶员
	主警告灯	根据多信息显示屏上显示的信息点亮
	多信息显示屏	根据混合动力车辆控制 ECU 总成提供的信号显示警告信息,以提醒驾驶员

第五节 丰田卡罗拉、雷凌混合动力汽车检修

一、卡罗拉、雷凌混合动力控制系统故障症状

卡罗拉、雷凌混合动力控制系统故障症状如表 3-11 所示。

表 3-11 卡罗拉、雷凌混合动力控制系统故障症状

症状	可疑部位
无法进入 EV 驱动模式	CAN 通信系统
	EV 驱动模式开关(组合开关总成)
	模式选择开关 EV 模式电路
	组合仪表总成
EV 模式指示灯不亮	组合仪表总成
	EV 驱动模式开关(组合开关总成)
	模式选择开关 EV 模式电路
EV 模式指示灯不熄灭	组合仪表总成
	EV 驱动模式开关(组合开关总成)
	模式选择开关 EV 模式电路

续表

症状	可疑部位
无法进入动力模式	CAN 通信系统
	动力模式开关(组合开关总成)
	模式选择开关动力模式电路
	组合仪表总成
动力模式指示灯不亮	动力模式开关(组合开关总成)
	模式选择开关动力模式电路
	组合仪表总成
	动力模式开关(组合开关总成)
	模式选择开关动力模式电路
	组合仪表总成
动力模式指示灯不熄灭	动力模式开关(组合开关总成)
	模式选择开关动力模式电路
	组合仪表总成
无法进入环保模式	CAN 通信系统
	环保模式开关(组合开关总成)
	模式选择开关环保模式电路
	组合仪表总成
环保模式指示灯不亮	环保模式开关(组合开关总成)
	模式选择开关环保模式电路
	组合仪表总成
环保模式指示灯不熄灭	环保模式开关(组合开关总成)
	模式选择开关环保模式电路
	组合仪表总成
抖动(怠速不良)	检查"Diagnosis Related Information"(诊断相关信息)③
喘抖和/或加速不良	检查"Diagnosis Related Information"(诊断相关信息)③
	制动优先系统
通过换至"+"或"-"无法切换换挡范围内的位置	换挡拨板装置电路
无法将电源开关置于 ON (READY)位置	蓄电池电压传感器(故障总成确认)①
	智能进入和启动系统(启动功能)
	ECU 电源电路
	混合动力车辆控制 ECU 总成
	ECM
混合动力车辆传动桥发出大的咔咔声	混合动力车辆变速器发出较大的响振声
	变速器输入减振器总成
	混合动力车辆传动桥总成
	发动机缺火

续表

症状	可疑部位
多信息显示屏上显示"MAINTENANCE REQUIRED FOR HYBRID BATTERY COOLING PARTS AT YOUR DEALER"（请在经销商处进行混合动力蓄电池冷却零件所需保养）②	(1)确保 HV 蓄电池冷却系统进气口未堵塞
	(2)确保风管连接部位之间无间隙
	(3)清洁混合动力蓄电池 1 号进气滤清器,检查有无异物进入
	(4)即使未存储 DTC,也要清除 DTC 以重置学习值
后排座椅坐垫侧盖的通风孔内发出异常噪声	(1)确保 HV 蓄电池冷却系统进气口未堵塞
	(2)确保风管连接部位之间无间隙
	(3)清洁混合动力蓄电池 1 号进气滤清器,检查有无异物进入

① 检查蓄电池电压传感器零件号。
a. 如果发生故障前已更换蓄电池电压传感器,则检查蓄电池电压传感器的零件号。
b. 使用 GTS,检查车辆控制记录。
提示：如果显示"Battery Smart Unit Mismatch",则表明安装了错误类型的蓄电池电压传感器。
c. 安装蓄电池电压传感器后,执行下列步骤以检查并确认可将电源开关置于 ON（READY）位置。
- 将电源开关置于 ON（READY）位置。
- 将电源开关置于 OFF 位置并等待 30s 或更长时间。
- 再次将电源开关置于 ON（READY）位置。

提示：
- 根据车辆型号,使用的蓄电池电压传感器的类型不同。
- 如果安装了错误类型的蓄电池电压传感器,则无法将电源开关置于 ON（READY）位置。

② 如果蓄电池冷却鼓风机总成存在故障,将存储故障码 DTC P0A8111、P0A8115 或 P0A8196。如果多信息显示屏上仅显示"MAINTENANCE REQUIRED FOR HYBRID BATTERY COOLING PARTS AT YOUR DEALER"（请在经销商处进行混合动力蓄电池冷却零件所需保养）,则仅执行 HV 蓄电池冷却系统进气口、滤清器和风管的检查。

③ 如果输出"Diagnosis Related Information"（诊断相关信息）项目,则执行相应的 DTC 故障排除（P312387——混合动力控制系统故障；P31241F、P312487——电动机发电机控制系统故障）。

二、混合动力控制系统数据流

卡罗拉、雷凌混合动力控制系统数据流如表 3-12 所示。

表 3-12　卡罗拉、雷凌混合动力控制系统数据流

检测仪显示	测量项目	范围
Vehicle Speed	车速	最低 0,最高 255km/h
Target Engine Power	目标发动机功率	最低 0,最高 655350W
Execute Engine Power	执行发动机功率	最低 0,最高 655350W
Target Engine Revolution	目标发动机转数	最低 0,最高 32767r/min
Engine Speed	发动机转速	—
Calculate Load	发动机负载（值随负载增加成比例增加）	最小 0,最大 100.0%
Coolant Temperature	发动机冷却液温度	最低 −40℃,最高 215℃
Starter Switch Signal	起动机 ON/OFF 信号	ON 或 OFF
Engine Idling Request	发动机怠速请求	ON 或 OFF
Engine Start Request(A/C)	空调放大器总成发出发动机怠速请求	ON 或 OFF
Engine Start Request (Engine Warm-up)	至发动机暖机的发动机怠速请求	ON 或 OFF

续表

检测仪显示	测量项目	范围
Engine Start Request(Hybrid Battery Charging)	至充电 HV 蓄电池的发动机怠速请求	ON 或 OFF
Engine Mode	发动机状态	Stop/Stop Process/Startup Process/Running
Engine Run Time	起动发动机后经过的时间	最短 0,最长 65535s
Engine Stop Request	发动机停机请求	ON 或 OFF
Engine Stop F/C Status	发动机燃油切断状态	ON 或 OFF
Lack of Fuel	燃油不足	ON 或 OFF
Accelerator Position	加速踏板踩下角度	最小 0,最大 100.0%
Accelerator Pedal Status	Accelerator Pedal Status	ON 或 OFF
Accelerator Position Sensor No.1 Voltage%	加速踏板 1 号位置传感器	最小 0,最大 100.00%
Accelerator Position Sensor No.2 Voltage%	加速踏板 2 号位置传感器	最小 0,最大 100.00%
Throttle Position Sensor No.1 Voltage%	节气门位置传感器	最小 0,最大 100.0%
Master Cylinder Control Torque	制动转矩等于主缸制动液液压(总制动转矩)	最低 -4096.00N·m,最高 4095.87N·m
Brake Cancel Switch	制动踏板状态	ON 或 OFF
Shift Position	当前挡位状态	P/R/N/D/B
Shift Position(Meter)	仪表显示屏的挡位	不显示/P/R/N/D/B
Shift Switch Status(N,P Position)	换挡杆位置状态(N 或 P 位置)	ON 或 OFF
P Position Switch Terminal Voltage	P 位置开关电压	最低 0,最高 4.99V
Shift Sensor Voltage(VSI1)	换挡传感器(VSI1)电压	最低 0,最高 4.99V
Shift Sensor Voltage(VSI2)	换挡传感器(VSI2)电压	最低 0,最高 4.99V
Shift Sensor Voltage(VSI3)	换挡传感器(VSI3)电压	最低 0,最高 4.99V
Shift Sensor Voltage(VSI4)	换挡传感器(VSI4)电压	最低 0,最高 4.99V
Sports Shift Position	运动挡位置	最少 0,最多 8
Sports Shift UP Signal	运动挡加挡信号	ON 或 OFF
Sports Shift DOWN Signal	运动挡减挡信号	ON 或 OFF
FR Wheel Speed	右前车轮转速	最低 0,最高 327.67km/h
FL Wheel Speed	左前车轮转速	最低 0,最高 327.67km/h
RR Wheel Speed	右后车轮转速	最低 0,最高 327.67km/h
RL Wheel Speed	左后车轮转速	最低 0,最高 327.67km/h
Atmospheric Pressure	大气压力	最低 0,最高 255kPa
Intake Air Pressure after IG ON for Engine	发动机进气压力	最低 0,最高 65535kPa

续表

检测仪显示	测量项目	范围
Atmospheric Pressure after IG ON for MG	大气压力	最低 0,最高 255kPa
Intake Manifold Absolute Pressure	发动机进气歧管压力	最低 0,最高 2047.96kPa
Ambient Temperature	环境空气温度	最低 −40℃,最高 215℃
Intake Air Temperature	发动机进气温度	最低 −40℃,最高 215℃
BATT Voltage	辅助蓄电池电压（蓄电池电压传感器电源电压）	最低 0,最高 16.00V
Smoothed Value of BATT Voltage	辅助蓄电池电压的滤波值	最低 0,最高 16.00V
Warmup Cycle Cleared DTC	清除 DTC 后发动机暖机的次数	最少 0,最多 255
Distance from DTC Cleared	清除 DTC 后的行驶距离	最短 0,最长 65535km
Time after DTC Cleared	清除 DTC 后经过的时间	最短 0,最长 65535min
Running Time from MIL ON	MIL 点亮后的行驶时间	最短 0,最长 65535min
Total Distance Traveled	总行驶距离	最短 0,最长 16777215km
MIL ON Run Distance	自 MIL 点亮后的行驶距离	最短 0,最长 65535km
IG Switch(CAN)	电源开关状态（CAN）	ON 或 OFF
IG Switch(LIN)	电源开关状态（LIN）	ON 或 OFF
IGB Signal Status	IGB 信号状态	ON 或 OFF
IG2 Signal Status	IG2 信号状态	ON 或 OFF
ACC Signal	ACC 信号状态	ON 或 OFF
Ready Signal	Ready 信号状态	ON 或 OFF
HV Activate Condition	混合动力车辆控制系统电源模式状态	Normal/Remote Climate/Remote
MG Activate Condition	电动机发电机控制系统状态	ON 或 OFF
DSS Control Status	DSS(行驶辅助系统)控制状态	Not Control/Available/Unavailable/Disable
Generate Torque (Request from DSS)	自 DSS(行驶辅助系统)产生的驱动扭矩请求	最低 −4096.00N·m,最高 4095.87N·m
Primary Driving Force Adjustment Result	DSS(行驶辅助系统)的驱动力和加速踏板操作请求的驱动力之间的调节结果	Accelerator/DSS
SMRG Status	SMRG 的工作状态（初级电路监视器）	ON 或 OFF
SMRG Control Status	SMRG 的指令状态	ON 或 OFF
SMRB Status	SMRB 的工作状态（初级电路监视器）	ON 或 OFF
SMRB Control Status	SMRB 的指令状态	ON 或 OFF
SMRP Status	SMRP 的工作状态（初级电路监视器）	ON 或 OFF
SMRP Control Status	SMRP 的指令状态	ON 或 OFF
WIN Control Limit Power	从蓄电池电压传感器发送到混合动力车辆控制 ECU 的充电控制功率	最小 −64.0kW,最大 63.5kW

续表

检测仪显示	测量项目	范围
WOUT Control Limit Power	从蓄电池电压传感器发送到混合动力车辆控制ECU的放电控制功率	最小-64.0kW,最大63.5kW
A/C Consumption Power	空调功耗	最小0,最大12.75kW
EV Mode	EV模式转换可用性	ON或OFF
EV Mode Switch	EV驱动模式开关(组合开关总成)状态	ON或OFF
Power Mode Switch	动力模式开关(组合开关总成)状态	ON或OFF
Inter Lock Switch	互锁开关状态	ON或OFF
Inter Lock Switch(MG)	互锁开关状态	ON或OFF
Stop Light Switch	刹车灯开关总成状态	ON或OFF
Back Up Light Relay	倒车灯开关状态	ON或OFF
VSC/TRC OFF Switch	VSC状态	OFF/TRC OFF Mode/TRC/VSC OFF Mode
Airbag Status(Collision)	空气囊ECU总成碰撞检测	ON或OFF
Airbag Status(Collision)(CAN)	空气囊ECU总成碰撞检测(CAN)	Normal/Collision from Back/Airbag Circuit Abnormal/Safing/Collision from Front or Side
Airbag Status(Safing)	空气囊ECU总成的安全状态	ON或OFF
Airbag Status(Normal)	空气囊ECU总成控制状态	ON或OFF
Crank Position	曲轴位置	最小-128°(CA),最大127°(CA)
TC Terminal	TC端子状态	ON或OFF
Generator Revolution	发电机(MG1)转速(由解析器传感器检测)	最低-32768r/min,最高32767r/min
Target Generator Torque	发电机(MG1)扭矩请求值	最小-4096.00N·m,最大4095.87N·m
Generator Torque	发电机(MG1)扭矩执行值	最小-4096.00N·m,最大4095.87N·m
Motor Revolution	电动机(MG2)转速(由解析器传感器检测)	最低-32768N·m,最高32767N·m
Target Motor Torque	电动机(MG2)扭矩请求值	最小-4096.00N·m,最大4095.87N·m
Motor Torque	电动机(MG2)扭矩执行值	最小-4096.00N·m,最大4095.87N·m
Request Motor Regenerative Brake Torque	电动机(MG2)再生制动请求扭矩	最小-4096.00N·m,最大4095.87N·m
Motor Regenerate Brake Execution Torque	电动机(MG2)再生制动执行扭矩	最小-4096.00N·m,最大4095.87N·m
Generator Temperature	发电机(MG1)温度	最低-40℃,最高215℃
Generator Temperature Sensor Voltage	发电机(MG1)温度传感器电压	最小0,最大4.99V

续表

检测仪显示	测量项目	范围
Generator Temperature just after IG ON	电源开关置于ON(IG)位置不久后的发电机(MG1)温度	最低-40℃,最高215℃
Generator Maximum Temperature	当前行程下电源开关置于ON(IG)位置后的最高发电机(MG1)温度	最低-40℃,最高215℃
Motor Temperature	电动机(MG2)温度	最低-40℃,最高215℃
Motor Temperature Sensor Voltage	电动机(MG2)温度传感器电压	最小0,最大4.99V
Motor Temperature just after IG ON	电源开关置于ON(IG)位置不久后的电动机(MG2)温度	最低-40℃,最高215℃
Motor Maximum Temperature	当前行程下电源开关置于ON(IG)位置后的最高电动机(MG2)温度	最低-40℃,最高215℃
Generator Inverter Calculated Temperature	发电机逆变器温度	最低-40℃,最高215℃
Generator Inverter Calculated Temperature just after IG ON	电源开关置于ON(IG)位置后不久发电机逆变器温度	最低-40℃,最高215℃
Generator Inverter Calculated Maximum Temperature	当前行程下电源开关置于ON(IG)位置后的最高发电机逆变器温度	最低-40℃,最高215℃
Motor Inverter Temperature	电动机逆变器温度	最低-40℃,最高215℃
Motor Inverter Temperature just after IG ON	电源开关置于ON(IG)位置后不久电动机逆变器温度	最低-40℃,最高215℃
Motor Inverter Maximum Temperature	当前行程下电源开关置于ON(IG)位置后的最高电动机逆变器温度	最低-40℃,最高215℃
Boosting Converter Temperature (Upper)	增压转换器温度(上)	最低-40℃,最高215℃
Boosting Converter Temperature (Lower)	增压转换器温度(下)	最低-40℃,最高215℃
Boosting Converter Temperature just after IG ON	电源开关置于ON(IG)位置后不久的增压转换器温度	最低-40℃,最高215℃
Boosting Converter Maximum Temperature	当前行程下电源开关置于ON(IG)位置后的最高转换器温度	最低-40℃,最高215℃
Generator Inverter Operation Request	发电机逆变器工作请求	Shutdown/Phase ON/Discharge/Insulation Resistance Measurement/Output Torque/Emergency Shutdown/Shutdown during Insulation Resistance Measurement
Generator Inverter Fail	发电机逆变器停止	ON 或 OFF
Generator Inverter Shutdown Status	发电机逆变器切断状态	Awake 或 Shutdown
Motor Inverter Operation Request	电动机逆变器工作请求	Shutdown/Phase ON/Discharge/Insulation Resistance Measurement/Output Torque/Emergency Shutdown/Shutdown during Insulation Resistance Measurement
Motor Inverter Fail	电动机逆变器停止	ON 或 OFF

续表

检测仪显示	测量项目	范围
Motor Inverter Shutdown Status	电动机逆变器切断状态	Awake 或 Shutdown
Boosting Converter Operation Request	增压转换器工作请求	Normal/Boosting Stop/Upper Arm ON/Maximum Boosting/Output Torque/Upper Arm Lowering
Boosting Converter Fail	增压转换器停止	ON 或 OFF
Boosting Converter Shutdown Status	增压转换器切断状态	Awake 或 Shutdown
Generator Carrier Frequency	发电机载波频率	0.75kHz/1.25kHz/2.5kHz/3.75kHz/5kHz/10kHz
Generator Control Mode	发电机(MG1)控制模式	Sine Wave/Overmodulation/Square Wave
Motor Carrier Frequency	电动机(MG2)载波频率	0.75kHz/1.25kHz/2.50kHz/3.75kHz/5.00kHz/10.00kHz
Motor Control Mode	电动机(MG2)控制模式	Sine Wave/Overmodulation/Square Wave
Boosting Converter Carrier Frequency	增压转换器信号载波频率	9.55kHz/9.13kHz/8.71kHz/8.29kHz/7.87kHz/7.45kHz/4.8kHz
VL-Voltage before Boosting	增压前的高压	—
VH-Voltage after Boosting	增压后的高压	—
Boost Ratio	增压转换器增压比	最小 0,最大 100.0%
V Phase Generator Current	V 相位发电机电流	最小 −327.68A,最大 327.67A
W Phase Generator Current	W 相位发电机电流	最小 −327.68A,最大 327.67A
V Phase Motor Current	V 相位电动机电流	最小 −327.68A,最大 327.67A
W Phase Motor Current	W 相位电动机电流	最小 −327.68A,最大 327.67A
Inverter Coolant Water Temperature	逆变器冷却液温度	最低 −40℃,最高 110℃
Inverter Water Pump Duty Ratio	逆变器水泵电动机驱动器请求占空比	最小 0,最大 100.00%
Inverter Water Pump Revolution	逆变器水泵总成转速	最低 0,最高 15000r/min
Overvoltage Input to Inverter	过电压检测至逆变器	ON 或 OFF
Inverter Emergency Shutdown (Main CPU)	逆变器紧急切断	ON 或 OFF
Inverter Emergency Shutdown (Sub CPU)	逆变器紧急切断	ON 或 OFF
Overvoltage Input to Boosting Converter	过电压检测至增压转换器	ON 或 OFF
Hybrid Battery SOC	HV 蓄电池充电状态优先计算充电和放电安培	最小 0,最大 100.0%
Delta SOC	SOC 最大值和最小值之差	最小 0,最大 100.0%
Hybrid Battery SOC of Immediately after IG ON	电源开关置于 ON(IG)位置不久后的 HV 蓄电池充电状态	最小 0,最大 100.0%

续表

检测仪显示	测量项目	范围
Hybrid Battery Maximum SOC	当前行程下电源开关置于ON(IG)位置后的最大SOC	最小0,最大100.0%
Hybrid Battery Minimum SOC	当前行程下电源开关置于ON(IG)位置后的最小SOC	最小0,最大100.0%
Hybrid Battery Voltage	HV蓄电池电压	最低0,最高510.00V
Hybrid Battery Current	HV蓄电池电流	最小－3276.8A,最大3276.7A
Hybrid Battery Current for Hybrid Battery Control	混合动力蓄电池控制的混合动力蓄电池电流	最小－327.68A,最大327.67A
Hybrid Battery Current for Driving Control	行驶控制的混合动力蓄电池电流	最小－327.68A,最大327.67A
Hybrid Battery Control Mode	HV蓄电池控制模式	行驶控制模式/当前传感器偏置校准模式/混合蓄电池外部充电控制模式/ECU切断模式
Hybrid Battery Block 1 Voltage	蓄电池单元电压	最低0,最高79.99V
Hybrid Battery Block 2 Voltage	蓄电池单元电压	最低0,最高79.99V
Hybrid Battery Block 3 Voltage	蓄电池单元电压	最低0,最高79.99V
Hybrid Battery Block 4 Voltage	蓄电池单元电压	最低0,最高79.99V
Hybrid Battery Block 5 Voltage	蓄电池单元电压	最低0,最高79.99V
Hybrid Battery Block 6 Voltage	蓄电池单元电压	最低0,最高79.99V
Hybrid Battery Block 7 Voltage	蓄电池单元电压	最低0,最高79.99V
Hybrid Battery Block 8 Voltage	蓄电池单元电压	最低0,最高79.99V
Hybrid Battery Block 9 Voltage	蓄电池单元电压	最低0,最高79.99V
Hybrid Battery Temperature 1	蓄电池模块温度	最低－50.0℃,最高205.9℃
Hybrid Battery Temperature 2	蓄电池模块温度	最低－50.0℃,最高205.9℃
Hybrid Battery Temperature 3	蓄电池模块温度	最低－50.0℃,最高205.9℃
Hybrid Battery Cooling Fan 1 Drive Request	混合动力蓄电池冷却鼓风机工作请求	最小0,最大100.0%
Hybrid Battery Cooling Fan 1 Drive Status	蓄电池冷却鼓风机总成操作模式	0/1/2/3/4/5/6
Hybrid Battery Cooling Fan 1 Frequency	蓄电池冷却鼓风机总成频率	最小0,最大6553.5Hz
Hybrid Battery Cooling Fan Intake Air Temperature 1	混合动力蓄电池进气温度	最低－50.0℃,最高205.9℃
Hybrid Battery Cooling Fan Low Speed Request	蓄电池冷却鼓风机总成低速请求	ON或OFF
Hybrid Battery Sensor Module Power Supply Voltage	蓄电池电压传感器电源电压	最小0,最大16.00V

续表

检测仪显示	测量项目	范围
Hybrid Battery Current Sensor Power Supply Voltage	混合动力蓄电池电流传感器电源电压	最低 0,最高 25.5V
Short Wave Highest Value Level	蓄电池电压传感器中异常绝缘检测电路的波形电压电平	Not Judge/Normal/Insulation Lower LV2/Insulation Lower LV3
Insulation Resistance Division Check Completion using MG Inv	使用 MG inv 检查绝缘电阻部分完成	Not Complete/Complete
Insulation Resistance Division Check Completion using A/C Inv	使用 A/C inv 检查绝缘电阻部分完成	Not Complete/Complete
Insulation Resistance Division Check Completion using SMR	使用 SMR 检查绝缘电阻部分完成	Not Complete/Complete
Short Wave Highest Value Availability just after MG Inv On/Off	MG inv 接通/断开不久后的短波最大值可用	No 或 Yes
Short Wave Highest Value Availability just after A/C Inv On/Off	A/C inv 接通/断开不久后的短波最大值可用	No 或 Yes
Short Wave Highest Value Availability just after SMR On/Off	SMR 接通/断开不久后的短波最大值可用	No 或 Yes
Immobiliser Communication	停机系统通信线路状态	ON 或 OFF
Permit Start by Immobiliser	停机系统起动允许状态(停机系统至混合动力车辆控制 ECU)	No Judgment/OK/NG
Auxiliary Battery Temperature	辅助蓄电池温度	最低-40.0℃,最高 6513.5℃
Auxiliary Battery Temperature Sensor Voltage	辅助蓄电池温度传感器电压	最低 0,最高 4.99V
BATT Voltage for Transmission Control System	IG(+B)电压值	最低 0,最高 19.00V

三、混合动力控制系统故障码

卡罗拉、雷凌混合动力控制系统故障码如表 3-13 所示。

表 3-13 卡罗拉、雷凌混合动力控制系统故障码

DTC 编号	检测项目	输出 DTC 时的车辆状态
P006962	歧管绝对压力-大气压力信号对比故障	正常行驶
P051511	辅助蓄电池温度传感器电路对搭铁短路	正常行驶
P051515	辅助蓄电池温度传感器电路对辅助蓄电池短路或断路	正常行驶
P056014	系统电压(BATT)电路对搭铁短路或断路	正常行驶
P060647	混合动力/EV 传动系统控制模块处理器监视器/安全 MCU 故障	(1)输出功率减小 (2)持续发生故障时,混合动力系统停止
P060687	混合动力/EV 传动系统控制模块处理器至监视处理器信息丢失	(1)输出功率减小 (2)持续发生故障时,混合动力系统停止

续表

DTC 编号	检测项目	输出 DTC 时的车辆状态
P060694	控制模块处理器意外工作	混合动力系统停止
P060A29	混合动力/EV 传动系统控制模块监视处理器信号无效	(1)输出功率减小 (2)持续发生故障时,混合动力系统停止
P060A44	混合动力/EV 传动系统控制模块监视处理器数据存储故障	(1)输出功率减小 (2)持续发生故障时,混合动力系统停止
P060A45	混合动力/EV 传动系统控制模块监视处理器程序存储故障	(1)输出功率减小 (2)持续发生故障时,混合动力系统停止
P060A47	混合动力/EV 传动系统控制模块监视处理器监视器/安全 MCU 故障	(1)输出功率减小 (2)持续发生故障时,混合动力系统停止
P060A49	混合动力/EV 传动系统控制模块监视处理器内部电子故障	(1)输出功率减小 (2)持续发生故障时,混合动力系统停止
P060A87	混合动力/EV 传动系统控制模块处理器自监视处理器的信息丢失	(1)输出功率减小 (2)持续发生故障时,混合动力系统停止
P060A94	混合动力/EV 传动系统控制模块监视处理器意外工作	混合动力系统停止
P060B1C	混合动力/EV 传动系统控制模块 A/D 处理电压超出范围	(1)输出功率减小 (2)持续发生故障时,混合动力系统停止 (3)挡位可从空挡(N)切换至驻车挡(P)
P060B49	混合动力/EV 传动系统控制模块 A/D 处理内部电子故障	(1)输出功率减小 (2)发动机不停机 (3)挡位可从空挡(N)切换至驻车挡(P)
P060B71	混合动力/EV 传动系统控制模块 A/D 处理执行器卡滞	(1)输出功率减小 (2)持续发生故障时,混合动力系统停止 (3)挡位可从空挡(N)切换至驻车挡(P)
P062F46	混合动力/EV 传动系统控制模块 EEPROM 校准/参数存储故障	正常行驶
P06881F	ECM/PCM 电源继电器感应电路间歇	(1)输出功率减小 (2)持续发生故障时,混合动力系统停止
P082112	换挡杆 X 位置传感器 1 对辅助蓄电池短路	(1)正常行驶(N 位置控制用于故障挡位) (2)禁止将挡位切换至行驶挡(D)、倒挡(R)或制动/运动挡[(B)/(S)] (3)根据条件的不同,挡位可能无法切换至驻车挡(P)以外的挡位
P082114	换挡杆 X 位置传感器 1 对搭铁短路或断路	(1)正常行驶(N 位置控制用于故障挡位) (2)禁止将挡位切换至行驶挡(D)、倒挡(R)或制动/运动挡[(B)/(S)] (3)根据条件的不同,挡位可能无法切换至驻车挡(P)以外的挡位
P082211	换挡杆 Y 位置传感器 1 对搭铁短路	(1)正常行驶(N 位置控制用于故障挡位) (2)禁止将挡位切换至行驶挡(D)、倒挡(R)或制动/运动挡[(B)/(S)] (3)根据条件的不同,挡位可能无法切换至驻车挡(P)以外的挡位
P082215	换挡杆 Y 位置传感器 1 对辅助蓄电池短路或断路	(1)正常行驶(N 位置控制用于故障挡位) (2)禁止将挡位切换至行驶挡(D)、倒挡(R)或制动/运动挡[(B)/(S)] (3)根据条件的不同,挡位可能无法切换至驻车挡(P)以外的挡位

续表

DTC 编号	检测项目	输出 DTC 时的车辆状态
P085011	驻车挡/空挡开关电路对搭铁短路	正常行驶
P085015	驻车挡/空挡开关电路对辅助蓄电池短路或断路	正常行驶
P0A0A13	高压系统互锁电路断路	正常行驶
P0A0A92	高压系统互锁性能或错误操作	(1)输出功率减小 (2)持续发生故障时,混合动力系统停止
P0A1B49	驱动电动机"A"控制模块内部电子故障	(1)输出功率减小 (2)持续发生故障时,混合动力系统停止
P0A1B94	驱动电动机"A"控制模块意外工作	混合动力系统停止
P0A2A11	驱动电动机"A"温度传感器电路对搭铁短路	正常行驶
P0A2A15	驱动电动机"A"温度传感器电路对辅助蓄电池短路或断路	正常行驶
P0A2A1C	驱动电动机"A"温度传感器电压超出范围	正常行驶
P0A2A1F	驱动电动机"A"温度传感器电路间歇	正常行驶
P0A3611	发电机温度传感器电路对搭铁短路	正常行驶
P0A3615	发电机温度传感器电路对辅助蓄电池短路或断路	正常行驶
P0A361C	发电机温度传感器电压超出范围	正常行驶
P0A361F	发电机温度传感器电路间歇	正常行驶
P0A8111	混合动力/EV 蓄电池冷却风扇 1 电路对搭铁短路	正常行驶
P0A8115	混合动力/EV 蓄电池冷却风扇 1 电路对辅助蓄电池短路或断路	正常行驶
P0A8196	混合动力/EV 蓄电池冷却风扇 1 零部件内部故障	正常行驶
P0A9300	逆变器"A"冷却系统性能	正常行驶
P0A9563	高压熔丝累计负载记录	正常行驶
P0A9B11	混合动力/EV 蓄电池温度传感器"A"电路对搭铁短路	正常行驶
P0A9B15	混合动力/EV 蓄电池温度传感器"A"电路对辅助蓄电池短路或断路	正常行驶
P0A9B1C	混合动力/EV 蓄电池温度传感器"A"电压超出范围	正常行驶
P0A9B2A	混合动力/EV 蓄电池温度传感器"A"信号区间卡滞	正常行驶
P0AA000	混合动力/EV 蓄电池正极触点电路卡在关闭位置	(1)输出功率减小 (2)持续发生故障时,混合动力系统停止
P0AA073	混合动力/EV 蓄电池正极和负极触点执行器卡在关闭位置	(1)输出功率减小 (2)持续发生故障时,混合动力系统停止
P0AA373	混合动力/EV 蓄电池负极触点执行器卡在关闭位置	(1)输出功率减小 (2)持续发生故障时,混合动力系统停止

续表

DTC 编号	检测项目	输出 DTC 时的车辆状态
P0AA649	混合动力/EV 蓄电池电压系统绝缘内部电子故障	正常行驶
P0AA749	混合动力/EV 蓄电池电压绝缘内部电子故障	正常行驶
P0AAC11	混合动力/EV 蓄电池空气温度传感器"A"电路对搭铁短路	正常行驶
P0AAC15	混合动力/EV 蓄电池空气温度传感器"A"电路对辅助蓄电池短路或断路	正常行驶
P0ABF00	混合动力/EV 蓄电池电流传感器"A"电路范围/性能	正常行驶
P0ABF11	混合动力/EV 蓄电池电流传感器"A"电路对搭铁短路	输出功率减小
P0ABF15	混合动力/EV 蓄电池电流传感器"A"电路对辅助蓄电池短路或断路	输出功率减小
P0ABF28	混合动力/EV 蓄电池电流传感器"A"信号偏差水平超出范围/零点调整故障	输出功率减小
P0ABF2A	混合动力/EV 蓄电池电流传感器"A"信号区间卡滞	输出功率减小
P0AC511	混合动力/EV 蓄电池温度传感器"B"电路对搭铁短路	正常行驶
P0AC515	混合动力/EV 蓄电池温度传感器"B"电路对辅助蓄电池短路或断路	正常行驶
P0AC51C	混合动力/EV 蓄电池温度传感器"B"电压超出范围	正常行驶
P0AC52A	混合动力/EV 蓄电池温度传感器"B"信号区间卡滞	正常行驶
P0ACA11	混合动力/EV 蓄电池温度传感器"C"电路对搭铁短路	正常行驶
P0ACA15	混合动力/EV 蓄电池温度传感器"C"电路对辅助蓄电池短路或断路	正常行驶
P0ACA1C	混合动力/EV 蓄电池温度传感器"C"电压超出范围	正常行驶
P0ACA2A	混合动力/EV 蓄电池温度传感器"C"信号区间卡滞	正常行驶
P0AD911	混合动力/EV 蓄电池正极触点电路对搭铁短路	(1)输出功率减小 (2)持续发生故障时,混合动力系统停止
P0AD915	混合动力/EV 蓄电池正极触点电路对辅助蓄电池短路或断路	(1)输出功率减小 (2)持续发生故障时,混合动力系统停止
P0ADD11	混合动力/EV 蓄电池负极触点电路对搭铁短路	(1)输出功率减小 (2)持续发生故障时,混合动力系统停止
P0ADD15	混合动力/EV 蓄电池负极触点电路对辅助蓄电池短路或断路	(1)输出功率减小 (2)持续发生故障时,混合动力系统停止

续表

DTC 编号	检测项目	输出 DTC 时的车辆状态
P0AE173	混合动力/EV 蓄电池预充电触点执行器卡在关闭位置	(1)输出功率减小 (2)持续发生故障时,混合动力系统停止
P0AE411	混合动力/EV 蓄电池预充电触点电路对搭铁短路	正常行驶
P0AE415	混合动力/EV 蓄电池预充电触点电路对辅助蓄电池短路或断路	正常行驶
P0AFC00	混合动力/EV 蓄电池传感器模块	输出功率减小
P0AFC16	混合动力/EV 蓄电池传感器模块电路电压低于阈值	(1)输出功率减小 (2)发动机不停机
P0AFC49	混合动力/EV 蓄电池传感器模块内部电子故障	(1)输出功率减小 (2)持续发生故障时,混合动力系统停止
P0AFC62	混合动力/EV 蓄电池传感器模块信号对比故障	输出功率减小
P0AFC96	混合动力/EV 蓄电池传感器模块零部件内部故障	(1)输出功率减小 (2)发动机不停机
P0B231C	混合动力/EV 蓄电池"A"电压传感器电压超出范围	输出功率减小
P0B3B14	混合动力/EV 蓄电池电压传感器"A"电路对搭铁短路或断路	输出功率减小
P0B4014	混合动力/EV 蓄电池电压传感器"B"电路对搭铁短路或断路	输出功率减小
P0B4514	混合动力/EV 蓄电池电压传感器"C"电路对搭铁短路或断路	输出功率减小
P0B4A14	混合动力/EV 蓄电池电压传感器"D"电路对搭铁短路或断路	输出功率减小
P0B4F14	混合动力/EV 蓄电池电压传感器"E"电路对搭铁短路或断路	输出功率减小
P0B5414	混合动力/EV 蓄电池电压传感器"F"电路对搭铁短路或断路	输出功率减小
P0B5914	混合动力/EV 蓄电池电压传感器"G"电路对搭铁短路或断路	输出功率减小
P0B5E14	混合动力/EV 蓄电池电压传感器"H"电路对搭铁短路或断路	输出功率减小
P0B6314	混合动力/EV 蓄电池电压传感器"I"电路对搭铁短路或断路	输出功率减小
P0B6814	混合动力/EV 蓄电池电压传感器"J"电路对搭铁短路或断路	输出功率减小
P0C3000	混合动力/EV 蓄电池高电荷状态	(1)输出功率减小 (2)行驶范围受限 (3)发动机总是停机

续表

DTC 编号	检测项目	输出 DTC 时的车辆状态
P0C7396	电动机电子器件冷却液泵"A"零部件内部故障	正常行驶
P0C7600	混合动力/EV 蓄电池系统放电时间过长	(1)输出功率减小 (2)持续发生故障时,混合动力系统停止
P0D2D1C	驱动电动机"A"逆变器电压传感器电压超出范围	输出功率减小
P0E311C	增压转换器电压传感器"A"电压超出范围	正常行驶
P160600	检测到碰撞或碰撞传感器连接(断路)	(1)输出功率减小 (2)持续发生故障时,混合动力系统停止
P160604	检测到碰撞或碰撞传感器连接(断路)系统内部故障	(1)输出功率减小 (2)持续发生故障时,混合动力系统停止
P181B62	换挡杆位置传感器信号对比故障	(1)正常行驶(N 位置控制用于故障挡位) (2)禁止将挡位切换至行驶挡(D)、倒挡(R)或制动/运动挡[(B)/(S)] (3)根据条件的不同,挡位可能无法切换至驻车挡(P)以外的挡位
P182112	换挡杆 X 位置传感器 2 对辅助蓄电池短路	(1)正常行驶(N 位置控制用于故障挡位) (2)禁止将挡位切换至行驶挡(D)、倒挡(R)或制动/运动挡[(B)/(S)] (3)根据条件的不同,挡位可能无法切换至驻车挡(P)以外的挡位
P182114	换挡杆 X 位置传感器 2 对搭铁短路或断路	(1)正常行驶(N 位置控制用于故障挡位) (2)禁止将挡位切换至行驶挡(D)、倒挡(R)或制动/运动挡[(B)/(S)] (3)根据条件的不同,挡位可能无法切换至驻车挡(P)以外的挡位
P182211	换挡杆 Y 位置传感器 2 对搭铁短路	(1)正常行驶(N 位置控制用于故障挡位) (2)禁止将挡位切换至行驶挡(D)、倒挡(R)或制动/运动挡[(B)/(S)] (3)根据条件的不同,挡位可能无法切换至驻车挡(P)以外的挡位
P182215	换挡杆 Y 位置传感器 2 对辅助蓄电池短路或断路	(1)正常行驶(N 位置控制用于故障挡位) (2)禁止将挡位切换至行驶挡(D)、倒挡(R)或制动/运动挡[(B)/(S)] (3)根据条件的不同,挡位可能无法切换至驻车挡(P)以外的挡位
P1A8000	混合动力/EV 蓄电池组 1Delta SOC 高	正常行驶
P1AC000	混合动力/EV 蓄电池单格低压	正常行驶
P1AD01B	混合动力/EV 蓄电池单元电路电阻超过阈值	正常行驶
P1C2D62	混合动力/EV 蓄电池"A"电压传感器/增压转换器电压传感器"A"信号对比故障	输出功率减小

续表

DTC 编号	检测项目	输出 DTC 时的车辆状态
P1C6A9F	电动机切断卡在 OFF 位置	(1)输出功率减小 (2)持续发生故障时,混合动力系统停止
P1C6C9F	发电机切断卡在 OFF 位置	(1)输出功率减小 (2)持续发生故障时,混合动力系统停止
P1C7779	发动机无法启动机械联动故障	(1)输出功率减小 (2)行驶范围受限 (3)发动机总是停机
P1C7C49	混合动力/EV 蓄电池电压系统绝缘(空调部位)内部电子故障	正常行驶
P1C7D49	混合动力/EV 蓄电池电压系统绝缘(混合动力/EV 蓄电池部位)内部电子故障	正常行驶
P1C7E49	混合动力/EV 蓄电池电压系统绝缘(传动桥部位)内部电子故障	正常行驶
P1C7F49	混合动力/EV 蓄电池电压系统绝缘(直流部位)内部电子故障	正常行驶
P1C8149	高压电源电路功耗电路短路	(1)输出功率减小 (2)持续发生故障时,混合动力系统停止
P1C8249	高压电源电路过载	(1)输出功率减小 (2)持续发生故障时,混合动力系统停止
P1C8349	增压后高压电源电路电压传感器故障	(1)输出功率减小 (2)持续发生故障时,混合动力系统停止
P1C8449	READY ON 期间高压电源电路短路	(1)输出功率减小 (2)持续发生故障时,混合动力系统停止
P1C8549	高压电源内部电子故障	(1)输出功率减小 (2)持续发生故障时,混合动力系统停止
P1C8679	变速器(输入)机械连接故障	(1)输出功率减小 (2)行驶范围受限 (3)发动机总是停机
P1C8779	发电机机械连接故障	(1)输出功率减小 (2)行驶范围受限 (3)发动机总是停机
P1C8879	行星齿轮机械连接故障	(1)输出功率减小 (2)行驶范围受限 (3)发动机总是停机
P1C9E9F	混合动力/EV 系统重置卡在 OFF 位置	(1)输出功率减小 (2)持续发生故障时,混合动力系统停止
P1C9F11	混合动力/EV 蓄电池电流传感器行驶控制电路对搭铁短路	正常行驶
P1C9F15	混合动力/EV 蓄电池电流传感器行驶控制电路对辅助蓄电池短路或断路	正常行驶
P1C9F1C	混合动力/EV 蓄电池电流传感器行驶控制电压超出范围	正常行驶

续表

DTC 编号	检测项目	输出 DTC 时的车辆状态
P1CBB12	混合动力/EV 蓄电池电流传感器电源电路对辅助蓄电池短路	输出功率减小
P1CBB14	混合动力/EV 蓄电池电流传感器电源电路对搭铁短路或断路	输出功率减小
P1CBE1E	混合动力/EV 蓄电池单元 1 电压差异超出范围	(1)输出功率减小 (2)发动机不停机
P1CBF1E	混合动力/EV 蓄电池单元 2 电压差异超出范围	(1)输出功率减小 (2)发动机不停机
P1CC01E	混合动力/EV 蓄电池单元 3 电压差异超出范围	(1)输出功率减小 (2)发动机不停机
P1CC11E	混合动力/EV 蓄电池单元 4 电压差异超出范围	(1)输出功率减小 (2)发动机不停机
P1CC21E	混合动力/EV 蓄电池单元 5 电压差异超出范围	(1)输出功率减小 (2)发动机不停机
P1CC31E	混合动力/EV 蓄电池单元 6 电压差异超出范围	(1)输出功率减小 (2)发动机不停机
P1CC41E	混合动力/EV 蓄电池单元 7 电压差异超出范围	(1)输出功率减小 (2)发动机不停机
P1CC51E	混合动力/EV 蓄电池单元 8 电压差异超出范围	(1)输出功率减小 (2)发动机不停机
P1CC61E	混合动力/EV 蓄电池单元 9 电压差异超出范围	(1)输出功率减小 (2)发动机不停机
P1CE213	PCU 互锁电路断路	正常行驶
P1CE292	PCU 互锁性能或错误操作	(1)输出功率减小 (2)持续发生故障时,混合动力系统停止
P1CE31C	混合动力/EV 传动系统控制模块监视处理器 A/D 处理电压超出范围	(1)输出功率减小 (2)持续发生故障时,混合动力系统停止
P1CE349	混合动力/EV 传动系统控制模块监视处理器 A/D 处理内部电子故障	(1)输出功率减小 (2)持续发生故障时,混合动力系统停止
P1CE371	混合动力/EV 传动系统控制模块监视处理器 A/D 处理执行器卡滞	(1)输出功率减小 (2)持续发生故障时,混合动力系统停止
P212012	节气门/踏板位置传感器/开关"D"电路对辅助蓄电池短路	输出功率减小
P212014	节气门/踏板位置传感器/开关"D"电路对搭铁短路或断路	输出功率减小
P21201C	节气门/踏板位置传感器/开关"D"电压超出范围	输出功率减小
P21201F	节气门/踏板位置传感器/开关"D"电路间歇性	输出功率减小
P212512	节气门/踏板位置传感器/开关"E"电路对辅助蓄电池短路	输出功率减小
P212514	节气门/踏板位置传感器/开关"E"电路对搭铁短路或断路	输出功率减小

续表

DTC 编号	检测项目	输出 DTC 时的车辆状态
P21251C	节气门/踏板位置传感器/开关"E"电压超出范围	输出功率减小
P21251F	节气门/踏板位置传感器/开关"E"电路间歇性	输出功率减小
P213800	节气门/踏板位置传感器/开关"D"/"E"电压相关性	输出功率减小
P21382B	节气门/踏板位置传感器/开关"D"/"E"信号交叉耦合	输出功率大幅减小
P253012	IG2 信号电路对辅助蓄电池短路	(1)输出功率减小 (2)持续发生故障时,混合动力系统停止
P272C81	接收到驻车锁止电动机无效串行数据	正常行驶
P300000	混合动力/EV 蓄电池放电控制故障	(1)输出功率减小 (2)持续发生故障时,混合动力系统停止
P300016	混合动力/EV 蓄电池控制系统电路电压低于阈值	(1)输出功率减小 (2)持续发生故障时,混合动力系统停止
P30004B	混合动力/EV 蓄电池控制系统过热	(1)输出功率减小 (2)持续发生故障时,混合动力系统停止
P300449	预充电期间高压电源电路短路	(1)输出功率减小 (2)持续发生故障时,混合动力系统停止
P301100	混合动力/EV 蓄电池单元 1 电路电阻超出范围(极限值)	(1)输出功率减小 (2)发动机不停机
P30111E	混合动力/EV 蓄电池单元 1 电路电阻超出范围	输出功率减小
P301200	混合动力/EV 蓄电池单元 2 电路电阻超出范围(极限值)	(1)输出功率减小 (2)发动机不停机
P30121E	混合动力/EV 蓄电池单元 2 电路电阻超出范围	输出功率减小
P301300	混合动力/EV 蓄电池单元 3 电路电阻超出范围(极限值)	(1)输出功率减小 (2)发动机不停机
P30131E	混合动力/EV 蓄电池单元 3 电路电阻超出范围	输出功率减小
P301400	混合动力/EV 蓄电池单元 4 电路电阻超出范围(极限值)	(1)输出功率减小 (2)发动机不停机
P30141E	混合动力/EV 蓄电池单元 4 电路电阻超出范围	输出功率减小
P301500	混合动力/EV 蓄电池单元 5 电路电阻超出范围(极限值)	(1)输出功率减小 (2)发动机不停机
P30151E	混合动力/EV 蓄电池单元 5 电路电阻超出范围	输出功率减小
P301600	混合动力/EV 蓄电池单元 6 电路电阻超出范围(极限值)	(1)输出功率减小 (2)发动机不停机
P30161E	混合动力/EV 蓄电池单元 6 电路电阻超出范围	输出功率减小
P301700	混合动力/EV 蓄电池单元 7 电路电阻超出范围(极限值)	(1)输出功率减小 (2)发动机不停机
P30171E	混合动力/EV 蓄电池单元 7 电路电阻超出范围	输出功率减小
P301800	混合动力/EV 蓄电池单元 8 电路电阻超出范围(极限值)	(1)输出功率减小 (2)发动机不停机

续表

DTC 编号	检测项目	输出 DTC 时的车辆状态
P30181E	混合动力/EV 蓄电池单元 8 电路电阻超出范围	输出功率减小
P301900	混合动力/EV 蓄电池单元 9 电路电阻超出范围（极限值）	(1)输出功率减小 (2)发动机不停机
P30191E	混合动力/EV 蓄电池单元 9 电路电阻超出范围	输出功率减小
P306562	混合动力/EV 蓄电池温度传感器"组 1"信号对比故障	正常行驶
P308A12	混合动力/EV 蓄电池电压传感器所有电路对辅助蓄电池短路	输出功率减小
P308A13	混合动力/EV 蓄电池电压传感器所有电路断路	输出功率减小
P310711	与空气囊系统控制模块电路（对搭铁短路）失去通信	正常行驶
P310715	与空气囊系统控制模块电路（对辅助蓄电池短路或断路）失去通信	正常行驶
P310764	与空气囊系统控制模块信号不合理故障失去通信	正常行驶
P312387	混合动力/EV 控制模块与驱动电动机控制模块"A"失去通信（丢失信息）	(1)输出功率减小 (2)持续发生故障时,混合动力系统停止
P314779	变速器（轴）机械联动故障	(1)输出功率减小 (2)持续发生故障时,混合动力系统停止
P314A31	电动机电子器件冷却液泵"A"无信号	正常行驶
P321E9F	电动机/发电机切断信号卡滞	正常行驶
P33B99F	电动机/发电机切断信号（混合动力/EV 侧）卡滞	正常行驶
P33BF9F	电动机/发电机切断信号（MG 侧）卡滞	正常行驶
U010087	与 ECM/PCM"A"失去通信且丢失信息	(1)输出功率减小 (2)行驶范围受限 (3)发动机总是停机
U011087	与驱动电动机控制模块"A"失去通信（丢失信息）	正常行驶
U012987	与制动系统控制模块失去通信（丢失信息）	正常行驶
U014000	与车身控制模块（副）失去通信（丢失信息）	正常行驶
U014087	与车身控制模块失去通信（丢失信息）	正常行驶
U015187	与约束系统控制模块失去通信（丢失信息）	正常行驶
U016487	与 HVAC 控制模块失去通信（丢失信息）	正常行驶
U029A87	与混合动力/EV 蓄电池传感器模块失去通信（丢失信息）	(1)输出功率减小 (2)发动机不停机
U042481	接收到 HVAC 控制模块至混合动力传动系统控制模块的无效串行数据	正常行驶
U110787	与动力管理模块失去通信（丢失信息）	(1)输出功率减小 (2)持续发生故障时,混合动力系统停止
U117087	与制动系统控制模块（ch2）失去通信（丢失信息）	正常行驶

四、电动机发电机控制系统车辆数据流

卡罗拉、雷凌电动机发电机控制系统车辆数据流如表 3-14 所示。

表 3-14 卡罗拉、雷凌电动机发电机控制系统车辆数据流

DTC 编号	检测项目	输出 DTC 时的车辆状态
P033500	曲轴位置传感器"A"	正常行驶
P033531	曲轴位置传感器"A"无信号	正常行驶
P034000	凸轮轴位置传感器"A"电路(B1 或单个传感器)	正常行驶
P034031	凸轮轴位置传感器"A"电路(B1 或单个传感器)无信号	正常行驶
P06B01C	发电机控制模块位置传感器 REF 电源电路电压超出范围	(1)正常行驶 (2)持续发生故障时,混合动力系统停止
P06D61C	发电机控制模块偏置电源电路电压超出范围	(1)正常行驶 (2)持续发生故障时,混合动力系统停止
P0A0011	电动机电子器件冷却液温度传感器电路对搭铁短路	正常行驶
P0A0015	电动机电子器件冷却液温度传感器电路对蓄电池短路或断路	正常行驶
P0A001C	电动机电子器件冷却液温度传感器电路电压超出范围	正常行驶
P0A001F	电动机电子器件冷却液温度传感器电路间歇	正常行驶
P0A0812	DC/DC 转换器状态电路对蓄电池短路	正常行驶
P0A0814	DC/DC 转换器状态电路对搭铁短路或断路	正常行驶
P0A1112	DC/DC 转换器启用电路对蓄电池短路	正常行驶
P0A1114	DC/DC 转换器启用电路对搭铁短路或断路	正常行驶
P0A1A47	发电机控制模块监视/安全故障	(1)输出功率减小 (2)行驶范围受限 (3)发动机总是停机
P0A1A49	发电机控制模块内部电子故障	(1)输出功率减小 (2)行驶范围受限 (3)发动机总是停机
P0A1B1F	发电机控制模块电路间歇	混合动力系统停止
P0A3F16	驱动电动机"A"位置传感器电路电压低于阈值	(1)输出功率大幅减小 (2)无法倒挡行驶 (3)行驶范围受限 (4)驾驶时使用发动机且发动机转速变高

续表

DTC编号	检测项目	输出DTC时的车辆状态
P0A3F1F	驱动电动机"A"位置传感器电路间歇性故障	—
P0A3F21	驱动电动机"A"位置传感器信号振幅＜最小	(1)输出功率大幅减小 (2)无法倒挡行驶 (3)行驶范围受限 (4)驾驶时使用发动机且发动机转速变高
P0A3F22	驱动电动机"A"位置传感器信号振幅＞最大	(1)输出功率大幅减小 (2)无法倒挡行驶 (3)行驶范围受限 (4)驾驶时使用发动机且发动机转速变高
P0A4B16	发电机位置传感器电路电压低于阈值	(1)输出功率减小 (2)行驶范围受限 (3)发动机总是停机
P0A4B1F	发电机位置传感器电路间歇	—
P0A4B21	发电机位置传感器信号振幅＜最小	(1)输出功率减小 (2)行驶范围受限 (3)发动机总是停机
P0A4B22	发电机位置传感器信号振幅＞最大	(1)输出功率减小 (2)行驶范围受限 (3)发动机总是停机
P0A6012	驱动电动机"A"V相电流(高分辨率)电路对蓄电池短路	正常行驶
P0A6014	驱动电动机"A"V相电流(高分辨率)电路对搭铁短路或断路	正常行驶
P0A601C	驱动电动机"A"V相电流(高分辨率)电路电压超出范围	正常行驶
P0A601F	驱动电动机"A"V相电流(高分辨率)电路间歇	—
P0A6312	驱动电动机"A"W相电流(高分辨率)电路对蓄电池短路	正常行驶
P0A6314	驱动电动机"A"W相电流(高分辨率)电路对搭铁短路或断路	正常行驶
P0A631C	驱动电动机"A"W相电流(高分辨率)电路电压超出范围	正常行驶
P0A631F	驱动电动机"A"W相电流(高分辨率)电路间歇	—
P0A7873	驱动电动机"A"逆变器执行器卡在关闭位置	(1)输出功率大幅减小 (2)无法倒挡行驶 (3)行驶范围受限 (4)驾驶时使用发动机且发动机转速变高
P0A789E	驱动电动机"A"逆变器卡在ON位置	(1)输出功率大幅减小 (2)无法倒挡行驶 (3)行驶范围受限 (4)驾驶时使用发动机且发动机转速变高

续表

DTC 编号	检测项目	输出 DTC 时的车辆状态
P0A7A73	发电机逆变器执行器卡在关闭位置	(1)输出功率减小 (2)行驶范围受限 (3)发动机总是停机
P0A7A9E	发电机逆变器卡在 ON 位置	(1)输出功率减小 (2)行驶范围受限 (3)发动机总是停机
P0A9000	驱动电动机"A"性能	(1)输出功率大幅减小 (2)无法倒挡行驶 (3)行驶范围受限 (4)驾驶时使用发动机且发动机转速变高
P0A9200	混合动力发电机性能	(1)输出功率减小 (2)行驶范围受限 (3)发动机总是停机
P0A949E	DC/DC 转换器卡在 ON 位置	(1)输出功率减小 (2)发动机不停机
P0AED11	驱动电动机逆变器温度传感器"A"电路对搭铁短路	正常行驶
P0AED15	驱动电动机逆变器温度传感器"A"电路对蓄电池短路或断路	正常行驶
P0AED1C	驱动电动机逆变器温度传感器"A"电路电压超出范围	正常行驶
P0AED1F	驱动电动机逆变器温度传感器"A"电路间歇性故障	正常行驶
P0BE512	驱动电动机"A"U 相电流传感器电路对蓄电池短路	(1)输出功率大幅减小 (2)无法倒挡行驶 (3)行驶范围受限 (4)驾驶时使用发动机且发动机转速变高
P0BE514	驱动电动机"A"U 相电流传感器电路对搭铁短路或断路	(1)输出功率大幅减小 (2)无法倒挡行驶 (3)行驶范围受限 (4)驾驶时使用发动机且发动机转速变高
P0BE51F	驱动电动机"A"U 相电流传感器电路间歇	—
P0BE528	驱动电动机"A"U 相电流传感器信号偏差电平超出范围/零点调节故障	(1)输出功率大幅减小 (2)无法倒挡行驶 (3)行驶范围受限 (4)驾驶时使用发动机且发动机转速变高
P0BE912	驱动电动机"A"V 相电流传感器电路对蓄电池短路	(1)输出功率大幅减小 (2)无法倒挡行驶 (3)行驶范围受限 (4)驾驶时使用发动机且发动机转速变高
P0BE914	驱动电动机"A"V 相电流传感器电路对搭铁短路或断路	(1)输出功率大幅减小 (2)无法倒挡行驶 (3)行驶范围受限 (4)驾驶时使用发动机且发动机转速变高
P0BE91F	驱动电动机"A"V 相电流传感器电路间歇	—

续表

DTC 编号	检测项目	输出 DTC 时的车辆状态
P0BE928	驱动电动机"A"V 相电流传感器信号偏差电平超出范围/零点调节故障	(1)输出功率大幅减小 (2)无法倒挡行驶 (3)行驶范围受限 (4)驾驶时使用发动机且发动机转速变高
P0BED12	驱动电动机"A"W 相电流传感器电路对蓄电池短路	(1)输出功率大幅减小 (2)无法倒挡行驶 (3)行驶范围受限 (4)驾驶时使用发动机且发动机转速变高
P0BED14	驱动电动机"A"W 相电流传感器电路对搭铁短路或断路	(1)输出功率大幅减小 (2)无法倒挡行驶 (3)行驶范围受限 (4)驾驶时使用发动机且发动机转速变高
P0BED1F	驱动电动机"A"W 相电流传感器电路间歇	—
P0BED28	驱动电动机"A"W 相电流传感器信号偏差电平超出范围/零点调节故障	(1)输出功率大幅减小 (2)无法倒挡行驶 (3)行驶范围受限 (4)驾驶时使用发动机且发动机转速变高
P0BFD62	驱动电动机"A"U-V-W 相电流传感器信号对比故障	(1)输出功率大幅减小 (2)无法倒挡行驶 (3)行驶范围受限 (4)驾驶时使用发动机且发动机转速变高
P0BFF1D	驱动电动机"A"电路电流超出范围	(1)输出功率大幅减小 (2)无法倒挡行驶 (3)行驶范围受限 (4)驾驶时使用发动机且发动机转速变高
P0C1900	驱动电动机"A"执行扭矩性能	(1)输出功率大幅减小 (2)无法倒挡行驶 (3)行驶范围受限 (4)驾驶时使用发动机且发动机转速变高
P0C3811	DC/DC 转换器温度传感器"A"电路对搭铁短路	正常行驶
P0C3815	DC/DC 转换器温度传感器"A"电路对蓄电池短路或断路	正常行驶
P0C381C	DC/DC 转换器温度传感器"A"电路电压超出范围	正常行驶
P0C381F	DC/DC 转换器温度传感器"A"电路间歇性故障	正常行驶
P0C3D11	DC/DC 转换器温度传感器"B"电路对搭铁短路	正常行驶
P0C3D15	DC/DC 转换器温度传感器"B"电路对蓄电池短路或断路	正常行驶
P0C3D1C	DC/DC 转换器温度传感器"B"电路电压超出范围	正常行驶

续表

DTC 编号	检测项目	输出 DTC 时的车辆状态
P0C3D1F	DC/DC 转换器温度传感器"B"电路间歇性故障	正常行驶
P0C5013	驱动电动机"A"位置传感器电路"A"电路断路	(1)输出功率大幅减小 (2)无法倒挡行驶 (3)行驶范围受限 (4)驾驶时使用发动机且发动机转速变高
P0C5016	驱动电动机"A"位置传感器电路"A"电路电压低于阈值	(1)输出功率大幅减小 (2)无法倒挡行驶 (3)行驶范围受限 (4)驾驶时使用发动机且发动机转速变高
P0C5017	驱动电动机"A"位置传感器电路"A"电路电压高于阈值	(1)输出功率大幅减小 (2)无法倒挡行驶 (3)行驶范围受限 (4)驾驶时使用发动机且发动机转速变高
P0C501F	驱动电动机"A"位置传感器电路"A"电路间歇	—
P0C5A13	驱动电动机"A"位置传感器电路"B"电路断路	(1)输出功率大幅减小 (2)无法倒挡行驶 (3)行驶范围受限 (4)驾驶时使用发动机且发动机转速变高
P0C5A16	驱动电动机"A"位置传感器电路"B"电路电压低于阈值	(1)输出功率大幅减小 (2)无法倒挡行驶 (3)行驶范围受限 (4)驾驶时使用发动机且发动机转速变高
P0C5A17	驱动电动机"A"位置传感器电路"B"电路电压高于阈值	(1)输出功率大幅减小 (2)无法倒挡行驶 (3)行驶范围受限 (4)驾驶时使用发动机且发动机转速变高
P0C5A1F	驱动电动机"A"位置传感器电路"B"电路间歇	—
P0C6413	发电机位置传感器电路"A"电路断路	(1)输出功率减小 (2)行驶范围受限 (3)发动机总是停机
P0C6416	发电机位置传感器电路"A"电路电压低于阈值	(1)输出功率减小 (2)行驶范围受限 (3)发动机总是停机
P0C6417	发电机位置传感器电路"A"电路电压高于阈值	(1)输出功率减小 (2)行驶范围受限 (3)发动机总是停机
P0C641F	发电机位置传感器电路"A"电路间歇	—
P0C6913	发电机位置传感器电路"B"电路断路	(1)输出功率减小 (2)行驶范围受限 (3)发动机总是停机

续表

DTC 编号	检测项目	输出 DTC 时的车辆状态
P0C6916	发电机位置传感器电路"B"电路电压低于阈值	(1)输出功率减小 (2)行驶范围受限 (3)发动机总是停机
P0C6917	发电机位置传感器电路"B"电路电压高于阈值	(1)输出功率减小 (2)行驶范围受限 (3)发动机总是停机
P0C691F	发电机位置传感器电路"B"电路间歇	—
P0C7917	驱动电动机"A"逆变器电压传感器(VH)电路电压高于阈值	(1)输出功率大幅减小 (2)无法倒挡行驶 (3)行驶范围受限 (4)驾驶时使用发动机且发动机转速变高
P0CA300	DC/DC 转换器增压性能	(1)输出功率减小 (2)行驶范围受限 (3)发动机总是停机
P0D2D16	驱动电动机"A"逆变器电压传感器(VH)电路电压低于阈值	输出功率减小
P0D2D17	驱动电动机"A"逆变器电压传感器(VH)电路电压高于阈值	输出功率减小
P0D2D1F	驱动电动机"A"逆变器电压传感器(VH)电路间歇	输出功率减小
P0D3319	DC/DC 转换器电路电流大于阈值	(1)输出功率减小 (2)行驶范围受限 (3)发动机总是停机
P0DFA62	发电机 U-V-W 相电流传感器信号对比故障	(1)输出功率减小 (2)行驶范围受限 (3)发动机总是停机
P0E0012	发电机 U 相电流传感器电路对蓄电池短路	(1)输出功率减小 (2)行驶范围受限 (3)发动机总是停机
P0E0014	发电机 U 相电流传感器电路对搭铁短路或断路	(1)输出功率减小 (2)行驶范围受限 (3)发动机总是停机
P0E001F	发电机 U 相电流传感器电路间歇	—
P0E0028	发电机 U 相电流传感器信号偏差电平超出范围/零点调节故障	(1)输出功率减小 (2)行驶范围受限 (3)发动机总是停机
P0E0412	发电机 V 相电流传感器电路对蓄电池短路	(1)输出功率减小 (2)行驶范围受限 (3)发动机总是停机
P0E0414	发电机 V 相电流传感器电路对搭铁短路或断路	(1)输出功率减小 (2)行驶范围受限 (3)发动机总是停机

续表

DTC 编号	检测项目	输出 DTC 时的车辆状态
P0E041F	发电机 V 相电流传感器电路间歇	—
P0E0428	发电机 V 相电流传感器信号偏差电平超出范围/零点调节故障	(1)输出功率减小 (2)行驶范围受限 (3)发动机总是停机
P0E0812	发电机 W 相电流传感器电路对蓄电池短路	(1)输出功率减小 (2)行驶范围受限 (3)发动机总是停机
P0E0814	发电机 W 相电流传感器电路对搭铁短路或断路	(1)输出功率减小 (2)行驶范围受限 (3)发动机总是停机
P0E081F	发电机 W 相电流传感器电路间歇	—
P0E0828	发电机 W 相电流传感器信号偏差电平超出范围/零点调节故障	(1)输出功率减小 (2)行驶范围受限 (3)发动机总是停机
P0E3116	DC/DC 转换器电压传感器"A"(VL)电路电压低于阈值	正常行驶
P0E3117	DC/DC 转换器电压传感器"A"(VL)电路电压高于阈值	正常行驶
P0E311F	DC/DC 转换器电压传感器"A"(VL)电路间歇	—
P0E5111	DC/DC 转换器电流传感器电路对搭铁短路	正常行驶
P0E5115	DC/DC 转换器电流传感器电路对蓄电池短路或断路	正常行驶
P0E511C	DC/DC 转换器电流传感器电路电压超出范围	正常行驶
P0E511F	DC/DC 转换器电流传感器电路间歇	—
P0E512A	DC/DC 转换器电流传感器信号区间卡滞	正常行驶
P0E5717	DC/DC 转换器电压传感器"A"(VL)电路电压高于阈值	(1)输出功率减小 (2)行驶范围受限 (3)发动机总是停机
P0E7100	发电机执行扭矩性能	(1)输出功率减小 (2)行驶范围受限 (3)发动机总是停机
P1C2A1C	发电机 A/D 转换器电路电压超出范围	混合动力系统停止
P1C2A49	发电机 A/D 转换器电路内部电子故障	混合动力系统停止

续表

DTC 编号	检测项目	输出 DTC 时的车辆状态
P1C2B1C	驱动电动机"A"控制模块 A/D 转换器电路电压超出范围	混合动力系统停止
P1C2B49	驱动电动机"A"控制模块 A/D 转换器电路内部电子故障	混合动力系统停止
P1C2E46	电动机发电机 ECU（EEPROM）校准/参数存储故障	正常行驶
P1C5D19	驱动电动机"A"逆变器电路电流高于阈值	(1)输出功率大幅减小 (2)无法倒挡行驶 (3)行驶范围受限 (4)驾驶时使用发动机且发动机转速变高
P1C5F19	发电机逆变器电路电流高于阈值	(1)输出功率减小 (2)行驶范围受限 (3)发动机总是停机
P1C601F	发电机控制模块位置传感器 REF 电源电路间歇	—
P1C621F	发电机控制模块偏置电源电路间歇	—
P1C641F	发电机控制模块电路间歇	—
P1C651F	发电机控制模块电路间歇	—
P1C671F	驱动电动机"A"U-V-W 相电流传感器电路间歇	—
P1C691F	发电机 U-V-W 相电流传感器电路间歇	—
P1CA51D	混合动力发电机电路电流超出范围	(1)输出功率减小 (2)行驶范围受限 (3)发动机总是停机
P1CAC49	发电机位置传感器内部电子故障	(1)输出功率减小 (2)行驶范围受限 (3)发动机总是停机
P1CAD49	驱动电动机"A"位置传感器内部电子故障	(1)输出功率大幅减小 (2)无法倒挡行驶 (3)行驶范围受限 (4)驾驶时使用发动机且发动机转速变高
P1CAF38	发电机位置传感器 REF 信号循环故障信号频率不正确	(1)输出功率减小 (2)行驶范围受限 (3)发动机总是停机
P1CB038	驱动电动机"A"位置传感器 REF 信号频率不正确	(1)输出功率大幅减小 (2)无法倒挡行驶 (3)行驶范围受限 (4)驾驶时使用发动机且发动机转速变高

续表

DTC 编号	检测项目	输出 DTC 时的车辆状态
P1CB59E	DC/DC 转换器电压传感器"A"(VL)卡在 ON 位置	(1)输出功率减小 (2)行驶范围受限 (3)发动机总是停机
P1CB69E	驱动电动机"A"逆变器电压传感器(VH)卡在 ON 位置	输出功率减小
P1CCC96	DC/DC 转换器启用零部件内部故障	混合动力系统停止
P222612	大气压力传感器"A"电路对蓄电池短路	正常行驶
P222614	大气压力传感器"A"电路对搭铁短路或断路	正常行驶
P31241F	驱动电动机"A"和 HV ECU 电路间歇之间失去通信	混合动力系统停止
P312487	驱动电动机"A"和 HV ECU 之间失去通信(丢失信息)	混合动力系统停止
P313383	发电机至驱动电动机"A"的通信故障(信号保护计算值不正确)	(1)输出功率减小 (2)行驶范围受限 (3)发动机总是停机
P313386	发电机至驱动电动机"A"的通信故障(信号无效)	(1)输出功率减小 (2)行驶范围受限 (3)发动机总是停机
P313483	驱动电动机"A"至发电机的通信故障(信号保护计算值不正确)	(1)输出功率减小 (2)行驶范围受限 (3)发动机总是停机
P313486	驱动电动机"A"至发电机的通信故障(信号无效)	(1)输出功率减小 (2)行驶范围受限 (3)发动机总是停机
P313487	驱动电动机"A"至发电机的通信故障(丢失信息)	(1)输出功率减小 (2)行驶范围受限 (3)发动机总是停机
P314F1F	DC/DC 转换器电压传感器"A"(VL)电路间歇	正常行驶
P31531D	DC/DC 转换器电流传感器电路电流超出范围	混合动力系统停止
U010087	与 ECM/PCM"A"失去通信且丢失信息	(1)输出功率减小 (2)行驶范围受限 (3)发动机总是停机
U029387	与混合动力传动系控制模块失去通信(丢失信息)	混合动力系统停止
U117087	与制动系统控制模块(ch2)失去通信(丢失信息)	正常行驶

五、HV 蓄电池充电

1. 注意事项

将电源开关置于 OFF 位置后,断开辅助蓄电池负极端子电缆前,可能需要等待一段时间。因此,继续工作前,确保断开辅助蓄电池负极端子电缆的注意事项。

2. 检查辅助蓄电池电压

测量辅助蓄电池电压。标准电压:约 11V 或更高。

提示:喇叭清晰鸣响。如果电压为 10V 或更低,则对辅助蓄电池充电(充电通常需要大约 1h)或用充满电的辅助蓄电池更换。

3. HV 蓄电池充电的准备工作

警告:混合动力系统具有高压电路。如果未以正确方式操作混合动力系统,则可能会导致电击或漏电等事故。确保遵循正确程序。

提示:拆下维修塞把手可中断高压电路,如图 3-94 所示。

① 检查 HV 蓄电池的充电量。如果混合动力系统无法启动,且多信息显示屏上显示 "Hybrid Battery Low Shift Out of N to Recharge" 或 "Hybrid Battery Low Hybrid System Stopped Shift to P and Restart",则 HV 蓄电池可能放电。

② 确认发动机是否启动。如果发动机启动,则换挡杆置于 P 的情况下使其怠速运转,直至发动机停止(自充电完成)。

如果发动机无法启动,则对 HV 蓄电池进行充电。

提示:

a. 执行外部充电前,务必使用 GTS 进行故障排除。

b. 每个充电循环中使用 THS 充电器的充电时间为 10min。使用 THS 充电器的充电时间较短(HV 蓄电池温度为 25℃ 时,10min 就足够;HV 蓄电池温度为 0℃,需要 3 个 10min 充电周期),即可使发动机处于可启动状态(系统可进入 READY-ON 状态)。充电开始后,THS 充电器自动停止 10min。

③ 断开 HV 地板底部线束如图 3-95 所示。注:用绝缘胶带将断开的连接器绝缘。

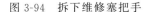

图 3-94 拆下维修塞把手

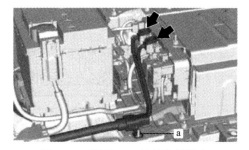

图 3-95 断开 HV 地板底部线束
a—屏蔽搭铁

④ 从 HV 蓄电池上断开屏蔽搭铁。

⑤ 按如图 3-96 所示顺序连接 THS 充电器。

注意：确保首先连接 EV 搭铁线以防电击；按图示顺序连接所有 THS 充电器电缆以防电击。

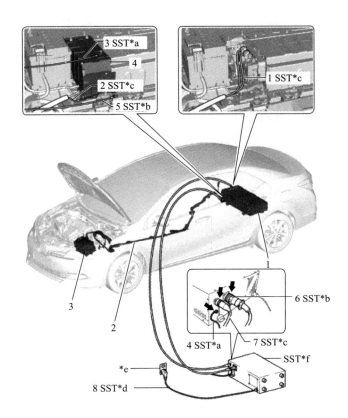

图 3-96　连接 THS 充电器

1—HV 蓄电池；2—HV 地板底部线束；3—带转换器的逆变器总成；4—混合动力蓄电池右侧盖分总成；
*a—EV 搭铁线（绿色电缆）；*b—低压电缆；*c—高压电缆；*d—电源输入插头；
*e—搭铁 AC100～240V 插座；*f—THS 充电器

六、HV 继电器总成检查

① 检查 SMRB 如图 3-97 所示。根据表 3-15 和表 3-16 所示中的值测量电阻。如果结果不符合规定，则更换 HV 蓄电池接线盒总成。

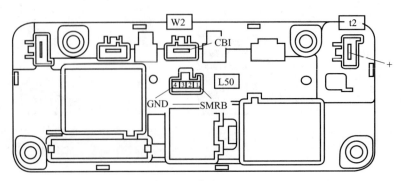

图 3-97　检查 SMRB

表 3-15 施加电压时的标准电阻

检测仪连接	条件	规定状态
W2-1(CBI)和 t2-1(＋)	未在端子 L50-1(SMRB)和 L50-3(GND)之间施加辅助蓄电池电压	10kΩ 或更大
	在端子 L50-1(SMRB)和 L50-3(GND)之间施加辅助蓄电池电压	小于 1Ω

表 3-16 标准电阻

检测仪连接	条件	规定状态/Ω
L50-1(SMRB)和 L50-3(GND)	－40～80℃	20.6～40.8

② 检查 SMRG 如图 3-98 所示。根据表 3-17 和表 3-18 所示中的值测量电阻。如果结果不符合规定，则更换 HV 蓄电池接线盒总成。

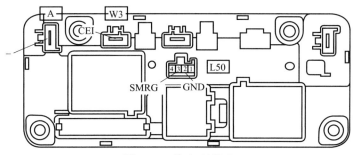

图 3-98 检查 SMRG

表 3-17 施加电压时标准电阻

检测仪连接	条件	规定状态
W3-1(CEI)和 A-1(－)	未在端子 L50-4(SMRG)和 L50-3(GND)之间施加辅助蓄电池电压	10kΩ 或更大
	在端子 L50-4(SMRG)和 L50-3(GND)之间施加辅助蓄电池电压	小于 1Ω

表 3-18 标准电阻

检测仪连接	条件	规定状态/Ω
L50-4(SMRG)和 L50-3(GND)	－40～80℃	20.6～40.8

③ 检查 SMRP 如图 3-99 所示。根据表 3-19 和表 3-20 中的值测量电阻。

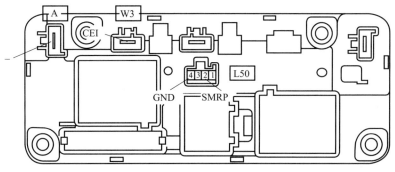

图 3-99 检查 SMRP

表3-19 施加电压标准电阻

检测仪连接	条件	规定状态
W3-1(CEI)和A-1(—)	在端子L50-2(SMRP)和L50-3(GND)之间施加辅助蓄电池电压	10kΩ或更大
	在端子L50-2(SMRP)和L50-3(GND)之间施加辅助蓄电池电压	24.3Ω和29.7Ω

表3-20 标准电阻

检测仪连接	条件	规定状态/Ω
L50-2(SMRP)和L50-3(GND)	−40～80℃	140～290

七、组合开关检查

① 检查EV模式开关端子如图3-100所示。标准电阻如表3-21所示。

表3-21 标准电阻

检测仪连接	条件	规定状态
7(S)-3(E)	按住EV模式开关	小于50Ω
	未按下EV模式开关	10kΩ或更大

② 检查环保模式开关端子如图3-101所示。标准电阻如表3-22所示。

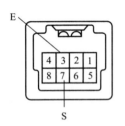

图3-100 检查EV模式开关端子

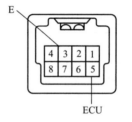

图3-101 检查环保模式开关端子

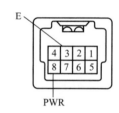

图3-102 检查PWR模式开关端子

表3-22 标准电阻

检测仪连接	条件	规定状态
5(ECU)-3(E)	按住环保模式开关	小于50Ω
	未按下环保模式开关	10kΩ或更大

③ 检查PWR模式开关端子如图3-102所示。标准电阻如表3-23所示。

表3-23 标准电阻

检测仪连接	条件	规定状态
8(PWR)-3(E)	按住PWR模式开关	小于50Ω
	未按下PWR模式开关	10kΩ或更大

④ 检查照明情况。将辅助蓄电池电压施加到组合开关总成上,检查并确认组合开关总成点亮,如图3-103所示。

测量条件:辅助蓄电池正极(+)→6(ILL+) 辅助蓄电池负极(−)→1(ILL−)→点亮。

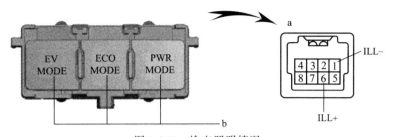

图 3-103　检查照明情况

a—未连接线束的零部件（组合开关总成）；b—点亮

八、检查带转换器的逆变器总成

警告：务必佩戴绝缘手套。

① 检查并确认维修塞把手未安装。

注意：拆下维修塞把手后，除非修理手册规定，否则不要将电源开关置于 ON（READY）位置，因为这样可能会导致故障。

② 从带转换器的逆变器总成上拆下逆变器盖。

③ 从带转换器的逆变器总成上断开电动机电缆，如图 3-104 所示。

④ 检查电动机电缆端子上是否有电弧痕迹。

⑤ 将电动机电缆连接到带转换器的逆变器总成上。

⑥ 安装逆变器盖。

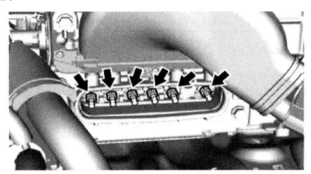

图 3-104　断开电动机电缆

九、检查混合动力车辆传动桥总成（电动机 MG2）

① 检查并确认维修塞把手未安装。

注意：拆下维修塞把手后，除非修理手册规定，否则不要将电源开关置于 ON（READY）位置，因为这样可能会导致故障。

② 从带转换器的逆变器总成上拆下逆变器盖。

③ 从带转换器的逆变器总成上断开电动机电缆，如图 3-105 所示。

④ 用毫欧表测量电阻端子之间的电阻，如表 3-24 所示。

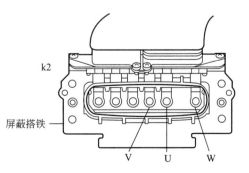

图 3-105　断开电动机电缆

提示：如果电动机 MG2 温度高，则电阻与规格将差异极大。因此，应在停车至少 8h 后测量电阻。

表 3-24 端子之间标准电阻

检测仪连接	条件	规定状态/mΩ
k2-1(W) 和 k2-2(U)	电源开关 OFF	152.4～168.8
k2-3(V) 和 k2-1(W)	电源开关 OFF	151.5～167.9
k2-2(U) 和 k2-3(V)	电源开关 OFF	157.5～173.9

⑤ 使用设定为 500V 的兆欧表测量电机端子与车身之间的电阻，如表 3-25 中的值。

注意：进行此测试时，确保将兆欧表设定为 500V。使用设定高于 500V 的兆欧表检测会导致正在检测的零部件损坏。

表 3-25 与车身搭铁标准电阻

检测仪连接	条件	规定状态
k2-1(W)-车身搭铁和屏蔽搭铁	电源开关 OFF	100MΩ 或更大
k2-3(V)-车身搭铁和屏蔽搭铁	电源开关 OFF	100MΩ 或更大
k2-2(U)-车身搭铁和屏蔽搭铁	电源开关 OFF	100MΩ 或更大

⑥ 测量电动机相位电阻，如表 3-26 所示。

提示：仅在不使用毫欧表检查电动机相位间是否短路时执行该程序。

表 3-26 电动机相位电阻

检测仪连接	条件	规定状态/Ω
k2-1(W) 和 k2-3(V)	电源开关 OFF	小于 1
k2-3(V) 和 k2-2(U)	电源开关 OFF	小于 1

⑦ 重新连接电动机电缆。
⑧ 安装逆变器盖。

十、检查混合动力车辆传动桥总成（电动机电缆连接情况）

① 检查并确认维修塞把手未安装。

注意：拆下维修塞把手后，除非修理手册规定，否则不要将电源开关置于 ON（READY）位置，因为这样可能会导致故障。

② 检查并确认电动机电缆的螺栓紧固至规定扭矩，电动机电缆牢固连接且无接触故障，如图 3-106 所示。

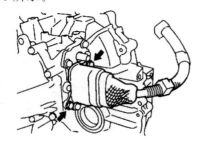
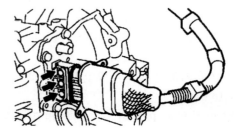

图 3-106 检查并确认电动机电缆的螺栓

③ 从混合动力车辆传动桥总成上断开电动机电缆。
④ 检查发电机电缆端子上是否有电弧痕迹。

十一、检查线束和连接器（带转换器的逆变器总成-发电机解析器）

① 检查并确认维修塞把手未安装。

注意：拆下维修塞把手后，除非修理手册规定，否则不要将电源开关置于 ON（READY）位置，因为这样可能会导致故障。

② 断开带转换器的逆变器总成连接器 B27，如图 3-107 所示。

③ 连接辅助蓄电池负极端子电缆。

④ 将电源开关置于 ON（IG）位置。

⑤ 各端子测量电压值如表 3-27 所示。

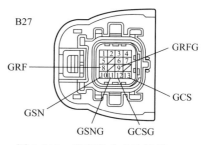

图 3-107 逆变器总成连接器 B27

表 3-27 各端子测量电压值

检测仪连接	条件	规定状态/V
B27-8(GRF)和车身搭铁	电源开关 ON(IG)	小于 1
B27-9(GRFG)和车身搭铁	电源开关 ON(IG)	小于 1
B27-10(GSN)和车身搭铁	电源开关 ON(IG)	小于 1
B27-11(GSNG)和车身搭铁	电源开关 ON(IG)	小于 1
B27-13(GCS)和车身搭铁	电源开关 ON(IG)	小于 1
B27-12(GCSG)和车身搭铁	电源开关 ON(IG)	小于 1

注意：在带转换器的逆变器总成断开的情况下将电源开关置于 ON（IG）位置，会导致存储其他 DTC。进行该检查后清除 DTC。

⑥ 发电机解析器 1 断路检查如表 3-28 所示。

表 3-28 标准电阻（断路检查）

检测仪连接	条件	规定状态/Ω
B27-8(GRF)和 B27-9(GRFG)	电源开关 OFF	9.5～15.5
B27-10(GSN)和 B27-11(GSNG)	电源开关 OFF	15.0～27.0
B27-13(GCS)和 B27-12(GCSG)	电源开关 OFF	14.0～26.0

⑦ 发电机解析器 1 短路路检查，如表 3-29 所示。

表 3-29 标准电阻（短路检查）

检测仪连接	条件	规定状态/MΩ
B27-8(GRF)或 B27-9(GRFG)和车身搭铁及其他端子	电源开关 OFF	1 或更大
B27-10(GSN)或 B27-11(GSNG)和车身搭铁及其他端子	电源开关 OFF	1 或更大
B27-13(GCS)或 B27-12(GCSG)和车身搭铁及其他端子	电源开关 OFF	1 或更大

⑧ 断开解析器连接器 B2 如图 3-108 所示。

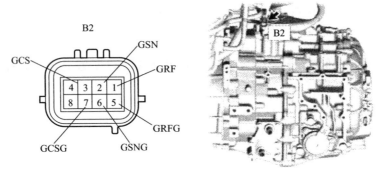

图 3-108 断开解析器连接器 B2

a. 发电机解析器 2 断路检查如表 3-30 所示。

表 3-30 标准电阻（断路检查）

检测仪连接	条件	规定状态/Ω
B2-1（GRF）和 B2-5（GRFG）	电源开关 OFF	9.5～15.5
B2-2（GSN）和 B2-6（GSNG）	电源开关 OFF	15.0～27.0
B2-3（GCS）和 B2-7（GCSG）	电源开关 OFF	14.0～26.0

b. 发电机解析器 2 短路路检查如表 3-31 所示。

表 3-31 标准电阻（短路检查）

检测仪连接	条件	规定状态/MΩ
B2-1（GRF）和车身搭铁及其他端子［除 B2-5（GRFG）外］	电源开关 OFF	1 或更大
B2-5（GRFG）和车身搭铁及其他端子［除 B2-1（GRFG）外］	电源开关 OFF	1 或更大
B2-2（GSN）和车身搭铁及其他端子［除 B2-6（GSNG）外］	电源开关 OFF	1 或更大
B2-6（GSNG）和车身搭铁及其他端子［除 B2-2（GSN）外］	电源开关 OFF	1 或更大
B2-3（GCS）和车身搭铁及其他端子［除 B2-7（GCSG）外］	电源开关 OFF	1 或更大
B2-7（GCSG）和车身搭铁及其他端子［除 B2-3（GCS）外］	电源开关 OFF	1 或更大

十二、检查混合动力车辆控制 ECU 电压

① 将电源开关置于 ON（IG）位置。

② 车辆控制 ECU 端子如图 3-109 所示。

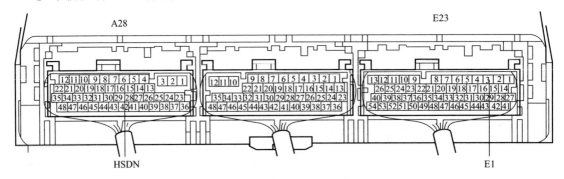

图 3-109 车辆控制 ECU 端子

③ 测量电压如表 3-32 所示。

④ 将电源开关置于 OFF 位置。

表 3-32 标准电压

检测仪连接	条件	规定状态/V
A28-6（HSDN）和 E23-3（E1）	电源开关 ON（IG）	小于 4.5

十三、检查线束和连接器（混合动力车辆控制 ECU——带转换器的逆变器总成）

① 检查并确认维修塞把手未安装。

注意：拆下维修塞把手后，除非修理手册规定，否则不要将电源开关置于 ON（READY）位置，因为这样可能会导致故障。

② 断开混合动力车辆控制 ECU 连接器 A28，断开带转换器的逆变器总成连接器 A41，如图 3-110 所示。

③ 连接辅助蓄电池负极端子电缆。

④ 将电源开关置于 ON（IG）位置。

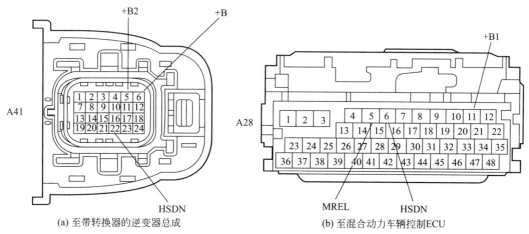

(a) 至带转换器的逆变器总成　　(b) 至混合动力车辆控制ECU

图 3-110　车辆控制 ECU 连接器 A28 与逆变器总成连接器 A41

⑤ 测量 A41-22（HSDN）或 A28-6（HSDN）与车身搭铁电压，电源开关 ON（IG），标准值小于 1V。

注意：在混合动力车辆控制 ECU 和带转换器的逆变器总成连接器断开的情况下将电源开关置于 ON（IG）位置，会导致存储其他 DTC。进行该检查后清除 DTC。

⑥ 将电源开关置于 OFF 位置。

⑦ 断开辅助蓄电池负极（−）端子电缆。

⑧ 测量端子的电阻，如表 3-33 所示。

表 3-33　测量端子的电阻

检测仪连接	条件	规定状态/kΩ
A41-22（HSDN）和 A41-6（+B）	电源开关 OFF	10 或更大
A41-22（HSDN）和 A41-5（+B2）	电源开关 OFF	10 或更大

续表

检测仪连接	条件	规定状态/kΩ
A28-6(HSDN)和 A28-11(+B1)	电源开关 OFF	10 或更大
A28-6(HSDN)和 A28-5(MREL)	电源开关 OFF	10 或更大

⑨ 重新连接带转换器的逆变器总成连接器 A41。
⑩ 重新连接混合动力车辆控制 ECU 连接器 A28。

十四、检查带转换器的逆变器总成

① 检查并确认维修塞把手未安装。

注意：拆下维修塞把手后，除非修理手册规定，否则不要将电源开关置于 ON（READY）位置，因为这样可能会导致故障。

② 断开带转换器的逆变器总成连接器 A41，如图 3-111 所示。
③ 逆变器总成连接器端子电阻测量如表 3-34 所示。
④ 正常重新连接带转换器的逆变器总成连接器 A41。

表 3-34 逆变器总成连接器端子电阻测量

检测仪连接	条件	规定状态/Ω
A41-22(HSDN)和 A41-6(+B)	电源开关 OFF	80 或更大
A41-22(HSDN)和 A41-5(+B2)	电源开关 OFF	80 或更大

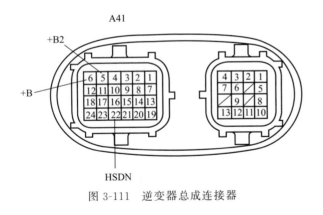

图 3-111 逆变器总成连接器

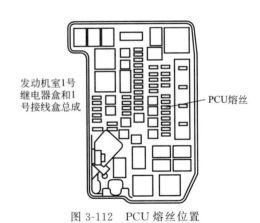

图 3-112 PCU 熔丝位置

十五、检查熔丝 PCU

① 从发动机室 1 号继电器盒和 1 号接线盒总成上拆下 PCU 熔丝，如图 3-112 所示。
② 测量 PCU 熔丝端子始终标准电阻小于 1Ω。

十六、检查 HV 地板底部线束

① 检查并确认维修塞把手未安装。

注意：拆下维修塞把手后，除非修理手册规定，否则不要将电源开关置于 ON（READY）位置，因为这样可能会导致故障。

② 从带转换器的逆变器总成上断开 HV 地板底部线束连接器 W1，如图 3-113 所示。

③ 拆下混合动力蓄电池右侧盖分总成。

④ 从 HV 蓄电池接线盒总成上断开 HV 地板底部线束连接器 W2 和 W3，如图 3-114 所示。

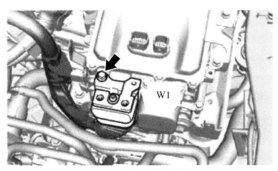

图 3-113 线束连接器 W1

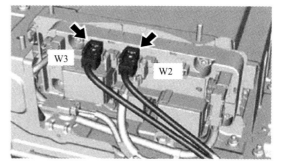

图 3-114 连接器 W2 和 W3

⑤ HV 地板底部线束连接器如图 3-115 所示，标准电阻如表 3-35 所示。

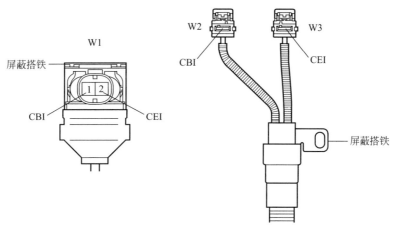

图 3-115 HV 地板底部线束连接器

表 3-35 标准电阻

检测仪连接	条件	规定状态/Ω
W1-1(CBI) 和 W2-1(CBI)	电源开关 OFF	小于 1
W1-2(CEI) 和 W3-1(CEI)	电源开关 OFF	小于 1

⑥ 使用设定为 500V 的兆欧表，测量端子与车身之间电阻，如表 3-36 所示。

注意：进行此测试时，确保将兆欧表设定为 500V。使用设定高于 500V 的兆欧表检测会导致正在检测的零部件损坏。

表 3-36 端子与车身之间电阻

检测仪连接	条件	规定状态/MΩ
W1-1(CBI)或 W2-1(CBI)和车身搭铁及屏蔽搭铁	电源开关 OFF	10 或更大
W1-2(CEI)或 W3-1(CEI)和车身搭铁及屏蔽搭铁	电源开关 OFF	10 或更大

检测仪连接	条件	规定状态/MΩ
W1-1(CBI)和 W1-2(CEI)	电源开关 OFF	10 或更大
W2-1(CBI)和 W3-1(CEI)	电源开关 OFF	10 或更大

⑦ 将 HV 地板底部线束连接器 W2 和 W3 重新连接到 HV 蓄电池接线盒总成上。
⑧ 安装混合动力蓄电池右侧盖分总成。
⑨ 将 HV 地板底部线束连接器 W1 重新连接到带转换器的逆变器总成上。

第六节　丰田卡罗拉、雷凌混合动力汽车车辆控制单元端子及控制电路

一、混合动力车辆控制 ECU 端子及定义

丰田卡罗拉、雷凌混合动力车辆控制 ECU 端子如图 3-116 所示，其端子定义如表 3-37 所示。

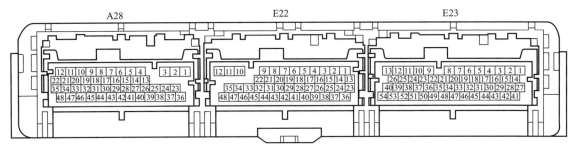

图 3-116　混合动力车辆控制 ECU 端子

表 3-37　混合动力车辆控制 ECU 端子定义

端子编号(符号)	配线颜色	输入/输出	端子描述	条件	规定状态/V
A28-4（HMCH）和 E23-3(E1)	B-BR	IN/OUT	CAN 通信信号	电源开关 ON(READY)	产生脉冲（波形 1）
A28-5（MREL）和 E23-3(E1)	B-BR	OUT	主继电器	电源开关 ON(IG)	11~14
A28-6（HSDN）和 E23-3(E1)	G-BR	OUT	MG ECU 切断信号	电源开关 ON(READY)	0~1
A28-7(STP)和 E23-3(E1)	L-BR	IN	刹车灯开关	踩下制动踏板	11~14
				松开制动踏板	0~1.5
A28-8(LIN3)和 E23-3(E1)	B-BR	IN/OUT	空调通信信号	电源开关 ON(READY)	产生脉冲
A28-11（+B1）和 E23-3(E1)	L-BR	IN	电源	电源开关 ON(IG)	11~14
A28-14（HMCL）和 E23-3(E1)	W-BR	IN/OUT	通信信号	电源开关 ON(READY)	产生脉冲（波形 1）

续表

端子编号(符号)	配线颜色	输入/输出	端子描述	条件	规定状态/V
A28-20(BL)和E23-3(E1)	G-BR	OUT	倒车灯	电源开关置于ON(IG)位置,换挡杆置于R	11～14
A28-24(VCPA)和A28-37(EPA)	Y-BR	OUT	加速踏板传感器总成电源(VPA)	电源开关ON(IG)	4.5～5.5
A28-26(VCP2)和A28-25(EPA2)	W-B	OUT	加速踏板传感器总成电源(VPA2)	电源开关ON(IG)	4.5～5.5
A28-33(NIWP)和E23-3(E1)	P-BR	IN	逆变器水泵总成信号	电源开关ON(READY)	产生脉冲(波形2)
A28-34(IWP)和E23-3(E1)	G-BR	OUT	逆变器水泵总成信号	电源开关ON(READY)	产生脉冲(波形2)
A28-36(VPA)和A28-37(EPA)	L-BR	IN	加速踏板传感器总成(加速踏板位置检测)	电源开关置于ON(IG)位置,松开加速踏板	0.4～1.4
				电源开关置于ON(IG)位置,发动机停机,挡位置于P,完全踩下加速踏板	2.6～4.5
A28-38(VPA2)和A28-25(EPA2)	V-B	IN	加速踏板传感器总成(加速踏板位置检测)	电源开关置于ON(IG)位置,松开加速踏板	1.0～2.2
				电源开关置于ON(IG)位置,发动机停机,挡位置于P,完全踩下加速踏板	3.4～5.3
A28-46(MMT)和A28-45(MMTG)	L-V	IN	电动机温度传感器	电源开关置于ON(IG)位置,温度为25℃	3.6～4.6
				电源开关置于ON(IG)位置,温度为60℃	2.2～3.2
A28-48(GMT)和A28-47(GMTG)	B-R	IN	发电机温度传感器	电源开关置于ON(IG)位置,温度为25℃	3.6～4.6
				电源开关置于ON(IG)位置,温度为60℃	2.2～3.2
E22-5(ILK)和E23-3(E1)	LG-BR	IN	互锁开关	电源开关置于ON(IG)位置,连接器盖总成、维修塞把手安装正确	0～1.5
				电源开关置于ON(IG)位置,未安装维修塞把手	11～14
E22-7(CA3P)和E23-3(E1)	P-BR	IN/OUT	CAN通信信号	电源开关ON(IG)	产生脉冲(波形3)
E22-8(CA1L)和E23-3(E1)	SB-BR	IN/OUT	CAN通信信号	电源开关ON(IG)	产生脉冲(波形4)
E22-13(SMRG)和E22-12(E01)	Y-W-B	OUT	系统主继电器工作信号	电源开关ON(IG)→电源开关ON(READY)	产生脉冲(波形5)
E22-15(SMRP)和E22-12(E01)	W-W-B	OUT	系统主继电器工作信号	电源开关ON(IG)→电源开关ON(READY)	产生脉冲(波形5)

续表

端子编号(符号)	配线颜色	输入/输出	端子描述	条件	规定状态/V
E22-16(SMRB)和 E22-12(E01)	SB-W-B	OUT	系统主继电器工作信号	电源开关 ON(IG)→电源开关 ON(READY)	产生脉冲(波形5)
E22-20(CA3N)和 E23-3(E1)	W-BR	IN/OUT	CAN 通信信号	电源开关 ON(IG)	产生脉冲(波形3)
E22-21(CA1H)和 E23-3(E1)	R-BR	IN/OUT	CAN 通信信号	电源开关 ON(IG)	产生脉冲(波形4)
E22-28(ST1—)[①]和 E23-3(E1)	R-BR	IN	制动取消开关	电源开关置于 ON(IG)位置,踩下制动踏板	0~1.5
				电源开关置于 ON(IG)位置,松开制动踏板	11~14
E22-35(IG2)和 E23-3(E1)	G-BR	IN	电源	电源开关 ON(IG)	11~14
E22-38(SI0)和 E23-3(E1)	Y-BR	OUT	蓄电池冷却鼓风机工作信号	冷却风扇工作	产生脉冲(波形6)
				冷却风扇不工作	4.5~5.5
E22-41(BTH+)和 E23-3(E1)	R-BR	IN	从蓄电池电压传感器至混合动力车辆控制 ECU 的通信信号	电源开关 ON(IG)	产生脉冲(波形7)
E22-42(BTH—)和 E23-3(E1)	G-BR	IN	从蓄电池电压传感器至混合动力车辆控制 ECU 的通信信号	电源开关 ON(IG)	产生脉冲(波形7)
E22-48(THB)和 E22-47(ETHB)	L-G	IN	辅助蓄电池温度	电源开关置于 ON(IG)位置,辅助蓄电池温度为25℃	1.7~2.3
				电源开关置于 ON(IG)位置,辅助蓄电池温度为60℃	0.6~0.9
E23-1(+B2)和 E23-3(E1)	L-BR	IN	电源	电源开关 ON(IG)	11~14
E23-4(ST2)和 E23-3(E1)	R-BR	IN	起动机信号	电源开关 ON(IG)	0~1.5
E23-11(SFTD)和 E23-3(E1)	R-BR	IN	变速器控制	操作左侧换挡拨板装置(—)	0~1.5
				未操作左侧换挡拨板装置(—)	11~14
E23-27(BATT)和 E23-3(E1)	W-BR	IN	稳压电源	始终	10~14
E23-29(ABFS)和 E23-3(E1)	B-BR	IN	空气囊激活信号	电源开关 ON(READY)	产生脉冲(波形8)
E23-30(TC)和 E23-3(E1)	P-BR	IN	诊断端子	电源开关 ON(IG)	11~14
E23-31(LIN)和 E23-3(E1)	L-BR	IN/OUT	认证 ECU 通信信号	电源开关 ON(IG)	产生脉冲

续表

端子编号(符号)	配线颜色	输入/输出	端子描述	条件	规定状态/V
E23-33（EVSW）和 E23-3(E1)	B-BR	IN	EV驱动模式开关(组合开关总成)信号	电源开关置于ON(IG)位置,未操作EV驱动模式开关(组合开关总成)	11～14
				电源开关置于ON(IG)位置,操作EV驱动模式开关(组合开关总成)	0～1.5
E23-27（PWR）和 E23-3(E1)	G-BR	IN	动力模式开关(组合开关总成)信号	电源开关置于ON(IG)位置,未操作动力模式开关(组合开关总成)	11～14
				电源开关置于ON(IG)位置,操作动力模式开关(组合开关总成)	0～1.5
E23-46（VSI4）和 E23-49(E2X2)	LG-Y	IN	换挡传感器(VSX4)	电源开关置于ON(IG)位置,换挡杆置于原始位置	0.68～1.62
				电源开关置于ON(IG)位置,换挡杆置于D	4.47～4.75
				电源开关置于ON(IG)位置,换挡杆置于N	3.53～4.47
				电源开关置于ON(IG)位置,换挡杆置于R	2.75～3.52
				电源开关置于ON(IG)位置,换挡杆置于S	0.40～0.67
E23-48（VSI3）和 E23-49(E2X2)	P-Y	IN	换挡传感器(VSX3)	电源开关置于ON(IG)位置,换挡杆置于原始位置	1.63～2.70
				电源开关置于ON(IG)位置,换挡杆置于D	3.53～4.17
				电源开关置于ON(IG)位置,换挡杆置于N	2.45～3.52
				电源开关置于ON(IG)位置,换挡杆置于R	1.63～2.45
				电源开关置于ON(IG)位置,换挡杆置于S	0.98～2.45
E23-50（VSI2）和 E23-51(E2X1)	L-W	IN	换挡传感器(VSX2)	电源开关置于ON(IG)位置,换挡杆置于原始位置	2.45～3.52
				电源开关置于ON(IG)位置,换挡杆置于D	2.70～3.52
				电源开关置于ON(IG)位置,换挡杆置于N	1.63～2.70
				电源开关置于ON(IG)位置,换挡杆置于R	0.98～1.62
				电源开关置于ON(IG)位置,换挡杆置于S	1.63～2.45

续表

端子编号(符号)	配线颜色	输入/输出	端子描述	条件	规定状态/V
E23-52（VSI1）和 E23-51(E2X1)	W-W	IN	换挡传感器(VSX1)	电源开关置于ON(IG)位置，换挡杆置于原始位置	3.53～4.47
				电源开关置于ON(IG)位置，换挡杆置于D	1.63～2.40
				电源开关置于ON(IG)位置，换挡杆置于N	0.68～1.62
				电源开关置于ON(IG)位置，换挡杆置于R	0.40～0.67
				电源开关置于ON(IG)位置，换挡杆置于S	2.75～3.52
E23-53（VCX2）和 E23-49(E2X2)	G-Y	OUT	换挡传感器电源(VCX2)	电源开关ON(IG)	4.5～5.5
E23-54（VCX1）和 E23-51(E2X1)	R-W	OUT	换挡传感器电源(VCX1)	电源开关ON(IG)	4.5～5.5

① 带巡航控制系统。

二、蓄电池电压传感器端子及端子定义

蓄电池电压传感器端子如图3-117所示，其端子定义如表3-38所示。

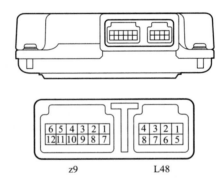

图 3-117 蓄电池电压传感器端子

表 3-38 蓄电池电压传感器端子定义

端子编号(符号)	配线颜色	输入/输出	端子描述	条件	规定状态
z9-1（TC0）和 z9-7(GC0)	G-G	IN	进气温度传感器	HV蓄电池温度：-40～90℃	4.8(-40℃)～1.0V(90℃)
z9-2（TB2）和 z9-8(GB2)	R-R	IN	蓄电池温度传感器2	HV蓄电池温度：-40～90℃	4.8(-40℃)～1.0V(90℃)
z9-3（TB1）和 z9-9(GB1)	W-W	IN	蓄电池温度传感器1	HV蓄电池温度：-40～90℃	4.8(-40℃)～1.0V(90℃)
z9-4（TB0）和 z9-10(GB0)	L-L	IN	蓄电池温度传感器0	HV蓄电池温度：-40～90℃	4.8(-40℃)～1.0V(90℃)
z9-5（IB0）和 z9-12(GIB)	Y-B	IN	电流传感器	电源开关ON(READY)	0.5～4.5V

续表

端子编号(符号)	配线颜色	输入/输出	端子描述	条件	规定状态
z9-6(VIB)和 Z9-12(GIB)	BR-B	OUT	蓄电池电流传感器电源	电源开关 ON(IG)	4.5~5.5V
L48-1(IGCT)和 L48-5(GND)	L-BR	IN	控制信号	电源开关 ON(READY)	11~14V
L48-2(BTH+)和 L48-5(GND)	R-BR	OUT	串行通信	电源开关 ON(IG)	产生脉冲(波形1)
L48-3(BTH-)和 L48-5(GND)	G-BR	OUT	串行通信	电源开关 ON(IG)	产生脉冲(波形2)
L48-5(GND)和车身搭铁	BR	—	地面	始终(导通性检查)	小于1Ω
L48-8(FP0)和 L48-5(GND)	B-BR	IN	蓄电池0号冷却鼓风机监视信号	冷却鼓风机停止	0
				冷却鼓风机激活	产生脉冲(波形3)

三、电动机发电机控制系统 ECU 端子及端子定义

电动机发电机控制系统 ECU 端子如图 3-118 所示，其端子定义如表 3-39 所示。

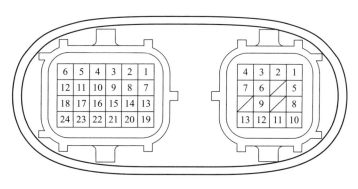

图 3-118 电动机发电机控制系统 ECU 端子

表 3-39 电动机发电机控制系统 ECU 端子定义

端子编号(符号)	配线颜色	输入/输出	端子描述	条件	标准状态/V
A41-1(CANH)和 A41-24(GND1)	L-W-B	输入/输出	CAN 通信信号	电源开关 ON(IG)	产生脉冲(波形1)
A41-5(+B2)和 A41-24(GND1)	G-W-B	输入	电动机发电机控制 ECU(MG ECU)电源	电源开关 ON(IG)	11~14
A41-6(+B)和 A41-24(GND1)	R-W-B	输入	电动机发电机控制 ECU(MG ECU)电源	电源开关 ON(IG)	11~14
A41-7(CANL)和 A41-24(GND1)	SB-W-B	输入/输出	CAN 通信信号	电源开关 ON(IG)	产生脉冲(波形1)

续表

端子编号(符号)	配线颜色	输入/输出	端子描述	条件	标准状态/V
A41-10(GI)和 A41-24(GND1)	B-W-B	输入	凸轮轴位置传感器信号	电源开关ON(READY),发动机运转	产生脉冲(波形2)
A41-12(IGCT)和 A41-24(GND1)	V-W-B	输入	电动机发电机控制ECU(MG ECU)电源	电源开关ON(IG)	11~14
A41-17(NE)和 A41-24(GND1)	G-W-B	输入	曲轴位置传感器信号	电源开关ON(READY),发动机运转	产生脉冲(波形3)
A41-19(HMCL)和 A41-24(GND1)	W-W-B	输入/输出	通信信号	电源开关ON(READY)	产生脉冲(波形4)
A41-20(HMCH)和 A41-24(GND1)	B-W-B	输入/输出	通信信号	电源开关ON(READY)	产生脉冲(波形4)
A41-22(HSDN)和 A41-24(GND1)	G-W-B	输入	MG切断信号	电源开关ON(READY)	0~1
B27-1(MSN)和 B27-2(MSNG)	L-R	输入	电动机解析器信号	电动机解析器运行	产生脉冲(波形5)
B27-3(MCSG)和 B27-4(MCS)	Y-W	输入	电动机解析器信号	电动机解析器运行	产生脉冲(波形5)
B27-5(MRF)和 B27-6(MRFG)	B-G	输出	电动机解析器参考信号	电动机解析器运行	产生脉冲(波形5)
B27-8(GRF)和 B27-9(GRFG)	W-Y	输出	发电机解析器参考信号	发电机解析器运行	产生脉冲(波形6)
B27-10(GSN)和 B27-11(GSNG)	B-G	输入	发电机解析器信号	发电机解析器运行	产生脉冲(波形6)
B27-12(GCSG)和 B27-13(GCS)	R-L	输入	发电机解析器信号	发电机解析器运行	产生脉冲(波形6)

四、混合动力系统电路图

卡罗拉、雷凌混合动力控制系统电路图3-119~图3-126所示。

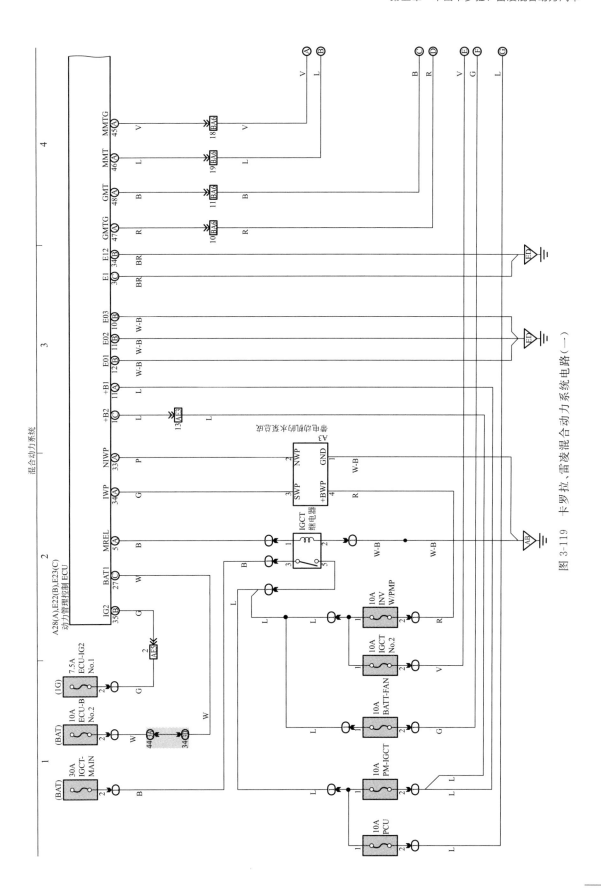

图 3-119 卡罗拉、雷凌混合动力系统电路（一）

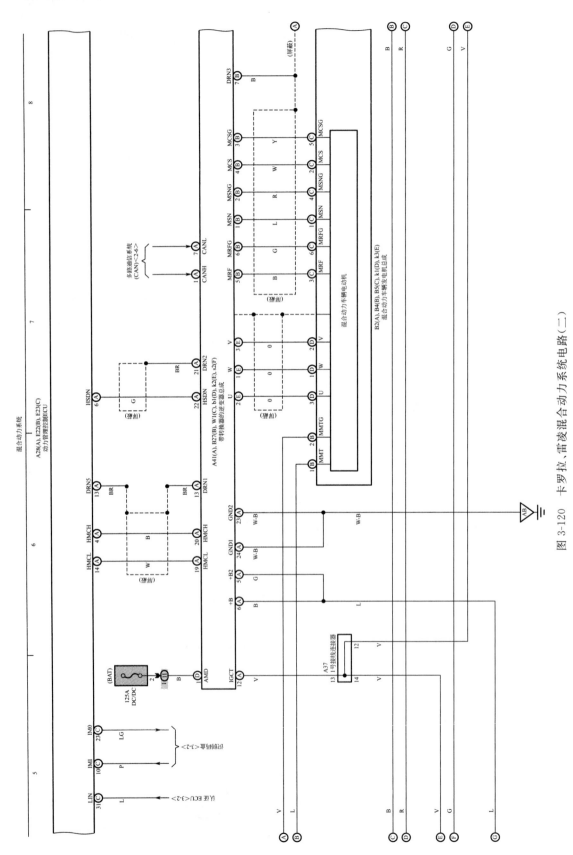

图 3-120 卡罗拉、雷凌混合动力系统电路(二)

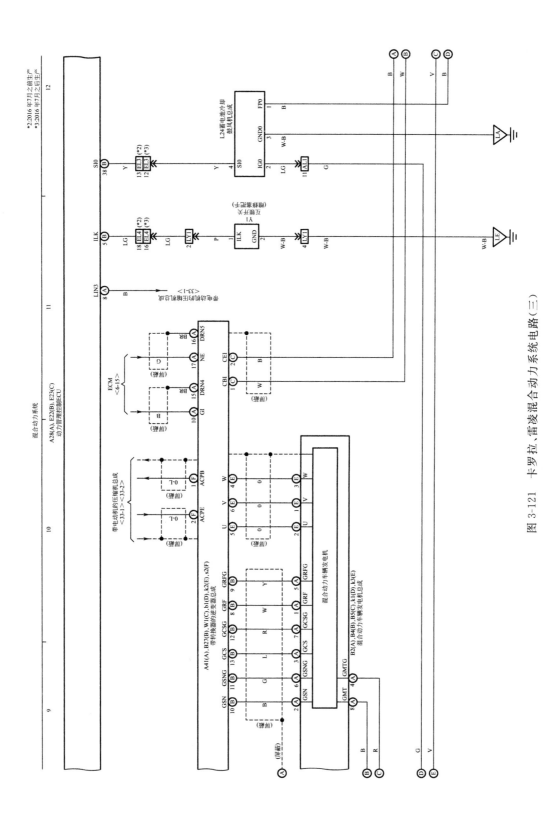

图 3-121　卡罗拉、雷凌混合动力系统电路（三）

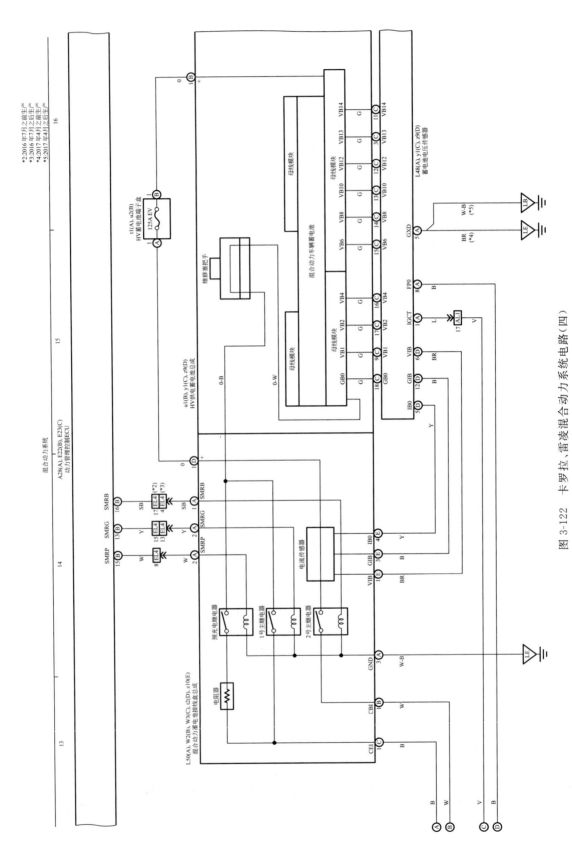

图 3-122　卡罗拉、雷凌混合动力系统电路（四）

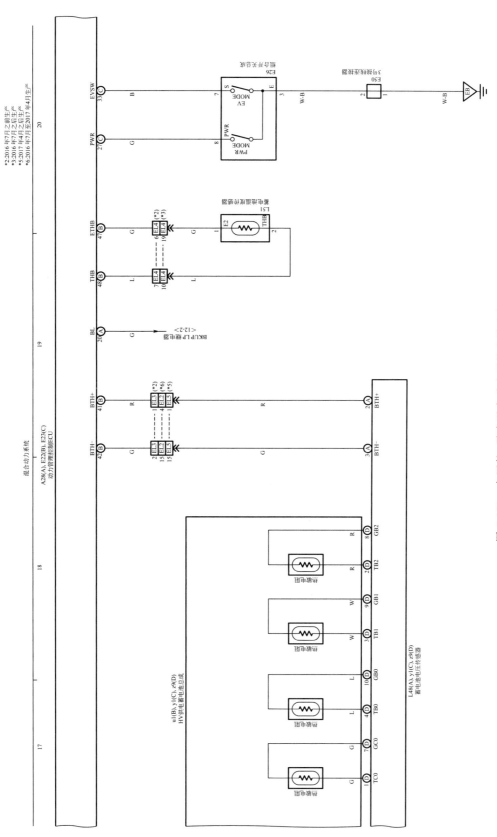

图 3-123　卡罗拉、雷凌混合动力系统电路（五）

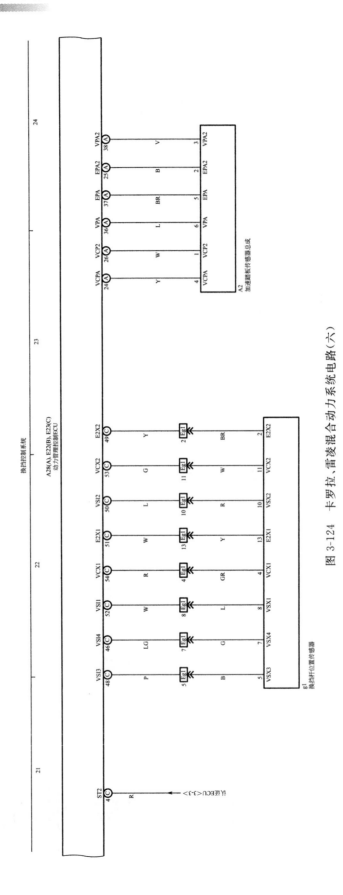

图 3-124 卡罗拉、雷凌混合动力系统电路（六）

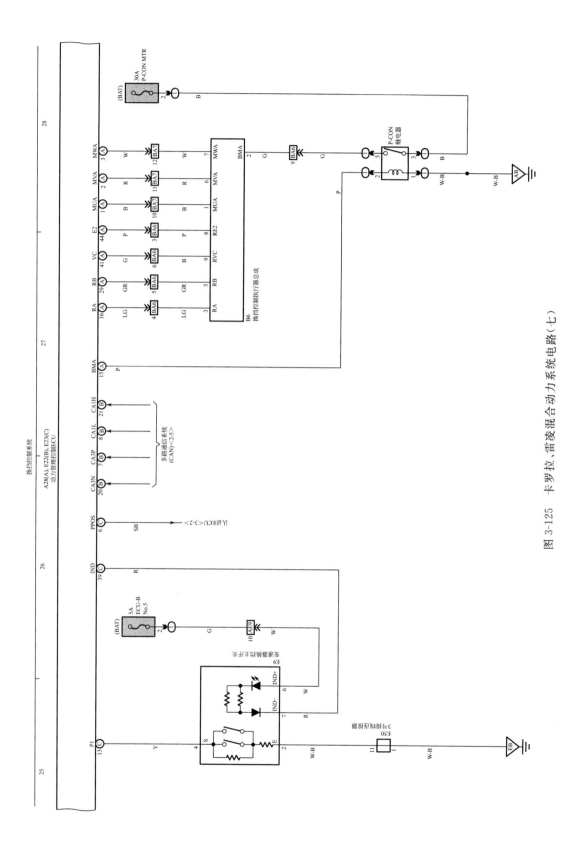

图 3-125 卡罗拉、雷凌混合动力系统电路（七）

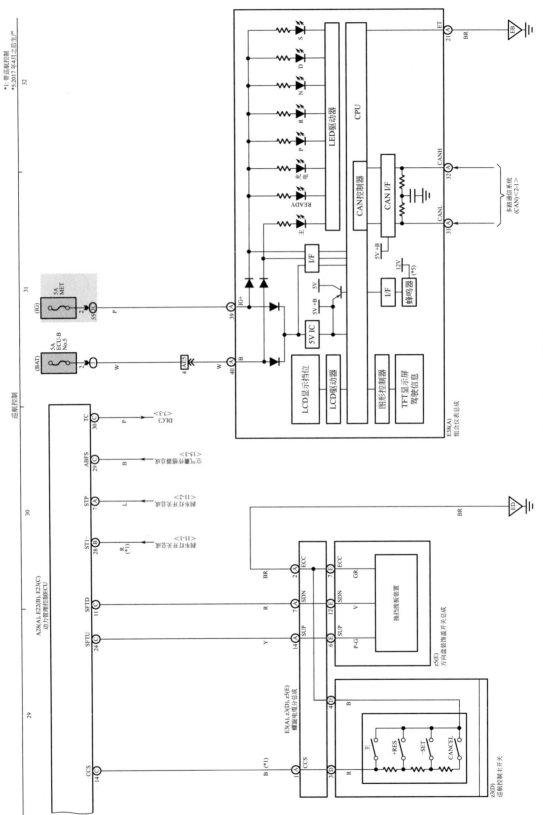

图 3-126 卡罗拉、雷凌混合动力系统电路（八）

五、卡罗拉、雷凌混合动力汽车继电器、保险位置图

卡罗拉、雷凌混合动力汽车继电器、保险位置如图3-127～图3-129所示。

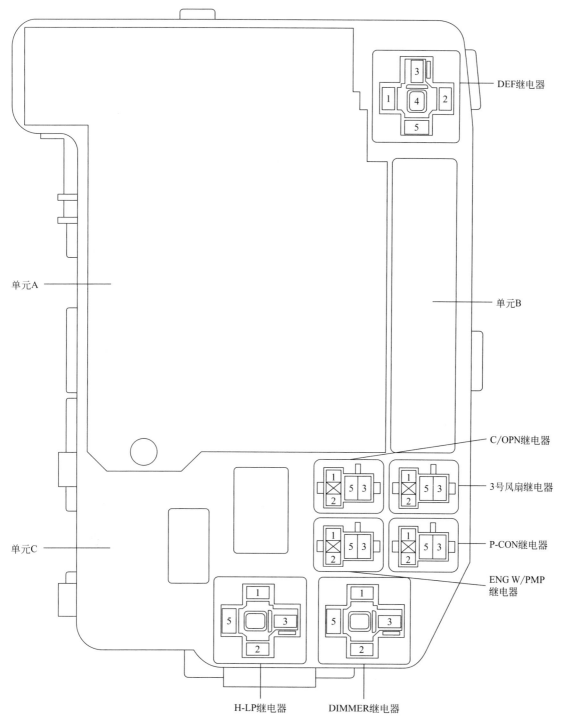

图3-127　卡罗拉、雷凌混合动力汽车继电器、保险位置（一）

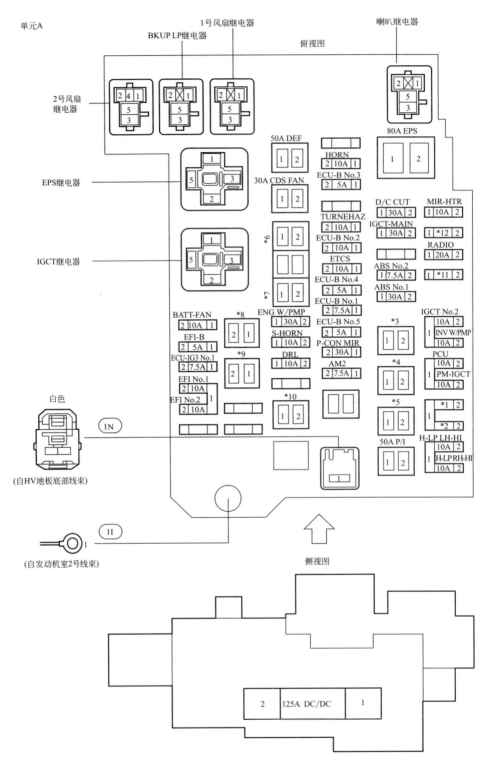

图 3-128 卡罗拉、雷凌混合动力汽车继电器、保险位置（二）

1—10A H-LP LH-LO；2—10A H-LP RH-LO；3—40A H-LP-MAIN；4—50A ABS-MTR No.1；
5—50A ABS-MTR No.2；6—30A RDI；7—50A PTC HTR No.1；8—30A PTC HTR No.3；
9—30A PTC HTR No.2；10—50A HTR；11—50A ECU-DCC No.1；12—10A ECU-DCC No.2

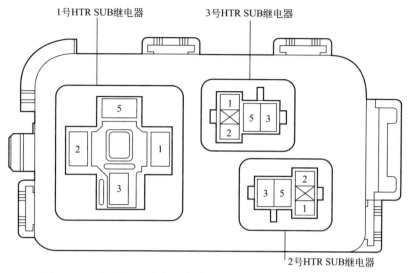

图 3-129　卡罗拉、雷凌混合动力汽车继电器、保险位置（三）

六、卡罗拉、雷凌混合动力汽车仪表端子及定义

仪表系统 ECU 端子如图 3-130 所示，其端子定义如表 3-40 所示。

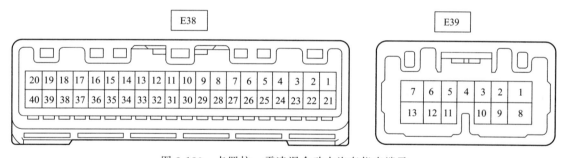

图 3-130　卡罗拉、雷凌混合动力汽车仪表端子

表 3-40　卡罗拉、雷凌混合动力汽车仪表端子定义

端子编号（符号）	配线颜色	端子描述	条件	规定状态
E38-5（SI）和车身搭铁	R-车身搭铁	其他系统转速信号（输入）	电源开关置于 ON（IG）位置，车轮旋转	产生脉冲（参见波形 1）
E38-6（+S）和车身搭铁	V-车身搭铁	其他系统转速信号（输出）	电源开关置于 ON（IG）位置，车轮旋转	产生脉冲（参见波形 1）
E38-7（P/SB）和车身搭铁	L-车身搭铁	前排乘客座椅安全带带扣开关信号	电源开关置于 ON（IG）位置，前排乘客座椅有人且前排乘客座椅安全带未系紧	小于 1V
			电源开关置于 ON（IG）位置，前排乘客座椅有人且前排乘客座椅安全带已系紧	11～14V
E38-9（S）和车身搭铁	V-车身搭铁	油压信号	发动机启动	11～14V
			发动机不启动	小于 1V

续表

端子编号（符号）	配线颜色	端子描述	条件	规定状态
E38-11（CHK）和车身搭铁	LG-车身搭铁	MIL（检查发动机警告灯）信号	电源开关置于ON（IG）位置，MIL（检查发动机警告灯）熄灭	11～14V
			电源开关置于ON（IG）位置，MIL（检查发动机警告灯）打开	小于1V
E38-14（—）和车身搭铁	W-B-车身搭铁	搭铁	始终	小于1Ω
E38-16（L）和 E38-15（E）	V-BR	燃油油位信号	电源开关置于ON（IG）位置，燃油油位处于FULL位置	小于1V
			电源开关置于ON（IG）位置，燃油油位低（燃油油位警告灯点亮）	4.5～9V
E38-19（+）和车身搭铁	R-车身搭铁	远光信号	远光关闭	小于1V
			远光打开	11～14V
E38-21（ET）和车身搭铁	BR-车身搭铁	搭铁	始终	小于1Ω
E38-22（MSTI）和车身搭铁	V-车身搭铁	方向盘装饰盖开关总成信号	电源开关置于ON（IG）位置，方向盘装饰盖开关总成上的向上、向下、向右和向左开关未按下	4.3～6V
			电源开关置于ON（IG）位置，按下方向盘装饰盖开关总成上的向上开关	1～2V
			电源开关置于ON（IG）位置，按下方向盘装饰盖开关总成上的向下开关	2.3～3.2V
			电源开关置于ON（IG）位置，按下方向盘装饰盖开关总成上的向右开关	3.4～4.1V
			电源开关置于ON（IG）位置，按下方向盘装饰盖开关总成上的向左开关	小于0.6V
E38-23（MSM+）和车身搭铁	R-车身搭铁	方向盘装饰盖开关总成信号	电源开关置于ON（IG）位置，未按方向盘装饰盖开关总成上的进入、返回和首页开关	4.3～6V
			电源开关置于ON（IG）位置，按下方向盘装饰盖开关总成上的进入开关	小于0.6V
			电源开关置于ON（IG）位置，按下方向盘装饰盖开关总成上的返回开关	2.3～3.2V
			电源开关置于ON（IG）位置，按下方向盘装饰盖开关总成上的首页开关	1～2V

续表

端子编号(符号)	配线颜色	端子描述	条件	规定状态
E38-30(L)和车身搭铁	B-车身搭铁	转向信号开关信号	电源开关置于ON(IG)位置,左或右转向信号开关关闭	11~14V
			电源开关置于ON(IG)位置,左或右转向信号开关打开	小于1V
E38-31(CANL)和车身搭铁	W-车身搭铁	CAN通信线路	—	—
E38-32(CANH)和车身搭铁	LG-车身搭铁	CAN通信线路	—	—
E38-35(TX1+)和E38-34(TX1-)	G-W	车外温度传感器信号	电源开关置于ON(IG)位置,车外温度为10℃	1.87~2.38V
			电源开关置于ON(IG)位置,车外温度为15℃	1.70~2.17V
			电源开关置于ON(IG)位置,车外温度为20℃	1.54~1.96V
			电源开关置于ON(IG)位置,车外温度为25℃	1.38~1.75V
			电源开关置于ON(IG)位置,车外温度为30℃	1.22~1.55V
			电源开关置于ON(IG)位置,车外温度为35℃	1.08~1.37V
			电源开关置于ON(IG)位置,车外温度为40℃	0.94~1.20V
			电源开关置于ON(IG)位置,车外温度为45℃	0.82~1.05V
			电源开关置于ON(IG)位置,车外温度为50℃	0.72~0.91V
E38-39(IG+)和车身搭铁	P-车身搭铁	电源开关信号	电源开关OFF	小于1V
			电源开关ON(IG)	11~14V
E38-40(B)和车身搭铁	W-车身搭铁	辅助蓄电池	电源开关OFF	11~14V
E39-1(B)和车身搭铁	B-车身搭铁	辅助蓄电池	电源开关OFF	11~14V
E39-3(HAZ)和车身搭铁	GR-车身搭铁	危险警告信号开关信号	危险警告信号开关关闭	11~14V
			危险警告信号开关打开	小于1V
E39-4(LVWG)和车身搭铁	GR-车身搭铁	前照灯光束高度调节信号	电源开关置于ON(IG)位置,前照灯光束高度调节警告灯熄灭	11~14V
			电源开关置于ON(IG)位置,前照灯光束高度调节警告灯点亮	小于1V

续表

端子编号(符号)	配线颜色	端子描述	条件	规定状态
E39-7(LR)和车身搭铁	L-车身搭铁	右转向指示灯信号(输出)	电源开关置于ON(IG)位置,右转向指示灯熄灭	小于1V
			电源开关置于ON(IG)位置,右转向指示灯闪烁	11~14V⇌低于1V
E39-9(ER)和车身搭铁	P-车身搭铁	右转向指示灯信号(输入)	电源开关置于ON(IG)位置,右转向信号开关关闭	11~14V
			电源开关置于ON(IG)位置,右转向信号开关打开	小于1V
E39-10(EL)和车身搭铁	LG-车身搭铁	左转向指示灯信号(输入)	电源开关置于ON(IG)位置,左转向信号开关关闭	11~14V
			电源开关置于ON(IG)位置,左转向信号开关打开	小于1V
E39-12(FOG)和车身搭铁	G-车身搭铁	前雾灯指示灯信号	电源开关置于ON(IG)位置,前雾灯指示灯熄灭	小于1V
			电源开关置于ON(IG)位置,前雾灯指示灯点亮	11~14V
E39-13(LL)和车身搭铁	Y-车身搭铁	左转向指示灯信号(输出)	电源开关置于ON(IG)位置,左转向指示灯熄灭	小于1V
			电源开关置于ON(IG)位置,左转向指示灯闪烁	11~14V⇌低于1V

第四章
丰田普锐斯混合动力汽车

第一节　丰田混合动力汽车混合动力系统

一、丰田混合动力系统结构

1. 丰田普锐斯混合动系统组成

丰田普锐斯混合动系统组成如图 4-1 所示。

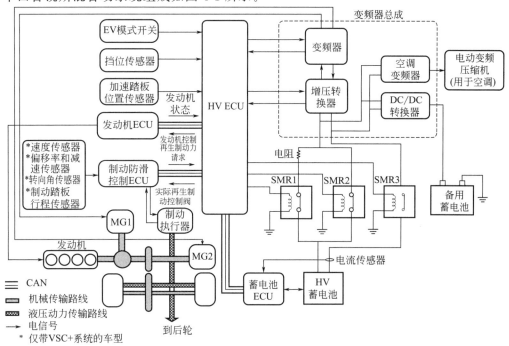

图 4-1　丰田普锐斯混合动力系统组成

2. 组件安装位置

混合动力系统主要部件安装位置如图 4-2 所示。混合动力系统驾驶室内的部件位置如图 4-3 所示。HV 电池上的部件安装位置如图 4-4 所示。

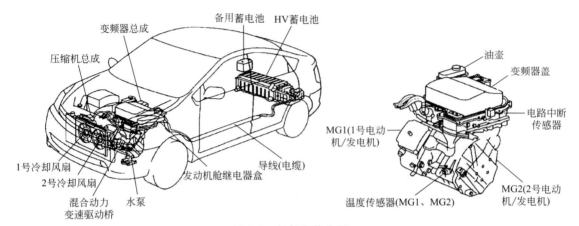

图 4-2 部件安装位置

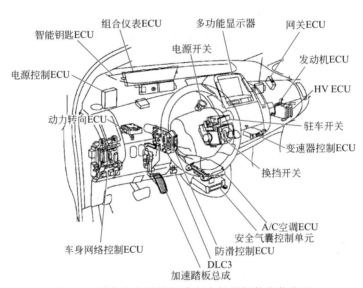

图 4-3 混合动力系统驾驶室内部的部件安装位置

3. 主要组件结构

(1) 发电机 MG1 和电动机 MG2 功用　发电机 MG1 和电动机 MG2 都是高效的交流永磁铁同步型电动机。这些发电机在必要时，作为辅助动力源为发动机提供辅助动力，使车辆达到优秀的动态性能，其中包括平稳地起步和加速。启动再生制动后，MG2 将车辆的动力转换为电能并储存在 HV 蓄电池中。MG1 为 HV 蓄电池重新充电并为 MG2 供电。此外，通过调节发电量（改变发电机的转速），MG1 有效地控制变速驱动桥的连续可变变速器的功能。MG1 同样作为电动机启动发动机。系统新增添了配备有水泵的 MG1 和 MG2 冷却系统，如图 4-5 所示。新旧车型中 MG1、MG2 的规格变化如表 4-1 所示。MG1、MG2 系统控制如图 4-6 所示。

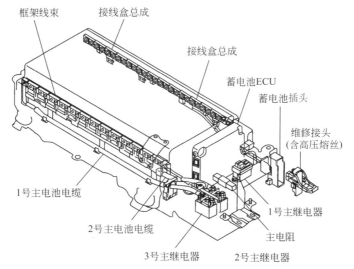

图 4-4　HV 电池上的部件安装位置

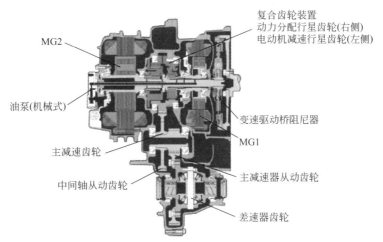

图 4-5　丰田新车型中的 MG1、MG2

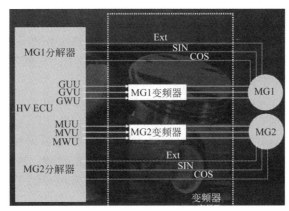

图 4-6　MG1、MG2 系统控制

表 4-1　MG1、MG2 参数

项目			新普锐斯	上一代车型
MG（电动机、发电机）	MG1	类型	永久磁体	永久磁体
		最大系统电压(AC)/V	650	500
	MG2	类型	永久磁体	永久磁体
		最大输出功率/kW	60	50
		最大输出扭矩/N·m	207	400
		电动机行星减速机构①/N·m	546	
		最大系统电压(AC)/V	AC 650V	AC 500V
冷却系统		MG1	水冷	水冷
		MG2	风冷	水冷

① 电动机行星减速机构增加了 2.64 倍的转矩。

(2) MG1 和 MG2 的工作原理

① 发电机/电动机组（MG1 和 MG2）的驱动原理。三相交流电经过定子线圈的三相绕组时，发电机/电动机组内产生旋转磁场。通过根据转子的旋转位置和转速控制该旋转磁场，转子中的永久磁铁受到旋转磁场的吸引而产生转矩。产生的转矩与电流的大小大致成正比，且转速由交流电的频率控制。此外，通过控制旋转磁场与转子磁铁的角度，可以有效地产生大转矩和高转速。MG1 更加强劲的转子使可输出的最大转速范围从 6650r/min 提升到 10000r/min，使充电能力得到了提高。在优化结构后，MG2 转子内的永磁铁变为 V 形结构，使转矩和输出功率增大，中速范围内的输出功率提高了将近 30%。

MG1 和 MG2 的工作原理如图 4-7 所示。IPM 内的绝缘栅双极晶体管 IGBT 在 ON 和 OFF 之间切换，为电机提供三相交流电。

IGBT 本质上是一个场效应晶体管，只是在漏极和漏区之间多了一个 P+层。它具有功率 MOSFET 的高速开关及电压驱动特性，又具有双极型晶体管的低饱和电压特性及易实现较大电流的能力，是近年来电力电子领域中非常令人瞩目及发展很快的一种器件。IGBT 是将功率 MOSFET 和 GTR 集成在一个芯片上的复合器件，其对比如图 4-8 所示。

IGBT 是在功率 MOSFET 的漏极上追加 P+层，IGBT 的等效电路如图 4-9 所示。IGBT 是对 PNP 双极型晶体管和功率 MOSFET 进行达林顿连接后形成的单片型 Bi-MOS 晶体管。因此，在门极-发射极之间外加正电压使功率 MOSFET 导通时，PNP 晶体管的基极-集电极间就连接上了低电阻，从而使 PNP 晶体管处于导通状态。

此后，使门极-发射极之间的电压为 0 时，首先功率 MOSFET 处于断路状态，PNP 晶体管的基极电流被切断，从而处于断路状态。如上所述，IGBT 和功率 MOSFET 一样，通过电压信号可以控制开通和关断动作。

IPM 是 Htelligerlt Power Moduh 的缩写，是一种先进的功率开关器件，兼有 GTR（大 IGBT）高电流密度、低饱和电压和高耐压的优点，以及 MOSFET（场效应晶体管）高输入阻抗、高开关频率和低驱动功率的优点。而且 IPM 内部集成了逻辑、控制、检测和保护电路，使用起来方便，不仅减小了系统的体积，缩短了开发时间，也大大增强了系统的可靠性，适应了当今功率器件的发展方向，IGBT 在功率电子领域得到了越来越广泛的应用。

IPM 等于 IGBT+驱动+保护（过流、短路、超温、欠压）+制动，IPM 中的每个功能组件都设置有各自独立的驱动电路和多种保护电路，能够实现过电流、短路电流、控制电压降低及过热保护等功能。一旦发生负载事故或使用不当等异常情况，模块内部即以最快的速度进行保护，同时将保护信号送给外部 CPU 进行第二次保护。这种多重保护措施可保证 IPM 自身不受损坏，与 IGBT 模块相比，可靠性显著提高。而且，IPM 的开关损耗、转换效率都优于 IGBT 模块。IPM 的出现解决了长期困扰人们的模块损坏的难题，使采用功率器件的设备的可靠性显著提高。

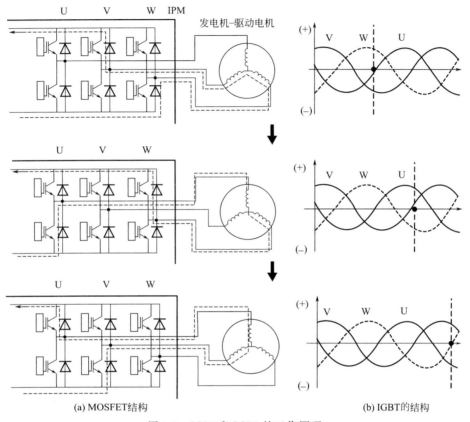

图 4-7　MG1 和 MG2 的工作原理

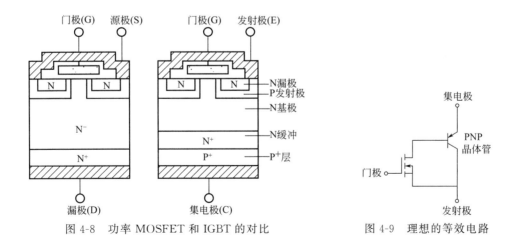

图 4-8　功率 MOSFET 和 IGBT 的对比　　　　图 4-9　理想的等效电路

为了产生由混合动力车辆控制 ECU 计算的电动机/发电机所需的原动力，MG ECU 使 IGBT 在 ON 和 OFF 之间切换并控制速度，以控制电动机/发电机的转速。

MG1 和 MG2 的工作原理中的三个状态是特殊时间点，分别是 U、V、W 三相电流的过零点，此时，未过零的两相各有一个上桥 IGBT 和下桥 IGBT 导通（ON）；在其他时间，分别有两个上桥 IGBT 和一个下桥 IGBT 或一个上桥 IGBT 和两个下桥 IGBT 导通。导通的规则是，电流波形图为正的相导通上桥 IGBT，电流为负的相导通下桥 IGBT。

② MG1 发电原理。MG1 由发动机驱动，旋转转子产生旋转磁场，在定子线圈内产生电流，输出交流三相交流电波形。转子相继产生的三相电流经 IPM 整流后输出到可变电压系统进行变压后对 HEV 蓄电池充电，MG2 由车轮驱动发电。MG1 的发电原理如图 4-10 所示。

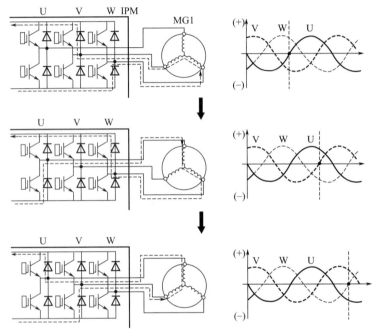

图 4-10　MG1 的发电原理

（3）解析器的结构与工作原理

① 解析器的结构。解析器是可靠性极高且结构紧凑的传感器，它可精确检测磁极位置。解析器的定子包括三种线圈：励磁线圈 A、检测线圈 S 和检测线圈 C，其结构与工作原理如图 4-11 所示。解析器的转子为椭圆形，定子与转子间的距离随转子的旋转而变化。交流电流入励磁线圈 A，产生频率恒定的磁场。使用频率恒定的磁场，线圈 S 和线圈 C 将输出与转子位置对应的值。因此，电动机/发电机 ECU（MG ECU）根据线圈 S 和线圈 C 输出值之间的差异检测出绝对位置。此外，MG ECU 根据规定时间内位置的变化量计算转速。

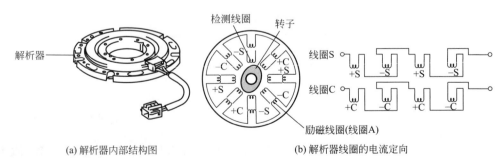

(a) 解析器内部结构图　　　　　　(b) 解析器线圈的电流定向

图 4-11　解析器的结构与工作原理

② 解析器的工作原理。检测线圈 S 的＋S 和－S 错开 90°，＋C 和－C 也以同样的方式错开，线圈 C 和 S 之间相距 45°检测线圈的电流流向。

由于解析器的励磁线圈中为频率恒定的交流电，因此无论转子转速如何，频率恒定的磁场均会由转子输出至线圈 S 和线圈 C 输出波形的峰值随转子位置的变化而变化。电动机/发电机 ECU（MG ECU）持续监视这些峰值，并将其连接形成虚拟波形。电动机/发电机 ECU（MG ECU）根据线圈 S 和线圈 C 值之间的差异计算转子的绝对位置。其根据线圈 S 的虚拟波形和线圈 C 的虚拟波形的相位差判定转子的方向。此外，电动机/发电机 ECU（MG ECU）根据规定时间内转子位置的变化量计算转速。转子旋转 180°时线圈 A、线圈 S 和线圈 C 的输出波形如图 4-12 所示。

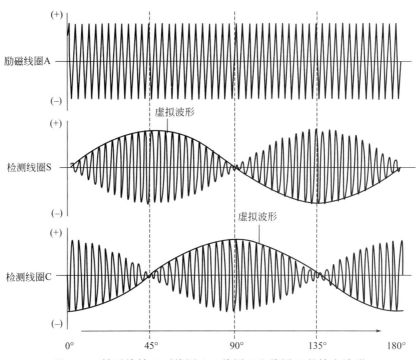

图 4-12　转子旋转 180°线圈 A、线圈 S 和线圈 C 的输出波形

4. 变频器总成

（1）变频器总成的作用　变频器总成安装在发动机舱内，如图 4-13 所示，变频器将 HV 蓄电池的高压直流电转换为三相交流电来驱动 MG1 和 MG2，功率晶体管的启动由 HV ECU 控制。此外变频器将用于电流控制（如输出电流或电压）的信息传输到 HV ECU。变频器和 MG1、MG2 一起，由与发动机冷却系统分离的专用散热器冷却。如果车辆发生碰撞，则安装在变频器内部的断路器检测到碰撞信号后关停系统。变频器总成中采用了增压转换器，用于将 HV 蓄电池 DC 244.8V 的额定电压提升到 DC 650V（新款车型将 HV 蓄电池 DC 244.8V 的额定电压提升到 DC 650V），如图 4-14 所示。电压提

图 4-13　变频器总成安装位置

升后，变频器将直流电转换为交流电。MG1、MG2 桥电路（每个包含 6 个功率晶体管）和信号处理保护功能处理器已集成在 IPM（智能动力模块）中以提高车辆性能。变频器总成中的空调变频器为空调系统中的电动变频压缩机供电。将变频器散热器和发动机散热器集成为一体，更加合理地利用了发动机室内的空间。变频器系统如图 4-15 所示。注意：大气压力传感器位于 MG ECU 板上，检测大气压力并传输至 MG ECU 以便校正与使用环境相适应，其故障码如表 4-2 所示。

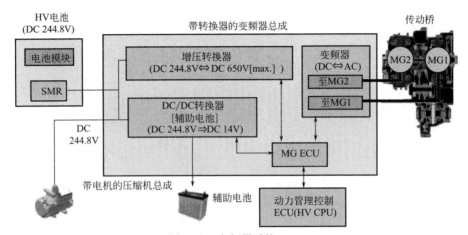

图 4-14 变频器系统（一）

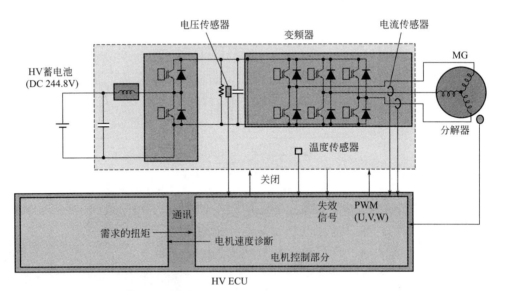

图 4-15 变频器系统（二）

表 4-2 大气压力传感器故障码

DTC 编号	检测项目	DTC 检测条件
P0069-273	歧管绝对压力-大气压力校正	变频器总成的大气压力传感器与歧管绝对压力传感器（用于 EGR 控制）测量值的差值超过规定范围，EV 模式驾驶 3h 内会发生同样情况
P2228-268	大气压力传感器"A"电压低	大气压力传感器对地短路
P2229-269	大气压力传感器"A"电压高	大气压力传感器对+B 短路或开路

（2）新款变频器的结构　变频器总成内部为多层结构，结构紧凑，主要由智能动力模块、MG ECU、DC/DC 转换器等组成，如图 4-16 所示。

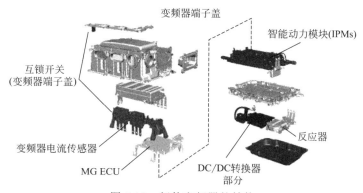

图 4-16　新款变频器的结构

（3）增压转换器　增压转换器将 HV 蓄电池输出的额定电压 DC 244.8V 增压到 DC 650V 的最高电压。转换器包括增压 IPM（集成功率模块），其中内置的 IGBT（绝缘二极晶体管）进行转换控制，而反应器储存能量。通过使用这些组件，转换器将电压升高。MG1 或 MG2 作为发电机工作时，变频器通过其一将交流电 244.8～650V 转换为直流电，然后增压转换器将其降低到 DC 244.8V 为 HV 蓄电池充电。增压转换器系统＋变频器系统如图 4-17 所示。

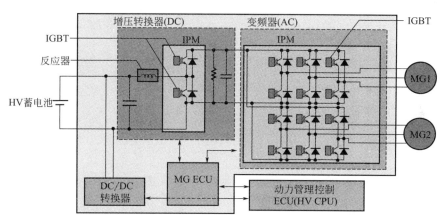

图 4-17　增压转换器＋变频器系统

（4）DC/DC 转换器　车辆的辅助设备，如车灯、音响系统、空调系统（除空调压缩机）和 ECU 等由 DC 12V 的供电系统供电。由于 THS-Ⅱ发电机输出额定电压为 DC 244.8V，因此，需要转换器将这个电压降低到 DC 12V 来为备用蓄电池充电，如图 4-18 所示。这个转换器安装于变频器的下部。

（5）空调变频器　变频器总成中的空调变频器为空调系统中电动变频压缩机供电。此变频器将 HV 蓄电池的额定电压 DC 244.8V 转换为 AC 244.8V 来为空调系统中的压缩机供电，如图 4-19 所示。

（6）冷却系统（用于变频器、MG1 和 MG2）　车辆采用了配备水泵的 MG1 和 MG2 冷却系统，而且将其与发动机冷却系统分开，电源状态转换为 IG 时此冷却系统工作。冷却系统的散热器集成在发动机的散热器中，这样散热器的结构得到简化，空间也得到有效利用，如图 4-20 所示。

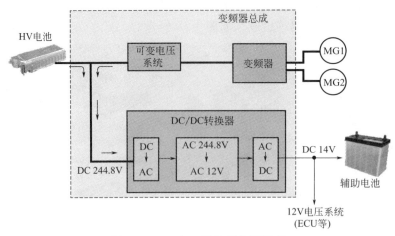

图 4-18 DC/DC 转换器作用示意

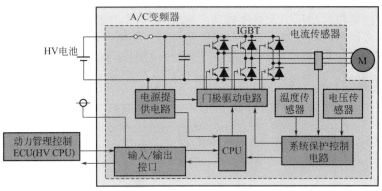

图 4-19 空调变频器系统

(7) 混合动力冷却液更换加入方法　混合动力冷却液更换加入方法如图 4-21 所示。

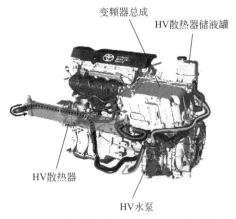

图 4-20 配有水泵的 MG1 和 MG2 冷却系统

图 4-21 混合动力冷却液加注方法

① 加入冷却液至变频器储液罐上线。
② 用主动测试操作水泵。
③ 操作水泵，同时加注冷却液，保持液位在储液罐的上线。每操作 10min，停 1min。

④ 重复③的操作直至空气排空完成，放气阀位置，如图 4-22 所示。

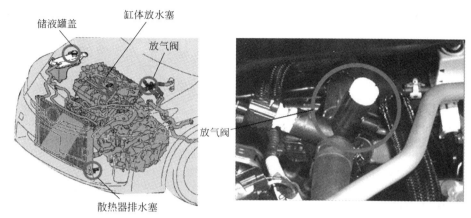

图 4-22 放气阀位置

标准：当水泵工作声音降低或者储液罐中没有气泡出现时，即空气排空完成。若冷却液中有空气，车辆行驶时可能出现如表 4-3 所示故障码。

表 4-3 冷却液中有空气时的故障码

DTC	信息码	DTC 项目
P0A01	725	冷却液温度传感器范围/性能
	726	
P0A78	284	电动机"A"变频器性能
P0A7A	322	发电机变频器性能
P0A93	346	变频器冷却系统性能
P0A94	553	直流转换器性能
P0AEE	276	电动机变频器温度传感器"A"线路范围/性能
	277	
P3221	314	发电机变频器温度传感器线路范围/性能
	315	
P3226	562	直流升压器温度传感器
	563	

(8) 变频器总成维修要点

① 在使用绝缘手套前，请确认无裂纹、磨损以及其他损伤，如图 4-23 所示。
② 拆除维修塞并保存在自己口袋中，如图 4-24 所示。
③ 在拆除维修塞后，等待 10min 或更长，以便让高压电容放电，如图 4-25 所示。
④ 确认高压电容端子电压为 0（量程：750V 或更大），如图 4-26 所示。
⑤ 用绝缘乙烯胶带包裹被断开的高压线路连接器，如图 4-27 所示。
⑥ 拆装规范：拆除维修塞后，等待 10min 或更长以便高压电容放电；拆卸 9 个螺栓和变频器盖；确认高压电容端子电压为 0（量程：750V 或更大）。
⑦ 注意：由于变频器盖有互锁装置，在拆卸过程中不要倾斜，如图 4-28 所示；在拆卸连接器盖后，用无残留型胶带遮盖，以防止异物进入。

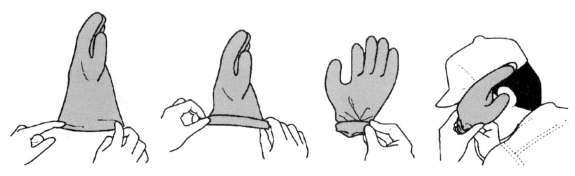

(a) 侧位放置手套　　(b) 卷起手套边缘，然后松开2～3次　(c) 折叠一半开口去封住手套　　(d) 确认无空气泄漏

图 4-23　检查绝缘手套

图 4-24　拆除维修塞

1～3—步骤

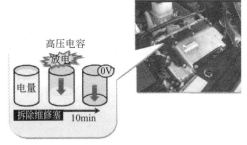 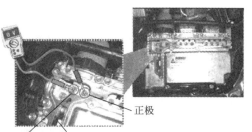

图 4-25　等待 10min 或更长以便让高压电容放电　　图 4-26　对高压电容端子进行测量

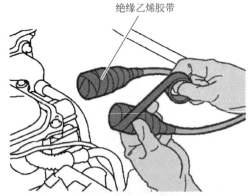 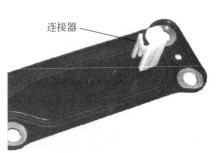

图 4-27　用绝缘乙烯胶带包裹高压线路连接器　　图 4-28　变频器盖有互锁装置，在拆卸过程中不要倾斜

（9）主动测试

① 主动测试就是为了检查而使车辆保持特定的运行状态。主动测试应用如表 4-4 所示。

表 4-4　主动测试应用

项目	执行内容	用途
检查模式 1	・在 P 挡连续的运行发动机 ・取消牵引力控制	・检查点火正时，CO/HC ・发动机的运转检查 ・转速表检查
检查模式 2	取消牵引力控制	
变频器驱动强制停止	持续切断 HV ECU 内部的功率三极管	确认是否在变频器或 HV ECU 内部有泄漏
起动请求	连续地转动发动机曲轴	压缩检查

② 混合动力系统主动测试判断如图 4-29 所示。

③ 变频器驱动强制停止：检测变频器或 HV ECU 漏电；在 FINV 出现故障码（故障码为 P0A78、P0A7A）的情况下，主动测试（变频器驱动强制停止）U、V、W 信号，如图 4-30 所示。FINV：变频器因大电流或不正常的高温将导致的失效保护。

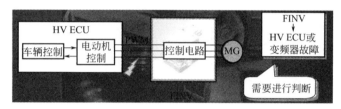

图 4-29　混合动力主动测试判断

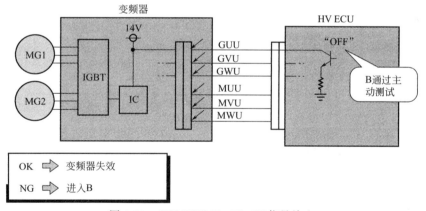

图 4-30　HV ECU U、V、W 信号检查

④ 确认变频器或 HV ECU 漏电。

⑤ 变频器 U、V、W 信号检查，每一个端子的电压应该是 12～16V。

⑥ 变频器 U、V、W 信号检查如图 4-31 所示。

⑦ 漏电检查程序如图 4-32 所示。

5. 新款 HV 蓄电池总成

普锐斯采用密封镍混合动力 Ni-MH 蓄电池作为 HV 蓄电池。这种 HV 蓄电池具有高能、重量轻、配合 THS 系统特征及使用时间较长等特点。车辆正常工作时，由于 THS 系统通过充电/放电来保持 HV 蓄电池 SOC（充电状态）为恒定数值，因此，车辆不依赖外部

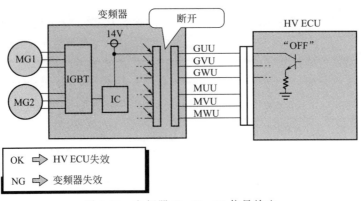

图 4-31 变频器 U、V、W 信号检查

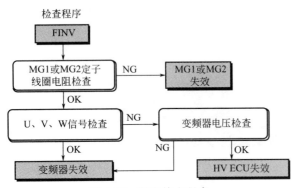

图 4-32 漏电检查程序

设备来充电。HV 蓄电池、蓄电池箱位于后备厢中,这样可更有效地使用车内空间。在信号箱中还包含一个检修塞,用于在必要时切断电源。维修高压电路的任何部分时,切记将此塞拔下。充电/放电时,HV 蓄电池会散发热量,为保护蓄电池的性能,蓄电池 ECU 控制冷却风扇工作,帮助散热。新款 THS 系统的 HV 蓄电池有 204 个电池:(1.2V×6 电池)×34 模块,额定电压为 DC 244.8V。通过这些内部改进,蓄电池具有紧凑、重量轻的特点,这样蓄电池的内部电阻得以减少,新款 HV 蓄电池的总成结构如图 4-33 所示。注:新款 HV 蓄电池与上一代产品的唯一区别在于冷却鼓风机的类型(新款采用无刷型,上一代采用有刷型)。

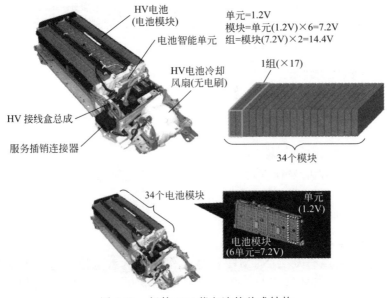

图 4-33 新款 HV 蓄电池的总成结构

(1) HV 蓄电池模块　新车型中的蓄电池间为双点连接，新增的点在蓄电池下部，这样蓄电池的内部电阻得以降低。

(2) 检修塞　检修塞位置如图 4-34 所示。在检查或维修前应拆下检修塞，切断 HV 蓄电池中部的高压电路，以保证维修期间人员的安全。检修塞总成包括互锁的导线开关。如图 4-35 所示，将卡框翻起，关闭导线开关，进而切断 SMR。但是，为安全考虑，在拔下检修塞前一定要关闭点火开关。高压电路的主熔丝位于检修塞总成的内部。

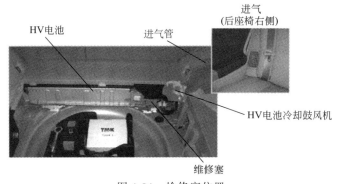

图 4-34　检修塞位置

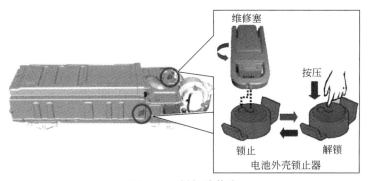

图 4-35　拆卸检修塞

在检查或维修高压系统时，请遵循以下安全措施：关闭点火开关，将钥匙移开智能系统探测范围；断开辅助电池负极端子；确认绝缘手套完好；拆除维修塞；等待 10min 或更长，以便变频器总成高压电容放电；测量变频器端子电压为 0；用绝缘乙烯胶带包裹被断开的高压线路连接器。维修后应在检修塞连接后再启动车辆，否则会造成蓄电池 ECU 损坏。

(3) 高压电缆　电线将变频器与 HV 蓄电池、MG1、MG2 以及空调压缩机等部件相连，传输高电压、高电流。电线一端接在后备厢中 HV 蓄电池的左前连接器上，而另一端从后排座椅下经过，穿过地板，沿着地板下加强件一直连接到发动机室中的变频器，如图 4-36 所示。这种屏蔽电线可减少电磁干涉。备用蓄电池的 DV 12V（＋）配线排布与上述电线相同。高压配线线束与其连接器，以红色与普通低压配线相区别。HV 控制系统高压电路可以自动或者手动切断以防止触电，如图 4-37 所示。HV 控制系统高压切断互锁开关（接头）如图 4-38 所示。

(4) HV 蓄电池冷却系统　HV 蓄电池重复充电/放电时，HV 蓄电池会产生热量，为确保其工作正常，车辆为 HV 蓄电池配备了专用的冷却系统，后备厢右侧的冷却风扇可以通过后排座椅右侧的进气口吸入车内空气。此后，从蓄电池顶部右侧进入的空气从上到下流

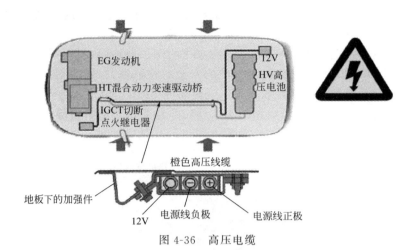

图 4-36 高压电缆

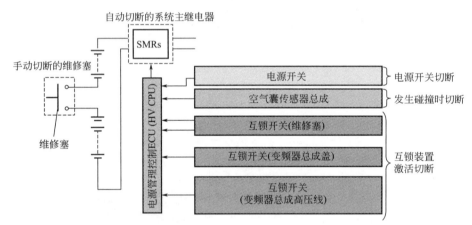

图 4-37 HV 控制系统高压电路可以自动或者手动切断

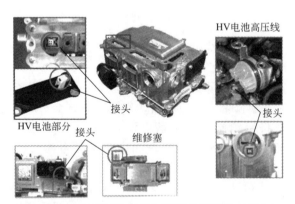

图 4-38 HV 控制系统高压切断互锁开关（接头）

经蓄电池模块并将其加以冷却。然后，空气流经排气管和车内，最终排到车外，如图 4-39 所示。蓄电池 ECU 控制冷却风扇的工作。蓄电池 ECU 根据 HV 蓄电池内部三个蓄电池温度传感器和进气温度传感器给出的信号将 HV 蓄电池温度控制在合适的范围。

(5) HV 接线盒总成　3 个系统主继电器（SMR）根据电源管理控制 ECU（HV CPU）的信号，接通或断开高压电路，其安装位置及 HV 接线盒电源管理控制电路如图 4-40 所示。

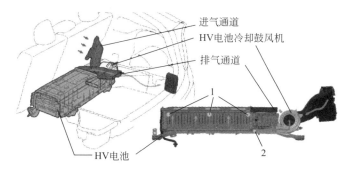

图 4-39 HV 蓄电池冷却系统组成
1—电池组用；2—进气用

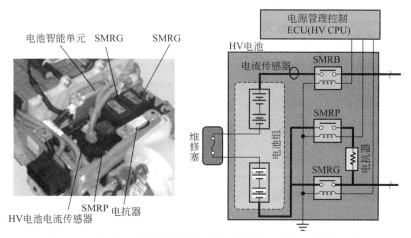

图 4-40 主继电器安装位置及 HV 接线盒电源管理控制电路

6. 备用蓄电池

普锐斯混合动力系统在后备厢中安装有一个备用蓄电池，备用蓄电池供电给大灯、音响和其他附件及所有 ECU，该电池使用免维护的直流 12V 屏蔽电池，如图 4-41 所示。

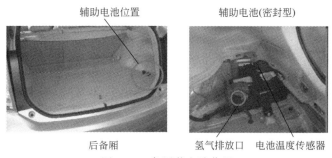

图 4-41 备用蓄电池位置

蓄电池液被分离器过滤，以减少在充电时释放的氢气。因此只要使用规定的蓄电池，蓄电池液就无需更换。与其他车辆一样，如果由于某种原因蓄电池无电，则需要跨接启动。可以打开后备厢，将跨接线直接接到蓄电池上。蓄电池跨接启动方法如图 4-42 所示，按照图中箭头所示，连接一个 12V 的充满电的电池，之后将普锐斯钥匙插入启动位置，当发动机运行时,将跨接电池按照与连接相反的顺序断开。注:更换完普锐斯专用电池(S46B24R),检查模式(不用检测仪)如图4-43所示。

图4-42 蓄电池跨接启动方法

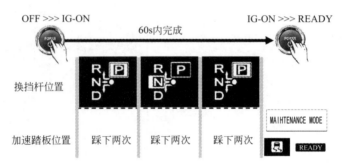

图4-43 更换完专用蓄电池的检查模式

二、混合动力系统工作原理及工作过程

1. 混合动力系统工作原理

根据行驶条件的不同,汽车在稳定运行过程中,为最大限度地适应车辆的行驶状况,系统可能处于以下工作状态。

(1) MG2驱动车辆行驶模式 HV蓄电池的电能输出给电动机MG2,以驱动车辆,如图4-44所示。

(2) 发动机驱动车辆模式 发动机通过行星齿轮驱动车辆时,MG1由发动机通过行星齿轮带动旋转,为MG2提供电能,工作模式如图4-45所示。

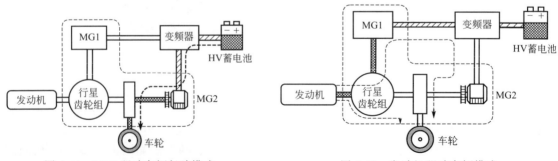

图4-44 MG2驱动车辆行驶模式　　　　图4-45 发动机驱动车辆模式

（3）MG1 为蓄电池充电模式　MG1 由发动机通过行星齿轮带动旋转为 HV 蓄电池充电，如图 4-46 所示。

（4）制动动能回收模式　车辆减速时，车轮的动能被回收并转化为电能，并通过 MG2 为 HV 蓄电池再次充电，如图 4-47 所示。

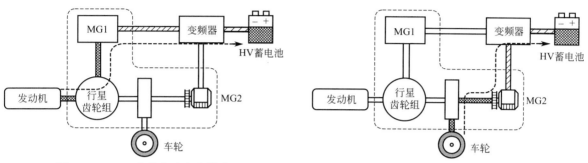

图 4-46　MG1 为蓄电池充电模式　　　　图 4-47　制动动能回收模式

2. 混合动力系统工作过程

THS 使用发动机和 MG2 提供的两种动力，并使用 MG1 作为发电机。系统根据各种车辆行驶状态优化组合这两种动力。HV ECU 始终监视 SOC 状态、蓄电池温度、水温和电载荷状况。在 READY 指示灯打开，车辆处于 P 挡或车辆倒车时，如果监视项目不满足条件，则 HV ECU 发出指令启动发动机，驱动 MG1 并为 HV 蓄电池充电。THS 系统按如图 4-48 所示列出的车辆行驶状况综合操作发动机、MG1 和 MG2，来驱动车辆。行星齿轮的旋转方向、转速和电源平衡之间的关系如表 4-5 所示，表 4-5 所示 3 个齿轮的转速可以用一条直线来连接。

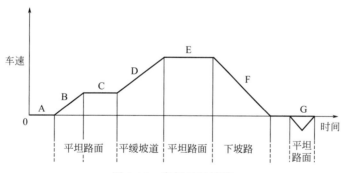

图 4-48　车辆运行情况

A—READY 灯打开状态；B—启动；C—车辆微加速时；D—低载荷巡航时；
E—节气门全开加速时；F—减速行驶时；G—倒车时

表 4-5　混合动力系统状态

电机状态	行星齿轮旋转方向	转矩状态	状态图
放电	正转（＋）侧	正转矩箭头向上	↑：主动　⇧：从动 MG1　发动机　MG2　转速 ＋ 0 －

续表

电机状态	行星齿轮旋转方向	转矩状态	状态图
放电	反转（−）侧	反转矩箭头向下	MG1 发动机 MG2，转速 +0−
发电	正转（+）侧	反转矩箭头向下	MG1 发动机 MG2，转速 +0−

（1）READY 灯打开状态 在 THS 系统上，如果水温、SOC 状态、蓄电池温度和电载荷状态不满足条件，即使驾驶人按下 POWER 开关、READY 指示灯打开，发动机也不会运转。在这种状态下，发动机、MG1 和 MG2 均停止工作。驾驶人如需要停止车辆并换到 P 挡，此时如果水温、SOC 状态、蓄电池温度和电载何状态满足条件，HV ECU 将继续使发动机在预定时间运行，而后停止发动机。

READY 指示灯打开、车辆处于 P 挡或者倒车时，如果 HV ECU 监视的任何项目满足条件，HV ECU 启动 MG1 从而启动发动机。运行期间，为了防止 MG1 的太阳齿轮的反作用力转动 MG2 的环齿轮并驱动驱动轮，MG2 接受电流以施加制动，这个功能称为反作用制动，如图 4-49 所示。在下一状态中，运转中的发动机启动作为发电机的 MG1，进而为 HV 蓄电池充电，如图 4-50 所示。

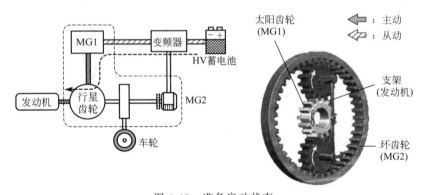

图 4-49 准备启动状态

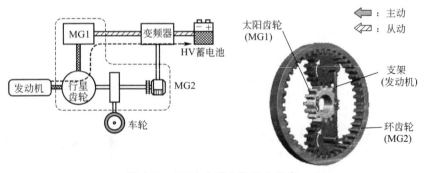

图 4-50 MG1 为蓄电池充电状态

（2）启动工况　车辆起步后，车辆仅由 MG2 驱动。此时发动机保持停止状态，MG1 以反方向旋转而不发电，如图 4-51 所示。

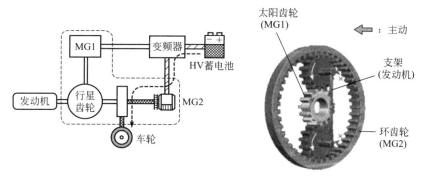

图 4-51　车辆起步后 MG2 工作

只有 MG2 工作时，如果需要增加驱动转矩，MG1 将被启动，进而启动发动机。同样，如果 HV ECU 监视的任何项目如 SOC 状态、蓄电池温度、水温和电载荷状态与规定值有偏差，MG1 将被启动，进而启动发动机，如图 4-52 所示。

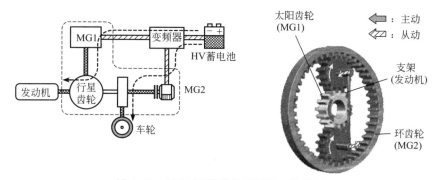

图 4-52　MG2 不能满足需要的工作需要

在下一状态中已经启动的发动机将使 MG1 作为发电机为 HV 蓄电池充电。如果需要增加驱动转矩，发动机将启动作为发电机的 MG1 并转为发动机微加速时模式，如图 4-53 所示。

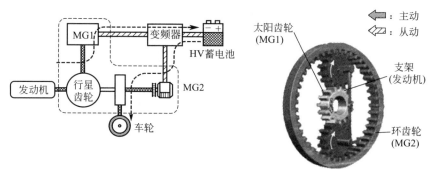

图 4-53　MG1 为 HV 充电 MG2 驱动车辆

（3）车辆微加速时　车辆微加速时，发动机的动力由行星齿轮分配。其中一部分动力直接输出，剩余动力用于 MG1 发电，通过变频器将电力输送到 MG2 用于输出动力，如

图 4-54 所示。

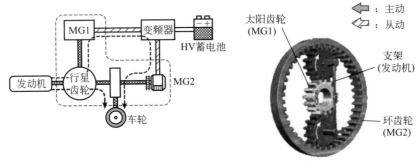

图 4-54 微加速状态

（4）低载荷巡航时　车辆以低载荷巡航时，发动机的动力由行星齿轮分配。其中一部分动力直接输出，剩余动力用于 MG1 发电。通过变频器的电动传输将电力输送到 MG2，作为 MG2 的输出动力，如图 4-55 所示。

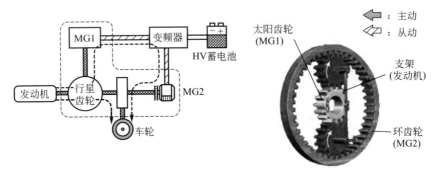

图 4-55　低载荷时巡航状态

（5）节气门全开加速时　车辆从低载荷巡航转换为节气门全开加速模式时，系统将在保持 MG2 动力的基础上，增加 HV 蓄电池的电动力，如图 4-56 所示。

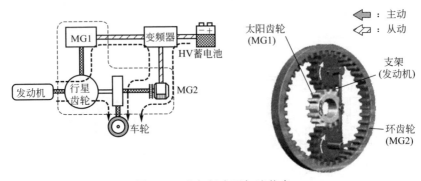

图 4-56　节气门全开加速状态

（6）减速行驶时　车辆以 D 挡减速行驶时，发动机停止工作，动力为零。这时，车轮驱动 MG2，使 MG2 作为发电机运行并为 HV 蓄电池充电，如图 4-57 所示。车辆从较高速度开始减速时，发动机以预定速度继续工作，保护行星齿轮组。

① B 挡减速行驶。车辆以 B 挡减速行驶时，车轮驱动 MG2，使 MG2 作为发电机工作并为 HV 蓄电池及 MG1 供电。这样，MG1 保持发动机转速并施加发动机制动。此时，发

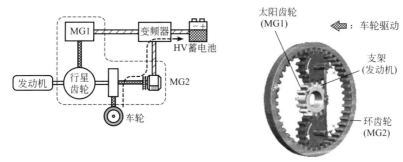

图 4-57 发动机减速状态

动机燃油供给被切断，如图 4-58 所示。

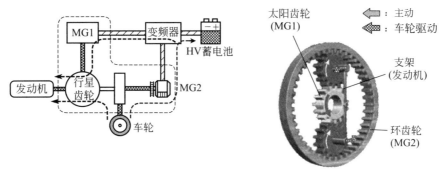

图 4-58 B 挡减速行驶状态

② 制动减速时。车辆减速时，如果驾驶人踩下制动踏板，制动防滑控制 ECU 计算所需的再生制动并发送信号到 HV ECU。接收到信号后，HV ECU 在符合所需再生制动力的范围内增加再生动力。这样，可以控制 MG2 产生充电的电量。

（7）倒车时　车辆倒车时，仅由 MG2 为车辆提供动力。这时，MG2 反向旋转，发动机不工作，MG1 正向旋转但并不发电，如图 4-59 所示。

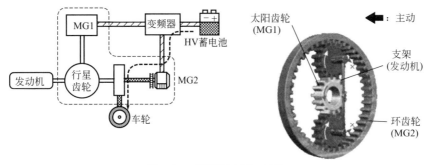

图 4-59 倒车时 MG2 工作

只有 MG2 驱动车辆时，如果 HV ECU 监视的任何项目如 SOC 状态、蓄电池温度、水温和电载荷状态与规定值有偏差，MG1 将被启动进而启动发动机，如图 4-60 所示。

在此状态时，已启动的发动机将启动作将为发电机 MG1 并为 HV 蓄电池充电，如图 4-61 所示。

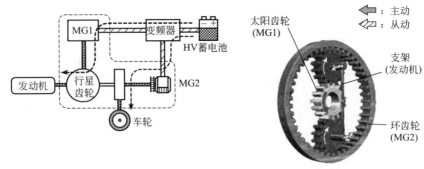

图 4-60 倒车时 MG1 启动

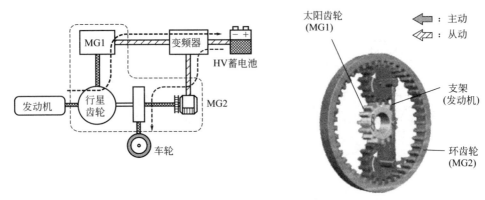

图 4-61 MG1 为 HV 蓄电池充电

三、丰田普锐斯的控制系统结构

（1）HV ECU 控制　根据请求转矩、再生制动控制和 HV 蓄电池的 SOC（充电状态）控制 MG1、MG2 及发动机。这些因素由挡位、加速踏板踩下角度和车速来确定，HV ECU 监控 HV 蓄电池的 SOC 和 HV 蓄电池的温度、MG1 和 MG2，以对这些项目实施最优控制。

车辆处于"N"挡时，HV ECU 实施关闭控制，自动关闭 MG1 和 MG2。车辆在陡坡上，驾驶人松开制动而启动时，上坡辅助控制可以防止车辆滑下。如果驱动轮在没有附着力时空转，HV ECU 提供电动机牵引力控制，抑制 MG2 旋转，进而保护行星齿轮组，同时防止 MG1 产生过大的电流。为防止电路电压过高并保证电路切断的可靠性，HV ECU 通过三个继电器的作用实施 SMR 控制来连接和关闭高压电路。

（2）发动机 ECU 控制　发动机 ECU 接收 HV ECU 发送的目标发动机转速和所需的发动机动力，来控制 ETCS-i 系统、点火正时和 VVT-i 系统。

（3）变频器控制　根据 HV ECU 提供的信号，变频器将 HV 蓄电池的直流电转换为交流电来驱动 MG1、MG2，同样也可以进行逆向过程。此外，变频器将 MG1 的交流电提供给 MG2，HV ECU 向变频器内的功率晶体管发送信号，来转换 MG1、MG2 的 U、V 和 W 相电驱动 MG1 及 MG2。HV ECU 接收到过热、过流或故障电压信号后关闭。

（4）增压转换器控制　根据 HV ECU 提供的信号，增压转换器将额定电压 DC 244.8V 升高到最高电压 DC 650V（新款最高电压 DC 650V），MG1 或 MG2 产生的最高电压 AC 650V（新款最高电压 DC 650V）由变频器转换为直流电，根据 HV ECU 的信号，增压转换器将直流电降低到 DC 244.8V（用于 HV 蓄电池）。

(5) 转换器控制　将额定电压 DC 244.8V 转化为 DC 12V，为车身电气组件供电，并为备用蓄电池充电（DC 12V），此转换器将备用蓄电池控制在恒定电压。

(6) 空调变频器控制　将 HV 蓄电池的额定电压 DC 244.8V 转换为 AC 244.8V，为空调系统的电动变频压缩机供电。

(7) MG1 和 MG2 主控制　MG1 由发动机带动旋转，产生最高电压 AC 650V（新款最高电压 DC 650V），操作 MG2 并为 HV 蓄电池充电。另外，它作为起动机启动发动机，由 MG1 或 HV 蓄电池供电驱动，产生车辆动力制动时或加速踏板未踩下时，它产生的电能为 HV 蓄电池再次充电（再生制动控制）。转速传感器（触角传感器）检测到 MG1、MG2 的转速和位置并将信号输出到 HV ECU，MG2 上的温度传感器检测温度并将温度信号发送到 HV ECU。

(8) 防滑控制 ECU 控制　制动时，制动防滑控制 ECU 计算所需的再生动力并将信号发送到 HV ECU。一接到信号，HV ECU 立刻将实际的再生制动控制数据发送到制动防滑控制 ECU，根据这个结果，制动防滑控制 ECU 计算并执行所需的液压制动力。

(9) 蓄电池 ECU 控制　蓄电池 ECU 实施监控控制，监视 HV 蓄电池和冷却风扇控制的状态，使 HV 蓄电池保持在预定的温度。这样，对这些组件实施最优控制。

(10) 换挡控制　HV ECU 根据挡位传感器提供的信息检测挡位（"R""N""D"或"B"），控制 MG1、MG2 和发动机，调整车辆行驶状态以适应所选挡位，通过 HV ECU 提供的信号检测到驾驶人是否按下驻车开关，然后操作换挡控制执行器通过机械机构锁止变速驱动桥。

(11) 碰撞时控制　发生碰撞时，如果 HV ECU 收到气囊传感器总成发出的气囊胀开信号，或变频器中断路器传感器发出的执行信号，则关闭 SMR（系统主继电器）以切断整个电源。

(12) 电动机驱动模式控制　仪表板上的 EV 模式开关被驾驶人手动打开时，如果所需条件满足，则 HV ECU 使车辆只由 MG2 驱动运行。

(13) 巡航控制系统操作控制　HV ECU 中的巡航控制 ECU 收到巡航控制开关信号时，按照驾驶人的要求，将发动机、MG1 和 MG2 的动力调节到最佳的组合，获得目标车速。

(14) 指示和警告灯控制　使灯点亮或闪烁，通知驾驶人车辆状态或系统故障。

(15) 诊断　HV ECU 检测到故障时，HV ECU 进行诊断并储存故障的相应数据。

(16) 安全保护　HV ECU 检测到故障时，HV ECU 根据存储器中的数据停止或控制执行器和 ECU。

(17) 丰田普锐斯控制系统结构　如图 4-62 所示。

四、丰田普锐斯控制系统工作原理

1. HV ECU 控制系统

HV ECU 根据加速踏板位置传感器发出的信号检测加速踏板上所施加力的大小。HV ECU 收到 MG1 和 MG2 中转速传感器（触角传感器）发出的车速信号，并根据挡位传感器的信号检测挡位。根据这些信息，HV ECU 确定车辆的行驶状态，对 MG1、MG2 和发动机的动力进行最优控制。此外，HV ECU 对动力的转矩和输出进行最优控制，以实现低油耗和更清洁的排放目标。动力计算流程图如图 4-63 所示。

HV ECU 控制系统如图 4-64 所示。

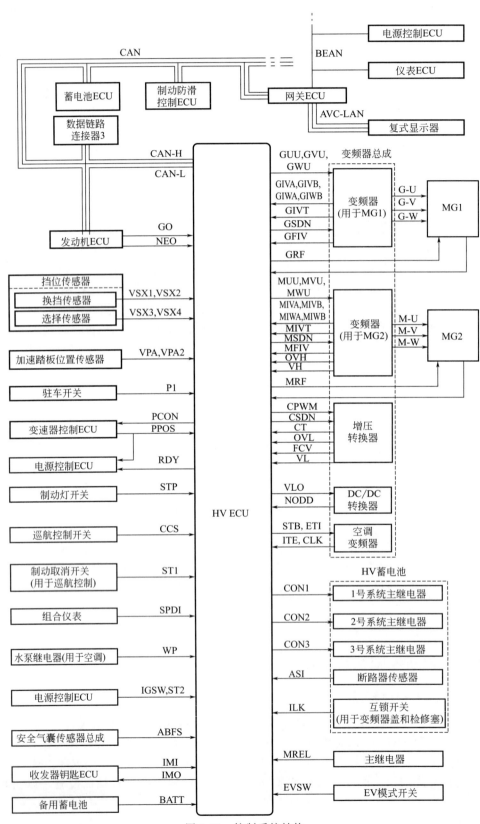

图 4-62 控制系统结构

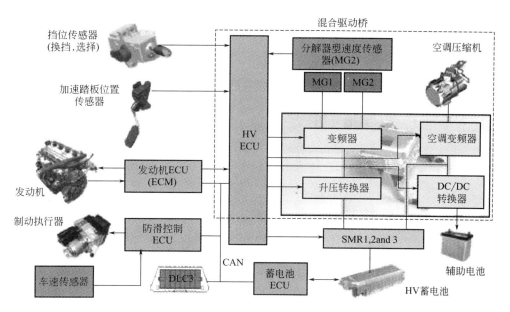

图 4-63　动力计算流程

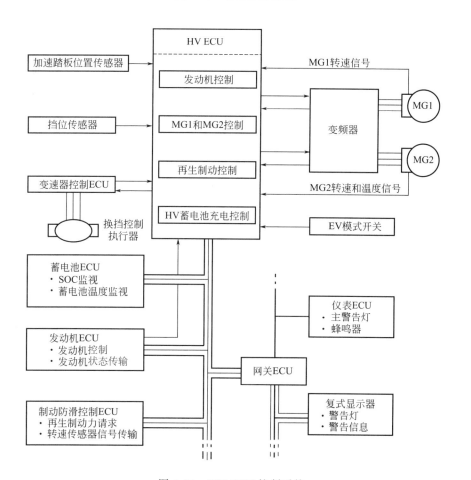

图 4-64　HV ECU 控制系统

═══ CAN（控制器局域网）；──── BEAN（车身电子局域网）；═══ AVC-LAN（视听通信-局域网）

2. 系统监视控制

蓄电池 ECU 始终监视 HV 蓄电池的 SOC（充电状态），并将 SOC 发送到 HV ECU。SOC 过低时，HV ECU 提高发动机的功率输出，以驱动 MG1 为 HV 蓄电池充电。发动机停止时，MG1 工作，启动发动机，然后发动机驱动 MG1 为 HV 蓄电池充电。如果 SOC 较低或 HV 蓄电池、MG1、MG2 的温度高于规定值，则 HV ECU 限制对驱动轮的动力的大小，直到它恢复到额定值。内置于 MG2 中的温度传感器直接检测 MG2 的温度。HV ECU 计算 MG1 的温度。

3. 关闭控制

一般来说，挂 N 挡时，MG1 和 MG2 被关闭。这是由于 MG2 通过机械机构与前轮相连，所以必须电动停止 MG1 和 MG2 来切断动力。行驶时，如果制动踏板被踩下并且某个车轮锁止，则带 EBD 的 ABS 启动工作。而后，系统请求 MG2 输出低转矩为重新驱动车轮提供辅助动力。这时，即使车辆处于 N 挡，系统也会取消关闭功能，使车轮转动。车轮重新旋转后，系统恢复关闭功能。

车辆以 D 或 B 挡行驶，制动踏板被踩下时，再生制动开始工作。这时，驾驶人换挡到 N 挡时，在再生制动请求转矩减少的同时，制动液压增大以避免制动黏滞。在这以后，系统实施关闭功能。MG1、MG2 以比规定值更高的转速工作时，关闭功能取消。

4. 上坡辅助控制

车辆在陡坡上，驾驶人松开制动而启动时，上坡辅助控制可以防止车辆下滑。由于电动机具有高灵敏度的转速传感器，它可以感应坡度和车辆下降角度，增大电动机的转矩以确保安全。如果施加了上坡辅助控制，则制动会施加到车辆后轮，防止车辆向坡下滑。这时，HV ECU 向制动防滑控制 ECU 发送后制动启动信号。

5. 电动机牵引力控制

车辆在光滑路面上行驶时如果驱动轮打滑，MG2（与车轮直接相连）会旋转过快，引起相关的行星齿轮组转速增大。这种状态可对支撑行星齿轮组中的咬合部件等部位造成损害。某些时候，还可使 MG1 产生过量电能。因此，如果转速传感器信号表明转速发生突然变化，HV ECU 确定 MG2 转速过大并实施增加制动力以抑制转速，保护行星齿轮组。此外，如果只有一个驱动轮旋转过快，HV ECU 通过左右车轮的转速传感器监视它们的速度差，HV ECU 将指令发送到制动防滑控制 ECU 以对转速过快的车轮施加制动。这些控制方法可以起到与制动控制系统的 TRC 同样的作用。

6. 雪地起步时驱动轮转速状态控制

如果驱动轮抓地力正常，那么 MG2（驱动轮）转速的变化很小，在它们和发动机之间的速度差很小，从而达到平衡，这样行星齿轮组的相对转速差很小，如图 4-65(b) 所示。如果驱动轮失去牵引力，如图 4-65(c) 所示，MG2（驱动轮）的转速会有很大的变化。在这种情况下，由于转速变化量较小的发动机无法随 MG2 转动，相关的整个行星齿轮组的转速增大。HV ECU 根据 MG2 提供的转速传感器信号监视转速突变来计算驱动轮的打滑量。HV ECU 根据计算的打滑量通过抑制 MG2 的旋转来控制制动力。

7. SMR 系统主继电器控制

SMR 在接收到 HV ECU 发出的指令后连接或断开高压电路的电源的继电器。共有 3 个继电器，负极侧有 1 个，正极侧有 2 个，一起来确保系统工作正常，如图 4-66 所示。

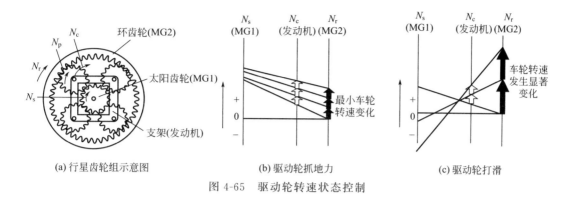

图 4-65 驱动轮转速状态控制

(a) 行星齿轮组示意图　(b) 驱动轮抓地力　(c) 驱动轮打滑

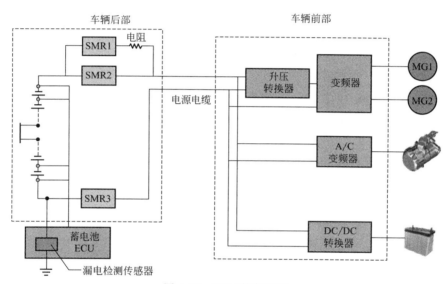

图 4-66 SRM 控制原理

(1) 电源打开　电路连接时 SMR1 和 SMR3 工作；而后，SMR1 工作、SMR1 关闭，如图 4-67 所示。由于这种方式可以控制流过电阻器的电流，保护电路中的触点，因此避免其受到强电流造成的损害。

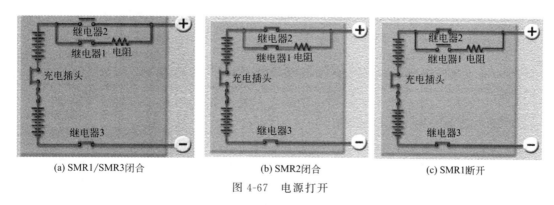

图 4-67 电源打开

(a) SMR1/SMR3 闭合　(b) SMR2 闭合　(c) SMR1 断开

(2) 电源关闭　电路断开时 SM2 和 SMR3 相继关闭。然后，HV ECU 确认各个继电器是否已经关闭。这样，HV ECU 可确定 SMR2 是否卡住，如图 4-68 所示。

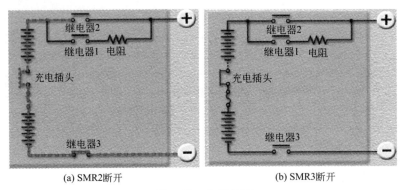

(a) SMR2断开　　　　　(b) SMR3断开

图 4-68　电源关闭

8. 发动机 ECU

发动机 ECU 接收到 HV ECU 发送的信号——发动机转速和所需的发动机动力信号，控制 ETCS-i 系统、燃油喷射量、点火正时和 VVT-i 系统。发动机 ECU 将发动机工作状态信号发送到 HV ECU。按照基本 THs-Ⅱ控制，在接收到 HV ECU 发送的发动机停止信号后，发动机 ECU 将使发动机停机。系统出现故障时，发动机 ECU 通过 HV ECU 的指令打开检查发动机警告灯，如图 4-69 所示。

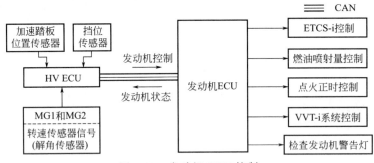

图 4-69　发动机 ECU 控制

9. 变频器控制

根据 HV ECU 提供的信号，变频器将 HV 蓄电池的直流电转换为交流电给 MG1、MG2 供电，或执行相反的过程。此外，变频器将 MG1 的交流电提供给 MG2。但是，电流从 MG1 提供给 MG2 时，电流在变频器内转换为 DC。根据 MG1、MG2 发送的转子信息和从蓄电池 ECU 发送的 HV 蓄电池 SOC 等信息，HV ECU 将信号发送到变频器内部的功率晶体管来转换 MG1、MG2 定子线圈的 U、V 和 W 相。关闭 MG1、MG2 的电流时，HV ECU 发送信号到变频器，如图 4-70 所示。

10. 制动防滑控制 ECU 控制

根据驾驶人踩下制动踏板时制动执行器和制动踏板行程传感器的制动总泵压力，制动防滑控制 ECU 计算所需的总制动力。根据总制动力，制动防滑控制 ECU 计算所需的再生制动力，将结果发送到 HV ECU。HV ECU 启动 MG2 进行反方向转矩控制并执行再生制动功能。制动防滑控制 ECU 控制制动执行器电磁阀产生轮缸压力，这个轮缸压力是总制动力减去实际再生制动控制的数值。在安装了 VSC+ 系统的车型上，车辆在 VSC+ 系统控制下工作时，制动防滑控制 ECU 发送请求信号到 HV ECU 实施电动机牵引力控制。HV ECU

根据当前的车辆行驶状态控制发动机、MG1 和 MG2，如图 4-71 所示。

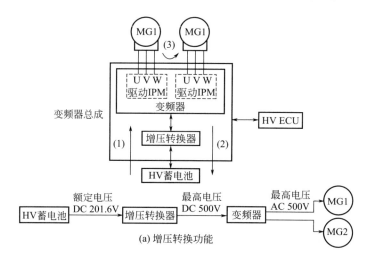

(a) 增压转换功能

(b) 降压转换功能

(c) 供电功能

图 4-70　变频器控制系统

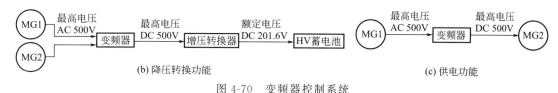

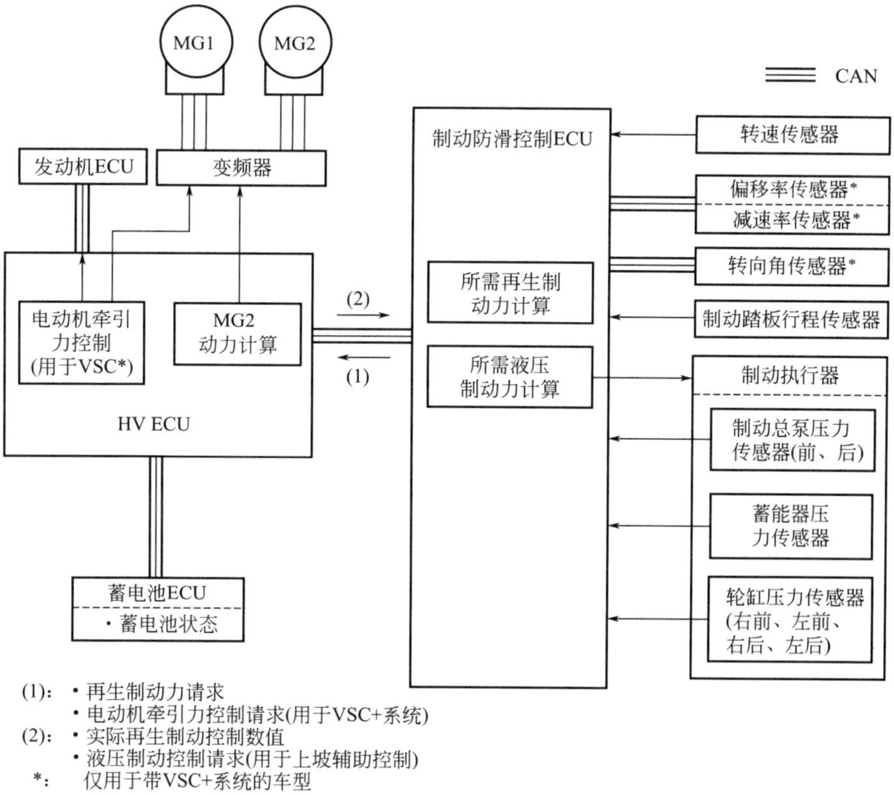

(1)：·再生制动力请求
　　　·电动机牵引力控制请求(用于VSC+系统)
(2)：·实际再生制动控制数值
　　　·液压制动控制请求(用于上坡辅助控制)
 *：　仅用于带VSC+系统的车型

图 4-71　防滑 ECU 控制

11. 蓄电池 ECU 控制

蓄电池 ECU 始终监视以下项目并将这些信息发送给 HV ECU，如图 4-72 所示。

① 通过 HV 蓄电池内的温度传感器检测 HV 蓄电池温度。

② 通过 HV 蓄电池内的泄漏检测电路，检测其是否泄漏。

③ 通过 HV 蓄电池内的电压检测电路，检测其电压。

④ 通过电流传感器，检测电流。HV 蓄电池通过估计充电放电电流来计算 SOC。

⑤ 蓄电池 ECU 通过 HV 蓄电池内的温度传感器检测其温度，并操作冷却风扇来控制温度。蓄电池 ECU 控制系统电路如图 4-72 所示。蓄电池 ECU 控制系统框图如图 4-73 所示。

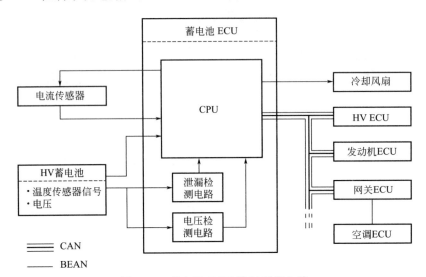

图 4-72 蓄电池 ECU 控制系统电路

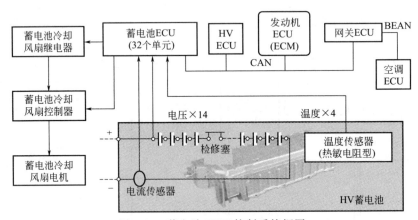

图 4-73 蓄电池 ECU 控制系统框图

（1）SOC 控制　车辆行驶时，HV 蓄电池在加速期间给 MG2 充电，减速时由再生制动充电而反复经历充电/放电过程。蓄电池 ECU 根据电流传感器检测到的充电/放电水平计算 SOC 并将数值发送到 HV ECU。HV ECU 根据接收的数据控制充电/放电，将 SOC 始终控制在稳定水平。

（2）冷却风扇控制　蓄电池 ECU 根据 HV 蓄电池内的 3 个温度传感器和 1 个进气温度传感器检测到蓄电池温度上升。然后蓄电池 ECU 在负载循环控制下连续启动冷却风扇，将

HV 蓄电池的温度维持在规定范围内。空调系统降低车内温度时，如果检测到 HV 蓄电池温度出现偏差，则蓄电池 ECU 关闭冷却风扇或将其定在 LO 挡转速。该控制的目的是使车内温度首先降下来，这是由于冷却系统的进气口位于车内。

12. 碰撞时控制

发生碰撞时，如果 HV ECU 接收到气囊传感器总成发出的气囊胀开信号或变频器中的断路器发出的执行信号，HV ECU 将关闭 SMR 系统主继电器，从而切断总电源以确保安全，如图 4-74 所示。

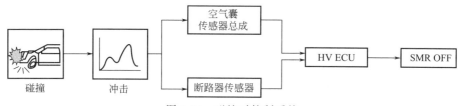

图 4-74　碰撞时控制系统

13. 电动机驱动模式控制

为减少深夜行车、停车时的噪声和在车库中减少排气，可以手动按下仪表板上的 EV 模式开关使车辆只受 MG2 的驱动，如图 4-75 所示。打开 EV 模式开关后，组合仪表中的 EV 模式指示灯将点亮，如图 4-76 所示。选择 EV 模式时，发动机停止工作，车辆在只有 MG2 工作的状态下行驶，除非车辆发生以下情形：EV 模式开关关闭；SOC 下降到规定水平以下；车速超过规定数值；加速踏板角度超过规定数值；HV 蓄电池温度偏离正常工作范围。如果 HV 蓄电池在标准 SOC 下，车辆在平坦路面上连续行驶 1~2km 后，EV 模式将关闭。EV 模式指示灯和蜂鸣器显示如表 4-6 所示。

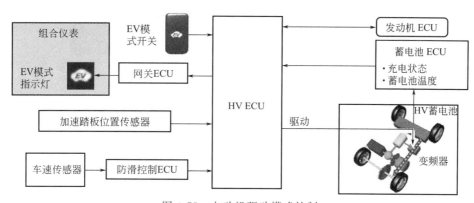

图 4-75　电动机驱动模式控制

图 4-76　新普锐斯的 EV 开关及仪表显示

表 4-6　EV 模式指示灯和蜂鸣器显示

模式	EV 模式指示灯	蜂鸣器
正常模式	OFF	OFF
正常模式→EV 模式	ON	OFF
禁止"正常模式→EV 模式"	OFF	响三次
EV 模式→正常模式(EV 模式在运行时被取消)	闪三次→熄灭	响三次

新普锐斯的多模式驱动如图 4-77 所示。

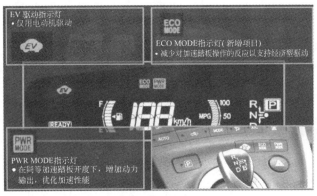

图 4-77　新普锐斯的多模式驱动

14. 指示灯和警告灯

新普锐斯系统的指示开关如图 4-78 所示。

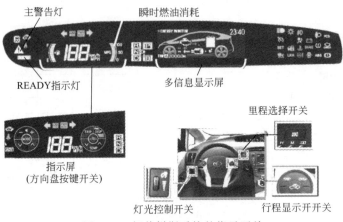

图 4-78　新普锐斯系统的指示开关

（1）READY 灯　车辆处于 P 挡时，如果驾驶人踩下制动踏板并同时按下启动按钮，此灯闪烁。

（2）主警告灯　此警告灯在警告蜂鸣器发出鸣叫时点亮，它的主要功能是提示驾驶人已出现系统故障或 HV 蓄电池 SOC 低于标准数值等信息。除先前所述的状态外，此灯点亮并且蜂鸣器鸣叫，以通知驾驶人出现水温异常、油压异常、ESP 系统故障或变速器控制 ECU 故障。

（3）检查发动机警告灯　发动机控制系统出现故障时点亮。

（4）放电警告灯　DC 12V 充电系统（转换器总成）出现故障时点亮。同时，主警告灯将点亮。

（5）HV 蓄电池警告灯　此警告灯点亮以通知驾驶人 SOC 低于最小标准数值（%）。同时，主警告灯将点亮。

（6）混合动力系统警告灯　此警告灯点亮以通知驾驶人 THS 系统出现故障。同时，主警告灯将点亮。

READY 灯点亮，挡位为 N，HV 蓄电池已经放电。驾驶人侧车门打开信息显示如图 4-79 所示。

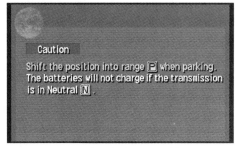

图 4-79　驾驶人侧车门打开信息显示

15. 诊断

混合动力系统中，如果 HV ECU、发动机 ECU 或蓄电池 ECU 检测到故障，则 ECU 对故障部分名称进行诊断并储存。此外，为了通知驾驶人故障发生，ECU 使检查发动机警告灯、主警告灯或对应 ECU 或 HV 蓄电池警告灯点亮或闪烁。HV ECU、发动机 ECU 和蓄电池 ECU 将储存各自故障的 DTC。

混合动力系统中，在常规的 DTC 主 5 位代码的基础上新添加了 3 位数字信息代码，这样在故障排除时可进一步缩小怀疑部位以确定故障。

诊断故障时，可以使用智能测试仪读取 DTC。所有 DTC 都与 SAE 控制代码一一对应。一些 DTC 较以往更加细化了怀疑部位，同时为它们指定了新的 DTC。此外，还增添了与新增项目对应的 DTC。

如果 HV ECU 检测到系统故障，那么它将根据储存器中的数据控制系统。

第二节　丰田普锐斯混合动力汽车电动机、驱动桥

一、丰田普锐斯混合动力电动机

丰田普锐斯混合动力汽车动力传动系统有两个电动/发电机：MG1 和 MG2。其中，电动/发电机 MG1 有 3 个作用。

① 作为动力分离装置的控制元件。MG1 与太阳轮相连，动力控制单元按照一定的控制策略改变其转速和转矩，从而实现无级变速的功能。

② 作为发动机的启动电动机。

③ 作为发电机将发动机冗余能量转化为电能，给 MG2 供电或蓄电池充电。

电动/发电机 MG2 的作用有 2 个。

① 提供辅助动力，以保证在任何工况下发动机始终保持在高效区域内工作。

② 当汽车制动、下坡或驾驶人放松油门踏板时，发动机关闭，MG2 作为发电机，在汽车的惯性下，车轮带动 MG2 发电，将制动能转换为电能储存在蓄电池中。

第一代电动/发电机用串联绕组方式。第二代电动/发电机用并联绕组方式，通过升压回路可以获得约 2 倍于第一代电动/发电机的工作电压，并优化了气隙磁场，从而在电动/发电机体积略有减小的情况下，提高转矩和效率。第三代电动/发电机将工作电压提高到 650V，这使得最高输出功率增加了 20%，最高转速提高了约 1 倍，大大缩减了电动/发电机的体积和重量［通过线圈集中绕组方式实现了更加紧凑、重量减轻的效果，整体重量减少（大约

33%）并且最大输出功率从 50kW 增至 60kW]。另外，由于体积的减小而造成电动/发电机转矩下降，因此第三代普锐斯混合动力汽车的动力系统采用了一个行星齿轮作为 MG2 的减速机构，如图 4-80 所示。第三代电动/发电机 MG2 的输出功率特性如图 4-81 中虚线所示，输出转矩特性如图 4-81 中实线所示。

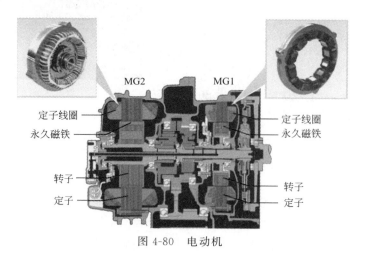

图 4-80　电动机

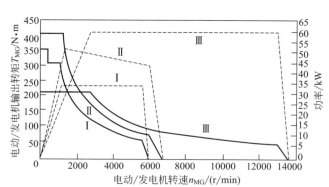

图 4-81　电动/发电机 MG2 输出功率、转矩特性图

电动/发电机的功耗可以由下式表示。

$$P_{MG} = T_{MG} n_{MG} \eta_{MG}^{k}$$

式中，T_{MG} 和 n_{MG} 分别表示电动/发电机的转矩和转速。两者符号相同时，电动/发电机消耗能量，作为电动机使用，此时 P_{MG} 为正值；两者符号相反时，电动/发电机产生能量，作为发电机使用，此时 P_{MG} 为负值。η_{MG} 表示电动/发电机的效率，其数值可以通过 ADVISOR 软件的电动/发电机模型自动生成，也可以参考其他文献中的实测结果。上标 k 反映了功率流的方向，当电动/发电机消耗能量时其值为 -1，当电动/发电机产生能量时其值为 +1。

二、混合动力变速驱动桥

（1）概述　THS-Ⅱ P112 驱动桥包括交流 500V（新款 650V）的电动机、发电机、行星齿轮、减速齿轮和主减速齿轮等，如图 4-82 所示。驱动桥使用连续变速传动装置，从而达到操作的平滑性和静声性。新款 P410 驱动桥如图 4-83 所示。

图 4-82 驱动桥结构
1—MG1；2—MG2

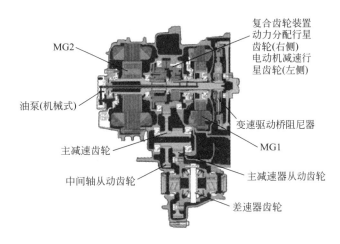

图 4-83 新款 P410 驱动桥

(2) 变速驱动桥组成　变速驱动桥装置主要包括变速驱动桥阻尼器、MG1、MG2、行星齿轮组和减速装置（包括无声链、中间轴主动齿轮、中间轴从动齿轮、主减速小齿轮和主减器环齿轮），行星齿轮、MG1、MG2 变速驱动桥阻尼器和主动链轮都安装在同一根轴上，动力通过无声链条从主链轮传输到减速装置，如图 4-84 所示。

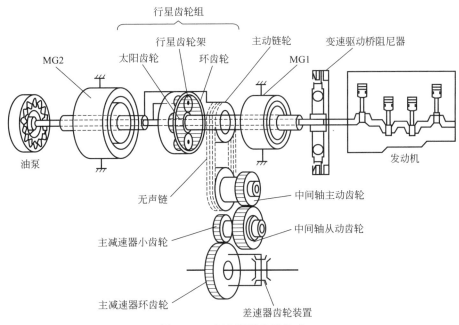

图 4-84 变速器驱动桥组成

变速器驱动桥的加注油螺栓如图 4-85 所示。

(3) 变速器驱动桥主要部件　通过行星齿轮组传输的发动机输出功率分为两个部分：一部分作为驱动力；另一部分作为驱动力驱动 MG1 发电。如图 4-86 所示为行星齿轮组。作为行星齿轮的一部分，太阳齿轮连接到 MG1 上，环齿轮连接到 MG2 上，行星齿轮动力通过传动链条传送到中间轴主动齿轮。其工作原理如图 4-87 所示。

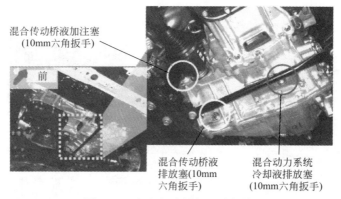

图 4-85 变速驱动桥加注油螺栓

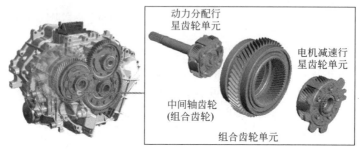

图 4-86 行星齿轮组

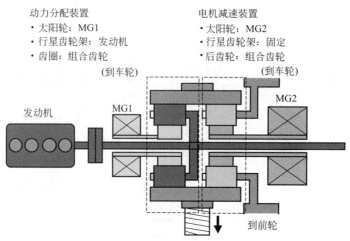

图 4-87 变速驱动桥工作原理

（4）MG1 和 MG2　MG1 和 MG2 分别安装在行星齿轮组同一根轴的两端。MG1 连接在行星齿轮组的太阳齿轮上，MG2 连接在环齿轮上。维修提示：不要拆解 MG1 和 MG2，因为它们都是精密组件。如果这些组件出现故障，应整体更换混合动力变速驱动桥总成。

（5）变速驱动桥的减振器　普锐斯变速驱动桥的减振器采用具有低扭转特性的螺旋弹簧，螺旋弹簧的刚度较小，弹性较大，提高了弹簧的减振性能。飞轮的形状得到优化，减轻重量，变速驱动桥减振器传递发动机的驱动力，它包括用干式、单片摩擦材料制成的转矩波动吸收机构，如图 4-88 所示。

三、换挡控制系统

紧凑型选挡（变速器换挡总成）的设计融入了新理念：变速杆为瞬间换挡装置，其安装在仪表盘上，当驾驶人的手离开选挡杆手柄时，它会回到原位，甚至可以用指尖操作，其操作模式给操作者提供了极大的便利。

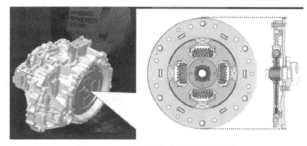

图 4-88 变速驱动桥的减振器

普锐斯采用了电子通行变速系统。变速器换挡总成内的挡位传感器能检测挡位（R、N、D、B）并发送相应信号到 HV ECU。HV ECU 控制发动机、MG1 和 MG2 的转速来产生最佳齿轮速比。

而 THS-Ⅱ系统和新款车型采用了电子换挡控制的电控装置，如图 4-89 所示。当驾驶人按下变速器换挡总成顶部的驻车开关时，P 挡控制系统就会激活混合动力变速驱动桥上的换挡控制执行器来机械地锁止中间从动齿轮，该齿轮与驱车锁连接，从而锁止驱车锁。

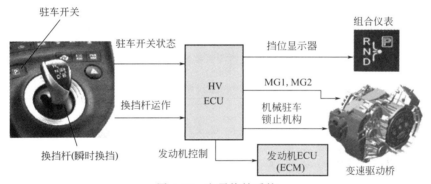

图 4-89 电子换挡系统

1. 换挡控制系统原理

换挡控制系统原理如图 4-90 所示。

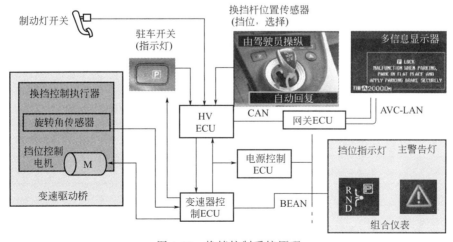

图 4-90 换挡控制系统原理

2. 换挡控制系统组成

换挡控制系统部件位置如图4-91所示，其功能如表4-7所示。

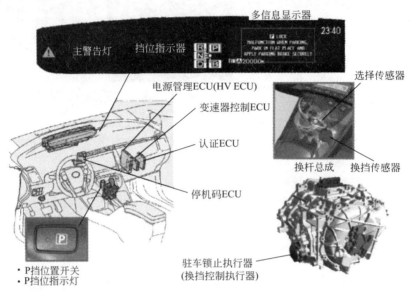

图4-91 换挡控制系统部件位置

表4-7 换挡控制系统主组件的功能

项目	概述
挡位传感器	挡位传感器安装在变速换挡总成上，其作用是检测挡位（R、N、D、B）并发送挡位信号到HV ECU
换挡控制执行器	按下驻车开关时，换挡控制执行器工作，和混合动力变速驱动桥的驱车锁相啮合 挡位在P挡，并踩下制动踏板时，如果此时驾驶员操作换挡杆，换挡控制执行器就会将混合动力变速驱动桥的驱车锁开锁
驻车开关	驻车开关打开或关闭时，其会检测驾驶员对P挡的操作情况，并将它发送到HV ECU 驻车开关是瞬间型开关，它能通过开关上指示灯来指示驱车锁是否锁止
变速器控制ECU	变速器控制ECU收到HV ECU的打开驱车开关信号后，将激活换挡控制执行器，还能根据P挡的开关状态来点亮P挡指示灯
HV ECU	收到打开驱车开关的信号后，HV ECU检测换到P挡的条件是否满足，并发送换挡控制执行器控制信号到变速器控制ECU 挡位传感器安装在变速器换挡总成上，用于检测挡位（R、N、D、B）并发送挡位信号到HV ECU。HV ECU控制发动机、MG1和MG2的转速来产生最佳齿轮速比 当混合动力变速驱动桥中的驱车锁没有啮合时，如果HV ECU收到电源ECU的车辆电源OFF信号，则HV ECU发送P挡转换信号到变速器控制ECU来啮合驱车锁
电源控制ECU	电源控制ECU发送信号到HV ECU，指出车辆电源已关闭 电源控制ECU发送"换到P挡"请求信号到变速器控制ECU，只有当电源开关关闭，挡位如果不在P挡时，才发送此信号
发动机ECU	发动机ECU收到HV ECU发出的与驾驶员选择挡位相适应的发动机控制信号以最佳地控制发动机
制动灯开关	制动灯开关检测制动踏板踩下信号
组合仪表	组合仪表根据HV ECU的信号点亮驾驶员所选择的挡位指示灯 如果变速器控制ECU有异常情况发生，则组合仪表点亮主警告灯
复式显示器	复式显示器根据变速器控制ECU发送的信号显示警告信号以提示驾驶员

3. 换挡系统主要部件

紧凑型变速杆的设计运用全新的理念。当换挡操作后驾驶人的手离开变速杆时，手柄会在回位弹簧的作用下回到原位，如图 4-92 所示。变速器换挡总成内的挡位传感器（选择传感器和换挡传感器）检测挡拉（"R""N""D"和"B"），如图 4-93 所示。打开尾灯时，变速器壳体中的灯泡就会间接地照亮挡杆手柄指示灯表面，以增强夜间的照明。

图 4-92 换挡模式

挡位传感器如图 4-94 所示。挡位传感器包括一个用于检测变速杆横向运动的选择传感器和一个用于检测变速杆纵向运动的换挡传感器，这两个传感器信号的组合可以实现对具体挡位的检测，挡位传感器检测位置如表 4-8 所示。选择传感器和挡位传感器的传感器部分都包括一个霍尔 IC 传感器。

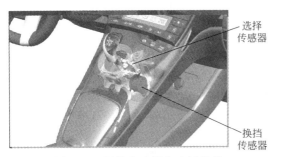

图 4-93 新款变速器变速杆总成

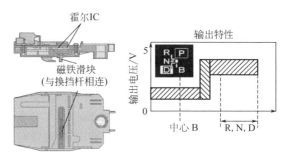

图 4-94 挡位传感器

表 4-8 挡位传感器检测位置

选择传感器检测位置（横向）	换挡传感器检测位置（纵向）	选择的挡位
R、N、D	上	R
	中	N
	下	D
B、中央位置	下	B

4. 换挡控制执行器

换挡控制执行器如图 4-95 所示。它安装在混合动力变速驱动桥的侧面，它的作用是收到变速器控制 ECU 的执行信号后，其内部的电动机转动，从而移动驻车锁止杆，再滑动驻车锁爪，使它和安装在中间轴从动齿轮上的驻车齿轮啮合，从而使混合动力变速驱动桥被机械地锁止或开锁。换挡控制执行器横截面如图 4-96 所示。

换挡控制执行器主要由无刷电动机和摆线减速装置组成。电动机主要包括转角传感器、线圈、定子和转子。

转角传感器包括 3 个霍尔元件（传感器）：其中的两个称为相位 A 和相位 B 传感器，用

图 4-95 换挡控制执行器

于检测电动机的转动角度；第三个称为相位 Z 传感器，用于校正转角检测控制。

5. 驻车锁止机构

机械驻车锁止机构安装在中间轴从动齿轮中，如图 4-97 所示。驻车锁爪和中间轴从动齿轮一体的驻车齿轮的啮合可以锁止车辆的运动。

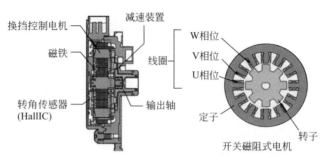

图 4-96 换挡执行器横截面

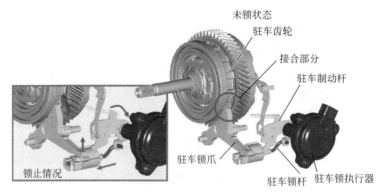

图 4-97 驻车锁止机构

当收到变速器控制 ECU 的开锁/锁止信号后，换挡控制执行器就会带动驻车锁杆，从而推动驻车锁爪，使驻车锁爪和驻车齿轮啮合，进而锁止驻车锁。

控制 ECU 接收车辆"停车"或"行驶"的状态如图 4-98 所示，驻车锁止机构控制框图如图 4-99 所示。

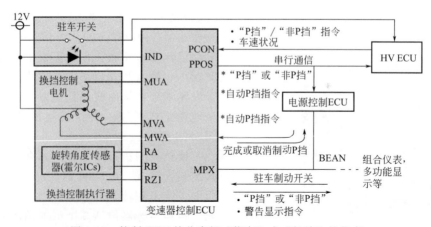

图 4-98 控制 ECU 接收车辆"停车"或"行驶"的状态

6. 摆线减速机构

在需要大转矩的斜坡上停车时,摆线减速装置能把电动机输出轴的转矩增大,可以确保驻车锁完全松开。摆线减速装置由安装在电动机输出轴上的偏心盘、壳体上的内齿轮(61齿)、外齿轮(60齿)以及和外齿轮同步转动的输出轴组成,如图4-100所示。

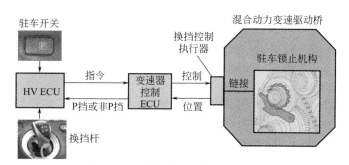

图4-99 驻车锁止机构控制框图

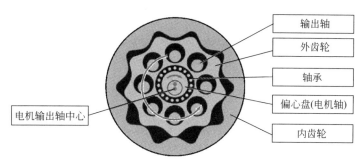

图4-100 摆线减速机构

除了与电动机输出轴同步转动的偏心盘的旋转运动以外,内齿轮与外齿轮啮合时,内齿轮也会推动外齿轮转动。外齿轮比内齿轮少1个齿,偏心盘每转动一圈,外齿轮就少转动1个齿。这样,和外齿轮同步旋转的输出轴就会以1∶61的减速比输出电动机的转速。

7. 挡位指示灯

挡位指示灯如图4-101所示。变速杆的设计使其在换挡操作后可以随时复位,因此当前选择的挡位能通过组合仪表上的挡位指示灯检查。

本系统中,"B"挡在发动机制动范围内起作用,因此,禁止从"D"挡以外的挡换入"B"挡,因而,如果选挡杆不在"D"或"B"挡,则"B"挡指示灯就会熄灭,以防止驾驶人意外地换入"B"挡。

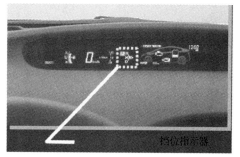

图4-101 挡位指示灯

8. 换挡控制原理

(1)电动机功能 换挡控制电动机的转动可以锁止或打开驻车锁。其过程为:转角传感器检测电动机的转动角度,变速器控制ECU根据转角传感器的反馈信号检测当前的挡位,执行驻车锁止或开锁。

变速器控制ECU通过两个带有的交错相位(相位A和相位B)的霍尔IC(装于转角传

感器内）产生的脉冲数来组合检测电动机的转动方向、角度和运动范围。检测到运动范围后，信息就被存储到 ECU 存储器中。但是，如果断开蓄电池端子，信息就会被清除。

控制标准的数值是通过驻车锁止或开锁位置而建立的，当启动变速器控制 ECU 或重新连接蓄电池端子时，驻车锁止或开锁位置就会被检测到并被存储在存储器中。首先，变速器控制 ECU 使电动机转到锁止位置，以便把驻车锁止位置存储在存储器中。然后，ECU 使电动机反向转动，以便把开锁位置存储在存储器中。但是，如果 ECU 已经在存储器中存储了以前操作的运动范围，那么它就检测到当前位置，并根据存储器中的运动范围计算其他位置。由于上述过程，所以在更换执行器或 ECU，或者重新连接蓄电池后就不需要进行初始化工作了。

（2）换挡控制　在本系统中 HV ECU 可以检测车辆的一般状态，并能换挡和锁止或打开驻车锁。本系统还包括拒绝功能，当车辆在正常条件下行驶时，挡位可以移到拒绝功能没有断开的所有挡位。选挡杆和驻车开关的操作情况如表 4-9 所示。

表 4-9　选挡杆和驻车开关的操作情况

电源状态	操作	挡位				
		P	R	N	D	B
IG-OFF	—	不能改变选挡杆位置				
ACC	选挡杆	不能改变选挡杆位置				
	P挡开关					
IG-ON	选挡杆					
	P挡开关					
READY	选挡杆					
	P挡开关					
READY >>> IG-OFF	—					

注：●表示当前挡位；●———▶表示可以变换到的挡位；◀- - - - - -●表示制动踏板被踩下可以换挡。

在本系统中，变速器控制 ECU 并测定当前挡位（驻车锁止或开锁）。电源重新接通时，ECU 根据存储器中存储的以前的挡位启动控制情况如表 4-10 所示。如果以前的挡位无法利用，则 ECU 根据 HV ECU 通过车速测定的挡位来启动控制。

表 4-10　启动控制

以前的驻车锁状态		HV ECU 的测定值	测定值
驻车锁止		—	驻车锁止
驻车打开		—	驻车打开
无效	车辆停止	驻车锁止	驻车锁止
	车辆行驶	驻车打开	驻车打开

（3）拒绝功能 为了确保安全，即使驾驶人操作选挡杆或驻车开关，本系统也会防止换挡，在这种情况下，蜂鸣器会发出声响以提示驾驶人。表示拒绝功能的情况如表4-11所示。

表4-11 表示拒绝功能的情况

激活拒绝功能的操作		拒绝后的挡位
没有踩下制动踏板而换出P挡		保持在P挡
行驶时	驾驶员用P挡开关换入P挡	换入N挡
	从D挡到R挡，从R挡到D挡，从B挡到R挡	换入N挡
换入B挡	从P挡	保持在P挡
	从R挡	换入N挡
	从N挡	保持在N挡

（4）换挡控制系统故障诊断 当变速器控制ECU检测到换挡控制系统的故障时，ECU就进行诊断并存储故障信息。

另外，ECU会使换挡指示灯点亮并闪烁，点亮主警告灯和在复式显示器上显示警告信息来通知驾驶人。变速器控制ECU也会存储此故障DTC。检修时，可以用智能测试仪来读取DTC。P挡位置指示灯显示如表4-12所示。

表4-12 P挡位置指示灯显示

P挡位指示灯	内容
灯亮	P挡位置（驻车锁止在P挡位置）
OFF	非P挡位置（驻车锁止在非P挡位置）
以4Hz频率闪烁	驻车锁止执行器长时间无法完成P挡与非P挡的切换
以0.5Hz频率闪烁（慢闪）	系统故障

（5）换挡控制系统的安全保护 当变速器控制ECU检测到系统的故障时，则变速器控制ECU会根据存储器中存储的数据来控制系统。系统故障码如表4-13所示。

表4-13 系统故障码

DTC No.	Detection Item	P挡位指示灯
C2300*	执行系统故障	慢闪
C2301*	换挡时间故障	慢闪
C2303*	电源继电器短路	正常操作
C2304*	U相位开路或短路	慢闪
C2305*	V相位开路或短路	慢闪
C2306*	W相位开路或短路	慢闪
C2307*	电流过高	慢闪
C2308	只读存储器故障	正常操作
C2309	B端开路	慢闪
C2310	电池开路或短路	正常操作

续表

DTC No.	Detection Item	P 挡位指示灯
C2311	HV 通信故障	慢闪
C2315	HV 系统	正常操作
U0146	与车身 ECU 失去通信	正常操作

注：*表示拆下"P COM MAIN"熔丝去除 DTC，因为诊断仪 IT-Ⅱ无法消除这些 DTC。

说明："P COM MAIN"熔丝的位置如图 4-102 所示。移去"P COM MAIN"熔丝后大约 60s 可以消除 DTC。

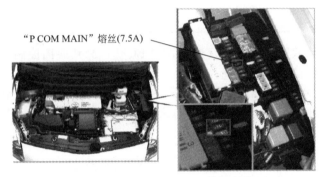

图 4-102 "P COM MAIN"熔丝的位置

（6）紧急情况 停止混合动力系统时如果 P 挡不能挂入，则需要通过使用驻车制动电源模式才能关闭，如图 4-103 所示。

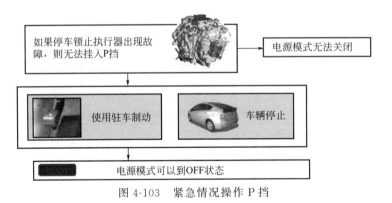

图 4-103 紧急情况操作 P 挡

第三节 制动系统

一、系统概述

制动控制系统采用了 ECB（电子控制制动）系统。ECB 系统能根据驾驶人踩制动踏板的程度和所施加的力计算所需的制动力。然后，此系统施加需要的制动力（包括 MG2 产生的再生制动力和液压制动系统产生的制动力）并有效地吸收能量。控制此系统的 ECB ECU 和制动防滑控制 ECU 集成在一起，并和液压制动控制系统（包括带 EBD 的 ABS、制动助力和 VSC) 一起对制动进行综合控制。和 ECB 系统一起采用的还有制动控制系统警告灯。VSC+系统除了有正常制动控制的 VSC 功能外，还能根据车辆行驶情况和 EPS 配合，提供转向助力来帮助驾驶人转向。

二、制动系统工作原理与主要部件

1. 工作原理

普锐斯混合动力汽车包括制动输入、电源和液压控制部分，取消了传统的制动助力器。正常制动时，总泵产生的液压换为液压信号，而不是不直接作用在轮缸上，通过调整作用于轮缸的制动执行器上液压源的液压获得实际控制压力。普锐斯混合动力汽车的制动系统是从打开电源开关等动作开始工作的。制动防滑控制 ECU 通过 CAN（控制器局域网）和 EPS ECU 及 HV ECU 保持通信。普锐斯混合动力汽车制动系统工作原理如图 4-104 所示。

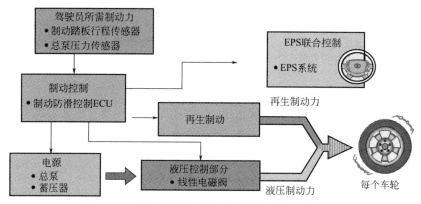

图 4-104　普锐斯混合动力汽车制动系统工作原理

2. 主要部件位置、功能

（1）部件位置　主要部件的位置如图 4-105 所示。

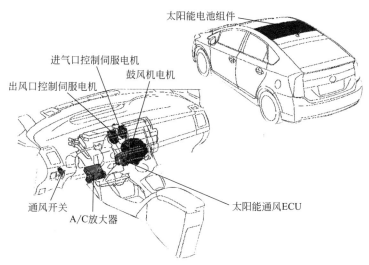

图 4-105　主要部件的位置

（2）部件功能　制动系统的部件功能如表 4-14 所示。

表 4-14 制动系统的部件功能

主组件		功 能
制动执行器	流压源部分	由泵、泵电动机、蓄能器、减压阀和蓄能器组成,液压源部分产生并存储压力,制动防滑控制 ECU 用于控制制动的液压 蓄能器压力传感器安装在制动执行器中
	液压控制部分	包括 2 个总泵切断电磁阀、4 个供压是磁阀和 4 个减压电磁阀 2 个双位型总泵切断电磁阀由制动防滑控制 ECU 控制,作用是用来打开或关闭总泵和轮缸间的通道 4 个线性供压电磁阀和 4 个线性减压电磁阀,它们由制动防滑控制 ECU 控制以增减轮缸中的液压 总泵压力传感器和轮缸力传感器都安装在制动执行器中
制动防滑控制 ECU		处理各种传感器信号和再生制动信号以便控制再生制动联合控制、带 EBD 的 ABS、VSC+、制动助力和正常控制 根据各传感器的信号来判断车辆行驶状况,并控制制动执行器
制动总泵		当电源部分出现故障时,制动总泵直接向轮缸提供液压(由制动踏板产生)
行程模拟器		制动时根据驾驶员的踏板力度产生踏板行程
制动踏板行程传感器		直接检测驾驶员踩下制动踏板的程度
组合仪表	ABS 警告灯	当制防滑控制 ECU 检测到 ABS、EBD 或制动助力系统中的故障时,ABS 警告灯会点亮以警告驾驶员
	VSC 警告灯①	当制动防滑控制 ECU 检测到 BSC+系统中的故障时,VSC 警告灯会点亮以警告驾驶员
	防滑提示灯	当 ABS 系统、VSC+系统或电动机牵引控制工作时,防滑指示灯会闪烁以提示驾驶员
	制动控制系统警告灯	当制动系统产生不直接影响制动力的轻微故障(如再生制动故障)时,该警告灯会点亮以警告驾驶员
	制动系统信号灯	制动防滑控制 ECU 检测到制动分配系统的故障时,该警告灯点亮以警告驾驶员 驻车制动打开或制动液液面较低时,该警告灯会点亮以提示驾驶员
制动防滑控制警告蜂鸣器		液压或电源部分有故障时,该蜂鸣器连续鸣叫以提示驾驶员 对于装有 VSC+的车型,该蜂鸣器间断发出声响以提示驾驶员 VSC+启动
HV ECU		当接收到制动防滑控制 ECU 的信号后激活再生制动 发送实际再生制动控制值到制动防滑控制 ECU VSC+系统工作时,根据制动防滑控制 ECU 的输出控制请求信号来控制动力 需要制动助力控制时,HV ECU 发送后轮制动启动信号到制动防滑控制 ECU
储液罐		存储制动液
	制动液液压面警告开关	检测控制液液面是否过低
制动灯开关		检测制动踏板踩下信号
偏移率和减速度传感器①		检测车辆偏移率 前进、倒车或转向时检测车辆加速度
转向角传感器①		检测方向盘的转向方向和角度
泵电动机继电器 1、2		具有不同泵启动速度的 2 种型号泵电动机继电器,如果其中的一个出故障,则另一个工作来启动泵

续表

主组件	功 能
主继电器	主继电器由制动防滑控制 ECU 控制,它负责打开或切断制动执行器和制动防滑控制 ECU 中的电磁阀电源
备用电源装置	备用电源向制动系统稳定供电 车辆电源(12V)的电压低时,通过备用电源的放电给制动系统提供辅助电力

① 仅带 VSC+系统的车型有。

3. 制动系主缸执行器、液压回路

（1）主缸执行器阀功能　制动执行器包括执行器部分和防滑控制 ECU，在进行制动控制时执行器用于改变制动液回路制动系统电磁阀的功能，如表 4-15 所示。

（2）制动系统液压回路　制动系统液压回路如图 4-106 所示。

表 4-15　电磁阀的功能

电磁阀	功能
线性电磁阀	当制动踏板被正常地踩下的时候,通过控制轮缸压力产生一个所需的制动力
开关电磁阀	当制动系统工作时开关液压通道
控制电磁阀	当制动系统工作时调节轮缸压力
调压阀传感器	这个传感器把液压助力制动器产生的液压信号转变为电信号并发送到防滑控制 ECU
轮缸压力传感器	该传感器检测作用在各个轮缸上的压力,并将这些信号发送到防滑制动控制 ECU
蓄能器压力传感器	蓄能器压力传感持续检测蓄能器中的制动液压力,并发送信号到制动防滑控制 ECU

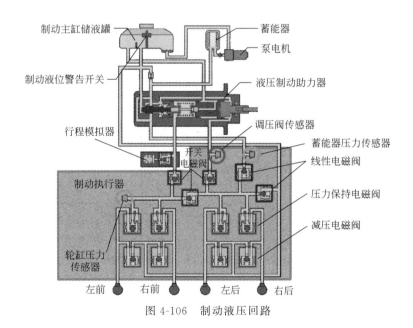

图 4-106　制动液压回路

三、制动控制系统

（1）制动控制系统结构　制动控制系统如图 4-107 所示。

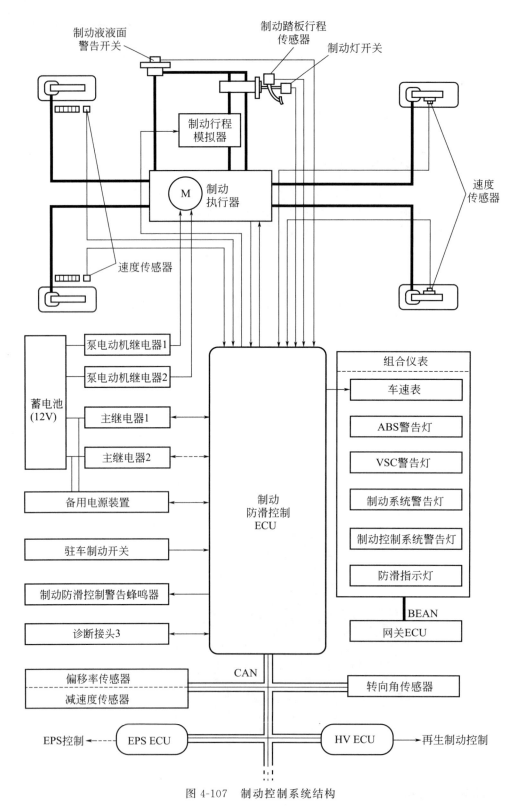

图 4-107　制动控制系统结构

（2）制动控制系统电路　制动控制系统电路如图 4-108 所示。

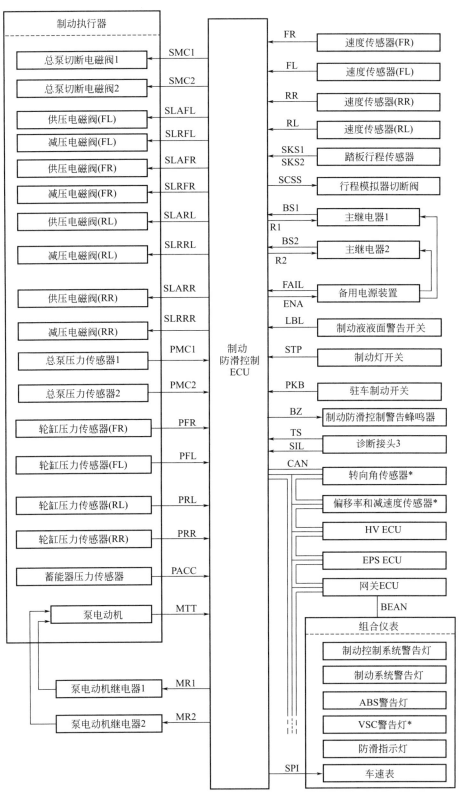

图 4-108　制动控制系统电路
（＊表示仅带 VSC＋系统的车型）

四、再生制动联合控制

再生制动力来自和发电机 MG2 转动方向相反的转动轴产生的助力,如图 4-109 所示。发电机(蓄电池充电量)越多,助力也越大。驱动桥和 MG2 以机械方式连接在一起。驱动轮带动 MG2 转动而发电,MG2 产生的再生制动力就会传到驱动轮。这个力由控制发电的 THS 系统控制。再生制动联合控制不单靠液压系统产生驾驶人所需的制动力,而且是和 THS 系统一起联合控制提供再生制动和液压制动的合制动力。这样的控制能够最大限度地减少正常液压制动的动能损失,并把这些动能转化为电能。THS 系统上,MG2 的输出功率增大了再生制动力。另外,由于采用 ECB 系统,制动力的分配也得到了改善,从而有效地增加了再生制动的使用范围。这些提高了系统恢复电能的能力,从而提高了燃油经济性。

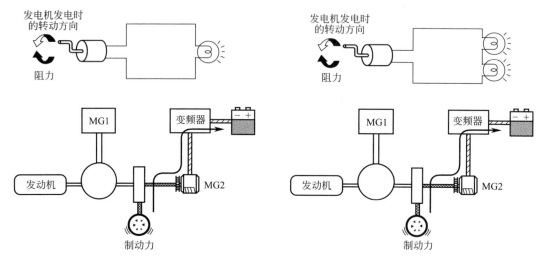

图 4-109 再生制动联合控制

五、维修要点

1. 更换部件

当与制动系统相关的部件被替换时,停止泵电机工作并且释放蓄能器和制动执行器中的压力(停止制动控制功能)。

在关闭电源后至少等待 2min;断开液位开关连接器;连接 IT-Ⅱ 或 Techstream,并且使车辆处于 IG-ON 状态;打开 IT-Ⅱ 或 Techstream,进入 Chassis/ABS/VSC/TRC/Active Test 菜单;选择 "ECB Invalid";踩下制动踏板至少 40 次,直到制动踏板不能再被踩下;结束 "ECB Invalid"。

2. 制动排气

如要进行以下操作,需要使用检测仪操作制动系统排气操作步骤。

① 电源关闭之后至少等待 2min。
② 打开制动主缸添加盖。
③ 把制动液加至 MAX 和 MIN 之间。
④ 连接检测仪与 DLC3。

⑤ 打开电源开关至 IG-ON。

⑥ 执行 "Chassis/ABS/VSC/TRAC/Air bleeding"。

⑦ 制动管路：选择 "Usual air bleeding"，然后根据检测仪的提示更换制动液；替换制动液后，紧固每一个排气塞（前排气塞/后排气塞）；清除 DTC。

⑧ 制动主缸排气：选择 "ABS actuator has been replaced"，然后根据检测仪的提示更换制动液；替换制动液后，紧固每一个排气塞（前排气塞/后排气塞）；清除 DTC。

3. 初始化和校准

① 线性电磁阀初始化和校准如表 4-16 所示。

② 偏移率和加速度传感器零点校正初始化和校准如表 4-17 所示。

表 4-16　线性电磁阀初始化和校准

项目	过程
车辆条件	(1) 电源模式 OFF (2) 挡位处于 P 挡 (3) 方向盘摆正
清除储存的线性电磁阀校准数据	(1) 连接 IT 和 DLC3 (2) 电源开关至 IG-ON (3) 执行 "Chassis/ABS/VSC/TRAC/Utility/Reset Memory" (4) 执行偏移率和加速度传感器零点校准
初始化和校准线性电磁阀	(1) 电源开关 OFF (2) 释放驻车制动 (3) 电源开关至 IG-ON (4) 选择 "Chassis/ABS/VSC/TRAC/Utility/ECB Utility/Linear Valve Offset" (5) 不踩制动踏板情况下保持车辆静止 1~2min (6) 检查制动警告灯和黄灯闪烁间隔 (7) 检查 DTC C1345 没有输出

表 4-17　偏移率和加速度传感器零点校正初始化和校准

项目	过程
车辆条件	(1) 电源模式 OFF (2) 挡位处于 P 挡 (3) 方向盘摆正
清除零点校正数据	(1) 连接 IT 至 DLC3 (2) 打开电源开关至 IG-ON (3) 执行 "Chassis/ABS/VSC/TRAC/Utility/Reset Memory" (4) 关闭电源开关至 OFF
偏移率和加速度传感器零点校正数据	(1) 打开电源开关至 IG-ON (2) 执行 "Chassis/ABS/VSC/TRAC/Utility/Test Mode" (3) 保持车辆静止 2s 以上 (4) 检查 ABS 警告灯,制动警告灯以及侧滑警告点亮后,然后开始闪烁

4. ECB（电控制动）取消模式

① 这种模式可以不用检测仪更换制动液，如图 4-110 所示。

② 当下列任一情况出现时，ECB 自动恢复。
a. 挡位从 P 挡移至其他位置。
b. 电源开关至 READY。
c. 关闭电源开关至 OFF。
d. 松开驻车制动。
e. 车辆速度非 0。

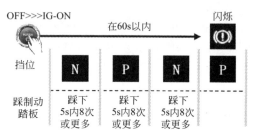

图 4-110　不用检测仪更换制动液

5. ECB（电控制动）故障码

ECB（电控制动）故障码如表 4-18 所示。

电子控制动故障码如表 4-19 所示。

表 4-18　ECB（电控制动）故障码

DTC No.	检测项目
C1202	储液罐液面故障
C1203	ECM 通信线路故障
C1211	SLA 线性电磁阀
C1212	SLR 线性电磁阀
C1214	液压控制系统故障
C1225	SA1 电磁阀电路
C1226	SA2 电磁阀电路
C1227	SA3 电磁阀电路
C1228	STR 电磁阀电路
C1242	IG1/IG2 电源电路开路
C1246	主缸压力传感器故障
C1247	行程传感器故障
C1249	驻车灯电路开路
C1252	制动助力器泵电机运行时间过长
C1253	泵电机继电器故障
C1256	蓄能器压力较低
C1257	电源供应驱动电路
C1259	HV 系统再生控制故障

表 4-19　电子控制动故障码

DTC No.	检测项目
C1300	防滑制动 ECU 故障
C1311	1 号主继电器电路开路
C1312	1 号主继电器电路短路
C1345	Linear Solenoid Valve Offset Learning Undone
C1352	右前增压电磁阀故障
C1353	左前增压电磁阀故障
C1356	右前减压电磁阀故障
C1357	左前减压电磁阀故障
C1364	轮缸压力传感器故障
C1365	蓄能器压力传感器故障
C1368	线性电磁阀补偿失败
C1391	蓄能器渗漏
C1392	形成传感器故障零点校正未完成
C1451	电机驱动许可故障
U0073	控制模块通信总线失效
U0293	HV ECU 通信故障

第四节　丰田普锐斯混合动力启动系统

一、混合动力系统及主要部件功能

1. 混合动力启动系统

混合动力启动系统如图 4-111 所示。

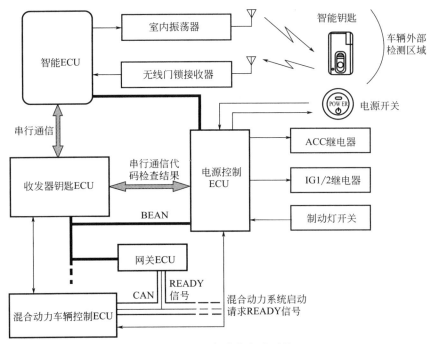

图 4-111　混合动力启动系统

2. 部件安装位置

混合动力启动系统部件安装位置如图 4-112 所示。

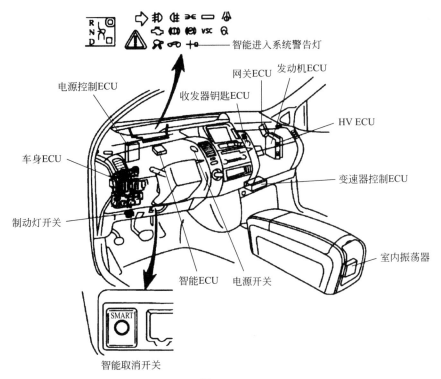

图 4-112

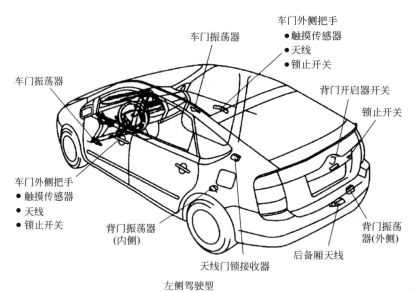

图 4-112 混合动力启动系统部件安装位置

3. 部件功能

(1) 钥匙　驾驶人插入钥匙时,内置收发器芯片将 ID 代码信号发送到钥匙孔内的收发器钥匙放大器,在带智能进入和启动系统的车型中,驾驶人持有钥匙并操作电源开关时,钥匙从振荡器接收信号并将 ID 代码回应给无线门锁接收器。

(2) 钥匙孔　半程开关:检测钥匙是否插入并是否输出信号到收发器钥匙 ECU。全程开关:检测钥匙是否插入并是否输出信号到电源控制 ECU。收发器钥匙放大器和线圈:从内置于钥匙中的收发器芯片接收 ID 代码信号,并将这个信号输出到收发器钥匙 ECU。钥匙互锁电磁阀:电源控制 ECU 根据电源开关模式和挡位操作电磁阀,以便将钥匙锁止在钥匙孔内。

(3) 电源开关　根据挡位和制动灯开关状态以 4 种状态转换电源模式(OFF、ACC、IG-ON 和 READY)。

(4) IG1 继电器、IG2 继电器、ACC 继电器　根据电源控制 ECU 来操作并为各个系统供电。

(5) 制动灯开关　将制动踏板状态输出到电源控制 ECU。

(6) 换挡控制执行器　根据变速器控制 ECU 的信号操作并启动驻车锁止装置,检测驻车锁止状态(挡位是否处于 P 挡或其他挡)并将之输出到变速器控制 ECU。

(7) 电源控制 ECU　根据从开关和 ECU 接收的信号控制按钮启动系统。

(8) 收发器钥匙 ECU　识别收发器钥匙放大器发送的钥匙 ID 代码来控制 HV 停机系统,从智能 ECU 接收 ID 代码检查的结果,将钥匙 ID 代码检查结果发送到电源控制 ECU,将 HV 系统启动许可信号发送到 HV ECU。

(9) 变速器控制 ECU　从电源控制 ECU 接收到电源开关 OFF 信号来启动换挡执行器,将驻车锁止状态(挡位是否处于 P 挡或其他挡)发送到电源控制 ECU。

(10) 智能 ECU　检查来自无线门锁接收器的 ID 代码,并将检查结果发送到收发器钥匙 ECU。

二、点火钥匙

钥匙孔由收发器钥匙线圈、收发器钥匙放大器、用于钥匙孔照明的 LED 灯、半程开关、全程开关和钥匙互锁电磁阀等组成，如图 4-113 所示。

通过连接收发器钥匙 ECU 和车身 ECU 的半程开关来检测钥匙的插入状态，收发器钥匙 ECU 和车身 ECU 利用半程开关的信号检查钥匙 ID 并控制车身电气系统。

与半程开关一样，全程开关也用于检测钥匙的插入状态，此开关用配线连接到电源控制 ECU。电源控制 ECU 根据全程开关的信号控制按钮启动系统。

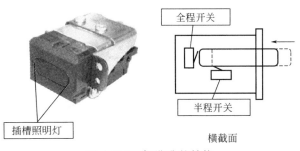

图 4-113 钥匙孔的结构

1. 按钮启动系统控制模式

（1）电源开关控制（带钥匙） 当钥匙插入钥匙孔内时，收发器钥匙 ECU 会自动检查 ID 代码并控制 ECU 电源，确认检查结果并准许开关操作。

（2）电源开关控制（带智能钥匙）

① 当驾驶人持有钥匙并操作电源开关时，电源控制 ECU 会启动车内振荡器，振荡器将发送请求信号给钥匙。

② 接收到信号后，钥匙发送 ID 代码信号到智能 ECU。

③ 收发器钥匙 ECU 确认通过 DBAN 接收到的来自智能 ECU 的检查结果并将它们发送到电源控制 ECU，根据这些结果，电源控制 ECU 准许电源开关的操作。

（3）自动 P 挡控制 当车辆处于非 P 挡时关闭电源开关，变速器就会控制 ECU，根据 HV ECU 的指令启动换挡控制执行器，换挡到 P 挡。

（4）诊断 电源控制 ECU 检测到故障时，电源控制 ECU 诊断并存储故障部分的信息，电源控制 ECU DTC 故障码如表 4-20 所示。注：当检测到故障码 B2271、B2272 或者 B2273 时，启动开关指示灯闪烁。

表 4-20 电源控制 ECU DTC 故障码

DTC	检查项目
B2271	IG 保持监视器故障
B2272	IG1 外监视器故障
B2273	IG2 外监视器故障
B2274	ACC 监视器故障
B2275	STSW 监视器故障
B2277	检测车辆没水情况
B2278	主开关故障（启动开关 1 信号和启动开关 2 的信号不相同）

2. 诊断

如果 IG 电路出现故障，电源控制 ECU 将影响控制功能并记录 DTC（故障诊断码）。

① 按下电源开关，同时踩下制动踏板，电源模式切换到 READY，当车辆行驶时电源

开关无法操作，如图4-114所示。

图4-114 启动/停机开关控制（一般操作）

② 当IG1或者IG2继电器回路出现故障时系统检测到IG继电器有故障，电源模式切换到OFF后，混合动力系统不能再切换到READY，如图4-115所示。

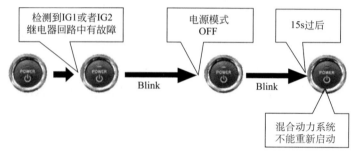

图4-115 IG1或者IG2继电器回路出现故障

③ 长按电源开关3s以上可以强迫关闭混合动力系统（在紧急事故等情况），这时制动系统可以工作，但EPS系统不起作用，如图4-116所示。

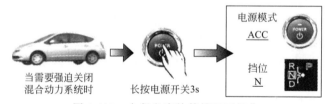

图4-116 在紧急事故等情况下操作

④ 电源控制ECU保持电路的作用是：当IG1、IG2出现故障时，防止供电被切断，如图4-117所示。

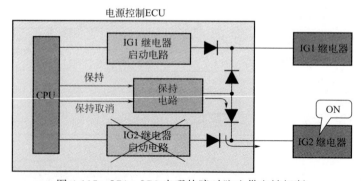

图4-117 IG1、IG2出现故障时防止供电被切断

3. IG 电路故障

（1）IG 电路故障

① 电源控制 ECU 中的保持电路继续为 IG1、IG2 继电器供电。这时，电源控制 ECU 使其黄色指示灯闪烁。

② 混合动力系统停止工作时（IG-OFF），电源开关关闭后，电源控制 ECU 使控制电源开关上的指示灯持续闪烁 15s，然后关闭此指示灯。

③ 混合动力系统不能重新启动。

（2）IG-IN 模式期间出现故障

① 按下电源开关（电源模式变为 OFF），将电源模式更换为 IG-ON 时，系统检测到故障。

② 电源控制 ECU 使控制电源开关上的黄色指示灯闪烁（电源开关关闭后此灯持续闪烁 15s 后关闭）。

③ 混合动力系统不能重新启动。

（3）ACC 或 OFF 模式期间出现故障

① 按下电源开关（电源模式变为 OFF），将电源模式更换为 IG-ON 时，系统检测到故障。

② 电源控制 ECU 使控制电源开关上的黄色指示灯闪烁（电源开关关闭后此灯持续 15s 后关闭）。

③ 混合动力系统不能重新启动。

注意：当电源控制 ECU 供电被切断时存储器中存储的内容不会被清除，如图 4-118 所示。在断开辅助蓄电池电极端子前把电源模式切换到 OFF 以及把钥匙从插槽里拔出。在没有确认辅助蓄电池电极端子断开之前要特别注意电源模式。

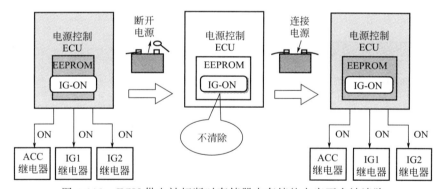

图 4-118　ECU 供电被切断时存储器中存储的内容不会被清除

三、智能进入和启动系统

除具有传统机械钥匙功能和无线门锁遥控功能外，此系统中的智能钥匙还具有双向通信功能。因此，在使用者持有智能钥匙的情况下，通过启动智能 ECU 以识别智能钥匙是否位于检测区域内，系统在不使用智能钥匙的情况下开锁或锁止车门，启动混合动力系统。智能进入和启动系统为欧洲左侧驾驶型和澳大利亚车型的选装配置。此系统主要包含智能 ECU、电源控制 ECU、收发器钥匙 ECU、车身 ECU、智能钥匙、5 个振荡器、5 根天线、2 个触摸传感器、3 个锁止开关和 1 个无线门锁接收器。此系统由智能 ECU 控制。智能进入和启动系统与按钮启动系统、HV 停机系统和无线门锁遥控系统配合工作，部件安装位置如

图 4-119 所示，输入/输出信号如图 4-120 所示。

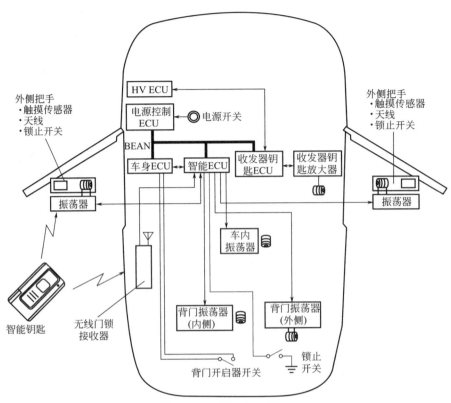

图 4-119　部件安装位置

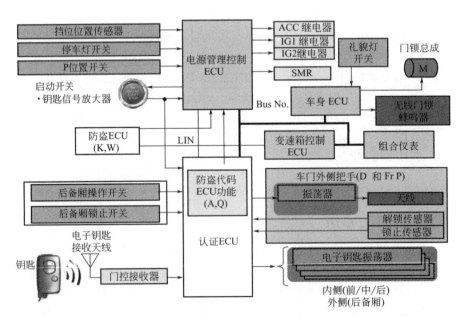

图 4-120　输入/输出信号

K—带智能钥匙车型进入功能；W—不带智能钥匙车型进入功能；A—带智能钥匙车型进入确认；
Q—不带智能钥匙车型进入确认；D 和 Fr P—带无钥匙进入功能

1. 电子控制功能

（1）智能开锁　假设车门锁止，智能 ECU 检查智能钥匙的检查结果显示 ID 代码合法，如果用户触摸车门外侧把手，智能 ECU 通过车身 ECU 开锁，如图 4-121 所示。

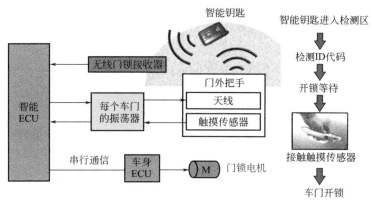

图 4-121　智能开锁

（2）智能后门开锁　假设车门锁止，智能 ECU 检查智能钥匙的检查结果显示 ID 代码合法，如果用户按下背门开启器开关，智能 ECU 通过车身 ECU 打开背门锁，如图 4-122 所示。

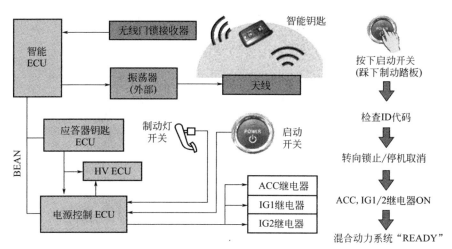

图 4-122　智能后门开锁

（3）智能锁止　假设关闭所有车门，智能钥匙位于车外，如果用户按下车门外侧把手上的锁止开关，智能 ECU 在车内和车外范围内搜索智能钥匙，如果车外检查结果显示 ID 代码合法，智能 ECU 通过车身 ECU 锁止车门，如图 4-123 所示。

（4）智能点火　假设用户持有智能钥匙并操作电源开关，代码合法，智能 ECU 许可电源开关操作，智能 ECU 检查智能钥匙，如果检查结果显示 ID，则更改电源模式。

（5）警告功能　发生下列任何状况时，智能进入和启动系统通过控制智能 ECU 点亮智能进入系统警告灯，并控制组合仪表中的蜂鸣器和无线门锁蜂鸣器鸣叫来警告驾驶人：电源处于非 OFF 模式（ACC、IG-ON 或 READY）时，智能钥匙位于车外；电源开关处于非 OFF 模式时，智能锁止工作；智能钥匙在车内时，车门锁止；智能钥匙的电池电量较低；智能钥匙位于室内振荡器检测区域处时，操作电源开关；任一车门打开时，智能锁止工作。

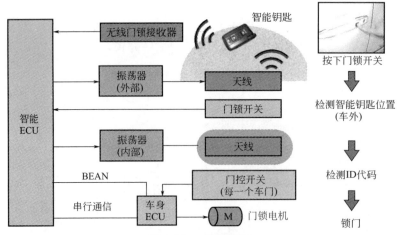

图 4-123 智能锁门

（6）省电功能　为保护备用蓄电池和智能钥匙电池，在以下状态下，智能 ECU 关闭智能进入和启动系统，或延长驾驶人和前乘员门振荡器的工作时间间隔：智能 ECU 未接收来自智能钥匙的 ID 代码信号有 14 天或更长时间；智能进入和启动系统与智能钥匙保持通信长于 10min。

2. 不带智能进入及启动系统（OFF→READY ON）工作过程

不带智能进入及启动系统（OFF→READY ON）的工作过程如图 4-124 所示。

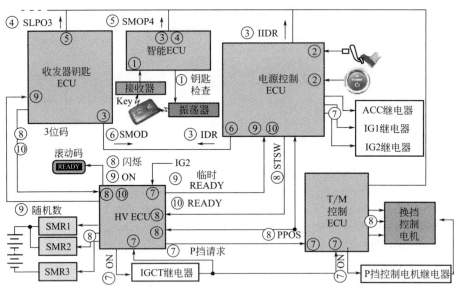

图 4-124　不带智能进入及启动系统（OFF→READY ON）的工作过程
①～⑩表示工作过程

① CUWS-半程开关 ON 或者 OFF。
② 钥匙线圈由收发器 ECU 及 ID 代码进行激活。
③ 钥匙全部插入全程开关，开关信号输送给 ECU。
④ CSW 钥匙插入与否（全程开关 ON 或者 OFF）。

⑤ IDR、ID 代码检查结果的 IIDR 请求，IDR 是主 ID 结果信号（借助于 LIN），IIDR 是代理者（间接借助于 BEAN）。

⑥ TMOD-ID 代码检查结果。

⑦ 电源继电器打开（IG1、IG2，CT），P 挡请求信号发送到 T/M ECU，PCON MTR 继电器被激发以控制换挡电机。

⑧ PPOS 驻车锁止机构是锁止还是开锁，滚动代码从 HV ECU 发送到应答器 ECU。

⑨ 临时 READY ON 时，检查 HV ECU 以及应答器 ECU 之间的通信。如果 READY 灯闪烁，说明这两者之间的通信不成功。

⑩ READY ON，滚动代码回应应答器 ECU，READY ON 信号输送给电源控制 ECU。

3. 带智能进入及启动系统（OFF→READY ON）工作过程

① 带智能进入及启动系统（OFF→READY ON）的工作过程如图 4-125 所示。

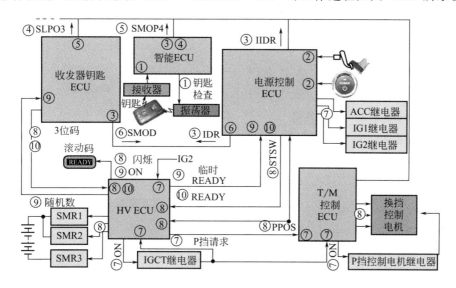

图 4-125　带智能进入及启动系统（OFF→READY ON）的工作过程
①～⑩表示工作过程

a. 室内振荡器发送钥匙检测信号，智能钥匙接收检测信号后，发送 ID 代码信号给接收器，接收器再将 ID 代码信号输送至智能 ECU。

b. 按下电源开关，此开关请求信号（确定制动踏板开关信号，IG ON 还是 READ 启动）送至智能 ECU。

c. IDR、ID 代码请求结果从电源控制 ECU 到智能 ECU 及收发器 ECU。

d. SLPO3——从收发器钥匙 ECU 传送到智能钥匙 ECU 的 ID 代码请求。

e. SMOP4——从智能 ECU 到收发器 ECU 的 ID 代码检查结果。

f. SMOD——从收发器到电源控制 ECU 的 ID 代码检查结果。

g. IG 继电器被电源控制 ECU 激活，IG2 供电给 HV ECU 以激活 IGCT 断电器，驻车请示 PCON 输送到变速器 ECU，换挡电机被 PCON 电机继电器激活。

h. PPOS——驻车被 T/M ECU 锁止或是开锁信号输送到 HV ECU，READY 灯开始闪烁，同时 HV ECU 请求通往收发器 ECU 的安全性发送 ID 代码。

i. 安全性 ID 从 HV ECU 输送到收发器 ECU，READY ON，临时 READY 信号输送到电源 ECU。

j. 安全性 ID 滚动代码被收发器 ECU 回传给 HV ECU。

② 带智能进入及启动系统（READY ON→OFF）的工作过程如图 4-126 所示。

a. 按下电源按钮关闭汽车。

b. 和 c. 驻车操作——从电源控制 ECU 发送到 T/M ECU 以请求 P 挡，以及发送到 HV ECU 以停止操作。

d. 当不处于 P 挡时，HV ECU 向 T/M ECU 发送请求以进入 P 挡。

e. 当处于 P 挡时，电源控制 ECU 使系统主继电器关闭。

f. 和 g. 自动 P 挡 OK、OFF OK 或者 NG。

注：智能钥匙码每 300ms 发送一次信息，并被接收器接收。振荡器检测钥匙靠近并确认它的位置。智能 ECU 能够储存已经被注册过的智能钥匙代码，它把收到的代码和储存器中的其中一个代码进行比较。借助于 BEAN，智能 ECU 给收发器钥匙 ECU 相关指令，正确的智能钥匙被汽车识别，然后收发器钥匙检查和 HV ECU 的通信（使 HV ECU 切换到 READY 模式的滚动代码可以打开）。

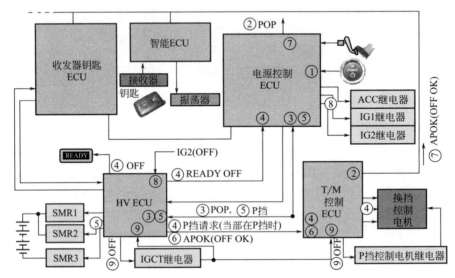

图 4-126 带智能进入及启动系统（READY ON→OFF）的工作过程

①～⑨表示工作过程

第五节 空调系统

一、丰田普锐斯混合动力汽车全电动空调系统的结构

1. 特点

与普通汽车的空调系统相比较，全电动空调系统具有如下优点。

① 空调压缩机由电动机直接驱动，即使发动机熄火，空调也能发挥最大效率。

② 空调与发动机的运转各自独立，空调的运转不会降低汽车的行驶性能。

③ 采用电动冷却液泵和 PTC（正温度系数）加热器，发动机熄火后空调的制热系统仍可以正常工作。

④ 实际油耗下降 20%。

2. 系统的组成及部件功能

（1）机舱部分　机舱部分主要零部件的功能为：电动逆变器压缩机，功能为执行制冷剂气体的吸入、压缩和排放，为制冷剂循环提供动力；带储液器的冷凝器的总成，功能为提供高效率的热交换；环境温度传感器，功能为检测环境温度，并输出至空调放大器总成；空调压力传感器，功能为检测制冷剂压力，并发送数据至空调放大器总成；ECU，功能为接收来自发动机冷却液温度传感器的信号，并将其传输至空调放大器总成，如图 4-127 所示。

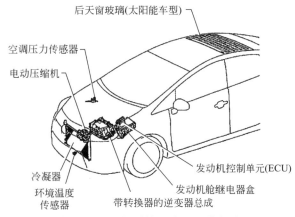

图 4-127　空调系统组成（机舱部分）

（2）控制部分　控制部分主要零部件的功能为：空调控制总成，功能为将操作指令输入系统；空调放大器总成，功能为将数据传输至开关和传感器，并接收来自开关和传感器的数据；阳光传感器，功能为检测太阳光的变化量，并将其输出至空调放大器总成；方向盘装饰盖开关总成，功能为发送方向盘装饰盖开关操作信号至空调控制总线；ECO 模式开关，功能为发送 ECO 模式开关操作信号至空调控制总成，如图 4-128 所示。

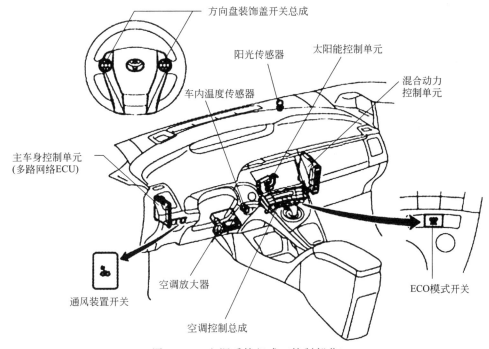

图 4-128　空调系统组成（控制部分）

（3）制冷、制热及送风部分　如图 4-129 所示，制冷、制热及送风部分主要零部件为：鼓风机分总成、暖风散热器分总成、膨胀阀、蒸发器分总成、蒸发器温度传感器、车内温度传感器、PTC 加热器（快速加热器总成）、空气混合风门伺服机构分总成、再循环风门伺服机构分总成、模式风门伺服机构分总成、空气净化滤清器。

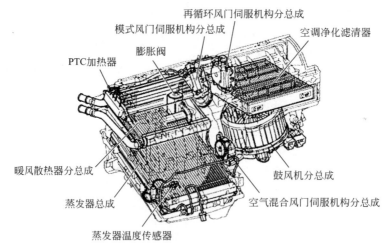

图 4-129 空调系统组成（制冷、制热及送风部分）

二、全电动空调系统的制冷原理

丰田普锐斯混合动力汽车全电动空调制冷系统主要由 ES18 型电动变频压缩机、冷凝器、储液干燥器、蒸发器及连接管路组成，如图 4-130 所示。当制冷系统工作时，空调变频器提供交流电驱动电动变频压缩机工作，电动变频压缩机从低压管路吸入低温低压的气态制冷剂，压缩成高温高压的气态制冷剂（压缩过程），再通过高压管道进入冷凝器，经冷凝器的冷却后，变为高温高压的液态制冷剂（冷凝过程），被送往储液干燥器。经过干燥过滤后，通过高压管道流入膨胀管，经膨胀管小孔节流，变成低温低压雾状的液/气态混合物（降温降压），送入蒸发器中，制冷剂在其内膨胀蒸发吸收大量的热量，气化成低温低压的气态制冷剂（蒸发吸热过程），重新被电动变频压缩机吸入进行再循环。在此过程中鼓风机不断地将蒸发器表面的冷空气吹入车内，达到制冷的目的。

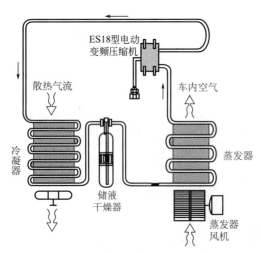

图 4-130 丰田普锐斯混合动力汽车
全电动空调系统的制冷原理

1. 电动空调系统的控制原理、系统特征

（1）控制原理　丰田普锐斯混合动力汽车全电动空调控制系统是空调 ECU 控制的全自动空调系统，主要由传感器、空调 ECU 和执行器 3 部分组成，采用模糊控制，如图 4-131 所示。空调 ECU 根据传感器检测驾驶室内外的空气温度、湿度、阳光总量、发动机状况、压缩机工作条件、温度设定信号、功能选择信号和风门的反馈信号等，进行分析、计算、比较，并发出指令，自动开启和关闭电动变频压缩机、冷凝器风扇、电动冷却液泵和 PTC 加热器，调整混合空气挡板位置，保持进风口和出风口处的最佳送风空气温度及空气流量。如检测到信号异常，则以故障码的形式储存在空调 ECU 存储器中。

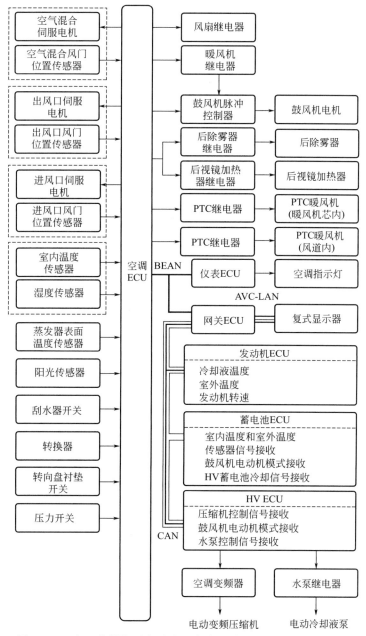

图 4-131 丰田普锐斯混合动力汽车全电动空调系统的控制原理

（2）系统特征

① 高性能。第三代丰田普锐斯混合动力汽车空调系统采用神经网络控制，使乘客可以精确地控制空调，以获得最佳的舒适度。微尘花粉过滤模式控制，可去除驾驶人和前排乘客身体上部周围区域的花粉，保证驾驶室内空气的质量。鼓风机手动模式有 7 个等级，自动模式有 31 个等级，便于对出风量进行精确控制。组合仪表集成了显示方向盘装饰盖开关操作的触摸追踪显示器，有助于缩短驾驶人的视线移动距离，使驾驶人专注于路面。太阳能通风系统通过使用后玻璃嵌板产生的动力，操作鼓风机分总成，将停车时车厢中的高温气体排放到车外。制冷循环中采用压缩/喷射器循环系统，从而提高制冷效果、降低能量消耗。正温

度系数（PTC）加热器系统利用电加热，可快速加热通过暖风散热器分总成的空气，从而提高加热器性能。

② 轻量化。系统采用带内置集成电路的总线连接器，减少了线束使用量，降低了整车重量。

③ 结构紧凑。系统采用电动变频器压缩机、喷射循环（ECS）型蒸发器分总成、直流铝制（SFA）-Ⅱ型暖风散热装置分总成、带储液器的多流式（MF）-Ⅳ冷凝器总成等模块化设计，不但确保了较高的制冷或加热性能，而且实现了结构更加紧凑。

2. 系统控制

（1）压缩机控制　电动变频器压缩机总成由涡旋压缩机、直流无刷电动机、机油分离器、A/C空调变频器等组成，如图4-132所示。电动变频器压缩机除了由电动机作为压缩机的动力驱动外，压缩机的基本构造和工作原理与普通的涡旋式压缩机相同。涡旋式压缩机是目前很先进的第三代压缩机，它具有体积小、重量轻、零部件少、运动部件受力波动小、振动小、噪声低、绝热效率高、容积效率高、机械效率高等优点。涡旋式压缩机主要由动静两个涡旋盘、防自转机构、主轴和支架体等零件组成。其中动静两个涡旋盘相对旋转一定角度（通常为180°），并错开一定距离后（该距离为主轴偏心距）对插在一起，实现动静涡旋盘的啮合，形成多个啮合点的月牙工作容积腔。随着主轴带动动涡旋盘旋转，多组月牙工作腔容积逐渐由大变小，从而实现封闭工作腔容积的周期性变化，完成制冷剂蒸气的吸入、压缩和排出的工作循环过程，如图4-133所示。压缩机内置机油分离器，能够分离与制冷剂混合在一起进入制冷循环的压缩机机油，降低机油循环率。

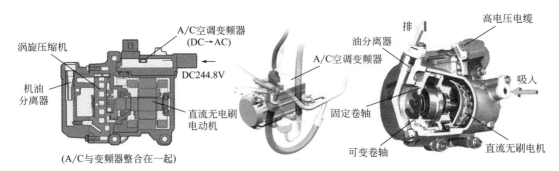

图 4-132　电动变频压缩机构造

电动变频器压缩机将混合动力HV蓄电池经逆变器变频的交变电流（A/C空调变频器与压缩机集成为一体），作为压缩机的电源，所以空调系统的工作不依赖发动机的运行，使车辆能够提供更舒适的空调环境，并实现较低的油耗，如图4-134所示。

空调放大器总成根据目标蒸发器温度（由温度控制开关、车内温度传感器、环境温度传感器和阳光传感器信号计算得出）计算目标压缩机转速。实际蒸发器温度参数通过空调放大器总成传输给HV动力管理控制ECU。HV动力管理控制ECU根据目标压缩机转速数据控制空调逆变器输出变频电压，从而控制电动变频压缩机达到适合空调系统工作条件的转速。此转速控制在不影响制冷或除雾性能的范围之内，实现舒适性和低能耗。

电动变频压缩机使用高压变频电压，如果电路线束中发生短路或断路，则HV动力管理控制ECU会自动切断空调变频器电路，停止向压缩机的电动机供电，如图4-135所示。

电动变频器压缩机需要使用具有高绝缘性的ND-OIL11型润滑油，如果非ND-OIL11型润滑油混合在空调系统内循环，绝缘性能就会大大降低，导致漏电故障。

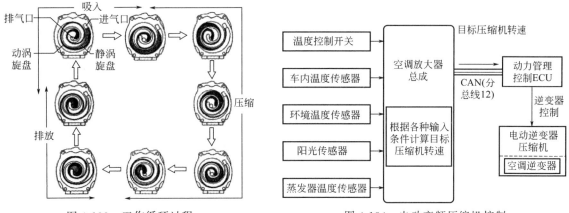

图 4-133　工作循环过程　　　　　图 4-134　电动变频压缩机控制

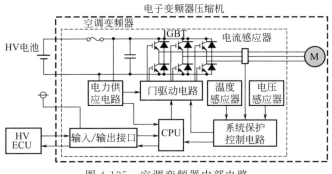

图 4-135　空调变频器内部电路

第三代普锐斯混合动力汽车空调制冷系统采用了世界首创的压缩/喷射空调器。它通过蒸发器上的喷射器将常规制冷循环系统中产生涡流而导致的能量损失进行回收，转换成压缩机的有用功，从而提高制冷循环系统的 COP 值（COP＝制冷能力/压缩机消耗动力），起到节能的效果。压缩/喷射制冷循环系统与常规制冷循环系统对比及喷射式循环如图 4-136 所示。

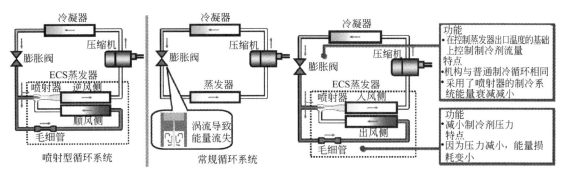

图 4-136　压缩/喷射制冷循环系统与常规制冷循环系统对比及喷射式循环

ECS（EjectOr CycLe System，喷射循环系统）蒸发器的结构如图 4-137 所示，由双层散热交换器（迎风侧和顺风侧）组成。喷射器的结构如图 4-138 所示，安装在迎风侧散热器的制冷剂储液槽内，实现了一体化设计：无需配置连接机构，既保证耐压的厚壁结构，又减小了体积。

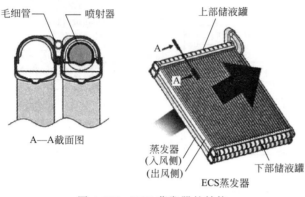

图 4-137 ESC 蒸发器的结构

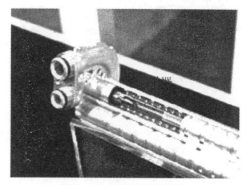

图 4-138 喷射器的结构

在压缩/喷射型空调制冷循环中，经冷凝器冷却的高压液态制冷剂，通过膨胀阀的节流分成两部分流向：其中一部分到顺风侧蒸发器吸热蒸发，并作为被吸流体进入喷射器；另一部分直接作为工作流体进入喷射器膨胀，将其势能转化成动能，并与被吸流体混合。

再在喷射器扩压室内减速升压，将动能转换为势能，使进入迎风侧蒸发器吸热蒸发出来的制冷剂压力升高，如图 4-139 所示。喷射器的作用：一方面，提高了压缩机入口制冷剂的压力，回收了部分节流损失功；另一方面，使顺风侧蒸发器中的制冷剂压力低于迎风侧蒸发器制冷剂压力，形成更低的温度条件，减少蒸发器温差传热损失，如图 4-140 所示。

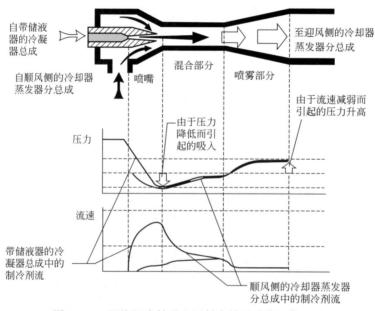

图 4-139 压缩机喷射型空调制冷循环系统工作过程

（2）太阳能通风控制　在炎热的天气，长时间停车，车内的温度会升高，如图 4-141 所示，影响乘客再次上车时的舒适性。第三代普锐斯混合动力汽车在空调系统中，新增加了太阳能通风系统，如图 4-142 所示。停车后，太阳能通风系统被激活，排出车内高温气体来降低或抑制车内温度的升高。太阳能通风系统零件组成如图 4-143 所示。太阳能通风系统零件功能如表 4-21 所示。太阳能通风系统控制电路如图 4-144 所示。

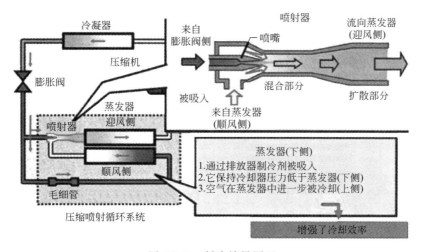

图 4-140 制冷效果原理

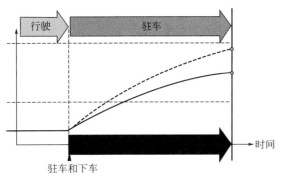

图 4-141 车内温度升高示意
---- 不带太阳能通风系统的车型；
—— 带太阳能通风系统的车型

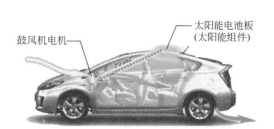

图 4-142 太阳能通风系统

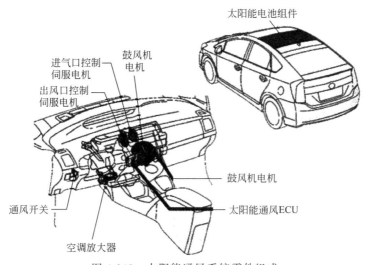

图 4-143 太阳能通风系统零件组成

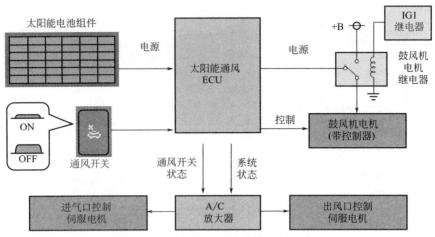

图 4-144 太阳能通风系统控制电路

表 4-21 太阳能通风系统零部件功能

零部件	功能
后玻璃嵌板	由阳光产生电力，供给太阳能 ECU 和鼓风机分总成供电
太阳能 ECU	通过后玻璃嵌板产生的电力激活并控制太阳能通风
通风开关	启动或关闭太阳能通风系统
太阳能继电器	将鼓风机分总成的电源从辅助蓄电池切换至后玻璃嵌板
鼓风机分总成	通过后玻璃嵌板产生的电力驱动并执行通风
空调放大器总成	发送驱动信号至模式风门伺服机构分总成和再循环风门伺服机构分总成
模式风门伺服机构分总成	根据来自空调放大器总成的信号驱动电动机并将出气模式切换至面部
再循环风门伺服机构分总成	根据来自空调放大器总成的信号驱动电动机并将出气模式切换至外循环

  太阳能通风系统是依靠太阳能电池组件吸收阳光产生电力，并向太阳能通风 ECU 和鼓风机电机提供电力。太阳能电池组由 36 片电池片组成，最大输出功率为 53W，如图 4-145 所示。太阳能电池组件在阳光照射量变大时，输出电量增加；当阳光照射角度小时，单位面积照射量减小，输出电量减少；当太阳能电池组件温度变低时，供电量增加，如图 4-146 所示。

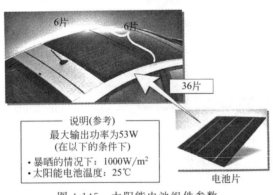

图 4-145 太阳能电池组件参数

  太阳能通风系统启动条件：车辆电源模式为关闭；通风开关打开；电源关闭；通风开关打开的情况下大约 10min 后；阳光照射量大约为 $650W/m^2$ 或更多。

  太阳能通风系统关闭条件：车辆电源模式打开；通风开关关闭；阳光照射量低于 $500W/m^2$ 超过 5min；太阳能电池组件电压≤10V 或≥18V，如图 4-147 所示。

  为了防止停车后车内冷气的流失，系统在电源开关关闭 10min 后开始运行。通风运行时鼓风机电机按照太阳能电池组产生的电量来运转，并且为了提供更好的通风条件，在电源开关关闭大约 1min 后，空调放大器开关

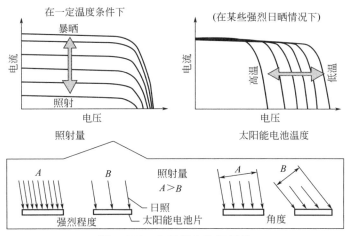

图 4-146 太阳能电池组特性

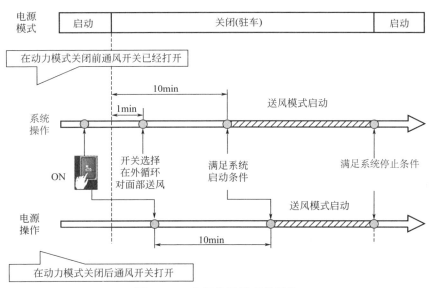

图 4-147 太阳能通风系统操作

选择空气流入模式为 FRESH（外循环），空气吹出模式为 FACE（面部）。当车辆电源打开后，空调放大器会恢复上次停机前的进气模式或吹风位置。

进行太阳能通风系统检测时，需将车停在温度稳定、日照量充足的地方，并静置大约 10min，如图 4-148 所示，通过智能检测仪表菜单：车身电器→空调→数据流，读取系统数据，如表 4-22 所示。还可以通过测试模式激活鼓风机电机运转，如图 4-149 所示，检查太阳能 ECU 接收到的太阳能通风开关状态和太阳能 ECU 输出至鼓风机电机占空比状态。带有太阳能通风系统的空调滤清器的更换时间需相应缩短。

图 4-148 太阳能通风系统检测

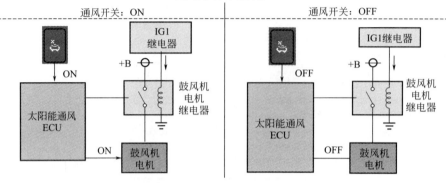

图 4-149 太阳能通风系统进入测试模式的方法

表 4-22 太阳能通风系统-数据流

诊断设备显示	测量项目	范围
太阳能电池电压	太阳能电池实际电压	变量(不确定范围),10V 以下,10~11V,11~12V,12~13V,13~14V,14~15V,15~16V,16~17V,17~18V,18~19V,19~20V,20~21V,21~22V,22~23V,23V 以上
太阳能通风开关状态	开关状态	OFF,ON
太阳能开启状态	太阳能通风 ECU 开启状态	OFF,ON
太阳能通风测试模式	太阳能通风 ECU 检测模式状态	OFF,ON
太阳能通风检查模式（只在工厂使用）	太阳能通风检查模式	可以/不可以

（3）遥控启动 按下钥匙上的遥控空调开关如图 4-150 所示，空调系统使用来自 HV 蓄电池的电源，自动控制空调运行，最长运行时间 3min。在驾乘人员进入车辆前，让空调系统发挥制冷功能，如图 4-151 所示。遥控空调系统控制框架如图 4-152 所示。

当满足电源模式为关闭、点火开关没有被按下、挡位为 P 挡、所有车门均关闭并锁止、发动机舱盖没有打开、制动踏板没有被踩下、防盗系统没有在报警状态、HV 电池状态至少为三格、空调操作条件设定了目标温度的条件时，按下并保持遥控空调控制开关 0.8s 或更长时间，才能启动遥控空调系统。

系统停止操作条件：当上述遥控空调系统启动操作条件不满足时、运行大约 3min 之后停止、当遥控空调开关在 3s 内连按两次。

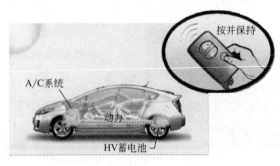

图 4-150 按下钥匙上的遥控空调

（4）环保行驶 ECO 模式 按下控制面板上的 ECO 模式开关，环保行驶模式被激

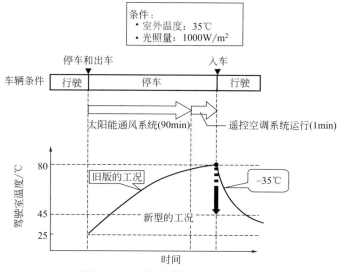

图 4-151 遥控空调系统运行原理

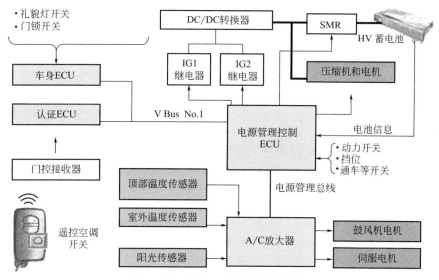

图 4-152 遥控空调系统控制框架

活,如图 4-153 所示。ECO 行驶模式期间,空调放大器将空调系统性能限制在规定状态,如表 4-23 所示,从而提高燃油经济型。

表 4-23 ECO 控制模式

ECO 控制模式	影响	ECO 控制模式取消条件(OR)
开关检测进气口处温度大约为 20℃ 或更低	降低通风系统的能耗	ECO 模式开关关闭 DEF 模式被选择 鼓风机电机关闭 遥控空调系统进行中
当选择自动模式时,降低鼓风机 20% 的能耗	抑制能源消耗	
停止 PTC 加热器工作		
压缩机电机最高转速降低 10%		
降低冷启动前对发动机冷却液加热的功耗	增加发动机停机时间	

注:ECO 模式指示灯点亮,并且 ECO 控制模式取消条件被解除。系统工作恢复正常。

混合动力系统指示器和ECO操作将混合动力系统分为三个区域（充电，ECO，动力），如图4-154所示。混合动力系统区域ECO的车辆条件如表4-24和表4-25所示。

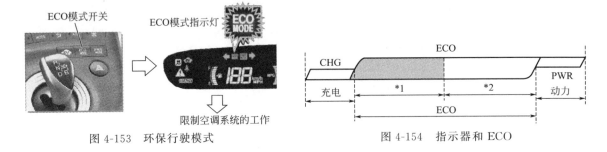

图 4-153　环保行驶模式　　　　　　图 4-154　指示器和 ECO

表 4-24　区域 ECO 的车辆条件

区域		车辆条件	混合动力系统指示器和ECO操作指示器
充电区域		再生能源	
ECO	（混合动力 ECO 区域）	混合动力驾驶状态（发动机间歇停机）	
	（燃油经济驱动区域）	燃油经济驱动区域	
动力区域		电机与发动机共同驱动状态	

表 4-25　操作条件

・混合动力指示器 ➢READY-ON 状态 ➢挡位在 D 或 B 挡	
・ECO 操作指示器 ➢READY-ON 状态 ➢挡位在 D 挡 ➢车速≥4km/h 且≤130km/h ➢车辆没有在 PWR 模式或 EV 模式下 ➢MG1、MG2 以及变频器温度为正常 ➢混合动力系统工作正常	ECO

三、丰田普锐斯混合动力汽车全电动空调系统的检修

丰田普锐斯混合动力汽车全电动空调系统出现故障时，可以通过故障自诊断和元件测试来寻找故障原因与部位。

（1）故障自诊断　把空调"AUTO"开关和"R/F"开关同时按下，并接通点火开关，空调指示灯在1s间隔内连续亮灭4次，故障自诊断便自动开始自检。如有故障码，故障码由小到大显示，故障码及故障部位，如表4-26所列。如要退出故障自诊断状态，只需按下

"OFF"开关。

（2）执行器测试　在空调指示灯闪烁状态下，再按下"R/F"开关，故障自诊断系统进入执行器元件测试状态。然后，空调控制系统每隔1s自动运行执行器和继电器，维修人员可用手感觉温度和空气的流量，用眼睛观察执行器工作情况。如果想慢慢显示，可按"TEMP－"开关，将执行器的工作改变为步进运转。每按"TEMP－"开关1次，改变1步显示，自动改变到对下一个执行器进行测试。

（3）故障码的清除　故障排除后，必须清除空调ECU存储器内的所有故障码，然后重新进入故障自诊断状态，以验证维修后空调系统是否正常。清除故障码的方法是拔下空调ECU常电源电路中的熔丝10s以上；清除ECU存储器中故障码后，重新插上熔丝，检查是否有正常代码输出。

表 4-26　丰田普锐斯混合动力汽车全电动空调系统故障码及故障部位

故障码	故障部位	故障码	故障部位
B1411	室内温度传感器电路	B1443	出风口伺服电机电路
B1412	室外温度传感器电路	B1462	湿度传感器电路
B1413	蒸发器表面温度传感器电路	B1471	空调变频器高压电源电路
B1421	阳光传感器电路	B1472	空调变频器高压输出电路
B1423	压力开关电路	B1473	空调变频器启动信号电路
B1431	空气混合风门位置传感器电路	B1475	空调变频器冷却系统
B1432	进风口风门位置传感器电路	B1476	空调变频器负载电路
B1433	出风口风门位置传感器电路	B1477	空调变频器低压电源电路
B1441	空气混合伺服电机电路	B1498	通信系统
B1442	进风口伺服电机电路	P0A6-611	混合蓄电池系统

第六节　HUD 玻璃投射式显示器结构

一、总体介绍

（1）系统结构　玻璃投射显示器可为各种信息提供良好的可视性，如图 4-155 所示。

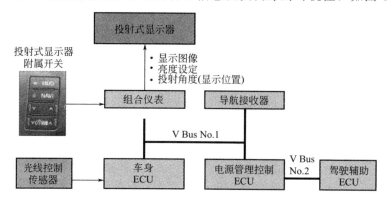

图 4-155　玻璃投射式显示系统

（2）玻璃投射式显示器　驾驶人看到由 VFD 通过镜子反射并通过挡风玻璃折射后的图像，如图 4-156 所示，其组成如图 4-157 所示。

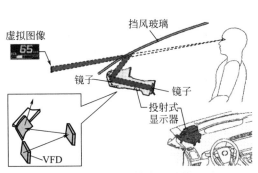

图 4-156　玻璃投射式显示器显示

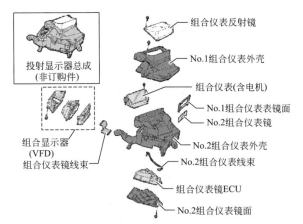

图 4-157　玻璃投射式显示系统组成

二、玻璃投射式显示器附属开关功能、显示信息

（1）功能　玻璃投射式显示器附属开关功能如图 4-158 所示。

开关	功能
HUD主开关	改变或关闭HUD显示
导航开关[①]	打开或关闭导航显示功能
显示位置调节开关	调节虚拟图像的垂直位置
显示亮度调节开关	调节显示器亮度

①只有带导航的车辆才有此开关。

图 4-158　玻璃投射式显示器附属开关功能

（2）显示信息　玻璃投射式显示器显示信息如表 4-27 所示。

表 4-27　玻璃投射式显示器显示信息

项目	显示	操作	优先权
车速	188 km/h	显示车速	5
车速+混合动力系统指示器	65 km/h ECO	显示车速,混合动力指示器和ECO操作指示器	5

续表

项目	显示	操作	优先权
导航（交互式）		转向方向指示以及距转弯点距离显示	4
动态雷达式巡航控制		减速控制时接近车辆报警	2
预碰撞安全系统		当有较大碰撞可能性时，提出警告	3
		当碰撞可能性更高时	1

三、设置模式

模式设置中可设置最低显示车速，如图 4-159 所示。

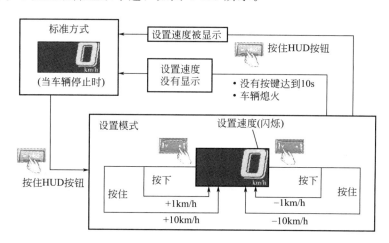

图 4-159 模式设置

（1）转换显示　转换显示如图 4-160 所示。

（2）检测模式　检测模式如图 4-161 所示。

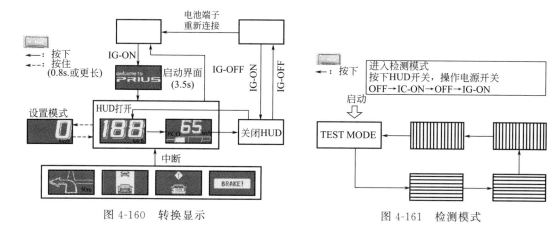

图 4-160 转换显示　　　　　图 4-161 检测模式

第七节　丰田普锐斯混合动力汽车的拆装、检修与故障排除

一、混合动力控制系统的检修

1. 注意事项

（1）对高压系统进行操作时断开电源　确保电源开关关闭；从辅助蓄电池上断开负极端子电缆；一定要戴绝缘手套，如图4-162所示；拆下检修塞；放置车辆5min，至少需要5min对变频器内的高压电容器进行放电。

断开电源之后，DTC（故障码）也会被清除，因此断开电源之前必须检查DTC。

（2）检查绝缘手套　如图4-163所示。

图4-162　绝缘手套

图4-163　检查绝缘手套

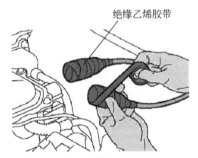

图4-164　隔离外露区域

（3）线束和连接器　高压电路的线束和连接器都是橙色；HV蓄电池等的高压零件都贴有"高压"警示，小心不要触碰到这些配线。

（4）维修或检查

① 开始工作前，一定要断开电源。

② 检查、维修任何高压配线和零件时，必须戴绝缘手套。

③ 在对高压系统进行操作时，用类似"高压工作，请勿靠近！"的警告牌警示其他人员。

④ 不要携带任何类似卡尺或测量卷尺等的金属物体，因为这些物体可能掉落而引起短路；拆下任何高压配线后，立刻用绝缘乙烯胶带将其绝缘，如图4-164所示。

⑤ 一定要按规定力矩将高压螺钉端子拧紧，力矩不足或过量都可能导致故障。

⑥ 完成对高压系统的操作后和重新安装检修塞前，应再次确认在工作平台周围没有遗留任何零件或工具，并确认高压端子已拧紧、连接器已连接。

2. 混合动力控制系统电路

混合动力控制系统电路如图4-165所示。

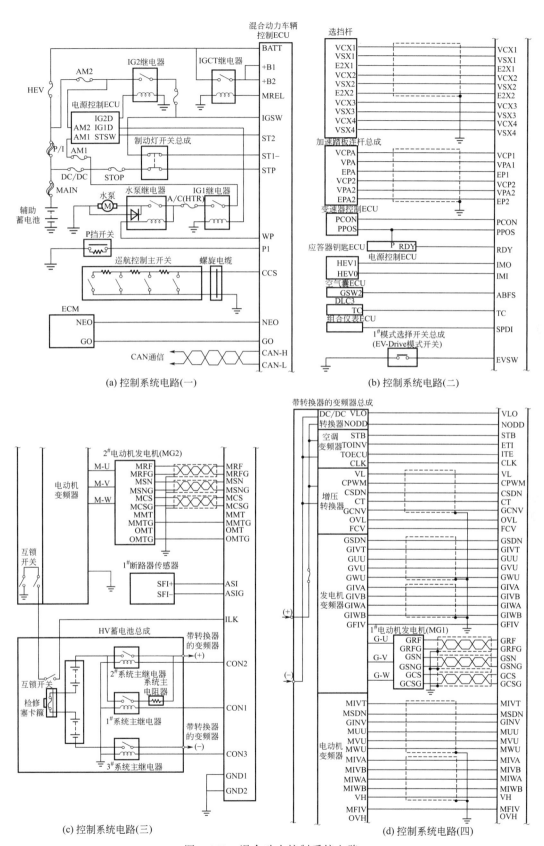

图 4-165 混合动力控制系统电路

3. 混合动力系统的检查

(1) 检查变频器　检修前应戴好绝缘手套。检查转换器和变频器前先检查DTC，并进行相应的故障排除。

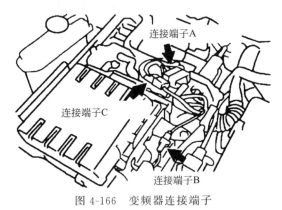

图 4-166　变频器连接端子

① 关闭电源开关。
② 拆下检修塞。
③ 拆下变频器盖。
④ 如图 4-166 所示，将连接端子 A 和 B 断开。
⑤ 打开电源开关（IG 位置）。注意：拆下检修塞和变频器盖后，如果再打开电源开关（IG 位置），系统会生成互锁开关系统的 DTC（故障码）。
⑥ 用万用表测量电压，然后用万用表欧姆挡测量电阻。注意：这项检查不要在端子侧进行，而应该在线束侧进行测量。

(2) 检查转换器　如果主警告灯（图 4-167）、充电警告灯和 HV 系统警告灯（图 4-168）同时点亮，则应检查 DTC 并进行相应的故障排除。

图 4-167　主警告灯

图 4-168　充电警告灯和 HV 系统警告灯

在 READY 灯（图 4-169）点亮、熄灭时，用电压表测量辅助蓄电池端子的电压。辅助蓄电池端子的电压标准值如表 4-28 所示。提示：READY 灯亮时，转换器输出电压；熄灭时，辅助蓄电池输出电压。

图 4-169　READY 灯

表 4-28　辅助蓄电池端子的电压标准值

READY 灯状态	电压(DC)/V
ON	14
OFF	12

(3) 测量输出电流　断开变频器上的 MG1 和 MG2 电缆；在如图所 4-170 所示位置，安装万用表和交/直流 400A 的探针；将 MG1 和 MG2 电线连接到变频器；在 READY 灯亮的条件下，依次操作 12V 的电气设备，然后测量输出电流。

标准：大约≤80A，如果输出电流为 0 或大于 80A，则检查输入/输出信号。

(4) 检查输入/输出信号
① 如图 4-171 所示断开连接器。

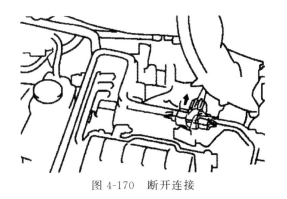

图 4-170 断开连接

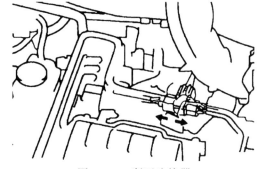

图 4-171 断开连接器

② 用万用表测量车身接地与车辆侧线束连接器的端子间的电压,此电压应与辅助蓄电池端子电压相同。

③ 打开电源开关（在 IG 位置），用万用表的电压挡和欧姆挡测量车辆线束侧连接器端子（图 4-172）间的电压和电阻。连接器端子间的电压和电阻标准值如表 4-29 所示。如果不符合标准值，则更换带变频器的转换器总成。

表 4-29 连接器端子间的电压和电阻标准值

测试端子	标准数值
端子 5-车身接地(LGCT-车身接地)	8～16V
端子 3-车身接地(S-车身接地)	同辅助蓄电池端子电压
端子 1-车身接地(S-车身接地)	120～140Ω

图 4-172 连接器端子

（5）检查速度传感器 速度传感器如图 4-173 所示。用万用表测量端子（图 4-174）间的电阻。速度传感器标准值如表 4-30 所示。如果不符合标准值，则更换混合动力车辆变速驱动桥总成。

表 4-30 速度传感器标准值

测试端子	标准数值
A1-A4(GCS-GCSG)	12.6～16.8Ω
A2-A5(GSN-GSNG)	12.6～16.8Ω
A3-A6(GRF-GRFG)	7.65～10.2Ω
B1-B4(MRF-MRFG)	7.65～10.2Ω
B2-B5(MSN-MSNG)	12.6～16.8Ω
B3-B6(MCS-MCSG)	12.6～16.8Ω
上述所有端子-变速驱动桥壳	≥10kΩ

（6）检查加速踏板位置 检修时，不用从加速踏板上拆下连接器。在连接器的混合动力车辆控制 ECU 侧进行测量。

① 打开电源开关（在 IG 位置）。

图 4-173　速度传感器
A, B—连接器

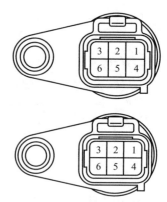

图 4-174　连接器端子

② 用万用表电压挡测量。加速踏板位置端子间电压传感器标准值如表 4-31 所示。如果不符合标准值，则更换加速踏板连杆总成。

表 4-31　加速踏板位置端子间电压传感器标准值

测量端子	测量条件	标准数值/V
B25-B27(VCP1-EP1)	正常	4.5～5.5
B26-B27(VPA1-EP1)	没有踩下加速踏板	0.5～1.1
B26-B27(VPA1-EP1)	逐渐踩下加速踏板	电压缓慢升高
B26-B27(VPA1-EP1)	完全踩下加速踏板	2.6～4.5
B33-B35(VCP2-EP2)	正常	4.5～5.5
B34-B35(VPA2-EP2)	没有踩下加速踏板	1.2～2.0
B34-B35(VPA2-EP2)	逐渐踩下加速踏板	电压缓慢升高
B34-B35(VPA2-EP2)	完全踩下加速踏板	3.4～5.3

（7）HV ECU 各端子含义　HV ECU 端子排列如图 4-175 所示，HV ECU 各端子的含义、检测条件如表 4-32 所示。

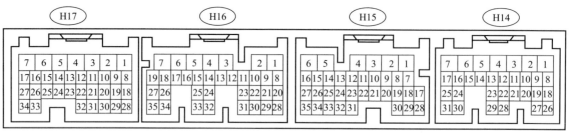

图 4-175　HV ECU 端子排列

表 4-32　HV ECU 各端子的含义、检测条件

端子标识(端子号)	导线颜色标识	端子定义	测试条件	电压/V
ST2(H14-5)-GND(H14-1)	Y-W-B	启动信号	点火开关 ON(READY)	9～14
IGSW(H14-7)-GND1(H14-1)	O-W-B	IG 信号	点火开关 ON(IG)	9～14

续表

端子标识(端子号)	导线颜色标识	端子定义	测试条件	电压/V
BATT(H15-6)-GND(H14-1)	Y-W-B	备用蓄电池	一直	9～14
+B1(H16-7)-GND1(H14-1)	L-W-B	HV 控制 ECU 的电源	点火开关 ON(IG)	9～14
+B2(H16-6)-GND1(H14-1)	L-W-B	HV 控制 ECU 的电源	点火开关 ON(IG)	9～14
MREL(H16-4)-GND1(H14-1)	O-W-B	主继电器	点火开关 ON(IG)	9～14
CANH(H14-8)-GND(H14-1)	B-W-B	高位 CAN 线	点火开关 ON(IG)	脉冲信号
CANL(H14-9)-GND1(H14-1)	W-W-B	低位 CAN 线	点火开关 ON(IG)	脉冲信号
NEO(H16-12)-GND(H14-1)	LG-W-B	发动机转速信号	发动机运行状态	脉冲信号
GO(H16-13)-GND1(H14-1)	Y-W-B	G 信号	发动机运行状态	脉冲信号
SPDI(H14-19)-GND(H14-1)	V-W-B	车速信号	行驶速度大于 20km/h	脉冲信号
VPA1(H16-26)-EP(H16-27)	L-B	加速踏板位置传感器（用于 HV 系统）	点火开关 ON(IG) 加速踏板释放	0.5～1.1
VPA1(H16-26-)-EP1(H16-27)	L-B	加速踏板位置传感器（用于 HV 系统）	点火开关 ON(IG)挡位在 P 挡，加速踏板全踩下	2.6～4.5
VPA2(H16-34)-EP2(H16-35)	W-R	加速踏板位置传感器（用于传感器故障监测）	点火开关 ON(IG) 加速踏板全踩下	1.2～2.0
VPA2(H16-34)-EP2(H16-35)	W-R	加速踏板位置传感器（用于传感器故障监测）	点火开关 ON(IG)挡位在 P 挡，加速踏板全踩下	3.4～5.3
VCP1(H16-25)-EP2(H16-27)	Y-B	加速踏板位置传感器电源(用于 VPA1)	点火开关 ON(IG)	4.5～5.5
VCP2(H16-33)-EP2(H16-35)	G-R	加速踏板位置传感器电源(用于 VPA2)	点火开关 ON(IG)	4.5～5.5
VSX1(H14-25)-E2X1(H14-15)	B-R	换挡位置传感器(主)	点火开关 ON(IG)挡位 P 位置	2.0～3.0
VSX1(H14-25)-B2X1(H14-15)	B-R	换挡位置传感器(主)	点火开关 ON(IG)挡位 R 位置	4.0～4.8
ABFS(H14-20)-GND1(H14-1)	L-W-B	气囊展开信号	点火开关 ON(READY)	脉冲信号
SA1(H16-15)-GND(H16-16)	Y-W	1 号电路切断传感器	信号系统正常	2.5～2.9
ILK(H15-1)-GND1(H14-1)	V-W-B	互锁开关	点火开关 ON(IG) 变频器和维修接头安装正常	<1
ILK(H15-1)-GND1(H14-1)	V-W-B	互锁开关	点火开关 ON(IG) 变频器或检修塞断开	9～14
CON1(H16-1)-GND1(H14-1)	R-W-B	1 号系统主继电器	点火开关从 OFF 到 ON（READY）	脉冲信号
CON2(H16-2)-GND1(H14-1)	G-W-B	2 号系统主继电器	点火开关从 OFF 到 ON（READY）	脉冲信号
CON3(H16-3)-GND1(H14-1)	Y-W-B	3 号系统主继电器	点火开关从 OFF 到 ON（READY）	脉冲信号
VH(H15-26)-GINV(H15-23)	Y-W-B	变频器电压监控	点火开关 ON(READY)	1.6～3.8
GUU(H15-15)-GINV(H15-23)	B-Y	发动机开关 U 信号	点火开关 ON(IG)	脉冲信号
GVU(H15-14)-GINV(H15-23)	G-Y	发动机开关 V 信号	点火开关 ON(IG)	脉冲信号

续表

端子标识(端子号)	导线颜色标识	端子定义	测试条件	电压/V
GWU(H15-13)-GINV(H15-23)	Y-Y	发动机开关 W 信号	点火开关 ON(IG)	脉冲信号
GIVA(H15-34)-GINV(H15-23)	W-Y	发动机 V 阶段电流	点火开关 ON(IG)	约 0
GIVB(H15-33)-GINV(H15-23)	B-Y	发电机 V 阶段电流	点火开关 ON(IG)	约 0
GIWA(H15-32)-GINV(H15-23)	R-Y	发动机 W 阶段电流	点火开关 ON(IG)	约 0
GIWB(H15-31)-GINV(H15-23)	G-Y	发动机 W 阶段电流	点火开关 ON(IG)	约 0
GIVT(H15-27)-GINV(H15-23)	W-Y	变频器温度传感器	点火开关 ON(IG)	2～4.5
GSDN(H15-16)-GINV(H15-23)	R-W-B	发动机切断信号	点火开关 ON(READY) 挡位 N 位置	0.2～0.7
GSDN(H15-16)-GINV(H15-23)	R-W-B	发动机切断信号	点火开关 ON(READY) 挡位 P 位置	5.1～13.6
GFIV(H15-35)-GINV(H15-23)	GR-W-B	变频器失效信号	点火开关 ON(IG) 变频器工作异常	5.4～7.4
GFIV(H15-35)-GINV(H15-23)	GR-W-B	变频器失效信号	点火开关 ON(IG) 变频器工作异常	2～3
VSX1(H14-25)-E2X1(H14-14)	B-R	换挡位置传感器(主)	点火开关 ON(IG) 挡位 B 或 D 位置	0.2～1.0
VSX2(H14-24)-E2X2(H14-14)	L-Y	换挡位置传感器(副)	点火开关 ON(IG) 挡位 P 位置	2.0～3.0
VSX2(H14-24)-E2X2(H14-14)	L-Y	换挡位置传感器(副)	点火开关 ON(IG) 挡位 R 位置	4.0～4.8
VSX2(H14-24)-E2X2(H14-14)	L-Y	换挡位置传感器(副)	点火开关 ON(IG) 挡位 B 或 D 位置	0.2～1.0
VCX1(H14-17)-E2X1(H14-15)	W-R	换挡位置传感器电源(用于 VSX1)	点火开关 ON(IG)	4.5～5.5
VCX2(H14-16)-E2X2(H14-14)	G-Y	换挡位置传感器电源(用于 VSX2)	点火开关 ON(IG)	4.5～5.5
VSX3(H14-23)-GND1(H14-1)	BR-W-B	挡位传感器(主)	点火开关 ON(IG) 挡位 P 位置	0.5～2.0
VSX3(H14-23)-GND1(H14-1)	BR-W-B	挡位传感器(主)	点火开关 ON(IG) 挡位 R 或 N 或 D 位置	3.0～4.85
VSX4(H14-30)-GND(H14-1)	SB-W-B	挡位传感器(副)	点火开关 ON(IG) 挡位 P 位置	0.5～2.0
VSX4(H14-30)-GND(H14-1)	SB-W-B	挡位传感器(副)	点火开关 ON(IG) 挡位 R 或 N 或 D 位置	3.0～4.85
VCX3(H14-21)-GND1(H14-1)	W-W-B	换挡位置传感器电源(用于 VSX3)	点火开关 ON(IG)	9～14
VCX4(H14-31)-GND1(H14-1)	P-W-B	换挡位置传感器电源(用于 VSX4)	点火开关 ON(IG)	9～14
NODD(H16 24)-GND1(H14-1)	V-W-B	制动请求信号	转换器正常工作	5～7
NODO(H16-24)-GND1(H14-1)	V-W-B	制动请求信号	转换器不正常工作	2～4
NODD(H16-24)-GND1(H14-1)	V-W-B	制动请求信号	转换器需要被制动	0.1～0.5

续表

端子标识(端子号)	导线颜色标识	端子定义	测试条件	电压/V
VLO(H16-31)-GND1(H14-1)	L-W-B	二级选择信号	转换器选择14V输出电压	13～14
VLO(H16-31)-GND1(H14-1)	L-W-B	二级选择信号	转换器13.5V输出电压	<0.5
TC(H14-6)-GND1(H14-1)	L-W-B	DLC2的TC端子	点火开关ON(IG)	9～14
STP(H15-3)-GND1(H14-1)	L-W-B	制动灯开关	踩下制动踏板	9～14
STP(H15-3)-GND(H14-1)	L-W-B	制动灯开关	释放制动踏板	2～3
GRF(H17-27)-GRFG(H17-26)	B-W	发电机的转速和位置信号	发电机转速和位置传感器旋转或停止	脉冲信号
GSN(H17-22)-GSNG(H17-21)	R-G	发电机的转速和位置信号	发电机转速和位置传感器旋转或停止	脉冲信号
GCS(H17-23)-GCSG(H17-24)	Y-BR	发电机的转速和位置信号	发电机转速和位置传感器旋转或停止	脉冲信号
OWT(H17-30)-OWTG(H17-29)	B-G	2号电动机温度传感器	—	—
MUU(H15-9)-GINV(H15-23)	B-Y	电动机开关U信号	点火开关ON(IG)	脉冲信号
MVU(H15-10)-GINV(H15-23)	W-Y	电动机开关V信号	点火开关ON(IG)	脉冲信号
MWU(H15-11)-GINV(H15-23)	R-Y	电动机开关W信号	点火开关ON(IG)	脉冲信号
MIVA(H15-30)-GINV(H15-23)	G-Y	电动机V阶段电流	点火开关ON(IG)	约0
MIVB(H15-21)-GINV(H15-23)	W-Y	电动机V阶段电流	点火开关ON(IG)	约0
MIWA(H15-29)-GINV(H15-23)	R-Y	电动机W阶段电流	点火开关ON(IG)	约0

4. 混合动力控制系统故障判断

（1）故障诊断步骤

步骤1：车辆进入维修车间。

步骤2：分析客户所描述的故障。

步骤3：将智能测试仪连接到DLC3（数据链路连接器）。如果测试仪显示通信故障，则应检查DLC3。

步骤4：检查并记录DTC和历史数据。

步骤5：清除DTC。

步骤6：故障现象确认。若故障未出现，则检查并修理CAN通信系统。

步骤7：现象模拟。

步骤8：检查DTC。

步骤9：查DTC表。

步骤10：电路检查。

步骤11：故障识别。

步骤12：调整和/或修理。

步骤13：确认故障试验。

步骤14：结束。

注：步骤3～5、步骤8需使用智能测试仪。

智能测试仪（Intelligent Ster）如图4-176所示，是丰田汽车公司最新推出的汽车检测仪，支持丰田和雷克萨斯所有装备CAN BUS系统的车型。智能测试仪采用手持电脑，结构紧凑坚固，触摸屏操作，中文显示。诊断功能支持所有可诊断系统：防盗、ABS、安全气囊、发动机和变速器等,智能测试仪内置双通道示波器和万用表,在很大程度上扩展了仪器功能。

(2)故障自诊断系统 HV控制ECU具有完善的自诊断系统。如果混合动力车辆控制系统或其他组件操作不当,ECU会检测出故障,使组合仪表上的主警告灯点亮,或者在复式显示器上其他灯点亮,如HV系统警告灯(图4-177)、蓄电池警告灯或放电警告灯。主警告灯点亮表示有故障,在检查模式下主警告灯闪烁。

图4-176 智能测试仪

将智能测试仪连接到车辆上,然后读取车辆ECU输出的各类数据,当车载计算机在检测到本身或驾驶系统组件出现故障时,会点亮仪表盘上的发动机检查警告灯(CHK ENG灯),如图4-178所示。另外,可应用的故障码(DTC)被保存在HV控制ECU存储器中。

图4-177 HV系统警告灯

如果故障没有重现,则CHK ENG灯会在电源关闭后熄灭,而DTC也将继续保存在HV ECU存储器中。

将智能测试仪和车辆的数据链路连接器3(DLC3)连接起来,如图4-179所示,然后检测DTC。智能测试仪还可以用来清除DTC或者检测历史数据和不同类型的数据。

 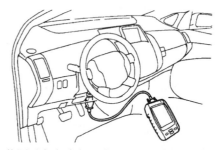

图4-178 发动机检查警告灯　　图4-179 智能测试仪与车辆的数据链路连接器3(DLC3)的连接

(3)检查DLC3 HV控制ECU采用ISO 9141-2(Euro-OBD)/ISO 14230(M-OBD)通信协议,DLC3的端子排列顺序符合ISO 15031-03标准并与ISO 91412/ISO 14230格式相匹配。数据链路连接器3(DLC3)如图4-180所示,其定义如表4-33所示。

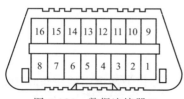

图4-180 数据连接器3

表4-33 数据连接器端子定义

端子号	符号	定义	测量值	条件
7	SIL	总线"+"连线	脉冲	通信过程中
4	CG	底盘接线	≤1Ω	始终
5	SG	信号接地	≤1Ω	始终
16	BAT	蓄电池正极	11~14V	始终

如果将智能测试仪电缆连接到 DLC3 上，打开电源开关并操作智能测试仪，而显示器没有显示任何有效信息，则表明车辆或者测试仪本身有故障。

为了进一步判断故障，可将测试仪连接到其他车辆上，如果在同样模式下通信正常，则说明原车辆的 DLC3 和通信总线有故障。

如果将测试仪连接到其他车辆上，在同样模式下通信仍然异常，则测试仪本身可能有故障，请咨询操作手册上列出的相关维修部门。

（4）检查辅助蓄电池

① 测量辅助蓄电池电压，电压标准值：11～14V。

② 检查辅助蓄电池、熔断器、线束、连接器和接地。

（5）检查 CHK ENG 灯

① 电源开关打开和 READY 灯关闭时，CHK ENG 灯点亮。如果 CHK ENG 灯没有点亮，则说明 CHK ENG 灯电路出现故障。

② READY 灯点亮时，CHK ENG 灯应熄灭。如果 CHK ENG 灯一直亮，则表明诊断系统已在系统中检测到故障或异常。

（6）DTC 检查/清除

① 检查 DTC（混合动力控制）。将智能测试仪连接到主 DLC3；打开电源开关（在 IG 位置）；在系统选择画面中，进入下列菜单：Powertrain/Hybrid Control/DTC，如图 4-181 所示。读取控制系统的 DTC。

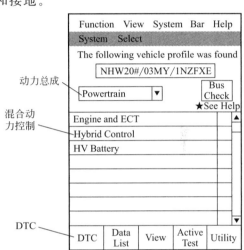

图 4-181　系统选择

② 检查历史数据和信息。

a. 如果出现 DTC，则选择该 DTC 以显示历史数据，如图 4-182 所示。

b. 在检测 DTC 时读取已储存的历史数据，如图 4-183 所示。

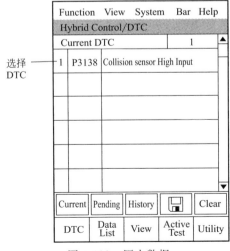

图 4-182　历史数据

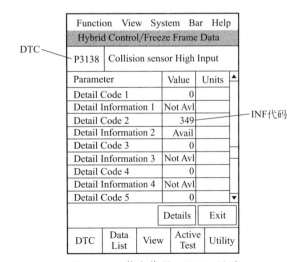

图 4-183　信息代码（INF）显示

c. 读取信息。

• 在含有 INF 代码的详细代码中选择详细信息。如图 4-184 所示，详细代码 2 中含有

INF 代码 349，在这种情况下，应该选择详细信息 2。
- 按下"Details"键。
- 显示信息如图 4-185 所示。

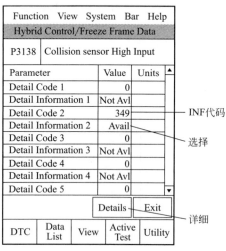

图 4-184　详细信息　　　　　图 4-185　显示信息

③ 检查 DTC（总线检查）。

a. 在系统选择界面中选择总线检查，如图 4-186 所示。

b. 在总线检查界面中，选择通信故障 DTC，如图 4-187 所示，然后读取通信故障 DTC。如果在其他 DTC 检测过程中发现 CAN 通信系统 DTC，则首先在 CAN 通信系统中排除故障。

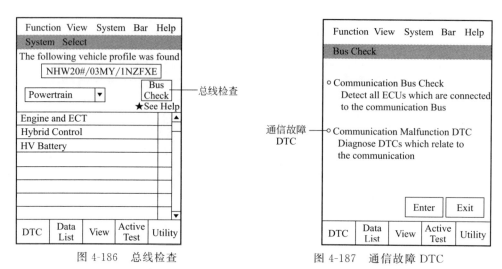

图 4-186　总线检查　　　　　图 4-187　通信故障 DTC

④ 检查 DTC（除混合和控制系统外）。由于 HV 控制 ECU 和计算机始终都保持相互通信，包括 ECM、蓄电池 ECU、制动防滑控制 ECU、动力转向 ECU 和其他部分，因此，如果 HV 控制 ECU 输出警告信号，就必须检查和记录上述所有系统 DTC。

a. 在系统选择界面中，进入下列菜单：Utility/All Codes。

b. 如果出现 DTC（图 4-188），则检查相应系统。

⑤ 清除 DTC。

a. 将测试仪连接至 DLC3。

b. 打开电源开关（IG 位置）。

c. 打开智能测试仪。

d. 检查挡位是否在"P"挡。

e. 打开混合动力控制/DTC 界面，并按下界面右下清除键（图 4-189）。清除 DTC 的同时会清除历史数据和信息。

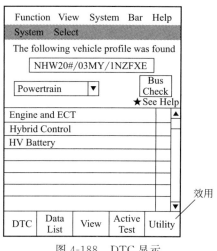

图 4-188　DTC 显示　　　　　　　　图 4-189　清除 DTC

二、驱动电动机的检修

驱动电动机变频器电压过低故障的 DTC 码为 P0A78，其含义如表 4-34 所示。

表 4-34　驱动电动机变频器电压过低故障 DTC 的含义

DTC 码	INF 代码	DTC 检测条件	故障可能发生部位
P0A78	266	变频器电压（VH）传感器电路开路或 GND 短路	• 线束或连接器 • 带转换器的变频器总成 • HV 控制 ECU
P0A78	267	变频器电压（VH）传感器电路＋B 短路	• 线束或连接器 • 带转换器的变频器总成 • HV 控制 ECU

1. 电路简介

变频器内包含一个三相桥电路，如图 4-190 所示，它由功率晶体管组成，用来转换直流电和三相交流电。晶体管的导通是由 HV ECU 控制的。

在变频器中内置有电压传感器，HV ECU 使用电压传感器来检测升压后的高压并进行升压控制。

根据高压的不同，变频器电压传感器会输出一个 0～5V 的电压值。高压越高，输出电压越高；高压越低，输出电压越低，如图 4-191 所示。HV ECU 监控变频器电压并检测故障。

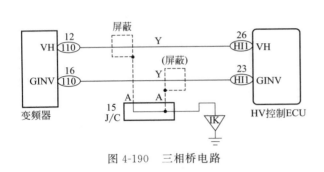

图 4-190 三相桥电路

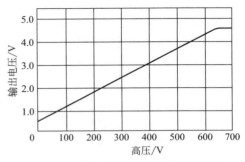

图 4-191 变频器电压传感器输出电压

2. 检查步骤

(1) 读取输出的 DTC（混合动力控制）

① 将智能测试仪连接至 DLC3。

② 打开电源开关（在 IG 位置）。

③ 打开智能测试仪。

④ 进入智能测试仪的下列菜单：Powetrain/Hybrid Conteol/DC。

⑤ 读取 DTC。结果：输出 DTC P0A1D。若输出 DTC，则转到相关的 DTC 表；若无 DTC 输出，则转到步骤（2）。

(2) 读取智能测试仪的数据（升压后 VH 电压）

① 将智能测试仪连接至 LDC3。

② 打开电源开关（IG 位置）。

③ 打开智能测试仪。

④ 进入智能测试仪的下列菜单：Powetrain/Hybrid Conteol/Data List。

⑤ 智能测试仪显示出升压数据后读取 VH 电压，如表 4-35 所示。

如果智能测试仪显示 765V，则表明＋B 电路存在短路现象。

如果智能测试仪显示 0，则表明存在电路开路或 GND 短路现象。

表 4-35 智能测试仪显示结果

电压显示/V	转到
765	步骤(3)
0	步骤(5)
1～764	检查间歇性故障

(3) 读取智能测试仪的数据（检查线束是否＋B 短路） 进行下列操作前戴上绝缘手套。

① 关闭电源开关。

② 拆下检修塞。拆下检修塞后，若打开电源开关（READY 灯亮）可能导致故障，因此一定不要打开电源开关 READY。

③ 拆下变频器盖。

④ 断开 I10 变频器连接器（图 4-192）。

⑤ 打开电源开关（IG 位置）。注意：拆下检修塞和变频器盖后，如果打开电源开关（IG 位置），则将输出互锁开关系统的 DTC。

⑥ 进入智能测试仪的下列菜单：Powetrain/Hybrid Conteol/Data List。

⑦ 智能测试仪显示出数据后读取 VH 电压，变频器电压传感器电路如图 4-193 所示。标准：0。

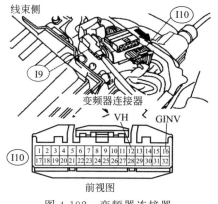

图 4-192 变频器连接器

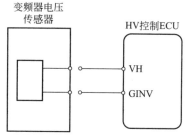

图 4-193 变频器电压传感器电路

⑧ 关闭电源开关。
⑨ 重新连接变频器连接器。
⑩ 重新安装变频器盖。
⑪ 重新安装检修塞。
若异常，进行步骤（4）。
若正常，修理或更换带转换器的变频器总成。

（4）读取智能测试仪的数据（测量混合动力车辆控制 ECU 是否＋B 短路）

① 断开 HV 控制 ECU 连接器的 HI1 端子，如图 4-194 所示。

② 打开电源开关（IG 位置）。注意：拆下检修塞和变频器盖后，如果打开电源开关，系统会输出互锁开关系统的 DTC。

③ 进入智能测试仪的下列菜单：Powertrain/Hybrid Conteol/Date List。

④ 智能测试仪显示出数据后读取 VH 电压。标准：0。

⑤ 重新连接 HV 控制 ECU 连接器，若异常，则更换混合动力车辆控制 ECU；若正常，则修理或更换线束或连接器。

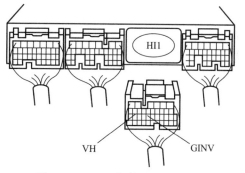

图 4-194 HV 控制 ECU 连接器

（5）检查线束和连接器（HV 控制 ECU 变频器） 进行下列操作前戴上绝缘手套。
① 关闭电源开关。
② 拆下检修塞。拆下检修塞后，若打开电源开关（READY 灯亮）可能会造成故障，因此一定不要打开电源开关（READY 灯亮）。
③ 拆下变频器盖。
④ 断开 HI1 HV 控制 ECU 连接器。
⑤ 断开 I10 变频器连接器。
⑥ 检查线束侧连接器间的电阻，连接器间的电阻标准值如表 4-36 和表 4-37 所示。
⑦ 连接变频器连接器。

⑧ 连接 HV 控制 ECU 连接器。

⑨ 安装变频器盖。

⑩ 安装检修塞。

若异常，则修理或更换线束或连接器。

表 4-36 连接器间的电阻值标准值（开路检查）

测试端子	标准数值/Ω
VH(HI1-26)-VH(I10-12)	<1
GINV(HI1-23)-GINV(I10-16)	<1

表 4-37 连接器间的电阻值标准值（短路检查）

测试端子	标准数值/kΩ
VH(HI1-26)或 VH(I10-12)-车身接地	≥10
GINV(HI1-23)或 GINV(I10-16)-车身接地	≥10

（6）检查混合动力车辆 ECU（VH 电压）

① 打开电源开关（READY 灯亮）。拆下检修塞和变频器盖后，如果打开电源开关（IG 位置），则将输出互锁开关系统的 DTC。

② 测量 HI1 HV 控制 ECU 连接器端子间的电压，如表 4-38 所示。若异常，则更换带转换器的变频器总成；若正常，则更换混合动力车辆控制 ECU。

表 4-38 HI1 HV 控制 ECU 连接器端子间电压

测试端子	标准数值/V
VH(HI1-26)-GINV(HI1-23)	1.6～3.8

3. 驱动电动机无法运转诊断

驱动电动机无法运转故障的 DTC 码为 P0A90，如表 4-39 所示。

表 4-39 驱动电动机无法运转故障 DTC 码含义

DTC 码	INF 代码	DTC 检测条件	故障可能发生部位
P0A90	239	HV 变速驱动桥输入故障(损坏)	• 发动机总成 • HV 变速驱动桥总成(轴或齿轮) • 变速器输入减振器 • 线束或连接器 • HV 控制 ECU
P0A90	24	HV 变速驱动桥输入故障(转矩限制器滑动)	• 发动机总成 • HV 变速驱动桥总成(轴或齿轮) • 变速器输入减振器 • 线束或连接器 • HV 控制 ECU
P0A90	602	HV 变速驱动桥输出故障	• 发动机总成 • HV 变速驱动桥总成(轴或齿轮) • 变速器输入减振器 • 线束或连接器 • HV 控制 ECU

（1）电路简介 变速驱动桥总成由 MG1 和 MG2 等组成，如图 4-195 所示。车辆给 HV 蓄电池充电时，齿轮装置会根据驱动请求使用行星齿轮来切断发动机输出。车辆驱动时，MG2 给发动机输出提供帮助。另外，MG2 通过把能量（正常制动时）消耗的热转换为电能，并将之充到 HV 蓄电池来影响再生制动。通过再生制动和减速车辆，MG2 产生高压电，高压电用于给 HV 蓄电池充电。

MG1 发的电用来给 HV 蓄电池充电或者驱动 MG2。它还有无级变速功能，可通过调节发电量来控制驱动桥，这会很大程度上影响 MG1 的速度。另外，MG1 作为启动机电动机来启动发动机，输入减振器吸收伴随着发动机驱动力传输的振动。

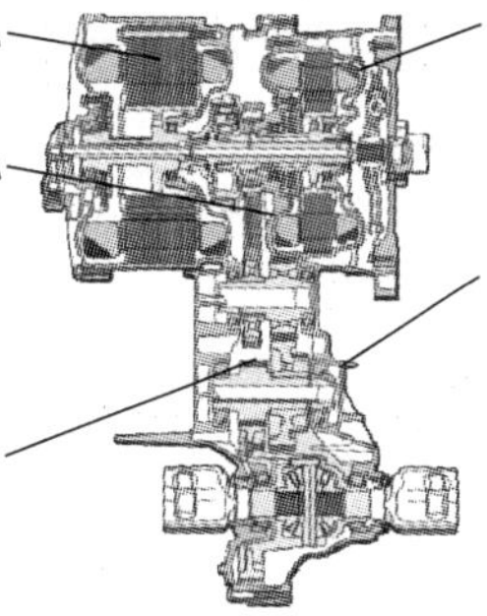

图 4-195 变速器驱动桥

（2）诊断步骤

① 读取输出的 DTC（发动机）。

a. 将智能测试仪连接到 DTC。

b. 打开电源开关（在 IG 位置）。

c. 打开智能测试仪。

d. 进入智能测试仪的下列菜单：Powertrain/Engine and ECT/DTC。

e. 读取 DTC。结果：输出 DTC。若输出 DTC，则转到相关的 DTC 表；若无 DTC 输出，则转入步骤②。

② 检查曲轴带轮旋转。

a. 关闭电源开关。

b. 顶起车辆。

c. 用手转动曲轴带轮，检查曲轴是否旋转。

正常，曲轴转动；异常，进行步骤⑩。

③ 检查线束和连接器（ECM 曲轴位置传感器）。

a. 断开 E3ECM 连接器。

b. 断开 C7 曲轴位置传感器连接器。

c. 检查线束侧连接器间的电阻，连接器间的电阻标准值如表 4-40 所示。

d. 重新连接曲轴位置传感器连接器。

e. 重新连接 ECM 连接器。若异常，则修理或更换线束或连接器；若正常，则转入步骤④。

④ 检查线束和连接器（混合动力车辆控制 ECU-ECM）。

a. 断开 HI2 HV 控制 ECU 连接器。

b. 断开 E5ECM 连接器。

c. 测量线束侧连接器间的电阻，连接器间的电阻标准值如表 4-41 所示。

d. 重新连接 ECM 连接器。

e. 重新连接 HV 控制 ECU 连接器。若异常，则修理或更换线束或连接器；若正常，则转入步骤⑤。

表 4-40 连接器间的电阻标准值（开路检查）

测量端子	标准数值/Ω
NEO(HI2-12)-NEP(E5-1)	<1

表 4-41 连接器间的电阻标准值（短路检查）

测量端子	标准数值/kΩ
NEO(HI2-12)或 NEP(E5-1)-车身接地	≥10

⑤ 检查和清除 DTC（混合动力控制）。

a. 将智能测试仪连接至 DLC3。

b. 打开电源开关（在 IG 位置）。

c. 打开智能测试。

d. 进入智能测试仪的下列菜单：Powertrain/Engine and/DTC。

e. 检查和记录 DTC、历史数据和信息。

f. 清除混合动力控制 DTC。

⑥ 检查 READY 灯是否打开。

a. 将智能测试仪连接至 DLC3。

b. 打开电源开关（在 IG 位置）。

c. 打开智能测试。

d. 进入智能测试仪的下列菜单：Power rain/Engine and/Data。

e. 读取发电机转速和发动机转速。

f. 打开电源开关（READY 灯亮）。正常：READY 灯亮。如果 READY 灯不亮，智能测试仪就会显示 DTC P0A90（INF239）[HV 变速驱动桥故障（轴损坏）]。若 MG1 打开但发动机不转动，则更换混合动力车辆变速驱动桥总成。

若异常，则更换混合动力车辆变速驱动桥总成；若正常，则转入步骤⑦。

⑦ 检查发动机转速上升。

a. 将智能测试仪连接至 DLC3。

b. 打开电源开关（在 IG 位置）。

c. 打开智能测试。

d. 进入智能测试仪的下列菜单：Powertrain/Engine and/Date List。

e. 读取发电机 MG1 转速和发动机转速。

f. READY 打开，挡位位于 "P" 挡时，踏下加速踏板 10s。正常：发动机转速上升。如果发动机转速不上升，智能测试仪就会显示 DTC P0A90（INF239）[HV 变速驱动桥故障（轴损坏）]。若 MG1 接通但发动机不转动，则更换混合动力车辆变速驱动桥总成。

若异常，则更换混合动力车辆变速驱动桥总成；若正常，则转入步骤⑧。

⑧ 检查滑移。

a. 将智能测试仪连接至 DLC3。

b. 打开电源开关（READY 灯亮）。

c. 顶起车辆。

d. 踏下制动板，将选挡杆移到 "D" 挡，松开制动踏板。正常：车轮转动（滑移）。如果车轮不转，读取智能测试仪显示的 DTC P0A90（INF241）HV 变速驱动桥输出故障，则更换动力车辆变速驱动桥总成。

若异常，则更换混合动力车辆变速驱动桥总成；若正常，则转入步骤⑨。

⑨ 检查发动机加速度。

a. 将智能测试仪连接至 DLC3。

b. 当行驶车速高于 10km/h 时，完全踏下加速踏板来提高发动机转速。正常：发动机转速平稳增加。如果发动机转速过高或智能测试仪显示 DTC P0A90（INF241）[HV 变速器输入故障（转矩限制器滑动）]，则更换变速器的减振器。

若异常，则更换变速器驱动桥输入减振器总成；若正常，进行模拟测试，如果现象不再出现，则更换 HV 变速驱动桥和 HV 控制 ECU。

⑩ 检查前轮转速。

a. 打开电源开关（在 IG 位置）。

b. 踏下制动踏板，移动选挡杆到 "N" 挡。

c. 顶起车辆。

d. 用手转动曲轴带轮，检查前轮是否转动。正常：前轮转动。

若异常，则修理更换发动机总成；若正常，则修理或更换混合动力车辆变速驱动桥总成。

三、混合动力电池系统的维修

1. 电池系统概述

混合动力蓄电池系统的主要作用是由蓄电池 ECU 监控 HV 蓄电池总成的状态，并将此信息输出给 HV 控制 ECU，控制蓄电池鼓风机电动机控制器，以此保持 HV 的适当温度。

（1）HV 蓄电池总成管理和安全保护功能

① 在驾驶过程中，蓄电池总成加速时反复放电，而通过减速恢复制动，蓄电池被充电。蓄电池 ECU 根据电压、电流和温度计算出 HV 蓄电池的 SOC（荷电状态），然后将结果输出给控制 ECU，HV 控制 ECU 根据 SOC 执行充电/放电控制。

② 如果故障发生，蓄电池 ECU 会自动执行安全保护功能，依照故障程度保护 HV 蓄电池总成。

（2）蓄电池鼓风机电动机控制　车辆行驶时，为了控制 HV 蓄电池总成温度的上升，蓄电池 ECU 根据 HV 蓄电池总成温度判断并控制蓄电池鼓风机总成的操作模式。

2. 电池系统的检修

（1）检查蓄电池加液口塞的导通性

① 用万用表测量端子间的电阻，如图 4-196 所示。标准：≥10kΩ。如果不符合标准值，则更换蓄电池加液口塞。

② 将检修塞安装到固定座上。

③ 用万用表测量端子间的电阻，如图 4-197 所示。标准：<1Ω。如果不符合标准值，则更换蓄电池加液口塞。

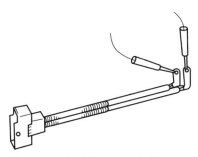

图 4-196　测量端子间的电阻（一）

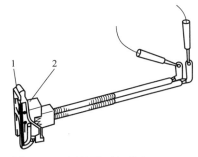

图 4-197　测量端子间的电阻（二）
1—检修塞卡箍；2—固定座

（2）检查 1# 系统主继电器　连接器 B 和 C 形状相同，通过端子 1 侧的线束长度和线束颜色来区分每一个连接器，如图 4-198 所示为主继电器的连接器，其线条长度和颜色如表 4-42 所示。

表 4-42　1# 系统主继电器

连接器	线束长度	线束颜色
B	短	黄色
C	长	黑色

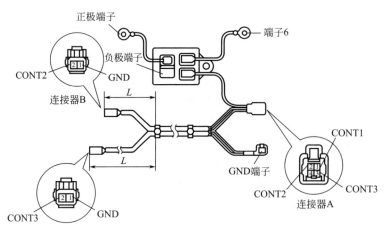

图 4-198 主继电器的连接器

① 检查导通性。

a. 用万用测量连接器间的电阻,电阻标准值如表 4-43 所示。如果不符合标准值,则更换 1♯ 系统主继电器。

b. 在正极和负极端子间提供电压,然后用万用表测量端子 6 和 A1（CONT1）间的电阻。标准：<1Ω。如果不符合标准值,则更换 1♯ 系统主继电器。

② 检查电阻。用万用表测量端子 6 和 A1（CONT1）间的电阻。标准：70~160Ω。如果不符合标准值,则更换 1♯ 系统主继电器。

表 4-43 连接器间的电阻标准值

测量端子	标准数值
正极端子-负极端子	≥10kΩ
A2(CONT2)-B1(CONT2)	<1Ω
A3(CONT3)-C1(CONT3)	<1Ω
端子 B1(GND)-GND	<1Ω
端子 C2(GND)-GND	<1Ω

(3) 检查 2♯ 系统主继电器 将 2 个已安装的螺母安装到负极和正极端子。转矩：5.6N·m。

① 检查导通性。

a. 用万用表测量正极和负极端子间的电阻,如图 4-199 所示。标准：≥10kΩ。如果不符合标准值,则更换 2♯ 系统主继电器。

b. 在连接器端子间加蓄电池电压,然后用万用表测量正极和负极端子间的电阻。标准：<1Ω。如果不符合标准,则更换 2♯ 系统主继电器。

② 检查电阻。用万用表测量连接器端子间的电阻。标准：20~50Ω。如果不符合标准值,则更换 2♯ 系统主继电器。

(4) 检查 3♯ 系统主继电器 将螺母安装到负极和正极端子上。转矩：5.6N·m。

① 检查导通性。

a. 用万用表测量正极和负极端子间的电阻,如图 4-200 所示。标准：≥10kΩ,如果不符合标准值,则更换 3♯ 系统主继电器。

b. 在连接器端子间加蓄电池电压,然后用万用表测量正极和负极端子间的电阻。标准：

<1Ω。如果不符合标准，则更换3#系统主继电器。

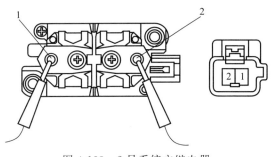

图4-199　2号系统主继电器
1—负极端子；2—正极端子

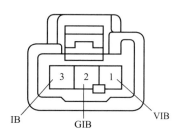

图4-200　蓄电池电流传感器

② 检查电阻。用万用表测量连接器端子间的电阻。标准：20～50Ω。如果不符合标准值，则更换3#系统主继电器。

(5) 检查蓄电池电流传感器的电阻

① 用万用表测量端子1（VIB）和端子2（GIB）间的电阻，电阻标准值如表4-44所示。如果不符合标准值，则更换蓄电池电流传感器。

② 用万用表测量端子1（VIB）和端子3（IB）间的电阻，电阻标准值如表4-45所示。如果不符合标准值，则更换蓄电池电流传感器。

③ 用万用表测量端子2（GIB）和端子3（IB）间的电阻。标准：≤200Ω。

a. 调换表笔位置，电阻也应保持不变。

b. 如果不符合标准值，则更换蓄电池电流传感器。

表4-44　端子1（VIB）和端子2（GIB）间的电阻标准值

测量端子	标准数值/kΩ	测量端子	标准数值/kΩ
正极探针到端子1(VIB)	3.5～4.5	正极探针到端子2(GIB)	5～7
负极探针到端子2(GIB)		负极探针到端子1(VIB)	

表4-45　端子1（VIB）和端子3（IB）间的电阻标准值

测量端子	标准数值/kΩ	测量端子	标准数值/kΩ
正极探针到端子1(VIB)	3.5～4.5	正极探针到端子2(IB)	5～7
负极探针到端子3(IB)		负极探针到端子1(VIB)	

(6) 检查系统主电阻器　用万用表测量端子间的电阻，如图4-201所示。标准：18～22Ω。如果不符合标准值，则更换系统主电阻器。

(7) 检查鼓风机继电器　用万用表测量端子间的电阻，如图4-202所示，电阻标准值如表4-46所示。如果不符合标准值，则更换1#蓄电池鼓风机继电器。

表4-46　1#蓄电池鼓风机继电器端子间的电阻标准值

测量端子	标准数值
3～5	≥10kΩ
3～5	<1Ω(将蓄电池电压加到端子1和2上)

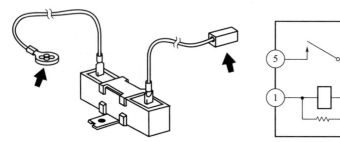
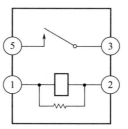
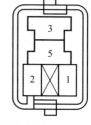

图 4-201 系统主电阻器端子　　　　图 4-202 1#蓄电池鼓风机继电器

3. 蓄电池自检系统

蓄电池 ECU 带有自诊断系统,如果计算机、HV 蓄电池系统或组件工作异常,则 ECU 会诊断出故障部位以便于故障排查,并在点亮复式显示器上的 HV 系统警告的同时点亮组合仪表上的主警告灯。

当 HV 蓄电池系统存在故障时主警告灯亮,在检修模式下,主警告灯闪烁。可以将智能测试仪连接到车辆上,并读取输出的各种数据。当计算机检测到计算机本身或驱动系统故障时,车载计算机点亮仪表板上的检查警告灯(CHK ENG)。另外,相对应的诊断代码 DTC 被记录在蓄电池 ECU 存储器中。

如果没有再出现故障,当断开电源开关时,则 CHK ENG 灯将会熄灭,但 DTC 仍然存储在蓄电池 ECU 存储器中。

为了检查 DTC,将智能测试仪连接到数据链路连接器 3(DLC3)上,也可用智能测试仪清除 DTC,以及 HV 蓄电池的历史数据。

(1) 检查辅助蓄电池　测量辅助蓄电池电压。电压:11~14V。检查辅助蓄电池、熔丝、熔断器、线束、连接器和接地情况。

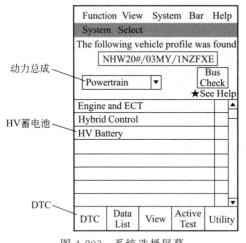

图 4-203 系统选择屏幕

(2) 检查 CHK ENG 灯

① 当打开电源开关或断开 READY 灯时,CHK ENG 灯点亮,如果 CHK ENG 灯没有点亮,应该对 CHK ENG 电路进行故障排除。

② 当接通 READY 灯时,CHK ENG 灯应该熄灭。如果 CHK ENG 灯仍然点亮,说明诊断系统已检测到系统异常。

(3) DTC 检查/清除

① 检查 DTC(HV 蓄电池系统)。

a. 将智能测试仪连接至 DLC3。

b. 打开电源开关(在 IG 位置)。

c. 打开智能测试仪。

d. 在系统选择屏幕上,进入以下菜单:Poewrtrain/HVBattery/DTC。

读取 HV 蓄电池系统的 DTC,如图 4-203 所示。

② 检查历史数据。

a. 如果出现 DTC,则选择该 DTC 以显示它的历史数据,如图 4-204 所示。

b. 在进行 DTC 检测时,读取记录的历史数据,如图 4-205 所示。

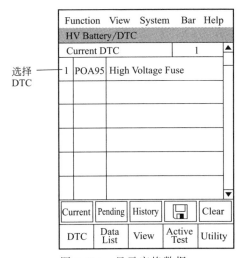

图 4-204　显示定格数据　　　　图 4-205　读取记录的定格数据

③ 检查 DTC（总线检查）。

a. 在系统选择屏幕上，选择 Bus Chesk，如图 4-206 所示。

b. 在 Bus Chesk 屏幕上，选择 Communication Malfunction DTC，以便读取通信故障 DTC，如图 4-207 所示。如果 CAN 通信系统 DTC 和其他 DTC 同时出现，应首先进行 CAN 通信故障的排除。

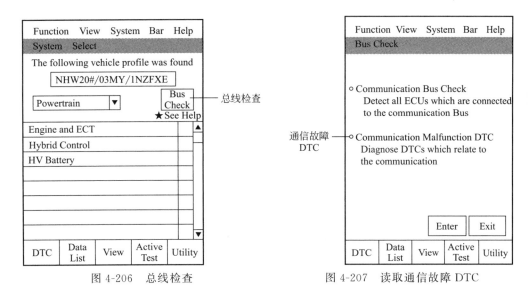

图 4-206　总线检查　　　　图 4-207　读取通信故障 DTC

④ 检查 DTC（除 HV 蓄电池外的系统）。蓄电池 ECU 保持和包括 ECM、HV 控制 ECU 及其他设备在内的计算机之间的通信。因此，如果蓄电池 ECU 输出警告，则有必要检查并记录所有系统的 DTC。

a. 在系统选择屏幕上，进入以下菜单：Utility/All Codes，如图 4-208 所示。

b. 如果出现 DTC，则检查相关的系统。

⑤ 清除 DTC。

a. 将智能测试仪连接至 DLC3。

b. 打开电源开关（在 IG 位置）。
c. 打开智能测试仪。
d. 检查变速杆是否在"P"挡。

⑥ 显示 HV Battery/DTC 界面并按下屏幕右下的清除键，如图 4-209 所示。清除 DTC 也会清除历史数据。

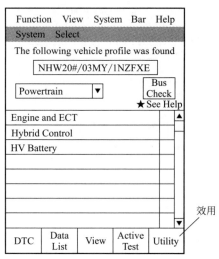

图 4-208　进入 Utility/All Codes 菜单

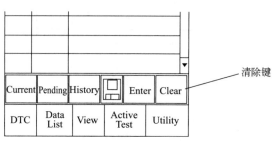

图 4-209　读取通信故障码 DTC

（4）历史数据
① 将智能测试仪连接至 DLC3。
② 打开电源开关（在 IG 位置）。
③ 打开智能测试仪。
④ 在系统选择界面上，进入以下菜单：Powertrain/HV Battery/DTC。
⑤ 选择 DTC，以便显示它的历史数据。
⑥ 检查已经检测到的 DTC 的历史数据，如表 4-47 所示。

表 4-47　历史数据

智测试仪屏幕显示 （英文缩写）	测试项目/范围	故障出现时车辆可疑状态
蓄电池荷电状态 （Battery SOC）	蓄电池荷电状态 最小 0，最大 100%	HV 蓄电池荷电状态
SOC 变化量 （Delta SOC）	在每一蓄电池盒内最大和最小值间的差异 最小 0，最大 100%	SOC 改变
蓄电池组电流 （IB Battery）	蓄电池组的电流值 最小 −327.68A，最大 327.68A	HV 蓄电池的充电和放电条件 (1) 电流值为正值时放电 (2) 电流值为负值时充电
吸入空气温度 （Batt Inside Air）	吸入蓄电池组的室外空气温度 最小 −327.68℃，最大 327.68℃	吸入蓄电池组的室外空气温度
VMF 风扇电动机电压 （VMF Fan Voltage）	蓄电池鼓风机电动机电压 最低 0，最大 25.4V	蓄电池鼓风机电动机的转动条件
辅助蓄电池电压（Aux. Batt V）	辅助蓄电池电压 最低 0，最高 25.4V	辅助蓄电池状态

续表

智测试仪屏幕显示（英文缩写）	测试项目/范围	故障出现时车辆可疑状态
充电控制数值（WIN）	从蓄电池 ECU 输送到 HV 控制 ECU 的充电控制功率 最低－64kW，最高 0	HV 蓄电池充电功率
放电控制数值（WOUT）	从蓄电池 ECU 输送到 HV 控制 ECU 的放电控制功率 最小 0，最大 63.5kW	HV 蓄电池放电功率
冷却风扇模式（Cooling Fan Spd）	蓄电池鼓风机电动机驱动模式 最小 0，最大 6	停止：0 从低速向高速转动：1～6
ECU 控制模式（ECU Ctrl Mode）	ECU 控制模式 最小 0，最大 4	HV 蓄电池的工作状态
备用鼓风机请求（SBLW Rqst）	蓄电池鼓风机电动机停止：控制请求（备用鼓风机）	蓄电池鼓风机电动机出现停止控制
蓄电池温度 TB1-TB3（Tatt Temp 1～3）	HV 蓄电池温度 最小－327.68℃，最大 327.68℃	HV 蓄电池温度
蓄电池盒电压 V01～V14（V1～V14 batt Block）	蓄电池盒电压 最低－327.68V，最高 327.68V	蓄电池盒之间的电压变化

(5) DATA LIST/ACTIVE TEST（数据表/动态测试）

① DATA LIST/ACTIVE TEST 数据如表 4-48 所示。测量数据的环境和车辆的使用年限的差异导致所测数值有微小差异，也会导致 DATA（数据表）发生很大改变。因此，即使测量数值在参考范围之内，也可能存在故障。

表 4-48　DATA LIST/ACTIVE TEST 数据表

智测试仪屏幕显示（英文缩写）	测量项目/范围（显示）	参考范围
蓄电池组电流值	蓄电池组的电流值 最小－327.68A，最大 327.68A	发动机停机后立即满载加速：最大 140A（车内温度） P 挡发动机自动启动，然后换到 N 挡位 1s 后，发动机停止，前照灯点亮，空调风扇高速运转，READY 灯点亮，最大 30A
辅助蓄电池电压（Aux.Batt V）	辅助蓄电池电压 最低 0，最高 25.4V	与辅助蓄电池电压相等
充电控制数值（WIN）	从蓄电池 ECU 输送到 HV 控制 ECU 的充电控制的功率 最小－64kW，最大 0	≥－25kW
放电控制数据（WOUT）	从蓄电池 ECU 输送到 HV 控制 ECU 的放电控制功率 最小 0，最大 63.5kW	≥21kW
冷却风扇模式（Cooling Fan Spd）	蓄电池鼓风机电动机转模式 最小 0，最大 6	停止：0 从低速向高速转动：1～6
ECU 控制模式（ECUC Ttrl Mode）	ECU 控制模式 最小 0，最大 4	—
备用鼓风机请求（SBLW Rqsi）	蓄电池鼓风机电动机停止控制请求（备用鼓风机）	ON/OFF

续表

智测试仪屏幕显示（英文缩写）	测量项目/范围（显示）	参考范围
电池温度 TB1-TB3（Baat Temp 1~3）	HV 蓄电池温度 最小-327.68℃,最大327.68℃	与室外空气温度相同
蓄电池最小电压 （Batt Block Min V）	蓄电池最小电压 最低-327.68V,最高327.68V	SOC 55%~60%≥12V
储存DTC（DTC）	储存DTC号 最小0,最大255	—

在复杂故障时，应在相同的条件下收集同一车型的另一车辆的样本数据，以此通过与DATA LIST（数据表）的全部项目相比较，得出一个全面的判断结果。

使用智能测试仪显示的DATA LIST（数据表），不用拆下零件，也可以读取开关、传感器等值，读取DATA LIST（数据表）作为故障排除的第一步是减少诊断时间的一种方式。

a. 将智能测试仪连接至DLC3。
b. 打开电源开关（在IG位置）。
c. 打开智能测试仪。
d. 在系统选择界面上，进入以下菜单：Powertrain/HV Battery/DataList。
e. 根据智能测试仪的显示，读取DATA LIST（数据表）。

② 在ACTIVE TEST（动态测试）中，如果智能测试仪的连接器断开或发生通信故障，系统将不工作（READY灯不亮）。

使用智能测试仪进行ACTIVE TEST（动态测试）时，不用拆下零件便可以操作继电器、执行器等设备，动态测试的步骤如下。

a. 将智能测试仪连接至DLC3。
b. 打开电源开关（在IG位置）。
c. 打开智能测试仪。
d. 在系统选择界面上，进入以下菜单：Powertrain/HV Battery/Actie Test。
e. 根据测试仪的显示，进行ACTIVE TEST（动态测试），如表4-49所示。

表4-49 ACTIVE TEST（动态测试）

智测试仪屏幕显示（英文缩写）	目的	测试内容	测试条件
驱动蓄电池冷却风扇（Cooling Fan Spd）	为了检查工作情况和蓄电池鼓风机电动机的转速	在模式0时蓄电池鼓风机电动机停止，或在模式1~6时电动机工作	检测到DTC时,发生故障

4. 系统电压故障的DTC

系统电压故障的DTC码为P0560，如表4-50所示。

表4-50 DCT码含义

DTC 码	DTC 检测条件	故障可能发生部位
P0560	当向端子IGCT供电时,辅助蓄电池电源系统开路	(1)线束或连接器 (2)HEV熔断器 (3)蓄电池ECU

(1) 电路简介 蓄电池电源恒定地向蓄电池 ECU 的 AM 端子供电,这样可以保持存储器内的 DTC 和历史数据,即电源开关断开的时候,该电压可以作为一个辅助电压,其电路如图 4-210 所示。

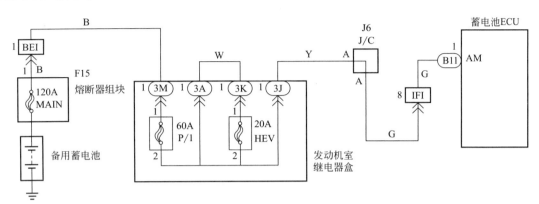

图 4-210 电源电路

(2) 诊断步骤

① 检查熔断器（HEV20A）。从发动机室继电器盒上拆下 HEV 熔断器；检查 HEV 熔断器电阻,标准<1Ω；重新安装 HEV 熔断器。若异常,进行步骤③。

② 检查线束和连接器（蓄电池 ECU-辅助蓄电池）。断开负极辅助蓄电池端子；断开正极辅助蓄电池端子；从发动机室继电器盒上拆下 HEV 熔断器；断开 B11 蓄电池 ECU 连接器,如图 4-211 所示；测量线束侧连接器间的电阻,电阻标准值如表 4-51 所示；测量线束侧连接器间的电阻,电阻标准值如表 4-52 所示；重新连接蓄电池 ECU 连接器；重新安装 HEV 熔断器；重新连接正极辅助蓄电池正极端子；重新连接负极辅助蓄电池端子。若异常,则检查并修理连接器连接部分；若正常,则转入下一步。

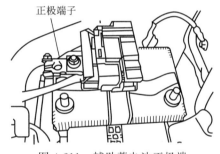

图 4-211 辅助蓄电池正极端

表 4-51 连接器间的电阻值

测试点	标准值/Ω
AM(B11-1)-HEV 熔断器(2)	<1

表 4-52 线束连接器间的电阻

测试点	标准值/Ω
HEV 熔断器(1)-正极备用蓄电池端子	<1

③ 检查线束和连接器（蓄电池 ECU-HEV 熔断器）。断开 B11 蓄电池 ECU 连接器,如图 4-212 所示；从发动机室继电器盒上拆下 HEV 熔断器,如图 4-213 所示；检查线束侧连接器和车身接地间的电阻,电阻标准值如表 4-53 所示,使用测量仪测量时,不要对万用表表笔施加过大的力,避免损坏保持架；重新连接蓄电池 ECU 连接器；重新安装 HEV 熔断器,若异常,则修理或更换线束或连接器后,再更换熔断器（HEV20A）,若正常,则更换熔断器（HEV 20A）。

表 4-53 连接器和车身接地间的电阻标准值（短路检查）

测试点	标准值/Ω
AM(B11-1)或 HEV 熔断器(2)-车身接地	≥10

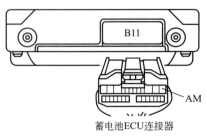

图 4-212　蓄电池连接器

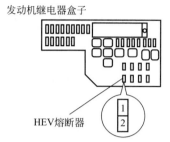

图 4-213　HEV 熔断器

四、丰田普锐斯插电式混合动力车 PHV 充电

1. 插电式混合动力车 PHV 系统构成

普锐斯 PHV 的系统构成如图 4-214 所示。在 HV 上，对高压蓄电池的充电是在行驶过程中以及急速过程中等行车过程中进行的。但 PHV 是一种在驻车时还可以用外部电源充电的 HV。作为外部电源的充电，可以使用家用电源插座，这样，利用车辆上的充电器就可以对高压蓄电池进行充电。

PHV 的特点是其具有 EV 与 HV 两者的功能，对短距离行驶，利用 PHV 已充的电力代替 EV，可以减少 CO_2 的排放以及降低燃油的成本；对于长途及高速行驶，则以本来的 HV 使用。由此，在没有建立充电站的地方也可以使用这种车辆。

与普锐斯 HV 相比，普锐斯 PHV 有 5 个特点：在左挡泥板的后方增设了可接入充电电缆的充电插口；在右前座的下方，增设了将家用交流电变换为直流电、对高压蓄电池进行充电的逆变器；高压蓄电池由镍氢蓄电池改为锂离子蓄电池，并且加大了蓄电池的容量；伴随着增加了充电功能，将控制混合动力系统的计算机改为插电式混合控制 ECU（PHV-ECU）；更改仪表的显示、追加充电指示灯以及追加对用户的通知功能。

2. 普锐斯 ECU 构成

丰田汽车公司在 2009 年 12 月开始限定销售以普锐斯为基础生产的 PHV。在这种汽车上，设置了混合控制与外部电源充电控制的 ECU，即插电式混合动力车的控制 ECU，简称为 PHV-ECU，其内部结构如图 4-215 所示。

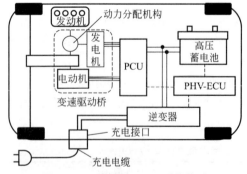

图 4-214　普锐斯 PHV 系统构成

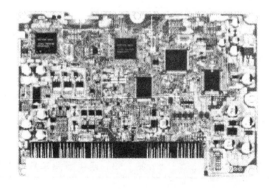

图 4-215　插电式混合动力车控制 ECU 内部结构

3. ECU 的启动与终了时的处理

① 插电式混合控制 ECU（PHV-ECU）是在老式的混合控制 ECU（HV-ECU）上追加了插电式充电功能。由此，控制软件容量大幅度增加。老式结构的 2 个 CPU 已经无法满足要求，代之以 3 个 CPU。

② 在老型号产品上，是利用按钮启动开关来接通系统电源的。但在 PHV-ECU 上，除了用按钮启动开关来接通系统电源之外，还需要在用户插入充电电缆、接通系统电源时进行充电控制。因此，在老式的按钮启动开关的启动电路中，追加了充电电缆是否插入的检测电路，即追加了电缆插入检测与系统电源接通功能，如图 4-216 所示。在充电终了时，断开系统的电源，又处于启动待机状态。

4. 充电电缆

普锐斯 PHV 利用家用电源充电时，要使用专用的充电电缆，如图 4-217 所示。

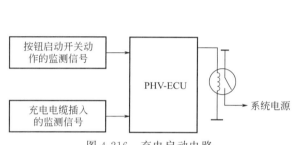

图 4-216 充电启动电路

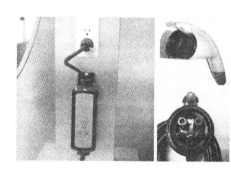

图 4-217 充电电缆

普锐斯 PHV 的充电电缆及车辆一侧接口的技术条件是按照美国汽车工程学会标准 SAE 11772 "电动车充电系统"（SAE Electric Vehicle Conductive Charge Coupler）制定的。充电电缆一侧的接口装在一个四方盒子内（简称 CCID 盒），其具有的功能是 "与车辆的连接状态的检测""有否漏电的检测""异常时断开车辆与家庭之间的电源"。充电电缆与车辆之间的连接如图 4-218 所示。车辆侧的充电罩的结构如图 4-219 所示。

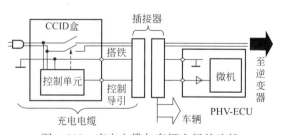

图 4-218 充电电缆与车辆之间的连接

图 4-219 车辆侧的充电罩的结构

5. 丰田普锐斯充电步骤

按 SAE 标准规定的充电步骤如下所述。

（1）检测车辆的连接　充电电缆内的控制单元通过监测控制导引（Corltrol Pilot）电路信号电压的变化（$U_1 \rightarrow U_2$），检测出电缆已与车辆连接。

（2）通知电流的额定值　充电电缆内的控制单元以发出控制导引（Corltrol Pilot）信号

（方波）的占空比的形式向 PHV-ECU 通知电源设备（家用电源与电缆）的额定电流，如图 4-220 所示。

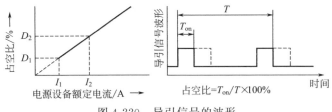

图 4-220　导引信号的波形

（3）通知车辆侧充电准备工作完成　利用导引（Control Pilot）信号的电压变化（$U_1 \rightarrow U_2$），PHV-ECU 对充电电缆内的控制单元发出通知：充电准备工作已完成，如图 4-221 所示。在标准中，还规定了可以通过增大电压变化量的方法通知设备一侧换气的必要性，但普锐斯 PHV 没有换气的必要，所以，没有采用这一条规定。

（4）电缆内触点的闭合　充电电缆内的控制单元检测出充电准备工作已完成的通知后，则使向车辆送电的触头闭合。此外，当检测出漏电或与设备的搭铁等状况有异常时，充电电缆内的控制单元可以断开触头。

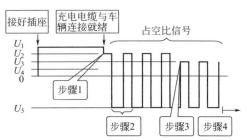

图 4-221　从充电电缆上看引导信号

普锐斯 PHV 在充电过程中，副驾驶座位前仪表板上的指示灯亮起，由此可以知道：目前正在由车外进行充电，如图 4-222 所示。

图 4-222　充电指示灯

6. PHV-ECU 的工作原理

普锐斯 PHV 上设置的 PHV-ECU 的要件有下列各项：家用电源停电时，PHV-ECU 应处于待机状态；充电完成之后，PHV-ECU 应处于待机状态。为了满足上述要件的要求，PHV-ECU 的启动要取决于导引信号（图 4-223）。导引信号处于高电平时，微机被唤醒（Wakeup），闭合车辆一侧的系统电源。对普锐斯 PHV 的导引信号动作进行了如下设计。

如果不是精心设计的话，在与车辆连

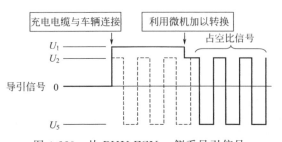

图 4-223　从 PHV-ECU 一侧看导引信号

接的时刻，导引信号电压变为 U_2，充电电缆内的控制单元就会按占空比发出驱动信号。但在普锐斯 PHV 上，由于设计者精心设计，增加了电路，在与车辆连接的时刻，电压变为 U_1。再通过 PHV-ECU 内的微机驱动电路，向 U_2 转换。通过这样的更改，在启动时，PHV-ECU 检测到导引电压从 0 变到 U_1，就可以实现稳定的启动。

在深夜等待供电或停电待机的场合下，家用电源无法向充电电缆供电，这时导引信号变为 0；在非深夜以及恢复供电时，电源向充电电缆供电，导引信号电压变为 U_1。PHV-ECU 正是通过如此的变化，导引信号在 U_1 时为待机，电压变为 U_1 才开始启动并进行充电控制。在充电终了之后，PHV-ECU 使导引信号电压回到 U_1，充电电缆内的控制单元检测到电压为 U_1 时，则停止占空比驱动。由此，在充电结束后，还可以保持稳定的待机状态。插电式混合动力车充电控制的流程如图 4-224 所示。

7. 车辆状态的仪表显示

在设计仪表显示方案时，设想用户驾驶车辆（操纵按钮起动开关、充电电缆插入等）的所有场合之后，利用 PHV-ECU 实现危险回避控制、报警显示，如图 4-225 所示。

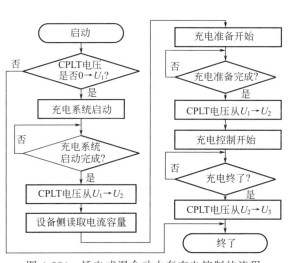

图 4-224 插电式混合动力车充电控制的流程

图 4-225 车辆上仪表显示的内容

例如：为了防止在充电电缆插入的场合下启动车辆，造成充电设备损坏等，所以实施防止拖拽控制。具体地说，在充电电缆处于连接的状态下，若用户还是按下按钮启动开关，这时则禁止过渡到可能行驶的状态（READY-ON 状态），并在仪表上显示出通知用户的信息（应拔掉充电电缆）。

五、丰田普锐斯混合动力汽车动力电池拆装

1. 拆卸

① 打开后备厢门，取下后备厢遮蔽帘，如图 4-226 所示。

② 拆下后备厢门下部密封胶条，如图 4-227 所示。可借助内饰板专用工具拆下门槛条，如图 4-228 所示。

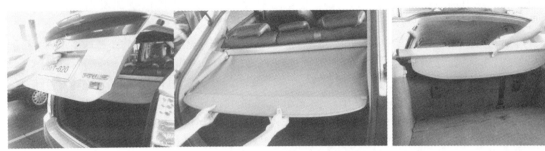

图 4-226 取下后备厢遮蔽帘

图 4-227 拆下后备厢门下部密封胶条

图 4-228 拆下门槛条

③ 拆卸蓄电池外围部件,取出后备厢备胎上方的大储物盒,如图 4-229 所示。

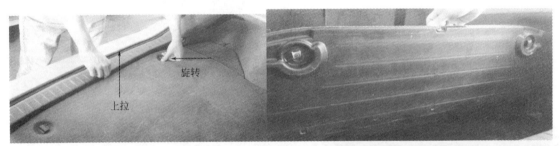

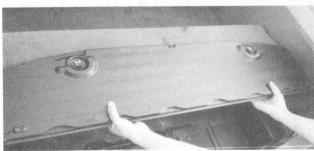

图 4-229 取出后备厢备胎上方的大储物盒

④ 打开左后侧小储物盒盖,如图 4-230 所示,用手拉起盒盖即可,用 10♯T 形套筒或小飞长接杆拧下唯一的塑料紧固螺母,取出左后侧小储物盒,如图 4-231 所示。

⑤ 拆下右后拐角的辅助蓄电池上盖,注意图 4-232 中两箭头所指位置的卡扣,并用 10♯梅花飞扳拆下辅助蓄电池搭铁线,如图 4-233 所示。

图 4-230　打开左后侧小储物盒盖

图 4-231　取出左后侧小储物盒

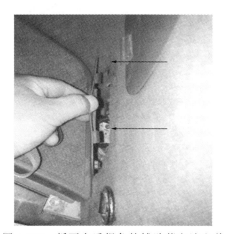
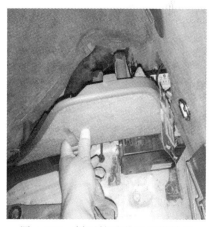

图 4-232　拆下右后拐角的辅助蓄电池上盖　　　图 4-233　拆下辅助蓄电池搭铁线

⑥ 把后排座位的靠背依照图 4-234 所示的方法先解锁扣，再向前翻转。注：用力按下同时向前翻转。

⑦ 拧下左右两个紧固螺栓，用 10♯T 形套筒拆下电池上盖的毛毡，如图 4-235 所示。

⑧ 拆下后排座椅靠背，使用 14♯T 形套筒分别拆下每个靠背上的两个紧固螺栓，如图 4-236 所示。

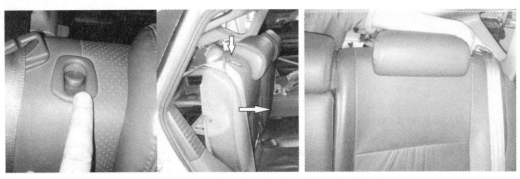

图 4-234 把后排座位的靠背解锁扣再向前翻转

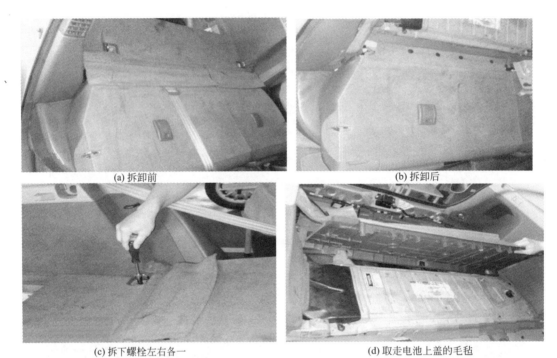

(a) 拆卸前　　　　　　　　　　　(b) 拆卸后

(c) 拆下螺栓左右各一　　　　　　(d) 取走电池上盖的毛毡

图 4-235 拆下电池上盖毛毡

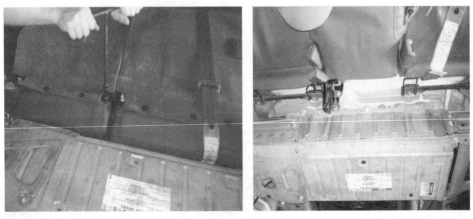

图 4-236 拆下后排座椅靠背

⑨ 拆卸两侧装饰小靠垫，使用12♯小飞套筒或T形套筒拆卸如图4-237所示的紧固螺栓（左右各一）。

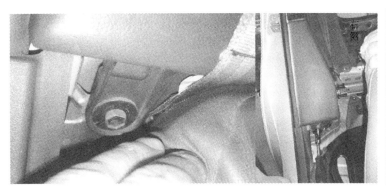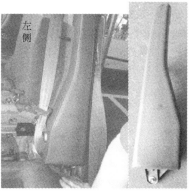

图 4-237　拆卸两侧装饰紧固螺栓

⑩ 使用10♯T形套筒或气动扳手依照图4-238中箭头所示，拆下右侧内衬板三颗固定螺栓，并拆下内衬板。

图 4-238　拆下右侧内衬板三颗固定螺栓

⑪ 拆卸右侧的内衬护板目的是为拆卸电池进风管以及电池右侧固定支架，如图4-239所示。

(a) 拆右前紧固螺栓　　(b) 拆右后紧固螺栓　　(c) 拆右下紧固螺栓　　(d) 拆下部卡扣

图 4-239　拆卸右侧的内衬护板

⑫ 拆下右侧内衬板后，即看到蓄电池的通风散热各部件，如图4-240所示。

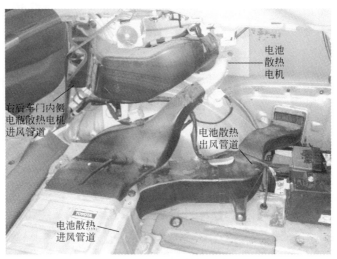

图 4-240　通风散热各部件

⑬ 按照图 4-241 和图 4-242 所示拆卸电池进风管道上的两个开口，用如图 4-243 所示的专用工具拆卸卡扣。

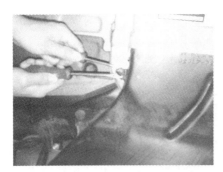  

图 4-241　拆卸电池进风管道上开口（一）　　图 4-242　拆卸电池进风管道上开口（二）　　图 4-243　专用工具

⑭ 拆卸如图 4-244 所示的鼓风机继电器及卡扣。按图 4-245 和图 4-246 拆卸电池的右固定支架，使用 12♯T 形套筒拆卸。

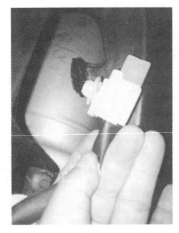 

图 4-244　拆卸鼓风机继电器及卡扣　　　　　图 4-245　拆卸电池的右固定支架螺栓

⑮ 拆卸后车身与电池散热出风管道，如图 4-247 所示。

图 4-246　拆下电池的右固定支架　　　　图 4-247　拆卸后车身与电池散热出风管道

⑯ 拆卸左侧内饰板（图 4-248）及内饰板上各处的卡扣，并注意后备厢照明灯连接线束的插拔。

(a) 拆卸前　　　　(b) 内饰板拆卸后背面及卡扣位置形状　　　　(c) 拆卸后

图 4-248　拆卸左侧内饰板

⑰ 拆卸电池左侧固定支架上支架，使用小飞 10♯ 与 12♯ 套筒头拆卸紧固螺栓，如图 4-249 所示。

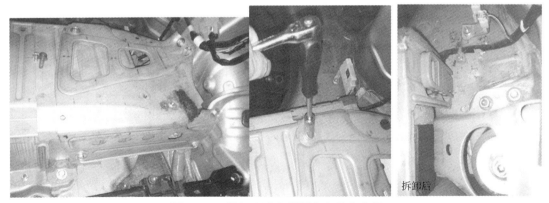

图 4-249　拆卸电池左侧固定支架上支架

⑱ 拆卸电池检修塞，这是安全拆卸动力电池的重要保证，如图 4-250 所示。
⑲ 如图 4-251 所示拆下电池箱上盖的紧固螺栓，使用 12♯ 和 10♯ T 形套筒，拆开电池上下箱接口处的密封条，如图 4-252 所示取出电池箱上盖。
⑳ 拆卸电池左端的通气管和散热出风管，如图 4-253 所示。

 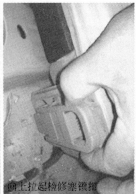 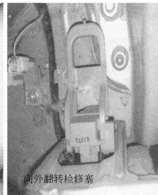 

图 4-250　拆卸电池检修塞

图 4-251　拆下电池箱上盖的紧固螺栓　　　　图 4-252　取出电池箱上盖

㉑ 如图 4-254 所示拔下鼓风机控制器的线束插头。

图 4-253　拆卸电池左端的通气管和散热出风管　　　图 4-254　拔下鼓风机控制器的线束插头

㉒ 电池电解液蒸发通气管如图 4-255 所示，电池右端所有部件拆卸完毕。

㉓ 拆卸电池 ECU、电池继电器及相关线束。

a. 如图 4-256 所示为电池传感器 ECU 线束插头。

图 4-255　电池电解液蒸发通气管

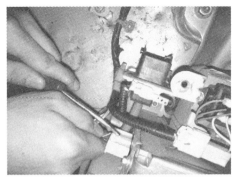

图 4-256　电池传感器 ECU 线束插头

b. 如图 4-257 所示为检修塞锁止开关线束插头。

c. 如图 4-258 所示为电池继电器控制线束插头。

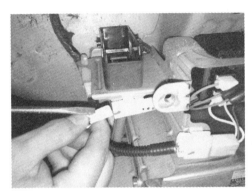

图 4-257　检修塞锁止开关线束插头

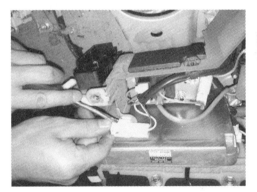

图 4-258　电池继电器控制线束插头

d. 如图 4-259 所示，将拆下的各线束从部件上方移开。

㉔ 拆下电池 ECU 温度传感器插头，如图 4-260 所示。

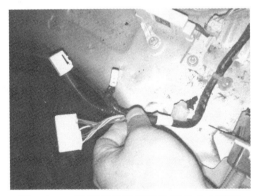

图 4-259　将拆下的各线束从部件上方移开

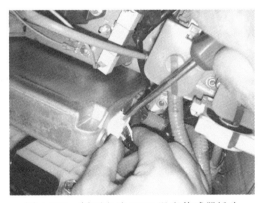

图 4-260　拆下电池 ECU 温度传感器插头

㉕ 拆下电池电压传感器线束插头，如图 4-261 所示。

㉖ 拆下电池继电器连接线束螺母保护盖（2 个）（图 4-262）及接线束螺母。

图 4-261 拆下电池电压传感器线束插头

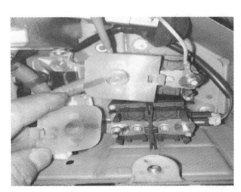 

图 4-262 拆下电池继电器连接线束螺母保护盖

㉗ 拆卸电池 ECU 与继电器安装支架紧固螺栓（3 个），如图 4-263 所示。

图 4-263 拆卸电池 ECU 与继电器安装支架紧固螺栓

㉘ 拆下电池正负极母线与 ECU 的固定卡扣，如图 4-264 所示。

㉙ 拆下检修塞与电池连接的两个紧固螺母，如图 4-265 所示。至此，动力电池与车身所有连接部件全部拆卸完毕。

㉚ 从车上取出动力电池。可以两人配合抬出或一人搬出，如图 4-266 所示。

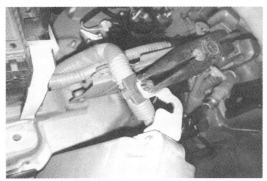 

图 4-264　拆下电池正负极母线与 ECU 的固定卡扣

图 4-265　拆下检修塞与电池连接的两个紧固螺母

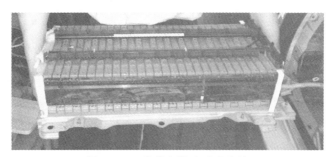

图 4-266　从车上取出动力电池

2. 安装

安装与拆卸相反。

六、丰田普锐斯混合动力汽车故障排除

1. 丰田普锐斯混合动力汽车动力突然中断故障

（1）故障现象　丰田普锐斯混合动力汽车，发动机和最大净功率 57kW 的直流电机，行驶途中动力突然消失。

（2）故障诊断　该车车况一直比较稳定，很少出现故障，在行驶途中车辆突然失去了动力。这时，即使立即踩油门，发动机也没有丝毫反应，车辆被迫停在路边。当时仪表盘上闪现"高压绝缘不良"的提示信息。由于是遇到高压电故障,当时车主十分紧张,不知所措。停驶一段时间后,车主试着再次启动,这时仪表盘上又恢复了正常,车辆又可起步并正常行驶。车主当时以为是车辆偶发故障,也就没有在意。2个多星期前,该车在行驶中又出现动力突然中断的故障,熄火后又能启动和行驶。前几天这种情况又再次发生,车主只得将车送修。

在检修和试车时这种突然失去动力的故障却没有再出现,这是个不确定的"软故障"。根据车主描述的失去动力时会出现"高压绝缘不良"的提示,显然应查找与"高压电"相关的部件。此款混合电动汽车,"高压电"应是指动力电池及其相关电路,如图4-267所示。

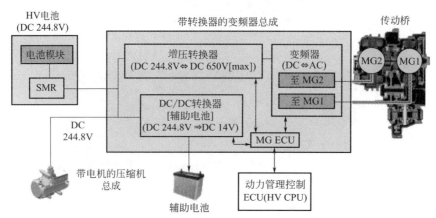

图4-267 普锐斯动力电池及其相关电路

与比亚迪电动汽车的电池不同,普锐斯的动力电池为镍氢电池,如图4-268所示,正极板材料为NiOOH,负极板为"储氢合金",隔膜为多孔维尼纶无纺布。镍氢电池实质是储氢合金的一种应用,储氢合金相当于"吸氢海绵",在释放氢离子的过程中,能控制化学反应并输出电能。它是一种绿色电池,具有高能量、长寿命、无污染等特点。在丰田多款电动车型,如雷克萨斯、皇冠及凯美瑞等混合电动汽车上使用,在我国,特别是南方地区有比较高的保有量。

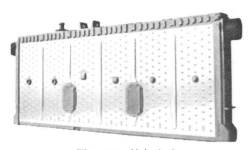

图4-268 镍氢电池

根据"高压绝缘不良"的提示,应重点检查普锐斯动力电池的供电系统,包括的部件较多,涉及的电路也较复杂。有驱动行驶的MG2电动机与MG1发电机等用的变频器、带动空调的三相逆变器、电动转向的控制器、给低压蓄电池充电的DC/DC转换器,还有动力电池本身及控制器等,均会涉及高压电池系统。

为查找出绝缘不良的故障,在检修时使用了专门用于测量电路绝缘的兆欧表。有两种不同的兆欧表可供使用,其中一种是VC60B型数字式兆欧表,利用电感储能的变换原理,来产生1000V的电压。能将9V直流电池的电压转换成多种高压电,如产生250V、500V、1000V等较高的直流电压,能直接显示绝缘电阻数值,使用较方便又直观。对电动汽车及动力电池的绝缘进行检测,这里建议采用数字兆欧表测量绝缘,宜用500V电压挡进行。

为了查找绝缘不良究竟发生于何处,笔者几乎找遍了整个车辆的橙色高压电源电路,涉及动力电池系统相关的不同子系统,拆除各电路端头仔细测量绝缘电阻,如图4-269所示,但均没有发现任何故障。对于这种"软"故障，让维修人员感到十分困惑。

动力电池系统当然也应包括电池本身，出于安全考虑，动力电池的正极或负极均不接车壳搭铁。通常资料中指的高压绝缘，就是指正极或负极及电缆对车壳绝缘电阻的要求。实际上动力电池本身是由多节单体电池组合而成的，如图 4-270 所示，普锐斯的单体电池共有 34 节，每块镍氢单体电池为 1.2V，每节内由 6 块串接，电压为 7.2V，总电压为 244.8V。

每节镍氢电池均直接装在底盘车壳上，其外壳均是接车身搭铁的，每节电池又确实存在绝缘漏电问题，当然对每节电池都有绝缘的要求。如果单节电池漏电或绝缘

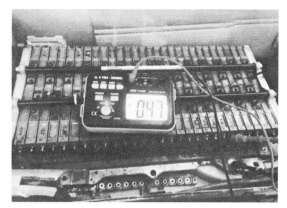

图 4-269　检测每节电池的绝缘电阻

不良，同样会"高压绝缘不良"。当某节电池绝缘不好出现漏电现象，严重时会形成电池的局部短路，甚至会造成火灾或触电等恶性安全事故。所以一旦发现有电池绝缘不好的情况，从安全行车的角度考虑，汽车电脑就会马上中断汽车动力。在检修试车中一旦发现有"高压绝缘不良"的故障后，应首先拆解电池的串接线，用兆欧表逐一对每节电池进行绝缘检测。通过详细检测，最后发现故障车动力电池中有两块单体电池的绝缘电阻降到了 1.2MΩ 左右，如图 4-271 所示。对绝缘电阻阻值的要求与存放环境的温度和湿度有关，理论上一般要求绝缘电阻不应低于 20MΩ，但实际检测证明，正常状态下每节电池的绝缘电阻阻值均高于数百兆欧。

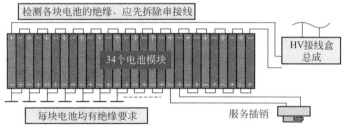

图 4-270　普锐斯动力电池结构

普锐斯混合动力汽车可在 -28～80℃ 的环境温度下正常工作，动力电池的循环寿命一般可达 8 年以上。在行驶时动力电池会因放电或充电而发热，正常工作时电池温度也会随之升高。如果电池温度过高，一方面会导致动力电池的容量会急剧下降，另一方面还会引起电池内部的绝缘电阻下降。如果电池使用年限较长、散热风扇工作不良或通道堵塞，电池温度超限时，其内部绝缘电阻下降到低限值时，就会引发"绝缘不良"的报警，导致车辆动力中断。需要指出的是，之所以动力电池会出现这种"软故障"，是因为电池内部的绝缘不是物理损坏，而是绝缘电阻会根据车况发生改变的。电池处于冷态时，一般不易出现绝缘不良的故障，但在车辆行驶时间较长后，一旦电池温度升高到某一极限值后，绝缘电阻变小，就可能出现这种故障。为了保证动力电池能很好地散热，在镍氢电池箱体中均装有专门的散热风扇和通风管道，如图 4-272 所示，且每块电池的金属表面都有粗粒状凸起，以保证各块电池不紧密贴合，而留有一定的通风间隔通道。另外，为实时监控动力电池的温度，在散热通道

和电池表面都装有温度传感器。

图 4-271 故障车动力电池某单节电池绝缘电阻

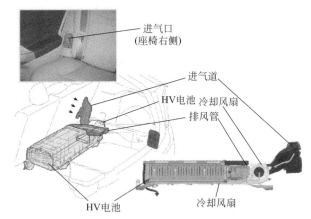

图 4-272 普锐斯动力电池的散热系统

（3）故障排除　本故障车，在更换了绝缘电阻不合格的单节电池后，经过试车及几个多月的实车验证，故障被彻底排除了。

（4）维修小结　维修普锐斯混合动力汽车时应特别注意清理动力电池的通风管道，检查风机的运转情况，保证良好的散热。许多维修人员一般都比较重视对动力电池各项性能指标的检查，如电压的平衡、输出与输入的电流、继电器的控制等，而常常忽视动力电池的散热能力，尤其容易疏忽对散热通道的检查。因为动力电池的散热通道常易积尘堵塞，而导致散热不良。另外，特斯拉纯电动汽车使用的是"三元锂"动力电池，由 7000 多个单体电池组合而成。为彻底解决动力电池组本身的绝缘问题，采取的绝缘措施是将全部的动力电池外壳用可靠的绝缘材料隔绝，不与车体的金属材料接触，这样就能妥善地解决动力电池本身的绝缘漏电问题。

注：普锐斯 HV 控制系统故障码信息表如表 4-54 所示，普锐斯动力电池系统故障码如表 4-55 所示。

表 4-54 普锐斯 HV 控制系统故障码信息

DTC	检测项目	INF 代码	检测条件	可能的故障部位	CHK ENG	主警告灯	警告
P3004	高压电源故障	132	变频器电压传感器故障，或限制器电阻增加	HV 控制系统；系统主电阻器；1 号系统主继电器；3 号系统主继电器；主蓄电池电缆；2 号主蓄电池电缆；车架线；带转换器的变频器总成；HV 控制 ECU	X	O	HV 系统
P3004	高压电源故障	133	蓄电池 ECU 异常信号输入	HV 蓄电池系统；蓄电池 ECU	X	X	
P3009	高压电源电路短路	526	高压电路和车身的绝缘电阻小	车架线；系统主继电器；系统主电阻器；HV 蓄电池总成；带电机的压缩机总成；蓄电池 ECU；变速驱动桥总成；带转换器的变频器总成；主蓄电池电缆；2 号主蓄电池电缆；蓄电池加液口塞；2 号车架线；接线盒总成	X	O	HV 系统

续表

DTC	检测项目	INF 代码	检测条件	可能的故障部位	CHK ENG	主警告灯	警告
P3009	高压电源电路短路	611	空调压缩机电机或空调变频器的绝缘电阻小	带电机的压缩机总成;带转换器的变频器总成	X	0	HV系统
P3009	高压电源电路短路	612	HV蓄电池、蓄电池ECU、系统主继电器或系统主电阻器的绝缘电阻小	HV蓄电池总成;蓄电池ECU;系统主继电器;系统主电阻器;主电池电缆;2号主蓄电池电缆;蓄电池加液口塞;2号车架线;接线盒总成	X	0	HV系统
P3009	高压电源电路短路	613	HV变速驱动桥或电机和发电机变频器的绝缘电阻小	变速驱动桥总成;带转换器的变频器总成	X	0	HV系统
P3009	高压电源电路短路	614	电机和发电机变频器、空调变频器、系统主继电器、系统主电阻器或车架线的绝缘电阻小	车架线;系统主继电器;系统主电阻器;HV蓄电池总成;带转换器的变频器总成;主蓄电池电缆;2号主蓄电池电缆;蓄电池加液口塞;2号车架线;接线盒总成	X	0	HV系统
P3102	变速器控制ECU故障	524	变速器控制ECU的BEAN通信故障	线束或连接器;变速器控制ECU;HV控制ECU;电源控制ECU	X	0	HV系统
P3102	变速器控制ECU故障	525	变速器控制ECU IG OFF指令故障	线束或连接器;变速器控制ECU;HV控制ECU;电源控制ECU	X	0	HV系统

注: X 表示有故障;0 表示无故障,下同。

表 4-55 普锐斯动力电池系统故障码

DTC	检测项目	可能的故障部位	CHK ENG	主警告灯	警告	存储器
P0560	系统电压	线束或连接器;HEV熔丝;蓄电池ECU	0	0	HV系统	0
P0A1F	蓄电池能量控制模块	蓄电池ECU	0	0	HV系统	0
P0A7F	混合动力蓄电池组损坏	HV蓄电池总成;蓄电池ECU	0	0	HV系统	0
P0A80	更换混合动力蓄电池	HV蓄电池总成;蓄电池ECU	0	0	HV系统	0
P0A81	混合动力蓄电池组冷却风扇1	后侧风道(鼓风机电机控制器);蓄电池ECU	X	0	HV系统	0
P0A82	混合动力蓄电池组冷却风扇1	后侧风道;2号后侧风道;2号后侧内风道;通风器内风道;蓄电池鼓风机总成;蓄电池ECU	X	0	HV系统	0
P0A85	混合动力蓄电池组冷却风扇1	线束或连接器;BATT FAN熔丝;1号蓄电池鼓风机继电器;蓄电池鼓风机总成;后侧风道(鼓风机电机控制器);蓄电池ECU	X	0	HV系统	0
P0A95	高压熔丝	高电压熔丝;检修塞卡箍;蓄电池塞;蓄电池ECU	X	0	HV系统	0
P0A9B	混合动力蓄电池温度传感器电路	HV蓄电池总成(蓄电池温度传感器);蓄电池ECU	0	0	HV系统	0

续表

DTC	检测项目	可能的故障部位	CHK ENG	主警告灯	警告	存储器
P0AAC	混合动力蓄电池组空气传感器"A"电路图	HV蓄电池总成(进气温度传感器);蓄电池ECU	0	0	HV系统	0
F3011	蓄电池盒1变弱	HV蓄电池总成;蓄电池ECU	0	0	HV系统	0
P3012	蓄电池盒2变弱	HV蓄电池总成;蓄电池ECU	0	0	HV系统	0
P3013	蓄电池盒3变弱	HV蓄电池总成;蓄电池ECU	0	0	HV系统	0
F3014	蓄电池盒4变弱	HV蓄电池总成;蓄电池ECU	0	0	HV系统	0
P3015	蓄电池盒5变弱	HV蓄电池总成;蓄电池ECU	0	0	HV系统	0
P3016	蓄电池盒6变弱	HV蓄电池总成;蓄电池ECU	0	0	HV系统	0
P3017	蓄电池盒7变弱	HV蓄电池总成;蓄电池ECU	0	0	HV系统	0
P3018	蓄电池盒8变弱	HV蓄电池总成;蓄电池ECU	0	0	HV系统	0
P3019	蓄电池盒9变弱	HV蓄电池总成;蓄电池ECU	0	0	HV系统	0
P3020	蓄电池盒10变弱	HV蓄电池总成;蓄电池ECU	0	0	HV系统	0
P3021	蓄电池盒11变弱	HV蓄电池总成;蓄电池ECU	0	0	HV系统	0
P3022	蓄电池盒12变弱	HV蓄电池总成;蓄电池ECU	0	0	HV系统	0
P3023	蓄电池盒13变弱	HV蓄电池总成;蓄电池ECU	0	0	HV系统	0
P3024	蓄电池盒14变弱	HV蓄电池总成;蓄电池ECU	0	0	HV系统	0
F3030	蓄电池与ECU断开	继电器盒总成(母线模块);2号车架线(母线和线束);蓄电池ECU	0	0	HV系统	0
P3056	蓄电池电流传感器电路故障	HV蓄电池总成(线束或连接器);蓄电池电流传感器;蓄电池ECU	0	0	HV系统	0
U0100	与ECM/PCM"A"的通信中断	CAN通信系统	0	0	HV系统	0
U0293	与混合动力车辆控制系统的通信中断	CAN通信系统	0	0	HV系统	0

2. 丰田普锐斯混合动力汽车发动机不能正常熄火的故障

(1) 故障现象 一辆丰田普锐斯轿车,搭载混合动力系统,行驶里程约6万千米。用户反映该车在低速行驶时,发动机一直运转,不能以纯电动方式行驶。

(2) 故障分析 试车,启动发动机,低速行驶了几分钟后,发动机自行熄火,车辆转入纯电动方式驱动。试车发现车辆暂时行驶正常,可见出现的故障应为偶发性故障。

将车留厂检查。充分试车后,故障重现。于是停车,让发动机怠速运转。观察发现,车辆在各种用电设备均关闭的情况下,发动机怠速运转近1h,仍不能自动熄火。而在正常情况下,发动机早已熄火。观察仪表板右侧的电量指示,发现动力电池的电量不但没有上升,反而有逐渐下降的趋势。发动机自动停机的条件之一便是动力电池的电量要充足,而现在电池的电量不足,发动机自然不会熄火。检测动力管理控制单元、电源管理控制单元和发动机控制单元,均未发现任何故障码。

反复试车,逐渐掌握了故障的规律。当故障出现时,动力电池的电量停止升高。在这种情况下,将发动机熄火后再启动,故障往往会自行消失。故障消失后,在发动机怠速运转时，可以观察到动力电池的电量在不断上升。约 10min 后电量充满，发动机自动熄火。为进一步分析故障，分别将故障状态与正常状态下，动力管理控制单元的数据进行采集并做保存。

比较故障与正常状态下的数据，如图 4-273 所示。故障状态下，1 号电机的输出扭矩为 0，而正常状态为 $-8\mathrm{N\cdot m}$。根据动力系统的扭矩特性曲线（图 4-274），当 1 号电机的输出扭矩为负值时，表示电机正在由发动机带动而发电。故障出现时，1 号电机的输出扭矩为 0，说明 1 号电机处于空载状态，并未发电。从动力电池的充电状态上看，故障发生时，发动机怠速运转近 1h，电量仍维持在约 50%。而车辆恢复正常后，发动机怠速运转仅 1.5min，动力电池的电量已经上升了约 5%。从动力电池的电流输出看，故障时，电流为正值，表明电池正在输出电能。且电流值约等于发动机燃油泵的工作电流，说明发动机要靠消耗动力电池的电量来维持自身的运转。正常状态下，动力电池的输出电流为 $-10\mathrm{A}$，表明其正处于充电状态。再看发动机怠速负荷率，故障时比正常时约低 22%，表明故障状态下发动机的确是没有带动 1 号电机发电。

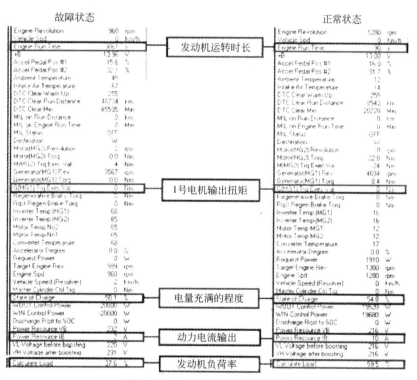

图 4-273 动力管理的数据对比

通过以上的数据分析，问题已经明朗。之所以发动机不能正常熄火，是由于动力电池没有获得充电。查看电源管理系统的电路，如图 4-275 所示，可以看到，电流传感器能够检测到动力电池的输出电流，说明电池与用电系统是接通的。问题应该出在动力电池与电机的连接上。

查阅变频器总成的电路，如图 4-276 所示，在发动机怠速运转时，1 号电机作为发电机为动力电池充电。1 号电机的输出电流经过整流器变成直流后，必须经过升压转换器中的场效应管才能到达动力电池。现在充电电流为 0，这有两种可能性：一是电机或整流器有故障；二是场效应管未导通。但电机及整流器都是三相结构，三套系统同时失效的可能性不大，因此问题指向了场效应管。

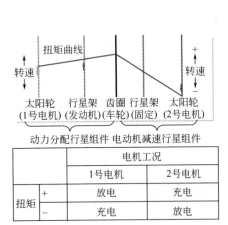

图 4-274 动力系统扭矩特性曲线

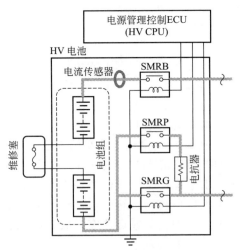

图 4-275 电源管理系统的电路

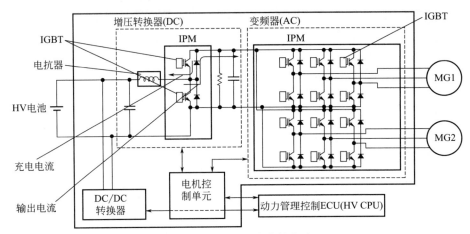

图 4-276 变频器总成的电路

场效应管是受变频器总成内部的电机控制单元控制的,动力管理控制单元通过本地互联网数据总线向电机控制单元传送控制指令,电机控制单元根据指令来控制场效应管的导通量。那么当下首先要确定的便是控制指令是否实际送到了电机控制单元,如图 4-277 所示。根据偶发故障的排除经验,立刻想到了线路接触不良的问题。于是当故障出现时,在观察数据流的同时,晃动变频器总成的控制线束,很快发现动力电池的输出电流由正变负,说明充电恢复了。而晃动线束的部位正好靠近插接器,如图 4-278 所示,说明故障点就在控制线束的插接器内部。

(3) 故障排除　用专用工具缩紧插接器中的所有插孔,装好插接器反复试车,确认故障彻底排除。

3. 丰田普锐斯混合动力汽车无法自行启动

(1) 故障现象　丰田普锐斯混合动力汽车行驶里程约为 80000km。发动机无法自行启动,发动机故障警告灯、VSC 警告灯、三角形警告灯同时点亮。

(2) 故障诊断　首先进行故障确认,踩住制动踏板,按下启动按钮,仪表上"READY"指示灯点亮,在 P 挡位置踩下加速踏板,发动机不能启动。试图使发动机进入维修模式,经过多次尝试都不能成功。多功能显示屏上的能量显示器显示 HV 电池已经耗至极限,紫色的电池耗净指示灯在闪烁,如图 4-279 所示。说明发动机确实无法自行启动,不存在人为操作的问题。

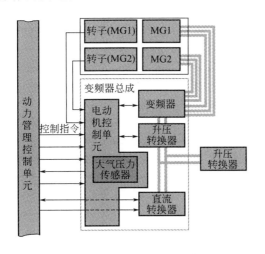

图 4-277　控制指令的传递路径
—— 本地互联网数据总线

图 4-278　插接器位置故障点

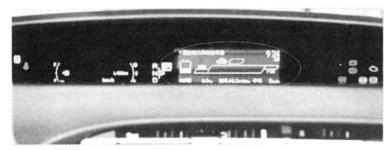

图 4-279　丰田普锐斯仪表

遵循先易后难的原则,按照故障排查流程首先进行电路检查:使用故障诊断仪连接到 DLC3,读取故障码,显示 P0A7A-324。混合动力系统 DTC 与其他系统(如发动机系统)使用的 5 位数代码不同,使用 5 位数代码和 INF 代码对故障部位进行分类,如表 4-56 所示。没有详细信息(INF 代码)就无法进行故障排除。

因此,根据 INF 代码,修理手册中有不同的故障排除步骤。如果发电机逆变器过热、存在电路故障或内部短路,则逆变器通过发电机逆变器故障信号线路传输该信息至 MG ECU,并记录 DTC P0ATA-324。根据分析,故障可能发生部位如下。

逆变器冷却系统、冷却风扇系统、逆变器水泵总成、带转换器的逆变器总成、混合动力车辆传动桥总成、发电机高压电缆、电动机高压电缆线束或连接器 PCU 熔丝。

表 4-56　故障部位分类

DTC(代码组)	详细信息(故障部位)	
	INF 代码	信息
P0A7A (发电机逆变器性能)	122	发电机逆变器故障信号检测(由于系统故障导致的过电流)
	130	异常 MG1 电流值检测(系统故障)

续表

DTC(代码组)	详细信息（故障部位）	
	INF 代码	信息
P0A7A (发电机逆变器性能)	203	带转换器的逆变器总成内的发电机逆变器故障（短路）
	322	发电机逆变器故障信号检测（过热）
	324	发电机逆变器故障信号检测（电路故障）
	325	发电机逆变器故障信号检测（由于逆变器总成故障导致的过电流）
	810	异常 MG1 电流值检测（逆变器故障）
	344	MG1 扭矩执行监视故障
	517	发电机逆变器故障信号检测（由于 MG ECU 故障导致的过电流）
	809	异常发电机电流值检测（MG ECU 故障）
	518	发电机逆变器故障信号检测（由于混合动力车辆变速器总成故障导致的过电流）
	811	异常发电机电流值检测（混合动力车辆变速器总成故障）
	522	发电机门切断信号故障

普锐斯混合动力汽车采用的是水冷式逆变器，其冷却液的进、出口能容易地被连接到散热器上以方便对冷却液降温。其冷却液通常与发动机冷却液类似或相同。在混合动力汽车中，几乎所有此类水冷系统的冷却液回路都完全独立于发动机的冷却系统。冷却液从散热器泵入逆变器内部，但不接触逆变器的工作部件。散热设备将逆变器部件产生的热能传递给冷却液，然后冷却液流回到散热器，在冷却风扇的帮助下，散热器将热能传递到周围空气中。水冷型逆变器的冷却系统在出现故障的情况下，可能会生成一个 DTC，当然也可能会不生成 DTC。因此，维修人员可以将手放在冷却液泵体上感觉是否有振动，通过这种方式来验证逆变器冷却液泵是否工作。然而即使该泵能够正常工作，也不能保证冷却液能够足量流动，这是因为气泡或其他堵塞也可能对冷却液的正常流动产生不良影响。维修人员可以拆下逆变器的膨胀箱的盖子并验证冷却液是否正常流动，在此基础上可以确定冷却液循环是否正常。如果逆变器出现过热，在冷却液流量充足的情况下，检查一下冷却液的质量情况。加错冷却液或者冷却液未能与水进行适当的混合，这些都可能导致逆变器冷却问题。通过检查冷却液量正常、冷却液软管无泄漏，使用诊断仪进行主动测试"控制电动冷却风扇"，正常，如图 4-280 所示，检查冷却液没有冻结，排除逆变器冷却系统、水泵总成和冷却风扇故障。

在排除逆变器冷却系统及其组件后需要进一步检查带转换器的逆变器总成。该总成由逆变器、增压转换器、DC/DC 转换器组成，安装在发动机舱内，如图 4-281 所示。

在车辆处于断电 READY 为 OFF 状态时，逆变器中的电容器（图 4-282）必须通过逆变器自身内部的电路进行放电处理。应经常查阅汽车厂家的维修信息，以便精确地了解车辆的电容器放电所需时间，同时还要准确了解进行电压检查作业时的测量点位置。

丰田普锐斯混合动力汽车自放电过程可能需要 5~10min 的时间，对于需要在车辆的逆变器或电机电路上进行作业的维修人员而言，必须先等到电容器已经完成放电作业后，方能进行工作。因此，在检查高压系统或断开带转换器的逆变器总成低压连接器前，务必采取安全措施，如佩戴绝缘手套并拆下维修塞把手（图 4-283）以防电击。拆下维修塞把手后放到兜内，防止其他技师在维修人员进行高压系统作业时将其意外重新连接。

拆下维修塞把手后，在接触任何高压连接器或端子前，等待至少 10min，然后检查带转换器的逆变器总成检查点的端子电压，开始工作前的电压应为 0，如图 4-284 所示。

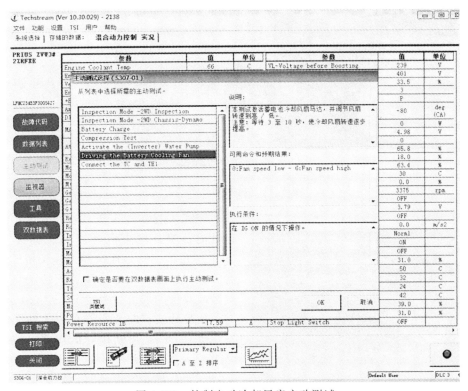

图 4-280 控制电动冷却风扇主动测试

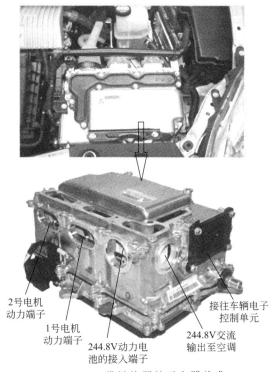

图 4-281 带转换器的逆变器总成

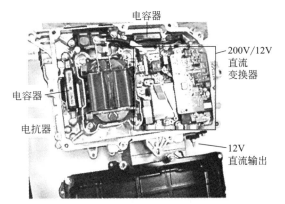

图 4-282 带转换器的逆变器总成内部结构

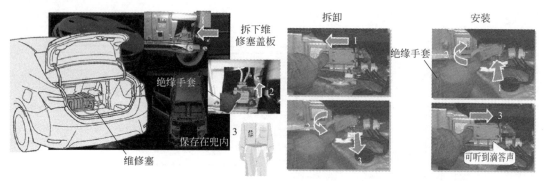

图 4-283 拆卸维修塞把手

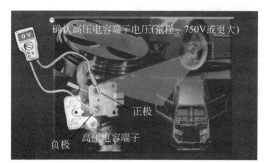

图 4-284 确认电容器已经完成放电

经确认电容器已经完成放电后，断开低压蓄电池负极；检查混合动力车辆传动桥总成（2个解角传感器）连接器的连接情况和带转换器的逆变器总成低压连接器均接触良好，未见有腐蚀及松动现象。

从带转换器的逆变器总成上断开解角传感器连接器 D29，重新接好低压蓄电池负极，将电源开关置于 ON（IG）位置。根据电路图（图 4-285）检查发电机解角传感器各信号线路到车身接地的电压为 0.81V，正常值低于 1V，正常。

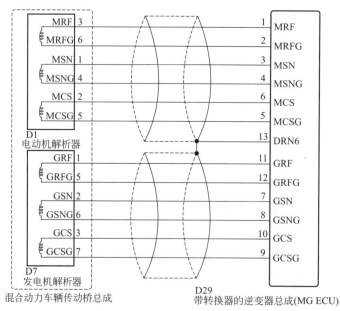

图 4-285 解角传感器电路图

将电源开关置于 OFF 位置，断开低压蓄电池负极，测量发电机解角传感器信号线之间的电阻（GRF-GRFG 为 8.2Ω、GSN-GSNG 为 16.8Ω、GCS-GCSG 为 18.6Ω），发电机解角传感器信号线与车身接地且两两之间的电阻均无穷大。相关电阻标准值如表 4-57 所示，由此可以判断发电机解角传感器至带转换器的逆变器总成之间线束及连接器正常。以相同的方法测量带转换器的逆变器总成与电动机解析器之间的电阻，正常。

表 4-57 相关电阻标准值

标准电阻（断路检查）			
检测仪连接	开关状态	规定状态/Ω	
D29-11(GRF) 和 D29-12(GRFG)	电源开关 OFF	7.1～21.6	
D29-7(GSN) 和 D29-8(GSNG)	电源开关 OFF	13.7～34.5	
D29-10(GCS) 和 D29-9(GCSG)	电源开关 OFF	12.8～32.4	
标准电阻（短路检查）			
检测仪连接	开关状态	规定状态/kΩ	
D29-11(GRF) 或 D29-12(GRFG) 和车身搭铁及其他端子	电源开关 OFF	10 或更大	
D29-7(GSN) 或 D29-8(GSNG) 和车身搭铁及其他端子	电源开关 OFF	10 或更大	
D29-10(GCS) 或 D29-9(GCSG) 和车身搭铁及其他端子	电源开关 OFF	10 或更大	

从带转换器的逆变器总成上拆下逆变器盖，从带转换器的逆变器总成上断开发电机和电动机高压电缆，如图 4-286 所示。使用毫欧表测量 U、V、W 相与相之间电阻，无断路；使用兆欧表测量 U、V、W 三相与车身接地和屏蔽层之间绝缘电阻，无短路；混合动力车辆传动桥总成 MG1、MG2 正常。

断开带转换器的逆变器总成低压连接器 A59，如图 4-287 所示，检查电源电压为 12.5V，正常。

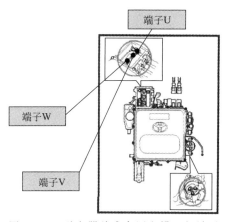

图 4-286 逆变器总成高压电缆三相端子

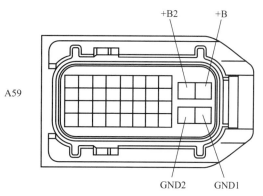

图 4-287 逆变器总成低压连接端子

（3）故障排除　根据上述检查结果发现：带转换器的逆变器总成的高低压连接线束和插头端子均正常，混合动力车辆传动桥总成上的 2 个解角传感器及线路也无任何问题，可以判断为故障在带转换器的逆变器总成内。由于汽车厂家规定带转换器的逆变器总成是不可分解的部件，因此只能更换。为了确保万无一失，只能采用部件互换法和正常行驶的同类车型对换带转换器的逆变器总成进行试验，更换后该故障车启动正常。

注：丰田普锐斯混合动力汽车是高度机电集成的车辆。发生故障时更应该根据车辆运行的数据流判断故障原因，P0A7A 故障码储存时会有定格数据，它在故障发生时段会记录系统异常的数据，如 MG1 逆变器的工作状态、工作温度、输出电压、电流、频率、解角传感

器的输出信号、DC/DC 增压器工作参数、MG1 电机的工作状态参数、发动机是否启动状态等,通过智能诊断仪能够查看到,以帮助分析故障。同样 THS 系统运行时的数据流与该工况下的标准数据对比,更是进行故障分析的数据对比的参考。为此给出与该车相同车型,在打开电源开关,"READY"指示灯点亮时,车辆运行标准数据如表 4-58~表 4-60 所示。

表 4-58 普锐斯混合动力运行数据(一)

参数	值	单位	参数	值	单位
Engine Coolant Temp	23	C	Power Resource VB	222.0	V
Engine Revolution	1280	r/min	Power Resource IB	1.02	A
Vehicle Spd	0	km/h	VL-Voltage before Boosting	223	V
Engine Run Time	19	s	VH-Voltage after Boosting	224	V
+B	14.19	V	Boost Ratio	0.0	%
Ambient Temperature	21	C	Drive Condition ID	3	
DTC Clear Run Distance	0	km	Shift Sensor Shift Pos	P	
MAP	46	kPa(abs)	Crank Position	24	°CA
Atmosphere Pressure	101	kPa(abs)	A/C Consumption Pwr	0	W
			Short Wave Highest Val	4.98	V
Ready Signal	ON		Num of Current Code	0	
Motor(MG2)Revolution	0	r/min	Calculate Load	51.7	%
Motor(MG2)Torq	28.75	N·m	Throttle Position	20.0	%
M(MG2)Trq Exec Val	27.25	N·m	DCDC Cnv Tar Pulse Duty	63.6	%
Generator(MG1)Rev	4688	r/min	Inverter Coolant Water Temperature	21	C
Generator(MG1)Torq	-1.38	N·m	Cooling Fan 0	0.0	%
G(MG1)Trq Exec Val	-1.25	N·m	Inverter W/P Revolution	3250	r/min
Regenerative Brake Torq	0.0	N·m	Prohibit DC/DC conv sig	OFF	
Rqst Regen Brake Torq	0.0	N·m	DC/DC Converter Status Voltage	3.73	V
Inverter Temp-(MG1)	22	C	EV Request	OFF	
Inverter Temp-(MG2)	21	C	Gradient of Road Surface	0.1	m/s²
Motor Temp No2	20	C	Permit Start by Immobiliser	Norml	
Motor Temp No1	20	C	Immobiliser Communication	ON	
Accelerator Degree	0.0	%	Starter Switch	OFF	
Request Power	1000	W	SOC after IG-ON	59.5	%
Target Engine Rev	1300	r/min	Inv-Temp(MG1)Max	30	C
State of Charge(All Bat)	58.8	%	Inv-Temp(MG2)Max	21	C
Master Cylinder Ctrl Trq	0.0	N·m	Mtr-Temp(MG2)Max	20	C

表 4-59 普锐斯混合动力运行数据(二)

参数	值	单位	参数	值	单位
Converter Temp Max	29	C	Auxiliary Battery Low-Last Operation	0	
Status of Charge Max	59.5	%			

续表

参数	值	单位	参数	值	单位
Status of Charge Min	58.5	%	Auxiliary Battery Low-Last Trip	0	
Stop Light Switch	OFF		MG2 Temperature High-Last Operatio	0	
Inter Lock Switch	OFF		MG2 Temperature High-Last Trip	0	
Back Up Lamp Relay	OFF		MG1 Temperature High-Last Operatio	0	
ECO Mode	OFF		MG1 Temperature High-Last Trip	0	
Shift Pos Status(T/M Ctrl)	P		MG2(Motor)Inverter Temperature High-Last Op	0	
Shift P Permission Signal	ON				
DC/DC Cnv Temp(Upper)	21	C	MG2(Motor)Inverter Temperature High-Last Trip	0	
DC/DC Cnv Temp(Lower)	20	C			
Mtr-Temp(MG1)Max	20	C	MG 1(Generator)Inverter Temperature High-Last Op	0	
Internal Shift Position	P				
P Request(T/M Ctrl)	ON		MG1(Generator)Inverter Temp High-Last Trip	0	
(Inverter)W/P Run Control Duty	62.50	%			
Engine Stop Request	No		Main Battery Low Voltage-Last Operation	0	
Engine Idling Request	No				
Main Batt Charging Rqst	No		Main Battery Low Voltage-Last Trip	0	
Aircon Request	No		Coolant Heating-Last Operation	0	
Engine Warming Up Rqst	Request		Coolant Heating-Last Trip	0	
SMRP Status	OFF		Converter Heating-Last Operation	0	
SMRB Status	ON		Converter Heating-Last Trip	0	
SMRG Status	ON		Batt Pack Current Val	0.43	A
SMRP Control Status	OFF		Inhaling Air Temp	21.9	C
SMRB Control Status	ON		VMF Fan Motor Voltage1	0.0	V
SMRG Control Status	ON		Auxiliary Battery Vol	14.16	V
MG1 Gate Status	OFF		Charge Control Value	−20.5	kW
MG2 Gate Status	OFF		Discharge Control Value	19.5	kW
Converter Gate Status	OFF		Cooling Fan Model	0	

表 4-60 普锐斯混合动力运行数据(三)

参数	值	单位	参数	值	单位
Auxiliary Battery Low-Last Operation	0		Temp of Batt TB1	21.1	C
			Temp of Batt TB2	20.9	C
Auxiliary Battery Low-Last Trip	0		Temp of Batt TB3	21.0	C
MG2 Temperature High-Last Operatio	0		Battery Block Vol-V01	15.87	V
MG2 Temperature High-Last Trip	0		Battery Block Vol-V02	15.84	V
MG1 Temperature High-Last Operatio	0		Battery Block Vol-V03	15.87	V
MG1 Temperature High-Last Trip	0		Battery Block Vol-V04	15.87	V

续表

参数	值	单位	参数	值	单位
MG2（Motor）Inverter Temperatur High-Last Op	0		Battery Block Vol-V05	15.87	V
			Battery Block Vol-V06	15.79	V
MG2（Motor）Inverter Temperature High-Last Trip	0		Battery Block Vol-V07	15.87	V
			Battery Block Vol-V08	15.87	V
MG1（Generator）Inverter Temperature High-Last Op	0		Battery Block Vol-V09	15.87	V
			Battery Block Vol-V10	15.82	V
MG1（Generator）Inverter Temp High-Last Trip	0		Battery Block Vol-V11	15.84	V
			Battery Block Vol-V12	15.87	V
Main Battery Low Voltage-Last Operation	0		Battery Block Vol-V13	15.87	V
			Battery Block Vol-V14	15.84	V
Main Battery Low Voltage-Last Trip	0		Battery Low Time	0	
Coolant Heating-Last Operation	0		DC Inhibit Time	0	
Coolant Heating-Last Trip	0		Hot Temperature Time	0	
Converter Heating-Last Operation	0				
Converter Heating-Last Trip	0				
Batt Pack Current Val	0.43	A			
Inhaling Air Temp	21.9	C			
VMF Fan Motor Voltage 1	0.0	V			
Auxiliary Battery Vol	14.16	V			
Charge Control Value	−20.5	kW			
Discharge Control Value	19.5	kW			
Cooling Fan Model	0				

图 4-288 是发动机启动过程数据，MG1 运行在发电状态，发动机需要启动时，MG1 输出正转速，正扭矩作为电动机运行，启动发动机。发动机启动后，MG1 输出正转速，负扭矩作为发电机运行。

① 解角传感器功能的说明。解角传感器的作用是 MG1、MG2 电机运转时用来进行磁场定向控制，使电机在额定转速以下输出恒定的扭矩，额定转速以上保持较大的功率。解角传感器的结构是旋转变压器形式。由励磁线圈、检测线圈 S、检测线圈 C 和一个椭圆形的转子（与 MG 转子作为一个单元一起旋转）组成。检测线圈 S 的＋S 和－S 相互偏离 90°。检测线圈 C 的＋C 和－C 也以同样的方式相互偏离。线圈 S 和 C 相互分离 45°。当恒频交流电输入励磁线圈时，随着电机转子轴上旋转变压器的椭圆形转子的旋转，与旋转变压器定子之间的间隙发生变化，因此在检测线圈 S 和 C 中互感出恒频的感应电动势。MG ECU 利用线圈 S 和 C 的峰值差异计算转子上主磁极的绝对位置，并且根据在指定时间内转子位置的变化量计算旋转速度。

② 强启动发动机，激活车辆保养模式的步骤，不使用智能检测仪的方法如下。

a. 在 60s 内，执行以下步骤 b～e，将电源开关置于 ON（IG）位置。

b. 选择驻车挡 P 时，完全踩下加速踏板两次。

c. 选择空挡 N 时，完全踩下加速踏板两次。

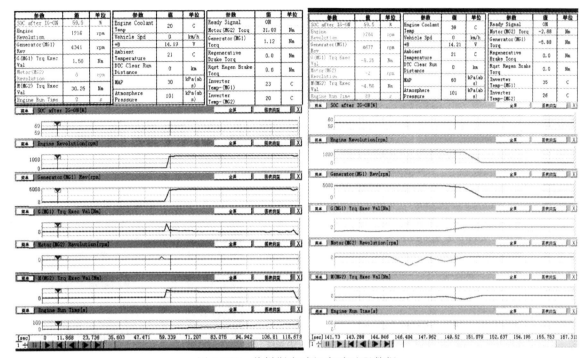

图 4-288　普锐斯发动机启动过程数据

d. 检查并确认多信息显示屏上显示"保养模式"。

e. 踩下制动踏板时,通过将电源开关置于 ON(READY)位置启动发动机。提示:在选择驻车挡 P 的情况下,保养模式下的怠速转速大约为 1000r/min。在选择驻车挡 P 的情况下,踩下加速踏板时发动机转速升高至 1500r/min。将加速踏板踩下超过一半,或完全踩下加速踏板时,发动机转速升高至大约 2500r/min。

4. 普锐斯混合动力汽车动力电池单元电压偏差故障

(1) 故障现象　一辆行驶里程约 8 万千米的丰田普锐斯混合动力汽车,该车在行驶过程中,仪表盘上的主警告灯、发动机警告灯、充电指示灯突然点亮,多信息显示屏上提示"检查混合动力系统,请将车辆停在安全地点"。

(2) 故障诊断　用故障检测仪检测,读得故障码为 P0A80-123,含义为"更换混合型电池组"。查看故障码的定格数据,如表 4-61～表 4-64 所示,定格数据反映了故障码储存时的车辆工况和混合动力系统运行的异常参数。车辆工况处在 MG2 纯电动驱动模式,发动机运转驱动 MG1 发电供能。混合动力蓄电池 HV 的剩余电量 SOC 在电源开关接通后处于控制的下限范围,为 46%,而最大充电量为 46%,最小充电量下降到 24.5%。2 号 HV 蓄电池温度传感器检测到 HV 蓄电池组中间部位的最高工作温度为 41.8℃,而 1 号和 3 号 HV 蓄电池温度传感器检测到 HV 蓄电池组的两端工作温度分别为 37.1℃ 和 34.9℃,HV 蓄电池组两端与中间部位的最大温差达到 6.9℃,正常情况下应不超过 5℃。HV 蓄电池组冷却进气口环境温度为 21.5℃,HV 蓄电池组工作温度与进气口环境温度差超过了 9℃ 的控制范围。HV 蓄电池第 9 单元电压最小值为 12.64V,其他 HV 蓄电池单元电压为 14V 左右,说明 HV 蓄电池各单元电压不一致,与 HV 蓄电池单元正常电压 15～16V 有偏差。HV 蓄电池组冷却风扇处于 1 挡低速运转模式。

表 4-61 故障码 P0A80-123 的定格数据（一）

参数	单位	−3	−2	−1	0	1
Engine Coolant Temp	℃	53	53	53	53	53
Engine Revolution 发动机转速	r/min	1280	1280	1280	1280	1280
Vehicle Spd 车速	km/h	26	27	27	27	28
Engine Run Time 发动机运行时间	s	20	20	21	21	21
+B	V	14.41	14.41	14.41	14.41	14.41
Accel Pedal Pos #1	%	30.9	31.7	31.3	31.3	30.9
Accel Pedal Pos #2	%	47.0	47.4	47.4	47.0	47.0
Ambient Temperature	℃	10	10	10	10	10
Intake Air Temperature	℃	36	36	35	35	35
DTC Clear Warm Up		61	61	61	61	61
DTC Clear Run Distance	km	4690	4690	4690	4690	4690
DTC Clear Min	min	7026	7026	7026	7026	7026
MAP	kPa(abs)	52	52	52	52	52
Atmosphere Pressure	kPa(abs)	102	102	102	102	102
Ready Signal		ON	ON	ON	ON	ON
Motor(MG2)Revolution MG2 转速	r/min	2024	2059	2080	2093	2106
Motor(MG2)Torq MG2 转矩	N·m	17.62	15.12	12.50	12.00	13.50
M(MG2)Trq Exec Val MG2 转矩执行值	N·m	19.87	14.75	12.25	14.12	14.00
Generator(MG 1)Rev MG1 转速	r/min	2666	2669	2625	2607	2608
Generator(MG 1)Torq MG1 转矩	N·m	−3.63	−4.13	−3.88	−3.88	−4.00
G(MG1)Trq Exec Val MG1 转矩执行值	N·m	−3.38	−3.75	−3.50	−3.63	−3.88
Regenerative Brake Torq	N·m	0.0	0.0	0.0	0.0	0.0

表 4-62 故障码 P0A80-123 的定格数据（二）

参数	单位	−3	−2	−1	0	1
Inv-T(MG2)after IG-ON	℃	31	31	31	31	31
Mtr-T(MG2)after IG-ON	℃	47	47	47	47	47
Conv-Tmp after IG-ON	℃	32	32	32	32	32
SOC after IG-ON IG ON 时 HV 蓄电池 SOC 值	%	46.0	46.0	46.0	46.0	46.0
Inv-Temp(MG1)Max	℃	41	41	41	41	41
Inv-Temp(MG2)Max	℃	40	40	40	40	40
Mtr-Temp(MG2)Max	℃	48	48	48	48	48
Converter Temp Max	℃	42	42	42	42	42
Status of Charge Max HV 蓄电池最大充电状态	%	46.0	46.0	46.0	46.0	46.0
Status of Charge Min HV 蓄电池最小充电状态	%	38.5	38.0	37.5	24.5	24.5
Stop Light Switch		OFF	OFF	OFF	OFF	OFF
Auxiliary Batt Temperature	℃	13	13	13	13	13

续表

参数	单位	-3	-2	-1	0	1
Collision Signal(Airbag)		OFF	OFF	OFF	OFF	OFF
TC Terminal		OFF	OFF	OFF	OFF	OFF
Inter Lock Switch		OFF	OFF	OFF	OFF	OFF
EV Switch		OFF	OFF	OFF	OFF	OFF
Back Up Lamp Relay		OFF	OFF	OFF	OFF	OFF
ECO Mode		ON	ON	ON	ON	OFF
Generate Torque	N·m	-31.3	-31.4	-31.8	-32.0	-27.3
Prohibit Charge for P Pos		OFF	OFF	OFF	OFF	OFF
Vehicle Parking(T/M Ctrl)		OFF	OFF	OFF	OFF	OFF

表 4-63 故障码 P0A80-123 的定格数据（三）

参数	单位	-3	-2	-1	0	1
SMRB Control Status		ON	ON	ON	ON	ON
SMRG Control Status		ON	ON	ON	ON	ON
MG1 Gate Status		OFF	OFF	OFF	OFF	OFF
MG2 Gate Status		OFF	OFF	OFF	OFF	OFF
Converter Gate Status		OFF	OFF	OFF	OFF	OFF
Aircon Gate Status		ON	ON	ON	ON	ON
Converter Carrier Freq	kHz	9.55	9.55	9.55	9.55	9.55
Delta SOC	%	0.0	0.0	0.0	8.0	8.0
Batt Pack Current Val	A	17.81	15.57	15.61	14.19	13.56
Inhaling Air Temp HV 蓄电池冷却进风口温度	C	21.5	21.5	21.5	21.5	21.5
VMF Fan Motor Voltage1	V	1.3	1.4	1.4	1.3	1.3
Auxiliary Battery Vol	V	14.35	14.35	14.35	14.34	14.35
Charge Control Value	kW	-25.0	-25.0	-25.0	-25.0	-23.5
Discharge Control Value	kW	10.5	10.5	10.5	10.5	10.5
Cooling Fan Model HV 蓄电池冷却风扇运转模式		1	1	1	1	1
ECU Control Mode		0	0	0	0	0
Standby Blower Request		OFF	OFF	OFF	OFF	OFF
Temp of Batt TB1 HV 蓄电池 1 号检测温度	C	37.1	37.1	37.1	37.1	37.1
Temp of Batt TB2 HV 蓄电池 2 号检测温度	C	41.7	41.7	41.7	41.8	41.7
Temp of Batt TB3 HV 蓄电池 3 号检测温度	C	34.9	34.9	34.9	34.9	34.9
Battery Block Vol-V01 HV 蓄电池第 1 单元电压	V	14.89	14.84	14.84	14.87	14.84

表 4-64 故障码 P0A80-123 的定格数据（四）

参数	单位	-3	-2	-1	0	1
Battery Block Vol-V02 HV 蓄电池第 2 单元电压	V	14.45	14.38	14.38	14.40	14.40
Battery Block Vol-V03 HV 蓄电池第 3 单元电压	V	14.57	14.50	14.52	14.57	14.57

续表

参数	单位	-3	-2	-1	0	1
Battery Block Vol-V04 HV 蓄电池第 4 单元电压	V	14.35	14.28	14.33	14.35	14.35
Battery Block Vol-V05 HV 蓄电池第 5 单元电压	V	14.35	14.28	14.26	14.33	14.28
Battery Block Vol-V06 HV 蓄电池第 6 单元电压	V	14.11	14.03	14.03	14.06	14.01
Battery Block Vol-V07 HV 蓄电池第 7 单元电压	V	13.75	13.72	13.72	13.72	13.72
Battery Block Vol-V08 HV 蓄电池第 8 单元电压	V	14.01	14.01	13.99	14.01	13.96
Battery Block Vol-V09 HV 蓄电池第 9 单元电压	V	12.93	12.64	12.74	12.74	12.64
Battery Block Vol-V10 HV 蓄电池第 10 单元电压	V	14.16	14.11	14.11	14.11	14.11
Battery Block Vol-V11 HV 蓄电池第 11 单元电压	V	14.21	14.21	14.16	14.23	14.23
Battery Block Vol-V12 HV 蓄电池第 12 单元电压	V	14.57	14.57	14.57	14.60	14.57
Battery Block Vol-V13 HV 蓄电池第 13 单元电压	V	14.77	14.74	14.77	14.79	14.79
Battery Block Vol-V14 HV 蓄电池第 14 单元电压	V	14.89	14.87	14.84	14.87	14.87
Pattern Switch(PWR/M)		OFF	OFF	OFF	OFF	OFF
Detail Code 1 详细信息故障码		0	0	0	123	0

按照维修手册要求，保存上述故障码定格数据后，清除故障码，进行大约 10min 的试车，重新确认故障。试车中虽然故障灯没有点亮，但是从记录车辆混合动力系统运行的 HV 蓄电池系统数据流看，HV 蓄电池 SOC 还是处于 44%，因此在车辆停下来后发动机仍然一直运转，驱动 MG1 为 HV 蓄电池充电。而 3 个 HV 蓄电池温度传感器检测到的 HV 蓄电池组工作温度差及 HV 蓄电池组工作温度与冷却进气口环境温度差仍然超出正常范围。HV 蓄电池第 9 单元电压为 13.06V，与其他单元电压偏差仍然很大。

车辆 HV 蓄电池系统运行数据流还是异常，且与故障码 P0A80-123 产生条件相符合。P0A80-123 故障码生成条件是，HV 蓄电池智能单元 BMS 检测到 HV 蓄电池组各单元之间电压差大于 0.3V。需要说明的是，根据维修手册规定，当 BMS 内部出现故障时，所有蓄电池的偶/奇单元电压差也会大于 0.3V。因此接下来按照产生故障码 P0A80-123 的原因进行分析检查。

如图 4-289 所示，普锐斯混合动力汽车采用的 HV 蓄电池为镍氢电池，由 34 个模块串联组成，每个模块由 6 个单格电池串联而成（1 个单格电池的标称电压是 1.2V），共计 204 个单格电池，标称电压为 244.8V，标称容量为 6.5A·h。BMS 在 14 个位置上监视蓄电池单元（1 个蓄电池单元由 2 个模块组成）的电压。HV 蓄电池组无需外部充电，车辆电源开关接通后，BMS 将 HV 蓄电池组工作的状况信息发送至混合动力 ECU，混合动力 ECU 通过 HV 蓄电池的累计容量来计算蓄电池的 SOC，然后将其控制在目标值。HV 蓄电池组的冷却系统采用并行风道的冷却结构，进风口安装有空气过滤网，依靠冷却风扇强制冷

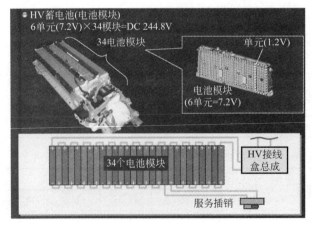

图 4-289　HV 动力蓄电池组

却，保持 HV 蓄电池组在正常温度下工作。

从故障数据分析，HV 蓄电池组第 2 个温度传感器检测到的温度过高和第 9 单元电压偏低，都发生在 HV 蓄电池组的中间局部位置，其可能的故障原因有：HV 蓄电池串联连接线松动，接触电阻增大；电压偏低单元的电池内阻增大，产生热量大；HV 蓄电池冷却风道受阻；冷却鼓风机故障；外围局部环境影响。

首先检查 HV 蓄电池组冷却鼓风机的运转状态。HV 蓄电池冷却系统控制电路如图 4-290 所示，HV 蓄电池冷却鼓风机受控于动力管理控制 ECU，并通过 BMS 接收冷却鼓风机上的电压反馈，实现冷却鼓风机转速 1～6 挡的调节（低、中、高速度）；蓄电池组温度在 35℃时，冷却鼓风机低速运转，到 33℃时冷却鼓风机关闭；蓄电池组温度上升到 41.5℃时冷却鼓风机中速运转，蓄电池组温度超过 50℃时，冷却鼓风机高速运转。正常情况下蓄电池组在 25℃时的工况循环温度控制良好。用故障检测仪 GTS 的主动测试功能测试蓄电池冷却鼓风机的运转状况，冷却鼓风机能正常运转。

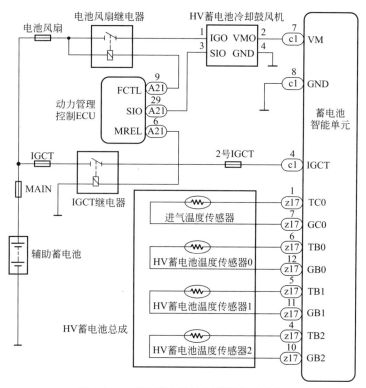

图 4-290　HV 蓄电池冷却系统控制电路

接着检查 HV 蓄电池温度传感器。HV 蓄电池组采用 3 个温度传感器（分别置于蓄电池组的两端和中部）和 1 个冷却进风口环境温度传感器（置于蓄电池组冷却风道进风口）。温度传感器均采用负温度系数热敏电阻。BMS 将温度传感器检测到的 HV 蓄电池温度和冷却进风口环境温度发送给动力管理控制 ECU 做对比，控制 HV 蓄电池冷却鼓风机风扇的启动和风速。检查蓄电池温度传感器属于高压电路检查，要遵守"检查前佩戴好绝缘手套，拆下维修塞把手并放在维修技师自己兜内，断开维修塞把手后，等待 10min，使高压器件中的高压电容放电完成，才进行高压电路检查操作"的安全作业规定。根据 HV 蓄电池系统控制电路，找到 BMS 上蓄电池温度传感器连接器并进行温度传感器的电阻检测，检测结果，4 个温度传感器的电阻均为 10.87～11.14kΩ（HV 蓄电池系统没有工作，冷却进风口环境温度为22℃时），电阻正常。

然后检查HV蓄电池单元电压。找到HV蓄电池6个单体组成1个模块电池组的第9单元，检查HV蓄电池模块连接线无松动和腐蚀。测量其断路电压，为13.97V，如图4-291所示，低于其他单元的电压。最后检查HV蓄电池的冷却通风状况。拆下HV蓄电池冷却进风管道，检查进风口空气过滤网，发现滤网被灰尘堵塞，判断其可能就是造成HV蓄电池温度偏高的主要原因。

(a) 第9单元电压

(b) 第8单元电压

图4-291 动力蓄电池单元的电压检测

（3）故障排除 故障只是第9个蓄电池单元电压小于其他蓄电池单元电压，按要求应该更换HV蓄电池组总成，但是更换HV蓄电池组总成价格很高，而如果采用对第9个蓄电池单元进行单独充电，能提高蓄电池第9单元的电压，恢复其容量，这样可以节约维修成本。如图4-292所示，把HV蓄电池组从车辆上拆下，用恒流快速充电模式。注：普锐斯混合动力汽车HV蓄电池1个单元的充电终止电压可高达15.6～18V。

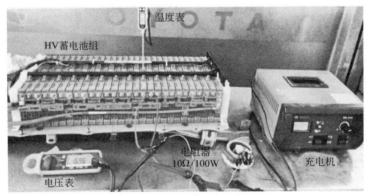

图4-292 对HV蓄电池单元充电

5. 丰田普锐斯混合动力汽车无法起步故障

（1）故障现象 一辆丰田普锐斯事故车维修后无法起步，复式显示屏上显示P挡锁止装置情况异常，且P挡指示灯缓慢闪烁。

（2）故障诊断 经检查，按下"POWER"键，车辆自检后，复式显示屏上显示P挡锁止装置情况异常，如图4-293所示，踩下制动踏板，再次按下"POWER"键，复式显示屏左上角位置显示有系统故障发生，如图4-294所示，同时组合仪表上的"READY"指示灯不亮，即车辆无法起步。

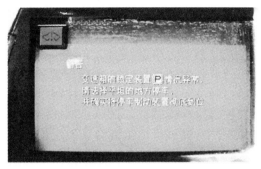

图 4-293　变速器异常提示时复式显示屏的显示

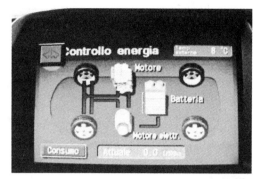

图 4-294　轿车无法起步时复式显示屏的显示

将车辆与 IT2 连接，检查混合动力控制系统，调得的故障码为 P3102，表示变速器控制单元故障。检查变速器控制系统，调得的故障码为 C2300 和 C2318，分别表示换挡控制执行器总成故障和变速器控制单元端子＋B 的低电压故障。读取故障发生时的数据流如图 4-295 所示，发现 IG 电压为 5.15V 和 6.64V，而正常值应为 9～14V，这说明变速器控制单元端子＋B 的电压过低。考虑到换挡控制执行器总成受变速器控制单元直接控制，推断问题出在变速器控制单元上。查阅该车维修手册，找到故障码 C2318 的记录，为接通点火开关，变速器控制单元检测到 IG 电压在 1s 或更长时间内小于 9.3V；同时，给出 4 个可能的故障原因，为 HEV 熔丝故障、IGCT 继电器故障、线束或连接器故障或各用蓄电池故障。于是参照维修手册，首先对发动机室接线盒内的 HEV 熔丝进行检查，结果发现该熔丝没有安装到位。

C2300 执行器系统故障

FreezeFrameData

Item	Data	Unit	Item	Data	Unit
Shift Pos Display (P)	OFF		Shift Pos Display (Not P)	OFF	
Master Caution Display	Disp		PSW Indicator Mode	Slow	
U Phase Voltage Value	0.00	V	V Phase Voltage Value	0.00	V
W Phase Voltage Value	0.00	V	Battery Voltage Value	5.23	V
IG(+B) Voltage Value	5.15	V	P Sply OFF Prepare Rqst Sig	OFF	
Cmplte of Learn Lck Pos	NG		Cmplte of Learn Unlck Pos	NG	
# of Trip Cuntr after Learn	4		Main Relay for Motor Drive	ON	
Sig of Electric Key Cond	ON		U Phase Crnt-Carry Status	OFF	
V Phase Crnt-Carry Status	OFF		W Phase Crnt-Carry Status	OFF	
U Phase Voltage Status	OFF		V Phase Voltage Status	OFF	
W Phase Voltage Status	OFF		Battery Voltage Status	OFF	
IG(+B) Phase Vol Status	OFF		ACC Condition Signal	ON	
Init Drv Cntrl Completed	OK		Cmplte of Detct Lck Pos	NG	
Cmplte of Detct Unlck Pos	NG		P/Not P Move Shift Range	Unset	
Main Relay	正常		Vehicle Condition	Move	
Fail Rank	5		Type of ECU	2	
Detail Information1	0A		Detail Information2	10	
Detail Information3	00				

C2318低电压故障（电源故障

FreezeFrameData

Item	Data	Unit	Item	Data	Unit
Shift Pos Display (P)	ON		Shift Pos Display (Not P)	OFF	
Master Caution Display	Disp		PSW Indicator Mode	ON	
U Phase Voltage Value	6.71	V	V Phase Voltage Value	6.87	V
W Phase Voltage Value	6.87	V	Battery Voltage Value	6.71	V
IG(+B) Voltage Value	6.64	V	P Sply OFF Prepare Rqst Sig	OFF	
Cmplte of Learn Lck Pos	OK		Cmplte of Learn Unlck Pos	NG	
# of Trip Cuntr after Learn	1		Main Relay for Motor Drive	ON	
Sig of Electric Key Cond	ON		U Phase Crnt-Carry Status	OFF	
V Phase Crnt-Carry Status	OFF		W Phase Crnt-Carry Status	OFF	
U Phase Voltage Status	ON		V Phase Voltage Status	ON	
W Phase Voltage Status	ON		Battery Voltage Status	OFF	
IG(+B) Phase Vol Status	OFF		ACC Condition Signal	ON	
Init Drv Cntrl Completed	OK		Cmplte of Detct Lck Pos	OK	
Cmplte of Detct Unlck Pos	NG		P/Not P Move Shift Range	Unset	
Main Relay	正常		Vehicle Condition	Stop	
Fail Rank	1		Type of ECU	2	
Detail Information1	00		Detail Information2	00	
Detail Information3	20				

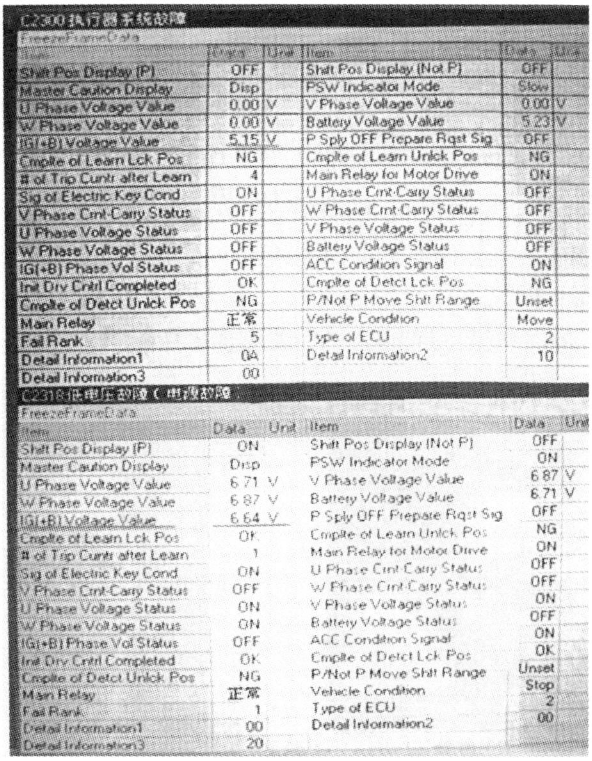

图 4-295　故障发生时的数据流

(3) 故障排除　将 HEV 熔丝重新安装后试车，复式显示屏显示正常，如图 4-296 所示，组合仪表上的 "READY" 指示灯也正常点亮。查看此时的数据流，IG（+B）电压为 13.98V，恢复到正常值。清除故障码后试车，故障彻底排除。

注：混合动力车辆控制单元将换挡杆或 P 挡开关的 P 挡解锁信号或 P 挡锁止信号发送至变速器控制单元，然后由变速器控制单元来激活换挡控制执行器总成，最后换挡控制执行器总成的工作状况再反馈至混合动力车辆控制单元，如图 4-297 所示。该车故障的原因为 HEV 熔丝没安装到位，导致变速器控制单元的电源电压过低，而当变速器控制单元工作不良时，混合动力车辆控制单元就无法确认换挡控制执行器总成的工作状况，于是车辆就不能进入 "READY" 状态，无法起步。

图 4-296　轿车起步正常时复式显示屏的显示

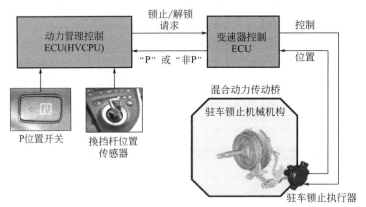

图 4-297　挡位信号的控制过程

6. 丰田普锐斯混合动力汽车电源系统故障

(1) 故障现象　一辆丰田普锐斯混合动力汽车，行驶里程 8 万多千米。该车在行驶不久后发动机会突然熄火，车辆无法正常行驶，然后组合仪表混合动力系统主警告灯点亮，如图 4-298 所示，同时，多信息显示屏显示 HV 蓄电池警告标识，如图 4-299 所示。

图 4-298　混合动力系统主警告灯点亮

图 4-299　HV 蓄电池警告标识

（2）故障分析　首先进行试车，故障现象确如用户所述。故障出现后，通过一键启动系统关闭混合动力系统（HV 系统），再次启动 HV 系统，表示 HV 系统良好的 READY 灯没有点亮。此时主警告灯点亮并且显示 HV 蓄电池警告标识，车辆无法再次运行。

由于组合仪表混合动力系统主警告灯点亮，这表明该车的 HV 系统存在故障，自检没有通过。同时，多信息显示器显示 HV 蓄电池警告标识，这说明混合动力系统的 HV 蓄电池也存在故障，自检也没有通过。这类故障通常有故障码可以读取，通过读取故障码对于诊断丰田普锐斯混合动力汽车复杂的 HV 系统故障是十分必要的。于是，连接故障诊断仪，读取到如下故障码：P3021、P3022、P3023 和 P3024。查询维修手册发现这些代码的含义是某块电池有故障。

丰田普锐斯混合动力汽车的电池管理系统 BMS 对 HV 蓄电池的充放电电压、充放电电流、进气温度、电池组温度、风冷却系统都要进行监测和控制，BMS 控制原理如图 4-300 所示。

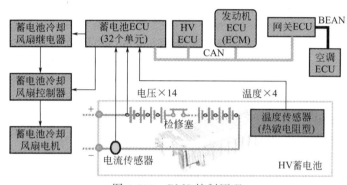

图 4-300　BMS 控制原理

该车 HV 蓄电池由 34 个镍氢电池模块组成，BMS 对其采取每两块为一组的方式进行电压监测，所以共有 17 根电压监测线，如图 4-301 所示。

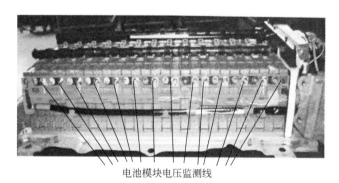

图 4-301　BMS 电压监测实物图

由于故障码将 HV 系统的故障指向 HV 蓄电池内部的镍氢电池模块，所以只有分解 HV 蓄电池才能将故障找到。将 HV 蓄电池从该车拆下后，发现电池外壳的右侧有鼓包现象。再将外壳拆下，发现 34 个镍氢电池模块的最后 7 个模块已经鼓包失效，如图 4-302 所示。这与诊断仪读取的 P3021、P3022、P3023 和 P3024 这 4 个故障码相吻合，就此基本可以确认是这相邻的 7 个电池模块失效引起该车故障。

镍氢电池由于自身老化或充电电流过大，引起负极板的金属氢化物过热分解膨胀，通过

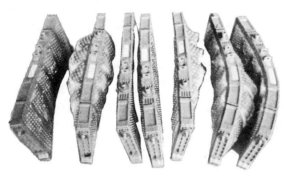

图 4-302 发生鼓包的电池模块

图 4-302 可看出 7 个模块中有 2 个模块膨胀得特别严重,其余的 5 个模块只是被这两个鼓包的电池给压坏的。因为其余电池未发生鼓包现象,所以排除充电电流过大因素,电池鼓包是由于电池老化引起。BMS 通过蓄电池控制单元对最后的 7 个模块用 4 根信号线进行电压监测,由于电池过充电引起鼓包失效,鼓包的电池模块电压不足,蓄电池控制单元检测到电池模块失效后,通过 CAN 总线告知混合动力汽车控制单元 HV ECU 电池失效信息。由于丰田普锐斯的混合动力驱动桥采用电机与发动机共同驱动的动力耦合装置,蓄电池失效引起电机无法控制,从而导致动力耦合装置无法工作产生速比,车辆故而失去动力输出,所以该车会出现行驶不久后发动机会突然熄火,车辆无法正常行驶的现象。HV ECU 收到电池失效信息后,停止混合动力系统的工作,同时点亮组合仪表混合动力系统主警告灯,并在多信息显示器显示 HV 蓄电池警告标识。在没有排除电池失效的故障前,代表 HV 系统良好的 READY 灯不会点亮,车辆无法再次运行。

(3) 故障排除　在将 7 块失效的电池模块更换后,重新组装电池组并将其安装好,清除系统故障码,然后重新启动车辆,代表 HV 系统良好的 READY 灯点亮,故障警告灯未点亮,车辆能够正常运行,HV 系统运行正常。

第五章
红旗PHEV混合动力汽车

第一节　红旗 H7 PHEV 汽车的结构特点、安全常识及断电安全作业流程

一、红旗 H7 PHEV 汽车的结构特点

红旗 H7 PHEV 结构上属于并联强混插电式混合动力汽车，其结构如图 5-1 所示。性能参数如表 5-1 所示。

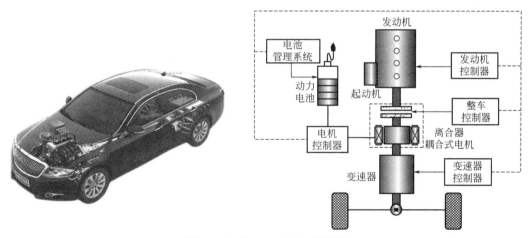

图 5-1　红旗 H7 PHEV 的结构
—— 12V 系统；—— 高压系统；---- CAN 通信

结构特点如下。
① 整车与传统车共平台开发。

② 整车为纵置后驱型式，采用国际先进的 P2 强混构型。
③ 发动机和变速器混合动力化设计。
④ 离合器耦合式电机高度集成化设计，实现平台化应用。
⑤ 动力性、经济性优于传统车，排放满足欧 6b 法规要求。
⑥ 总续驶里程达 1000km，实现超长续驶里程。

表 5-1 性能参数

项目		指标
整车参数	长×宽×高/mm	5095×1875×1485
	轴距/mm	2970
	整备质量/kg	2010
总成参数	发动机	CA4GC20TD
	变速器	7DCT-350R
	电机系统	永磁同步，280N·m/55kW
	电池系统	锂离子
性能参数	最高车速/(km/h)	215
	0～100km/h 加速时间/s	8.4
	NEDC 综合油耗/(L/100km)	2.4
	纯电动里程/km	50

二、红旗 H7 PHEV 汽车的安全知识

1. 高压标识

通过各种标识标记高压部件，及先阅读使用说明再操作等标记减小触电危险性，如图 5-2 所示。

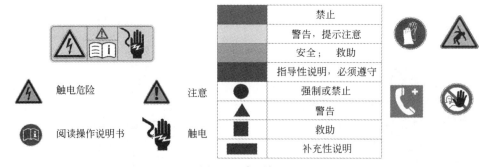

图 5-2 高压标识

2. 高低压隔离设计

高低压隔离设计如图 5-3 所示。

3. 防护保护

通过遮挡/外壳保证带电部件不被直接接触到，如图 5-4 所示。

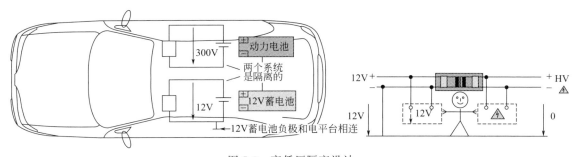

图 5-3　高低压隔离设计

图 5-4　防护保护

4. 高压互锁

尽可能地保障在人碰触到裸露的带电部件时，确认带电部件已不带有高压电。所有高压互锁开关串联，当任一个高压互锁开关被断开时，低压控制器检测管脚的电压值会发生非常明显的变化，可判断出高压互锁故障已发生，如图 5-5 所示。

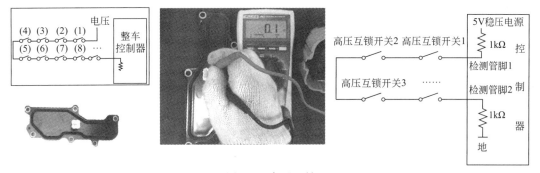

图 5-5　高压互锁

5. 绝缘监测

车辆上设计有绝缘监测仪，时时对车辆上的高压用电器进行绝缘监测，如果监测到高压系统绝缘失效后，整车高压系统会根据不同的失效结果进行相应的处理，如图 5-6 所示。

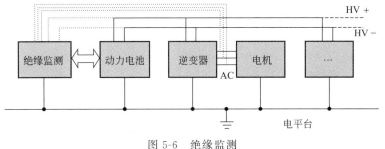

图 5-6　绝缘监测

6. 等电位均衡设计

通过使高压部件外壳和车身等电位，保证触电电流流过车身而非人体，如图 5-7 所示。

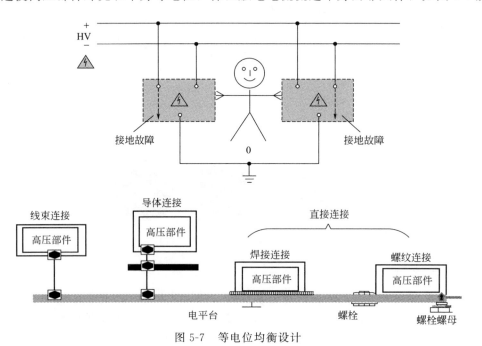

图 5-7　等电位均衡设计

7. 主动放电、被动放电

通过主动放电和被动放电可消除功率电子装置内电容器上的残余电能，如图 5-8 所示。

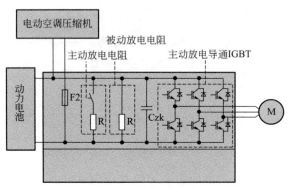

图 5-8　主动放电、被动放电

三、红旗 H7 PHEV 汽车的断电安全作业流程

1. 蓄电池断电

低压系统由两块蓄电池供电，作业时两块蓄电池的负极同时拆下，如图 5-9 所示。

2. 动力电池断电

高压系统维修时必须断电后作业，断电方法是拆解高压维修开关，如图 5-10 所示。

注：高压维修开关采用双重保险卡扣控制，需要两次按下才能完成打开。

图 5-9 拆下两块蓄电池的负极

图 5-10 拆解高压维修开关

3. 验电

完成前面两步操作后,在对高压系统维修时还要进行验电作业,如图 5-11 所示。

注:拆开逆变器端盖,使用万用表测量相电压,确认低于 60V,才可进行高压系统维修作业。

图 5-11 验电

第二节 红旗 H7 PHEV 汽车电气控制及高压控制部件安装位置

一、红旗 H7 PHEV 汽车电气控制

1. 低压电源控制

红旗 H7PHEV 汽车电气控制分为两部分:一部分是和传统汽车一致的低压电气控制,也就是 12V 电源供电部分;另一部分是高压动力电池控制的高压电气控制。

2. 电源网络图

红旗 H7 PHEV 混合动力电源系统由两块蓄电池供电，无发电机，采用 DC/DC 模块为蓄电池充电，如图 5-12 所示。

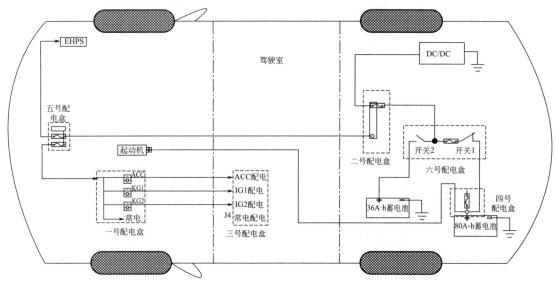

图 5-12 电源网络图

两块蓄电池位于后备厢左侧，定义为蓄电池 1（75A）和蓄电池 2（36A），如图 5-13 所示。

3. 低压控制原理

低压供电不同工况下两组蓄电池分别工作，由两个继电器按不同工况实现不同工作模式，其控制原理如图 5-14 所示。

4. 低压辅助油泵控制

变速器辅助泵系统是红旗 H7 PHEV 汽车动力总成中的重要部件。作用是 DCT 变速器液压系统提供或补充提供液压油，并在高压系统出现故障时，能够建立油压使 C0

图 5-13 两块蓄电池位于后备厢左侧

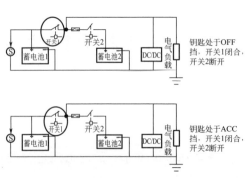
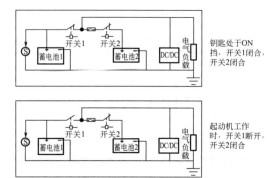

图 5-14 低压控制原理

离合器结合，保障发动机动力的传递，实现跛行回家功能。

(1) 工作原理及安装位置　辅助油泵系统由辅助油泵电机带泵总成、电机控制器总成组成，其工作原理如图 5-15 所示。

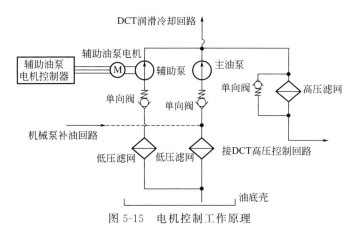

图 5-15　电机控制工作原理

(2) 电机控制器总成　电机控制器总成根据 TCU 的 CAN 指令，进行辅助油泵电机总成的驱动，并将当前的工作状态通过 CAN 传输给 TCU。电机控制器通过 PWM 脉冲控制电机转速。控制器输出端用于功率输出的电路部分如图 5-16 所示。

H 桥中的功率管按一定的逻辑时序导通，可控制 BLDC 电机三相绕组的导通、关断时序，并与 PWM 调制方式联合控制，实现 BLDC 电机的驱动。

图 5-16 中 A1、A2、B1、B2、C1、C2 组成三相 H 桥电路，U、V、W 为 H 桥的输出端，分别连接电机端子。

对无转子相位传感器的 BLDC 电机，控制器为确定换相相位，通过检测关断相反电动势的过零点来获得永磁转子的关键位置信号，从而可以控制绕组电流的切换，实现电机的运转。

控制器接线原理如图 5-17 所示。控制器安装位置：电机控制器安装在前机舱中的动力电机逆变器下方支架上，如图 5-18 所示。

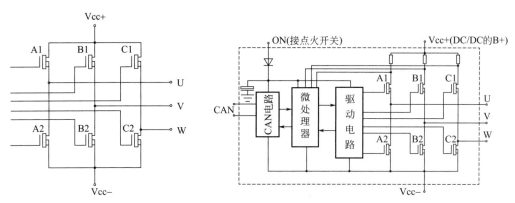

图 5-16　控制器输出端用于功率输出的电路　　图 5-17　控制器接线原理

(3) 辅助油泵电机总成　辅助油泵电机将电机控制器的输出转化成机械功率，驱动辅助油泵运行。辅助油泵电机总成安装在 DCT 变速箱内部，变速箱油底壳上方，浸在变速箱油液中，如图 5-19 所示。

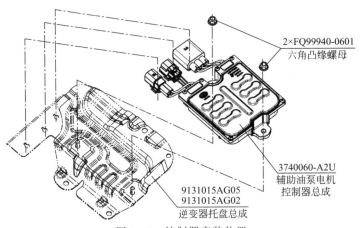

图 5-18 控制器安装位置

图 5-19 辅助油泵电机总成

① 电机作用和控制逻辑。

a. 给变速器液压系统注油。为能使车辆迅速起步,在变速器操纵杆离开"P"挡时,辅助油泵工作,给系统注油。充油的主油路油压应不大于4bar($1bar=10^5Pa$)。

b. 低速电爬。在车辆以EV模式低速运行时(同时满足发动机不工作,车速低于5km,驱动电机转速低于700r/min),辅助油泵系统工作,给变速器补充液压油。低速电爬时的主油路油压应不大于7bar。

c. 跛行功能。在高压系统出现故障时,发动机发动后,将变速器操作手柄从"P"挡置于"D"挡,辅助油泵工作,使离合器结合,保证发动机动力传送给变速器。

② 电机接线方法。辅助油泵电机采用"△"接法,这是三相电机绕组的一种连接方法,即分别将三绕组的首、尾相连再引出的方式,用符号"△"表示。通常电机三相绕组的起始端分别定义为A、B、C,末端分别定义为x、y、z,并分别将Az、Bx、Cy连接在一起的接线方式,Az、Bx、Cy接线端子分别定义为U、V、W,如图5-20所示。

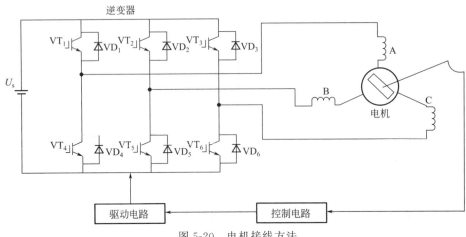

图 5-20 电机接线方法

③ 故障类型。辅助油泵电机控制器的故障级别分为 4 个等级：0、1、2、3，其中 0 表示"No Error"，说明系统各项功能都正常；1 表示"Warning"，表示该故障不影响控制器正常运行并响应指令；2 表示"Error"，表示当前故障清除后，无需重新上电启动，控制器可恢复正常运行并响应指令；3 表示"Critical Error"，表示需要给控制器重新上电且故障清除后，控制器才可恢复正常运行并响应指令。

④ 液压系统故障。辅助油泵电机控制器上报液压系统故障后，考虑是由于控制器输出过流、主油路压力过大造成，建议等待一定时间后尝试给控制器重新上电。

⑤ CAN 通信故障。辅助油泵电机控制器会对接收的 CAN 报文进行周期校验、"Checksum"校验、"Livecounter"校验。辅助油泵电机控制器上报 CAN 通信故障后，建议检查 CAN 总线连接线束、供电电源，最后考虑控制器 CAN 模块失效原因。

⑥ 通信方式。辅助油泵控制器与其他控制单元通过 CAN 总线进行通信，网络拓扑如图 5-21 所示。

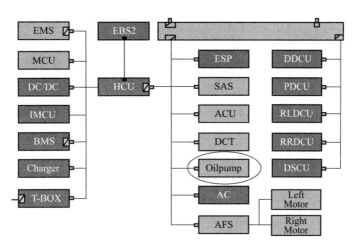

图 5-21 网络拓扑

MCU—电机控制器；T-BOX—远程控制；DC/DC—直流转换器；DCT—双离合变速器；HCU—整车控制单元；IMCU—绝缘监测仪；Oilpump—油泵；BMS—动力电池控制单元；Charger—充电系统；ESP—车身稳定系统；AC—空调；AFS—自适应系统；Left Motor—左侧电机；Right Motor—右侧电机；EMS—发动机控制单元；RRDCU—右侧门控制单元；RLDCU—左侧门控制单元；DDCU—转换器单元；DSCU—防滑控制单元；PDCU—驻车控制单元；EBS2—电子驻车；ACU—天线；SAS—二次空气供给

⑦ 更换辅助油泵电机。更换辅助油泵电机前，确认整车启动按钮处于 OFF 状态。穿壁连接器断开，放净变速箱油液后，拆卸变速箱油底壳，先拆穿壁连接器，再拆辅助油泵电机。

⑧ 更换辅助油泵电机控制器。更换辅助油泵电机前，确认整车启动按钮处于 OFF 状态。拆除整车逆变器后，断开辅助油泵电机控制器的 3 个与整车线束对接的连接器后，再拆辅助油泵电机控制器。

二、红旗 H7 PHEV 汽车高压控制部件安装位置

红旗 H7 PHEV 汽车高压控制网络拓扑如图 5-22 所示。

高压部件在车辆上分部位置如图 5-23 所示。

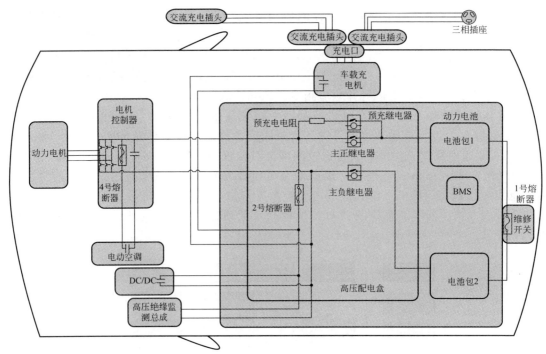

图 5-22 高压控制网络拓扑

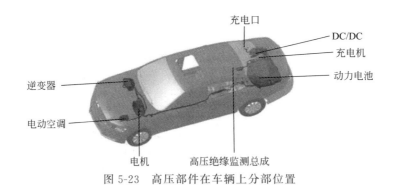

图 5-23 高压部件在车辆上分部位置

第三节 红旗 H7 PHEV 汽车动力电池

一、红旗 H7 PHEV 汽车动力电池安装位置及内部结构

1. 动力电池安装位置

插电式混合动力轿车（PHEV）用动力电池总成，由电池模块、电池管理系统、高压配电盒、高压连接器件等部件组成。具备化学能和电能相互转换功能，能为整车高压用电装置提供电能，而且能通过充电机、电机等装置存储电能。

动力电池位于后备厢内，由 96 个小电池分成 8 组合并而成，设有高压端口和低压端口，如图 5-24 所示。

2. 动力电池技术参数

动力电池技术参数如表 5-2 所示。

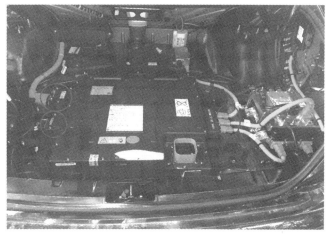

图 5-24 动力电池安装位置

表 5-2 动力电池技术参数

项目	参数
电池类型	锂离子电池
标称电压/V	350
工作电压范围/V	268.8～403.2
电池容量/A·h	44
冷却方式	强制风冷
冷启动功率/kW	≥4.5
工作温度/℃	-30～55
存储温度/℃	-40～65
绝缘电阻/MΩ	不小于 2.5
设计寿命	10 年/24 万千米

3. 内部结构

动力电池组包括电池包、维修开关、高压配电盒、继电器、BMS 等部件，如图 5-25 所示。

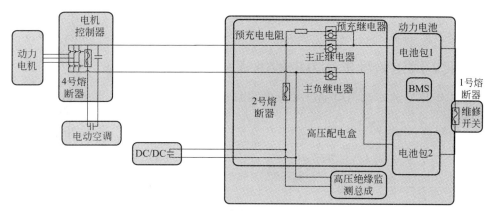

图 5-25 动力电池内部结构

二、红旗 H7 PHEV 汽车动力电池控制功能及内部部件主要功能

1. 动力电池控制功能

信号采样精度和范围（总电压、电流、温度）、CAN 通信（信号内容是否正确、是否有终端电阻）、充电、接触器控制（包括正常情况和非正常情况下接触器控制）、风机控制、工作电压、初始化时间、休眠功能、暗电流、硬线检测（CAN 失效硬线、碰撞硬线）、独立诊断、程序刷写。

2. 内部部件主要功能

动力电池内部部件位置如图 5-26 所示。

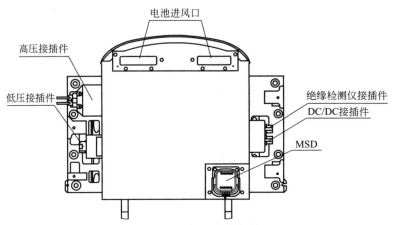

图 5-26 动力电池内部部件位置

① 动力电池总成通过内部化学反应和电气控制,完成储存能量,向整车电驱动系统和其他耗电系统提供驱动能源。

② 维修开关用于发生高压故障、紧急情况或车辆维修时,主动切断高压回路。

③ 高压配电盒主要应用于高压电池的动力分配,具有高压回路关断与闭合的功能,也是实现高压系统整车上下电、充电策略、高低压能量转换的载体。

④ 继电器用于上下电动作指令的执行。

⑤ BMS 用于监测各组蓄电池的电压、电流、温度等信息,并计算和对接其他接口的指令接收及执行。

三、红旗 H7 PHEV 汽车动力电池电气原理图及端子定义

红旗 H7 PHEV 汽车动力电池电气原理如图 5-27 所示。

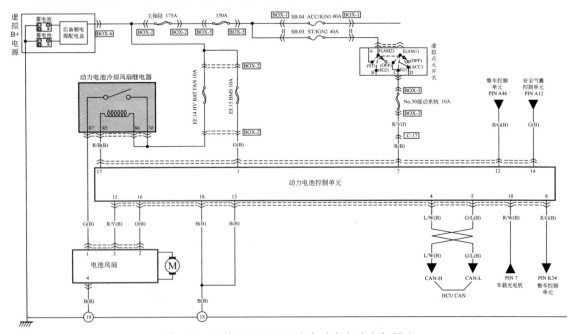

图 5-27 红旗 H7 PHEV 汽车动力电池电气原理

红旗 H7 PHEV 汽车动力电池端子功能如图 5-28 所示。

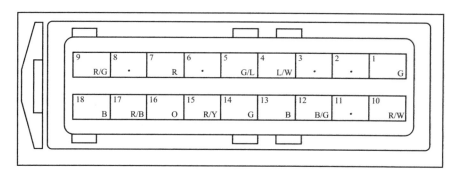

端子	功能说明	端子	功能说明
1	蓄电池电源	13	接地线
4	CAN-H	14	安全气囊信号线
5	CAN-L	15	冷却风扇PWM
9	高压互锁OUT	16	冷却风扇反馈
10	高压互锁IN	17	风扇继电器线圈控制
12	电池紧急控制信号	18	接地线

图 5-28　红旗 H7 PHEV 汽车动力电池端子功能

四、红旗 H7 PHEV 汽车动力电池更换

动力电池体积大，重量重，拆卸时应按标准拆装步骤进行作业，同时应该使用专用工具，如图 5-29 所示。

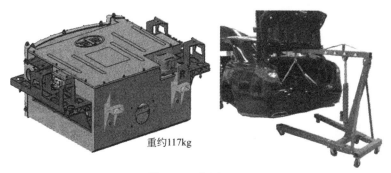

图 5-29　专用工具

① 关闭点火开关。
② 5s 后断开蓄电池负极。
③ 等待 5min 后拆下高压维修开关。
④ 断开低压连接器和高压连接器。
⑤ 验电确认高压输出端口电压低于 60V。
⑥ 拆下 8 颗 M10 螺栓。
⑦ 使用专用工具小心取出动力电池，如图 5-30 所示。

图 5-30　取出动力电池

第四节　红旗 H7 PHEV 汽车车载充电器

一、红旗 H7 PHEV 汽车车载充电器安装位置及功能

车载充电器是整车交流充电系统中的重要组成部件，专用于整车动力电池充电，其结构如图 5-31 所示。技术参数如表 5-3 所示。

表 5-3　车载充电器技术参数

项目	技术参数
输出功率/kW	3.3
输入电压(AC)/V	180～260
输入频率/Hz	45～70
输入电流/A	≤16
输出电压(DC)/V	240～430,连续可调
功率因数/%	≥99

图 5-31　车载充电器结构

车载充电器位于后备厢内动力电池右侧，如图 5-32 所示。

图 5-32　车载充电器安装位置

车载充电器总成是 H7 PHEV 车型高压总成中的重要部件，具体功能如下。

(1) 充电功能　将公共电网交流电转换为高压直流电为整车高压电池充电。

(2) CAN 通信及故障诊断功能　通过 CAN 与整车进行通信，在故障发生时能够诊断并存储故障。

(3) 输出电流补偿　补偿为高压电池充电过程中 DC/DC 消耗的电流，使车载充电器总成输出电流与 BMS 的电流请求值一致。

(4) CP 唤醒及 CAN 唤醒　通过充电桩或控制盒发送的 CP 信号唤醒车载充电器总成，同时具备 CAN 唤醒功能。

(5) 输入电流控制功能　能够在 GB/T 20234.2 规定的不同充电模式下，通过自身软件调节，控制不同最大输入电流（充电模式1≤8A；充电模式2≤13A；充电模式3≤63A）进行工作。

(6) 过温保护　工作温度超过(85±5)℃时，应能自动保护并停止工作。当温度恢复至正常范围内时，应能重新恢复正常工作状态。

(7) 低温保护　工作温度低于(-40±5)℃时，应能自动保护并停止工作。当温度恢复至正常范围内时，能重新恢复正常工作状态。

(8) 交流输入端过压及欠压保护　交流输入端发生过压或者欠压时，能自动保护并停止工作。当电压恢复至正常范围内时，能重新恢复正常工作状态。

(9) 高压输出端过压及欠压保护　高压输出端发生过压或者欠压时，能自动保护并停止工作。当电压恢复至正常范围内时，能恢复正常工作状态。

(10) 过流保护功能　交流输入端或高压输出端发生过流时，能自动保护并停止工作。当电流恢复至正常范围内时，能重新恢复正常工作状态。

二、红旗H7 PHEV汽车车载充电器工作原图、电气原理图及端子功能

1. 工作原理图

红旗H7 PHEV汽车车载充电器工作原理如图5-33所示。

车载充电器实质是一个大功率的智能充电器，通过监测PWM占空比调节输出功率适应车辆不同的充电要求。

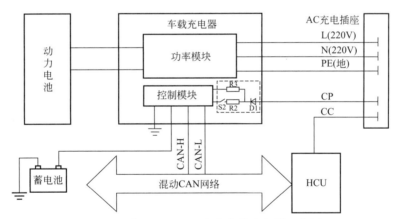

图5-33　红旗H7 PHEV汽车车载充电器工作原理

2. 模式

(1) 工作模式　车载充电器接收到工作指令后，对外输出为高压电池充电。此时高压输入端带高压电。

(2) 待机模式　车载充电器从睡眠模式被唤醒，但不对外输出。此时高压输入端带高压电。

(3) 故障模式　车载充电器检测到故障后，上报故障，停止输出。

(4) 睡眠模式　车载充电器接收到睡眠指令后进入睡眠模式。

3. 电气原理图

红旗H7 PHEV汽车车载充电器电气原理如图5-34所示。

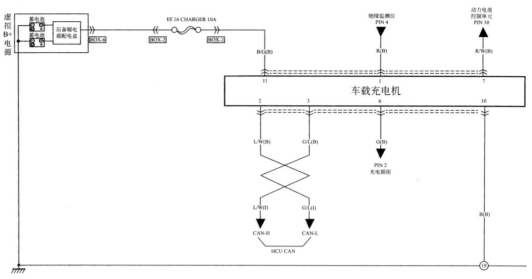

图 5-34　红旗 H7 PHEV 汽车车载充电器电气原理

4. 端子功能

红旗 H7 PHEV 汽车车载充电器端子功能如图 5-35 所示。

1.低压控制端

端子	功能说明	输入电压/V		
		Max	Typ	Min
1	高压互锁1	5.5	5	4.5
2	混动CAN_H	3.5	—	2.5
3	混动CAN_L	2.5	—	1.5
6	CP通信	12	—	0
7	高压互锁2	5.5	5	4.5
10	PE(接地)	0	0	0
11	低压12V+	18	14.5	9

2.交流输入端

端子	功能说明	输入电压/V		
		Max	Typ	Min
1	PE(地)	0	0	0
2	N(220V，AC)	265	220	85
3	L(220V，AC)	265	220	85

3.高压输出端

端子	功能说明	输出电压/V		
		Max	Typ	Min
1	高压-	0	0	0
2	高压+	430	350	240
3	高压互锁1	5.5	5	4.5
4	高压互锁2	5.5	5	4.5

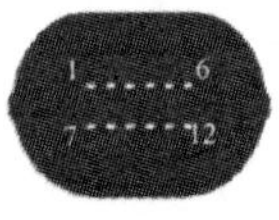

图 5-35　红旗 H7 PHEV 汽车车载充电器端子功能

车载充电器总成基本检查表如表 5-4 所示。

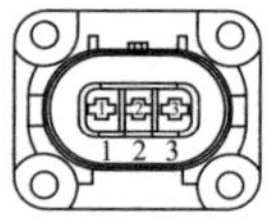

表 5-4　车载充电器总成基本检查表

端口阻抗	定义	正常阻抗范围	总成失效原因分析
交流输入端子	脚位 2 对脚位 3	＞30kΩ,＜3MΩ	a. 端子受到外部过电压,过电流或者过大的电涌
			b. 壳体损坏(有水汽或其他导电异物进入)
			c. 端子损坏
	脚位 2 对脚位 1	＞100MΩ	a. 端子受到外部过电压,过电流或者过大的电涌
			b. 壳体损坏(有水汽或其他导电异物进入)
			c. 端子损坏
	脚位 3 对脚位 1	＞100MΩ	a. 端子受到外部过电压,过电流或者过大的电涌
			b. 壳体损坏(有水汽或其他导电异物进入)
			c. 端子损坏

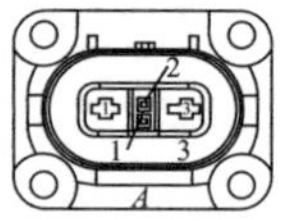

续表

端口阻抗	定义	正常阻抗范围	总成失效原因分析
直流输出端子	脚位1对脚位2	>10kΩ,<1MΩ	a.高压输入电池反接
			b.高压直流母线过压
			c.壳体损坏（有水汽或其他导电异物进入）
			d.端子损坏
低压信号端子	脚位1对机壳	>100MΩ	a.端子受到外部过电压,过电流
			b.壳体损坏（有水汽或其他导电异物进入）
			c.端子损坏
	脚位2对机壳	>10MΩ,<1GΩ	a.端子受到外部过电压,过电流
			b.壳体损坏（有水汽或其他导电异物进入）
			c.端子损坏
	脚位3对机壳	>10MΩ,<1GΩ	a.端子受到外部过电压,过电流
			b.壳体损坏（有水汽或其他导电异物进入）
			c.端子损坏
	脚位6对机壳	>20kΩ,<2MΩ	a.端子受到外部过电压,过电流
			b.壳体损坏（有水汽或其他导电异物进入）
			c.端子损坏
	脚位7对机壳	>100MΩ	a.端子受到外部过电压,过电流
			b.壳体损坏（有水汽或其他导电异物进入）
			c.端子损坏
	脚位11对机壳	>20kΩ,<2MΩ	a.低压电池反接
			b.低压直流母线过压
			c.壳体损坏（有水汽或其他导电异物进入）
			d.端子损坏

第五节 红旗 H7 PHEV 汽车直流转换器

一、红旗 H7 PHEV 汽车直流转换器（DC/DC）结构及安装位置

直流转换器是整车电源管理系统中的重要组成部件，替代传统发电机，将动力电池的高压直流电转化为14V低压系统所需的低压直流电，为整车低压负载供电及低压蓄电池充电，是一个降压电源。通过CAN实现与车辆通信，具备故障诊断及存储功能，其结构如图5-36所示。

直流转换器（DC/DC）的技术参数如表5-5所示。

直流转换器位于后备厢右后侧，安装于车载充电器上方，如图 5-37 所示，使用水冷方式冷却。

图 5-36 直流转换器（DC/DC）的结构

表 5-5 直流转换器（DC/DC）的技术参数

额定输出功率/kW	2.2
效率	满负荷≥93%
输入电压(DC)/V	240～450
额定输出电压/V	14.5±0.2
额定输出电流/A	150
工作温度范围/℃	-40～85
储存温度范围/℃	-40～105

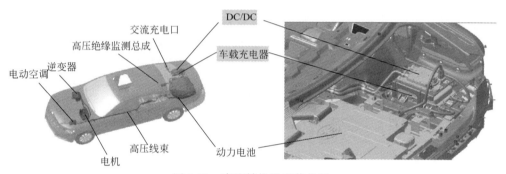

图 5-37 直流转换器安装位置

二、红旗 H7 PHEV 汽车直流转换器工作原理、功能及工作模式

1. 工作原理

DC/DC 总成通过 HCU 的 CAN 指令进行休眠唤醒及输出，同时 DC/DC 总成上报工作状态、工作温度、输出电压及输出电流等信息，其工作原理如图 5-38 所示。

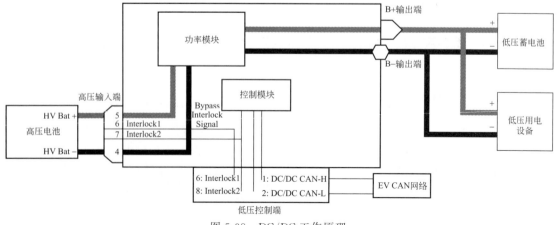

图 5-38 DC/DC 工作原理

工作特性曲线：负载在 0～100% 之间变化时 DC/DC 直流转换器输出的电压在 (9.0±0.2)～(16.0±0.2) V 持续输出，输出特性曲线如图 5-39 所示。

2. 工作模式

直流转换器 DC/DC 承载着车辆高低压转换工作，如图 5-40 所示，具有四种工作模式。

（1）待机模式　DC/DC 唤醒后未接收到工作指令前的状态。此时高压输入端带高压电。

（2）工作模式　DC/DC 进入工作模式，为整车低压负载供电及低压蓄电池充电。此时高压输入端带高压电。

（3）故障模式　DC/DC 检测到故障后，上报故障，停止输出。

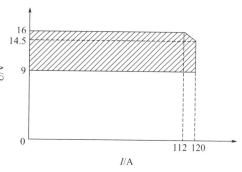

图 5-39　输出特性曲线

（4）睡眠模式　DC/DC 接收到睡眠指令后进入该模式。

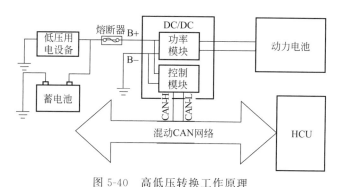

图 5-40　高低压转换工作原理

直流转换器（DC/DC）还具有以下功能。

（1）唤醒功能　车载充电器接收到 CAN 网络中任意报文即被唤醒。

（2）抛负载功能　DC/DC 总成负载突然大幅降低的情况下，仍可正常输出电压。

（3）温度补偿功能　DC/DC 总成输出会随温度的变化而调整工作电压和电流。

（4）过温防护功能　DC/DC 工作温度超过（85±5）℃时，能自动防护并停止工作。当温度恢复至正常范围内时，重新恢复正常工作状态。

（5）高压输入端过压及欠压防护功能　高压输入端发生过压或者欠压时，DC/DC 自动防护并停止工作。当电压恢复至正常范围内时，重新恢复正常工作状态。

（6）低压输出端短路防护功能　低压输出端短路时，DC/DC 自动防护并停止工作，当短路故障消除后，再次上电时重新正常工作。

（7）被动放电功能　对于高压输入端电容器储存能量＞0.2J 的情况，DC/DC 对该电容器执行被动放电。

三、红旗 H7 PHEV 汽车直流转换器电气原理图及端子功能

红旗 H7 PHEV 汽车直流转换器电气原理如图 5-41 所示。

红旗 H7 PHEV 汽车直流转换器端子功能如图 5-42 所示。DC/DC 总成基本检查如表 5-6 所示。

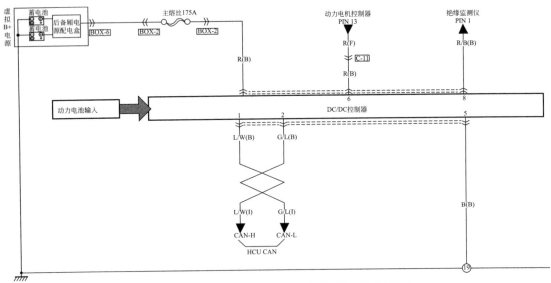

图 5-41　红旗 H7 PHEV 汽车直流转换器电气原理

1.高压输入端	端子	功能说明	输入电压/V		
			Max	Typ	Min
	1	高压−	0	0	0
	2	高压+	430	350	240
	3	高压互锁1	5.5	5	4.5
	4	高压互锁2	5.5	5	4.5
2.低压控制端	端子	功能说明	输入电压/V		
			Max	Typ	Min
	1	混动CAN-H	3.5	—	2.5
	2	混动CAN-L	2.5	—	1.5
	6	高压互锁1	5.5	5	4.5
	8	高压互锁2	5.5	5	4.5

图 5-42　红旗 H7 PHEV 汽车直流转换器端子功能

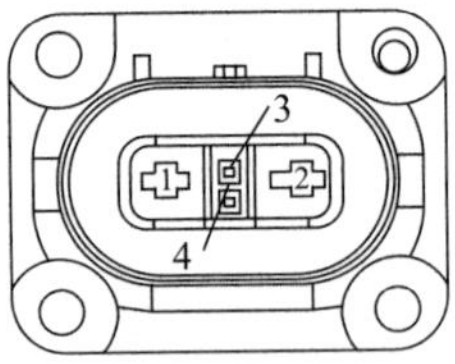

表 5-6　DC/DC 总成基本检查

端口阻抗	定义	正常阻抗范围	总成失效原因分析
高压输入端	脚位 1 对脚位 2	＞10kΩ，＜1MΩ	a. 高压输入电池反接
			b. 高压直流母线过压
			c. 壳体损坏（有水汽或其他导电异物进入）
			d. 端子损坏
B＋输出端	输出正线对机壳	＞5kΩ	a. 低压电池反接
			b. 低压直流母线过压
			c. 壳体损坏（有水汽或其他导电异物进入）
			d. 端子损坏

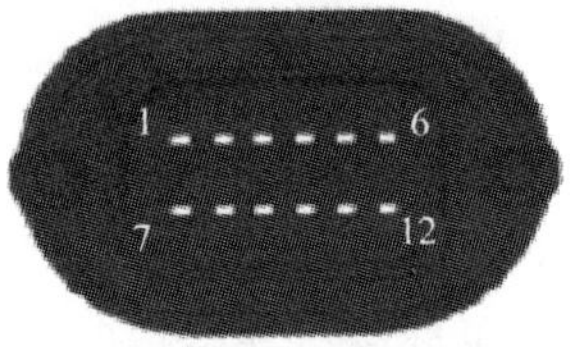

续表

端口阻抗	定义	正常阻抗范围	总成失效原因分析
低压控制端	脚位1对机壳	>1MΩ,<100MΩ	a.端子受到外部过电压、过电流
			b.壳体损坏(有水汽或其他导电异物进入)
			c.端子损坏
	脚位2对机壳	>1MΩ,<100MΩ	a.端子受到外部过电压、过电流
			b.壳体损坏(有水汽或其他导电异物进入)
			c.端子损坏
	脚位6对机壳	>100MΩ	a.端子受到外部过电压、过电流
			b.壳体损坏(有水汽或其他导电异物进入)
			c.端子损坏
	脚位8对机壳	>100MΩ	a.端子受到外部过电压、过电流
			b.壳体损坏(有水汽或其他导电异物进入)
			c.端子损坏

故障排查流程如图5-43所示。

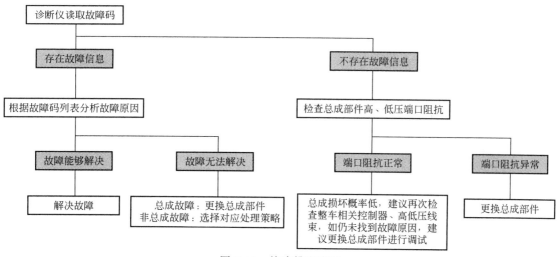

图5-43 故障排查流程

第六节 红旗H7 PHEV汽车离合器耦合电机及电机控制器

一、红旗H7 PHEV汽车离合器耦合电机(CCM)结构及特点

1. 结构、技术参数

CCM模块构型新颖,结构紧凑,装配方便,零部件通用化和系列化高,成本低,可靠性高。耦合电机包括电机、分离离合器、阀块控制盒等部件。CCM模块构型如图5-44所示。CCM技术参数如图5-45所示。

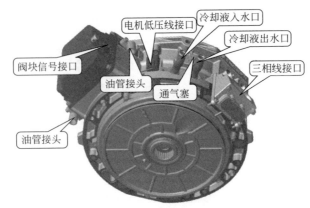

图 5-44 CCM 模块构型

部件	指标	数据
机型/结构	型号	CAM290PT1
	分离离合器类型	湿式，常开
	总质量/kg	45
	电机类型	三相永磁同步
	冷却方式	水冷
性能	转矩容量/N·m	350
	允许滑磨差/(r/min)	3100
	电机系统最大转矩/N·m	280
	电机系统峰值功率/kW	55

图 5-45 CCM 技术参数

2. 离合器技术创新点

① 离合器与电机平行布置，缩短轴向尺寸；小直径多片结构，新型纸基摩擦材料，降低拖曳扭矩。

② 耐高温、抗滑磨、可吸收振动：湿式更适用于中国工况；同时通过增减摩擦片，可实现平台化，如图 5-46 所示。

- 新型纸基摩擦材料和特殊沟槽设计，显著降低拖曳扭矩
- 温度及传扭特性稳定，易于控制

- 特殊导油结构，实现冷却与控制油路共用轮毂

- 高度集成结构，便于总体布置
- 高精度电磁阀，满足冷却与控制需求

- 通用化壳体设计，通过增减摩擦片实现200~400N·m的扭矩覆盖，满足A级到C级的整车需求

- 高稳态油缸结构，保证高速旋转下油压稳定
- 高密封异型油缸，减少用油需求和泄漏

- 紧凑化设计、小直径多片结构
- 微动滑磨吸收振动，提高整车舒适性

图 5-46 离合器技术创新

3. 结构特点

CCM 由双质量飞轮（DMF）、分离离合器及动力电机三大部分组成。
① 分离离合器耦合在电机转子内部。
② 分离离合器控制发动机与电机动力的接合与断开。
③ 双质量飞轮用于减小发动机输出动力的扭振，减小对分离离合器的冲击及整车的舒适性。
④ CCM 前端与发动机缸体后端连接，后端与变速箱前法兰连接。
⑤ 分离离合器控制阀块布置在电机壳体上，控制及冷却油路从 DCT 油底壳取油，通过钢管连接。

4. 内部结构

电机的内部结构如图 5-47 所示。

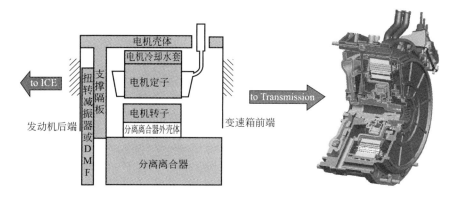

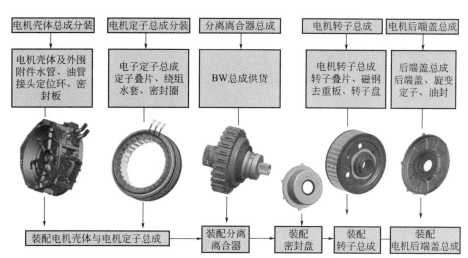

图 5-47

电机专用件：电机定子总成，电机转子总成(冲片，绕组，磁钢)，传感器

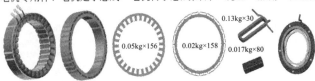

合金钢锻件：电机转子轴

材料：40Cr
热处理：
感应淬火前整体调质处理，硬度35～40HRC
内花键表面感应淬火加低温回火
表面硬度58～63HRC，按Q/CAM-8.2
淬硬层深度CHD550HV1 0.30～0.60，按Q/CAM-8.1
热处理后花键表面进行探伤检验，按Q/CAYJ-6.8

分离离合器相关件：分离离合器总成，控制阀块总成，KACO密封盘，阀块罩盖

图 5-47 电机的内部结构

二、红旗 H7 PHEV 汽车电机控制功能及工作原理

图 5-48 CCM 的位置

CCM 包括电机和离合器两部分，位于发动机和变速器中间，如图 5-48 所示。耦合电机主要用于电能与机械能的转化，传递发动机转矩。

分离离合器的作用：传递发动机转矩、传递起动机转矩。

分离离合器控制：按照温度模型控制冷却流量和传递转矩控制。

离合器片冷却：按照温度模型控制冷却流量。

离合器传递转矩控制：微滑磨。

CCM 通过逆变器控制输出不同转速和不同扭矩，工作原理如图 5-49 所示。

三、红旗 H7 PHEV 汽车电机控制器（MCU）外观结构及安装位置

1. 结构

电机控制器也称逆变器，是功率模块、驱动模块、电容、冷却回路为一体，小型轻量化，如图 5-50 所示。电机控制器（MCU）技术参数如表 5-7 所示。

表 5-7 电机控制器（MCU）技术参数

技术参数	标准值
峰值电流/A	340
额定电压/V	330
最高电压/V	420
最大输出电流/A	370

续表

技术参数	标准值
功率密度/(kW/L)	18.5
最高转速/(r/min)	7000
绝缘电阻(500V)/MΩ	1.8

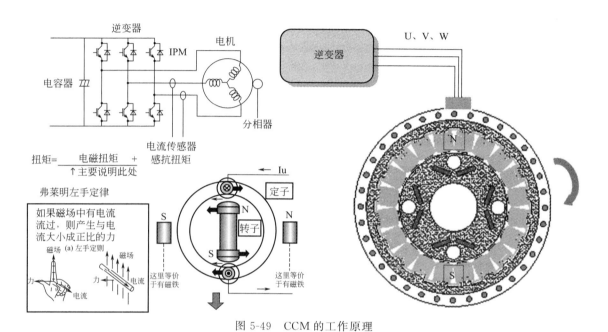

图 5-49 CCM 的工作原理

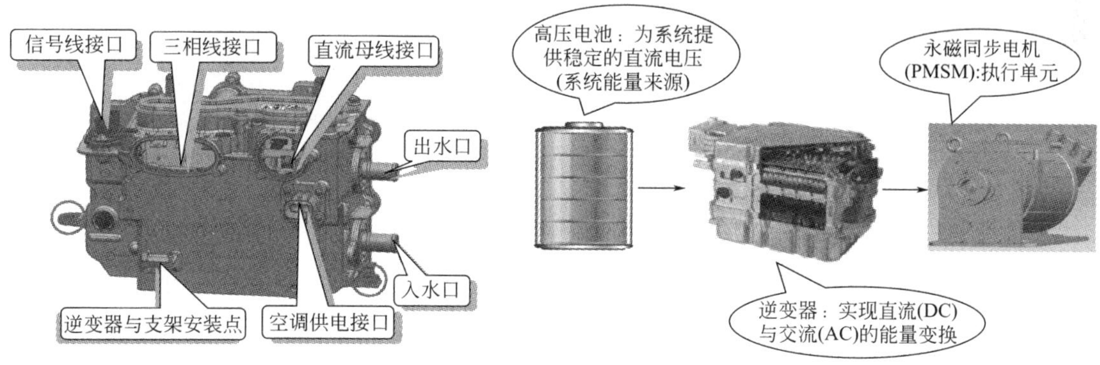

图 5-50 电机控制器（MCU）的结构

2. 安装位置

电机控制器位于发动机舱的右后部，内置 50A 专用熔丝，如图 5-51 所示。

四、红旗 H7 PHEV 汽车电机控制器结构

电机控制器主要由壳体控制单元、驱动单元、母线电容、冷却器、IGBT 组等部件组成，其结构分解如图 5-52 所示。

图 5-51 电机控制器安装位置

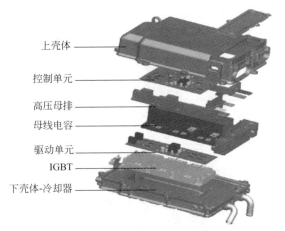

图 5-52 电机控制器结构分解

1. 直流母线电容

直流母线电容（图 5-53）耐压 450V、容量 550μF。直流母线电容的主要作用是保持直流母线电压的稳定，为系统提供瞬时的大电流。

2. 控制板

控制板（图 5-54）为逆变器与整车控制器（HCU）和负载的通信接口，控制软件需实现一定的保护功能，如短路保护、过流保护、过欠压保护、IGBT 与电机的过热保护等。

图 5-53 直流母线电容

图 5-54 控制板

3. 驱动板

驱动板（图 5-55）也称 IGBT 门极，驱动板将 CPU 给出的 PWM 指令进行功率放大，以保证 IGBT 能够可靠开通和关断，并为 IGBT 提供硬件的短路保护、门极电压钳位保护等。

4. IGBT 模块组

IGBT 的中文名字为绝缘栅双极型晶体管，本质上是一个场效应晶体管，只是在漏极和漏区之间多了一个 P 型层，它是由 MOSFET（输入级）和 PNP 晶体管（输出级）复合而成的一种器件，既有 MOSFET 器件驱动功率小和开关速度快的特点（控制和响应），又有双极型器件饱和压降低而容量

图 5-55 驱动板

大的特点（功率级较为耐用），频率特性介于 MOSFET 与功率晶体管之间，可正常工作于几万赫兹频率范围内，其电路如图 5-56 所示。

IGBT 模块具有单向导电性并且能够承受大电压与大电流。它是逆变器中实现能量转换的核心部件。其由许多个小的功率卡并联而成，在 H 平台混合动力单电机逆变器中采用了双面层组冷却方式，该方式能灵活地选择并联功率卡及冷却器的数量，极容易实现逆变器容量的扩展，如图 5-57 所示。

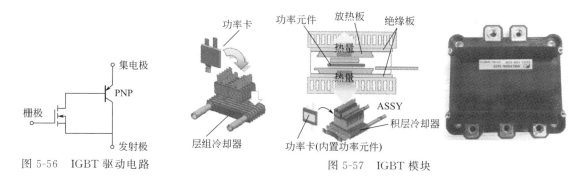

图 5-56　IGBT 驱动电路　　　　图 5-57　IGBT 模块

5. 电流传感器

电流传感器用于检测三相电的电流，通过电流传感器采集逆变器输出的电流，并将其转化为与其成线性关系且便于 CPU 处理的电压信号，实现电流的闭环控制。电流传感器控制原理如图 5-58 所示。

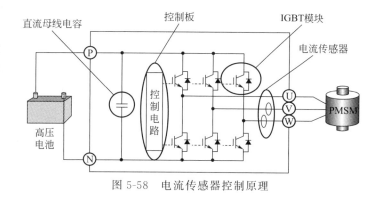

图 5-58　电流传感器控制原理

第七节　红旗 H7 PHEV 汽车绝缘监测仪

一、红旗 H7 PHEV 汽车绝缘监测仪安装位置及工作原理

1. 安装位置

绝缘监测仪位于后备厢内，动力电池前端，如图 5-59 所示。用于检测高压系统的绝缘电阻，整车高压系统与车身地之间的电阻值，是整车高压安全的一项重要指标。

① 实时监测整车高压系统的绝缘电阻。

② 具有报警功能，可以进行两级报警。一级报警：整车绝缘电阻＜51kΩ。二级报警：

整车绝缘电阻＜232kΩ。

③ 具有 CAN 通信功能：可监测到自身部分故障、对接地断路故障、内部电源故障等。

2. 工作原理

（1）低频注入法　由总成内部产生一个正负对称的方波信号，通过高压系统和车身地之间的绝缘电阻构成测量回路，测量回路中的电流 I_m 在取样电阻 R_m 上会产生一个取样电压 U_m，这个电压信号被内置微处理器采集，通过运算得出高压系统的绝缘电阻的大小，绝缘监测仪控制原理如图 5-60 所示。

图 5-59　绝缘监测仪安装位置

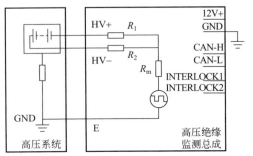

图 5-60　绝缘监测仪控制原理

（2）绝缘电阻要求

① 根据国标要求，绝缘电阻参考值为 100Ω/V 和 500Ω/V。

② 正常状态下要求绝缘电阻大于 500Ω/V。

③ 100～500Ω/V 为报警状态，低于 100Ω/V 为严重绝缘故障，必须进行检查维修。

④ 针对 H7 PHEV，对应的绝缘电阻值大约为 40kΩ 和 200kΩ。

绝缘监测仪端子功能如图 5-61 所示。

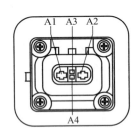

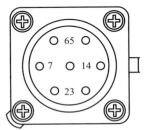

端子	功能
A1	动力电池+
A2	动力电池-
A3	与1脚内部短接
A4	与4脚内部短接

端子	功能	端子	功能
1	interlock1	5	地
2	+12V	6	CAN-L
3	GND	7	CAN-H
4	interlock2		

图 5-61　绝缘监测仪端子功能

二、红旗 H7 PHEV 汽车绝缘电阻检测方法

在一般条件下，先根据仪表提示配合诊断仪对绝缘电阻进行初步检查。

一般故障时，绝缘报警指示灯点亮，如图 5-62 所示，可配合诊断仪进行确认；严重故障时，绝缘报警指示灯闪烁，必须进行检修。

图 5-62　绝缘报警指示灯点亮

根据整车高压系统拓扑结构以及高压系统有源和无源的特点，将绝缘电阻检测分为四个部分：交流充电口、动力电机直流输入、动力电机交流输出、动力电池输出。

注：前三个使用绝缘表直接测量，动力电池按照 GB/T 18384.1 方法进行测量。

1. 交流充电口检测

分别测量 L、N 对于车身地的绝缘电阻，使用 DC 250V 电压挡，如图 5-63 所示。

图 5-63　交流充电口检测

2. 动力电机直流输入端检测

分别测量直流正、直流负对于车身地的绝缘电阻，使用 DC 500V 电压挡，如图 5-64 所示。

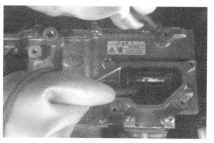

图 5-64　动力电机直流输入端检测

3. 动力电机直流输出端检测

分别测量 U、V、W 对于车身地的绝缘电阻，使用 DC 500V 电压挡，如图 5-65 所示。

图 5-65　动力电机直流输出端检测

4. 动力电池绝缘电阻的检测

启动高压系统，测量动力电池电压 U_b、测量正极对地电压 U_1、测量负极对地电压 U_2。

关闭高压系统，如果 $U_1 \geqslant U_2$，则在高压正极与车身地之间插入一个标准的已知电阻 R_0，重新启动高压系统，测量 U_1。

根据公式 $R_i = R_0 (U_b/U_1 - U_b/U_1)$ 计算得出绝缘阻值。

绝缘阻值 R_i 除以 U_b 得到以欧姆/伏为单位的绝缘电阻，选取所有测量值的最小值作为高压系统绝缘电阻。

第八节　红旗 H7 PHEV 汽车整车控制单元 HCU 及仪表

一、红旗 H7 PHEV 汽车整车控制单元 (HCU) 安装位置及控制功能

1. HCU 安装位置

HCU 通过 CAN 通信接口与整车其他系统通信，起到连接混动系统与整车的网关作用，协调控制各总成的工作。HCU 位于副驾驶座椅地板下方，如图 5-66 所示。

图 5-66　HCU 安装位置

2. HCU 控制功能

HCU 通过驱动低压电源管理继电器吸合，接通自身供电并唤醒 DC/DC，以及给绝缘监测仪供电，另外通过一个输出管脚模拟 MCU 的 IG 信号，用于控制 MCU 的睡眠和唤醒。

(1) 行驶模式高压系统启动/关闭功能。

① 车辆接收到一键启动信号时，高压系统根据控制命令吸合高压继电器，并通过 Ready 灯的状态提示驾驶员高压系统启动完成或故障。

② 整车接收到一键启动状态处于 ACC 或 IG OFF 时，高压系统根据控制命令断开高压继电器，并通过 Ready 灯的状态提示驾驶员高压系统关闭完成或故障。

(2) 行驶中高压系统开启 当驾驶员踩下制动踏板且按下一键启动按钮,此时挡位位于 P 挡或 N 挡,则高压系统启动功能激活,同时满足如下条件。

① 踩制动且按下一键启动按钮,PEPS_HCU_OneKeyStartRequest=Request。

② 手柄位置为 N/P 挡(LeverInfo=N 或 P)。

③ HCU 自检无故障(如 CAN 通信失效)。

(3) 高压系统无故障

① 任一高压互锁开关未断开。

② BMS 无影响高压上电的故障(BMS 故障值为 BatteryStatus=6/7/8)。

③ HCU 无一级绝缘故障记录(InsulationMonitorWarning 不为 2)。

④ CC 连接无效。

⑤ HCU 与 BMS 之间的 CAN 通信失效,且 BMS 接收到的硬线紧急控制信号非常有效。

⑥ 整车碰撞报警信号非有效。

⑦ 防盗验证通过高压上电完成,仪表显示。

(4) 行驶模式高压系统关闭 当行驶模式高压系统启动功能启动时,以下任何一种情况都可使高压系统关闭。

① PEPS_IgnKeyPos 转变为 ACC 或 IG OFF。

② 高压系统接收到车辆碰撞报警信号(CrashIntensity=Airbag come out)。

③ 高压系统出现故障后,根据故障等级处理如下:故障值为 BatteryStatus=6/7/8,HCU 监测高压互锁功能激活,且车速低于 5km/h。

④ HCU 与 BMS 之间的 CAN 通信失效,且 HCU 发给 BMS 的硬线紧急控制信号为高有效,BMS 需切断所有高压继电器。

⑤ 防盗验证未通过。

⑥ 高压上电成功 5s 后未收到(PEPS_ESCLSt=ESCLUnlock PEPS_ESCLErrorSt=Inactive)。

⑦ 预充电超时未完成或控制继电器命令发出后继电器吸合状态一直为未吸合。

⑧ HCU 自身严重故障。HCU 按照高压下电流程完成高压系统关闭功能,仪表"READY"熄灭。

(5) 交流充电功能 车辆在 IG OFF 状态下,操作人员使用充电线缆将供电设施与车辆充电插座连接可靠,交流 220V 经过车载充电机转化为高压直流电,为动力电池充电。

带有 T-BOX 远程控制功能的充电模式有两种,即时充电和定时充电。HCU 通过判断远程充电模式和远程充电启动命令进入相应充电状态。

(6) 即时充电功能 满足下列任一条件,即时充电功能被激活。

① 当一键启动按钮 IG OFF 且 HCU 判断 CC 连接正常。

② 当使用 GB/T 20234.2—2011 中充电模式 2 的连接方式 B 进行交流充电时,供电设施由 AC 220V 断电到恢复供电,充电机可由 CP 信号唤醒,发送"Recharge"报文。

进入条件:整车满足充电激活条件后,HCU 判断下列条件同时满足,即时交流充电功能启动。

a. 整车电源状态处于 OFF。

b. HCU 判断 CC 有效且 CP 有效。

c. HCU 监测高压系统无故障。

(7) 睡眠唤醒功能 HCU 支持以下三种唤醒源。如果这三种唤醒源都没有被激活,

HCU 将处于休眠状态。

① 点火钥匙唤醒：点火钥匙唤醒上电。

② 充电唤醒：当点火开关 OFF 挡整车充电时，当充电枪与整车连接完好时，HCU 需被硬线唤醒；充电完成后，无论充电接口是否断开，HCU 都应具备休眠能力。

③ CAN 线休眠唤醒：HCU 可以通过任意报文被唤醒，具体按照网络休眠唤醒技术要求。

(8) 故障诊断及失效处理功能

① 电机急停控制功能：当 MCU 与 HCU 之间出现 CAN 通信故障时，需要 HCU 输出急停信号时，负载端接收高电平信号，作为急停使能，禁止电机驱动输出。

② 电池紧急控制功能：当 CAN 出现通信故障时，需要 HCU 输出紧急控制信号时，HCU 停止对下拉的控制，BMS 接收高电平信号，作为紧急使能，通知电池断开相关高压继电器。

③ 失效处理：根据当前故障，选择适合的功率限制或跛行模式。

(9) 高压互锁功能　高压互锁功能是为了设备安全与人身安全而设计的功能，HCU 工作时，如果高压互锁回路中任何开关断开，高压互锁功能即被激活，由 HCU 做相应处理。

高压互锁激活后，仪表显示，声音报警鸣响 0.9s，同时在液晶屏"中央信息显示区"提示："高压互锁故障，请在安全地带停车!" 5s 之后，可按"CHECK"开关调出提示信息。

① 此时如果满足车速≤5km/h，车辆将停止动力输出。

② 此时如果车辆处于充电状态，车辆将停止充电。

③ 此时如果车辆处于高压系统启功功能进行阶段，则禁止高压系统启动。

(10) 绝缘故障处理功能　HCU 接收 IMCU 发出的总成状态信息、绝缘阻值和绝缘报警值，并将总成状态信息和绝缘报警值发送给仪表。

一级报警时，仪表高压系统故障报警指示灯以频率 1Hz 闪烁，发出声音报警，持续鸣响 5s，同时在液晶屏"中央信息显示区"文字提示。HCU 令高压系统下电后不能再次上电，并存储报警信息。

二级报警时，仪表高压系统故障报警指示灯点亮，并发声音报警鸣响 0.9s，同时在液晶屏"中央信息显示区"文字提示 5s。HCU 只存储报警信息。

(11) 碰撞安全管理功能　当车辆发生碰撞后，HCU 监测 CAN 总线碰撞信号，BMS 监测硬线碰撞信号。若发生碰撞，BMS 直接断开高压继电器，并反馈高压继电器状态，MCU 接到 HCU 发送的碰撞信号后完成主动放电。

(12) 滑行能量回收　进入条件：满足下列条件，进入滑行能量回收功能。

① 车辆在挡（LeverInfo=D/S/M/R）。

② ABS/ESP 工作标志位为 0（ABSIntervention=0 及 ESPIntervention=0）。

③ ESP 系统无故障（SystemState=1 及 ABSErrorStatus=0 及 ESPErrorStatus=0）。

④ 松开加速踏板、未踩下制动踏板且加速/制动踏板均无故障。

⑤ 车速大于 10km/h。

⑥ 电池持续充电允许功率大于 0（BatteryChargePowerAvailable_10＞0）。

⑦ 驱动电机具有发电能力（TM Maximum Available Generating Torque＞0）。

二、红旗 H7 PHEV 汽车整车控制单元 HCU 端子功能

HCU 输入/输出端子分两组，一组以 A 定义，一组以 K 定义，如图 5-67 所示。端子

A、K 的功能如表 5-8 和表 5-9 所示。

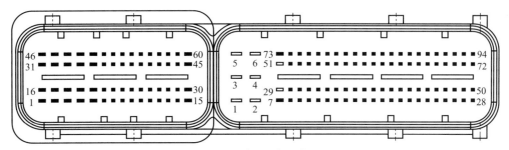

图 5-67　HCU 输入/输出端子 A、K

表 5-8　端子 A 的功能

端子	功能名称
A1	150 型常开继电器驱动信号
A2	比例压力阀反馈输入
A4	比例压力阀驱动输出
A5	200 型常闭继电器驱动信号
A7	低温冷却水泵驱动信号
A17	比例流量阀反馈输入
A19	比例流量阀驱动输出
A37	发动机暖风水泵驱动信号
A43	IG 信号输入
A46	电池紧急控制信号
A53	低压电源管理继电器
A58	慢充连接确认

表 5-9　端子 K 的功能

端子	功能名称	端子	功能名称
K6	地	K45	EMS 故障反馈
K7	12V 常电	K48	CAN2-H
K8	冷却液温度传感器管脚 C	K49	CAN2-L
K9	加速踏板传感器地 1	K50	CAN2-S
K10	加速踏板传感器供电 1	K51	加速踏板传感器地 2
K11	加速踏板传感器信号 1	K52	加速踏板传感器供电 2
K12	INTERLOCK 输出	K55	加速踏板传感器信号 2
K19	MCU 模拟 IG 信号输出	K56	主油路压力传感器信号
K21	电机急停控制信号	K70	CAN3-H
K23	START 输入	K71	CAN3-L
K26	CAN1-H	K72	CAN3-S
K27	CAN1-L	K73	主油路压力传感器地/前离合器压力传感器地
K28	CAN1-S	K74	主油路压力传感器供电/前离合器压力传感器供电

端子	功能名称	端子	功能名称
K29	12V 常电	K78	前离合器压力传感器信号
K34	INTERLOCK 信号回采	K80	冷却液温度传感器管脚 A
K45	EMS 故障反馈	K92	LIN
K48	CAN2-H		

三、红旗 H7 PHEV 汽车仪表及量表

红旗 H7 PHEV 车型组合仪表在原车型仪表基础上增加了 PHEV 相关指示报警灯，如图 5-68 所示，在原本安装转速表之处安装了（驱动）功率表，综合反映电机或发动机或电机及发动机当时的运行状态，以百分制显示。发动机是否工作通过瞬时油耗数值是否为 0 来判断。TFT 显示屏会显示相对应能量流。

图 5-68 红旗 H7 PHEV 车型组合仪表

1. 功率表

功率表为电子式，指针指示，步进电机驱动。显示范围分三个区域：0~100％区，刻度为 10％；CHARGE 区；BOOST 区，如图 5-69 所示。

图 5-69 功率表

1—车辆未准备就绪（OFF）；2—制动能量回收（CHARGE）；3—电机或发动机经济行驶；4—部分负荷时经济；5—运行准备就绪（REDAY）；6—全负荷行驶动力性优先；7—功率 100％；8—全加速-电机为发动机提供支持（BOOST）

当来自 CAN 上的功率值为 -50％~0 时，指针指示在 Charge 区；当来自 CAN 上的功率值为 0~100％时，指针指示在 0~100％区；当来自 CAN 上的功率值为 100％~150％时，指针指示在 Boost 区；当来自 CAN 上的功率值超出最大值（150％）且非无效值时，指针指

示位置为 Max。

当来自 CAN 上的功率值为无效值或丢失时，指针指示位置为 0。

2. 报警灯和指示灯

报警灯和指示灯如图 5-70 所示。

高压系统故障报警灯：高压系统故障——高压绝缘、高压继电器、高压互锁机构故障

主报警指示灯

低压故障报警指示灯

运行准备就绪指示灯

充电枪状态指示灯

充电状态指示灯

混动系统故障报警灯：辅助油泵、高压电池、DCDC、电机、HCU故障

图 5-70　报警灯和指示灯

（1）高压系统故障警告灯（红色）

① 高压绝缘故障时，红色报警灯点亮，发声音报警，响音 0.9s，同时在液晶屏"中央信息显示区"提示："高压绝缘故障！"5s 之后可按"CHECK"开关调出提示信息。

② 高压绝缘严重故障时，红色报警灯以频率 1Hz 闪烁，发声音报警，持续鸣响 5s，同时在液晶屏"中央信息显示区"提示："高压绝缘严重故障，请去维修站！"5s 之后，可按"CHECK"开关调出提示信息。

③ 高压继电器故障时，该指示灯点亮，发声音报警，鸣响 0.9s，同时在液晶屏"中央信息显示区"提示："高压继电器故障！"5s 之后，可按"CHECK"开关调出提示信息。

④ 高压互锁故障时，该指示灯点亮，发声音报警，鸣响 0.9s，同时在液晶屏"中央信息显示区"提示："高压互锁故障！"5s 之后，可按"CHECK"开关调出提示信息。

（2）主报警指示灯（红色）　组合仪表中的安全气囊故障指示灯、ABS 故障报警灯、ESP/TCS 指示灯及制动系统故障报警灯四个指示灯任何一个指示灯失效时，主报警指示灯点亮，发声音报警，液晶屏提示："仪表故障！"5s 之后，可按"CHECK"开关调出提示信息。主报警灯直到故障排除后熄灭。

（3）低压故障报警指示灯（红色）　当充电电压小于 13.5V 时，该指示灯点亮。

（4）运行准备就绪指示灯（绿色）　点火开关打到"START"挡，高压完成上电，且无其他相关故障时（HEV READY＝2），该指示灯点亮。

（5）充电状态指示灯（红色）

① 当动力蓄电池发生充电故障时，该指示灯点亮，指示灯以频率 2Hz 闪烁。

② 当动力电池充电时，该指示灯以频率 1Hz 闪烁。

③ 当动力电池充电完成时，该指示灯点亮 15min。

注意：行车过程中该指示灯不亮。

（6）混动系统故障报警灯

① 混动系统发生故障时，红色报警灯点亮，发声音报警，鸣响 0.9s，同时在液晶屏"中央信息显示区"提示："混动系统故障，请去维修站"5s 之后，可按"CHECK"开关调

出提示信息。

② 混动系统发生严重故障时，红色报警灯点亮，发声音报警，持续鸣响 5s，同时在液晶屏"中央信息显示区"提示："混动系统严重故障，请在安全地带停车"5s 之后，可按"CHECK"开关调出提示信息。

注意：混动系统故障包括油泵故障、高压电池故障、DCDC 故障、电机故障、HCU 故障。

（7）起机和停机

① 前提条件：将挡位置于 P 或 N 挡。

② 具体操作：踩下制动踏板的同时按下一键启动按钮。

③ 整车反馈：仪表上方绿色"READY"灯常亮，如图 5-71 所示。

④ 结束 READY 状态：停车驻车后，按下一键启动按钮。

图 5-71　仪表上方绿色"READY"灯常亮

第九节　红旗 H7 PHEV 汽车故障诊断与排除

一、红旗 H7 PHEV 汽车车辆启动后熄火，仪表显示混动系统严重故障

1. 故障描述

车辆之前在行驶过程中无法充电，之后仪表显示混动系统严重故障，故障灯报警，最后车辆无法正常使用，启动之后会自动熄火。电脑检测车辆，HCU 整车控制器报故障码：P198272——总正继电器断开故障；P198D16——单体电压过低；P19C000——单体压差过大，如图 5-72 所示。初步怀疑是电池系统的故障。

图 5-72　读取故障码

2. 故障原因

对电池进行数据流读取,如图 5-73 所示,96 个小电池中最低的电压为 2.18V,最高的电压为 3.39V,根据电池压差最大只能有 100mV,可以判断故障原因为电池内部故障。经电池厂家拆解分析:电池组中有一个电池电压过小,导致电池控制器进入保护状态,无法继续给低压蓄电池充电,车辆的正常供电无法得到保障,所以到最后车辆启动后会自动熄火。

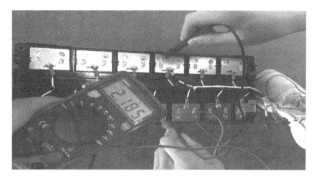

96个小蓄电池分为8个电池组
7号故障电池组电压　　　正常电池组电压

图 5-73　对电池电压进行测量

3. 处理方式

更换动力电池组总成。

二、红旗 H7 PHEV 汽车仪表显示混动系统严重故障,车辆启动后几秒钟自动熄火

1. 故障描述

冷机行驶正常,行驶十几千米后仪表显示混动系统严重故障,车辆最高时速为 60km 左右,可以正常行驶。熄火后重新启动,几秒钟后发动机自动熄火,同时仪表车身电器全部断电,用诊断仪读取故障码,很多模块存在故障,HCU(整车控制器)内有三个故障码无法清除:P198D16——单体电压过低;P19C000——单体压差过大;P196400——电压采样线故障,如图 5-74 所示。

图 5-74　用诊断仪读取故障码

2. 故障原因

动力电池总成内部电池采样线线束故障,由于线束接插件内单根线束退针接触不良导致发热,接插件塑料壳已烧熔化,冷车时可以工作,工作时间长后故障点发热,故障就会体现出来,如图 5-75 所示。

图 5-75 电池采样线线束

3. 处理方式

更换动力电池总成内部电池采样线线束（由电池厂家实施更换操作）。

三、红旗 H7 PHEV 汽车动力不能从电动驱动切换到发动机动力驱动故障

1. 故障描述

用户在使用过程中车辆动力不能从电动驱动切换到发动机动力驱动，此时仪表显示混合动力系统故障，挡位不能从 N 挡退到 P 挡，点火开关不能关闭，后备厢有刺鼻异味。进店检查发现，车辆两块蓄电池电量严重不足，仪表显示"混合动力系统故障"，挡位不能从 N 挡退到 P 挡。对车辆两块蓄电池充足电后，挡位机械解锁移动到 P 挡，可启动车辆纯电怠速驱动，挡位不能正常移动，仪表电池报警灯亮，仪表显示"高压互锁状态"及"请确认挡位在 P 挡"。再次读取仪表故障显示区域，"混合动力系统故障"已不显示，同时，车辆发动机舱内高速风扇常转，挡位可从 P 挡切换到任何挡位，车辆纯电系统马上停止工作，仪表处于关闭状态。

2. 故障原因

DC/DC 线缆接头紧固螺栓松动，引起充电线缆高温熔化，与之接触的高压互锁及 CAN 线均被熔化，引起高压互锁故障和通信故障，导致动力电池无法给蓄电池充电，如图 5-76 所示。

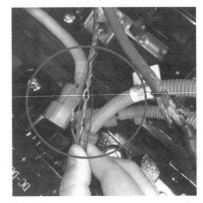

图 5-76 高压互锁及 CAN 线均被熔化

3. 处理方式

更换 DC/DC 和相关线束。

四、红旗 H7 PHEV 汽车发动机自动熄火故障

1. 故障描述

车辆在行驶中，动力不能切换到发动机驱动状态，一直在用纯电驱动，车速到 100km/h 时还是纯电驱动，车辆行驶一段时间后，踩油门踏板没反应，车速逐渐慢了下来，有熄火的迹象。此时发动机故障点亮，仪表显示"发动机控制系统故障"和"废气监控系统故障"，过一段时间后再着车，车辆状况未改善。继续行驶一段时间后，发动机驱动恢复正常。进店用 F-ADS 检测，发动机有关于节气门故障码：P0638——ETC-1 位置控制器输出信号不合理；P0121——节气门位置传感器 1 信号不合理；P0221——节气门位置传感器 2 信号不合理；P2135——节气门位置传感器 1/2 电压相关性不合理。BCM1 故障码：B1006——左近光灯电流过大故障；B1008——左近光灯线路开路故障，如图 5-77 所示。后经过试车发现，每次点亮远光灯的时候，都会发生发动机熄火的故障。

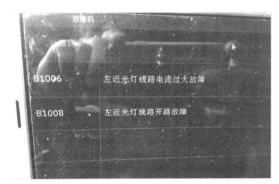 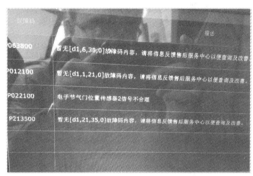

图 5-77 读取故障码

2. 故障原因

分析可能原因为左前大灯瞬间的大电流造成的电磁干扰影响了电子节气门传导发射，进而发动机电脑判断为电子节气门故障，HCU 根据其控制策略禁止发动机启停。

3. 处理方式

更换左前大灯。

第六章
比亚迪秦混合动力汽车

第一节 比亚迪秦混合动力汽车结构、原理

一、比亚迪秦整车高压用电设备分布

高压系统由动力电池包总成、高压配电箱、交流充电口、车载充电器、电池管理器、直流母线、挡位控制器、P挡电机控制器、驱动电机控制器与DC总成、维修开关、漏电传感器组成,如图6-1所示。

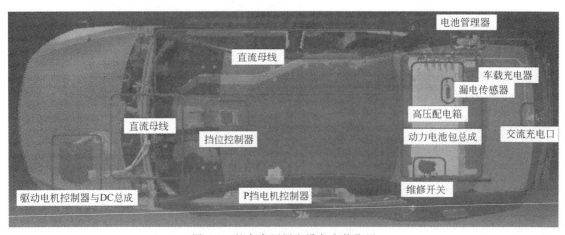

图6-1 整车高压用电设备安装位置

二、比亚迪秦动力系统工作模式

动力系统搭载涡轮增压(TI)发动机、6速双离合变速器以及26A·h容量的电池组

合,高压系统电压提升至500V。

(1)"EV"(纯电动工作模式) 与DM第一代相同,在纯电动工作模式下,动力电池提供电能,供电机驱动车辆,可以满足各种工况行驶,如起步、倒车、怠速、急加速、匀速行驶等,如图6-2所示。

(2)"HEV"(稳速发电工作模式) 当电量不足时,系统从EV模式自行切换到HEV模式,使用发动机驱动,在车辆以较稳定的速度行驶时,发动机输出的一部分扭矩会驱动电机进行发电,对动力电池进行充电,如图6-3所示。

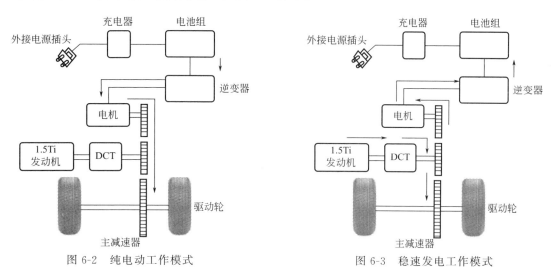

图6-2 纯电动工作模式　　　　　图6-3 稳速发电工作模式

(3)"HEV"(混合动力工作模式) 当用户从EV模式切换到HEV模式后,车辆由发动机和电机共同驱动,实现了最佳的动力性,但仍能保证混合动力系统具有良好的经济性,如图6-4所示。

(4)"HEV"(燃油驱动工作模式) 当电量不足或高压系统故障时,可单独使用发动机驱动,实现高压系统的独立性,如图6-5所示。

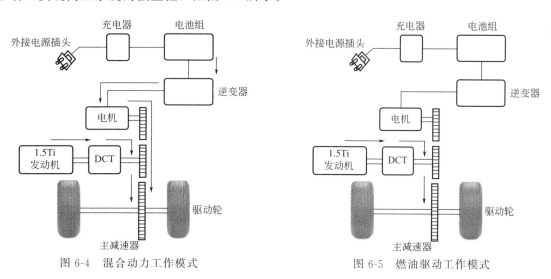

图6-4 混合动力工作模式　　　　　图6-5 燃油驱动工作模式

(5)能量回馈工作模式 与DM第一代一样,DM第二代在车辆减速时,电机将车辆需要降低的动能转化为电能储存在动力电池内，但DM第二代的回馈效率比DM第一代更高，如图6-6所示。

三、比亚迪秦动力模式切换说明

比亚迪秦的两种动力模式，即EV键和HEV键，可任意切换。在行驶过程中ECO（经济）模式和SPORT（运动）模式可以通过一个旋钮任意切换，如图6-7所示。

（1）"EV-ECO" EV按钮上的指示灯（绿色）亮表示处于EV模式，MODE旋钮逆时针旋转，进入ECO（经济）模式，在保证动力的情况下，最大限度节约电量。

（2）"EV-SPORT" 将MODE旋钮顺时针旋转，进入SPORT（运动）模式，将保证较好的动力性能。

（3）"HEV-ECO" HEV按钮上的指示灯（绿色）亮表示处于HEV模式，MODE旋钮逆时针旋转，进入ECO模式，此时为了保证较好的经济性，按以下方式运行。

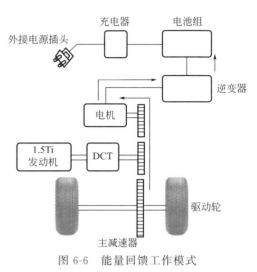

图6-6 能量回馈工作模式

按钮	旋钮
EV	ECO(经济)模式
	SPORT(运动)模式
HEV	ECO(经济)模式
	SPORT(运动)模式

图6-7 比亚迪秦动力模式切换按钮

① 当电量大于20%时，将不会启动发动机。
② 当电量低于20%时，将自动启动发动机充电。
③ 直到SOC达到40%时，发动机自动停机，此后将一直按照①-②-③-①模式循环。

（4）"HEV-SPORT" MODE旋钮顺时针旋转，进入SPORT（运动）模式，发动机会一直工作，来保持最充沛的动力。

（5）EV自动切换为HEV
① SOC≤5%，BMS允许放电功率≤15kW，坡度≥15%。
② EV切换到HEV后，不再自动切换EV，之后发动机工作按HEV策略进行。
③ SOC≥75%时，重新上电后切换到EV模式。

第二节 比亚迪秦充电器结构及故障诊断

一、比亚迪秦混合动力汽车车载充电器安装位置、结构

① 比亚迪秦混合动力汽车车载充电器（OBC），位于后备厢右部，如图 6-8 所示。

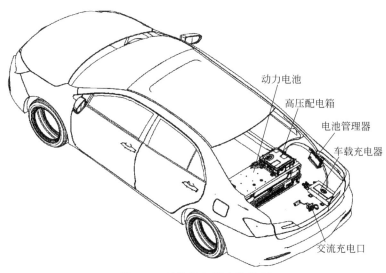

图 6-8 车载充电器安装位置

② 功用：将交流充电口传递过来的交流电源转换为直流高压电为动力电池充电，同时也给低压铁电池进行补充电。

车载充电器有三个插接件，如图 6-9 所示。

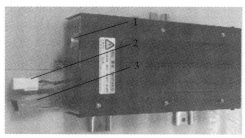

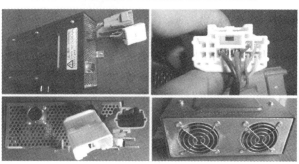

图 6-9 车载充电器
1—220V 交流输入；2—低压接插件；3—高压直流输出

③ 充电控制原理：交流充电连接装置与车载充电器总成连接无误后，车载充电器总成控制交流充电连接装置输出220V交流电，并控制交流充电及OFF挡充电继电器吸合，通过交流充电及OFF挡充电继电器给电池管理控制器及高压配电箱提供低压电源；同时车载充电器总成与电池管理控制器进行通信，在充电允许的情况下，电池管理控制器控制交流充电接触器及负极接触器吸合；车载充电器检测到动力电池包的反灌电压后输出充电电压进行充电。

④ 充电枪上CC与PE之间（手柄按键未按下时）的阻值约为670Ω，如图6-10所示。

⑤ 当插上充电枪时，不管另一端是否已连接220V电源，车载充电器即可通信，即可使用诊断设备诊断或更新程序。

⑥ 仪表上充电连接指示灯（即电源插头符号）的点亮是由高压BMS直接控制的，如果该符号可以点亮，说明有220V电输入到车载充电器且已将充电感应信号线（蓝色线）拉低，车载充电器低压端子及针脚定义如图6-11所示。

⑦ 车载充电器是在检测到电池包的反灌电压后才会输出高压直流电的（充电接触器和负极接触器吸合之后，电池包的电压才会加在车载充电器上）。

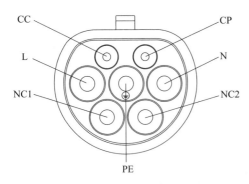

图 6-10 充电枪上的端子
CP—控制确认线；CC—充电连接确认；
N—交流电源；PE—车身地（搭铁）；
L—交流电源；NC1，NC2—零示线

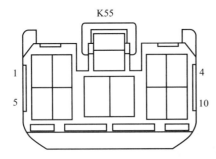

车载充电器低压10pin接插件(K55)引脚定义	
引脚号码	定义
3	CAN-L
4	充电指示灯信号
7	接地
8	持续10A电流
9	CAN-H
10	充电感应信号
其余	空脚

图 6-11 车载充电器低压端子及针脚定义

二、比亚迪秦混合动力汽车车载充电器诊断流程及故障码

① 比亚迪秦混合动力汽车车载充电器诊断流程如图6-12所示。

② 比亚迪秦混合动力汽车车载充电器诊断故障码如表6-1所示。

表 6-1 比亚迪秦混合动力汽车车载充电器诊断故障码

序列号	故障码(ISO 15031-6)	故障定义	序列号	故障码(ISO 15031-6)	故障定义
1	P157016	车载充电器交流侧电压低	4	P157219	车载充电器直流侧电流高
2	P157017	车载充电器交流侧电压高	5	P157218	车载充电器直流侧电流低
3	P157100	车载充电器高压输出断线故障	6	P157216	车载充电器直流侧电压低

续表

序列号	故障码(ISO 15031-6)	故障定义	序列号	故障码(ISO 15031-6)	故障定义
7	P157217	车载充电器直流侧电压高	20	P157D11	充电感应信号外部对地短路
8	P157300	车载充电器风扇状态故障	21	P157D12	充电感应信号外部对电源短路
9	P157400	供电设备故障	22	P157E11	充电连接信号外部对地短路
10	P157513	低压输出断线			
11	P157616	低压蓄电池电压过低	23	P157E12	充电连接信号外部对电源短路
12	P157617	低压蓄电池电压过高			
13	P157713	交流充电感应信号断线故障	24	P157F11	交流输出端短路
			25	P158011	直流输出端短路
14	P157897	充放电枪连接故障	26	P158119	放电输出过流
15	P15794B	电感温度高	27	P158200	H桥故障
16	P157A37	充电电网频率高	28	P15834B	MOS管温度高
17	P157A36	充电电网频率低	29	U011100	与动力电池管理器通信故障
18	P157B00	交流侧电流高			
19	P157C00	硬件保护	30	U015500	与组合仪表通信故障

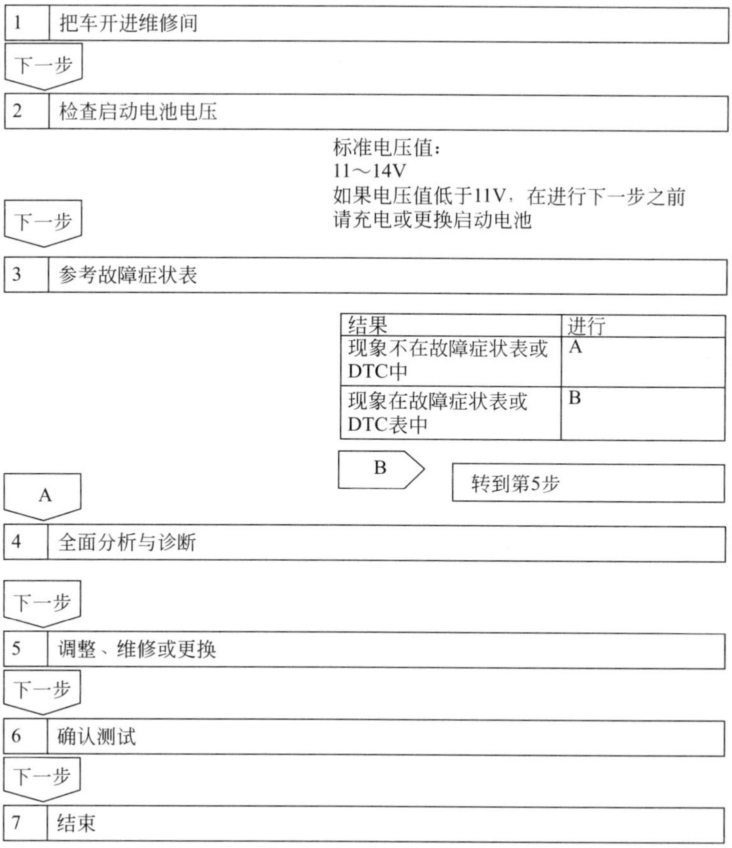

```
1  把车开进维修间
   ↓下一步
2  检查启动电池电压
                      标准电压值：
                      11～14V
                      如果电压值低于11V，在进行下一步之前
                      请充电或更换启动电池
   ↓下一步
3  参考故障症状表

   | 结果 | 进行 |
   | 现象不在故障症状表或DTC中 | A |
   | 现象在故障症状表或DTC表中 | B |

                      B→ 转到第5步
   A
4  全面分析与诊断
   ↓下一步
5  调整、维修或更换
   ↓下一步
6  确认测试
   ↓下一步
7  结束
```

图 6-12　比亚迪秦混合动力汽车车载充电器诊断流程

三、比亚迪秦混合动力汽车车载充电器全面诊断流程

充电请求允许电路如图 6-13 所示。

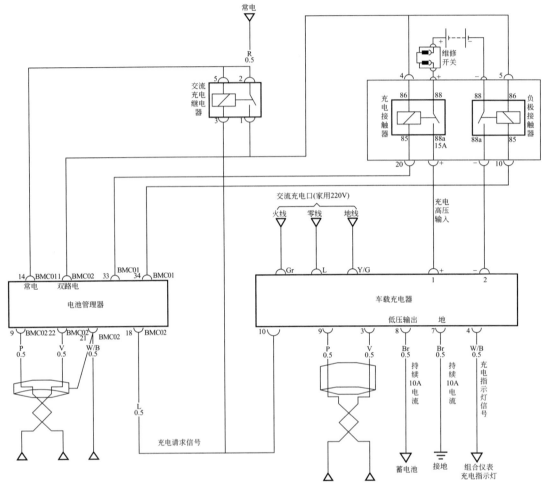

图 6-13 充电请求允许电路

充电系统检查步骤如下。

1. 检查整车回路

① 检查车载充电器、配电箱、电池管理器的接插件是否松动、破损或未安装。

② OK→整车连接正常。

③ NG→重新安装或更换产品。

2. 车上检查

① 检查维修开关是否松动或未安装。

② OK→维修开关正常。

③ NG→重新安装或更换维修开关。

④ OK→检查仪表充电指示灯是否点亮。

a. 整车上 ON 挡电，将交流充电连接装置连接充电桩或家用电源。

b.观察仪表充电指示灯是否点亮。

c.用万用表测量车载充电器低压接插件电压（充电指示灯），如表6-2所示。

表6-2 测量车载充电器低压接插件电压

端子	线色	正常值/V
K55-H 和车身地	Y	小于1
BMS 输出仪表指示灯信号 K65-26 和车身地	—	小于1

⑤ NG→尝试更换车载充电器检查线束或仪表。

⑥ OK→检查车载充电器感应信号。

a.将交流充电连接装置连接充电桩或家用电源。

b.用万用表测量车载充电器低压接插件电压（充电请求信号），如表6-3所示。

表6-3 测量车载充电器低压接插件电压

端子	线色	正常值/V
K55-C 和车身地	L	小于1

⑦ NG→更换车载充电器。

⑧ OK→检查低压电源是否输入。

a.不连接交流充电连接装置。

b.用万用表测量车载充电器低压接插件电压（启动电池正负），如表6-4所示。

表6-4 测量车载充电器低压接插件电压

端子	线色	正常值/V
K55-H 和车身地	R	11～14
K55-G 和车身地	B	小于1

⑨ NG→检查线束。

⑩ OK→检查交流充电及 OFF 挡充电继电器。

a.不连接交流充电连接装置。

b.取下充电继电器。

c.给控制端加电压，检查继电器是否吸合，如表6-5所示。

表6-5 检查继电器是否吸合

端子	正常值
1(启动电池正极)	端子3与5导通
2(启动电池负极)	

⑪ NG→更换继电器。

⑫ OK→检查配电箱车载充电保险，如图6-14所示。

a.用万用表检测配电箱低压接插件 K54-3。

b.将交流充电连接装置连接充电桩或家用电源。

c.测量接插件对应引脚低压是否为12V以上。

d.OK→配电箱接触器供电正常。

图6-14 车载充电保险

⑬ NG→检查配电箱正极接触器控制端。

⑭ 检查接触器供电低压线束。

⑮ OK→检查配电箱正极接触器控制端。

a. 上 ON 挡电，用万用表检测配电箱低压接插件 K54-14。

b. 将交流充电连接装置连接充电桩或家用电源。

c. 测量接插件对应引脚低压是否为 12V 以下。

d. OK→配电箱接触器控制脚正常。

⑯ NG→检查接触器控制低压线束或电池管理器。

⑰ OK→检查配电箱负极接触器电源端。

a. 上 ON 挡电，用万用表检测配电箱低压接插件 K54-5，如图 6-15 所示。

b. 将交流充电连接装置连接充电桩或家用电源。

c. 测量接插件对应引脚低压是否为 12V 以上。

d. OK→配电箱接触器供电正常。

e. NG→检查接触器供电低压线束。

⑱ OK→检查配电箱负极接触器控制端。

a. 上 ON 挡电，用万用表检测配电箱低压接插件 K54-10。

b. 将交流充电连接装置连接充电桩或家用电源。

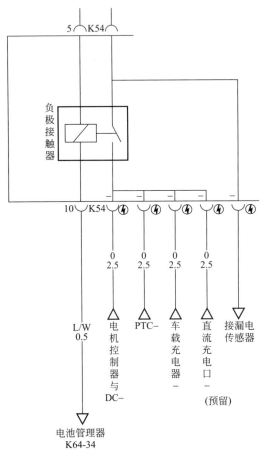

图 6-15 配电箱低压接插件电路

c. 测量接插件对应引脚低压是否为 12V 以下。

d. OK→配电箱接触器控制脚正常。

e. NG→检查接触器控制低压线束或电池管理器。

⑲ OK→检查交流充电口总成。

a. 拔出交流充电口接插件。

b. 分别测量充电口和接插件两端各对应引脚是否导通。

c. OK→交流充电口总成正常。

d. NG→更换交流充电口总成。

⑳ OK→检查车载充电器 CAN 通信，如表 6-6 所示。

表 6-6 检查车载充电器 CAN 通信

端子	线色	正常值/V
K55-K 和车身地	V	1.5~2.5
K55-J 和车身地	P	2.5~3.5

a. 检查接插件端子是否异常。

b. 将交流充电口连接充电桩或家用电源。

c. 用万用表测量车载充电器低压线束端电压。
d. NG→更换线束。

第三节　比亚迪秦混合动力汽车驱动电机结构、旋转变压器结构及测量

一、比亚迪秦混合动力汽车驱动电机结构

驱动电机集成于变速器总成之内，安装于前舱变速器上方，如图6-16所示。

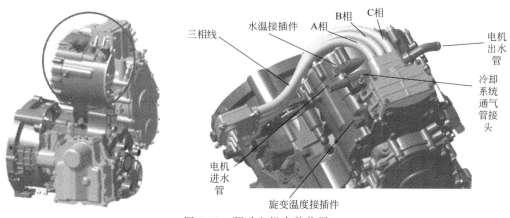

图6-16　驱动电机安装位置

驱动电机结构如图6-17～图6-20所示。

电机由外圈的定子与内圈的转子组成，是汽车的动力源之一，向外输出扭矩，驱动汽车前进后退；同时也可以作为发电机发电（例如，在滑行、刹车制动过程中以及发动机输出的额外扭矩的势能或者动能通过电机转化为电能存储）。

① 电机工作参数：额定功率为40kW；最大功率为110kW；最大转速为12000r/min；最大扭矩为250N·m。

② 电机的特点：交流永磁同步电机；高密度、小型轻量化、高效率；高可靠性、高耐久性、强适应性。

图6-17　驱动电机接线座

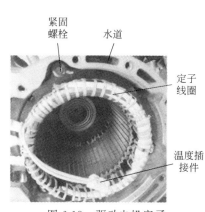

图6-18　驱动电机定子

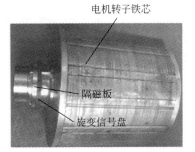

图 6-19 驱动电机转子

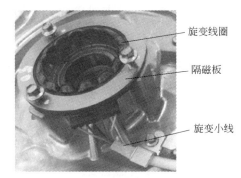

图 6-20 电机旋转变压器

二、比亚迪秦混合动力汽车电机旋转变压器结构及测量

旋转变压器(简称旋变)是一种输出电压随转子转角变化的信号元件。当励磁绕组以一定频率的交流电压励磁时,输出绕组的电压幅值与转子转角成正、余弦函数关系,这种旋转变压器又称为正、余弦旋转变压器;旋转变压器用于速度及位置检测,可以将信号反馈给控制器进行监测,来准确控制电机的转速及位置。

旋转变压器由旋变线圈和信号盘组成,如图 6-21 所示。

图 6-21 旋转变压器

(1) 旋变传感器阻值的测量 当系统报有旋变信号故障时需要测量旋变传感器的阻值,正常数据如表 6-7 所示。

表 6-7 旋变传感器阻值的测量

针脚定义	阻值/Ω	针脚定义	阻值/Ω	针脚定义	阻值/Ω
(正弦+)		(余弦+)		(励磁+)	
(正弦−)	16±1	(余弦−)	16±1	(励磁−)	8±1

(2) 电机三相阻值的测量 当系统报有缺相故障时需要测量电机三相线之间的阻值。正常情况下三相线之间的阻值在 0.5Ω 以内,且与壳体绝缘。

电机旋变传感器控制电路如图 6-22 所示。

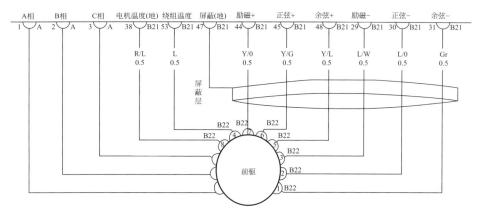

图 6-22 电机旋变传感器控制电路

第四节 比亚迪秦混合动力汽车高压、低压蓄电池结构及检测

一、比亚迪秦混合动力汽车高压电池管理器安装位置、结构及功能

① 比亚迪秦混合动力汽车动力电池安装在后排座椅与后备厢之间,如图 6-23 所示。

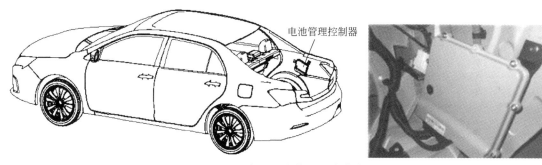

图 6-23 高压电池管理器安装位置

② 功能:分布式电池管理系统由 10 个电池信息采集器(BIC,如图 6-24 所示)和 1 个电池管理控制器(BMS)组成。各 BIC 采集对应模组的电压、温度等信息后通过 CAN 线传给 BMS,即 BMS 是电池管理系统的中央控制单元。

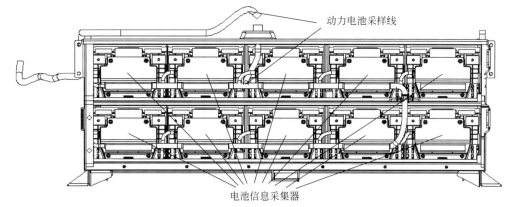

图 6-24 电池信息采集器

BMS 的主要功能是总电压监测、总电流监测、SOC 计算、充放电管理、接触器控制、功率控制、电池异常状态报警和保护、漏电报警、碰撞保护、自检以及通信等。

③ 电气原理图及接插件定义如图 6-25 所示。

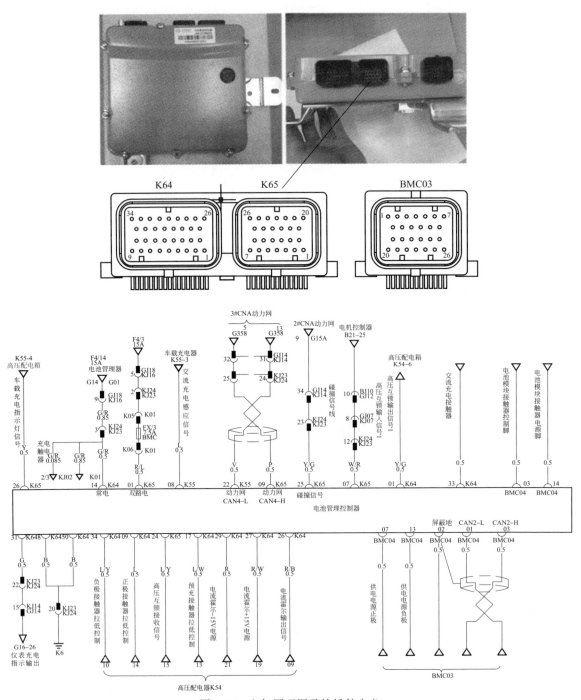

图 6-25 电气原理图及接插件定义

二、比亚迪秦混合动力汽车动力电池安装位置及结构

比亚迪秦混合动力汽车动力电池安装位置如图 6-26 所示。

动力电池系统是 DM 车主要动力能源之一，它为整车驱动和其他用电器提供电能。

本车的动力电池系统由 10 个动力电池模组、10 个动力电池信息采集器、动力电池串联线、动力电池支架、动力电池包密封罩、动力电池采样线等组成，相比 HA14 款，动力电池包内部的继电器保险外挂，继电器由 4 个减少为 1 个，保险为 1 个。10 个动力电池模组中各有 14～18 节数量不等的电池单体，总共 160 节串联而成，如图 6-27 所示。额定总电压为 528V，总电量为 13kW·h。

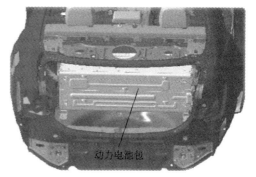

图 6-26 比亚迪秦混合动力汽车动力电池安装位置

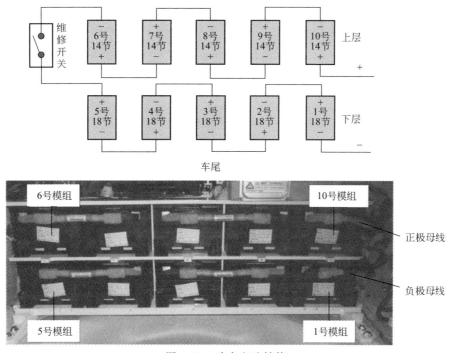

图 6-27 动力电池结构

注：

① 高压 BMS 在双路电（图 6-28）有效的情况下才能工作，即必须是 F3/3BMC 保险（7.5A）有 12V 电，如在 BMS 无法通信时注意检查是否有双路电到 BMS。

② 正常情况下，电池包内部的接触器是在整车上 ON 挡电后吸合，且接触器线圈的供电和拉低都由高压 BMS 控制。

③ 如果车辆没有 EV 模式，注意查看高压 BMS 模块中是否有报高压互锁、漏电、电池包单节电压过低、电池包温度过高等故障提示。

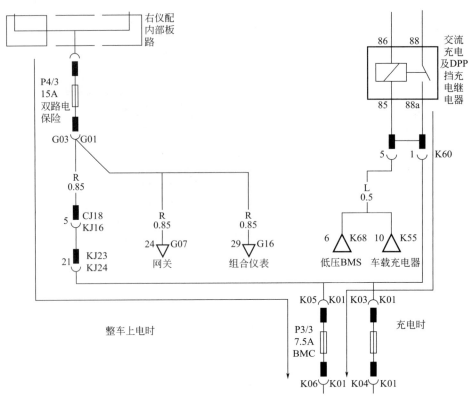

图 6-28 高压 BMS 双路电图

三、比亚迪秦混合动力汽车动力电池模组更换方法

1. 注意事项

① 拆卸时一定要保证整车退至 OFF 挡且维修开关处于断开状态。维修开关拔出和恢复时一定要佩戴绝缘手套。

② 拆卸动力电池包前后部串联线及取出模组时一定要佩戴绝缘手套。

③ 拆卸动力电池包前后串联线时一定不要两人同时操作,只能由一人单独完成!恢复过程也只能由一人单独完成。

④ 必须先将故障模组拆除,显示连接好之后才能用诊断仪请求进入维修模式。在 ON 挡电请求完进入维修模式后直接插枪充电,若退电了,则管理器复位,还要重新请求。

⑤ 维修模式下只能进行车载充电,若进行其他操作可能会有风险。

⑥ 拆除模组的采集器必须串联在线束上(即连接通信接插件)。

2. 拆卸模组

① 拉动维修开关手柄呈竖直状,拔出维修开关,如图 6-29 所示。注意:维修开关拔出时需佩戴高压绝缘手套。

② 拆去蓄电池负极,如图 6-30 所示。

③ 拆除动力电池包前、后盖板,如图 6-31 所示。

④ 拆去前、后部动力电池包串联线,如图 6-32 所示。注意:需佩戴绝缘手套。

图 6-29　拔出维修开关　　　　　图 6-30　拆去蓄电池负极

图 6-31　拆除动力电池包前、后盖板

 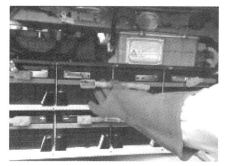

图 6-32　拆去前、后部动力电池包串联线

⑤ 拔出 BIC 采样线接插件，如图 6-33 所示。
⑥ 拆除 BIC 采样线固定板，如图 6-34 所示。

图 6-33　拔出 BIC 采样线接插件　　　　图 6-34　拆除 BIC 采样线固定板

⑦ 拆去模组固定螺栓，如图 6-35 所示。
⑧ 取出模组，如图 6-36 所示。注意：戴好绝缘手套，小心取出模组，避免挤压、碰撞！

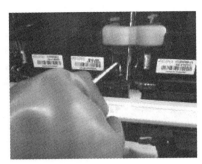
图 6-35　拆去模组固定螺栓

图 6-36　取出模组

3. 安装

① 佩戴绝缘手套，用套筒安装好每个动力电池模组四个角的固定螺栓。

② 佩戴绝缘手套，依次安装上每一根动力电池串联、维修开关线束、动力电池包正负极线束，同时用套筒拧紧固定螺栓。

③ 搭接动力电池包特定的串联线，将其中模组的负极与另一个模组的正极连起来（图 6-37 所示为取下两个模组的搭接情况；图 6-38 所示为取出一个模组后将串联线从其中穿过，将隔壁两个模组正负极搭接的方式）。注意：戴好绝缘手套且务必将串联线打紧。

图 6-37　两个模组的搭接

图 6-38　将隔壁两个模组正负极搭接

4. 维修模式

① 整车上 ON 挡电。

② 连接诊断仪，进入高压电池管理器。

③ 选取 9 进入维修模式设置，如图 6-39 所示。

④ 进入维修模式，如图 6-40 所示。

图 6-39　选取 9 进入维修模式设置

图 6-40　进入维修模式

⑤ 退出，重新进入当前工作模式查询，若显示已在维修模式，则可以插充电枪进行车载充电。

⑥ 车载充电完成后重新进入诊断仪，选择退出维修模式，如图 6-41 所示。注意：满充之后一定要记得退出维修模式！

四、比亚迪秦混合动力汽车低压启动电池安装位置、功能

1. 安装位置

比亚迪秦混合动力汽车低压电池安装位置如图 6-42 所示。

图 6-41　车载充电完成后重新进入诊断仪

2. 功能

① 低压铁电池与普通铅酸电池相比，增加了一个启动正极柱和一个通信口。

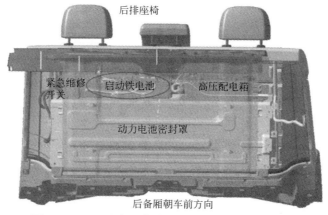

图 6-42　比亚迪秦混合动力汽车低压电池安装位置

② 低压铁电池带有标识三极柱，分别是启动正极柱（大"＋"）、低压正极柱（小"＋"）、负极极柱（"－"），如图 6-43 所示。

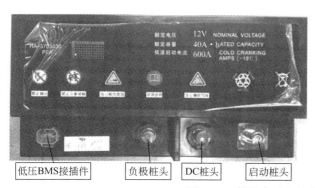

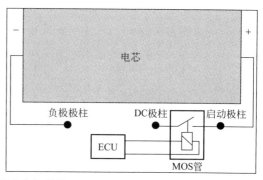

图 6-43　低压启动电池外观及内部结构图

③ 启动正极柱通过连接线束接到起动机正极，并在车辆发动机启动过程此路接通，启动铁电池放电形成回路启动车辆，低压电路如图 6-44 所示。

④ 低压正极柱开始时是整车负载的供电电源，同时并联在 DC 和发电机正极输出端上，

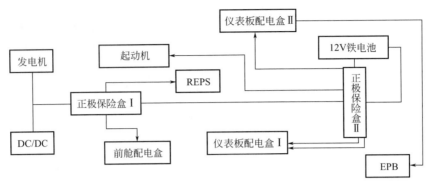

图 6-44 低压电路

一般情况下车辆使用以上两个供电电源在给启动铁电池充电工况，只有输出不足时参与整车负载供电；此极柱回路过电流能力有限，严禁使用此极柱跨接对电启动发动机。

⑤ 启动铁电池内部包含电池管理器，其通过通信口和整车模块交互信息。

⑥ 低压电池电压低时，启动智能充电功能，通过 DC 转换高压电为低压电，为启动电池充电，当无法有效进入智能充电状态，低压电池进入休眠状态，DC 极柱内 MOS 管断开，DC 极柱无电压输出，此时可在有效关闭前机舱盖、后备厢盖及 4 门状态下，按左前门微动开关进行唤醒。

3. 比亚迪秦混合动力汽车低压启动电池电路、针脚定义及跨接方法

① 比亚迪秦混合动力汽车低压启动电池针脚如图 6-45 所示。针脚定义如表 6-8 所示。

图 6-45 低压启动电池针脚

表 6-8 针脚定义

端子号	端子定义
1 号针脚	B-CAN-H(250k)
2 号针脚	B-CAN-L(250k)
3 号针脚	GND
4 号针脚	低功耗唤醒机械开关
6 号针脚	OFF 挡充电控制

② 比亚迪秦混合动力汽车低压启动电池电路图如图 6-46 所示。

a. K68-4 针脚：低功耗唤醒功能；低压电池处于休眠状态，通过左前门微动开关拉低，低压 BMS 接通 MOS 管，DC 极柱接通。

b. K68-6 针脚：OFF 挡充电控制；低压电池电压较低，启动智能充电，低压 BMS 拉低 6 号针脚，控制双路电，同时通过 CAN 线发送低压充电请求命令，DC/DC 工作输出低压电，为低压电池充电。

③ 低压电池充电及跨接方法如图 6-47 所示。

a. 拆卸亏电低压铁电池但先不断开通信接插件，测量启动正极柱、低压正极柱与负极柱之间电压，若测得启动正极柱与负极电压大于 12.4V，则

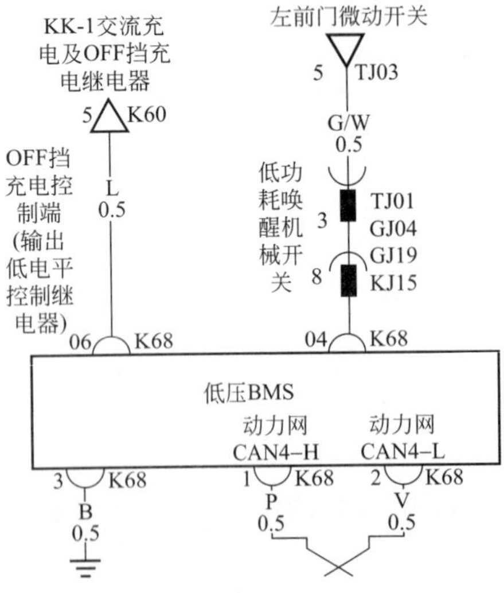

图 6-46 低压启动电池电路图

按动左前门微动开关唤醒低压正极柱输出（或引脚 4 接地即可），此时测得低压正极柱与启动正极柱电压值相同，并在 1min 内对低压铁电池进行充电。

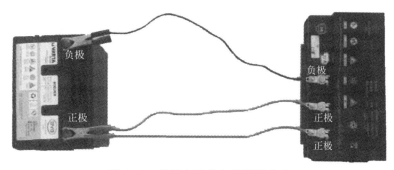

图 6-47 低压电池充电及跨接方法

b. 使用恒压限流方式对低压铁电池充电，稳定电压在 15V，电流限制在 30A 以内，充电设备正极连接电池低压正极柱，充电设备负极连接启动铁电池负极。注：切勿对电池串联（24V）充电（两个或者多个串联充电都不行）。

c. 完全亏电低压铁电池启动极柱电压会很低，此时低压极柱同样无法输出，可以先使用充电设备正极连接电池启动正极柱，充电设备负极连接启动铁电池负极柱，使用恒压限流方式对低压铁电池充电，稳定电压在 15V，电流限制在 30A 以内，充电 10s 后将充电设备正极连接电池低压正极柱上完成充电。

d. 低压铁电池完成充电时间一般为 2~3h，最后充电电流变为 0~1A，充电过程完成。

特别注意：从低压正极柱才能有过充保护，所以步骤 b 和 c 最终都是通过低压正极柱补充电，切勿一直从启动正极柱充电，稳压源电压控制在 15V 以内，否则容易引起过充风险。

五、比亚迪秦混合动力汽车高压电池终端测量

① 断开动力电池管理器连接器。
② 测量线束端输入电压。
③ 接回电池管理器连接器。
④ 测量各端子值，如表 6-9 所示。

表 6-9 各端子正常值

连接端子	端子描述	线色	条件	正常值/V
K64-1 和 GND	维修开关输出信号	Y/G	ON 挡/OK 挡/充电	PWM 脉冲信号
K64-6 和 GND	整车低压地	B	始终	小于 1
K64-9 和 GND	主接触器	L	整车上高压电	小于 1
K64-14 和 GND	12V 启动电池正	G/R	ON 挡/OK 挡/充电	9~16
K64-17 和 GND	预充接触器	L/W	预充过程中	小于 1
K64-26 和 GND	电流霍尔输出信号	R/B	电源 ON 挡	0~4.2
K64-27 和 GND	电流霍尔电源正	R/W	ON 挡/OK 挡/充电	9~16
K64-29 和 GND	电流霍尔电源负	R	ON 挡/OK 挡/充电	-16~-9
K64-30 和 GND	整车低压地	B	始终	小于 1
K64-31 和 GND	仪表充电指示灯信号		车载充电时	

续表

连接端子	端子描述	线色	条件	正常值/V
K64-33 和 GND	交流充电接触器	G	上ON挡电后2s	小于1
K64-34 和 GND	负极接触器	L/Y	始终	小于1
K65-1 和 GND	双路电	R/L	电源ON挡/充电	11~14
K65-7 和 GND	高压互锁1输入信号	W/R	ON挡/OK挡/充电	PWM脉冲信号
K65-9 和 GND	整车CAN-H	P	ON挡/OK挡/充电	2.5~3.5
K65-18 和 GND	慢充感应信号	L	车载充电时	小于1
K65-21 和 GND	整车CAN地	B	始终	小于1
K65-22 和 GND	整车CAN-L	V	ON挡/OK挡/充电	1.5~2.5
K65-24 和 GND	高压互锁2输入信号		ON挡/OK挡/充电	PWM脉冲信号
K65-25 和 GND	碰撞信号	L	启动	约-15
K65-26 和 GND	车载充电指示灯信号		车载充电时	
BMC03-1 和 GND	采集器CAN-L	Y	ON挡/OK挡/充电	1.5~2.5
BMC03-2 和 GND	采集器CAN地	B	始终	小于1
BMC03-3 和 GND	模组接触器1控制	R/L	模组继电器吸合时	小于1
BMC03-7 和 GND	BIC供电电源正	R	ON挡/OK挡/充电	9~16
BMC03-8 和 GND	采集器CAN-H	W	ON挡/OK挡/充电	2.5~3.5
BMC03-13 和 GND	GND	B	始终	小于1
BMC03-14 和 GND	模组接触器1电源	L/B	ON挡/OK挡/充电	9~16

六、比亚迪秦混合动力汽车高压电池故障码

比亚迪秦混合动力汽车高压电池故障码如表6-10所示。

表6-10 比亚迪秦混合动力汽车高压电池故障码

序号	故障码(ISO 15031-6)	故障定义	序号	故障码(ISO 15031-6)	故障定义
1	P1A0000	严重漏电故障	14	P1A0D00	BIC2电压采样异常故障
2	P1A0100	一般漏电故障	15	P1A0E00	BIC3电压采样异常故障
3	P1A0200	BIC1工作异常故障	16	P1A0F00	BIC4电压采样异常故障
4	P1A0300	BIC2工作异常故障	17	P1A1000	BIC5电压采样异常故障
5	P1A0400	BIC3工作异常故障	18	P1A1100	BIC6电压采样异常故障
6	P1A0500	BIC4工作异常故障	19	P1A1200	BIC7电压采样异常故障
7	P1A0600	BIC5工作异常故障	20	P1A1300	BIC8电压采样异常故障
8	P1A0700	BIC6工作异常故障	21	P1A1400	BIC9电压采样异常故障
9	P1A0800	BIC7工作异常故障	22	P1A1500	BIC10电压采样异常故障
10	P1A0900	BIC8工作异常故障			
11	P1A0A00	BIC9工作异常故障	23	P1A2000	BIC1温度采样异常故障
12	P1A0B00	BIC10工作异常故障	24	P1A2100	BIC2温度采样异常故障
13	P1A0C00	BIC1电压采样异常故障	25	P1A2200	BIC3温度采样异常故障

续表

序号	故障码(ISO 15031-6)	故障定义	序号	故障码(ISO 15031-6)	故障定义
26	P1A2300	BIC4 温度采样异常故障	50	P1A3B00	动力电池单节温度严重过低
27	P1A2400	BIC5 温度采样异常故障	51	P1A3D00	负极接触器回检故障
			52	P1A3F00	预充接触器回检故障
28	P1A2500	BIC6 温度采样异常故障	53	P1A4100	主接触器烧结故障
			54	P1A4300	电池管理器+15V 供电过高故障
29	P1A2600	BIC7 温度采样异常故障	55	P1A4400	电池管理器+15V 供电过低故障
30	P1A2700	BIC8 温度采样异常故障	56	P1A4500	电池管理器-15V 供电过高故障
31	P1A2800	BIC9 温度采样异常故障	57	P1A4600	电池管理器-15V 供电过低故障
32	P1A2900	BIC10 温度采样异常故障	58	P1A4700	交流充电感应信号断线故障
33	P1A2A00	BIC1 均衡电路故障			
34	P1A2B00	BIC2 均衡电路故障	59	P1A4800	因电机控制器断开主接触器
35	P1A2C00	BIC3 均衡电路故障			
36	P1A2D00	BIC4 均衡电路故障	60	P1A4C00	漏电传感器失效故障
37	P1A2E00	BIC5 均衡电路故障	61	P1A4D00	电流霍尔传感器故障
38	P1A2F00	BIC6 均衡电路故障	62	P1A4E00	电池组过流告警
39	P1A3000	BIC7 均衡电路故障	63	P1A5000	电池管理系统自检故障
40	P1A3100	BIC8 均衡电路故障	64	P1A5200	碰撞系统故障
41	P1A3200	BIC9 均衡电路故障	65	P1A5500	电池管理器 12V 电源输入过高
42	P1A3300	BIC10 均衡电路故障			
43	P1A3400	预充失败故障	66	P1A5600	电池管理器 12V 电源输入过低
44	P1A3500	动力电池单节电压严重过高	67	P1A5700	大电流拉断接触器
45	P1A3600	动力电池单节电压一般过高	68	U011000	与电机控制器通信故障
			69	P1A5A00	与漏电传感器通信故障
46	P1A3700	动力电池单节电压严重过低	70	U110300	与气囊 ECU 通信故障
			71	P1A5C00	分压接触器 1 回检故障
47	P1A3800	动力电池单节电压一般过低	72	U20B000	BIC1 CAN 通信超时故障
48	P1A3900	动力电池单节温度严重过高	73	U20B100	BIC2 CAN 通信超时故障
49	P1A3A00	动力电池单节温度一般过高	74	U20B200	BIC3 CAN 通信超时故障

续表

序号	故障码(ISO 15031-6)	故障定义	序号	故障码(ISO 15031-6)	故障定义
75	U20B300	BIC4 CAN 通信超时故障	88	P1A9400	因电压低导致限放电功率为 0
76	U20B400	BIC5 CAN 通信超时故障	89	P1A9500	因采集器故障导致充放电功率为 0
77	U20B500	BIC6 CAN 通信超时故障	90	P1A9600	因电压高导致无法回馈
			91	P1AC000	气囊 ECU 碰撞报警
78	U20B600	BIC7 CAN 通信超时故障	92	P1AC200	高压互锁 2 故障
			93	P1AC300	高压互锁 3 故障
79	U20B700	BIC8 CAN 通信超时故障	94	P1AC400	电池严重不均衡
			95	P1AC500	BIC 程序不一致
80	U20B800	BIC9 CAN 通信超时故障	96	P1AC600	BMC 程序与 BIC 程序不匹配
81	U20B900	BIC10 CAN 通信超时故障	97	P1AC700	湿度过高故障
82	U029700	与车载充电器通信故障	98	U029800	电池管理器与 DC 通信故障
			99	U02A200	与主动泄放模块通信故障
83	U012200	与低压 BMS 通信故障			
84	P1A9000	因温度低导致限充电功率为 0	100	U016400	与空调通信故障
			101	P1ACA00	电池组放电严重报警
85	P1A9100	因温度高导致限充电功率为 0	102	U010300	与发动机通信故障
			103	U0A21	与漏电传感器通信故障
86	P1A9200	因温度低导致限放电功率为 0	104	P1AD000	模组连接异常
87	P1A9300	因温度高导致限放电功率为 0			

第五节　比亚迪秦混合动力汽车高压配电箱结构

一、比亚迪秦混合动力汽车高压组件位置及定义

本车各模块通过高压线相互连接。当高压系统各模块工作时，动力电池电能会通过配电箱和高压线分配传递给工作模块。

高压线有驱动电机控制器直流母线与 PTC 小线总成、电池包正负极线、车载充电器小线、空调配电盒总成等组成，如图 6-48 所示。

高压组件端脚定义如图 6-49 所示。

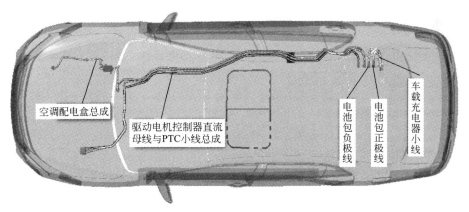

图 6-48 高压线组件位置

驱动电机控制器直流母线与PTC小线总成接驱动电机控制器接插件 接插件 UM2008-2P-HA 高压母端	直流母线PTC小线输出接插件(公端) 护套型号：接插件 LSC-CONN-WM040A-2P(LT)公端	驱动电机控制器直流母线与PTC小线总成接配电箱正极接插件 护套：HA-2105631D 端子：HA-2105634 公端
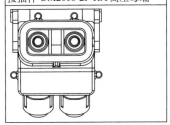	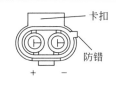 接插件 WM-040A-2P-HA 公端	
驱动电机控制器直流母线与PTC小线总成接配电箱负极接插件 护套：HA-2105631C 端子：HA-2105634 公端	直流母线PTC小线输入接插件(母端) 护套型号：接插件 MG655501A 母端(20A)	车载充电小线接高压配电箱接插件 护套型号：接插件 MG655502B 母端(20A)
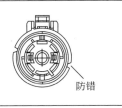	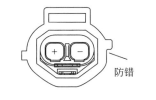	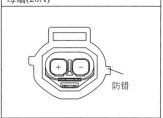
接电池包正极 护套：HA-21D2129，电池正负极保护橡胶套1 端子：HA-21D1211，双孔线鼻子	接电池包负极 护套：HA-21D2129，电池正负极保护橡胶套1 端子：HA-21D1211，双孔线鼻子	车载充电小线接车载接插件(母端) 护套：HL_P/N:3TSL02FGYOR_M00666 端子：HL_P/N:6867106BSS
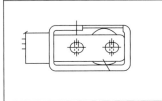	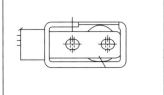	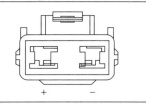

图 6-49 高压组件端脚定义

二、比亚迪秦混合动力汽车高压配电箱结构及安装位置

本车高压配电箱主要是将电池包的电能分配给各用电模块,也将车载输出的电能分配给电池包。

主要组成部分:车载充电器、电池管理器、高压配电箱、动力电池、驱动电机控制器及DC总成、空调PTC和压缩机。

(1)安装位置 位于后备厢电池包支架右上方,如图6-50所示。

(2)高压配电箱结构 将电池包的高压直流电分配给整车高压电器使用,其上游是电池包,下游包括驱动电机控制器及DC总成、PTC水加热器、电动压缩机、漏电传感器;也将车载充电器的高压直流电分配给电池包其内部结构如图6-51所示。

图6-50 高压配电箱安装位置

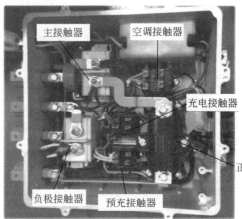

图6-51 高压配电箱内部结构

三、比亚迪秦混合动力汽车高压配电箱高压电路及针脚端子含义

比亚迪秦混合动力汽车高压配电箱内部高压电路如图6-52所示。

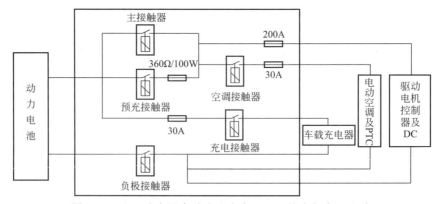

图6-52 比亚迪秦混合动力汽车高压配电箱内部高压电路

比亚迪秦混合动力汽车高压配电箱低压插接件如图6-53所示,端子定义如表6-11所示。

比亚迪秦混合动力汽车高压配电箱高压插接件如图 6-54 所示。

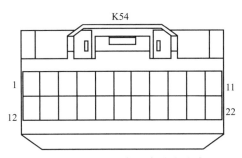

图 6-53 比亚迪秦混合动力汽车
高压配电箱低压插接件

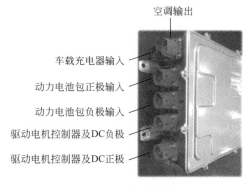

图 6-54 比亚迪秦混合动力汽车
高压配电箱高压插接件

表 6-11 高压配电箱低压插接件端子定义

端子号	端子定义	端子号	端子定义
1	预充接触器电源	13	预充接触器控制
3	正极接触器电源	14	正极接触器控制
4	交流充电接触器电源	17	空调接触器搭铁
5	负极接触器电源	19	霍尔电流传感器+15V
7	空调接触器电源	20	交流充电接触器控制
9	电流霍尔信号	21	霍尔电流传感器-15V
10	负极接触器控制	其余	空脚

四、比亚迪秦混合动力汽车漏电传感器安装位置及功能

本车采用直流式漏电传感器。当高压系统漏电时，传感器会发出报文给电池管理器，电池管理器接收到漏电报文后会根据漏电情况马上报警或者马上断开高压系统，防止高压漏电对人或者物品造成伤害和损失。

（1）安装位置 漏电传感器安装位置如图 6-55 所示。

图 6-55 漏电传感器安装位置

（2）功能　用于对电动汽车直流动力电源母线与其外壳、车身底盘之间的绝缘阻抗检测，通常检测与动力电池输出相连接的负极母线与车身底盘之间的绝缘电阻，来判断动力电池包的漏电程度。当动力电池包漏电时，传感器发出一个信号给电池管理控制器，电池管理控制器接到漏电信号后，进行相关保护操作并报警，防止动力电池包的高压电外泄，造成人或者是物品的伤害和损失。

漏电传感器主要监测与动力电池输出相连接的负极母线与车身底盘之间的绝缘电阻。

① 负极-车身绝缘阻值在 20～100kΩ 之间为一般漏电。

② 负极-车身绝缘阻值≤20kΩ 为严重漏电。

五、比亚迪秦混合动力汽车漏电传感器电路控制及针脚端子含义

1. 漏电传感器电路控制及针脚端子含义

① 比亚迪秦混合动力汽车漏电传感器端子如图 6-56 所示。

② 比亚迪秦混合动力汽车漏电传感器端子定义如表 6-12 所示。

图 6-56　比亚迪秦混合动力汽车漏电传感器端子

表 6-12　比亚迪秦混合动力汽车漏电传感器端子定义

端子号	端子定义	端子号	端子定义
1	一般漏电信号	5	传感器电源－15V
2	严重漏电信号	6	漏电传感器测试信号
3	GND	C	负极母线采样线
4	传感器电源+15V		

③ 比亚迪秦混合动力汽车漏电传感器控制电路如图 6-57 所示。

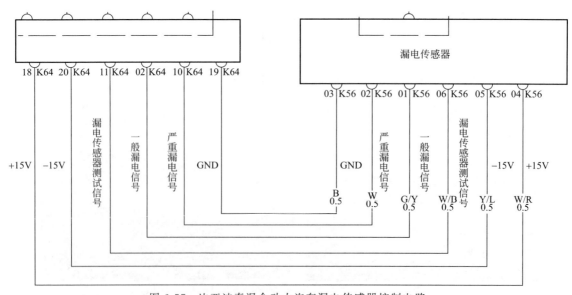

图 6-57　比亚迪秦混合动力汽车漏电传感器控制电路

2. 比亚迪秦混合动力汽车漏电传感器故障码及诊断流程

比亚迪秦混合动力汽车漏电传感器故障码如表 6-13 所示。

表 6-13　比亚迪秦混合动力汽车漏电传感器故障码

序号	故障码(ISO 15031-6)	故障定义
1	P1CA100	严重漏电故障
2	P1CA200	一般漏电故障
3	P1CA000	漏电传感器自身故障

注：K56-1 电压拉低，报一般漏电；K56-2 电压拉低，报传感器失效；K56-1、K56-2 电压同时拉低，报严重漏电。

诊断流程如下。

① 把车开进维修间。

② 检查启动电池电压及整车低压线束供电是否正常。标准电压值：11～14V。

③ 如果电压值低于 11V，在进行下一步之前请充电，或更换启动电池，或检查整车低压线束。

④ 对接好接插件，整车上 ON 挡电，进入漏电传感器模块故障码诊断。

⑤ 读取到漏电传感器自身故障时，采取以下措施。

a. 拔下漏电传感器低压接插件。

b. 用万用表测量 04 端子对地电压是否为 ±(9～16)V，05 端子对地电压是否为 0。

c. OK→漏电传感器供电正常，为漏电传感器故障。

⑥ 确认测试，结束。

六、比亚迪秦混合动力汽车电机控制器和 DC 总成结构、位置及检测

电机控制器和 DC 总成的主要功能为控制电机和发动机，驱动车辆行驶，同时包括 CAN 通信、故障处理、在线 CAN 烧写、与其他模块配合完成整车的工作要求以及自检等功能。

驱动电机控制器与 DC 总成是驱动电机控制器与 DC/DC 变换器的集成体。

驱动电机控制器由输入/输出接口电路、驱动电机控制电路和驱动电路组成。

DC/DC 变换器（缩写为 DC）是电池包高压直流与低压直流相互转换的装置。

1. 安装位置

① 驱动电机控制器总成安装位置如图 6-58 所示。

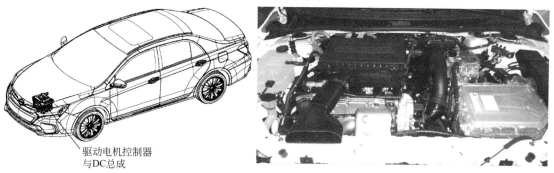

图 6-58　驱动电机控制器与 DC/DC 变换器总成安装位置

② 驱动电机控制器与 DC 总成如图 6-59 所示。

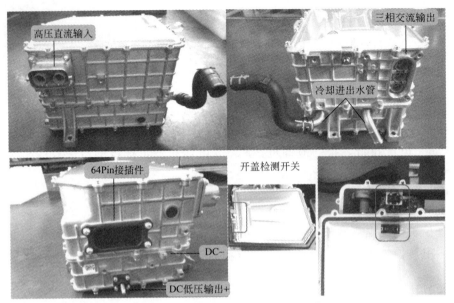

图 6-59　驱动电机控制器与 DC 总成

③ 比亚迪秦混合动力汽车动电机控制器控制原理图及功能如下。

a. 比亚迪秦混合动力汽车动电机控制器控制原理如图 6-60 所示。

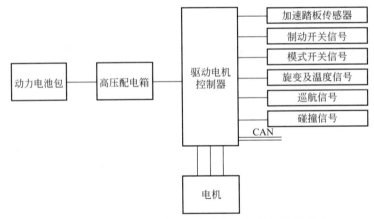

图 6-60　比亚迪秦混合动力汽车电机控制器控制原理

b. 比亚迪秦混合动力汽车动 DC/DC 系统控制原理如图 6-61 所示。

c. 该总成由驱动电机控制器和 DC/DC 转换器两个高压零部件集成一体，分开介绍。

驱动电机控制器的功能如下。

- 作为动力系统的总控中心，驱动电机的运行，根据工况控制电机的正反转、功率、扭矩、转速等；协调发动机管理系统工作。
- 通过硬件采集电机的旋变、温度、制动、油门踏板开关信号。
- 通过 CAN 通信采集刹车深度、挡位信号、驻车开关信号、启动命令、电池管理控制器的相关数据以及控制器的故障信息。
- 内部处理的信号有直流侧母线电压、交流侧三相电流、IGBT 温度、电机的三相绕组

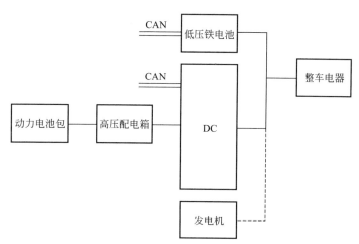

图 6-61 比亚迪秦混合动力汽车 DC/DC 系统控制原理

阻值。

注：控制器功能较多，针对双模控制、一键启动上电和防盗比较重要的功能。

根据 BCM 发出的启动开始指令，电机控制器开始与 I-KEY 和 ECM 进行防盗对码，对码成功后防盗解除，电机控制器发出启动允许指令给 BMS，开始进行预充，预充成功后 OK 灯点亮。若预充失败，电机控制器启动发动机 OK 灯也将点亮，防盗原理如图 6-62 所示。

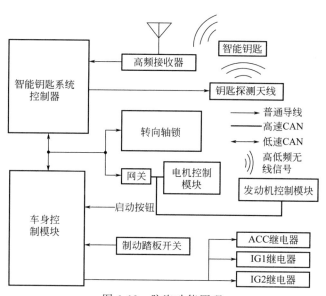

图 6-62 防盗功能原理

DC/DC 转换器具有降压功能，负责将动力电池 528V 的高压电转换成 12V 电源。DC/DC 转换器在主接触吸合时工作，输出的 12V 电源供给整车用电器工作，并且在低压电池亏电时给低压电池充电。

2. 比亚迪秦混合动力汽车 DC/DC 转换器诊断流程

① 检查低压电池电压。标准电压值：11～14V。

② 如果电压值低于 11V，在进行下一步之前请充电或更换启动电池。

③ 参考故障诊断如表 6-14 所示。

表 6-14　参考故障诊断

结果	进行
现象不在故障诊断表中	A
现象在故障诊断表中	B

④ 现象在故障诊断表中要进行调整，维修或更换。
⑤ 现象不在故障诊断表中要进行全面诊断。
⑥ 调整，维修或更换。
⑦ 确认测试，结束。

3. 比亚迪秦混合动力汽车 DC/DC 转换器电路原理及诊断

比亚迪秦混合动力汽车 DC/DC 转换器电路原理如图 6-63 所示。

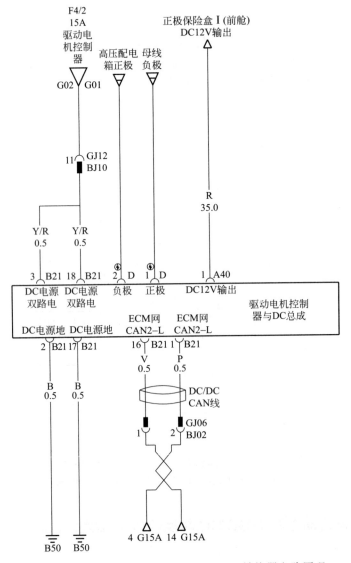

图 6-63　比亚迪秦混合动力汽车 DC/DC 转换器电路原理

(1) 终端诊断　提示：将诊断仪连接 DLC3 诊断口，如果提示通信错误，则可能是车辆 DLC3 诊断口问题，也可能是诊断仪问题。

将诊断仪连接另一辆车的 DLC3 诊断口，如果可以显示，则表明原车 DLC3 诊断口有问题，需更换；若不可显示，则表明诊断仪有问题。

DC/DC 转换器故障码如表 6-15 所示。

表 6-15　DC/DC 转换器故障码

编号	故障码	描述	备注
1	P1EC000	降压时高压侧电压过高	保护值 600V
2	P1EC100	降压时高压侧电压过低	保护值 300V
3	P1EC200	降压时低压侧电压过高	保护值 16V
4	P1EC300	降压时低压侧电压过低	保护值 9V
5	P1EC400	降压时低压侧电流过高	保护值 160A
6	P1EC700	降压时硬件故障	低压输出电压小于 13.4V，低压输出电流小于 20A
7	P1EE000	散热器温度过高	温度高于 95℃

对于故障码 P1EC000，处理方式如下。

① 检查动力电池电压。

② 插上维修开关，上 ON 挡电。

③ 用诊断仪读取电池管理器发出的动力电池电压，正常值：450～550V。

④ NG→动力电池故障。

⑤ OK→检测高压母线电压。

a. 整车上 OFF 挡电，断开维修开关，等待 5min。

b. 插上维修开关，整车上 ON 挡电。

c. 用诊断仪读取直流母线电压值，母线电压：450～550V。

⑥ OK→检查高压配电盒及高压线路。

⑦ NG→更换驱动电机控制器与 DC 总成。

对于故障码 P1EC100，处理方式如下。

① 检测动力电池电量是否大于 10%。

② NG→给动力电池充电。

③ OK→检测高压母线电压。

a. 整车上 OFF 挡电，断开维修开关，等待 5min。

b. 插上维修开关，整车上 ON 挡电。

c. 用诊断仪读取直流母线电压值，母线正→母线负电压：450～550V。

④ NG→检查高压配电盒及高压线路。

⑤ OK→更换驱动电机控制器与 DC 总成。

对于故障码 P1EC200，处理方式如下。

① 检测低压电池电压是否小于 16V。

② NG→检修或更换低压电池。

③ OK→检测发电机输出电压是否小于 16V，直接测试发电机输出端的电压。

④ NG→检修或更换低压发电机。

⑤ OK→更换驱动电机控制器与 DC 总成。

对于故障码 P1EC300，处理方式如下。

① 检测低压电池电压是否大于 9V。

② NG→检修或更换低压电池。

③ OK→更换驱动电机控制器与 DC 总成。

对于故障码 P1EC400，处理方式如下。

① 检测低压线束和电器是否正常（短路引起过流）。

② NG→检修或更换低压线束和电器。

③ OK→更换驱动电机控制器与 DC 总成。

对于故障码 P1EE000，处理方式如下。

① 检查冷却液是否充足。

② NG→加注冷却液。

③ OK→检查冷却液管路是否通畅，水泵是否正常工作。

④ NG→疏通管路，更换水泵。

⑤ OK→更换驱动电机控制器与 DC 总成。

（2）全面诊断　B21、A40 接插件端子如图 6-64 和图 6-65 所示。B21、A40 接插件端子正常值如表 6-16 和表 6-17 所示。

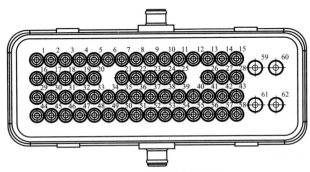

图 6-64　B21 接插件端子

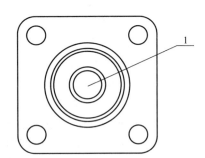

图 6-65　A40 接插件端子

表 6-16　B21 接插件端子正常值

连接端子	端子描述	线色	条件	正常值
B21-1 和 B21-16	CAN-H1 DC CAN 高	P	OFF 挡	54~69Ω
B21-2 和车身地	GND(VCC)1 DC 电源地	B	OFF 挡	小于 1Ω
B21-3 和 B21-17	VCC1 DC 电源	Y/R	ON 挡	11~14V
B21-16 和 B21-1	CAN-L1 DC CAN 低	V	OFF 挡	54~69Ω
B21-17 和车身地	GND(VCC)1 DC 电源地	B	OFF 挡	小于 1Ω
B21-18 和 B21-17	VCC1 DC 电源	Y/R	ON 挡	11~14V

表 6-17　A40 接插件端子正常值

连接端子	端子描述	线色	条件	正常值/V
A40-1→车身地	12V 输出正极	R	EV 模式,ON 挡	13.5~14.5

4. 比亚迪秦混合动力汽车驱动电机控制器诊断

提示：将诊断仪连接 DLC3 诊断口，如果提示通信错误，则可能是车辆 DLC3 诊断口问题,也可能是诊断仪问题。

将诊断仪连接另一辆车的DLC3诊断口,如果可以显示,则表明原车DLC3诊断口有问题,需更换;若不可显示,则表明诊断仪有问题。

驱动电机控制器故障码如表6-18所示。

表6-18 驱动电机控制器故障码

编号	故障码(ISO 15031-6)	描述	编号	故障码(ISO 15031-6)	描述
1	P1B0000	电机过流	28	P1B1E00	电流霍尔传感器B故障
2	P1B0100	IPM故障	29	U010100	电机控制器与TCU通信故障
3	P1B0200	电机温度过高报警			
4	P1B0300	IGBT温度过高报警	30	U011100	与电池管理器通信故障
5	P1B0400	水温过高报警	31	U010300	电机控制器与ECM通信故障
6	P1B0500	高压欠压			
7	P1B0600	高压过压	32	U012100	电机控制器与ESC通信故障
8	P1B0700	电压采样故障			
9	P1B0800	碰撞信号故障(硬线)	33	U012800	电机控制器与EPB通信故障
10	P1B0900	开盖保护			
11	P1B0A00	EEPROM错误	34	U029100	电机控制器与挡位控制器通信故障
12	P1B0B00	巡航开关信号故障			
13	P1B0C00	DSP复位故障	35	U016400	电机控制器与空调通信故障
14	P1B0F00	主动泄放故障			
15	P1B1000	水泵驱动故障	36	U014000	电机控制器与BCM通信故障
16	P1B1100	旋变故障(信号丢失)			
17	P1B1200	旋变故障(角度异常)	37	U029800	电机控制器与DC通信故障
18	P1B1300	旋变故障(信号幅值减弱)			
			38	U029400	与EV-HEV开关通信故障
19	P1B1400	电机缺A相			
20	P1B1500	电机缺B相	39	U021400	与I-KEY通信故障
21	P1B1600	电机缺C相	40	P1B1F00	防盗验证失败故障
22	P1B1700	油门信号故障(1信号故障)	41	P1B6000	发动机启动失败
			42	P1B6100	IPM散热器温度过高故障
23	P1B1800	油门信号故障(2信号故障)			
24	P1B1900	油门信号故障(校验故障)	43	P1B6200	IGBT三相温度校验故障报警
			44	P1B6300	电流霍尔传感器C故障
25	P1B1A00	刹车信号故障(低配)(1信号故障)	45	U013400	与EPS(电动助力转向)模块失去通信
26	P1B1B00	刹车信号故障(低配)(2信号故障)	46	U012200	与低压电池管理器(BMS)失去通信
27	P1B1C00	刹车信号故障(低配)(校验故障)	47	P1BA200	换挡超时

(1) P1B0000——电机电流

① 检查电机是否正常。

② NG→电机故障。

③ OK→更换驱动电机控制器与 DC 总成。

(2) P1B0100——IPM 故障　更换驱动电机控制器与 DC 总成。

(3) P1B1100——旋变故障

① 检查低压接插件。

a. 退电 OFF 挡，拔掉电机控制器低压接插件。

b. 测量 B21-45 和 B21-30 的电阻是否为 15～19Ω；测量 B21-46 和 B21-31 的电阻是否为 15～19Ω；测量 B21-44 和 B21-29 的电阻是否为 7～10Ω。

c. 如果所测电阻正常，则检查 B22 接插件是否松动，如果不松动，则为动力总成故障。

② OK→更换驱动电机控制器与 DC 总成。

(4) P1B0500——高压欠压

① 检测动力电池电量是否大于 10%。

② NG→给动力电池充电。

③ OK→检测高压母线。

a. 断开维修开关，等待 5min。

b. 插上维修开关，整车上 OK 挡电，EV 模式。

c. 用诊断仪读取直流母线电压值。母线电压：450～550V。

④ NG→检查高压配电盒及高压线路。

⑤ OK→更换驱动电机控制器与 DC 总成。

(5) P1B0600——高压过压

① 检测动力电池电量是否大于 10%。

② NG→给动力电池充电。

③ OK→检测高压母线。

a. 整车上 OFF 挡电，断开维修开关，等待 5min。

b. 插上维修开关，整车上 ON 挡电。

c. 用诊断仪读取直流母线电压值，母线电压：450～550V。

④ NG→检查高压配电盒及高压线路。

⑤ OK→更换驱动电机控制器与 DC 总成。

(6) P1B1400——电机缺 A 相

① 检查低压接插件是否松动。

② NG→插紧或更换接插件。

③ OK→检测动力总成。

④ NG→动力总成故障。

⑤ OK→更换驱动电机控制器与 DC 总成。

(7) P1B1700、P1B1800——油门信号故障

① 检查低压接插件是否松动。

② NG→插紧或更换接插件。

③ OK→检测加速踏板传感器，更换加速踏板传感器。

④ NG→加速踏板传感器故障。

⑤ OK→更换驱动电机控制器与 DC 总成。

（8）P1B0800——碰撞信号故障

① 检查安全气囊 ECU。

a.用诊断仪读取安全气囊 ECU，检查车辆是否发生过碰撞，如果有，清除 P1B0B 故障码即可。

b.用示波器测量低压接插件引脚 B21-9 和 GND，是否有 PWM 波存在。

② NG→检查线束和安全气囊 ECU。

③ OK→更换驱动电机控制器与 DC 总成。

（9）P1B0900——开盖保护

① 检测控制器盖子是否打开。

② NG→盖上盖子。

③ OK→更换驱动电机控制器与 DC 总成。

（10）P1B0A00——EEPROM 错误　更换驱动电机控制器与 DC 总成。

（11）P1B0200——电机温度过高报警

① 检查高压冷却回路。

② NG→冷却回路故障。

③ 检查电机。

④ NG→电机故障。

⑤ OK→更换驱动电机控制器与 DC 总成。

（12）P1B0300——IGBT 温度过高报警、P1B0400——水温过高报警、P1B6100——IPM 散热器温度过高报警

① 检查高压冷却回路。

② NG→冷却回路故障。

③ OK→更换驱动电机控制器与 DC 总成。

（13）U2D0C——电机控制器与 ABS 通信故障

① 检查低压接插件和线束。

② NG→更换接插件或线束。

③ 检测 ABS。

④ NG→ABS 故障。

⑤ OK→更换驱动电机控制器与 DC 总成。

全面诊断：驱动电机控制器 B21 接插件端子正常值如表 6-19 所示。

表 6-19　驱动电机控制器 B21 接插件端子正常值

连接端子	引脚名称/功能	条件	正常值
B21-4 和 B21-61	HV_LOCK2/高压互锁输入 2	ON 挡	PWM 信号
B21-5 和 B21-61	PUMP_TEST/水泵检测输入	OK 挡,EV 模式	10～14V
B21-6	预留	预留	预留
B21-7	预留	预留	预留
B21-8	预留	预留	预留
B21-9 和 B21-61	CRASH-IN/碰撞信号	ON 挡	PWM 信号
B21-10 和车身地	GND/水温检测电源地	OFF 挡	小于 1Ω

续表

连接端子	引脚名称/功能	条件	正常值
B21-11 和 B21-39	GND/巡航信号地	OFF 挡	2150～2190Ω
B21-12 和 B21-61	GND/油门深度电源地 1	OFF 挡	小于 1Ω
B21-13 和 B21-61	GND/油门深度电源地 2	OFF 挡	小于 1Ω
B21-14 和 B21-61	GND/刹车深度电源地 2	OFF 挡	小于 1Ω
B21-15 和 B21-61	+5V/刹车深度电源 1	ON 挡	0～5V 模拟信号
B21-19 和 B21-61	IN_HAND_BRAKE/手刹信号	ON 挡	0～12V 高低电平信号
B21-20 和车身地	HV-LOCK1/高压互锁输入 1	ON 挡	PWM 信号
B21-21	调试 CAN 高	预留	预留
B21-22	调试 CAN 低	预留	预留
B21-23 和车身地	KEY_CONTROL/钥匙信号	预留	预留
B21-24 和车身地	GND/水压检测地	预留	预留
B21-25 和车身地	+5V/水压检测电源	预留	预留
B21-26 和车身地	+5V/油门深度电源 1	ON 挡	0～5V 模拟信号
B21-27 和车身地	+5V/油门深度电源 2	ON 挡	0～5V 模拟信号
B21-28 和车身地	GND/刹车深度电源地 1	OFF 挡	小于 1Ω
B21-29 和 B21-44	EXCOUT/励磁 −	OFF 挡	7～10Ω
B21-30 和 B21-45	SIN−/正弦 −	OFF 挡	15～19Ω
B21-31 和 B21-46	COS−/余弦 −	OFF 挡	15～19Ω
B21-32 和车身地	预留	预留	预留
B21-32	预留	预留	预留
B21-34	FAN_H_OUT/风扇高速输出（空）	预留	预留
B21-35 和 B21-61	PUMP_OUT/水泵输出	ON 挡水泵未工作	10～14V
		OK,EV 模式水泵工作	小于 1V
B21-36 和 B21-37	CAN-L/CAN 信号低	OFF 挡	54～69Ω
B21-37 和 B21-36	CAN-H/CAN 信号高	OFF 挡	54～69Ω
B21-38 和车身地	GND2/电机温度地	OFF 挡	小于 1Ω
B21-39 和 B21-11	CURISE_IN/巡航信号	OFF 挡	2150～2190Ω
B21-40 和车身地	WATER_T_IN/水温信号	ON 挡	0～5V 模拟信号
B21-41 和车身地	DC_GAIN1/油门深度信号 1	ON 挡	0～5V 模拟信号
B21-42 和车身地	GND/刹车深度屏蔽地	OFF 挡	小于 1Ω
B21-43 和车身地	+5V/刹车深度电源 2	ON 挡	4.5～5.5V
B21-44 和车身地	EXCOUT/励磁 +	OFF 挡	7～10Ω
B21-45 和 B21-30	SIN+/正弦 +	OFF 挡	15～19Ω
B21-46 和 B21-31	COS+/余弦 +	OFF 挡	15～19Ω
B21-47 和车身地	GND/旋变屏蔽地	OFF 挡	小于 1Ω
B21-48 和车身地	IN_FEET_BRAKE/脚刹信号	预留	预留
B21-49 和车身地	BAT-OFF-OUT/启动电池切断继电器	预留	预留

续表

连接端子	引脚名称/功能	条件	正常值
B21-50	FAN_L_OUT/风扇低速输出（空）	预留	预留
B21-51 和车身地	GND(CAN)/CAN 屏蔽地	OFF 挡	小于 1Ω
B21-52 和车身地	IN_EMACHINE/电机温度过高	预留	预留
B21-53 和车身地	STATORTIN/电机绕组温度	ON 挡	0～5V 模拟信号
B21-54 和车身地	PRESSURE_IN/水压检测信号	预留	预留
B21-55 和车身地	GND/油门深度屏蔽地	OFF 挡	小于 1Ω
B21-56 和车身地	DC_GAIN2/油门深度信号 2	ON 挡	0～5V 模拟信号
B21-57 和车身地	DC_BRAKE1/刹车深度 1	ON 挡	0～5V 模拟信号
B21-58 和车身地	DC_BRAKE2/刹车深度 2	ON 挡	0～5V 模拟信号
B21-59 和车身地	GND(VCC)/外部电源地	OFF 挡	小于 1Ω
B21-60 和 B21-61	VCC/外部 12V 电源	ON 挡	10～14V
B21-61 和车身地	GND(VCC)/外部电源地	OFF 挡	小于 1Ω
B21-62 和 B21-61	VCC/外部 12V 电源	ON 挡	10～14V

5. 比亚迪秦混合动力汽车动电机控制器更换驱动电机控制器注意事项

更换驱动电机控制器，需要进行防盗编程及标定，具体如下。

驱动电机控制器及 DC 总成更换标定（以下所述 ECU 均指驱动电机控制器及 DC 总成）。

① 车辆上 ON 挡，进入车型诊断，如图 6-66 所示。

② 选择车型"秦或 HA"如图 6-67 所示。

图 6-66 进入车型诊断

图 6-67 选择车型

③ 进入防盗编程，如图 6-68 所示。

④ 进行防盗解密或编程，拆卸旧件时必须进行 ECM 密码清除，安装新件后进行 ECM 编程，如图 6-69 所示。

⑤ ECM 编程完毕后车辆进行退电，5s 后再次上电，然后进入动力网模块，如图 6-70 所示。

⑥ 选择驱动电机控制器，如图 6-71 所示。

⑦ 进入电机系统配置设置，如图 6-72 所示。

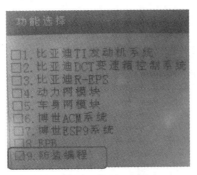

图 6-68 进入防盗编程

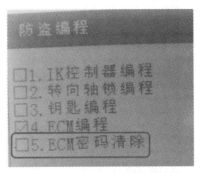

图 6-69 进行防盗解密清除

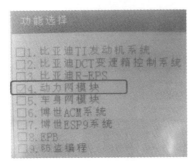

图 6-70 进入动力网模块

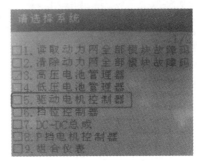

图 6-71 选择驱动电机控制器

⑧ 选择相应配置，如图 6-73 所示。

图 6-72 进入电机系统配置设置

图 6-73 选择相应配置

⑨ 再进入倾角信息读取，如图 6-74 所示。
⑩ 在车辆处于水平时读取倾角数值，确认是否正常，如图 6-75 所示。

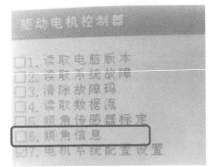

图 6-74 进入倾角信息读取

图 6-75 车辆处于水平时读取倾角数值

⑪ 如有偏差，则进行倾角标定，如图 6-76 所示。

⑫ 标定完毕后车辆退电，5s 后重新上电。读取数据流，确认刹车信号是否正常，不踩刹车踏板时信号为 0，如图 6-77 所示。

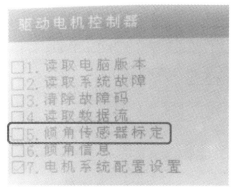

图 6-76　进行倾角标定

图 6-77　读取数据流

⑬ 如果数据异常，则需进行刹车起点进行标定，标定方法如下。

a. 整车上 ON 挡电（特别注意不要上 OK 挡电，否则车辆在进行第 2 步时会导致向前冲的危险）；不要踩刹车踏板（有制动开关信号则无法标定）。

b. 深踩油门踏板（50%～100%），持续 5s 以上，电控便可自动标定。

c. 正常退电一次延迟 5s 再上电。

第六节　比亚迪秦混合动力汽车挡位控制系统

一、比亚迪秦混合动力汽车挡位控制系统安装位置、控制原理

HA 车型采用先进的线控换挡系统，该系统消除了换挡杆与变速器之间的机械连接，通过电控方式来选择前进挡、倒挡、空挡和驻车挡。挡位信号由挡位控制器总成进行采集及处理，挡位控制器在布置时靠近挡位执行器总成，避免因线束过长导致信号不稳的现象。换挡完毕后，换挡杆可以自动回正，以减少误操作。

（1）组成、安装位置　挡位操纵系统由 P 挡按钮、换挡操纵机构、P 挡控制器、挡位控制器组成，其安装位置如图 6-78 所示。

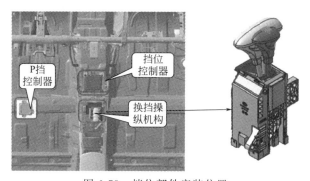

图 6-78　挡位部件安装位置

(2) 控制原理 HA 车型挡位操纵系统控制原理如图 6-79 所示。

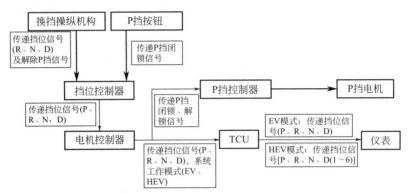

图 6-79 HA 车型挡位操纵系统控制原理
⟶ 硬线传递信号；⟶ CAN 传递信号

(3) 挡位切换条件 HA 车型挡位切换条件如表 6-20 所示。

表 6-20 HA 车型挡位切换条件

切入挡位	当前挡位			
	P	R	N	D
P	—	车速≤3km/h	车速≤3km/h	车速≤3km/h
R	电源模式 OK 挡,有制动踏板状态	—	电源模式为 OK 挡	电源模式为 OK 挡,车速≤3km/h
N	有制动踏板状态	电源模式为 ON/OK 挡	—	电源模式为 ON/OK 挡
D	电源模式 OK 挡,有制动踏板状态	电源模式为 OK 挡,车速≤3km/h	电源模式为 OK 挡	—

二、比亚迪秦混合动力汽车挡位控制器诊断流程及故障码

1. 诊断流程

① 检查启动电池电压，标准电压值：11～14V。
② 如果电压值低于 11V，在进行下一步之前请充电或更换启动电池。
③ 用诊断仪诊断。把诊断仪接到 DLC 口上，读取故障码。
无故障码输出进行 A（全面分析与诊断）；有故障码输出进行 B（调整，维修或更换）。
④ 到车上检查 ECU 端子。
⑤ 调整，维修或更换。
⑥ 确认测试，结束。

2. 故障码

比亚迪秦混合动力汽车挡位控制器故障码如表 6-21 所示。

表 6-21 比亚迪秦混合动力汽车挡位控制器故障码表

故障码(ISO 15031-6)	故障定义	故障码(ISO 15031-6)	故障定义
P1D0200	挡位持续拉低故障	P1D0100	挡位信号同时为低故障

三、比亚迪秦混合动力汽车挡位控制器故障诊断

比亚迪秦混合动力汽车挡位控制器接插件 G62 端子如图 6-80 所示。

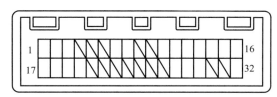

图 6-80 比亚迪秦混合动力汽车挡位控制器接插件 G62 端子

① 拔下挡位控制器接插件。

② 检查各端子电压或电阻，如表 6-22 所示。

表 6-22 各端子电压或电阻

端子号	线色	端子描述	条件	正常值
G62-13 和车身地	L/R	KEY 信号	ON 挡	9～16V
G62-14 和车身地	P	CAN-H	ON 挡	2.5～3.5V
G62-15 和车身地	V	CAN-L	ON 挡	1.5～2.5V
G62-16 和车身地	L/R	+12V 电源	ON 挡	9～16V
G62-17 和车身地	B/Y	传感器 A 电源地	始终	小于 1Ω
G62-18 和车身地	B/L	传感器 B 电源地	始终	小于 1Ω
G62-28 和车身地	B	+12V 电源地	始终	小于 1Ω
G62-29 和车身地	B	+12V 电源地	始终	小于 1Ω
G62-32 和车身地	L/R	+12V 电源	ON 挡	9～16V

③ 从挡位控制器 G62 连接器后端引线。

④ 检查各端子电压或电阻，如表 6-23 所示。

表 6-23 G62 连接器后端引线电压或电阻

端子号	线色	端子描述	条件	正常值
G62-1 和 G62-17	R/G	传感器 A+5V 电源	ON 挡	约 5V
G62-2 和 G62-18	G	传感器 B+5V 电源	ON 挡	约 5V
G62-5 和 G62-19	W	P 挡按键检测	按下 P 挡按键	约 1kΩ
G62-5 和 G62-19	W	P 挡按键检测	松开 P 挡按键	约 4kΩ
G62-8 和车身地	W/G	P 挡指示灯	P 挡指示灯点亮	低电平

⑤ 检查线束。

a. 拔下挡位控制器 G62 连接器。

b. 测量线束端连接器各端子间电压或电阻，如表 6-24 所示。

表 6-24 测量线束端连接器各端子间电压或电阻

端子	线色	条件	正常值
G62-13 和车身地	L/R	ON 挡	9～16V

续表

端子	线色	条件	正常值
G62-16 和车身地	L/R	ON 挡	9～16V
G62-32 和车身地	L/B	ON 挡	9～16V
G62-28 和车身地	B	始终	小于 1Ω
G62-29 和车身地	B	始终	小于 1Ω

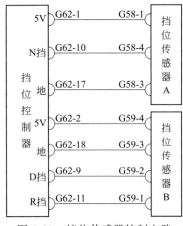

图 6-81 挡位传感器控制电路

⑥ NG→更换线束或接插件。

⑦ OK→跳到下一回路即挡位传感器回路。挡位传感器控制电路如图 6-81 所示。

⑧ 检查挡位传感器 A。

a. 电源挡位置于 ON 挡。

b. 从挡位传感器 A G58 连接器后端引线。

c. 测量线束端连接器各端子间电压，如表 6-25 所示。

d. NG→更换挡位传感器 A。

⑨ OK→检查挡位传感器 B。

a. 电源挡位置于 ON 挡。

b. 从挡位传感器 B G59 连接器后端引线。

c. 测量线束端连接器各端子间电压或电阻，如表 6-26 所示。

表 6-25 测量线束连接器各端子间电压

端子	线色	条件	正常值/V
G62-1 和 G62-17	R/G	ON 挡	约 5
G62-10 和车身地	R/L	换挡手柄打到 N 挡	约 1

表 6-26 测量线束端连接器各端子间电压或电阻

端子	线色	条件	正常值
G62-2 和 G62-18	G	ON 挡	约 5V
G62-11 和车身地	Br	换挡手柄置于 R 挡	小于 1Ω
G62-9 和车身地	Gr	换挡手柄置于 D 挡	小于 1Ω

d. NG→更换挡位传感器 B。

⑩ OK→检查线束。

a. 拔下挡位传感器 A G58 连接器。

b. 拔下挡位传感器 B G59 连接器。

c. 拔下挡位控制器 G62 连接器。

d. 测量线束端连接器各端子间电阻，如表 6-27 所示。

表 6-27 测量线束端连接器各端子间电阻

端子	线色	正常值/Ω	端子	线色	正常值/Ω
G62-1 和 G58-1	R/G	小于 1	G62-17 和 G58-3	B/Y	小于 1
G62-11 和 G58-4	R/L	小于 1	G62-2 和 G59-4	G	小于 1

端子	线色	正常值/Ω	端子	线色	正常值/Ω
G62-18 和 G59-3	B/L	小于 1	G62-10 和 G59-1	Br	小于 1
G62-12 和 G59-2	Gr	小于 1			

e. NG→更换线束。

⑪ OK→跳到下一回路即 P 挡开关回路。P 挡开关控制电路如图 6-82 所示。

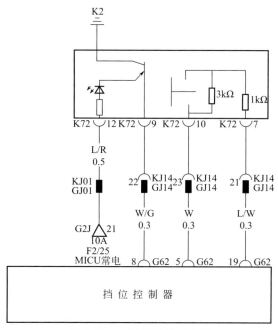

图 6-82 P 挡开关控制电路

⑫ 检查 P 挡按键。

a. 拔下 P 挡按键 K72 连接器。

b. 测量线束端连接器各端子间电压或电阻，如表 6-28 所示。

c. NG→更换 P 挡按键。

表 6-28 测量线束端连接器各端子间电压或电阻

端子	线色	条件	正常值
K72-12 和车身地	L/R	ON 挡电	9～16V
K72-7 和 K72-10	L/W	按下 P 挡按键	约 1kΩ
K72-7 和 K72-10	L/W	松开 P 挡按键	约 4kΩ
K72-9 和车身地	G	P 挡指示灯亮	小于 1V
K72-9 和车身地	G	P 挡指示灯灭	大于 5V

⑬ OK→检查线束。

a. 拔下 P 挡按键 K72 连接器。

b. 拔下挡位控制器 G62 连接器。

c. 测量线束端连接器各端子间电阻，如表 6-29 所示。

d. NG→更换挡位控制器。

表 6-29 测量线束端连接器各端子间电阻

端子	线色	正常值/Ω	端子	线色	正常值/Ω
G62-19 和 K72-7	L/W	小于 1	G62-8 和 K72-9	W/G	小于 1
G62-5 和 K72-10	W	小于 1			

第七节 比亚迪秦混合动力汽车故障诊断与排除

一、比亚迪秦混合动力汽车纯电行驶距离缩短故障

1. 故障现象

一辆比亚迪秦插电式混合动力汽车，行驶约 6000km，每次充电后行驶里程下降到 50～60km（原来 70km），充电也从 12.8kW·h 降到了 10kW·h。

2. 故障诊断与排除

用比亚迪秦的电池监测软件，它可以安装在 GPS 导航卡内，通过车载多媒体终端，可以观察车辆上的电池的电压变化情况。经查发现电池电量在 100% 和 5% 时，都是模组二的 7 号电池的电压比较低，推断电池均衡不良可能是造成纯电行驶距离不够长的原因。如图 6-83 所示为电量剩余 5% 时，每个模组单体电池的最高和最低电压。从图 6-84 中可以发现，模组二的 7 号电池的电压为 2.833V，比其他组的电压低 200～370mV，模组四的 7 号电池和模组八的 5 号电池的电压为分别为 3.081V 及 3.104V，也相对比较低一些。

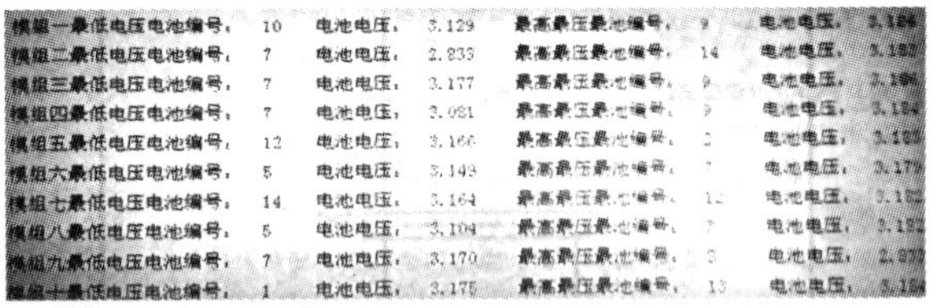

图 6-83 剩余电量为 5% 时电池总电压

图 6-84 单体电池电压情况

根据以上情况，可以判断这个电压比较低的单体电池存在欠充电情况，因此决定对其补充电，具体步骤如下。

① 拆下后座坐垫和后靠背垫。

图 6-85 拔下整个橙色维修开关

② 断开气囊传感器线束连接器和多媒体控制器线束连接器。

③ 断开维修开关。如图 6-85 所示，向上掰开橙色提手，拔下整个橙色维修开关。

注意：切勿忘记操作本步骤，以保证电路断开，断开后不要用手触碰内部的两个电极，这两个电极间可能会有 450～510V 的直流高压。

④ 拆下电池保护塑料板。

⑤ 拆下采样测试插座保护盖，如图 6-86 所示。

⑥ 当断开采样测试插头后，如图 6-87 所示，经测量得到模组内电池的排列顺序及端子编号的关系，如图 6-88 所示。

图 6-86　拆下采样测试插座保护盖

图 6-87　采样测试插头

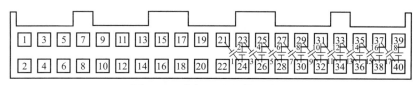
图 6-88　内部电池的排列端子

⑦ 找一个合适的稳压电源，电压在 2~5V 之间连续可调，工作电流可以达到 2~3A，最好带电流指示器。

⑧ 制作专用线。用两根细线制作一对可以插进模块电源采样插座的专用线，如图 6-89 所示。

⑨ 将电源接入第二模组（电池模组编号就在模组上）的 7 号电池，其对应引脚号为 27 和 30，其中 30 接正极，27 接负极（注意电源不得接反，电池不要接多，单体电池每添加一组，电压将高于 3.3V），如图 6-90 所示。打开充电器，调节电压，一般为 3.4~3.6V，使充电电流在 0.9~1.5A 之间。经过 3~4h 的充电，电压达到 3.22 左右，静置 1h 左右，电压下降到 3.18V。接着对电压相对较低一些的电池（四组 7 号，八组 5 号）进行补充电，使充电后的电压接近平均电压。注意不要同时触摸多个模组的采样板电极！

图 6-89　自制的专用线

图 6-90　电源接入电池充电

⑩ 补充充电完成后，按前面相反的顺序将接插件、电池盖板、靠背、坐垫安装回原位，最后对车辆进行正常充电。

均衡后车辆的行驶里程有了较大的提升，郊外纯电模式行驶里程达到 78km 以上，城区也可行驶 68~72km。当放电完毕时（SOC=5%）单体电池电压如图 6-91 所示，从图中可以看出，电池电压的均衡性有了较大的改善。

此故障的根本原因是由于单体电池均衡不良，导致整个电池单元在充电和储存电能方面

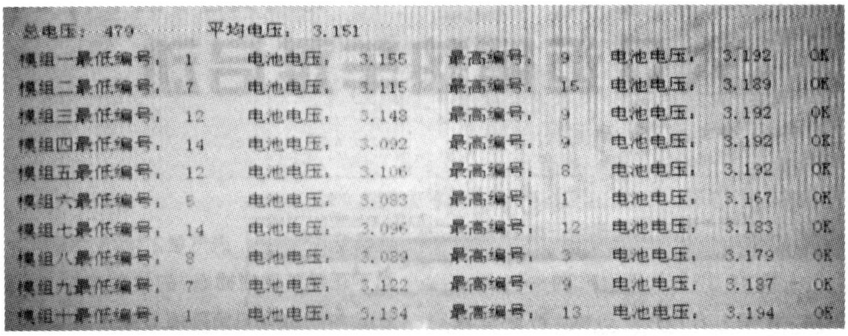

总电压：479　平均电压：3.151

模组一最低编号：	1	电池电压：	3.155	最高编号：	9	电池电压：	3.192	OK
模组二最低编号：	7	电池电压：	3.115	最高编号：	15	电池电压：	3.189	OK
模组三最低编号：	12	电池电压：	3.148	最高编号：	9	电池电压：	3.192	OK
模组四最低编号：	14	电池电压：	3.092	最高编号：	9	电池电压：	3.192	OK
模组五最低编号：	12	电池电压：	3.106	最高编号：	8	电池电压：	3.192	OK
模组六最低编号：	8	电池电压：	3.083	最高编号：	1	电池电压：	3.167	OK
模组七最低编号：	14	电池电压：	3.096	最高编号：	12	电池电压：	3.183	OK
模组八最低编号：	8	电池电压：	3.089	最高编号：	3	电池电压：	3.179	OK
模组九最低编号：	7	电池电压：	3.122	最高编号：	9	电池电压：	3.187	OK
模组十最低编号：	1	电池电压：	3.134	最高编号：	13	电池电压：	3.194	OK

图 6-91　当放电完毕时单体电池电压

受到影响，进行每个单体电池电量均衡以后，整个电池组储能能力有所提升。

注：维修混合动力汽车或电动汽车时有一套安全作业流程。

① 关闭点火开关，将钥匙移至车辆智能系统探测范围之外。

② 断开辅助蓄电池负极端子，断开前先检查系统故障码。

③ 必须要戴好绝缘手套，确保绝缘手套无破损、破洞或裂纹及潮湿，以保证维修人员身体安全。

④ 拆下维修塞，注意不要再操作点火开关，否则动力系统会储存故障码；并且要求将维修塞放在技师自己的衣袋里，以防止其他技师重新插上维修塞，造成人身触电伤害。

⑤ 等待 10min 或更长时间，以便变频器总成高压电容放电。

⑥ 测量变频器端子电压，应为 0。

⑦ 用绝缘乙烯胶布包裹被断开的高压线路连接器。

⑧ 安装高压导线接头时一定要按规定扭矩紧固端子螺钉，扭矩不足或过大都会导致系统故障或接头过热烧蚀损坏。

⑨ 完成高压系统操作后，重新装回维修塞前，应再次检查确认工作平台周围没有遗留任何工具和零件以及确认高压端子已连接牢固。

二、比亚迪秦混合动力汽车高压系统漏电故障

1. 故障现象

上 OK 挡电，电量为 83%，自动切换到 HEV 模式，发动机启动，无法使用 EV 模式；动力系统故障灯亮，仪表提示请检查动力系统。

2. 检查过程

① 仪表 OK 灯亮，无法使用 EV 模式，通过诊断仪读取高压 BMS，报漏电故障；清除故障码，重新上 ON 挡电：用诊断仪读取高压 BMS 中数据流，显示 4 个分压接触器吸合（动力电池漏电或异常时断开），读取 BMS 系统，无漏电故障码，排除动力电池包漏电，如图 6-92 所示。

② 踩制动踏板上 OK 挡电，仪表提示请检查动力系统。高压 BMS 报故障码：P1A0000——严重漏电故障；P1A0100——一般漏电故障（清除故障码，重新上 OK 挡电，故障码再现）。

确认因漏电故障导致无法使用 EV 模式；报漏电故障，判断动力电池包以外的高压模块存在漏电风险（上 OK 挡电报漏电故障时，高压电池管理器中数据流显示 4 个分压接触器断开，正常应该吸合），如图 6-93 所示。

上ON挡电，4个分压接触器吸合，说明动力电池不漏电(如果4个分压接触器断开，且BMS报漏电故障，说明动力电池漏电)

图 6-92 读取高压 BMS 中数据流

图 6-93 高压电池管理器中数据流

③ 上 OFF 挡电，断开低压电池负极，穿戴防护设备；断开紧急维修开关，逐个断开各高压模块（除动力电池包外），每次断开一个高压模块后装回紧急维修开关，上电测试是否存在漏电故障。当拔掉电动压缩机高压线束输入插头后，上电不再报漏电故障，EV 和 HEV 模式可以相互转换（再装回电动压缩机插头，BMS 报漏电故障，无法使用 EV 模式）。

3. 故障排除

电动压缩机橙色线束磨损如图 6-94 所示，更换电动压缩机后故障排除。

注意：根据维修经验，漏电模块有：电动压缩机本体，2号、4号、6号、8号电池模组，PTC 水加热器，驱动电机控制器及 DC 总成，高压配电箱。

高压系统报漏电故障时，确认是上 ON 挡电报漏电故障，还是上 OK 挡电报漏电故障；整车所有高压模块、橙色线束、漏电传感器及连接线束故障时均有可能报漏电故障，请参考以下方法检查漏电故障。

图 6-94 电动压缩机橙色线束磨损

高压系统漏电检测原理图如图 6-95 所示。

当高压系统漏电时，漏电传感器发出一个信号给高压电池管理控制器，高压电池管理控制器检测到漏电信号后，禁止充、放电并报警。

漏电传感器：检测动力电池包负极及与其相连接的高压模块与车身底盘之间的绝缘电阻，来判断动力电池包的漏电程度控制。漏电传感器电路控制如图 6-96 所示。

当高压 BMS 报漏电故障时，先初步排除漏电传感器线路异常，再确认是上 ON 挡电报漏电故障，还是上 OK 挡电报漏电故障。

① 如果上 ON 挡电报漏电故障，初步判断为动力电池包漏电，如图 6-97 所示。具体哪个电池模组漏电，应根据以下流程进行检查。

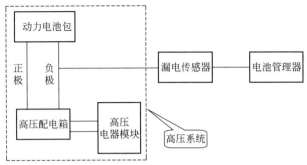

图 6-95　高压系统漏电检测原理

a. 上 OFF 挡电，拔掉 8 号电池模组接触器接插件，再上 ON 挡电，用诊断仪读取系统故障：如果不漏电，则判断 8～10 号电池模组漏电（根据经验，8 号电池模组故障率高）。

如果漏电，则排除 8～10 号电池模组故障，需检查 1～7 号电池模组。

b. 上 OFF 挡电，拔掉 6 号电池模组接触器接插件，再上 ON 挡电，用诊断仪读取系统故障：如果不漏电，则判断 6 号、7 号电池模组漏电（根据经验，6 号电池模组故障率高）。

如果漏电，则排除 6 号、7 号电池模组故障，需检查 1～5 号电池模组。

c. 上 OFF 挡电，拔掉 4 号电池模组接触器接插件（图 6-98），再上 ON 挡电，用诊断仪读取系统故障。

如果不漏电，则判断 4 号、5 号电池模组漏电（根据经验，4 号电池模组故障率高）。

如果漏电，则排除 4 号、5 号电池模组故障，需检查 1～3 号电池模组。

d. 上 OFF 挡电，拔掉 2 号电池模组接触器接插件，再上 ON 挡电，用诊断仪读取系统故障。

如果不漏电，则判断 2 号、3 号电池模组漏电（根据经验，2 号电池模组故障率高）。

如果漏电，则排除 2 号、3 号电池模组故障，判定 1 号电池模组漏电。

铁电池组：1-3-5 可以互换；2-4 可以互换；6-8 可以互换；7-9 可以互换。

② 如果上 OK 挡电报漏电故障，初步判断为动力电池包以外的高压模块漏电；具体哪个高压模块漏电，根据以下流程检查。

a. 上 OFF 挡电，断开紧急维修开关，再断开电动压缩机高压线束插头；装上紧急维修开关，上 OK 挡电，用诊断仪读取系统故障。

如果不漏电，则判断电动压缩机漏电。

如果漏电，则判断电动压缩机正常，继续断开其他高压模块。

b. 上 OFF 挡电，断开紧急维修开关，再断开 PTC 高压线束插头，装上紧急维修开关，上 OK 挡电，用诊断仪读取系统故障。

如果不漏电，则判断 PTC 漏电。

如果漏电，则判断 PTC 正常，继续断开其他高压模块。

③ 上 OFF 挡电，断开紧急维修开关，再断开空调配电盒输入端高压线束插头（图 6-99）；装上紧急维修开关，上 OK 挡电，用诊断仪读取系统故障。

如果不漏电，则判断空调配电盒及线束漏电。

如果漏电，则判断 PTC 及线束正常，继续断开其他高压模块。

按照以上方法，依次断开剩余高压模块，逐个判断哪个模块漏电或哪条高压线束漏电。

判定一个高压模块或高压线束漏电时，尽量再将高压模块或线束插头插上去确认故障是否再现，避免零部件误判。

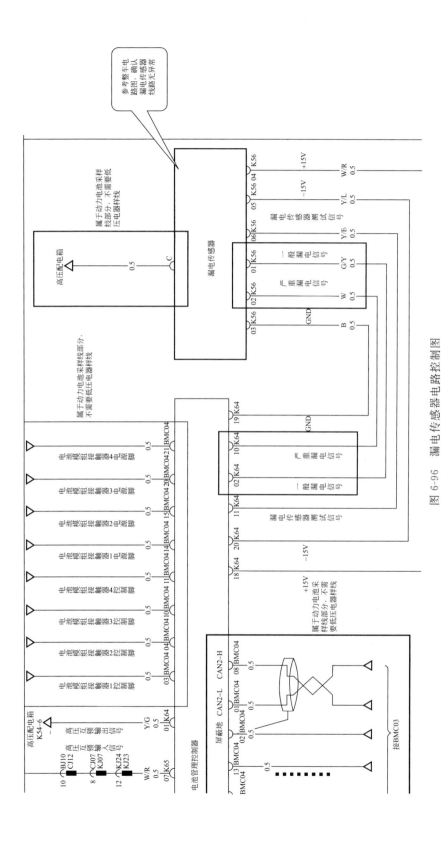

图 6-96 漏电传感器电路控制图

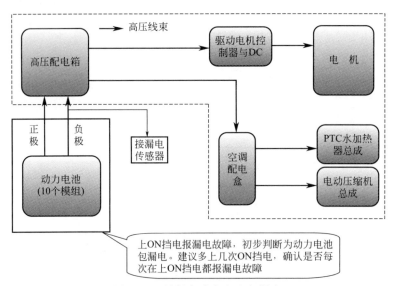

图 6-97　判断为动力电池包漏电

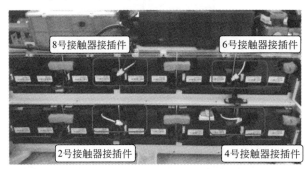

图 6-98　拔掉 4 号电池模组接触器接插件

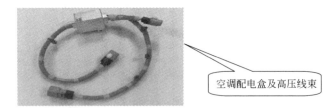

图 6-99　断开空调配电盒输入端高压线束插头

检查漏电故障时：每次断开带高压互锁的高压部件后，需要先短接高压模块端互锁开关，再上 OK 挡电判断漏电情况。

注意：在维修时，必须采取绝缘保护措施！

三、比亚迪秦混合动力汽车驱动电机控制器温度过高

1. 故障现象

车辆上 OK 挡电，行驶一段时间后，无论是 EV 或 HEV 模式，散热器风扇一直高速运转，读取故障码为 P1B0300——IGBT 温度过高报警。

2. 原因分析

在驱动电机控制器及 DC 总成内部，有三组单元在工作时会产生热量，分别为 IPM（控制器内部智能功率控制模块）、IGBT（电机驱动模块）、电感，因此，在驱动电机控制器及 DC 总成内部有相应的水道对这三个部分进行冷却。电控模块冷却水路如图 6-100 所示。

注意：电机电动水泵安装在右前部总成外侧保险杠骨架安装板附近。

当这几个部分工作温度超过一定范围时，驱动电机控制器及 DC 总成就会检测到，同时经过 CAN 网络传递给发动机 EMS，EMS 驱动冷却风扇继电器后，冷却风扇工作，以快速冷却防冻液，降低温度。以下为冷却风扇工作条件。

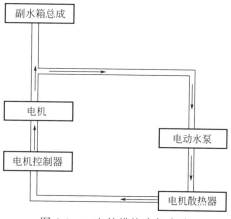

图 6-100　电控模块冷却水路

（1）电机水温　47～64℃ 低速请求；>64℃ 高速请求。

（2）IPM　53～64℃ 低速请求；>64℃ 高速请求；>85℃ 报警。

（3）IGBT　55～75℃ 低速请求；>75℃ 高速请求；>90℃ 限制功率输出；>100℃ 报警。

（4）电机温度　90～110℃ 低速请求；>110℃ 高速请求。

满足 3 个低速请求，电子风扇低速转；满足 1 个高速请求电子风扇高速转。

根据以上原理，可以分析出导致 IGBT 高温报警的原因如下。

① 电机冷却系统防冻液不足或有空气。

② 电机电动水泵不工作。

③ 电机散热器堵塞。

④ 驱动电机控制及 DC 总成本身故障。

3. 维修

① 检查冷却系统，确认防冻液充足。

② 上 OK 挡电后用手捏电机水管，确认有一定水压，触摸电动水泵，确认工作良好。

③ 使用 VDS1000 读取驱动电机及 DC 总成内部数据流信息，如图 6-101 所示。

④ 从数据流可以看出，冷却液温度为 24℃，IPM 温度为 35℃，但 IGBT 温度已经高达

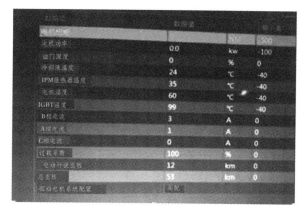

图 6-101　驱动电机及 DC 总成内部数据流信息

99℃，满足了风扇高速运转的条件，因此，分析为 IGBT 本身故障导致温度异常。

⑤ 更换驱动电机控制器及 DC 总成后故障排除。

4. 维修小结

通过数据分析可以准确确认驱动电机控制器及 DC 总成内部零部件的工作温度。一般情况下，若同时报 IPM 和 IGBT 温度过高时故障码如表 6-30 所示，应重点检查冷却系统是否有空气，冷却液是否充足。若仅有这两个故障码其中的一个，且通过数据流看其中一个温度确实过高，往往是 IPM 和 IGBT 本身故障造成，因两者集成在驱动电机控制器及 DC 总成内部，因此需要更换驱动电机控制器及 DC 总成。

表 6-30　IPM 和 IGBT 温度过高时故障码

编号	DTC	故障码(ISO 15031-6)	描述
1	1B0200	P1B0200	电机温度过高报警
2	1B0300	P1B0300	IGBT 温度过高报警
3	1B0400	P1B0400	水温过高报警

四、比亚迪秦混合动力汽车动力电池无法充电故障

1. 故障现象

车辆使用交流充电连接装置无法给动力电池充电，仪表上无显示。

2. 故障分析

根据车载充电工作过程分析，无法充电的原因如下。

① 外部电源故障。

② 交流充电连接装置故障。

③ 低压线束故障。

④ 车载充电器总成故障。

⑤ 电池管理控制器故障。

⑥ 高压配电箱总成故障。

3. 维修

在低压铁电池充足和动力电池无故障的情况下检查。

① 插上交流充电连接装置，观察仪表上无充电信息显示，用 ED400 诊断仪读取系统故障码，故障码为 P150C00——供电设备故障。

② 用试电笔测试外部电源，外部电源正常。

③ 检查交流充电连接装置，测量交流充电连接装置的 CC 端与 PE 端之间的阻值，实测阻值为 680Ω，此阻值在正常范围（注：如有条件可直接倒换交流充电连接装置）。

④ 测量交流充电口到车载充电器之间的线束，各线束导通。

⑤ 用两根导线将车载充电器 K55 插件的 4 号、10 号端子搭铁（车载充电器原理如图 6-102 所示），仪表上显示充电连接中，测量车载充电器上的两个 CAN 线电压，分别为 2.4V、2.35V，说明低压线路正常，但仍不能充电，怀疑车载充电器总成故障。

⑥ 更换车载充电器总成后故障排除。

4. 维修小结

车载充电工作过程：交流充电连接装置与车载充电器总成连接无误后，车载充电器总成

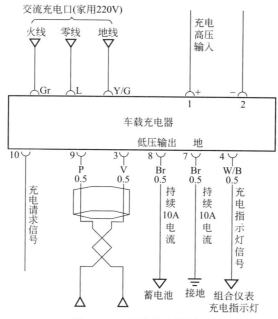

图 6-102 车载充电器原理

控制交流充电连接装置输出 220V 交流电，并控制交流充电及 OFF 挡充电继电器吸合，通过交流充电及 OFF 挡充电继电器给电池管理控制器及高压配电箱提供低压电源；同时车载充电器总成与电池管理控制器进行通信，在充电允许的情况下，电池管理控制器控制交流充电接触器及负极接触器吸合；车载充电器检测到动力电池包的反灌电压后输出充电电压进行充电。

五、比亚迪秦混合动力汽车发动机无法启动故障

1. 故障现象

当车辆工作模式切换至 HEV SPORT 时，变速器挡位置于 P 挡时发动机无法启动，行驶中发动机可以启动，纯电模式可正常行驶。

2. 故障分析

根据车辆控制原理可知，发动机启动根据工况不同，可分为两种模式。

① 车辆原地不动，当达到发动机启动条件时，BCM 控制启动继电器吸合，起动机工作带动发动机启动。

② 车辆在 HEV ECO 模式，当车速大于 40km/h 时，由变速器反拖发动机启动。

根据故障现象结合原理，分析原因如下。

① 驱动电机控制器故障。
② BCM 故障。
③ 启动控制线路故障。
④ 起动机故障。
⑤ 发动机燃油系统故障。

3. 维修

① 将车辆工作模式切换至 HEV SPORT，变速器挡位置于 P 挡，起动机不工作（正常

情况发动机应启动），检查启动继电器，启动继电器吸合，说明驱动电机控制器及 BCM 工作正常。

② 测量起动机吸拉线圈的接线端子与车身之间的电压，该电压为 12.3V（正常），说明控制线路正常，怀疑起动机内部故障。

③ 更换起动机，试车，故障排除。

4. 维修小结

比亚迪秦车型发动机正常启动条件如下。

① 坡度≥15%。

② HEV ECO 模式，车速≥40km/h。

③ HEV SPORT 模式，N 挡或 D 挡。

六、比亚迪秦混合动力汽车挂挡后车辆无法行驶故障

1. 故障现象

车辆上 OK 挡电，仪表提示："请检查动力系统"，车辆挂到 D 挡（仪表显示 D 挡），车辆无法行驶。

2. 原因分析

仪表提示："请检查动力系统"。

以下部件存在故障仪表将提示"请检查动力系统"：高压电池管理器、驱动电机控制器、DC/DC 转换器、P 挡电机控制器、挡位控制器。操作上电，读取高压电池管理器、驱动电机控制器、挡位控制器以及 P 挡电机控制器、DC/DC 转换器的数据流和故障码，发现 P 挡电机控制器内有一个故障码 P1C30——驱动管或电机故障，将车辆挂入 N 挡，松开 EPB，无法推动车辆，判断 P 挡没有解锁。

故障原因如下。

① P 挡电机故障。

② P 挡控制器内部故障或者线束故障。

(a) 异常数据　　(b) 正常数据

图 6-103　P 挡控制器数据流

3. 维修

① 读取 P 挡控制器数据流，发现数据异常：驱动电压、霍尔脉冲个数为零，如图 6-103 所示。

② 检查 P 挡电机控制器电源及搭铁。

③ P 挡电机控制器两个电源——1 号、17 号端子，将车辆上 ON 挡电，测量这 2 个端子，电压为 12V 以上，正常。

④ P 挡电机控制器两个搭铁——24 号、25 端子，测量其和车身的导通性，正常，控制电路如图 6-104 所示。

⑤ 将车辆挂至 D 挡，车辆正常时应解除 P 挡，此时检查车辆 P 挡电机控制器 5 号端子为电压拉低，确认 P 挡电机继电器已经吸合，测量 P 挡电机 2 号端子，有 12V 以上电源。

⑥ 根据以上检查，P 挡电机控制器电源、搭铁正常，但电机没有动作，原因：P 挡电机控制器内部故障或者电机本身故障。

⑦ 更换 P 挡电机控制器，故障排除。

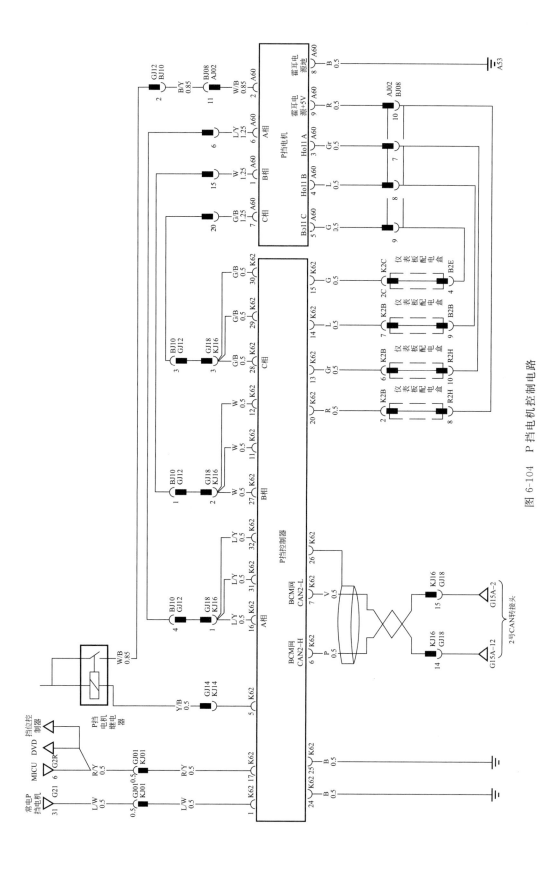

图 6-104 P挡电机控制电路

4. 维修小结

P 挡解锁条件：踩下制动踏板；驱动电机控制器接收到制动信号及相应挡位信号。

七、比亚迪秦混合动力汽车低压铁电池不能唤醒故障

1. 故障现象

车辆使用遥控按键无法打开车门，开门后仪表灯全部不亮，按左前门微动开关，无法唤醒低压铁电池；

2. 原因分析

根据现象判断低压启动铁电池没有正常工作。
① 低压启动铁电池亏电严重。
② 低压启动铁电池单节电池故障。
③ 低压启动铁电池存虚电。

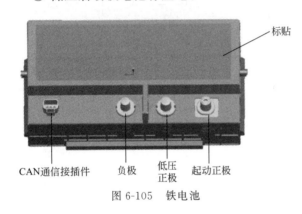

图 6-105　铁电池

3. 维修指导

① 使用机械钥匙打开车门，拉开后备厢，测量启动铁电池启动极柱电压为 10.1V，亏电严重，如图 6-105 所示。

② 低压 BMS 工作电压为 6V 以上，工作电源直接由低压启动铁电池提供，人为将该车低压 BMS 4 号针脚进行搭铁，若启动铁电池正常，则应被唤醒，此时测量正极极柱，仍没有电压输出，判定低压启动铁电池内部损坏。

③ 更换启动铁电池，故障排除。

4. 维修小结

① 低压 BMS 工作电压为 6V 以上，若测量启动极柱电压为 6V 以下，应使用充电设备将启动铁电池的电压充到 6V 以上再将低压 BMS 4 号针脚进行搭铁，若仍不能唤醒，则更换铁电池。

② 低压启动铁电池有智能充电功能，前提条件：四门、后备厢盖、发动机舱盖需关闭。

③ 智能充电原理：当低压启动铁电池 BMS 监测到自身 SOC 过低时，控制吸合 OFF 挡充电继电器，同时给动力电池 BMS 发送充电请求信号，动力电池 BMS 接收并检测判定后吸合放电主接触器，发送"放电允许"信号给双向 DC，双向 DC 判断自身无故障后给铁电池进行智能充电。

八、比亚迪秦混合动力汽车 EV 模式下空调不工作故障

1. 故障现象

一辆比亚迪秦，上 OK 挡电后，在 EV 模式下，开启空调后，发动机自动启动，机械压缩机工作。

2. 原因分析

因打开空调后，机械压缩机可以正常工作，可以排除空调管路系统、空调面板按键、温度传感器及压力传感器等故障，分析主要与电动压缩机高压部分及控制部分有关，原因如下。

① 高压配电箱故障。
② 空调控制器故障。
③ 空调配电盒故障。
④ 电动压缩机及其线路故障。

3. 维修

① 车辆上OK挡电后，诊断仪读取电动压缩机及PTC水加热器模块高压输入为500V，说明高压配电箱及空调配电盒正常。

② 断开电动压缩机A56接插件，测量A56接插件1脚电压为13V，正常；测量A56接插件的2脚，搭铁正常。空调控制电路原理如图6-106所示。

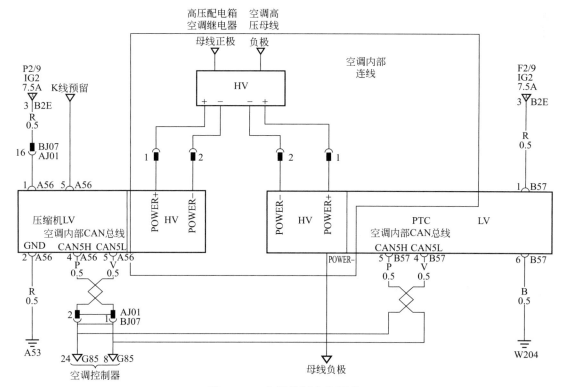

图6-106 空调控制电路原理

③ 测量电动压缩机A56接插件的4脚、5脚CAN线，电压都为2.5V，正常。

④ 断开PTC加热器B57接插件，测量B57接插件1脚电压，为13V，正常；测量B57接插件的6脚，搭铁正常。

⑤ 测量PTC加热器接插件的4脚、5脚CAN线，电压都为2.5V，正常。

⑥ 因电动压缩机及PTC加热器接插件线路高压及低压都正常，怀疑电动压缩机或PTC加热器故障，更换电动压缩机后，故障排除。

4. 维修

① 比亚迪秦空调系统在传统机械压缩机制冷及发动机冷却液制热的基础上，增加了一套不依靠发动机工作即可实现的制冷和制热系统。

② 比亚迪秦在 EV 模式和 HEV 模式下，开启空调时，优先使用电动压缩机及 PTC 加热器加热，只有在高压电池电量不足或高压空调系统故障时，空调控制器经网关和驱动电机控制器通信，并由驱动电机控制器和发动机电脑进行通信，启动发动机，利用传统发动机带动机械压缩机及冷却液的循环实现制冷及制热。

③ 比亚迪秦空调控制系统的核心为空调控制器，空调控制器主要接收空调面板等的按键指令（主要为 CAN 线传递），同时接收传统的温度及压力信号，并和电动压缩机及空调 PTC 加热器共同构成空调内部 CAN 网络，空调控制器接收并检测以上 CAN 信号及传感器信号后，会根据检测的信号情况进行空调冷风或暖风的开启及关闭，并根据实际情况判断是否启动发动机。

比亚迪秦空调控制系统主要工作流程如图 6-107 所示。

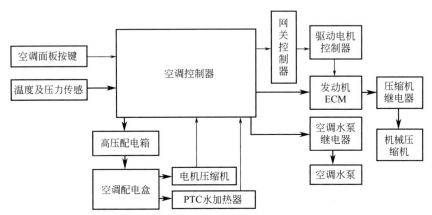

图 6-107　比亚迪秦空调控制系统主要工作流程
→ 硬线；→ CAN线

九、比亚迪秦混合动力汽车无 EV 模式故障（一）

1. 故障现象

一辆旗舰版比亚迪秦，上 OK 挡电后发动机启动，无法使用 EV 模式，仪表提示请检查动力系统，动力系统故障灯亮；高压 BMS 报故障码 P1A6000——高压互锁故障，故障码无法清除或者清除后再现。

2. 原因分析

比亚迪秦的主要高压接插件（高压 BMS、高压配电箱、维修开关、驱动电机控制器及 DC 总成）均带有互锁回路，当其中某个接插件被带电断开时，动力电池管理器便会检测到高压互锁回路存在断路，为保护人员安全，将立即进行报警并断开主高压回路电器连接，同时激活主动泄放。高压互锁流程如图 6-108 所示。

3. 维修

① 读取故障码，高压电池管理器报故障码：P1A4A00——高压互锁一直检测为高信号故障；P1A6000——高压互锁故障，且故障码无法清除，如图 6-109 所示。

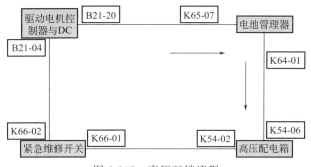

图 6-108 高压互锁流程

图 6-109 读取故障码

② 用诊断仪读取高压电池管理器及驱动电机控制器数据流，如图 6-110 所示。

(a) 电池管理器数据流显示高压互锁：锁止　(b) 电池管理器显示：高压接触器断开

图 6-110 高压电池管理器数据流

③ 测量高压互锁端子及低压互锁线束。

a. 测量高压电池管理器 K64-1 与 K65-7 针脚之间不导通（电阻小于 1Ω），确认互锁回路存在开路，根据经验，故障点一般在驱动电机控制器及 DC 总成、高压配电箱这两个零部件，以下重点检查。

b. 测量高压配电箱 K54-2 与 K54-6 针脚之间导通（电阻小于 1Ω），控制电路，逐个轻微晃动高压配电箱上的高压互锁插头并测量，没有开路现象，说明高压配电箱互锁端子没有开路或者偶发性开路情况。

c. 驱动电机控制器及 DC 总成无法直接测量，可以用排除法先测量维修开关 K66-1 与 K66-2，这两个导通正常（电阻小于 1Ω），拔掉高压线束，检查互锁针脚是否有退针现象，确认针脚已经退针，重新处理互锁针脚插头，故障排除，如图 6-111 所示。

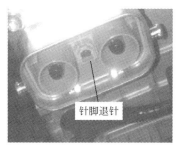 

图 6-111 互锁针脚插头

4. 维修小结

① 首先要确认故障是偶发性故障还是一直存在故障,偶发性故障一般是线束插接不良导致的,可以在测量导通性时逐个轻微晃动高压互锁插头,寻找故障点。

② 高压配电箱上有 7 个互锁针脚插头,包括:动力电池包输入正、动力电池包输入负、驱动电机控制器与 DC 正、驱动电机控制器与 DC 负、车载充电器输入、输出至空调配电盒、高压配电箱开盖检测,这些接插件插上后互锁针脚是串联状态,从图 6-111 中白色插头测量 K54-2 与 K54-6 的导通性即可确认高压配电箱的互锁是否正常,如果不导通,应检查高压及低压互锁端子针脚是否有退针现象。

注:① 高压互锁。比亚迪秦的高压互锁包括结构互锁和功能互锁。

结构互锁:比亚迪秦的主要高压接插件均带有互锁回路,当其中某个接插件被带电断开时,动力电池管理便会检测到高压互锁回路存在断路,为保护人员安全,将立即进行报警并断开主高压回路电气连接,同时激活主动泄放。

功能互锁:当车辆在进行充电或插上充电枪时,比亚迪秦的高压电控系统会限制整车不能通过自身驱动系统驱动,以防止可能发生的线束拖拽或安全事故。

② 开盖检测。比亚迪秦的重要高压电控产品具有开盖检测功能,当发现这些产品的盖子在整车高压回路连通的情况下打开时,会立即进行报警,同时断开高压主回路电气连接,同时激活主动泄放。

③ 被动泄放。在含有主动泄放的同时,驱动电机控制器、空调驱动控制器等高压电控产品同时设计有被动泄放回路,可在 2min 内将高压回路直流母线电压泄放到 60V 以下,被动泄放作为主动泄放失效的二重保护。

④ 主动泄放。驱动电机控制器中含有主动泄放回路,当检测到车辆发生较大碰撞,或高压回路中某处接插件存在拔开状态,或含有高压的高压电控产品存在开盖情况,可在 5s 内将高压回路直流母线电压泄放到 60V 以下,迅速释放危险电能,最大限度保证人员安全。

⑤ 电源极性反接保护。当因不当操作或其他原因导致比亚迪秦的高压产品的供电电压极性反转时,驱动电机控制器、DC/DC 转换器、动力电池管理器均可进行自保护而不被烧坏。当此极性反转的电压去除掉后,这些电控产品均仍可正常工作。

⑥ 碰撞保护。当车辆发生碰撞时,动力电池管理器检测到碰撞信号大于一定阈值时,会切断高压系统主回路的电气连接,同时通知驱动电机控制器激活主动泄放,从而可使比亚迪秦发生碰撞时的短路危险、人员电击危险降低到最低。

十、比亚迪秦混合动力汽车无 EV 模式故障(二)

1. 故障现象

车辆上 OK 挡电后,发动机启动,无法转换到 EV 模式,当前电量 12%,动力系统故障灯点亮,仪表提示"请检查动力系统",读取故障码为 P1A3400——预充失败故障。

2. 故障分析

根据预充原理分析,导致该故障原因如下。

① 电池包或 BIC(采集器)故障。

② 高压 BMS 故障。

③ 驱动电机控制器故障。

④ 线路连接故障。

3. 故障排除

① 在上 OK 挡电的预充过程中读取驱动电机控制器数据流，发现当前总电压最高为 13V，无高压输入，如图 6-112 所示。

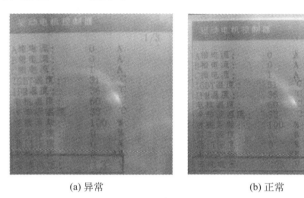

(a) 异常　　　　　　　(b) 正常

图 6-112　驱动电机控制器数据流

② 在上 OK 挡电的预充过程中读取高压 BMS 数据流，确认 4 个分压接触器、预充接触器、负极接触器皆处于正常的吸合状态，由此判断高压 BMS 控制各接触器正常，应属于某个接触器或电池包故障，导致高压电并未输入驱动电机控制器，如图 6-113 所示。

③ 从高压电的走向依次进行测量，如图 6-114 所示。

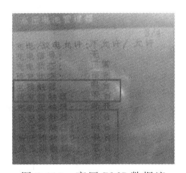

图 6-113　高压 BMS 数据流

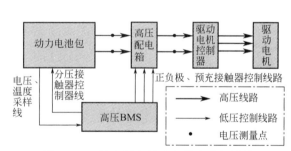

图 6-114　从高压电的走向依次进行测量

④ 整车退电，再上 ON 挡电，测量电池包正负极电压为 0（正常应为电池包总电压），故分析是某分压接触器未正常吸合或电池模组故障导致，如图 6-115 所示。

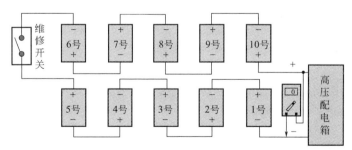

图 6-115　测量电池包正负极

⑤ 分别对 10 个电池模组电压进行测量，如图 6-116 所示，测量发现 2 号模组电压为 0，确认 2 号电池模组故障或 2 号模组的分压接触器线路故障、高压 BMS 故障。

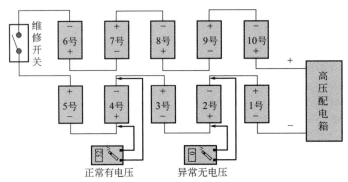

图 6-116　分别对 10 个电池模组电压进行测量

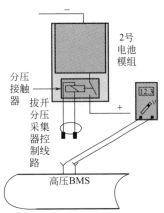

图 6-117　测量线束端两根线路之间约有 12V 电压

⑥ 拔开 2 号模组分压接触器插接件，测量线束端，两根线路之间约有 12V 电压，如图 6-117 所示，证明 BMS 及线路端正常，更换 2 号模组，故障排除。

4. 维修小结

① 上 ON 挡电电池包预充接触器控制逻辑。车辆上 ON 挡电，高压 BMS 直接控制 4 个分压接触器吸合，分压接触器吸合后高压 BMS 对电池包进行检测，如有漏电、采样线故障等电池异常情况，4 个分压接触器将断开；如无异常，4 个分压接触器将一直处于吸合状态。

② 上 OK 挡电预充过程。车辆上 OK 挡电，高压 BMS 吸合高压配电箱的预充接触器、负极接触器，驱动电机控制器的直流输入母线电压上升，当达到电池包总电压的 2/3 时，预充完成，驱动电机控制器给高压 BMS 发送命令，高压 BMS 接收到预充完成命令后，断开预充接触器，吸合主接触器（正极接触器），预充完成，由于主接触器的吸合，驱动电机控制器直流母线电压继续升高，直至达到电池包电压，车辆高压电上电完成。

如果在预充的过程中，驱动电机控制器未能接收到 2/3 的电池包总电压，则预充失败，高压 BMS 报出故障码 P1A3400——预充失败故障。

如果预充完成，但由于主接触器故障等原因，导致驱动电机控制器直流输入母线电压未能达到电池包电压，则驱动电机控制器报出高压侧输入欠压的故障。

③ 电池包判断。由于电池包 10 个模组中只有 2 号、4 号、6 号、8 号有分压接触器，因此，如测量时发现 2 号、4 号、6 号、8 号电池模组无电压时需对分压接触器线路进行测量，其他模组无电压，可直接判断为电池包故障。4 个分压接触器集成在电池模组内，由高压 BMS 控制 12V 电压及搭铁，因此测量分压接触器时拔开分压接触器插接件测量线束端两根针脚之间是否有 12V 电压，如有则可判定高压 BMS 控制及线路正常。

④ 如果在上 OK 挡电的过程中，驱动电机控制器直流输入母线电压有所升高，但是依旧无 2 号/3 号电池包总电压，则先拔开电动空调、PTC 进行测试。

十一、比亚迪秦混合动力汽车行驶中无能量回收故障

1. 故障现象

车辆在 HEV 模式行驶，仪表上的能量传递图上无电池包能量回收显示，读取高压

BMS 故障内容为单节电池电压高故障。

2. 原因分析

单节电池电压的采集是各电池模组的 BIC 采集单节电池电压，通过 CAN 线反馈至高压 BMS，因此单节电池电压高故障导致的原因有：电池模组故障；BIC 故障。

3. 故障排除

① 进入高压 BMS，选择"读取数据流"，读取最高电压为 3.547V，高压电池为 48V，如图 6-118 所示。

② 进入高压 BMS，选择"模组电池信息"，分别读取 10 个模组中的"最高单节电池电压"，确认 3 号模组中最高电压为 3.55V，电池号编号为 14，与数据流中的最高单节电池电压相同，因此判定电池包中单节电池电压高的电池在 3 号模组中的 14 号电池，如图 6-119 所示。

③ 根据电池包各模块内电池数量的差异，1号、3号、5号 BIC 可以进行互换，于是将 3号、5号 BIC 进行对调，再次确认 3 号模组与 5 号模组的最高电池电压，发现最高电压为 3.55V 的电池在 5 号模组中，于是判断为 3 号模组故障。

图 6-118 读取数据流

图 6-119 读取模组中的"最高单节电池电压"

BIC 调换前后如图 6-120 和图 6-121 所示。

④ 更换 3 号模组后故障排除。

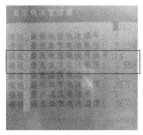

(a) 3号模组电池信息

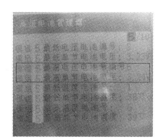

(b) 5号模组电池信息

图 6-120 BIC 调换前电池信息

4. 维修小结

① BIC 交叉验证时的互换性：电池包由 10 个模组组成，每个模组内电池节数并非完全相同，只有电池节数相同的模组，BIC 才可以互换。

② 如果调换 BIC 后，模组电池信息数据未变化，则是 BIC 故障。

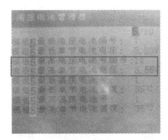

(a) 3号模组电池信息　　　　(b) 5号模组电池信息

图 6-121　BIC 调换后电池信息

十二、比亚迪秦混合动力汽车无法使用 EV 模式故障

1. 故障描述

车辆行驶过程中动力系统故障灯偶发点亮，同时仪表上 ESP 灯亮，提示请检查 ESP 系统。重新启动后，仪表上动力系统故障灯熄灭，此时 ESP 灯仍然点亮。

驱动电机控制器报多个故障码，且无法清除，如图 6-122 所示。

读取的故障码如下。

P1B1100：旋变故障（信号丢失）。

P1B1200：旋变故障（角度异常）。

P1B1300：旋变故障（信号幅值减弱）。

图 6-122　读取故障码

ESP 系统报故障码 U059508——主电机（MG）CAN 数据被破坏/中断［历史］，如图 6-123 所示。

图 6-123　ESP 系统报故障码

2. 故障分析

① EPS 报出的故障码 U059508 属于通信类故障码，故障源并不在 ESP 上，而是在主电机。

② 主电机内部有故障码说明驱动电机控制器无法正确采集到旋变信号,此种故障分 3 中情况,即电机内旋变检测异常、旋变小线故障、驱动电机控制器异常。

③ 旋变本身并不复杂,其主要目的是为了正常检测驱动电机工作时三相高压电与电机转子运转匹配情况,其工作原理类似磁感应式传感器。

3. 维修

① 车辆到店后检查发现发动机启动,无法切换 EV 模式,从电机驱动控制器数据可以看到故障循环出现的次数。

② 读取故障码,内容为旋变信号丢失,旋变角度异常,旋变信号幅值减弱;电机缺 A/B/C 相,故障码可以清除。

③ 从驱动电机控制器端测量,旋变-励磁阻值为 $(9.6\pm2.0)\Omega$,旋变-正旋、余旋阻值为 $(16.3\pm2.0)\Omega$,阻值正常,其控制电路如图 6-124 所示。

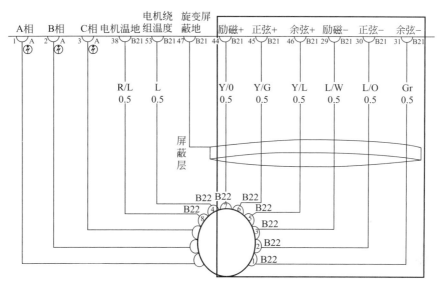

图 6-124　驱动电机旋变器控制电路

④ 根据故障检测次数与跟用户沟通,了解到故障是偶发性的,因此打开前机舱盖,晃动了旋变插头,此时发动启动,但很快又熄火,故障灯亮。

⑤ 分解电机端旋变插头针脚,针脚无异常。再安装旋变针脚及插头,路试故障未再出现,故障码不再出现。

⑥ 再次打开机舱盖并晃动旋变线束插头,发动机启动,并很快熄火,故障码再次出现,仪表 ESP 故障灯亮。

⑦ 最后检查故障原因为:与电机旋变对接的线束端针脚未压实,导致线束虚接,如图 6-125 所示。

4. 维修小结

旋变本身并不复杂,其主要目的是为了正常检测驱动电机工作时三相高压电与电机转子运转匹配情况。当旋变故障出现时,无论是间歇性,

图 6-125　电机旋变对接的线束端针脚虚接

还是故障持续存在的,检测方法是一样的,关键是要确认旋变的阻值、线束导通情况,当这两点能确认,故障就很容易排除了。

十三、比亚迪秦混合动力汽车 DC 工作故障

1. 故障现象

一辆比亚迪秦混合动力车,无 EV 模式,仪表提示低压电池电量低,请检查充电系统,如图 6-126 所示。

2. 故障分析

① DC/DC 转换器故障。
② DC 低压输出断路。

3. 维修

图 6-126 仪表提示请检查充电系统

通过 ED400 读取 DC 故障码 P1EC700DC——降压时硬件故障,在 OK 挡上电瞬间,读取 DC 数据,如图 6-127 所示。

① 高压侧电压为 4V。
② 低压输出只有 13.1V,低压侧电流为 0。
③ 另外读取驱动电机控制控制器母线电压为 505V,即高压侧电压正常。

图 6-127 读取 DC 故障码

④ 判断 DC/DC 转换器无高压电输入,更换 DC 后故障排除。

4. 维修小结

图 6-128 DC 输入端接触器
吸合后便开始工作

① 纯电模式下,DC 的功能替代了传统燃油汽车挂接在发动机上的 12V 发电机和蓄电池并联给各用电器提供低压电源。

DC 在高压(500V)输入端接触器吸合后便开始工作,输出电压标称在 13.8V 以上,并且输出电流一般为 10～50A,如图 6-128 所示。

② 发动机原地启动,发电机发 13.5V 直流电,经过 DC 升压转换为 500V 直流电给电池包充电。

③ DC/DC 转换器检查分析。

a. 驱动电机控制器和 DC 输入高压为同一路高压电;如果 DC 没有高压输入,驱动电机控制器母线也有高压,

电压在 400V 以上，DC 没有高压输入，则为 DC/DC 转换器故障；如果驱动电机控制器高压母线也没有高压电，则需要检查母线电压。

b. 当 DC/DC 转换器有高压输入，且电压在 400V 以上，读取低压输出在 13.8V 以下，低压电流输出在 0 左右，则为 DC 内部故障；如果 DC 低压输出在 13.8V 以上，低压电流输出在 0 左右，低压输出可能是虚电压，无需理会，更换 DC 即可。

c. 在发动机未启动的情况下 DC 输出电压，也可使用万用表测量配电盒或启动电池输出极柱电压，其工作电压在 13.8V 以上。

d. 确认 DC 是否通信正常，如果不能正常通信，则 DC/DC 转换器存在故障，更换即可。

十四、比亚迪秦混合动力汽车 OK 灯不亮故障

1. 故障现象

车辆无法上 OK 挡电，仪表主屏上 OK 灯不亮，P 挡指示灯闪烁，并提示请检查动力系统。

2. 原因分析

OK 灯即车辆可行驶信号灯，正常情况下，OK 灯点亮即表示车辆已经满足可以行驶的必要条件，其控制流程如下。

将挡位置于 P 挡，踩下制动踏板，按下启动按钮，当驱动电机控制器接收制动、挡位及启动信号后，分别与发动机 ECU、TCU 及 BCM 等模块进行通信，在各模块之间通信正常的情况下，即通过 CAN 线向仪表发出 OK 灯点亮命令，驱动 OK 点亮，其流程如图 6-129 所示。

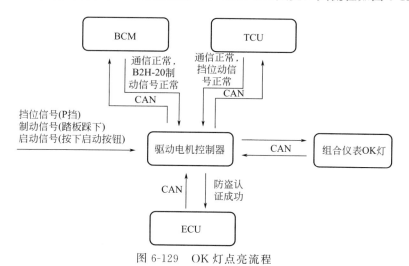

图 6-129　OK 灯点亮流程

根据以上控制逻辑分析，造成该问题的原因可能有：制动信号故障；挡位信号故障；驱动电机控制器故障；ECU 故障；TCU 故障；BCM 故障；CAN 网络通信故障。

3. 维修

① 用 ED400 分别进入驱动电机控制器、ECU、TCU、BCM 系统，确认各个模块通信是否正常。经确认，发现 TCU 无法进入。

② 拔掉 TCU 插头，测量 14 号、15 号针脚 CAN 线电压为 2.5V 左右，阻值为 67Ω 左右，TCU8 号针脚（B）对地导通，9 号针脚（G/R）有 12V 电源，可以确认 TCU CAN 线

线路正常，电源、搭铁正常（其电路如图6-130所示），怀疑是TCU内部故障。

③ 倒换电液控制模块确认，故障排除。

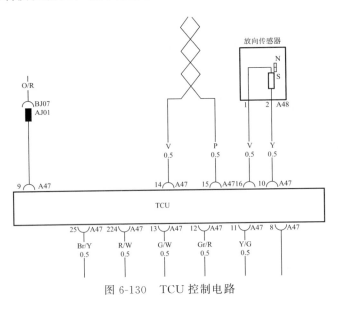

图6-130 TCU控制电路

4. 维修小结

① 要确认驱动电机控制器是否收到制动信号及挡位信号，可以通过驱动电机控制器的数据流确认，具体数据如图6-131所示。

② 上OK挡时，驱动电机控制器必须与ECU进行防盗认证，如果认证失败，则无法上OK挡电。所以在更换驱动电机控制器时，需要进行防盗编程及标定，具体可以参考驱动电机控制器标定方法。

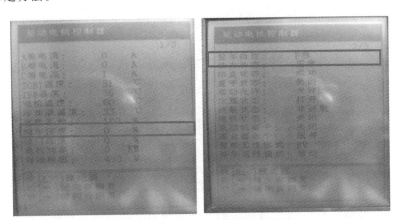

图6-131 驱动电机控制器的数据流

十五、比亚迪秦混合动力汽车驱动电机控制器故障

1. 故障现象

车辆无EV模式，SOC为62%，仪表主屏上提示请检查动力系统，用诊断仪进入高压电池管理器，读取故障码为P1A3400——预充失败故障。

2. 原因分析

车辆预充完成的主要控制流程：当高压 BMS 接收到启动信号（按下启动按钮）以后，通过 CAN 线与电池信息采集器通信，检测电池包内单节电池电压、温度及容量等参数是否正常，并通过漏电传感器检测是否存在漏电情况。如果以上参数正常，则控制电池包内 4 个分压接触器吸合。与此同时，高压 BMS 开始控制高压配电箱上预充接触器与负极接触器吸合，当驱动电机控制器检测预充电压已经达到电池包总电压的 2/3 以上时，通过 CAN 线通信告知高压 BMS 预充完成，高压 BMS 即断开预充接触器，吸合正极接触器，整车高压上电。如果高压 BMS 在 10s 内仍未检测到预充完成信号，则断开预充回路（包括预充接触器、负极接触器及电池包内部 4 个分压接触器），其主要控制流程如图 6-132 所示。

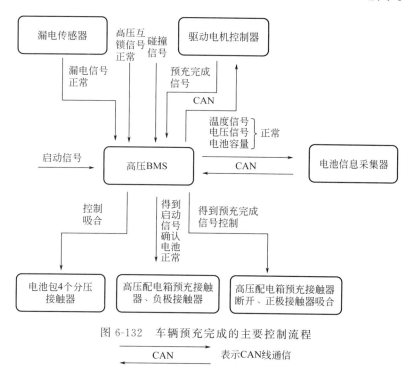

图 6-132 车辆预充完成的主要控制流程
CAN 表示CAN线通信

根据以上原理分析，造成预充失败的主要原因有：电池包故障；驱动电机控制器故障；高压 BMS 故障；高压配电箱故障；高压系统漏电故障；高压互锁故障。

3. 维修指导

① 车辆退电后重新上 ON 挡电，进入高压电池管理器，读取故障码为 P1A3400——预充失败故障。检查电池电量（SOC 为 62%），当前总电压为 506V，单体电池电液及温度正常；电池包 4 个分压接触器吸合，电池包正常，如图 6-133 所示。

② 进入驱动电机控制器，踩下制动踏板，按下启动按钮，上 OK 挡电，观察驱动电机控制器母线电压变化，发现驱动电机控制器母线电压一直在 13V 左右。用同样的方法进入 DC/DC 转换器，发现 DC 高压侧电压有瞬间 491V 电压，如图 6-134 所示。因 DC/DC 转换器与驱动电机控制器用的是同一路高压电压，因此可以确认，高压输入端有高压输入，但驱动电机控制器未检测到，怀疑驱动电机控制器内部故障。

③ 更换驱动电机控制器后试车确认，故障排除。

图 6-133 进入高压电池管理器读取故障码

 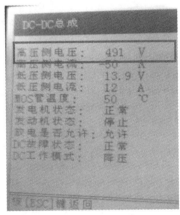

图 6-134 进入驱动电机控制器观察母线电压变化

4. 维修小结

预充完成需要满足以下几个条件。

① 电池包电压、温度信号及容量正常，不存在漏电现象。

② 预充回路正常，即预充接触器及负极接触器控制端和供电端线路正常，可以参照电路图检修。

③ 驱动控制器与 DC 总成、高压 BMS 通信正常，高压互锁，整车高压回路正常。

十六、比亚迪秦混合动力车电动模式无法工作

1. 故障现象

一辆比亚迪秦混合动力车，累计行驶里程约为 6 万千米，该车在电动模式（EV）下无法行驶。

2. 故障诊断

试车，故障现象是电动模式（EV）下无法行驶。断开自动变速器上的驱动电机旋转变压器导线连接器，混合动力系统故障灯点亮，此时发动机启动，且车辆能够行驶。路试，发现该车倒挡、前进挡（1～6 挡）均正常。回厂后装复断开的驱动电机旋转变压器导线连接

器并清除故障码，再分别将挡位置于前进挡和倒挡，发现车辆均无法行驶。

用故障检测仪检测，读得的故障码如图 6-135 所示。由于断开驱动电机旋转变压器导线连接器后高压系统因故障关闭，此时车辆的动力是通过发动机和自动变速器来提供的，在该模式下车辆能正常行驶，说明自动变速器正常，推断可能的故障原因有：驱动电机（旋转变压器安装在其内部）故障；驱动电机控制器（通过旋转变压器监测驱动电机的转速和转角位置，以控制驱动电机运转）故障；减速器（如图 6-136 所示，其输入端减速齿轮与驱动电机连接，输出端减速齿轮与自动变速器的倒挡轴连接）故障。

图 6-135 读得的故障码

图 6-136 减速器

根据表 6-31 测量驱动电机旋转变压器端子间的电阻，均正常。装复驱动电机旋转变压器导线连接器并清除故障码，读取驱动电机控制器数据流，发现在 D 挡时，踩下加速踏板，驱动电机转矩和转速均有显示，如图 6-137 所示；打开发动机舱盖，能听到驱动电机工作的声音，且组合仪表上的功率表显示正常，如图 6-138 所示。既然驱动电机已经开始工作了，为什么车辆无法行驶呢？难道是动力没有传递到车轮上？至此，将故障锁定在减速器上。

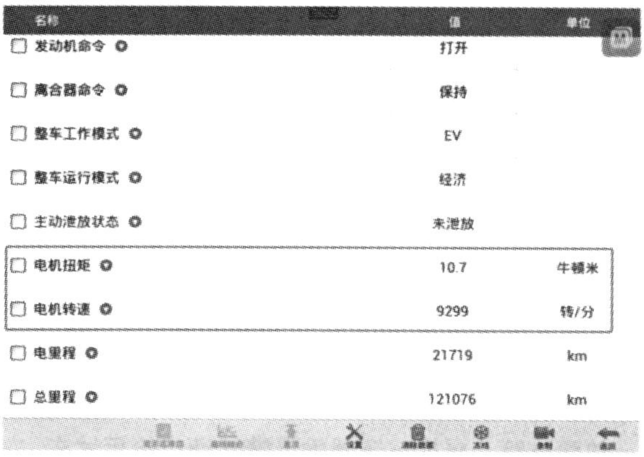

图 6-137 驱动电机转矩和转速均有显示

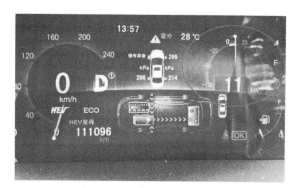

图 6-138 功率表显示正常

表 6-31 驱动电机旋转变压器端子间电阻的标准数据

端子	电阻/Ω
6（正弦＋）	16±1
2（正弦－）	

续表

端子	电阻/Ω
7(励磁+)	8±1
3(励磁−)	
5(余弦+)	16±1
1(余弦−)	

拆下减速器尾盖，检查发现与自动变速器倒挡轴连接的花键轴断裂，如图 6-139 所示，造成驱动电机的动力无法传递到动变速器。

3. 故障排除

更换减速器输出端减速齿轮后试车，车辆行驶正常，故障排除。

图 6-139　与自动变速器倒挡轴连接的花键轴断裂

第七章
比亚迪唐PHEV混合动力汽车

第一节 比亚迪唐PHEV混合动力汽车结构、工作原理

一、比亚迪唐混合动力汽车结构

打开比亚迪唐混合动力汽车发动机盖，一台151kW/320N·m的2.0T直喷增压发动机位于车头前方，能看到的除了几根橙色高压电线之外，其余部分与一辆普通汽油车没有太大区别。前桥的上方安装一台110kW的大功率电机，而把视线投到尾部下方位置，惊奇地发现与车头一样在驱动桥上安装了一台110kW的大功率电机。淘汰传统四驱模块中重要的传动轴之后，前后电机的联动桥梁变成了一根电线，如图7-1所示。

这台电动机采用永磁同步电机，最大转速高达12000r/min，同类型的BMWi3电机转速只有11400r/min，而特斯拉ModelS的三相交流电机转速仅仅为8600r/min。更快的转速在效能利用率上更好，这款电

图7-1 比亚迪唐混合动力汽车整车结构

机的功率密度达到了3.9kW/kg，BMWi3仅仅为1.9kW/kg。在环比竞争力上，比亚迪的110kW电机最高效率已经达到96%，而雷克萨斯LS600H的电机功率只有95%，综合同类型产品仅仅在94%左右。

比亚迪唐的驱动结构比较特别，综合输出功率几乎可以用"叠加"计算，也就是前后电机加起来220kW的功率，以及500N·m的最大扭矩。如果在混动模式下，2.0T+6HDT45变速箱再叠加更多的动力，全车综合最大功率371kW，最大扭矩达到820N·m。或许还不知道820N·m是什么概念，打个比方，这个扭矩数值相当于两台兰博基尼在跑步机上同时做功。

二、比亚迪唐混合动力汽车"三擎"工作原理

对于比亚迪唐混合动力汽车,甚至所有搭载542技术的车型,不仅仅是第二排不受地台突出的困扰,而且在四驱传动效率上比传统结构汽车至少高出一倍。更重要的是,当汽油车还在优化前后传动比的时候,极速电四驱已经能达到极致的50:50传动效率,并且比传统结构更优秀的是拥有多种模式应对不同路况。

1. 强劲模式:四驱+运动+HEV(图7-2)

在HEV混动模式下选择"运动"驾驶模式之后,"三擎"共同释放最大功率,实测4.98s的100km/h的加速成绩俨然成为这个领域的性能标杆。

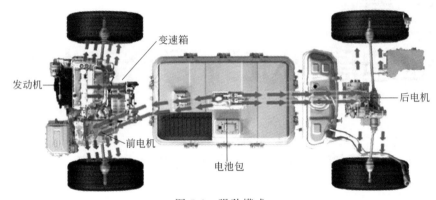

图7-2 强劲模式

2. 经济模式:四驱+经济+EV(图7-3)

在EV纯电模式下选择"经济"驾驶模式之后,前后方电机协同工作,在必要时采用降低输出功率达到最经济模式,实测纯电能耗仅仅为17kW·h/100km,相比特斯拉Model S90D的24kW·h/100km要更低。

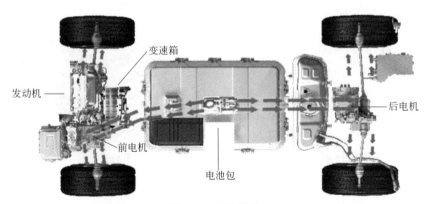

图7-3 经济模式

3. 行驶发电模式(图7-4)

在行驶过程中用户可以调整SOC剩余电量预设值,一旦剩余电量即将小于预设值,系统自动切换成"行车发电模式"。前电机切换至发电模式,后电机搭配内燃发动机形成前油后电的驱动形式。城市环境下行驶,实测每1.5km能补充1%~2%的电能,长途行驶时电

池电量最高能回充至 70%，为下一段城市纯电行驶带来强而有力的电能保障。

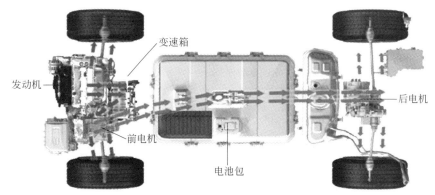

图 7-4　行驶发电模式

4. 怠速发电模式（图 7-5）

在 SOC 低于 15% 以内行驶，在等红绿灯的时候系统自动切换至内燃发动机带动前电机为电池充电，实测大约 5min 能补充 1%~2% 的电能。在必要时可以采取强制原地发电，在 P 挡模式下把油门踏板踩到底即可激活。这种模式主要用于应急使用，一旦遇上意外情况，可以通过这样的形式为电池充电，保证 VTOL 220V 电源输出。

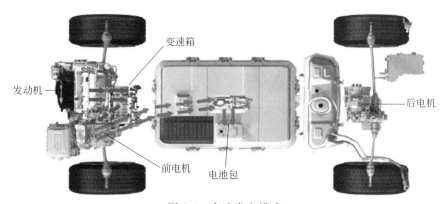

图 7-5　怠速发电模式

三、比亚迪唐混合动力汽车模式工作切换方式

比亚迪唐混合动力汽车模式切换开关如图 7-6 所示。

（1）"EV-ECO"　EV 按键上的指示灯（绿色）亮表示在 EV 模式，将 MODE 旋钮逆时针旋转，进入 ECO（经济）模式（图 7-7），在保证动力的情况下，最大限度节约电量。

纯电动工作模式下，动力电池提供电能，以供电机驱动车辆，可以满足各种工况行驶，如起步、倒车、怠速、急加速、匀速行驶等，即车速<140km/h 且 SOC>15%。

图 7-6　模式切换开关

（2）"EV-SPORT" 将 MODE 旋钮顺时针旋转，进入 SPORT（运动）模式，将保证较好的动力性能。

（3）"HEV-ECO" HEV 按钮上的指示灯（绿色）亮表示在 HEV 模式（图 7-8 和图 7-9），将 MODE 旋钮逆时针旋转，进入 ECO 模式，此时为了保证较好的经济性和动力性，系统采取以下方式。

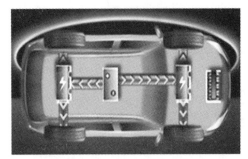

图 7-7 EV-ECO（经济）模式

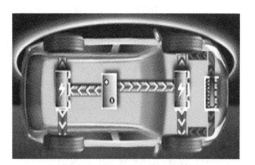

图 7-8 HEV-ECO 模式

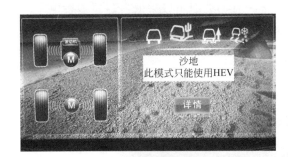

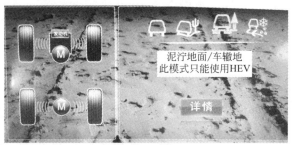

图 7-9 在泥泞、雪地和沙地使用 HEV 模式

① 电量低于 5% 时，发动机会一直启动。
② 电量大于 5% 且车速较低时，将不会启动发动机。

（4）"HEV-SPORT" 将 MODE 旋钮顺时针旋转，进入 SPORT（运动）模式，发动机会一直启动工作，以保持最充沛的动力。

（5）"EV 强制模式" EV 模式行驶过程中，在高压系统无故障、无启动发动机需求的情况下，当电量下降到 15% 时，整车自动由 EV 模式切换到 HEV 模式。若仍需进入 EV 模式，可长按 EV 按钮 3s 以上，直到仪表上 EV 指示灯持续闪烁，表明整车进入 "EV-ECO 模式"，此时输出功率受到一定限制；直到电量下降到 5% 时，整车将自动切换到 HEV-ECO 模式。

当电量不足或高压系统故障时，可单独使用发动机驱动，实现了燃油系统的独立性，如

图 7-10 所示。

图 7-10 发动机驱动模式

第二节 比亚迪唐混合动力汽车永磁同步电机结构及检修

一、比亚迪唐混合动力汽车永磁同步电机结构

永磁同步电机是将永久磁铁取代他励同步电机的转子励磁绕组，将永久磁铁插入转子内部，形成同步旋转的磁极。电机的定子与普通同步电机两层六极永磁磁阻同步电机的定子和转子一样，如图 7-11 所示，转子上不再用励磁绕组、集电环和电刷等来为转子输入励磁电流，输入定子的是三相正弦波电流，这种电机称为永磁同步电机。

图 7-11 永磁无刷直流电机

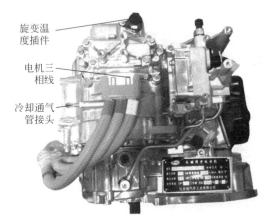

图 7-12 永磁同步电机结构

永磁同步电机具有高效率（达 97%）和高比功率（远远超过 1kW/kg）的优点。输出转矩与转动惯量比都大于相类似的三相感应电机。在高速转动时有良好的可靠性，平稳工作时电流损耗小，永磁磁阻电机在材料的电磁性能、磁极数量、磁场衰退等多方面的性能都优于其他种类的电机，工作噪声也低，如图 7-12 所示。

在同步电机的轴上装置转子位置传感器和速度传感器，它们产生的信号是驱动控制器的输入信号。永磁磁阻同步电机具有功率密度高、调速范围宽、效率高、性能更加可靠、结构更加简单、体积小的优点。与相同功率的其他类型的电机相比较，更加适合作为 EV、FCEV 和混合动力汽车的驱动电机。

二、比亚迪唐 PHEV 混合动力汽车前电机检修

1. 比亚迪唐 PHEV 混合动力汽车前电机外观检查

① 检查电机外观是否正常，记录下是否存在磕碰或烧蚀等痕迹，如图 7-13 所示。

② 检查密封盖是否缺失、损伤，用手轻按密封盖与端盖相邻位置，确认密封盖与端盖是否保持平齐，需进行拍照记录，如图 7-14 所示。

图 7-13 检查电机外观

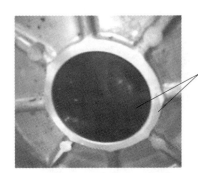

图 7-14 检查密封盖是否缺失损伤

③ 检查旋变、绕组、绕组温度传感器插件内端子是否有变形、断裂、退端子，接插件内是否有水、油、杂质等异物，如图 7-15 所示。

图 7-15 检查旋变、绕组、绕组温度传感器插件内端子

2. 比亚迪唐 PHEV 混合动力汽车前电机线电阻检测

所需设备：M6 套筒、棘轮扳手、低电阻测试仪/毫欧表。

① 使用 M6 套筒和棘轮扳手取下如图 7-16 所示的 4 颗锁紧螺栓，轻轻用力可从控制器上取下三相插件头。

② 检查三相线端子是否有水、油污、杂质及烧蚀变色等异常；端子对应绕组关系如图 7-17 所示。

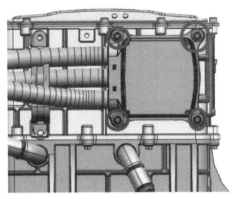

图 7-16 拆下 4 颗锁紧螺栓

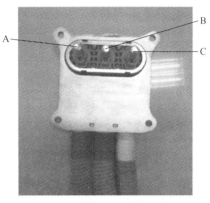

图 7-17 端子对应绕组关系
A—黄色；B—绿色；C—红色

③ 选择量程为 200mΩ 的检测设备，如图 7-18 所示，如低电阻测试仪/毫欧表，设备调零，准备测量。

④ 如图 7-19 所示，依次测量 AB/AC/BC 端的阻值，并反复测量（最少 3 次），分别记录数据。判断标准：温度为 25℃时，阻值范围为 (39±2)mΩ。且三相阻值偏差不超过 1mΩ。
注意：三相阻值测试需要冷态下进行，且需要多次测量。

图 7-18 选择量程为 200mΩ 的检测设备

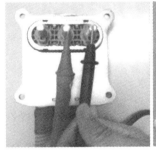  

图 7-19 依次测量 AB、AC、BC 端的阻值

3. 比亚迪唐 PHEV 混合动力汽车前电机三相绕组对机壳绝缘测量

① 将绝缘检测设备选项调整至 1000V 电压（无 1000V 电压情况下需选择设备最大电压选项）。

② 将火线端子接三相端子任意一相,零线端子接机壳裸露处,如图 7-20 所示。

③ 启动测试设备,待显示阻值稳定后,读取测试数据并完成记录。

判断标准:常温下直流电压 1000V,通电时间 10s,绝缘阻值大于 20MΩ。

在使用绝缘耐压测试仪/光欧表的过程中,需注意做好人员绝缘保护!

4. 比亚迪唐 PHEV 混合动力汽车前电机旋变阻值测量

所需设备:八芯插件(母端)工装、万用表。

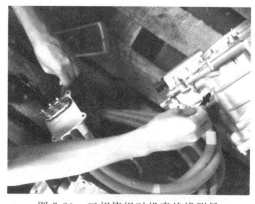

图 7-20 三相绕组对机壳绝缘测量

① 如图 7-21 所示为旋变、温度接插件;检测前用手指压紧接插件母端侧的卡扣,稍用力即可拔出母端接插件,确认接插件内部情况。

② 旋变器引脚定义如图 7-22 和图 7-23 所示,1~7 为旋变信号。

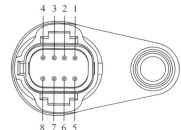

序号	定义
1	sin-
2	cos-
3	exc-
4	温度传感器+
5	sin+
6	cos+
7	exc+
8	温度传感器-

图 7-21 旋变、温度接插件　　图 7-22 旋变器引脚定义

③ 使用如图 7-24 所示简易工装(若无工装,可以直接使用测试探头进行接触测量),对准防错槽装到电机接插件上,听到卡扣"咔"一声,表示接插件装配到位,按图分别理出旋变引出线。

图 7-23 旋变器引脚定义　　图 7-24 使用简易工装测量

④ 将万用表调至电阻挡，分别测量引出线 sin＋与 sin－、cos＋与 cos－、exc＋与 exc－之间的阻值，从而得到旋变正弦、余弦、励磁的阻值，并记录数据。

判断标准：sin13.3±4Ω、cos13.3±4Ω、exc6.3±2Ω。

注意：此步骤需要多次测量并详细记录数据。

5. 比亚迪唐 PHEV 混合动力汽车前电机绕组温度传感器对三相绕组绝缘测量

① 将绝缘测试设备选项调整至 500V 电压（无 500V 电压情况下需选择设备最大电压选项）。

② 将两根温度传感器引出线拧成一股，将仪表一端接拧成一股的温度传感器引出线，另一端接 A、B、C 三相任意一相，如图 7-25 所示；若无工装，可用导线引脚将引脚引出，拧成一股后，使用测试探头测量引出线与三相线之间的绝缘。

③ 启动测试设备，待显示阻值稳定后，读取测试数据并完成记录。

判断标准：常温下直流电压 500V，通电时间 10s，绝缘阻值大于 20MΩ。

注意：此步骤需要对机壳不同处进行 3 次以上测量，并详细记录数据。

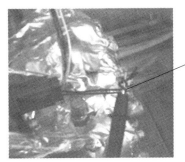

图 7-25 将两根温度传感器引出线拧成一股并接三相任意一相

三、比亚迪唐 PHEV 混合动力汽车后电机检修

1. 比亚迪唐 PHEV 混合动力汽车后电机外观检查

① 检查电机外观是否正常，记录下是否存在磕碰或烧蚀等痕迹，如图 7-26 所示。

② 检查密封盖是否缺失、损伤，用手轻按密封盖与端盖相邻位置，确认密封盖与端盖是否保持平齐，需进行拍照记录，如图 7-27 所示。

图 7-26 检查电机外观　　　　图 7-27 检查密封盖是否缺失损伤

③ 检查旋变、绕组、绕组温度传感器插件内针脚是否有变形、断裂、退端子，接插件内是否有水、油、杂质等异物，如图 7-28 所示。

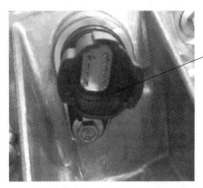

图 7-28　检查旋变、绕组、绕组温度传感器插件内针脚

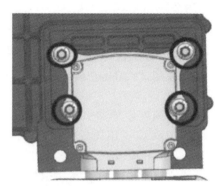

图 7-29　拆下 4 颗锁紧螺栓

2. 比亚迪唐 PHEV 混合动力汽车后电机线电阻检测

所需设备：M6 套筒、棘轮扳手、低电阻测试仪/毫欧表。

① 使用 M6 套筒和棘轮扳手取下如图 7-29 所示的 4 颗锁紧螺栓，轻轻用力可从控制器上取下三相插件头。

② 检查三相线端子是否有水、油污、杂质及烧蚀变色等异常；端子对应绕组关系如图 7-30 所示。

③ 选择量程为 200mΩ 的检测设备，如图 7-31 所示，如低电阻测试仪/毫欧表，设备调零，准备测量。

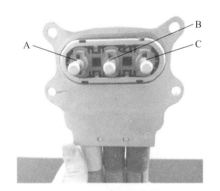

图 7-30　检查三相线端子
A—黄色；B—绿色；C—红色

图 7-31　选择量程为 200mΩ 的检测设备

④ 如图 7-32 所示，依次测量 AB/AC/BC 端的阻值，并反复测量（最少 3 次），分别记录数据。判断标准：温度为 25℃ 时，阻值范围为 (39±2)mΩ，且三相阻值偏差不超过 1mΩ。注意：三相阻值测试需要在冷态下进行，且需要多次测量。

3. 比亚迪唐 PHEV 混合动力汽车后电机三相绕组对机壳绝缘测量

① 将绝缘检测试设备选项调整至 1000V 电压（无 1000V 电压情况下需选择设备最大电压选项）。

② 将火线端子接三相端子任意一相，零线端子接机壳裸露处，如图 7-33 所示。

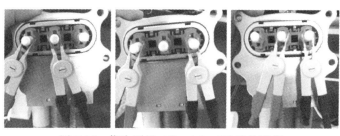

图7-32 依次测量AB、AC、BC端的阻值

图7-33 三相绕组对机壳绝缘测量

③ 启动测试设备,待显示阻值稳定后,读取测试数据并完成记录。

判断标准:常温下直流电压1000V,通电时间10s,绝缘阻值大于20MΩ。

在使用绝缘耐压测试仪/光欧表的过程中,需注意做好人员绝缘保护!

4. 比亚迪唐PHEV混合动力汽车后电机旋变阻值测量

所需设备:八芯插件(母端)工装、万用表。

① 如图7-34所示为旋变、温度接插件;检测前用手指压紧接插件母端侧的卡扣,稍用力即可拔出母端接插件,确认接插件内部情况。

② 旋变器引脚定义如图7-35和图7-36所示,1~7为旋变信号。

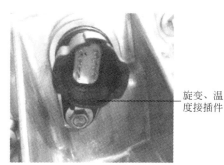

图7-34 旋变器插件

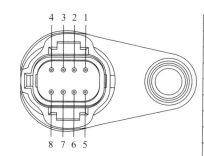

针序号	定义
1	sin-
2	cos-
3	exc-
4	温度传感器+
5	sin+
6	cos+
7	exc+
8	温度传感器-

图7-35 旋变器引脚定义(一)

③ 使用如图7-37所示简易工装(若无工装,可以直接使用测试探头进行接触测量),对准防错槽装到电机接插件上,听到卡扣"咔"一声,表示接插件装配到位,按图分别理出旋变引出线。

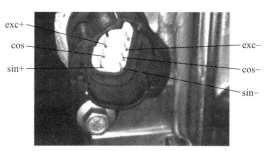

图7-36 旋变器引脚定义(二)

图7-37 使用简易工装测量

④ 将万用表调至电阻挡,分别测量引出线sin+与sin-、cos+与cos-、exc+与exc-之

 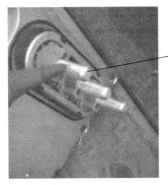

图 7-38　将六股引出线拧成一股并接三相任意一相

图 7-39　将六股引出线拧成一股并接机壳任意处

间的阻值，从而得到旋变正弦、余弦、励磁的阻值，并记录数据。

判断标准：sin13.3±4Ω、cos13.3±4Ω、exc6.3±2Ω。

注意：此步骤需要多次测量并详细记录数据。

5. 比亚迪唐 PHEV 混合动力汽车后电机放变器对三相绕组绝缘测量

① 将绝缘测试设备选项调整至 500V 电压（无 500V 电压情况下需选择设备最大电压选项）。

② 将六股温度传感器引出线拧成一股，将仪表一端接拧成一股的旋变引出线，另一端接三相任意一相如图 7-38 所示；若无工装，可通过使用测试探头，分别测试正弦与三相线、余弦与三相线、励磁与三相线之间的绝缘。

③ 启动测试设备，待显示阻值稳定后，读取测试数据并完成记录。

判断标准：常温下直流电压 500V，通电时间 10s，绝缘阻值大于 50MΩ。

注意：此步骤需对三相线 ABC 相分别进行多次测量，并详细记录数据。

6. 比亚迪唐 PHEV 混合动力汽车后电机旋变器对机壳绝缘测量

① 将绝缘测试设备选项调整至 500V 电压（无 500V 电压情况下需选择设备最大电压选项）。

② 将六股引出线拧成一股，将仪表一端接拧成一股的旋变引出线，另一端接机壳任意裸露处，如图 7-39 所示；若无工装，可通过使用测试探头，分别测试正弦与机壳、余弦与机壳、励磁与机壳之间的绝缘。

③ 启动测试设备，待显示阻值稳定后，读取测试数据并完成记录。

判断标准：常温下直流电压 500V，通电时间 10s，绝缘阻值大于 50MΩ。

注意：此步骤需对机壳进行 3 次测量，并详细记录数据。

7. 比亚迪唐 PHEV 混合动力汽车后电机绕组温度传感器阻值测量

① 如图 7-40 所示为旋变、温度传感器插件，检测前用手压紧接插件母端两侧卡扣，稍用力即可拔出母端接插件，确认接插件内部情况。

② 引脚定义如图 7-41 所示，4、8 为温度传感器端脚。

③ 使用如图 7-42 简易工装（若无工装，可以直接使用测试探头进行接触测量），对准防错槽装配到电机接插件上，听到咔扣"咔"一声，表示接插件装配到位，按图中分别理出温度引出线。

④ 将万用表调至电阻挡，在常温下使用测试探头多次测量绕组温度传感器有效引脚阻值，并记录数据。

图 7-40　旋变、温度传感器插件

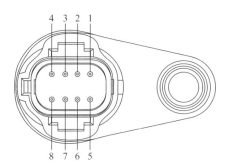

图 7-41　温度传感器端脚

判断标准：-10～50℃时，阻值为 30.84～604.5kΩ。

注意：判断温度传感器阻值是否正常时，请在电机冷却后进行。

图 7-42　引出温度传感器引线

第三节　比亚迪唐 PHEV 混合动力汽车动力电池

一、比亚迪唐 PHEV 混合动力汽车动力电池结构

动力电池系统是 DM 车主要动力源之一，它为整车驱动和其他用电器提供电能。

本车的动力电池系统由 8 个动力电池模组、1 个通信转换模块、8 个动力电池信息采集器、动力电池中联线、动力电池支架、动力电池包密封罩、动力电池采样线等组成，如图 7-43 所示。同时本车动力电池中含有负极接触器、分压接触器、保险和漏电传感器。

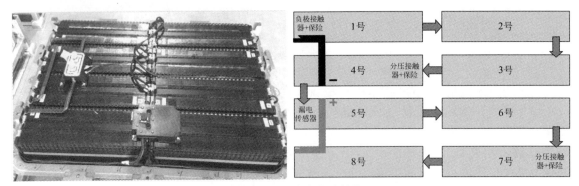

图 7-43　比亚迪唐电池结构

二、比亚迪唐 PHEV 混合动力汽车动力电池更换流程

① 将车辆退电至 OFF 挡电，主、副驾驶座椅移至最前、最高位置，断开铁锂电池负极，从主驾座椅右下方拧掉电池包低压接插件。

② 拆掉副仪表台及空调管路，戴上绝缘手套，拔掉动力电池包正、负极高压插件，拆掉动力电池包搭铁线。

③ 确定低压插件、电池包高压正负极插件以及电池包搭铁线已经拆掉后，将整车举升至一定高度，将举升平台升至动力电池托盘底部。

④ 拆掉固定托盘的 10 个 M12 螺栓，缓慢降低举升平台即可卸下动力电池包。

三、比亚迪唐 PHEV 混合动力汽车漏电传感器维修

漏电传感器总成包括漏电传感器、漏电传感器连接负极线束和漏电传感器低压线束。
漏电传感器安装位置如图 7-44 所示。

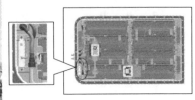

图 7-44　漏电传感器安装位置

漏电传感器控制电路如图 7-45 所示。
诊断流程如下。

① 检查铁电池电压及整车低压线束供电是否正常。标准电压值：11~14V，如果电压值低于 11V，在进行下一步之前请充电或更换铁电池或检查整车低压线束。

② 连接诊断仪接接插头，整车上 NO 挡电，进入电池管理器读取故障码。

③ 读取到漏电传感器失效故障或者漏电传感器故障。

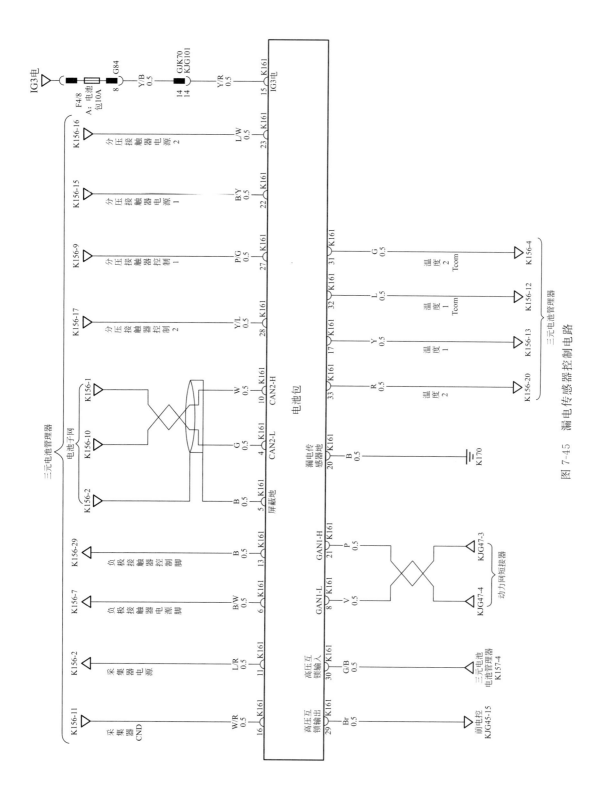

图 7-45 漏电传感器控制电路

a. 拔下漏电传感器低压接插件。
b. 用万用表测量 K161-15 端子对地电压是否为 12V。
c. OK→供电正常，漏电传感器故障，更换。
d. 测试双路电线是否正常。
e. NG→线路故障，更换线束。
f. OK→更换电池管理器。
g. 确认测试，结束。

四、比亚迪唐 PHEV 混合动力汽车电池管理控制器安装位置及系统框架

本车采用分布式电池管理系统，尊享版由 1 个电池管理控制器（BMC）和 16 个电池信息采集器（BIC）及 1 套动力电池采样线组成，尊贵版由 1 个电池管理控制器（BMC）和 14 个电池信息采集器（BIC）及 1 套动力电池采样线组成。电池管理控制器的主要功能有充放电管理、接触器控制、功率控制、电池异常状态报警和 SOC/SOH 计算、自检以及通信功能等；电池信息采集器的主要功能有电池电压采样、温度采样、电池均衡、采样线异常检测等；动力电池采样的主要功能是连接电池管理控制器和电池信息采集器，实现两者之间的通读及信息交换。

电池管理控制器位于主驾驶座椅下方，如图 7-46 所示。

电池管理控制器系统框图如图 7-47 所示。

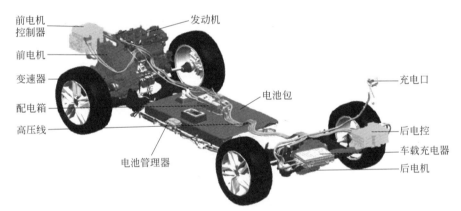

图 7-46 电池管理控制器安装位置

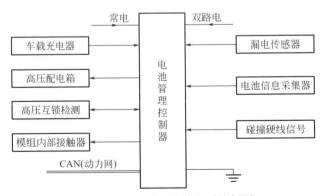

图 7-47 电池管理控制器系统框图

五、比亚迪唐 PHEV 混合动力汽车电池管理控制器电气原理图及接插件定义

比亚迪唐 PHEV 混合动力汽车电池管理控制器控制电路如图 7-48 所示。

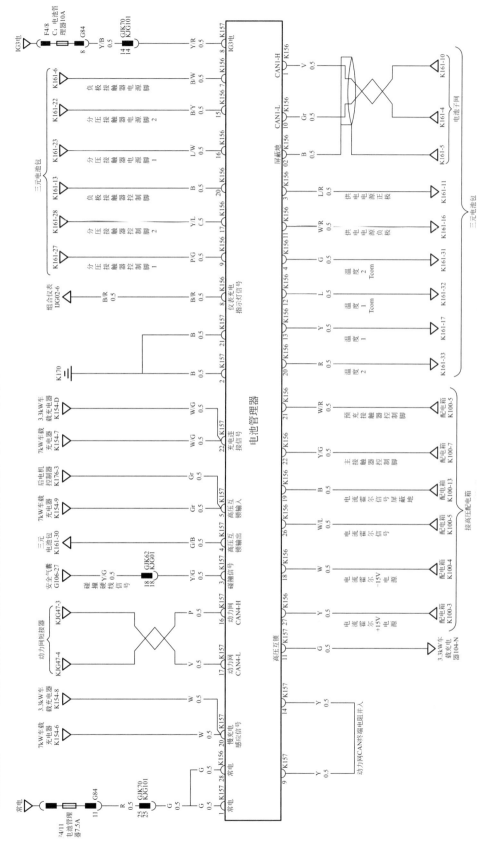

图 7-48　比亚迪唐 PHEV 混合动力汽车电池管理控制器控制电路

电池管理控制器端子如图 7-49 所示。

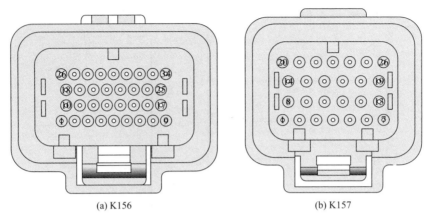

(a) K156　　　　　　　　(b) K157

图 7-49　电池管理控制器端子

电池管理控制器终端诊断：断开动力电池管理器接插件；测量线束端输入电压；接回电池管理器接插件；测量各端子值（表 7-1）。

表 7-1　电池管理控制器各端子测量值

连接端子	端子描述	条件	正常值/V
K156-01	电池子网 CAN-H	ON 挡/OK 挡/充电	2.5～3.5
K156-02	电池子网 CAN 屏蔽地	始终	小于 1
K150-03	通信转换模块供电+12V	ON 挡/OK 挡/充电	9～16
K156-07	负极接触器供电	ON 挡/OK 挡/充电	9～16
K156-08	充电仪表指示灯	车载充电时	小于 1
K156-09	分压接触器 1 拉低控制	分压接触器 1 吸合时	小于 1
K156-10	电池子网 CAN-L	ON 挡/OK 挡/充电	1.5～2.5
K156-11	通信转换模块供电 GND	始终	小于 1
K156-15	分压接触器 1 供电	ON 挡/OK 挡/充电	9～16
K156-16	分压接触器 2 供电	ON 挡/OK 挡/充电	9～16
K156-17	分压接触器 2 拉低控制	分压接触器 2 吸合时	小于 1
K156-18	电流霍尔-15V	ON 挡/OK 挡/充电	-16～-9
K156-19	霍尔传感器屏蔽地	始终	小于 1
K156-21	预充接触器拉低控制	预充过程中	小于 1
K156-22	主接触器拉低控制	主接触器吸合时	小于 1
K156-26	电流霍尔信号	电源 ON 挡/充电	0～4.2
K156-27	电流霍尔+15V	ON 挡/OK 挡/充电	9～16
K156-28	12V 常电	ON 挡/OK 挡/充电	9～16
K156-29	负极接触器拉低控制	负极接触器吸合时	小于 1
K157-01	BMC 供电 12V	ON 挡/OK 挡/充电	9～16
K157-02	车身地	始终	小于 1
K157-03	碰撞信号	启动	约-15

续表

连接端子	端子描述	条件	正常值/V
K157-04	PWM 输出 1	ON 挡/OK 挡/充电	PWM 脉冲信号
K157-05	PWM 输入 1	ON 挡/OK 挡/充电	PWM 脉冲信号
K157-08	BMC 供电 12V	电源 ON 挡/充电	11～14
K157-09	动力网 CAN 终端电阻并入 1	ON 挡/OK 挡/充电	1.5～3.5
K157-11	PWM 输入 2	始终	低电平信号
K157-14	动力网 CAN 终端电阻并入 2	ON 挡/OK 挡/充电	1.5～3.5
K157-16	动力网 CAN-H	ON 挡/OK 挡/充电	2.5～3.5
K157-17	动力网 CAN-L	ON 挡/OK 挡/充电	1.5～2.5
K157-20	车载充电感应信号	车载充电时	小于 1
K157-21	车身地	始终	小于 1
K157-22	充电连接信号	充电	小于 1
K157-23	动力网屏蔽地	始终	小于 1

六、比亚迪唐 PHEV 混合动力汽车电池故障码

比亚迪唐 PHEV 混合动力汽车电池管理控制器故障码如表 7-2 所示。

表 7-2　比亚迪唐 PHEV 混合动力汽车电池管理控制器故障码

序号	故障码 (ISO 15031-6)	故障定义	序号	故障码 (ISO 15031-6)	故障定义
1	P1A0000	严重漏电故障	20	P1A1300	BIC8 电压采样异常故障
2	P1A0100	一般漏电故障	21	P1A1400	BIC9 电压采样异常故障
3	P1A0200	BIC1 工作异常故障	22	P1A1500	BIC10 电压采样异常故障
4	P1A0300	BIC2 工作异常故障	23	P1A2000	BIC1 温度采样异常故障
5	P1A0400	BIC3 工作异常故障	24	P1A2100	BIC2 温度采样异常故障
6	P1A0500	BIC4 工作异常故障	25	P1A2200	BIC3 温度采样异常故障
7	P1A0600	BIC5 工作异常故障	26	P1A2300	BIC4 温度采样异常故障
8	P1A0700	BIC6 工作异常故障	27	P1A2400	BIC5 温度采样异常故障
9	P1A0800	BIC7 工作异常故障	28	P1A2500	BIC6 温度采样异常故障
10	P1A0900	BIC8 工作异常故障	29	P1A2600	BIC7 温度采样异常故障
11	P1A0A00	BIC9 工作异常故障	30	P1A2700	BIC8 温度采样异常故障
12	P1A0B00	BIC10 工作异常故障	31	P1A2800	BIC9 温度采样异常故障
13	P1A0C00	BIC1 电压采样异常故障	32	P1A2900	BIC10 温度采样异常故障
14	P1A0D00	BIC2 电压采样异常故障	33	P1A3400	预充失败故障
15	P1A0E00	BIC3 电压采样异常故障	34	P1A3522	动力电池单节电压严重过高
16	P1A0F00	BIC4 电压采样异常故障	35	P1A3622	动力电池单节电压一般过高
17	P1A1000	BIC5 电压采样异常故障	36	P1A3721	动力电池单节电压严重过低
18	P1A1100	BIC6 电压采样异常故障	37	P1A3821	动力电池单节电压一般过低
19	P1A1200	BIC7 电压采样异常故障	38	P1A3922	动力电池单节温度严重过高

续表

序号	故障码(ISO 15031-6)	故障定义	序号	故障码(ISO 15031-6)	故障定义
39	P1A3A22	动力电池单节温度一般过高	75	P1AC300	高压互锁 3 故障
40	P1A3B21	动力电池单节温度严重过低	76	P1AC500	BIC 程序不一致
41	P1A3C00	动力电池单节温度一般过低	77	P1AC600	BMC 程序与 BIC 程序不匹配
42	P1A3D00	负极接触器回检故障	78	P1AC700	湿度过高故障
43	P1A3E00	主接触器回检故障	79	P1A9800	BIC11 工作异常故障
44	P1A3F00	预充接触器回检故障	80	P1A9900	BIC12 工作异常故障
45	P1A4000	充电接触器回检故障	81	P1A9A00	BIC13 工作异常故障
46	P1A4100	主接触器烧结故障	82	P1A9B00	BIC14 工作异常故障
47	P1A4200	负极接触器烧结故障	83	F1A9C00	BIC15 工作异常故障
48	P1A4800	因电机控制器断开主接触器	84	P1A9D00	BIC16 工作异常故障
49	P1A4C00	漏电传感器失效故障	85	P1A9E00	BIC17 工作异常故障
50	P1A4D04	电流霍尔传感器故障	86	P1A9F00	BIC18 工作异常故障
51	P1A5100	碰撞硬线信号 PWM 异常告警	87	P1AA000	BIC19 工作异常故障
52	P1A5200	碰撞系统故障	88	P1AA100	BIC20 工作异常故障
53	U011000	与电机控制器通信故障	89	P1AA200	BIC11 电压采样异常故障
54	U110387	与气囊 ECU 通信故障	90	P1AA300	BIC12 电压采样异常故障
55	P1A5C00	分压接触器 1 回检故障	91	P1AA400	BIC13 电压采样异常故障
56	P1A5D00	分压接触器 2 回检故障	92	P1AA500	BIC14 电压采样异常故障
57	P1A5E00	分压接触器 3 回检故障	93	P1AA600	BIC15 电压采样异常故障
58	P1A5F00	分压接触器 4 回检故障	94	P1AA700	BIC16 电压采样异常故障
59	P1A6000	高压互锁 1 故障	95	P1AA800	BIC17 电压采样异常故障
60	U20B000	BIC1 CAN 通信超时故障	96	P1AA900	BIC18 电压采样异常故障
61	U20B100	BIC2 CAN 通信超时故障	97	P1AAA00	BIC19 电压采样异常故障
62	U20B200	BIC3 CAN 通信超时故障	98	P1AAB00	BIC20 电压采样异常故障
63	U20B300	BIC4 CAN 通信超时故障	99	P1AAC00	BIC11 温度采样异常故障
64	U20B400	BIC5 CAX 通信超时故障	100	P1AAD00	BIC12 温度采样异常故障
65	U20B500	BIC6 CAN 通信超时故障	101	P1AAE00	BIC13 温度采样异常故障
66	U20B600	BIC7 CAN 通信超时故障	102	P1AAF00	BIC14 温度采样异常故障
67	U20B700	BIC8 CAN 通信超时故障	103	P1AB000	BIC15 温度采样异常故障
68	U20B800	BIC9 CAN 通信超时故障	104	P1AB100	BIC16 温度采样异常故障
69	U20B900	BIC10 CAN 通信超时故障	105	P1AB200	BIC17 温度采样异常故障
70	U029787	与车载充电器通信故障	106	P1AB300	BIC18 温度采样异常故障
71	U012200	与低压 BMS 通信故障	107	P1AB400	BIC19 温度采样异常故障
72	P1AC000	气囊 ECU 碰撞报警	108	P1AB500	BIC20 温度采样异常故障
73	P1AC100	后碰 ECU 碰撞报警（仅适用于 e6）	109	U20BA00	BIC11CAN 通信超时故障
74	P1AC200	高压互锁 2 故障	110	U20BB00	BIC12CAN 通信超时故障

续表

序号	故障码 (ISO 15031-6)	故障定义	序号	故障码 (ISO 15031-6)	故障定义
111	U20BC00	BIC13CAN 通信超时故障	134	P1ADF00	因空调系统故障导致 无法进行电池内循环
112	U20BD00	BIC14CAN 通信超时故障			
113	U20BE00	BIC15CAN 通信超时故障	135	P1AE000	因空调系统故障导致 无法进行电池加热
114	U20BF00	BIC16CAN 通信超时故障			
115	U208000	BIC17CAN 通信超时故障	136	P1AE100	因电池加热器故障导致 无法进行电池加热
116	U208100	BIC18CAN 通信超时故障			
117	U208200	BIC19CAN 通信超时故障	137	P1AD44B	充电口温度一般过高 1 (60℃＜T≤75℃)
118	U208300	BIC20CAN 通信超时故障			
119	U110400	与后碰 ECU 通信故障	138	P1AD54B	充电口温度一般过高 2 (75℃＜T≤80℃)
120	P1AC800	正极接触器回检故障			
121	P1AC900	直流充电感应信号断线故障	139	P1AD698	充电口温度严重过高 3 (215℃＞T＞80℃)
122	U029C00	电池管理器与 VTOG 通信故障			
123	U029800	电池管理器与 DC 通信故障	140	P1AD74B	充电口温升一般过高 (ΔT≥45℃)
124	U02A200	与主动泄放模块通信故障			
125	U016400	与空调通信故障	141	P1AD898	充电口温升严重过高 (ΔT＞50℃)
126	P1ACA00	电池组放电严重报警			
127	U010300	与发动机通信故障	142	P1AD900	充电口温度采样点异常
128	U02A100	与漏电传感器通信故障	143	P1A8C00	主接触器 2 回检故障
129	P1AD000	模组连接异常	144	P1A8D00	主接触器 2 烧结故障
130	P1ADA00	入口温度传感器故障	145	P1A5B00	因双路电供故障断开接触器
131	P1ADB00	出口温度传感器故障	146	P1A5500	电池管理器 12V 电源输入过高
132	U023487	与电池加热器通信故障	147	P1A5600	电池管理器 12V 电源输入过低
133	P1ADE00	因空调系统故障导致 无法进行电池冷却			

七、比亚迪唐 PHEV 混合动力汽车电池故障诊断方法

1. P1A3400

① 尝试清除故障码，多次上电看故障能否清除，若能则为历史故障码。

② 故障码不能清除，检查电池低压插件端子是否有歪斜和退针；若无，则用 VDS1000 读取电池管理器数据流查看各接触器是否动作。

a. 若无动作，则查询对应接触器供电及控制脚电压是否正常。

b. 若接触器正常动作，则用 VDS1000 读取前驱电机控制器的数据流，在一次上 OK 挡电的过程中，观察母线电压是否到达正常值（正常值尊享版 600V 以上，尊贵版约为 500V 以上），若正常，则预充成功；若不正常，则更换高压配电箱。

c. 更换配电箱后，若报预充失败，则更换动力电池包。

2. P1A0200、P1A0900、P1A0C00、P1A1300、P1A2700、P1A2000

① 尝试清故障码，多次上电看故障码能否清除，若能则为历史故障。
② 故障码不能清除，更换电池包。

3. U20B000、U20B700

① 车辆上 ON 挡电，先清除故障码，上 OFF 挡电，拔下插蓄电池后重新上电。
② 故障码还出现，先看驾驶员座位下方电池包低压接插件是否正常。
③ 上 ON 挡电时，检测电池包到电池管理器之间的线束 BIC 供是是否正常，需要检查管理器端通信转换模块供电是否正常，若不正常，则检查电池管理器低压供电是否正常；检查电池包对应线束端转换模块供电脚对地电压是否约为 12V，若不正常，则更换线束。
④ 若以上电压均正常，需要检查 CAN 线，在 ON 挡上电时测量 K161-4 对地电压是否为 1.5～2.5V，K161-10 对地电压是否为 2.5～3.5V，若不正常，则更换线束。
⑤ 若以上都正常，则更换动力电池包。

4. P1A0000

上 OFF 挡电，检查高压模块是否漏电。
① 断开动力电池直流母线。拔去前后驱动电机控制器、车载充电器高压接插件，用绝缘阻值测试仪测量前后电机控制器、车载充电器高压线端绝缘阻值，若阻值大于 20MΩ 则正常；反之则漏电。
② 断开动力电池直流母线。测量 PTC 压缩机线束绝缘阻值，若阻值大于 20MΩ 则正常；反之则漏电。
③ 断开高压配电箱片的高压接插件，用绝缘阻值测试仪分别测试高压配电箱端高压接插件接口端子对地的绝缘阻值。若测得阻值≥50MΩ，则正常；反之，则高压配电箱漏电。
④ 若以上都正常，且在上 ON 挡电时一直报严重漏电，应更换动力电池包。

5. P1A4100

① 故障码多次重新出现（20 次），读取故障是否仍报该故障码，若不报则为管理器误报。
② 若仍报该故障码，则测量高压配电箱电池直流母线正极和前电控直流母线正极是否导通，若导通则为主接触器烧结，此时应更换配电箱。

6. P1A4200

① 故障码多次重新出现（20 次），读取故障是否仍报该故障码，若不报则为管理器误报。
② 若仍报该故障码，则更换电池管理器；若继续报该故障码，则更换动力电池包。

7. P1AC100、P1AC200、P1AC300

高压互锁电路如图 7-50 所示。
若报"高压互锁 1"故障，即表明驱动系统互锁。
① 先观察相应高、低压接插件，若虚接则处理接插件；若退针则更换相应零部件。
② 若无明显虚接，则按上述驱动系统高压互锁原理图，检测图中各模块互锁输入、输出信号是否导通，如果不导通，则更换相应的零部件或线束。
若报"高压互锁 2"故障，即表明驱动系统互锁。
① 先观察相应高、低压接插件，若虚接则处理接插件；若退针则更换相应零部件。

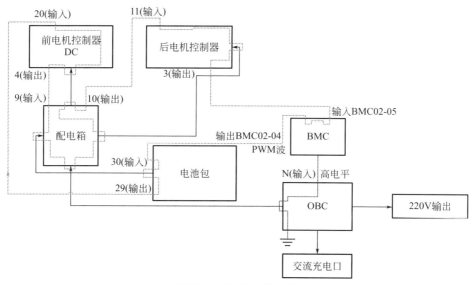

图 7-50　高压互锁电路

②若无明显虚接，则按上述充电系统高压互锁原理图，检测图中各模块互锁输入、输出信号是否导通，如果不导通，则更换相应的零部件或线束。

若报"高压互锁3"故障，即表明驱动系统互锁。

① 先观察相应高、低压接插件，若虚接则处理接插件；若退针则更换相应零部件。

② 若无明显虚接，则用 VDS1000 进入车身网读取空调控制器、PTC 模块、压缩机模块，若系统无应答，则尝试 VDS 更新程序；若故障依旧，则更换相应模块。

③ 若以上正常，则检查高压配电箱空调保险是否熔断，若熔断则更换高压配电箱。

八、比亚迪唐 PHEV 混合动力汽车分压接触器安装位置及结构

分压接触器主要包含主正继电器和主负继电器，主正继电器如图 7-51 所示，它的作用是控制回路的通断。

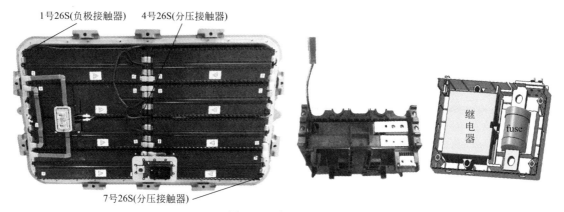

图 7-51　主正继电器

分压接触器示意如图 7-52 所示。

负极接触器的接触状态判断如图 7-53 所示。

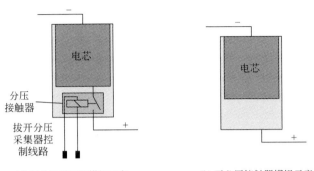

(a) 有分压接触器模组示意　　(b) 无分压接触器模组示意

图 7-52　分压接触器示意

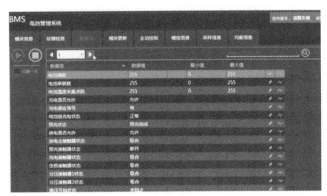

图 7-53　负极接触器的接触状态判断

第四节　比亚迪唐 PHEV 混合动力汽车高压配电箱

一、比亚迪唐 PHEV 混合动力汽车高压配电箱安装位置、结构

高压配电箱总成：主要是通过对接触器的控制来实现动力电池的高压直流供给整车高压电器，以及接收车载充电机或是非车载充电机直流电来给动力电池充电；同时含有其他的辅助检测功能，如电流检测、漏电监测等，其系统框架如图 7-54 所示。

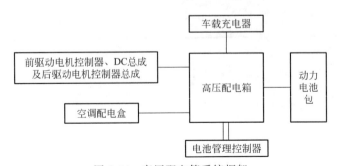

图 7-54　高压配电箱系统框架

高压配电箱总成安装位置如图 7-55 所示，其主要功能如表 7-3 所示。

第七章 比亚迪唐 PHEV 混合动力汽车

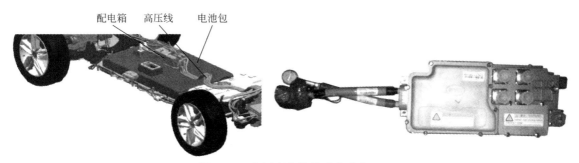

图 7-55 高压配电箱总成安装位置

表 7-3 高压配电箱主要功能

功能	描述
高压直流输出（放电）	通过电池管理器控制预充接触器、主接触器等吸合，使放电回路导通，为前后电机控制器、空调负载供电
车载充电器单相充电输入	通过电池管理器控制车载充电接触器吸合，使车载充电器充电回路导通，为动力电池充电
电流采样	通过霍尔电流传感器采集动力电池正极母线中的电流，为电池管理器提供电流信号
高压互锁功能	通过低压信号确认整个高压系统盖子及高压接插件是否已经完全连接，现设计为 3 个相互独立的高压互锁系统：驱动系统（串接开盖检测）；空调系统；充电系统

高压配电箱结构如图 7-56 所示。

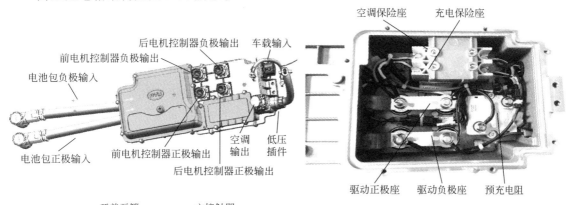

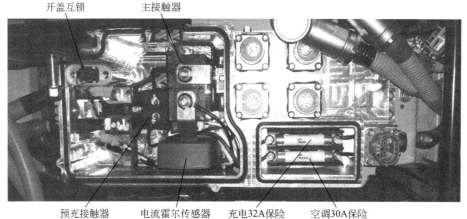

图 7-56 高压配电箱结构

二、比亚迪唐PHEV混合动力汽车高压配电箱控制电路及插接件端子定义

比亚迪唐PHEV混合动力汽车高压配电箱控制电路如图7-57所示。

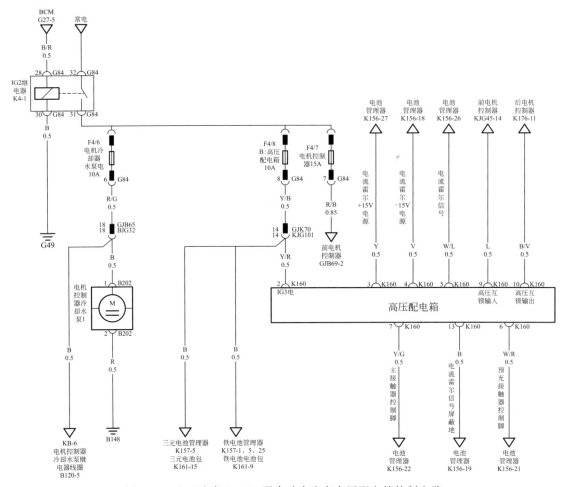

图7-57 比亚迪唐PHEV混合动力汽车高压配电箱控制电路

高压配电箱低压接插件引脚如图7-58所示,其端子定义如表7-4所示。

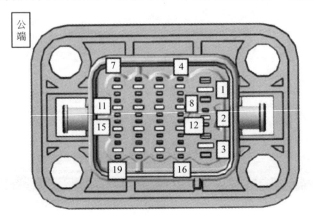

图7-58 高压配电箱低压接插件K160

表 7-4 高压配电箱低压引脚定义

引脚号	定义	对接模块引脚	对地正常值/V
1			
2	预充/接触器电源	接 IG3	>12
3	霍尔传感器+15V	BMC01-27	15
4	霍尔传感器-15V	BMC01-18	-15
5	霍尔电流传感器信号	BMC01-26	
6	预充接触器控制	BMC01-21	<1
7	主接触器控制	BMC01-22	<1
8			
9	高压互锁输入	车载充电器引脚-9	
10	高压互锁输出	接动力电池引脚-30	
11			
12			
13	霍尔电流传感器信号屏蔽	BMC01-19	
14			

三、比亚迪唐 PHEV 混合动力汽车高压配电箱常见故障码及诊断

配电箱本身无故障码,但是接触器及霍尔传感器的故障可以通过电池管理器的故障码来判断,如表 7-5 所示。

表 7-5 故障码列表

序号	故障码	故障码定义	序号	故障码	故障码定义
1	P1A3E00	正极接触器回检故障	7	P1A4500	电池管理器-15V 供电过高故障
2	P1A3F00	预充接触器回检故障	8	P1A4600	电池管理器-15V 供电过低故障
3	P1A4000	充电接触器回检故障	9	P1A4A00	高压互锁一直检测为高信号故障
4	P1A4100	主接触器烧结故障	10	P1A4B00	高压互锁一直检测为低信号故障
5	P1A4300	电池管理器+15V 供电过高故障	11	P1A4D00	电流霍尔传感器故障
6	P1A4400	电池管理器+15V 供电过低故障			

故障诊断流程如下。

① 无法使用空调。

a. 整车置于 OFF 挡。

b. 拆开配电箱侧边小盖。

c. 测量上方空调保险(30A)是否导通;测量预充电阻的阻值,正常值为 180~220Ω。

d. NG→更换空调保险。

② 主接触器不吸合。

a. 连接好低压铁电池,整车上 ON 挡电。

b. 用万用表测量低压接插件引脚对车身电压(K160-2 对车身电压约为 12V)。

c. OK→更换高压配电箱。

d. NG→检查低压线束供电。

e. 检查主接触器控制脚。
f. 用万用表测量低压接触件引脚 K160-7 对车身电压，正常值<1V。
g. OK→更换高压配电箱。
h. NG→检查电池管理器或线束。
③ 仪表显示"动力系统故障"，高压电池管理器报"预充失效故障"。
检查预充接触器控制脚：
a. 上 OK 挡过程。
b. 用万用表测量低压接插件引脚 K160-6 对车身电压是否为 12V→1V→12V 变化过程。
c. OK→更换配电箱。
d. NG→检查电池管理器或线束。
④ 仪表显示"请检查动力系统"，高压电池管理器报"高压互锁 1 故障"，如图 7-59 所示。

图 7-59　高压互锁 1 故障

检查高压互锁回路：
a. 整车置于 OFF 挡。
b. 用万用表测量低压接插件引脚 K160-9 与 K160-10 是否导通，正常应导通。
c. NG→更换配电箱。
d. 检查配电直流母线接插件中的互锁插件状态是否良好，有无退端子的现象。
e. NG→更换配电箱。
f. OK→检查电池管理器、直流母线和其他模块。
⑤ 高压电池管理器报"电流霍尔传感器故障"。
a. 整车上 OK 挡电。
b. 用万用表测量低压接插件 K160-3 和 K160-4 对地电压：若 K160-3 对地电压在+15V 左右且 K160-4 对地电压在-15V 左右，则更换高压配电箱（电流霍尔传感器）。
c. 若两引脚对地电压不在上述范围内，则检查动力电池管理器及线路。
d. 电流异常检测：测试霍尔信号（"1V"对应 100A）并与电源管理器的当前电流进行对比，从而来判断霍尔电流正常与否。
⑥ 无 EV 模式，仪表显示"请检查动力系统"，且有故障码——主接触器烧结。
a. 先查询高压 BMS 的程序版本（确认是最新版），确认故障码是否能清除，然后再尝试多次上 OK 挡电，看故障是否会重现。
b. 在 OFF 挡，用万用表检测配电箱的电机控制器正极端口和电池包正极端口是否导通或开箱检查主接触器是否导通，若导通则更换主接触器。

c. OK→检查高压电池管理器。
d. NG→更换高压配电箱。
⑦ 仪表显示"一般漏电"和"严重漏电"。
检查高压配电箱：
a. 整车退电至 OFF 挡。
b. 断开高压配电箱各个接插件。
c. 检查高压配电箱对的绝缘阻值是否≥50MΩ。
d. OK→检查其他高压模块绝缘阻值。
e. NG→更换高压配电箱。
⑧ 车辆无法正常充电。
检查保险。
a. 整车退电至 OFF 挡。
b. 检查高压配电箱保险中的交流充电保险是否烧毁。
c. NG→更换高压配电箱。
d. OK→检查高压线束。
ⓐ 整车退电至 OFF 挡。
ⓑ 检查车载充电器和其他模块。
ⓒ NG→更换高压配电箱。
ⓓ 检查车载充电器和其他模块。

四、比亚迪唐 PHEV 混合动力汽车高压配电箱拆装

1. 拆卸维修前

① 点火开关 OFF 挡。
② 低压铁电池断开。
③ 拆卸副仪表台及空调管路。
④ 拆卸挡位控制固定支架。

2. 拆卸

① 戴上绝缘手套，断开外部所有接插件，如图 7-60 所示，包括电池包正、负极高压插接件，前、后驱动电机控制器直流母线正负接插件、车载充电器插件、空调和 PTC 高压插件、低压插件。

② 用棘轮将高压配电箱搭铁线的紧固螺栓松开，并将固定高压配电箱的 4 颗 M6 六角法兰面螺栓拧下。

③ 向上轻轻地取出高压配电箱。

3. 装配

① 先将高压配电箱调整到位后用 4 颗 M6 螺栓将其固定。
② 再将搭铁线用螺栓固定。
③ 然后将高压接插件对接好，将高压接插件对准插入，听到"咔嗒"声时为连接到位，同时将二次锁死机构向里推入，

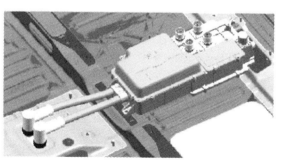

图 7-60 断开外部所有接插件

完成接插件的连接。

④ 最后将低压接插件对接并固定好。

第五节 比亚迪唐 PHEV 混合动力汽车低压铁锂电池

一、比亚迪唐 PHEV 混合动力汽车低压铁锂电池结构、电路控制及针脚定义

低压铁电池是整车电子设备低压电的来源。为保证整车低压系统的正常运行，整车设计应尽量保证低压铁电池不会亏电，故在传统的设计上增加了智能充电系统，保证低压铁电池不会亏电。低压铁电池结构如图 7-61 所示。

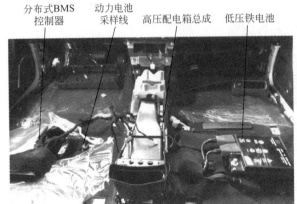

图 7-61　低压铁电池结构

比亚迪唐混合动力汽车具有智能充电功能，长时间停放时，无需断开低压蓄电池负极。当低压电池管理器检测到启动电池电量过低时（最低单节电池电压低于 3.2V，SOC 为 40%），可以通过动力电池或启动发动机给启动电池充电。

一般情况下，主要通过动力电池给启动电池充电，因此长时间放置后再次启动时，SOC 会下降。当动力电池电量不足时，会自动启动发动机给启动电池充电，每次充电时间为 30min。

注：

① 智能充电启动的前提是前后机舱盖关闭，且发动机启动充电，要求车辆处于低功耗（如防盗状态）。

② 车辆在长时间放置过程中，可能会出现发动机自动启动的现象，建议长时间停放车辆时，不要置于密闭环境中，尾气排放会降低空气质量。

低压 BMS 插件针脚、整车线束端端子定义如图 7-62 所示。

① K68-6 针脚：低功耗唤醒功能；低压电池处于休眠状态，通过左前门微动开关拉低唤醒。

② K68-8 针脚：OFF 挡充电控制；低压电池电压较低，启动智能充电，低压 BMS 拉低 8 号针脚，控制双路电，同时通过 CAN 线发送低压充电请求命令，DC/DC 转换器工作输出低压电，为低压电池充电。

③ 比亚迪唐 PHEV 混合动力汽车启动控制电路如图 7-63 所示。

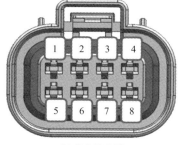

(a) 低压BMS插件　　　　　(b) 整车线束端

图 7-62　低压 BMS 插件针脚、整车线束端端子定义

1—针脚 B-CAN-H（250k）；2，7—空脚；3—针脚 B-CAN-L（250k）；4—针脚 GND；
5—ON 挡硬线信号检测；6—针脚低功耗唤醒机械开关；8—针脚 OFF 挡充电控制

二、比亚迪唐 PHEV 混合动力汽车低压铁锂电池常见故障

1. 整车无法上电（蓄电池亏电）

首先尝试按左前门微动开关唤醒铁电池。

① 若能唤醒，则为蓄电池进入休眠状态；唤醒后应尽快打着车辆，给启动铁电池充电，怠速或者行车充电时间在半小时以上。

② 若不能唤醒，则用万用表测量蓄电池电压。

a. 若发现启动极柱电压正常、中间极柱异常，则为蓄电池故障（压差 0.4V）。

b. 若两极柱均异常，则可能为蓄电池亏电，应将蓄电池外接充电。

2. 整车上电后观察仪表动力电池电量

① 若电量较高，将前后机舱盖关闭，整车会启动（对蓄电池）智能充电（注：低电量会启动发动机充电）。

② 若为异常掉电，则需进一步查明详细见以下故障码解析。

③ 若为偶发性掉电，则采取以下措施。

针对出现 DC 偶发性异常导致掉电，查 DC 模块是否异常，若 DC 在上电时"系统无应答"，则可能为 DC 偶发性异常，读取 DC 程序版本。若为旧版本，则对其更新至最新版本；若为最新版本，如果报"降压时硬件故障"且数据流显示有异常，则为 DC 故障。

3. 仪表周期性提示"低压电池电量低，进入智能充电模式"

① 用诊断仪读取低压 BMS 中单节电压数据，如图 7-64 所示。

② 若发现某一节电压相对于其他单节严重偏低，智能充电启动后对其充电到电压正常再放电，监测其电压值又迅速下降，则可判定为蓄电池问题。

4. 出现以下故障码的判断

① 整车上 ON 挡电，诊断仪无法读取低压电池管理器，显示"系统无应答"，排除低压 BMS 电源和 CAN 线后，可判定为低压 BMS 故障，需更换蓄电池。

② 若用诊断仪读取低压电池管理系统故障，报故障码 B1FB500——电源温度过高故障，则读取数据流中蓄电池温度，若异常（高于 85℃），则需更换蓄电池。

③ 若用诊断仪读取低压电池管理系统故障，报故障码 B1FB700——智能充电故障，可能为低压 BMS、DC/DC 转换器、高压 BMS 故障，需进一步查明。

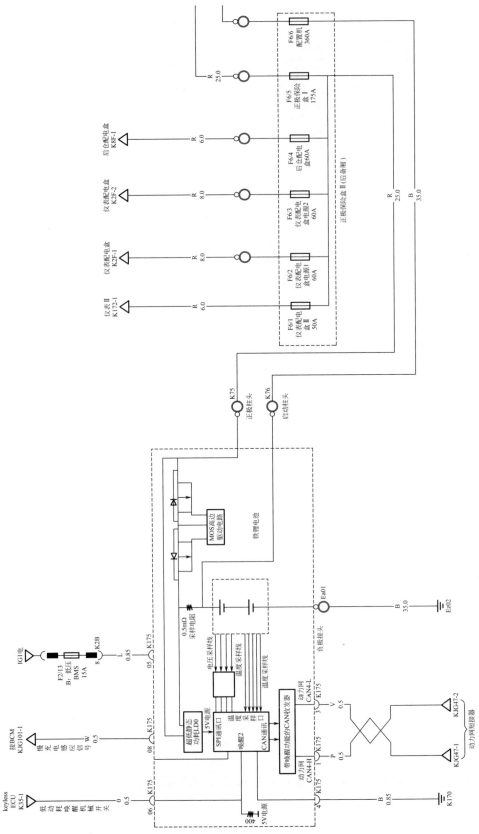

图 7-63 比亚迪唐 PHEV 混合动力汽车启动控制电路

a. 测量低压 BMS 通信和接地是否正常。

ⓐ 测蓄电池低压接插件 k68-4♯ 对地电阻是否小于 1Ω。

ⓑ 测 K68-1♯、K68-3♯（CAN-H、CAN-L）电压是否正常，若异常则可能为低压 BMS 模块通信故障导致。

b. 若低压 BMS 正常，则转查动力电池 BMS 通信是否异常。

c. 若高压 BMS 正常，则转查 DC 低压输出是否正常若不正常则检查 DC。

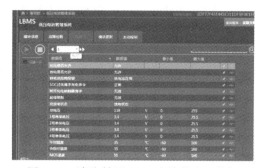

图 7-64　读取低压 BMS 中单节电压数据

整车上 OK 挡电，用诊断仪进入 DC 模块读取故障码，查看数据流看是否有异常（低压侧电压 13.8V，正常，可用万用表测蓄电池中间极柱与负极柱），若数据流异常且报"降压时硬件故障"，则很可能为 DC 故障。

④ 若用诊断仪读取低压电池管理系统故障，报"BMS 与高压电池管理器失去通信" "BMS 与仪表失去通信" "BMS 与 BCM 失去通信" "BMS 与 ECM 失去通信" "BMS 与驱动电机失去通信"故障码，则采取以下措施。

a. 先退电，清除故障码，看故障是否重现。若不重现，则为历史故障码，不影响整车行驶。

b. 若重现，则需进一步查明。检查与其报通信故障的相关模块常电、搭铁及通信是否异常，若异常则为该模块故障导致，同理检查其他故障码相关模块。

第六节　比亚迪唐 PHEV 混合动力汽车上下电及动力电池故障

一、比亚迪唐 PHEV 混合动力汽车上下电流程

1. 比亚迪唐 PHEV 混合动力汽车上电流程

比亚迪唐 PHEV 混合动力汽车上电流程如图 7-65 所示。

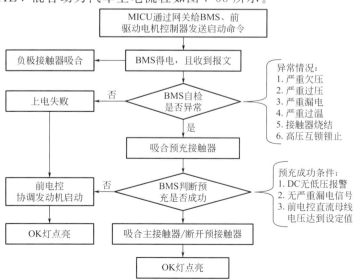

图 7-65　比亚迪唐 PHEV 混合动力汽车上电流程

2. 比亚迪唐 PHEV 混合动力汽车充电流程

比亚迪唐 PHEV 混合动力汽车充电流程如图 7-66 所示。

① 设置预约充电时间成功，进入预约充电流程，仪表发出允许信息，车载进入等待。同时充电感应信号一直拉低，BMS 一直发出允许信息。

② BMS 等负载有电，车载低压一直输出给低压铁电池。充电结束后充电枪不拔出，车载停止工作进入休眠（包括低压输出）。

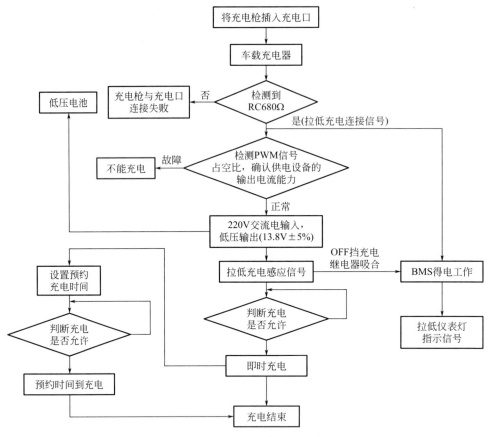

图 7-66 比亚迪唐 PHEV 混合动力汽车充电流程

二、比亚迪唐 PHEV 混合动力汽车动力电池故障

1. 比亚迪唐 PHEV 混合动力汽车动力电池包故障

（1）故障现象 车辆无 EV 模式，组合仪表提示请检查动力系统，如图 7-67 所示。车辆信息：行驶 203km，SOC 为 99%。

（2）故障分析 用 VDS1000 读取故障信息时发现 BMS 电池管理系统内有故障码 P1A2000——BIC1 温度采样异常故障，P1A5000——电池管理系统自检故障；P1A9500——因采样系统故障导致充放电功率为 0，如图 7-68 所示，初步怀疑是动力电池内部故障。

用 VDS1000 读取的 BMS 系统数据流如图 7-69～图 7-71 所示。

用 VDS1000 读取的 BMS 系统模组信息数据流如图 7-72～图 7-76 所示。

第七章 比亚迪唐PHEV混合动力汽车

图 7-67 组合仪表提示请检查动力系统 　　　　图 7-68 电池管理系统内故障码

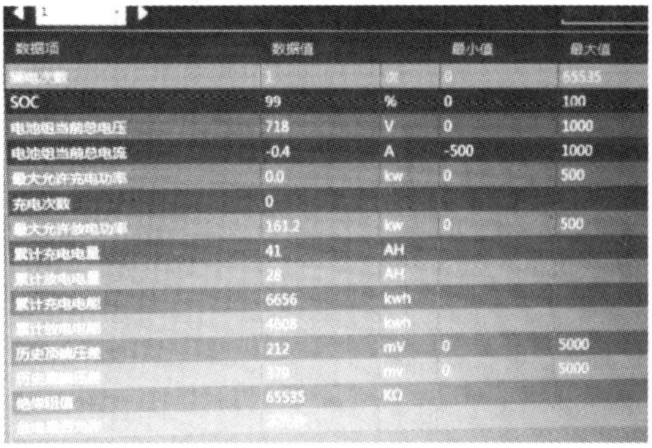

图 7-69 BMS系统数据流（一） 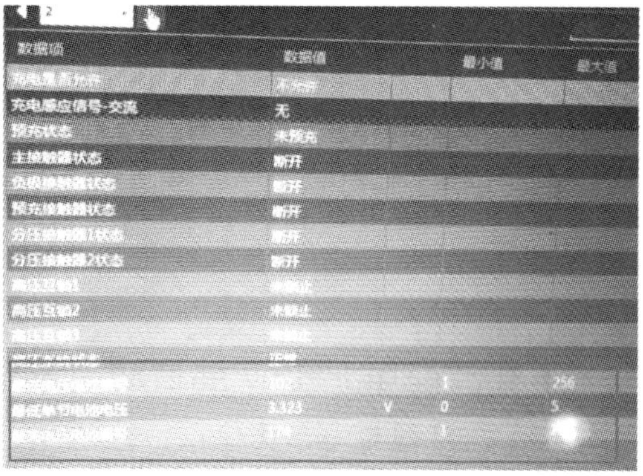　　　　图 7-70 BMS系统数据流（二）

图 7-71 BMS系统数据流（三） 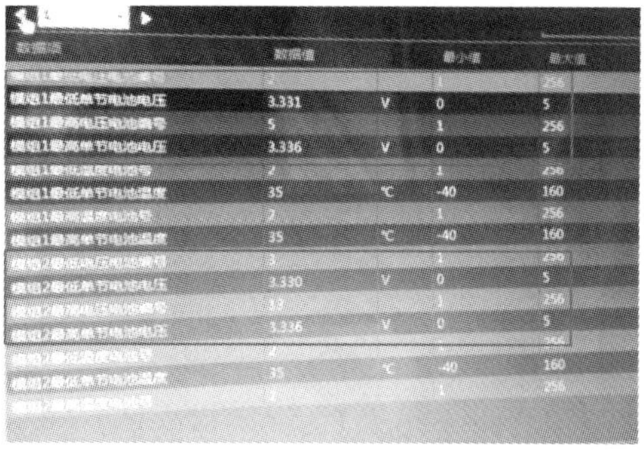　　　　图 7-72 BMS系统模组信息数据流（一）

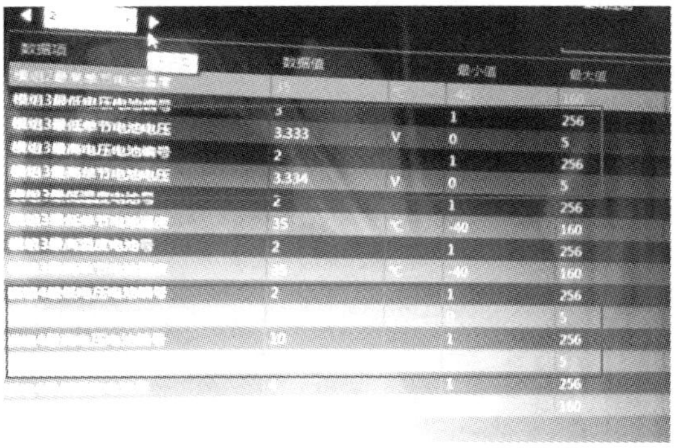

图 7-73 BMS系统模组信息数据流（二） 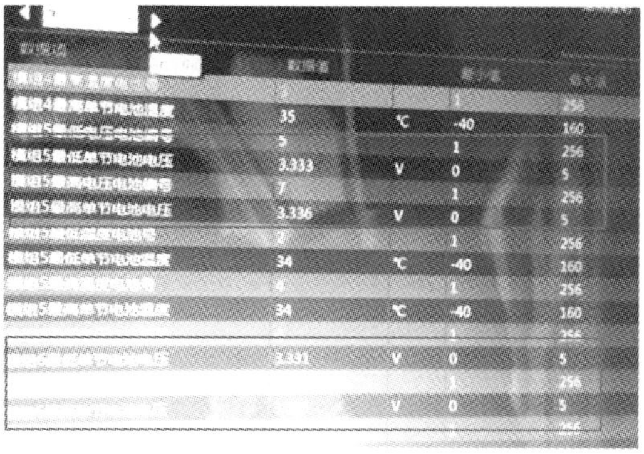　　　　图 7-74 BMS系统模组信息数据流（三）

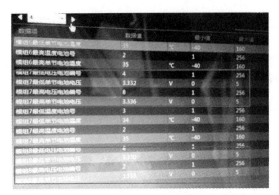

图 7-75　BMS 系统模组信息数据流（四）

图 7-76　BMS 系统模组信息数据流（五）

通过 VDS1000 读出的 BMS 系统和电池包各模组的数据流信息并没发现数据异常。

用上位机检查发现第 138 节单节电压约为 2.1V，第 139 节单节电压约为 4.5V，相差很大，如图 7-77 所示。由此确认为动力电池包内部故障。

（3）故障排除　更换动力电池包总成后故障排除。

2. 比亚迪唐 PHEV 混合动力汽车动力电池采样线故障

（1）故障现象　车辆信息：行驶 658km，SOC 为 78%，无 EV 模式。仪表显示"请检查动力系统"，BMS 故障码为 P1A3D00——负极接触器回检故障，如图 7-78 所示。

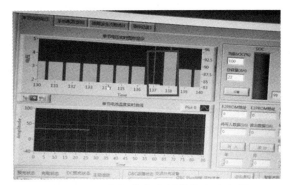

图 7-77　上位机检查内部单节电池电压

（2）故障分析

① 因车辆动力系统故障，且有 BMS 故障码 P1A3D00——负极接触器回检故障，首先对 BMS 负极接触器电源、控制电路进行检查。

② 检查 BMS 负极接触器脚电源，供给正常（k161 母端），如图 7-79 所示。

③ 进一步排查发现动力电池采线端子（k161 公端）脚出现退针现象，如图 7-80 所示。

（3）故障处理　更换动力电池包。注：如果没有分件前则更换总成处理。

图 7-78　故障显示及故障码

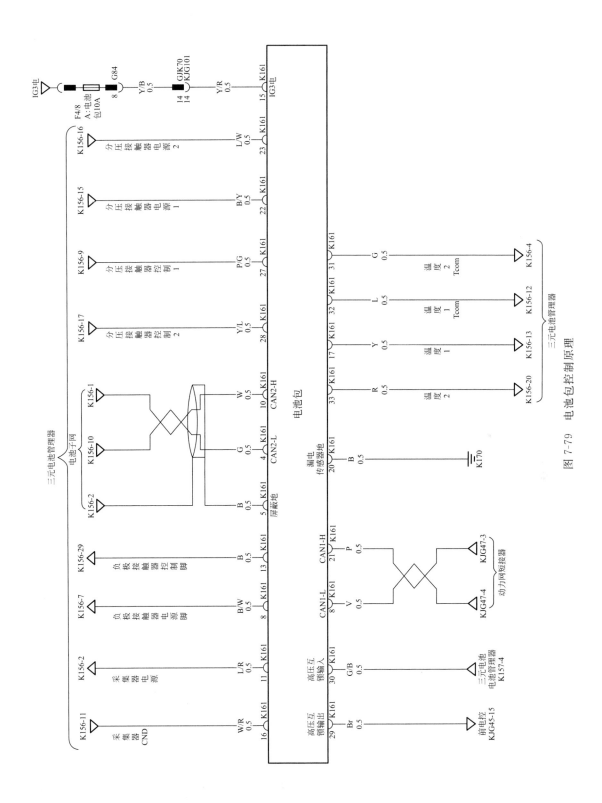

图 7-79 电池包控制原理

图 7-80 电池采线端子脚出现退针

3. 比亚迪唐 PHEV 混合动力汽车高压互锁结构、互锁功能

（1）互锁结构　该车的主要高压接插件均带有互锁回路，当其中某个接插件被带电断开时，动力电池管理便会检测到高压互锁回路存在断路。为保护人员安全，将立即进行报警并断开主高压回路电气连接，同时激活主动泄放。高压互锁及开盖互锁结构如图 7-81 所示。

图 7-81　高压互锁及开盖互锁结构

（2）互锁功能　当车辆在进行充电或插上充电枪时，该车的高压电控系统会限制整车不能通过自身驱动系驱动，以防止可能发生的线束拖拽或安全事故。

当发现高压电控部件的盖子在整车高压回路连通的情况下开盖时，会立即进行报警，并断开高压主加路电气连接，同时激活主动泄放。

第七节　比亚迪唐 PHEV 混合动力汽车双向车载充电器

一、比亚迪唐 PHEV 混合动力汽车双向车载充电器组成

充电系统主要是通过家用插头和交流充电桩接入交流充电口，通过车载充电器将家用 220V 交流电转为直流高压电给动力电池进行充电。充电系统主要由交流充电口、车载充电器、电池管理器、高压配电箱、动力电池等组成。

比亚迪唐 PHEV 混合动力汽车双向车载充电器安装位置如图 7-82 所示。

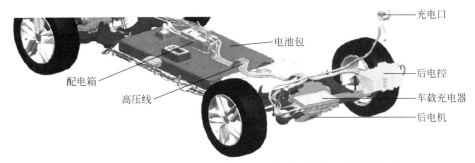

图 7-82　比亚迪唐 PHEV 混合动力汽车双向车载充电器安装位置

比亚迪唐 PHEV 混合动力汽车双向车载充电器电气特性如表 7-6 所示。

表 7-6　比亚迪唐 PHEV 混合动力汽车双向车载充电器电气特性

充电	输入电压（AC）/V	180～240
	频率/Hz	50±1
	高压输出功率/kW	额定功率 3
	高压输出电压（DC）/V	范围：432～820.8
	低压输出电压（DC）/V	14.0±0.5
	高压输出过压保护点（DC）/V	750
放电	输出功率/kV·A	3.3
	欠压保护（DC）/V	320
其他	防护等级	IP67B 接插件 IP67B
	绝缘电阻/MΩ	对地电阻≥100（测试电压 1000V DC）
	冷却	风冷

比亚迪唐 PHEV 混合动力汽车双向车载充电器功能如表 7-7 所示。

表 7-7　比亚迪唐 PHEV 混合动力汽车双向车载充电器基本功能

序号	功能	描述
1	AC/DC 转换功能	通过整流模块将交流 220V 家用电转换为直流电
2	DC/DC 变换功能	高压 DC 变换输出供动力电池；低压 DC 变换输出供启动电池
3	DC/AC 转换功能	通过逆变模块将直流电源转换为 220V 家用电
4	电锁功能	仅参与闭锁反馈控制流程
5	保护功能	输入输出过压、欠压、过流、接地等保护
6	CAN 通信功能	与车辆 CAN 总线进行数据流交互，并能通过软件过滤得到有用数据
7	在线 CAN 烧写功能	通过诊断口实现程序更新的功能
8	自检功能	检测产品硬件是否有故障，并记录存储故障码

1. 比亚迪唐 PHEV 混合动力汽车双向车载充电器外观及端子定义

比亚迪唐 PHEV 混合动力汽车双向车载充电器外观如图 7-83 所示。

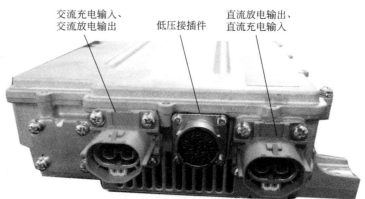

图 7-83 比亚迪唐 PHEV 混合动力汽车双向车载充电器外观

比亚迪唐 PHEV 混合动力汽车双向车载充电器的低压接插件端子如图 7-84 所示。端子定义如表 7-8 所示。

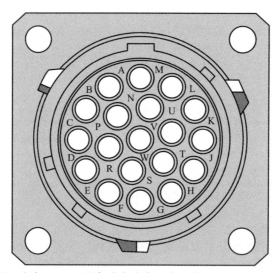

图 7-84 比亚迪唐 PHEV 混合动力汽车双向车载充电器的低压接插件端子

表 7-8 端子定义

序号	编号	引脚定义	推荐线色	备注
1	A	充电控制确认 CP	G	接交流充电口_01
2	B	—	—	—
3	C	充电感应信号	L	接 BCM-Q21 和 BMC02-20
4	D	充电连接信号	Y	BMC02-22
5	E	充电连接确认 CC	W	接交流充电口_02
6	F	—	—	—
7	G	车身电源地	B	车身地
8	H	常电	R	—
9	J	CAN_H	P	动力网 250K

续表

序号	编号	引脚定义	推荐线色	备注
10	K	CAN_L	V	动力网 250K
11	L	CAN 屏蔽	B	（预留）
12	M	ON 挡电	G	ON 挡电
13	N	高压互锁	L	接 BMC02-11
14	P	放电触发信号	Y	—
15	R	—	L	（预留）
16	S	开锁电源	Y	（预留）
17	T	预备电	R	预备电
18	U	—	LG	车身地
19	V	—	BR	—

2. 比亚迪唐 PHEV 混合动力汽车双向车载充电器控制电路及诊断流程

比亚迪唐 PHEV 混合动力汽车双向车载充电器控制电路如图 7-85 所示。

检查步骤如下。

（1）检查交流充电装置

① 插上交流充电连接装置。

② 检查电缆上控制盒的"READY"灯是否常亮，"CHAREG"灯是否闪烁。

③ OK→交流充电连接装置正常。

④ NG→更换交流充电连接装置。

（2）OK→检查仪表充电指示灯是否点亮

① 通过交流充电连接装置连接至电网。

② 观察仪表充电指示灯是否点亮。

③ 用万用表测量车载充电器低压插件电压（K154D-车身地电压正常值小于 1V，线色 L/W）（充电指示灯）。

④ NG→充电连接装置重新配合，更换车载充电器。

（3）OK→检查车载充电器感应信号

① 将交流充电连接装置连接充电桩或家用电源。

② 判断车载电器风扇是否工作。

③ 用万用表测量车载充电器低压接插件电压（充电请求信号，K154C-车身地电压正常值小于 1V）。

④ NG→更换车载充电器。

（4）OK→检查低压电源是否输入

① 不连接充电连接装置。

② 用万用表测量车载充电器低压接插件电压（铁电池正负极：K154M-车身地正常值为 11～14V；K154G-车身地正常值小于 1V）。

③ NG→更换线束。

（5）OK→检查 OFF 挡充电继电器

① 不连接交流充电连接装置。

② 取下充电继电器。

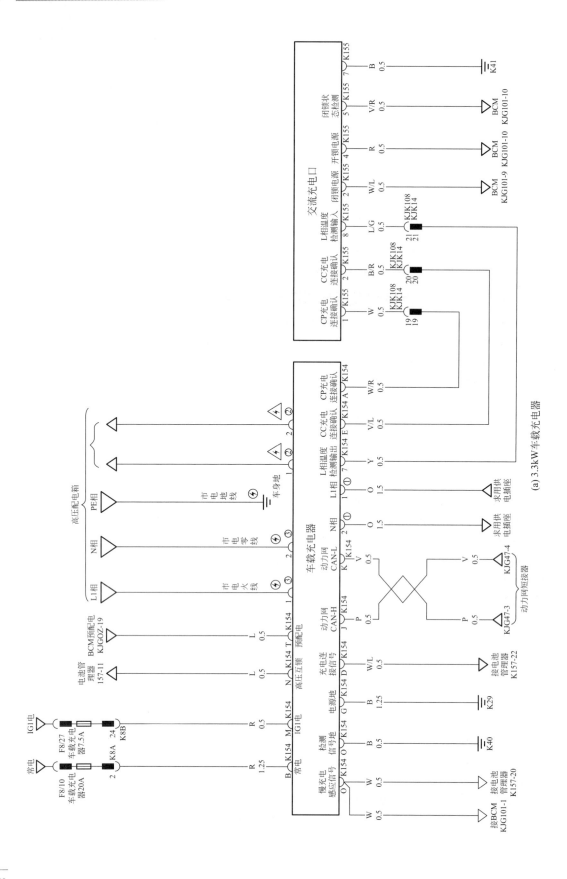

(a) 3.3kW车载充电器

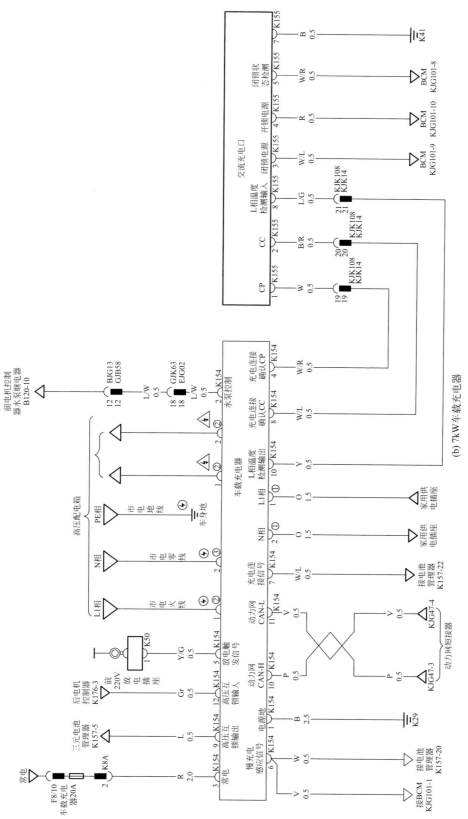

图 7-85 比亚迪唐 PHEV 混合动力汽车双向车载充电器控制电路
(b) 7kW车载充电器

③ 给控制端子 1、2 加电压，检查继电器是否吸合，正常值 3 与 5 导通，如图 7-86 所示。

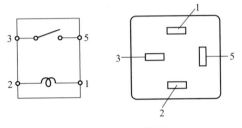

图 7-86　继电器端子
1～3，5—端子

(6) OK→检查配电箱车载充电保险
① 不连接交流充电连接装置。
② 拆开配电箱。
③ 测量车载保险（30/32A）是否导通。
④ OK→配电箱保险正常。
⑤ NG→更换车载充电保险。
(7) OK→检查交流充电口总成
① 拔出交流充电口接插件。
② 分别测量充电口和接插件两端各对应端子是否导通。
③ OK→交流充电口总成正常。
④ NG→更换交流充电口总成。
(8) OK→检查电池管理器充电请求信号输入
① 将交流充电口连接充电桩或家用电源。
② 断开管理器低压接插件，测量线束端电压（充电请求信号：K157-20 和车身地正常值小于 1V）。
③ NG→更换线束或检查电池管理器。
(9) OK→检查 CAN 通信
① 将交流充电口连接充电桩或家用电源。
② 用万用表测车载充电器低压线束端电压，如表 7-9 所示。
③ NG→更换 CAN 线束。

表 7-9　低压线束端电压

端子	线色	正常值/V
K157-22 和车身地	V	1.5～2.5
K157-15 和车身地	P	2.5～3.5

(10) OK→检查车载充电器充电输出电压
① 将交流充电口连接充电桩或家用电源。
② 用万用表测量车载充电器输出端电压（高压正与高压负之间正常值 432～820.8V）。
③ NG→更换车载充电器。
(11) OK→检查整车回路
① 检查车载充电器、配电箱、电池管理器的接插件是否松动、破损或未安装。
② OK→整车连接正常。
③ NG→重新安装或更换产品。

3. 比亚迪唐 PHEV 混合动力汽车预约充电设置

① 在此界面下按方向盘的【确认】键可以进入预约充电设置界面，然后可以通过按方向盘的【选择】键加减时间。
② 设置预约充电开始时间后按【确认】键保存，设置已成功，等待充电，仪表开始计时（要取消预约充电功能，可长按方向盘【确认】键），如图 7-87 所示。

③ 仪表计时结束，车载充电器收到仪表所发的允许命令（K154-T 拉低），车载开始充电，直至结束。

图 7-87　预约充电设置

4. 比亚迪唐 PHEV 混合动力汽车放电原流程

比亚迪唐 PHEV 混合动力汽车放电原流程如图 7-88 所示。

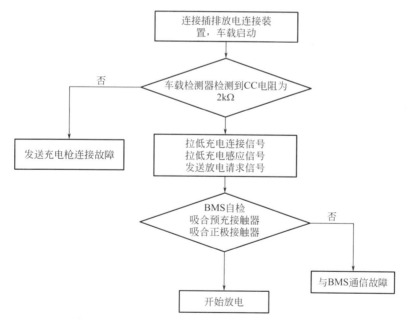

图 7-88　比亚迪唐 PHEV 混合动力汽车放电原流程

5. 比亚迪唐 PHEV 混合动力汽车电锁结构、应急解锁及开启条件

比亚迪唐 PHEV 混合动力汽车电锁结构如图 7-89 所示。
比亚迪唐 PHEV 混合动力汽车应急解锁手柄位置如图 7-90 所示。
电锁开启条件：多媒体设置如图 7-91 所示；插上充电枪；进行锁车。

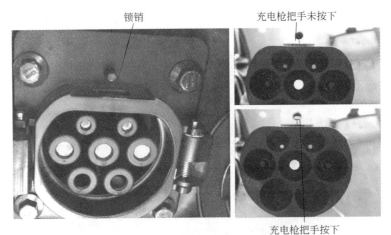

图 7-89 比亚迪唐 PHEV 混合动力汽车电锁结构

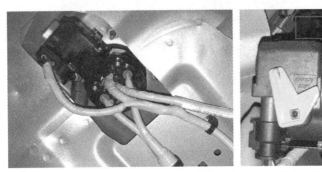

图 7-90 比亚迪唐 PHEV 混合动力汽车应急解锁手柄位置

图 7-91 多媒体设置

6. 比亚迪唐 PHEV 混合动力汽车充放电系统的故障码及故障诊断

比亚迪唐 PHEV 混合动力汽车充放电系统的故障码如表 7-10 所示。

表 7-10 比亚迪唐 PHEV 混合动力汽车充放电系统的故障码

序号	故障码(ISO 15031-6)	故障定义	序号	故障码(ISO 15031-6)	故障定义
1	P157016	车载充电器交流侧电压低	4	P157219	车载充电器直流侧电流高
2	P157017	车载充电器交流侧电压高	5	P157218	车载充电器直流侧电流低
3	P157100	车载充电器高压输出断线故障	6	P157216	车载充电器直流侧电压低

续表

序号	故障码(ISO 15031-6)	故障定义	序号	故障码(ISO 15031-6)	故障定义
7	P157217	车载充电器直流侧电压高	22	P157E12	充电连接信号外部对电源短路
8	P157400	供电设备故障	23	P157F11	交流输出端短路
9	P157513	低压输出断线	24	P158011	直流输出端短路
10	P157616	低压蓄电池电压过低	25	P158119	放电输出过流
11	P157617	低压蓄电池电压过高	26	P158200	H桥故障
12	P157713	交流充电感应信号断线故障	27	P15834B	MOS管温度高
13	P157897	充放电枪连接故障	28	U011100	与动力电池管理器通信故障
14	P15794B	电感温度高	29	U015500	与组合仪表通信故障
15	P157A37	充电电网频率高	30	P158798	充电口温度严重过高
16	P157A36	充电电网频率低	31	151100	交流端高压互锁故障
17	P157B00	交流侧电流高(变更)	32	P158900	充电口温度采样异常
18	P157C00	硬件保护	33	P158A00	电锁异常充电不允许
19	P157D11	充电感应信号外部对地短路	34	P158B00	BMS充电异常不允许
20	P157D12	充电感应信号外部对电源短路	35	P158C00	BMS放电异常不允许
21	P157E11	充电连接信号外部对地短路	36	U200A87	与左前门控ECU失去通信

全面诊断流程如下。

（1）P157016 和 P157017

① 检查车载充电器电压。

② 通过交流充电装置将车辆与电网连接。

③ 用 VDS1000 读取车载充电器交流输入侧电压是否与电网侧电压一致，如图 7-92 所示。

④ NG→更换车载充电器。

（2）P157100

① 清除故障码，重新插枪充电，看故障是否重现。

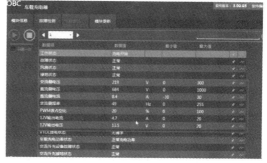

图 7-92　用 VDS1000 读取车载充电器交流输入侧电压

② 若故障重现，则检查高压配电箱内 30A 保险是否完好，高压线路是否正常。

③ NG→更换高压配电箱内车载充电器保险。

④ 重新接插直流母线、车载充电器小线及交流充电口，看故障是否清除。

⑤ NG→更换车载充电器。

（3）P157219 和 P157218

① 检查车载充电器。

② 确认电网电压是否稳定。

③ 通过交流充电连接装置将车载充电器连接至电网。

④ 读取车载数据流，查看输出电流是否正常，如图 7-93 所示；若异常，重新插拔充电枪，看故障是否重现。

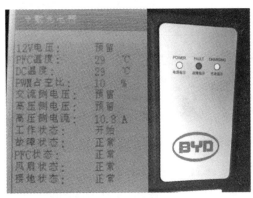

图7-93 查看高压侧输出电流

⑤ NG→更换车载充电器。

(4) P157216和P157217

① 检查车载充电器。

② 通过交流充电连接装置将车载充电器连接至电网,检查交流充电连接装置指示灯是否正常亮。

③ 读取车载数据流,查看输出电流是否正常;若异常,清除故障码,重新插拔充电枪,看故障是否重现。

④ NG→更换车载充电器。

(5) P157897

① 检查车载充电器接地螺栓是否松动。

② NG→重新上紧螺栓。

③ 通过交流充电连接装置将车载充电器连接至电网。

④ 清除故障码,重新拔插充电枪充电,看故障是否重现。

⑤ NG→更换车载充电器。

(6) P157400

① 检查车载充电器。

② 清除故障码,重新拔插充电枪充电,看故障是否重现。

③ NG→更换供电设备(包括充电枪、壁挂式充电盒)。

(7) P157513

① 检查车载低压线束是否有断裂或者接插件退端子的现象。

② NG→更换车载低压线束。

③ 通过交流充电连接装置将车载连接至电网。

④ 清除故障码,重新拔插充电枪充电,看故障是否重现。

⑤ NG→更换车载充电器。

(8) P157616和P157617

① 通过交流充电连接装置将车载充电器连接至电网。

② 清除故障码,重新拔插充电枪充电,看故障是否重现。

③ 测量蓄电池电压是否在正常范围内(11~14V)。

④ NG→更换或给蓄电池充电。

⑤ 测量车载充电器低压接插件电压是否在正常范围(K154-H和车身地正常值为11~14V)。

⑥ NG→更换车载充电器。

(9) P157713

① 通过交流充电连接装置将车载充电器连接至电网。

② 判断车载充电器风扇是否工作。

③ 用万用表测量车载充电器低压接插件电压是否正常(K154-C和车身地正常值小于1V)。

④ NG→更换车载充电器。

(10) U011100和U015500

① 通过交充电连接装置将车载充电器连接至电网。

② 清除故障码,重新拔插充电枪充电,看故障是否重现。

③ 用万用表测量车载充电器低压接插件电压是否正常（K154-K 和车身地电压正常值为 1.5～2.5V；K154-J 和车身地电压正常值为 2.5～3.5V）。

④ NG→更换车载充电器。

二、比亚迪唐 PHEV 混合动力汽车前驱动电机控制器与 DC 总成安装位置、系统框架及电气参数

比亚迪唐 PHEV 混合动力汽车前驱动电机控制器与 DC 总成安装位置如图 7-94 所示。

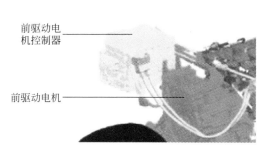

图 7-94　比亚迪唐 PHEV 混合动力汽车前驱动电机控制器与 DC 总成安装位置

比亚迪唐 PHEV 混合动力汽车前驱动电机控制器与 DC 系统框架如图 7-95 所示。

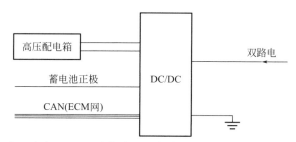

图 7-95　比亚迪唐 PHEV 混合动力汽车前驱动电机控制器与 DC 系统框架

比亚迪唐 PHEV 混合动力汽车前驱动电机控制器与 DC 电气参数如表 7-11 所示。

表 7-11　比亚迪唐 PHEV 混合动力汽车前驱动电机控制器与 DC 电气参数

零部件	项目		技术参数
前驱动电机控制器	输入	低压输入电压/V	6～16（额定 12）
		高压输入电压/V	400～820（额定 706）
	输出	最大输出扭矩/N·m	200
		最大输出功率/kW	110
		额定功率/kW	40
	电机类型		永磁同步电机
	高压侧纹波/%		小于 5
	回馈电压		≤动力电池电压的 125%
	额定功率效率/%		≥95（输出功率大于 10kW 时效率在 90% 以上）
	耐压值（AC）/V		2700（测试时间 1min，测试频率 50Hz）
	绝缘电阻/MΩ		10

续表

零部件	项目		技术参数
DC/DC	项目		降压模式
	高压侧	电压范围/V	400～820
		功率范围/kW	最大2.52(输入电压为706V时)
	低压侧	电压范围/V	9.5～14
		电流范围/A	额定150,峰值180

1. 比亚迪唐PHEV混合动力汽车DC/DC功用、端子定义及电气原理图

① DC/DC具有降压功用。

a. 将电池包高压直流与低压直流相互转换的装置。

b. 负责将动力电池的高压电转换成12V电源。

c. DC/DC在主接触器吸合时工作，输出的12V电源供给整车用电器工作。

d. 在铁电池亏电时给铁电池充电。

② 比亚迪唐PHEV混合动力汽车DC/DC电气原理如图7-96所示。

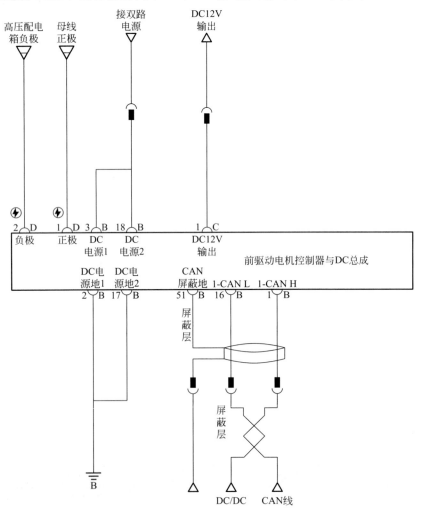

图7-96 比亚迪唐PHEV混合动力汽车DC/DC电气原理

③ 比亚迪唐 PHEV 混合动力汽车 DC/DC 端子如图 7-97 所示。DC/DC 端子正常值如表 7-12 所示。

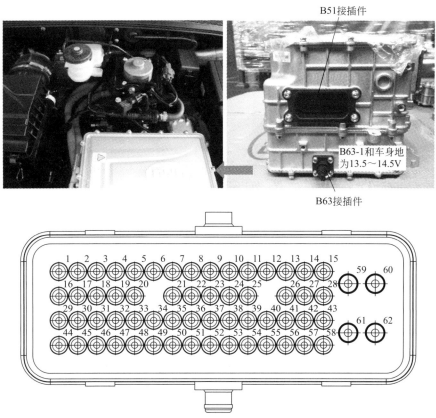

图 7-97 比亚迪唐 PHEV 混合动力汽车 DC/DC 端子

表 7-12 DC/DC 端子正常值

连接端子	端子描述	线色	条件	正常值
B51-1 和 B51-16	CAN-H1 DC CAN 高	P	OFF 挡	54~69Ω
B51-2 和车身地	GND(VCC)1 DC 电源地	B	OFF 挡	小于1Ω
B51-3 和 B51-17	VCC1 DC 电源	Y/R	ON 挡	11~14V
B51-16 和 B51-1	CAN-L1 DC CAN 低	V	OFF 挡	54~69Ω
B51-17 和车身地	GND(VCC)1 DC 电源地	B	OFF 挡	小于1Ω
B51-18 和 B51-17	VCC1 DC 电源	Y/R	ON 挡	11~14V
B63-1~车身地	12V 输出正极	R	EV 模式,ON 挡	13.5~14.5V

2. 比亚迪唐 PHEV 混合动力汽车 DC/DC 故障码定义及故障诊断

比亚迪唐 PHEV 混合动力汽车 DC/DC 故障码如表 7-13 所示。

表 7-13 比亚迪唐 PHEV 混合动力汽车 DC/DC 故障码

故障码	故障定义	故障码	故障定义
P1EC000	降压时高压侧电压过高	P1ECD00	升压时低压侧电流过高

续表

故障码	故障定义	故障码	故障定义
P1EC100	降压时高压侧电压过低	P1ECF00	升压时高压侧电压过低
P1EC200	降压时低压侧电压过高	P1EE000	散热器过温
P1EC300	降压时低压侧电压过低	U010300	与 ECM 通信故障
P1EC400	降压时低压侧电流过高	U011000	与驱动电机控制器通信故障
P1EC700	降压时硬件故障	U012200	与低压 BMS 通信故障
P1ECA00	升压时高压侧电压过低	U011100	与动力电池管理器通信故障
P1ECB00	升压时低压侧电压过高	U029D00	与 ESC 通信故障
P1ECC00	升压时低压电压过低	U014000	与 BCM 通信故障

比亚迪唐 PHEV 混合动力汽车故障诊断如下。

(1) 将 VDS1000 连接 DLS 诊断口 将 VDS1000 连接 DLC3 诊断口，如果提示通信错误，则可能是车辆 DLC3 诊断口问题，也可能是 VDS1000 问题。将 VDS1000 连接另一辆车的 DLC3 诊断口，如果可以显示，则原车 DLC3 诊断口有问题，需要更换。若不可显示，则 VDS1000 问题。

(2) 故障码的处理方法

① P1EC000——降压时高压侧电压过高。

a. 用 VDS1000 读取电池电压。正常值为 400~820V，如图 7-98 所示。异常：检查动力电池故障。

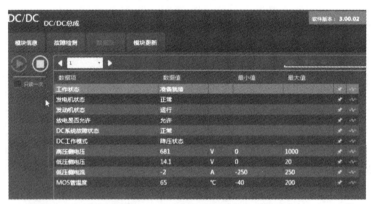

图 7-98 读取电池电压

b. 用 VDS1000 读取 DC 母线电压。正常值为 400~820V。异常：检查高压配电盒及高压线路。

c. NG→更换前驱动电机控制器与 DC 总成。

② P1EC200——降压时低压侧电压过高。

a. 检查低压电池电压。正常值为 9~16V。异常：检修或更换低压电池。

b. 检查低压发电机输出电压。正常值为 16V。异常：更换发电机。

c. OK→更换前驱动电机控制器与 DC 总成。

③ P1EC300——降压时低压侧电压过低。

a. 检查低压电池电压是否大于 9V。

b. NG→检修或更换低压电池。

c. OK→更换前驱动电机控制器与 DC 总成。

④ P1EC400——降压时低压侧电流过高。

a. 检查低压电池和线束是否正常（短路引起过流）。

b. NG→检查低压电池和线束。

c. OK→更换前驱动电机控制器与 DC 总成。

⑤ P1EE000——散热器过温。

a. 检查冷却液。

b. 检测冷却液管路及水泵。

c. 更换前驱动电机控制器与 DC 总成。

3. 比亚迪唐 PHEV 混合动力汽车前驱动电机控制器系统框架及控制电路

前驱动电机控制器是控制动力电池与前驱动电机之间能量传输、控制后驱动电机控制器、发动机的装置。主要功能为控制前驱动电机、通过控制后驱动电机控制器间接控制后驱动电机和发动机共同驱动车辆行驶，同时包括 CAN 通信、故障处理、在线 CAN 烧写、与其他模块配合完成整车的工作要求以及自检等功能。系统框架如图 7-99 所示。

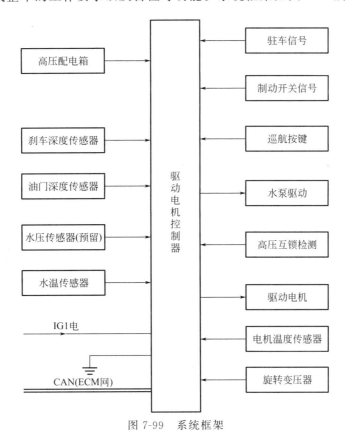

图 7-99 系统框架

前驱动电机控制器控制电路如图 7-100 所示。

4. 比亚迪唐 PHEV 混合动力汽车前驱动电机控制器端子及端子功能正常值

比亚迪唐 PHEV 混合动力汽车前驱动电机控制器端子如图 7-101 所示。

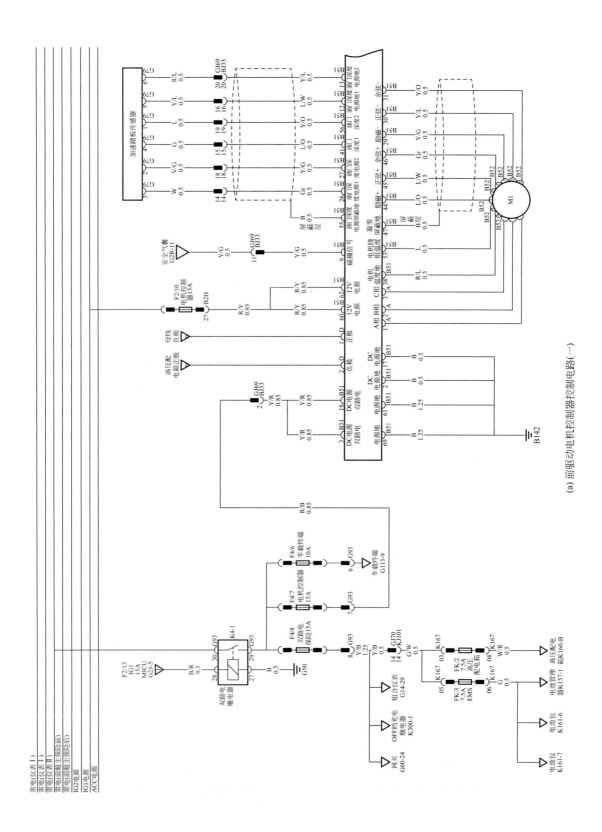

(a) 前驱动电机控制器控制电路（一）

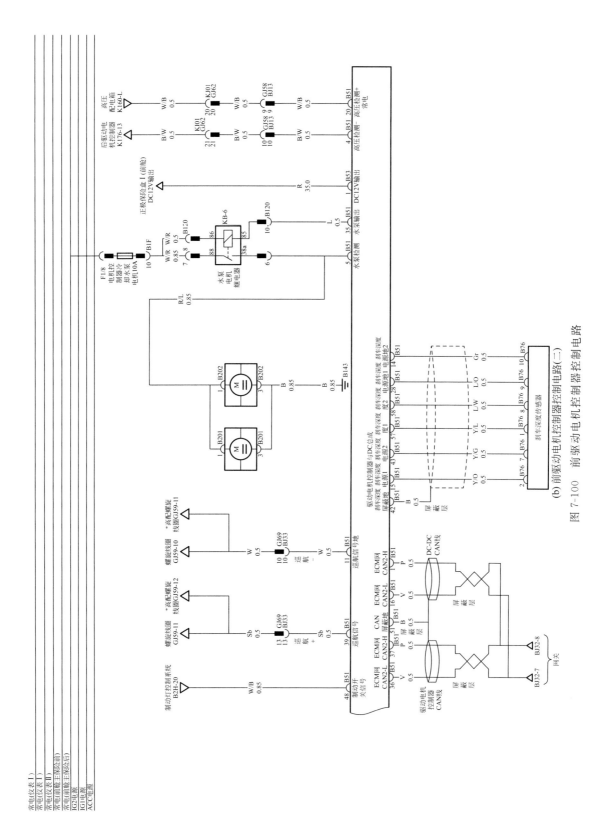

图 7-100 前驱动电机控制器控制电路 (b) 前驱动电机控制器控制电路(二)

 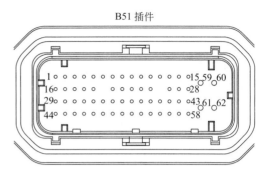

图 7-101 比亚迪唐 PHEV 混合动力汽车前驱动电机控制器端子

前驱动电机控制器端子功能正常值如表 7-14 所示。

表 7-14 前驱动电机控制器端子功能正常值

连接端子	引脚名称/功能	条件	正常值
B51-4 和 B51-61	HV_LOCK2/高压互锁输入 2	ON 挡	PWM 信号
B51-5 和 B51-61	PUMP_TEST/水泵检测输入	OK 挡,EV 模式	10～14V
B51-6	预留	预留	预留
B51-7	预留	预留	预留
B51-8	预留	预留	预留
B51-9 和 B51-61	CRASH-IN/碰撞信号	ON 挡	PWM 信号
B51-10 和车身地	GND/水温检测电源地	OFF 挡	小于 1Ω
B51-11 和 B51-39	GND/巡航信号地	OFF 挡	2150～2190Ω
B51-12 和 B51-61	GND/油门深度电源地 1	OFF 挡	小于 1Ω
B51-13 和 B51-61	GND/油门深度电源地 2	OFF 挡	小于 1Ω
B51-14 和 B51-61	GND/刹车深度电源地 2	OFF 挡	小于 1Ω
B51-15 和 B51-61	+5V/刹车深度电源 1	ON 挡	0～5V 模拟信号
B51-19 和 B51-61	IN_HAND_BRAKE/手刹信号	ON 挡	0～12V 高低电平信号
B51-20 和车身地	HV-LOCK1/高压互锁输入 1	ON 挡	PWM 信号
B51-21	调试 CAN 高	预留	预留
B51-22	调试 CAN 低	预留	
B51-23 和车身地	KEY_CONTROL/钥匙信号	预留	预留
B51-24 和车身地	GND/水压检测地	预留	预留
B51-25 和车身地	+5V/水压检测电源	预留	预留
B51-26 和车身地	+5V/油门深度电源 1	ON 挡	0～5V 模拟信号
B51-27 和车身地	+5V/油门深度电源 2	ON 挡	0～5V 模拟信号
B51-28 和车身地	GND/刹车深度电源地 1	OFF 挡	小于 1Ω
B51-29 和 B51-44	EXCOUT/励磁—	OFF 挡	7～10Ω
B51-30 和 B51-45	sin—/正弦—	OFF 挡	15～19Ω
B51-31 和 B51-46	cos—/余弦—	OFF 挡	15～19Ω

续表

连接端子	引脚名称/功能	条件	正常值
B51-32 和车身地	预留	预留	预留
B51-32	预留	预留	预留
B51-34	FAN_H_OUT/风扇高速输出(空)	预留	预留
B51-35 和 B51-61	PUMP-OUT/水泵输出	ON 挡水泵未工作	10~14V
		OK,EV 模式水泵工作	小于 1V
B51-36 和 B51-37	CAN-L/CAN 信号低	OFF 挡	54~69Ω
B51-37 和 B51-36	CAN-H/CAN 信号高	OFF 挡	54~69Ω
B51-38 和车身地	GND2/电机温度地	OFF 挡	小于 1Ω
B51-39 和 B51-11	CURISE_IN/巡航信号	OFF 挡	
B51-40 和车身地	WATER_T_IN/水温信号	ON 挡	
B51-41 和车身地	DC_GAIN1/油门深度信号 1	ON 挡	
B51-42 和车身地	GND/刹车深度屏蔽地	OFF 挡	小于 1Ω
B51-43 和车身地	+5V/刹车深度电源 2	ON 挡	4.5~5.5V
B51-44 和车身地	EXCOUT/励磁+	OFF 挡	7~10Ω
B51-45 和 B51-30	sin+/正弦+	OFF 挡	15~19Ω
B51-46 和 B51-31	cos+/余弦+	OFF 挡	15~19Ω
B51-47 和车身地	GND/旋变屏蔽地	OFF 挡	小于 1Ω
B51-48 和车身地	IN_FEET_BRAKE/脚刹信号	预留	预留
B51-49 和车身地	BAT-OFF-OUT/铁电池切断继电器	预留	预留
B51-50	FAN_L_OUT/风扇低速输出(空)	预留	预留
B51-51 和车身地	GND(CAN)/CAN 屏蔽地	OFF 挡	小于 1Ω
B51-52 和车身地	IN_EMACHINE/电机过温		
B51-53 和车身地	STATOR_T_IN/电机绕组温度	ON 挡	
B51-54 和车身地	PRESSURE_IN/水压检测信号	预留	预留
B51-55 和车身地	GND/油门深度屏蔽地	OFF 挡	小于 1Ω
B51-56 和车身地	DC_GAIN2/油门深度信号 2	ON 挡	
B51-57 和车身地	DC_BRAKE1/刹车深度 1	ON 挡	
B51-58 和车身地	DC_BRAKE2/刹车深度 2	ON 挡	
B51-59 和车身地	GND(VCC)/外部电源地	OFF 挡	小于 1Ω
B51-60 和 B51-61	VCC/外部 12V 电源	ON 挡	10~14V
B51-61 和车身地	GND(VCC)/外部电源地	OFF 挡	小于 1Ω
B51-62 和 B51-61	VCC/外部 12V 电源	ON 挡	10~14V

5. 比亚迪唐 PHEV 混合动力汽车前驱动电机控制器故障码及故障诊断

比亚迪唐 PHEV 混合动力汽车前驱动电机控制器故障码如表 7-15 所示。

表 7-15　比亚迪唐 PHEV 混合动力汽车前驱动电机控制器故障码

序号	故障码(ISO15031-6)	故障定义
1	P1BB000	前驱动电机过流
2	P1BB100	前驱动电机控制器 IPM 故障
3	P1BB200	前驱动电机过温告警
4	P1BB300	前驱动电机控制器 IGBT 过温告警
5	P1BB400	前驱动电机控制器水温过高报警
6	P1BB500	前驱动电机控制器高压欠压
7	P1BB600	前驱动电机控制器高压过压
8	P1BB700	前驱动电机控制器电压采样故障
9	P1BB800	前驱动电机控制器碰撞信号故障(硬线)
10	P1BB900	前驱动电机控制器开盖保护
11	P1BBA00	前驱动电机控制器 EEPROM 错误
12	P1BBB00	前驱动电机控制器巡航开关信号故障
13	P1BBC00	前驱动电机控制器 DSP 复位故障
14	P1BBD00	前驱动电机控制器主动泄放故障
15	P1BBE00	前驱动电机控制器水泵驱动故障
16	P1BBF00	前驱动电机旋变故障(信号丢失)
17	P1BC000	前驱动电机旋变故障(角度异常)
18	P1BC100	前驱动电机旋变故障(信号幅值减弱)
19	P1BC200	前驱动电机缺 A 相
20	P1BC300	前驱动电机缺 B 相
21	P1BC400	前驱动电机缺 C 相
22	P1B1700	油门信号故障(1 信号故障)
23	P1B1800	油门信号故障(2 信号故障)
24	P1B1900	油门信号故障(校验故障)
25	P1B1A00	刹车信号故障(1 信号故障)
26	P1B1B00	刹车信号故障(2 信号故障)
27	P1B1C00	刹车信号故障(校验故障)
28	P1BC500	前驱动电机控制器电流霍尔传感器 B 故障
29	P1BC600	前驱动电机控制器电流霍尔传感器 C 故障
30	U010100	与 TCU 通信故障
31	U011100	与电池管理器通信故障
32	U015500	与组合仪表通信故障
33	U010300	与 ECM 通信故障
34	U012100	与 ESC 通信故障
35	U025E00	与 ACM 通信故障
36	U012800	与 EPB 通信故障
37	U029100	与挡位控制器通信故障

续表

序号	故障码(ISO15031-6)	故障定义
38	U016400	与空调通信故障
39	U014000	与BCM通信故障
40	U029800	与DC通信故障
41	U029400	与开关ECU通信故障
42	U01A600	与后驱动电机控制器通信故障
43	U021400	与I-KEY通信故障
44	U029400	与EV-HEV开关通信故障
45	P1B6000	发动机启动失败
46	P1BC700	前驱动电机控制器IPM散热器过温故障
47	P1BC800	前驱动电机控制器IGBT三相温度校验故障报警
48	U012A00	与EPS(电动助力转向)模块失去通信
49	U012200	与低压电池管理器(BMS)失去通信
50	U02A300	与前主动泄放模块通信故障
51	P1B9F00	电池包配置未写入
52	P1BA000	巡航配置未写入

故障诊断如下。

(1) P1BB000

① 检查电机是否正常。

② NG→电机故障。

③ OK→更换前驱电机控制器与DC总成。

(2) P1BB100　先查询驱动电机控制器的程序版本信息，确认故障码是否能清除，若不能清除，则更换驱动电机控制器与DC总成。

(3) P1BB200

① 检查高压冷却回路及水泵。

② NG→冷却回路故障、水泵故障。

③ 检查电机。

④ NG→电机故障。

⑤ OK→更换前驱动电机控制器与DC总成。

(4) P1BB300、P1BB400、P1BC700

① 检查高压冷却回路及水泵。

② NG→冷却回路故障、水泵故障。

③ OK→更换前驱动电机控制器与DC总成。

(5) P1BBF00、P1BC000、P1BC100

① 退电OFF挡，检查B51接插件是否松动，若无，则拔掉B51接插件。

② 检测B51-44和B51-29电阻为$(8.3\pm2.0)\Omega$；检测B51-45和B51-30电阻为$(16\pm4)\Omega$；检测B51-46和B51-31电阻为$(16\pm4)\Omega$，如图7-102所示。若正常，则更换前电机驱动控制器；若不正常，则进行下一步。

③ 拔掉驱动电机B52插件，测量电机端B52-6和B52-2电阻是否为$15\sim19\Omega$；B52-5和

B52-1 电阻是否为 15~19Ω；B52-7 和 B52-3 电阻是否为 7~10Ω。若不正常，则更换前驱动电机；若正常，则更换线束。

图 7-102　检查低压接插件

(6) P1BB600

① 检查动力电池电压。用 VDS1000 读取电池管理器电压，正常值为 400~820V。

② NG→检查 BMS、电池包、高压配电箱。

③ OK→检测高压母线。

a. 整车上 OK 挡电。

b. 用 VDS1000 读取电控母线电压，母线电压为 400~820V。

④ NG→检查高压配电盒及高压线路。

⑤ OK→更换前驱动电机控制器与 DC 总成。

(7) P1BB800

① 用 VDS1000 读取安全气囊 ECU 是否有故障，如果有，则清除故障码。

② NG→检查线束和安全气囊 ECU。

③ OK→更换前驱电机控制器与 DC 总成。

(8) P1BB900

① 故障码报 P1B0900——开盖保护。先查询驱动电机控制器的程序版本信息，确认故障码是否能清除，然后再尝试上 OK 挡电试车，看故障是否会重现。

② 检测控制器盖子是否打开。

③ NG→重新装配。

④ OK→更换驱动电机控制器与 DC 总成。

(9) P1BC200、P1BC300、P1BC400

① 检查 B51 接插件是否松动。

② NG→插紧或更换接插件。

③ 检查电机三相线。

a. 退电 OFF 挡，取下维修开关。拔掉电机三相线高压插件。

b. 电机 A、B、C 三相高压线之间阻值为 (0.30±0.02) Ω，如图 7-103 所示。

c. 如果所测电阻异常，则检查接插件是否松动；如果没有，则为动力总成故障。

④ NG→动力总成故障。

⑤ OK→更换前驱动电机控制器与 DC 总成。

(10) U021400

① 检查低压接插件和线束。

② NG→更换接插件或线束。

③ 检测 I-KEY。

图 7-103　检测电机 A、B、C 三相高压线之间阻值

④ NG→I-KEY 故障。

⑤ OK→更换前驱动电机控制器与 DC 总成。

（11）P1B9F00

① 确认整车电池包配置。

② NG→更换整车电池配置。

③ 检查前驱动电机与 DC 总成。

④ NG→前驱动电机与 DC 总成故障。

⑤ OK→更换前驱动电机与 DC 总成。

（12）P1BA000

① 确认巡航配置。

② NG→确认整车巡航配置。

③ 检查前驱动电机控制器与 DC 总成。

④ NG→前驱动电机控制器与 DC 总成故障。

⑤ OK→更换前驱电机与 DC 总成。

（13）驱动故障分析　电机控制器出现故障时，整车通常表现为无 EV 模式，仪表报"请检查动力系统"，检测故障时，需用诊断仪进入"电机控制器"模块读取数据流，有两种情况：一种为"系统无应答"，需要进行全面诊断；另一种能读取相应故障码，则根据相应故障码进行诊断。

① 读取"系统无应答"时诊断流程。检查低压接插件相关的引脚，请按照表 7-16 的操作进行检查。若有异常，可检查相应的低压回路，包括电源、接地、CAN 通信等。

表 7-16　低压接插件检测

| B51-60/62 和 B51-61 | VCC（外部 12V 电源） | ON 挡 | 10～14V |
| B51-36 和 B51-37 | CAN-L（CAN 信号低） | OFF 挡（断蓄电池） | 54～69Ω |

② 先查询驱动电机控制器的程序版本信息，确认故障码是否能清除，然后尝试多次上 OK 挡电试车，看故障是否会重现。

a. 检测直流母线到三相线的管压降是否正常；若不正常，则更换驱动电机控制器与 DC 总成。

b. 若管压降正常，则确认是否还报其他故障码。若根据其他故障码进行排查依旧无效，则更换驱动电机控制器与 DC 总成。

直流母线到三相线的管压降测量方法如表 7-17 所示。

表 7-17　直流母线到三相线的管压降测量方法

端子	万用表连接	正常值	备注
三相线 A/B/C-直流母线正极	正极-负极	0.32V 左右	▷︎⊢
直流母线负极-三相线 A/B/C	正极-负极	0.32V 左右	
三相线 A/B/C-与车身地阻抗	正极-负极	10MΩ	

(14) P1B0500　故障码报 P1B050——高压欠压。先查询驱动电机控制器的程序版本信息，确认故障码是否能清除，然后尝试多次上 OK 挡电试车，看故障是否会重现。

① 读取动力电池电压，若小于 400V，则对动力电池、高压配电箱和高压线路进行检查。

② 用诊断仪读取电机控制器直流母线电压（正常值为 400～820V），同时对比 DC 母线电压，若都不正常，则检查动力电池、高压配电箱和高压线路。

③ 若驱动电机控制器母线电压和 DC 高压侧电压，一个正常，一个不正常，则更换驱动电机控制器与 DC 总成。

(15) 无法切换 EV 模式

① 故障现象：车辆在满电状态下以 EV 模式行驶几分钟后，突然自动切换到 HEV 模式，人为也无法再切回 EV 模式；仪表没有故障提示。使用 ED400 或 VDS1000 读取到在车辆切换 HEV 瞬间，驱动电机控制器中的 IGBT 温度达到 100℃。

② 原因分析：在驱动电机控制器及 DC 总成内部，有三组单元在工作时会产生热量，分别为 IPM（控制器内部智能功率控制模块）、IGBT（电机驱动模块）、电感，因此，在驱动电机控制器及 DC 总成内部有相应的水道对这三个部分进行冷却。导致 IGBT 高温报警的原因如下。

a. 电机冷却系统防冻液不足或有空气。

b. 电机电动水泵不工作。

c. 电机散热器堵塞。

d. 驱动电机控制及 DC 总成本身故障。

③ 维修步骤如下。

a. 使用 ED400 或 VDS1000 读取驱动电机数据流，水泵工作不正常。

b. 检查散热风扇正常启动、运行。

c. 检查过程中发现动水泵在上 OK 挡电下水泵不工作，致使 IGBT 温度迅速上升。

d. 仔细检查发现水泵搭铁出现断路故障，通过排查找到断路点。

e. 重新装配好试车，故障排除。

工作温度超过一定范围时，驱动电机控制器及 DC 总成就会检测到，同时经过 CAN 网络传递给发动机 EMS，EMS 驱动冷却风扇继电器后，冷却风扇工作，以快速冷却防冻液，以降低温度。以下为冷却风扇工作条件。

a. 电机水温：47～64℃低速请求；＞64℃高速请求。

b. IPM：53～64℃低速请求；＞64℃高速请求；＞85℃报警。

c. IGBT：55～75℃低速请求；＞75℃高速请求；＞90℃限制功率输出；＞100℃报警。

d. 电机温度：90～110℃低速请求；＞110℃高速请求。

e. 前驱动电机控制器工作温度正常数据流如图 7-104 所示。

满足 3 个低速请求，电子风扇低速转；满足 1 个高速请求，电子风扇高速转。

(16) 无法使用 EV 模式

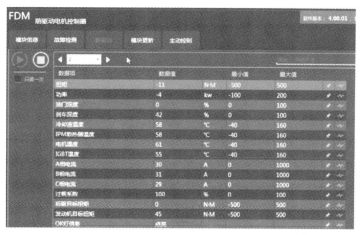

图 7-104 前驱动电机控制器工作温度正常数据流

① 故障现象：上 OK 挡电灯点亮，SOC 为 83%，EV 模式行驶中自动切换到 HEV，发动机启动，无法使用 EV 模式，仪表提示"请检查动力系统"。

② 故障排查及分析如下。

a. 用诊断仪读取整车各模块软、硬件版本号、整车故障码并记录。

b. 清除整车故障码后对车辆重新上电。

c. 试车，故障再次出现。读取数据流，驱动电机控制器报故障码：P1B1100——旋变故障（信号丢失）、P1B1300——旋变故障（信号幅值减弱）。

d. 在驱动电机控制器 62Pin 接插件线束端，分别测量电机旋变阻值，正常。

参考标准：正弦（16±4）Ω、余弦（16±4）Ω、励磁（8.3±2.0）Ω。

e. 检查驱动电机控制器 62Pin 接插件端子、旋变小线端子，正常。

f. 更换驱动电机控制器与 DC 总成后，车辆恢复正常。

6. 比亚迪唐 PHEV 混合动力汽车更换前驱动电机控制器及 DC 总成注意事项

① 更换前必须对旧控制器 ECM 密码进行清除，如图 7-105 所示。

② 安装新控制器时需进行 ECM 编程，如图 7-106 所示。

图 7-105 对旧控制器 ECM 密码进行清除

图 7-106 安装新控制器时需进行 ECM 编程

③ ECM 编程完成退电 5s，重新上电。电机系统配置设置如图 7-107 所示。

④ 读取倾角信息如图 7-108 所示。

注：在车辆处于水平时读取倾角数值，确认是否正常（坡道坡度正常值为 0°）；如有偏

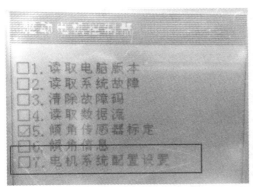

图 7-107　电机系统配置设置

差,则进行倾角标定。

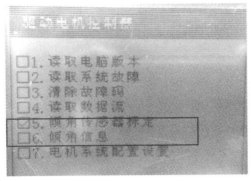
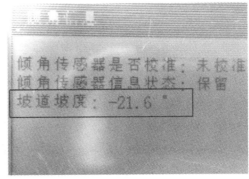

图 7-108　读取倾角信息

⑤ 确认刹车信号是否正常。标定完毕后车辆退电,5s 后重新上电。读取数据流,确认刹车信号是否正常,不踩刹车踏板时信号为 0,如图 7-109 所示。

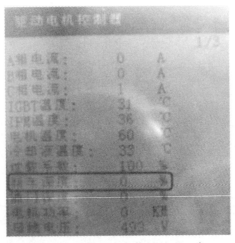

图 7-109　确认刹车信号是否正常

如果数据异常,则需进行刹车起点标定,标定方法如下。

a. 整车上 ON 挡电（特别注意不要上 OK 挡电,否则车辆在进行第 2 步时会导致车辆向前冲的危险）；不要踩刹车踏板（有制动开关信号则无法标定）。

b. 深踩油门踏板（50%～100%），持续 5s 以上，电控便可自动标定。
c. 正常退电一次，延迟 5s 再上电。

三、比亚迪唐 PHEV 混合动力汽车后驱动电机控制器总成

后驱动电机控制器是控制动力电池与后驱电机之间能量传输的装置。它负责后驱动电机运行，与整车进行 CAN 通信信息数据交互，根据工况控制电机的正反转、功率、扭矩、转速等。

硬件采集的外围信号电机的旋变温度、高压插件互锁，内部采集的信号有直流侧母线电压、交流侧三相电流、IGBT 温度、IPM 温度等。

后驱动电机控制器的安装位置如图 7-110 所示。

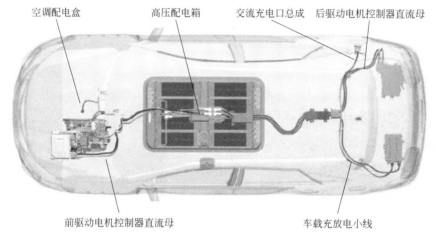

图 7-110 后驱动电机控制器的安装位置

后驱动电机控制器的主要参数如表 7-18 所示。

表 7-18 后驱动电机控制器的主要参数

项目		技术参数
驱动	电机最大功率/kW	110
	电机的类型	永磁同步电机
	最大效率/%	≥97
	高压输入	420～820V(DC)[额定电压 706V(DC)]
工作电压/V		9～16(12V 低压系统)
工作电压		706V(DC)(高压直流)420～820V(DC)
绝缘电阻/MΩ		大于 20
冷却方式		水冷
温度范围/℃	下限工作	-40
	上限工作	105

后驱动电机控制器的系统框架如图 7-111 所示。
后驱动电机控制器的外观如图 7-112 所示。后驱动电机控制器的图注如表 7-19 所示。

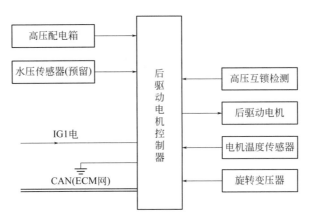

图 7-111 后驱动电机控制器的系统框架

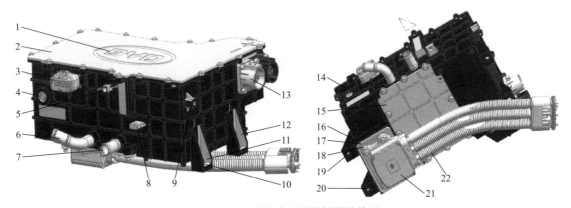

图 7-112 后驱动电机控制器的外观

表 7-19 后驱动电机控制器的图注

编号	部件	编号	部件
1	LOGO(商标)	12	支架 $2\phi10$
2	上盖	13	直流母线接插件
3	23Pin 低压接插件	14	箱体
4	箱体通气孔	15	水道盖板
5	低压线束固定点	16	箱体与车身密封凸台
6	进水管 $\phi10$	17	箱体与车身密封条
7	出水管 $\phi10$	18	箱体与三相线接插件密封凸台
8	搭铁点	19	支架 $3\phi10$
9	高压线束固定点	20	支架 $4\phi10$
10	箱体紧固件	21	三相线接插件(M6×10×4)
11	支架 $1\phi10$	22	三线

1. 比亚迪唐 PHEV 混合动力汽车后驱动电机控制器插件位置及定义

比亚迪唐 PHEV 混合动力汽车后驱动电机控制器 K176 接插件（23Pin）及安装位置如图 7-113 所示。

图 7-113 比亚迪唐 PHEV 混合动力汽车后驱动电机控制器 K176 接插件及安装位置

电机控制器 K176 接插件端子的定义如表 7-20 所示。

表 7-20 电机控制器 K176 接插件端子的定义

脚位	定义	脚位	定义
1	12+（ON 挡）	12	电机温度地
2	CAN-H	13	余弦+
3	驱动互锁（BMS k157\7）	14	正弦+
4	—	15	接地
5	电机绕组温度	16	接地
6	—	17	CAN 屏蔽地
7	余弦—	18	
8	正弦—	19	
9	12+（ON 挡）	20	旋变屏蔽地
10	CAN-L	21	励磁—
11	驱动互锁（前控 b51\4）	22	励磁+

2. 比亚迪唐 PHEV 混合动力汽车后驱动电机控制器的控制电路及 K176 接插件端子测量值

比亚迪唐 PHEV 混合动力汽车后驱动电机控制器的控制电路如图 7-114 所示。

比亚迪唐 PHEV 混合动力汽车后驱动电机控制器 K176 接插件端子正常测量值如表 7-21 所示。

表 7-21 比亚迪唐 PHEV 混合动力汽车后驱动电机控制器 K176 接插件端子正常测量值

连接端子	引脚名称/功能	条件	正常值
K176-1 和 K176-9	sin—/正弦—	OFF 挡	15～19Ω
K176-2 和 K176-10	cos—/余弦—	OFF 挡	15～19Ω
K176-3 和 K176-车身地	WATER_T_IN/水温传感器	ON 挡	0～5V 模拟信号
K176-4 和 K176-车身地	STATOR_T_IN/电机绕组温度	ON 挡	0～5V 模拟信号
K176-5	CRASH-IN/碰撞信号	ON 挡	PWM 信号
K176-6 和 K176-23	HV-LOCK2/高压互锁输入 2	ON 挡	PWM 信号
K176-7 和 K176-14	CAN-H/CAN 信号高	OFF 挡	54～69Ω
K176-8 和 K176-23	+12VO/外部提供的+12V 电源	ON 挡	11～14V
K176-9 和 K176-1	sin+/正弦+	OFF 挡	15～19Ω

续表

连接端子	引脚名称/功能	条件	正常值
K176-10 和 K176-2	cos+/余弦+	OFF 挡	15~19Ω
K176-11 和 K176-车身地	GND/电机绕组温度地	OFF 挡	小于 1Ω
K176-12			
K176-13 和 K176-车身地	HV-LOCK1/高压互锁输入 1	ON 挡	PWM 信号
K176-14 和 K176-7	CAN-L/CAN 信号低	OFF 挡	54~69Ω
K176-15 和 K176-23	+12VO/外部提供的+12V 电源	ON 挡	11~14V
K176-16 和 K176-17	EXCOUT/励磁+	OFF 挡	
K176-17 和 K176-16	EXCOUT/励磁-	OFF 挡	7~10Ω
K176-18 和 K176-车身地	GND/旋变屏蔽地	OFF 挡	小于 1Ω
K176-19 和 K176-车身地	GND/水温采样地	OFF 挡	小于 1Ω
K176-20	GND/碰撞信号地	ON 挡	PWM 信号
K176-21 和 K176-车身地	GND/CAN 屏蔽地	OFF 挡	小于 1Ω
K176-22 和 K176-车身地	GND/外部电源地	OFF 挡	小于 1Ω
K176-23 和 K176-车身地	GND/外部电源地	OFF 挡	小于 1Ω

3. 比亚迪唐 PHEV 混合动力汽车后驱动电机控制器的系统故障码及故障诊断

后驱动电机控制器系统故障码如表 7-22 所示。

表 7-22 后驱动电机控制器系统故障码

序号	故障码	故障定义	序号	故障码	故障定义
1	P1C0000	后驱动电机过流	13	P1C0C00	后驱动电机控制器主动泄放故障
2	P1C0100	后驱动电机控制器 IPM 故障	14	P1C0D00	后驱动电机旋变故障(信号丢失)
3	P1C0200	后驱动电机过温报警	15	P1C0E00	后驱动电机旋变故障(角度异常)
4	P1C0300	后驱动电机控制器 IGBT 过温报警	16	P1C0F00	后驱动电机旋变故障(信号幅值减弱)
5	P1C0400	后驱动电机控制器 IPM 散热器过温故障报警	17	P1C1000	后驱动电机缺 A 相
6	P1C0500	后驱动电机控制器高压欠压	18	P1C1100	后驱动电机缺 B 相
7	P1C0600	后驱动电机控制器高压过压	19	P1C1200	后驱动电机缺 C 相
8	P1C0700	后驱动电机控制器电压采样故障	20	P1C1300	后驱动电机控制器电流霍尔传感器 A 故障
9	P1C0800	后驱动电机控制器碰撞信号故障	21	P1C1400	后驱动电机控制器电流霍尔传感器 B 故障
10	P1C0900	后驱动电机控制器开盖保护	22	P1C1500	后驱动电机控制器电流霍尔传感器 C 故障
11	P1C0A00	后驱动电机控制器 EEPROM 错误	23	U01A500	与前驱动电机控制器通信故障
12	P1C0B00	后驱动电机控制器 DSP 复位故障			

故障诊断如下。

(1) P1C0000

① 检查电机是否正常。

② NG→电机故障。

③ OK→更换后驱动电机控制器。

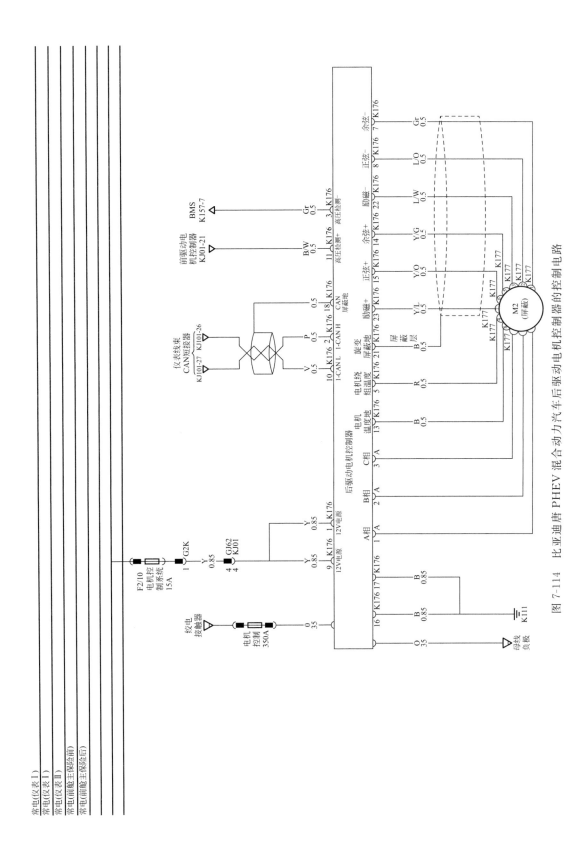

图 7-114 比亚迪唐 PHEV 混合动力汽车后驱动电机控制器的控制电路

(2) P1C0100 尝试清除故障码，若无法清除，则更换后驱动电机控制器。

(3) P1C0300、P1C0200、P1C0400

① 检查高压冷却回路及水泵。

② NG→冷却回路故障、水泵故障。

③ OK→更换后驱动电机控制器与 DC 总成。

(4) P1C0D00、P1C0E00、P1C0F00

① 退电 OFF 挡，拔掉电机控制器低压接插件。

② 检测 k176-22 和 k176-23（励磁）：$(7.2\pm2.0)\Omega$；检测 K176-7 和 K176-14（余弦）：$(13.1\pm4.0)\Omega$；检测 K176-8 和 K176-15（正弦）：$(14.7\pm4)\Omega$，如图 7-115 所示。

图 7-115 测量旋变器阻值

③ 如果测电阻异常，则检查电机旋变接插件是否松动，如果没有，则为动力总成故障。

④ 拔掉驱动电机 K177 接插件，测量电机端 K177-6 和 K177-2 电阻是否为 $15\sim19\Omega$；K177-5 和 K177-1 电阻是否为 $15\sim19\Omega$；K177-7 和 K177-3 电阻是否为 $7\sim10\Omega$。若正常，则更换线束；若不正常，更换后驱电机。

(5) P1C0600

① 用 VDS1000 读取电池管理器电压，正常值为 $400\sim820V$。

② NG→检查 BMS、电池包、高压配电箱。

③ OK→检测高压母线。

a. 整车上 OK 挡电。

b. 用 VDS1000 读取电控母线电压，母线电压为 $400\sim820V$。

④ NG→检查高压配电盒及高压线路。

⑤ OK→更换后驱动电机控制器与 DC 总成。

(6) P1C0500

① 先查询驱动电机控制器的程序版本信息，确认故障码是否能清除，然后再尝试多次上 OK 挡电试车，看故障是否会重现。

② 读取动力电池电压，若小于 400V，则对动力电池、高压配电箱和高压线路进行检查。

③ 用诊断仪读取电机控制器直流母线电压（正常值为 $400\sim820V$），同时对比 DC 母线电压，若都不正常，则检查动力电池、高压配电箱和高压线路。

④ 若驱动电机控制器母线电压和 DC 高压侧电压，一个正常，一个不正常，则更换后驱动电机控制器与 DC 总成。

(7) P1C0900

① 先查询驱动电机控制器的程序版本信息，确认故障码是否能清除，然后再尝试上 OK 挡电试车，看故障是否会重现。

② 检测控制器盖子是否打开。

③ NG→重新装配。

④ OK→更换后驱动电机控制器与 DC 总成。

(8) P1C000、P1C1100、P1C1200

① 检查 K176 接插件是否松动。

② NG→插紧或更换接插件。

③ 检查电机三相线。

a. 退电 OFF 挡，取下维修开关。拔掉电机三相线高压插件。

b. 电机 A、B、C 三相高压线之间阻值为（0.36±0.02）Ω。

c. 如果所测电阻异常，则检查接插件是否松动，如果没有，则为动力总成故障。

④ NG→动力总成故障。

⑤ OK→更换后驱动电机控制器与 DC 总成。

(9) P1C0A00　更换后驱动电机。

(10) 后驱动电机控制器 CAN 网络、电源检查　后驱动电机控制器 CAN 网络、电源端脚定义如表 7-23 所示。

表 7-23　后驱动电机控制器 CAN 网络、电源端脚定义

脚位	定义	脚位	定义	脚位	定义
1	12+(ON 挡)	16	接地	10	CAN-L
9	12+(ON 挡)	17	接地	2	CAN-H

后驱动电机控制器 CAN 网络端子 K176-2 与 K176-10 之间的阻值如图 7-116 所示。

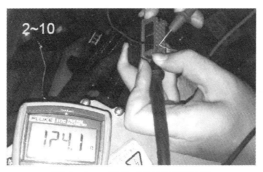

图 7-116　测量 CAN 网络阻值

后驱动电机控制器 CAN 网络端子 K176-1 与 K176-16、K176-9 与 K176-17 之间的电压如图 7-117 所示。

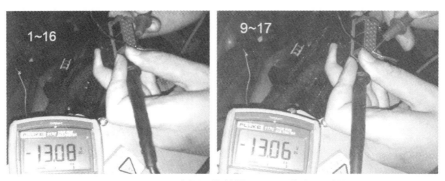

图 7-117　后驱动电机控制器 CAN 网络电压测量

第八节　比亚迪唐 PHEV 混合动力汽车空调系统

一、比亚迪唐 PHEV 混合动力汽车空调系统结构

比亚迪唐 PHEV 混合动力汽车空调系统组成如图 7-118 所示。

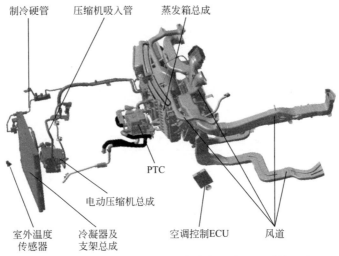

图 7-118　比亚迪唐 PHEV 混合动力汽车空调系统组成

比亚迪唐 PHEV 混合动力汽车空调 HVAC 空调箱体总成如图 7-119 所示。
比亚迪唐 PHEV 混合动力汽车蒸发器箱体组成如图 7-120～图 7-124 所示。

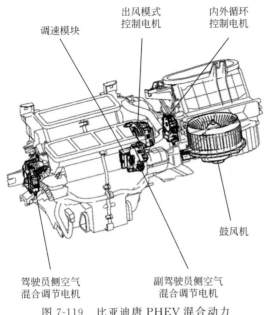

图 7-119　比亚迪唐 PHEV 混合动力汽车空调 HVAC 空调箱体总成

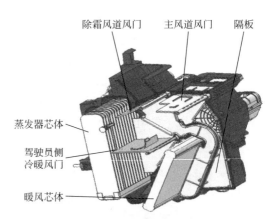

图 7-120　蒸发器箱体

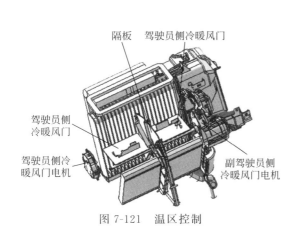

图 7-121 温区控制　　　　图 7-122 温调控制

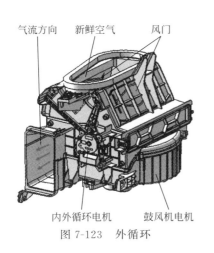
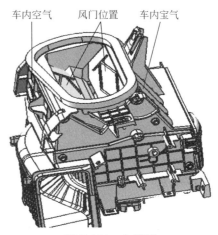

图 7-123 外循环　　　　图 7-124 内循环

二、比亚迪唐 PHEV 混合动力汽车制热、制冷工作原理

比亚迪唐 PHEV 混合动力汽车制热工作原理如图 7-125 所示。

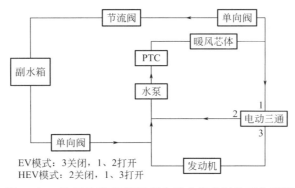

图 7-125 比亚迪唐 PHEV 混合动力汽车制热工作原理

1. 空调系统的制热原理（图 7-126）

① 供暖系统采用空调驱动器驱动 PTC 加热器，PTC 加热冷却液后供给暖风芯体。
② 在条件不满足的情况下，启动发动机制热。

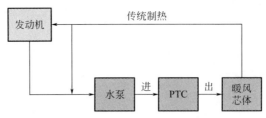

图 7-126 空调系统的制热原理

2. 空调系统的制冷原理（图 7-127）

压缩机将蒸发器中低温低压的气态制冷剂压缩成高温高压（80～90℃，1.5MPa）的气态制冷剂，送往冷凝器冷却。通过冷凝器与外部空气进行热交换，制冷剂被冷凝成中温、压力为 1.0～1.2MPa 的液态工质，冷凝后的液态制冷剂经膨胀阀进入蒸发器。从膨胀阀过来的低温低压的蒸气经蒸发器不断吸收车厢空气的热量，变成低温低压（0℃，0.15MPa）的气态制冷剂进入压缩机，进行下一个循环。

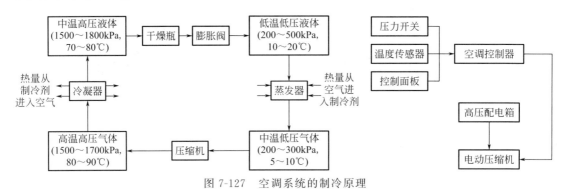

图 7-127 空调系统的制冷原理

三、比亚迪唐 PHEV 混合动力汽车空调系统高压组件

比亚迪唐 PHEV 混合动力汽车 PTC 水加热器外观如图 7-128 所示，电气参数如表 7-24 所示。

表 7-24 电气参数

序号	技术性能	性能参数
1	额定电压	高压 691V、低压 12V
2	工作电压范围(DC)/V	600～850
3	功率/W	3000
4	PTC 水加热器总成绝缘耐压	≥2200V AC(或 3500V DC)持续 1min,漏电流＜5mA
5	绝缘电阻	电压 1000V DC,持续 1min,阻抗＞100MΩ
6	峰值电流/A	≤30

续表

序号	技术性能	性能参数
7	工作温度/℃	−30～105℃
8	存储温度/℃	−40～120℃
9	自动保护水温/℃	105
10	破坏压力/bar	≥5
11	防护等级	IP6K7
12	使用寿命/年	10
13	系统舒适性、安全性控制	自带水温传感器、IGBT温度传感器、电压采集、电流采集以及对应的自动保护程序
14	良好的节能性	水温升高，达到预定温度后，PTC有自动低功率维持水温的特性

注：$1bar = 10^5 Pa$。

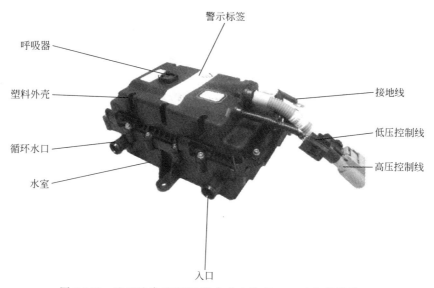

图 7-128　比亚迪唐 PHEV 混合动力汽车 PTC 水加热器外观

比亚迪唐 PHEV 混合动力汽车 PTC 水加热器正常数据流如图 7-129 所示。

换热原理：冷水进入 PTC 流道内，以大 S 形流线先后被 9 个 PTC 模块所加热，最终流出热水；此过程水阻＜5kPa，系统流量达 15L/min 左右为宜，如图 7-130 所示。

图 7-129　比亚迪唐 PHEV 混合动力汽车 PTC 水加热器正常数据流

比亚迪唐 PHEV 混合动力汽车电动压缩机如图 7-131 所示。

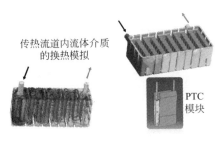

图 7-130 换热原理

图 7-131 比亚迪唐 PHEV 混合动力汽车电动压缩机

电动压缩机是否允许开启,由 BMS 根据整车动力电池电量情况判断,并由空调控制器判断是否需要开启电动压缩机共同控制,当整车动力电池电量足够时,开启空调制冷,电动压缩机即可工作。

比亚迪唐 PHEV 混合动力汽车电动压缩机正常数据流如图 7-132 所示。

图 7-132 比亚迪唐 PHEV 混合动力汽车电动压缩机正常数据流

四、比亚迪唐 PHEV 混合动力汽车空调绿净系统

比亚迪创新地将 PM2.5 的监控、过滤和净化集成于空调系统。这是一个高频高效智能系统,每 5s 检测并提醒空气状况;具有超强高效净化能力,可在 4min 内将 PM2.5 值由每立方米 500μg 降至 12μg 以下,迅速让车内重获清新,告别都市污浊。

比亚迪绿净技术,将车内空气经过 4 层净化和过滤,全程清新享受。

① 比亚迪唐 PHEV 混合动力汽车 PM2.5 按键位置如图 7-133 所示。

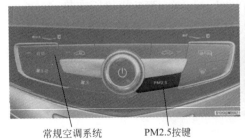

图 7-133 比亚迪唐 PHEV 混合动力汽车 PM2.5 按键

② 比亚迪唐 PHEV 混合动力汽车空调空气净化装置总成如图 7-134 所示。

将负离子层放置于高效过滤器和静电集尘器之间,这样可以充分发挥静电集尘器的静电吸附效果,如图 7-135 所示。

图 7-134　比亚迪唐 PHEV 混合动力汽车空调空气净化装置总成

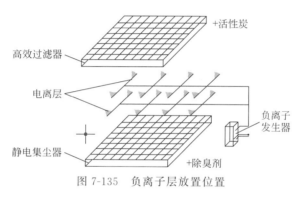

图 7-135　负离子层放置位置

③ 比亚迪唐 PHEV 混合动力汽车空调空 PM2.5 检测仪安装在副驾驶位置杂物箱后边，其结构如图 7-136 所示。

④ 比亚迪唐 PHEV 混合动力汽车空调 PM2.5 系统使用方法如下。

a. 按动 PM2.5 按键 "" 后，DVD 进入 PM2.5 系统操作界面，如图 7-137 所示。注：一次只能检测一条通道。

b. PM2.5 设置如图 7-138 所示。

图 7-136　PM2.5 检测仪的结构

图 7-137　进入 PM2.5 系统操作界面

图 7-138　PM2.5 设置

⑤ 比亚迪唐 PHEV 混合动力汽车空调工作原理如下。

a. PM2.5 显示的原理如图 7-139 所示。PM2.5 检测仪、电磁阀集成在一起。

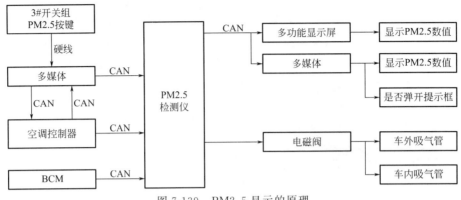

图 7-139　PM2.5 显示的原理

b. 空气过滤顺序：先经过"高效过滤器"过滤，再经过"静电集尘器"过滤，如图 7-140 所示。

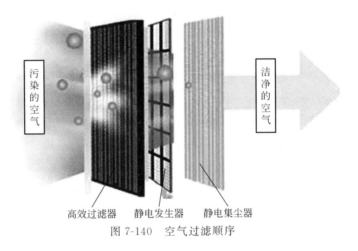

图 7-140　空气过滤顺序

高效过滤器：高效精滤技术，采用高效低阻滤材，对直径 $0.3\mu m$ 以上的粉尘颗粒过滤超过 70%。

静电发生器：使空气中的颗粒带电。

静电集尘器（HAF）：该集尘器自身带静电，可有效吸附带电的颗粒，同时可进一步吸附 $0.3\mu m$ 以下的粉尘颗粒。

五、比亚迪唐 PHEV 混合动力汽车空调新增空调系统的功能

比亚迪唐 PHEV 混合动力汽车空调新增空调系统的功能如图 7-141 所示。

1. 进隧道内自动内循环

（1）背景　当汽车进入隧道时，由于隧道内空气质量比较差，出于舒适性及安全上的考虑，用户通常会将外循环模式切换到内循环；当汽车出隧道时，用户可能又要切换至外循环模式，如果隧道比较多，频繁切换内外循环的话，驾驶员会比较累，而且也不安全。自动内外循环能很好地解决这个问题。

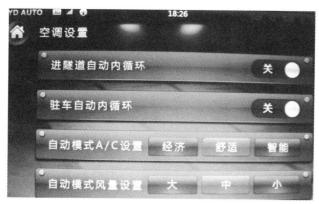

图 7-141 比亚迪唐 PHEV 混合动力汽车空调新增空调系统的功能

（2）控制方案 在进隧道 150m 之前会发送进隧道的报文，出隧道 150m 之后会发送出隧道的报文。当收到进隧道报文之后，空调自动调整新风循环的状态至内循环；出隧道之后返回之前的循环状态。若隧道较短，则进隧道之后至少维持内循环状态 1min，以防循环风门频繁切换。

用户在隧道内手动调整循环状态，则至下一次进隧道之前，听信用户的输入，不再自动调整新风循环状态。

2. 驻车自动内循环（红绿灯、堵车内外循环控制）

（1）背景 开车路遇红绿灯或堵车情况时，由于前方车辆停车，尾气浓度较大，空气质量较差，若仍启用新风外循环，则容易导致车内环境变差，此时应启用新风内循环模式，因此提出驻车内外循环的控制策略。

（2）控制方案 初次上电车速低于 10km/h 时不进行驻车内外循环控制；初次采集到车速高于 20km/h 的信息后，该功能才能使用。

行车途中，车速低于 10km/h 时，自动调整新风循环方式至内循环。

至车速高于 20km/h 之前，维持新风内循环；车速高于 20km/h 之后，返回之前的循环状态。

若缓速时间较短，则至少转至内循环之后，维持内循环状态 1min，以防循环风门频繁切换。

若用户在低速行驶时手动调整新风循环状态，则至下一次低速行驶之前，听信用户的输入，不再自动调整新风循环状态。

3. 自动模式 A/C 设置（经济、舒适、智能）

该功能的作用如下。
① 经济：车内温度低于设定温度，不开压缩机。
② 舒适：正常的 AC 控制策略。
③ 智能：车外温度为 0~12℃时，1min 除霜，3min 进入舒适模式。

六、比亚迪唐 PHEV 混合动力汽车空调电路控制原理

比亚迪唐 PHEV 混合动力汽车空调电路控制原理如图 7-142 所示。

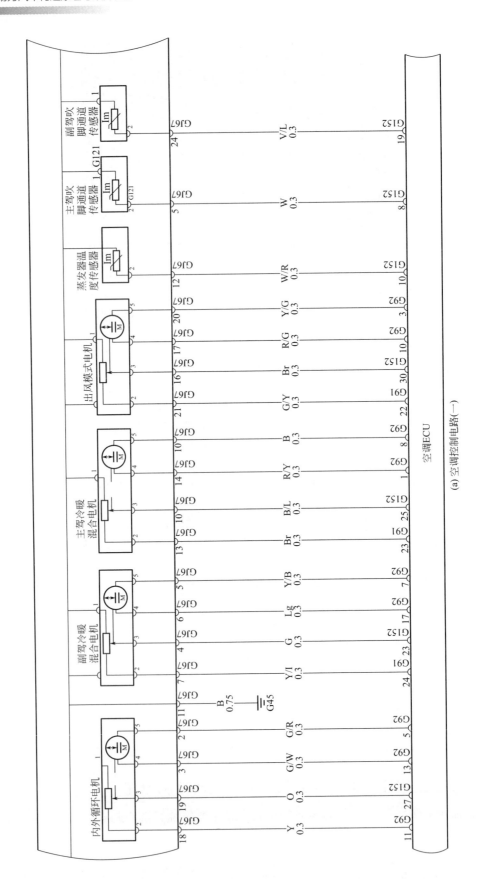

(a) 空调控制电路(一)

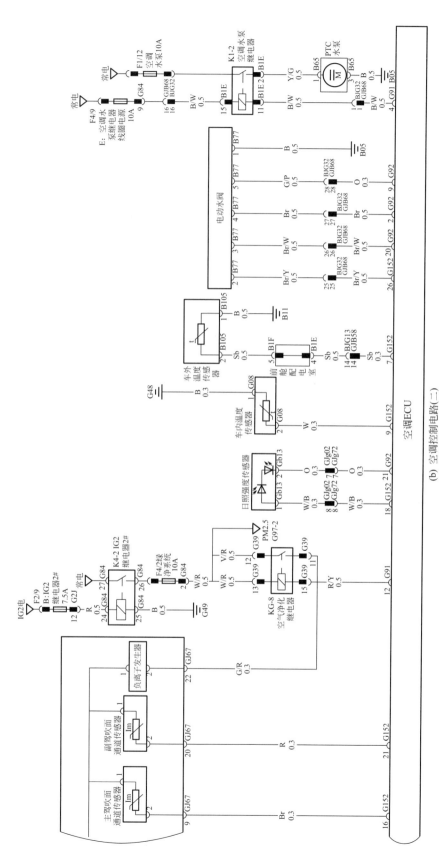

图 7-142
(b) 空调控制电路(二)

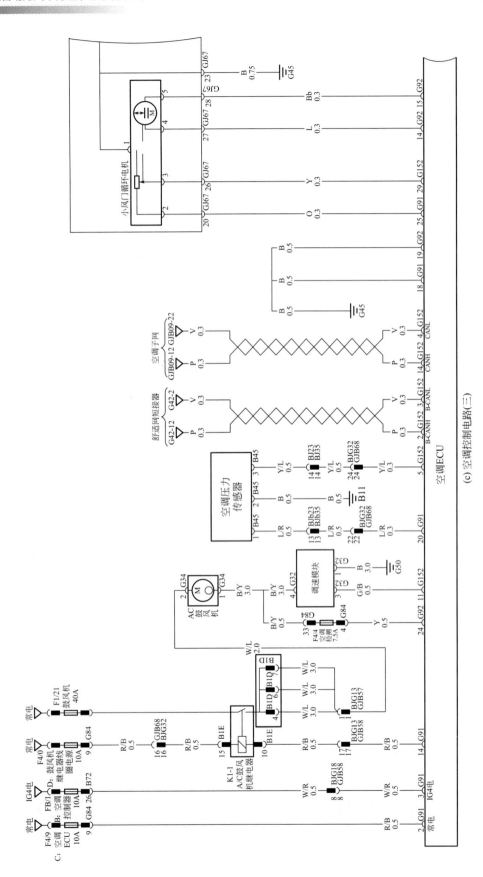

第七章 比亚迪唐 PHEV 混合动力汽车

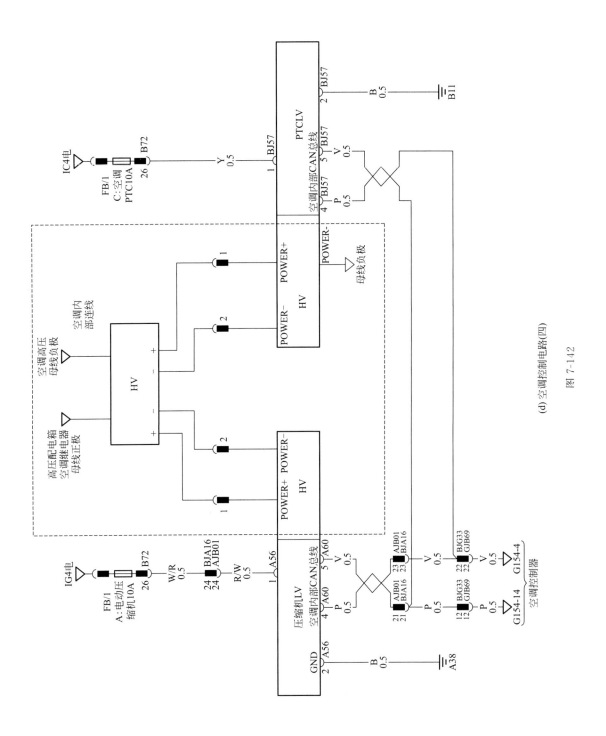

(d) 空调控制电路(四)

图 7-142

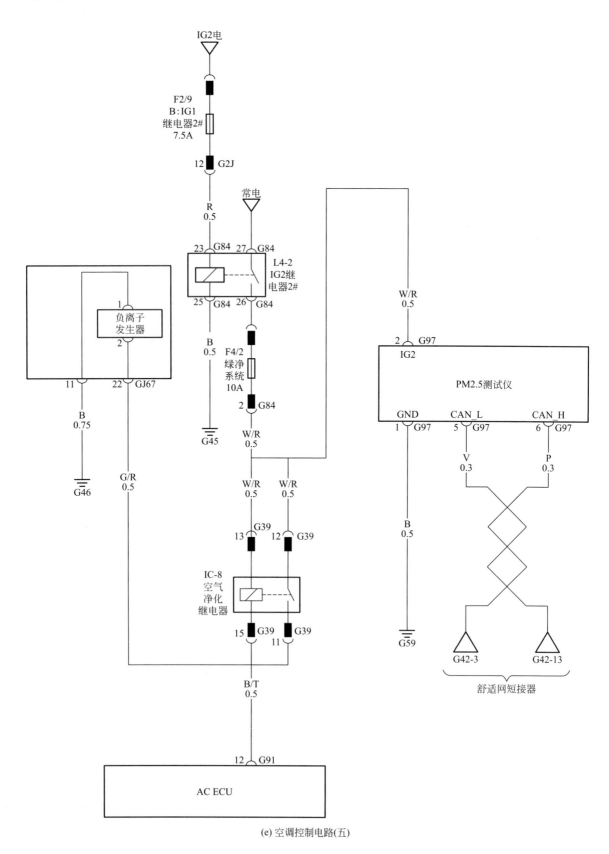

(e) 空调控制电路(五)

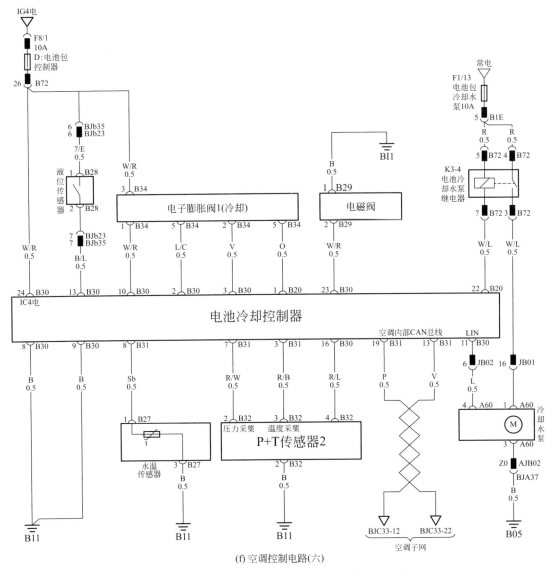

(f) 空调控制电路(六)

图 7-142 比亚迪唐 PHEV 混合动力汽车空调电路控制原理

七、比亚迪唐 PHEV 混合动力汽车空调电路控制端子定义

比亚迪唐 PHEV 混合动力汽车空调电路控制端子如图 7-143 所示。空调控制器线束接插件端子定义如表 7-25 所示。

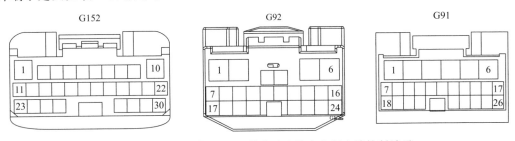

图 7-143 比亚迪唐 PHEV 混合动力汽车空调电路控制端子

表 7-25 空调控制器线束接插件端子定义

端子	线色	端子描述	条件	正常值/V
G91-2 和车身地	R/B	常电	—	11~14
G91-3 和车身地	W/R	ON 挡电	ON 挡电	11~14
G91-14 和车身地	R/B	鼓风机继电器驱动信号	—	—
G91-20 和车身地	L/R	压力传感器 1 电源(输出 4.8V)	—	—
G91-18 和车身地	B	搭铁	始终	小于 1
G91-25 和车身地	O	小风门电机反馈电源	—	—
G91-24 和车身地	Y/R	副驾驶侧冷暖电机反馈电源	—	—
G91-23 和车身地	Br	主驾驶侧冷暖电机反馈电源	—	—
G91-22 和车身地	G/Y	模式风门电机反馈电源	—	—
G91-12 和车身地	R/Y	负离子高压包继电器控制脚	—	—
G91-4 和车身地	B/W	水泵继电器驱动信号	—	—
G91-24 和车身地	Y/R	副驾冷暖电机反馈电源	—	—
G92-24 和车身地	Y	前鼓风机反馈信号	—	—
G92-19 和车身地	B	搭铁	—	—
G92-11 和车身地	Y	内外循环电机反馈电源	—	—
G92-13 和车身地	G/W	内外循环电机控制电源二	—	—
G92-5 和车身地	G/R	内外循环电机控制电源一	—	—
G92-14 和车身地	L	小风门循环电机控制电源二	—	—
G92-15 和车身地	Sb	小风门循环电机控制电源一	—	—
G92-7 和车身地	Y/B	副驾驶冷暖电机控制电源一	—	—
G92-17 和车身地	Lg	副驾驶冷暖电机控制电源二	—	—
G92-1 和车身地	R/Y	主驾驶冷暖电机控制电源二	—	—
G92-8 和车身地	B	主驾驶冷暖电机控制电源一	—	—
G92-10 和车身地	R/G	模式电机控制电源二	—	—
G92-3 和车身地	Y/G	模式电机控制电源一	—	—
G92-21 和车身地	O	日光照射传感器电源	—	—
G92-20 和车身地	Br/W	三通水阀电机反馈电源	—	—
G92-2 和车身地	Br	三通水阀电机控制电源一	—	—
G92-9 和车身地	G/P	三通水阀电机控制电源二	—	—
G152-11 和车身地	G/B	前鼓风机 PWM 输出	始终	小于 1
G152-6 和车身地	Y/L	压力传感器 1 采集信号	—	—
G152-2 和车身地	P	CAN 线端子(整车 CAN-H)	始终	2.5~3.5
G152-3 和车身地	V	CAN 线端子(整车 CAN-L)	始终	1.5~2.5
G152-4 和车身地	V	CAN 线端子(内部 CAN-L)	始终	1.5~2.5
G152-14 和车身地	P	CAN 线端子(内部 CAN-H)	始终	2.5~3.5
G152-29 和车身地	Y	小风门电机反馈输入	—	—
G152-27 和车身地	O	内外循环电机反馈输入	—	—

续表

端子	线色	端子描述	条件	正常值/V
G152-23 和车身地	G	副驾驶冷暖电机反馈输入	—	—
G152-7 和车身地	Sb	车外温度采集信号		
G152-8 和车身地	W	主驾吹脚出风温度采集信号		
G152-9 和车身地	W	车内温度采集信号	始终	2.5～3.5
G152-10 和车身地	W/R	蒸发器温度采集信号	始终	1.5～2.5
G152-25 和车身地	B/L	主驾驶冷暖电机反馈输入		
G152-30 和车身地	Br	模式风门电机反馈输入		
G152-19 和车身地	W/L	副驾吹脚出风温度采集信号		
G152-16 和车身地	Br	主驾吹面出风温度采集信号		
G152-21 和车身地	O	日光照射传感器信号		
G152-18 和车身地	W/B	日光照射传感器信号		
G152-26 和车身地	Br/Y	三通水阀电机反馈输入		

八、比亚迪唐 PHEV 混合动力汽车空调故障码

比亚迪唐 PHEV 混合动力汽车空调故障码如表 7-26～表 7-30。

表 7-26 空调 ECU 故障码

故障码(DTC)	故障描述	可疑部位
B2A2013	室内温度传感器断路	室内传感器回路
B2A2111	室内温度传感器短路	
B2A2213	室外温度传感器断路	室外传感器回路
B2A2311	室外温度传感器短路	
B2A2413	蒸发器温度传感器断路	蒸发器传感器回路
B2A2511	蒸发器温度传感器短路	
B2A5813	主驾驶侧吹面出风温度传感器开路	主驾驶侧吹面出风传感器回路
B2A5811	主驾驶侧吹面出风温度传感器对地短路	主驾驶侧吹面出风传感器回路
B2A5913	主驾驶侧吹脚出风温度传感器开路	主驾驶侧吹脚出风传感器回路
B2A5911	主驾驶侧吹脚出风温度传感器对地短路	主驾驶侧吹脚出风传感器回路
B2A5A13	副驾驶侧吹面出风温度传感器开路	副驾驶侧吹面出风传感器回路
B2A5A11	副驾驶侧吹面出风温度传感器对地短路	副驾驶侧吹面出风传感器回路
B2A5B13	副驾驶侧吹脚出风温度传感器开路	副驾驶侧吹脚出风传感器回路
B2A5B11	副驾驶侧吹脚出风温度传感器对地短路	副驾驶侧吹脚出风传感器回路
B2A2712	阳光传感器对电源短路	阳光传感器回路
B2A4E13	高压管路的压力传感器断路	高压管路的压力传感器回路
B2A4F11	高压管路的压力传感器对电源短路	高压管路的压力传感器回路
B2A2F09	高压管路处于高压状态或低压状态	高压管路的压力传感器回路
B2A2A14	模式电机对地短路或开路	模式电机回路

续表

故障码（DTC）	故障描述	可疑部位
B2A2A12	模式电机对电源短路	模式电机回路
B2A2A92	模式电机转不到位	模式电机回路
B2A4B14	循环电机对地短路或开路	循环电机回路
B2A4B12	循环电机对电源短路	循环电机回路
B2A4B92	循环电机转不到位	循环电机回路
B2A2B14	主驾驶侧冷暖电机对地短路或开路	主驾驶侧冷暖电机回路
B2A2B12	主驾驶侧冷暖电机对电源短路	主驾驶侧冷暖电机回路
B2A2B92	主驾驶侧冷暖电机转不到位	主驾驶侧冷暖电机回路
B2A2C14	副驾驶侧冷暖电机对地短路或开路	副驾驶侧冷暖电机回路
B2A2C12	副驾驶侧冷暖电机对电源短路	副驾驶侧冷暖电机回路
B2A2C92	副驾驶侧冷暖电机转不到位	副驾驶侧冷暖电机回路
B2A5C14	暖风芯体三通水阀电机对地短路或开路	暖风芯体三通水阀电机回路
B2A5C12	暖风芯体三通水阀电机对电源短路	暖风芯体三通水阀电机回路
B2A5C92	暖风芯体三通水阀电机转不到位	暖风芯体三通水阀电机回路
B2A3214	前排鼓风机对地短路或开路	鼓风机回路
B2A3314	前排鼓风机调整信号对地短路或开路	鼓风机回路
U014687	与网关失去通信	ECM 或网关或 ECM 网线束
U025487	与 PTC 失去通信	空调子网线束或 PTC
U025387	与压缩机失去通信	空调子网线束或压缩机
B2A0717	电源电压过压	ECU 工作电源
B2A0716	电源电压欠压（低于 9V）	ECU 工作电源
B2A6600	不允许高压模块工作	BMS
B2A6700	电动压缩机多次启动失败	压缩机

表 7-27　空调压缩机故障码

故障码（DTC）	故障描述	可疑部位
B2AB0-49	电流采样电路故障	空调压缩机
B2AB1-49	电机缺相故障	空调压缩机
B2AB2-49	1PM/IGBT 故障	空调压缩机
B2AB3-49	内部温度传感器故障	空调压缩机
B2AB4-1D	内部电流过大故障	空调压缩机
B2AB5-73	启动失败故障	空调压缩机
B2AB6-4B	内部温度异常	空调压缩机
B2AB7-74	转速异常故障	空调压缩机
B2AB8-1C	相电压过高故障	空调压缩机
B2AB9-97	负载过大故障	空调压缩机
B2ABC-16	负载电压低压故障	电池包

续表

故障码(DTC)	故障描述	可疑部位
B2ABA-1C	内部低压电源故障	电池包
B2ABB-17	负载电压过压故障	空调压缩机、线束

表 7-28 空调 PTC 故障码

故障码(DTC)	故障描述	可疑部位
U016487	与空调控制器失去通信	线束、空调控制器
U025387	与空调压缩机失去通信	线束、空调压缩机
B121013	左侧散热片温度传感器断路	PTC
B121111	左侧散热片温度传感器短路	PTC
B121209	PTC 驱动组件故障	PTC
B121309	PTC 加热组件故障	PTC
B121619	PTC 回路电流过大	PTC
B12171C	控制器内部+15V 电压异常	线束、电源
B121809	IGBT 组件功能失效(一个或多个 IGBT 不受控,常开或常闭)	PTC
B121A09	1#IGBT 驱动芯片功能失效	PTC
B121B09	2#IGBT 驱动芯片功能失效	PTC
B121C09	3#IGBT 驱动芯片功能失效	PTC
B121D09	4#IGBT 驱动芯片功能失效	PTC
B122013	右侧散热片温度传感器断路	PTC
B122111	右侧散热片温度传感器短路	PTC
B122A13	冷却液温度传感器断路	PTC
B122B11	冷却液温度传感器短路	PTC
B123098	左侧散热片温度过热	PTC
B123398	右侧散热片温度过热	PTC
B123698	冷却液温度过热	PTC
B123917	IG2 电源过压	线束、电源
B123A16	IG2 电源欠压	线束、电源
B123B17	负载电源过压	动力电池
B123C16	负载电源欠压	动力电池

表 7-29 空调 PM2.5 故障码

故障码(DTC)	检测项目	故障部位
B110811	PM2.5 速测仪短路	PM2.5 测试仪
B110913	PM2.5 速测仪断路	PM2.5 测试仪
B110A02	PM2.5 速测仪 CAN 信号故障	CAN 网络
B110B07	PM2.5 速测仪气泵故障	PM2.5 测试仪
B110C09	PM2.5 速测仪激光二极管失效	PM2.5 测试仪
B110D09	PM2.5 速测仪光电接收模块失效	PM2.5 测试仪

续表

故障码(DTC)	检测项目	故障部位
B110E09	PM2.5速测仪温湿模块失效(预留)	PM2.5测试仪

表 7-30　电池冷却故障码

故障码(DTC)	检测项目	故障部位
B132013	水温传感器断路	电池水温传感器
B132012	水温传感器短路	电池水温传感器
B132113	板式换热器出口温度传感器断路	压力温度传感器
B132112	板式换热器出口温度传感器短路	压力温度传感器
B132213	板式换热器出口压力传感器断路	压力温度传感器
B132212	板式换热器出口压力传感器短路	压力温度传感器
B132316	工作电源欠压(低于9V)	低压电源或线束
B132317	工作电源过压(高于16V)	低压电源或线束
U011187	BCC未接收到空调控制器转发BMS的ID为44A报文	BMS管理器或整车网络线束或子网线束
U016487	BCC未接收到空调控制器转发的ID为1DB报文(环境温度和软关断)或3CF报文(车厢内压缩机需求状态)	空调控制器或子网线束